Bösken · Quellen und Forschungen zur Orgelgeschichte des Mittelrheins

BEITRÄGE ZUR MITTELRHEINISCHEN MUSIKGESCHICHTE

Herausgegeben von der Arbeitsgemeinschaft für mittelrheinische Musikgeschichte

Nr. 7

Franz Bösken

Quellen und Forschungen zur Orgelgeschichte des Mittelrheins

Band 2

Das Gebiet des ehemaligen Regierungsbezirks Wiesbaden

Teil I (A-K)

B. SCHOTT'S SÖHNE · MAINZ

Meiner Frau Anneliese
und meinen Töchtern Sigrid und Livia zugeeignet

Edition Schott 5518

IBM Executivsatz: Helga Steinberger, Mainz

ISBN 3-7957-1307-2

EINLEITUNG

Dieser vorliegende 2. Band der Quellen und Forschungen zur Orgelgeschichte des Mittelrheins will einen Beitrag liefern zur Orgeltopographie des reich gegliederten Landes, das landschaftlich bestimmt ist durch Taunus und Westerwald und den schönen Flußtälern von Rhein, Main, Lahn und Sieg mit ihren Nebenflüssen.
Die natürlichen Grenzen dieses Raumes bilden im Norden die Sieg, im Süden der Main, im Westen der Rhein.
Die Ostgrenze wird gekennzeichnet durch die Wetterau, einer Fortsetzung der oberrheinischen Tiefebene nördlich des Mains, und der Lahn nördlich von Gießen. Vielleicht heute einfacher ausgedrückt wird die Ostgrenze ungefähr bestimmt durch den Verlauf der Bundesstraße 3 zwischen Frankfurt und Marburg.
Dieses Gebiet war bis 1945 verwaltungsmäßig zusammengefaßt in dem Regierungsbezirk Wiesbaden der preußischen Provinz Hessen-Nassau, der am 22. 2. 1867 nach der Annexion Nassaus gebildet wurde [1].
Er umfaßt 1. das ehemalige Herzogtum Nassau, 2. die ehemals freie Reichsstadt Frankfurt am Main, 3. die ehemalige Landgrafschaft Hessen-Homburg und 4. den von Hessen-Darmstadt abgetretenen Kreis Biedenkopf, das sogenannte Hinterland. Dieser Zusammenschluß von 4 Gebietsteilen darf nicht darüber wegtäuschen, daß bereits durch den Rheinbund von 1806 und den Wiener Kongreß eine Zusammenfassung vieler kleiner Staaten und Herrschaften vorausgegangen war.
Es ist auch für die Orgelgeschichte wichtig, einiges über die Gliederung des Gebietes vor der Flurbereinigung, die durch die Säkularisation im Jahre 1803 und die Rheinbundakte von 1806 zu erfahren, da ja auch diese Forschung an die staatliche und kirchliche, und somit konfessionelle, Gliederung gebunden ist, denn die archivalischen Bestände sind ja Ausdruck der ehemaligen Hoheits- und Verwaltungsbereiche.
Die Hauptquelle vorliegender Arbeit ist das Hauptstaatsarchiv Wiesbaden, dessen Einzugsgebiet sich mit dem oben näher umschriebenen Regierungsbezirk Wiesbaden deckt; daneben mußten zu Detailfragen das Zentralarchiv der Hessen-Nassauischen Landeskirche in Darmstadt, das Bistumsarchiv in Limburg, das Fürstlich-Solms-Braunfelssche Archiv in Braunfels und die Pfarrarchive beider Konfessionen herangezogen werden.
Das Hauptstaatsarchiv Wiesbaden umfaßt seit 1866 alle Archivalien der Landesteile, die an der Neubildung des Herzogtums Nassau im Jahre 1816 beteiligt waren sowie die der Landgrafschaft Hessen-Homburg und seit 1885 die Akten des Großherzogtums Frankfurt. Die Reichsstädtischen Archivalien verblieben im Frankfurter Stadtarchiv. Das ehem. Herzogliche Nassauische Hausarchiv wurde im Jahre 1934 vom Großherzog von Luxemburg Wiesbaden als Depositum übergeben.
Im wesentlichen wurden folgende Bestände durchgearbeitet, die unter den Orten genauer angegeben werden:

1. Die Reichsdörfer Soden und Sulzbach.

---

1) Karl E. Demandt, Geschichte des Landes Hessen, Kassel und Basel 1959, S. 430

2. Die Geistlichen Institute, Klöster, Stifte usw.
3. a) Kurmainz, Ämter (Eddersheim, Flörsheim, Hochheim, Höchst-Königstein, Lahnstein, Rheingau).
   b) Kurtrier, Ämter (Boppard, Ehrenbreitstein, Grenzau, Herschbach, Limburg, Montabaur, Vallendar, Sayn, Wellmich).
   c) Kurpfalz, Unteramt Kaub.
4. Die Nassauischen Länder der Walramischen und Ottonischen Linien.
   a) Nassau-Usingen (Kirchensachen, Vermögen, Bau und Rechnungen), Ämter (Burgschwalbach, Herrschaft Idstein, Kirchspiel Kettenbach, Herrschaft Usingen, Amt Wehen, Herrschaft Wiesbaden, Zentralverwaltung Wiesbaden (seit 1744), Hofkammer Usingen, Geistliche Verwaltung).
   b) Nassau-Weilburg (wie oben) (Weilburger Kabinett, Regierung Weilburg, Konsistorium Weilburg, Hofkammer Weilburg), Ämter Weilburg, Weilmünster, Merenberg, Löhnberg, Miehlen, Gleiberg, Hüttenberg.
   c) Nassau Oranien, Fürstl. Dillenburgische Ämter Dillenburg, Haiger, Herborn, Ebersbach, Driedorf, Beilstein, Diez.
   Fürstl. Diezische Ämter Diez, Dauborn, Marienberg, Camberg, Kirberg, Nassau, Ems.
   Fürstl. Hadamarsche Ämter Mengerskirchen, Rennerod.
   Altes Dillenburger Archiv, Landesregierung, Rentkammer, Konsistorium, Regierung Dillenburg, Ämter und Rechnungen.
5. Herzogtum Nassau: Zentralverwaltung (Kirchen, Klöster)
   Regierung Ehrenbreitstein, Hofkammer Wiesbaden, Staatsministerium, Landesregierung (Kirchenwesen, Unterrichtswesen).
   Ämter: Braubach, Diez, Dillenburg, Eltville, Hachenburg, Hadamar, Herborn, Hochheim, Höchst, Idstein, Königstein, Langenschwalbach (Bad Schwalbach), Limburg, Marienberg, Montabaur, Nassau, Nastätten, Rennerod, Rüdesheim, Runkel, St. Goarshausen, Selters, Usingen, Wallenrod, Wehen, Weilburg, Wiesbaden.
   (Kirchen- und Gemeinderechnungen) Rezepturen, Konsitorium.
6. Hessische Länder:
   a) Niedergrafschaft Katzenelnbogen: Ämter Braubach, Katzenelnbogen, Hohenstein, Nastätten, Reichenberg, Rheinfels.
   b) Hessen-Homburg: Amt Homburg
7. Kleinere Herrschaften: Königstein, Eppstein, Kronberg, Reifenberg, Grafschaft Isenburg-Büdingen, Grafschaft Wied-Runkel. Grafschaft Holzappel, Herrschaft Schaumburg, Grafschaft Wied-Neuwied, Herrschaft Westerburg und Schadeck, Grafschaft Sayn-Hachenburg, Amt Hachenburg, Grafschaft Solms.
   Gemeinschaften: Dreiherrisch: Nassau-Oranien, Nassau-Usingen und Nassau-Weilburg: Amt Nassau.
   Zweiherrisch: Ämter Miehlen, Welterod, Kirberg, Dorf Hasselbach, Amt Cleeberg, Vogtei Ems.
   Stadt- und Gemeindearchive zusammengefaßt in der Abteilung 360
8. Preußen: Regierung Wiesbaden (Kirchensachen)
   Landratsämter (zunächst blieben die Ämter seit 7.6.1885 die neue Kreiseinteilung) Biedenkopf, Dillkreis, Frankfurt-Land und Stadt,

Höchst, Limburg, Oberlahn (Weilburg), Obertaunus (Bad Homburg), Oberwesterwald (Westerburg), Rheingau (Rüdesheim), St. Goarshausen, Unterlahn (Diez), Untertaunus (Bad Schwalbach), Unterwesterwald (Montabaur), Usingen, Wiesbaden.

Später angeschlossen Kreis Wetzlar, der zunächst zur Rheinprovinz gehörte.

Bürgermeisterämter Wetzlar, Landeskirchenamt Wiesbaden [2].

Neben einer Beschreibung der verwendeten Archivbestände ist aber orgelgeschichtlich auch die Frage der konfessionellen Gliederung zu erörtern; denn die Stellung der Konfessionen zur Orgel war ja sehr unterschiedlich, vor allem in der Zeit vor Beginn des 18. Jahrhunderts. In den Nassau-Oranischen Ländern nördlich der Lahn, d.h. Nassau-Dillenburg, Diez wurde durch Graf Wilhelm I. († 1559) die Reformation eingeführt. Seine Söhne Wilhelm von Oranien († 1584), der Statthalter der Niederlande, und Johann VI. von Dillenburg († 1606) wandten sich offensichtlich unter pfälzischen und niederländischen Einflüssen 1572 dem Calvinismus zu [3]. Infolge seines Übertritts schaffte Johann VI. 1581 die Orgeln in den Ottonischen Ländern ab. Sie hielten sich nur im Diezischen [4]. Als Haupt des Wetterauer Grafenvereins wirkte er dort im calvinistischen Sinne, so daß dessen Mitglieder Sayn, Wied, Solms-Braunfels, Büdingen, Hanau und Hessen-Kassel sich dieser Lehre anschlossen. Eine führende Rolle spielte in diesem Sinne Graf Philipp von Solms-Braunfels (1547-81).

Nassau-Hadamar und Nassau-Siegen wandten sich dem Katholizismus wieder zu. So zog Johann Ludwig von Nassau-Hadamar die Jesuiten in seine Residenz.

Die Nassau-Walramschen Länder Weilburg, Usingen-Idstein-Wiesbaden wurden durch das lutherische Bekenntnis bestimmt.

In Weilburg führte Philipp III. († 1559) im Jahre 1526 und in Wiesbaden Philipp II. († 1588) um 1540 die Reformation im lutherischen Sinne durch [5].

So ist es verständlich, daß in den Gebieten südlich der Lahn und in denen der Erzstifte Mainz und Trier die Orgel weiter erhalten blieb.

Die Stadt Frankfurt war lutherisch und später einwandernde Calvinisten mußten in den damals zur reformierten Grafschaft Hanau gehörigen heutigen Vororten, z.B. Bockenheim, ihren Gottesdienst halten. Das 18. Jahrhundert kannte auch in den reformierten Kirchen wieder Orgeln.

Laut Edikt vom 8.4.1818 wurde in Nassau die Union der lutherischen und reformierten Konfession durchgeführt und die Katholiken durch päpstliche Bullen von 1821 und 1827 in dem neu errichteten, zur Oberrheinischen Kirchenprovinz gehörigen Bistum Limburg organisiert.

Aus den bisherigen Kirchenstiftungen wurde für beide Kirchen ein Zentralkirchenfonds gebildet [6].

---

2) Nach Beendigung meiner Arbeit erschien: Übersicht über die Bestände des Hessischen Hauptstaatsarchivs Wiesbaden, Wiesbaden 1970. Nach diesem Gesamtrepertorium ist eine Orientierung wesentlich erleichtert.

3) Demandt, S. 301

4) C. Spielmann, Geschichte von Nassau, II, Wiesbaden 1909, S. 534

5) Demandt, S. 289

6) Demandt, S. 409

Die evangelische Kirche erhielt in preußischer Zeit im Jahre 1877, Frankfurt 1899, eine neue Verfassung [7].
Am 30.9.1947 vereinigten sich die Ev. Kirche in Hessen und Nassau wie auch Frankfurt zur Ev. Kirche in Hessen und Nassau mit Sitz in Darmstadt.
Der Kreis Wetzlar blieb weiterhin bei der Ev. Kirche im Rheinland [8].
Der katholische Teil war schon früher dem Bistum Limburg angeschlossen.
In dem neugegründeten Herzogtum Nassau wurde im Jahr 1817 eine Umfrage in den einzelnen Schulinspektionsbezirken wegen der Neuregelung der Lehrerbesoldung veranstaltet, in der das Vorhandensein von Orgeln gemeldet werden sollte. So wurde die sonst seltene Gelegenheit geschaffen, für ein ganzes Gebiet eine Übersicht über die Orgeln zu gewinnen. Bei den schwierigen lokalen Forschungen konnte dadurch ein Zeitpunkt gefunden werden, ante oder post quem Orgeln überhaupt zu suchen sind.

Wenn im vorliegenden Band auch unter den einzelnen Orten das Ergebnis dieser Meldung angeführt ist, soll doch zunächst diese Gesamtübersicht an den Anfang gestellt werden. Weiterhin kann der Schematismus für die Diözese Limburg vom Jahre 1837, der eine Übersicht über das Vorhandensein von Orgeln gibt, für die Zeit von 1817 bis 1837 in den kath. Kirchen herangezogen werden.
In diesem Jahre wird von der Behörde zu Orgelneubauten aufgefordert, "da nichts mehr zur Andacht hebe und zur Humanisierung des Volkes beitrage, als ein wohlbegleiteter Kirchengesang" [9].

Verzeichnis der 1817 gemeldeten Orgeln (k = katholischer, l = lutherischer und r = reformierter Bekenntnisstand der Gemeinde)

Inspektion Idstein (Amt Idstein): Wörsdorf (l) Wallrabenstein (l) Niederseelbach (l) Niederselters (k) Eisenbach (k) Oberjosbach (k); ohne Orgel: Erbach (k)
Inspektion Dillenburg (Amt Dillenburg): Dillenburg (k u. r) Haiger (r) Berg-Ebersbach (r); ohne Orgel: Frohnhausen (r) Hirzenhain (r) sämtliche Filialen
Inspektion Hochheim (Amt Hochheim): Diedenbergen (l) Eddersheim (k) Flörsheim (k) Hochheim (k) Massenheim (l) Weilbach (k) Wikker (k); ohne Orgel: Marxheim (k)
Inspektion Weilburg (Amt Weilburg): Weilburg (l)
Inspektion Hachenburg (Amt Hachenburg): Hachenburg (k, l u. r) Altstadt (r)
Inspektion Montabaur (Amt Montabaur): Arzbach (k) Holscheid (k) Höhr (k) Montabaur (k); ohne Orgel: Wirges (k) "Gibt sich Mühe eine zu haben"
Inspektion Langenschwalbach (Bad Schwalbach) (Amt Schwal-

7) Demandt, S. 432
8) Demandt, S. 451
9) Schematismus 1837, S. 119

bach): Langenschwalbach (k, l u. r) Adolfseck (l) Bärstadt (l) Hohenstein (l) Kemel (l) Laufenselden (k u. l) Niedermeilingen (l) Zorn (l) Gronau (k) und Altenburg (Egenrod) (l); ohne Orgeln: Springen (l) Dickschied (l) Niedergladbach (k) (soll bald Orgel erhalten)
Inspektion Höchst (Amt Höchst): Kriftel (k) Hofheim (k) Höchst (k) Sulzbach (l) Soden (l) Eschborn (l) Harheim (k)
Inspektion Königstein (Amt Königstein): Bommersheim (k) Ehlhalten (k) Eppstein (k u. l) Fischbach (k) Kalbach (k) Kleinschwalbach (k) Königstein (k) Kronberg (l) Neuenhain (simultan) Niederhöchstadt (k) Oberhöchstadt (k) Oberursel (k) Schlossborn (k) Stierstadt (k) Weißkirchen (k); ohne Orgel: Altenhain (k) Eppenhain (k) Falkenstein (k u. l) Glashütten (k) Hornau (k) Kelkheim (k) Kronberg (k) Mammolshain (k) Oberursel-Hospital, Kreuzkapelle (k) Ruppertshain (k) Schönberg (k)
Inspektion Esch (Amt Idstein): Esch (l) Heftrich (l) Oberrod (l) Kröftel (l) Reichenbach (l) Steinfischbach (l) Camberg (k) Walsdorf (l); ohne Orgel: Reinborn (l) Oberems (l) Dombach (k) Schwickertshausen (k) Würges (k)
Inspektion Staffel (Amt Limburg): Dietkirchen (k) Lindenholzhausen (k) Niederbrechen (k) Oberbrechen (k) Kirberg (l) Mensfelden (l) Nauheim (l); ohne Orgel: Werschau (k) Dauborn (r) Staffel (r) Döhren, Eufingen Heringen, Mensbach Linter, Ohren.
Inspektion Herborn (Amt Herborn): Herborn (r)(nicht angegeben) sonst keine Orgeln
Inspektion Bicken (Amt Herborn): Eisenrod sollte eine haben
Inspektion Kirburg (Amt Hachenburg): Kirburg (r) Marienstadt (k); ohne Orgel: Alpenrod (r) Höchstenbach (l u. r) Kroppach (r) Roßbach
Inspektion Limburg (Amt Limburg): Limburg: Pfarrkirche (Dom) Hospitalkirche, Franziskanerkirche (k)
Inspektion Okriftel (Amt Höchst): Okriftel (l) Hattersheim (k) Sindlingen (k) Oberliederbach (l) Unterliederbach (l) Schwanheim (k); ohne Orgel: Sossenheim (k)
Inspektion Runkel (Amt Runkel): Münster (r) Weyer (r) Wolfenhausen (r) Laubuseschbach (r) Villmar (k) Arfurt (k) Schuppach (r) Schadeck (l) Seelbach (r) Runkel (r) Steeden; ohne Orgel: Eschenbach (?) Holzhausen (r)
Inspektion Weisel (Amt St. Goarshausen): Bornich (l) Caub (k u. r) Kestert (k) Lierschied (l) Niederwallmenach (l) Nockern (l) Oberwallmenach (l) Patersberg (l) Reizenhain (l) Schönau (k) Weisel (r) Wellmich (k) Weltenrod (l) Weyer (l) St. Goarshausen (l u. r)
Inspektion Braubach (Amt Braubach): Braubach (k u. l) Osterspay (k) Camp (k) Oberlahnstein (k) Filsen (k) Spies (k) Niederlahnstein (k) Nievern (k) Frücht (l) Dachsenhausen (l) Niederbachheim (l) Gemmerich (l)
Inspektion Hadamar (Amt Hadamar): Hadamar (k u. r); ohne Orgel: Lahr (k) Ellar (k) Walddernbach (k) Hausen (k) Füssingen (k) Lahrmeilingen Niederzeuzheim (k) Thalheim (k) Hangenmeilingen Oberweyer (k) Niedertiefenbach (k) Ahlbach (k) Offheim (k) Elz (k) Frickhofen (k) Langendernbach (k) Wilsenroth (k) Mühlbach (k) Dorndorf (k)

Dorchheim (k) Niederhadamar (k)
Inspektion Wehen (Amt Wehen): Bechtheim (l) Panrod (l) Strinz-Trinitatis (l) Limbach (l) Kettenbach (l) Rückershausen (l) Oberauroff (l) Wehen (l) Neuhof (l) Orlen (l) Bleidenstadt (k u. l) Born (l) Breithardt (l) Steckenroth (l) Strinz-Margarethae (l) Holzhausen ü.Aar (l); ohne Orgel: Ketternschwalbach (l) (bekommt eine ganz neue) Beuerbach (l) Hennethal (l) Dasbach (l) Görsroth (l) Michelbach (l) Niederlibbach (l)
Inspektion Diez (Amt Diez): Diez (beide Stadtkirchen)(l u. r) Flacht (r) Hahnstätten (r) Kaltenholzhausen (r) Burgschwalbach (l) Freiendiez (r); ohne Orgel: Oberneisen (r) neue zu erwarten
Inspektion Dörnberg (Amt Diez): Dörnberg (r) Holzappel (r) Langenscheid (r) Eppenrod (r) Balduinstein (k) Cransberg (l) Schönborn (l); ohne Orgel: Hirschberg (r) Isselbach (r) Geilnau (r) Heilberscheid (k)
Inspektion Nastätten (Amt Nastätten): Nastätten (k, l u. r) Diethardt (l) Dörsdorf (l) Himmighofen (l) Holzhausen a. d. Heide (l) Klingelbach (l) Marienfels (l) Miehlen (l) Rettert (l) Ruppertshofen (l) Reckenroth (l)
Inspektion Rennerod (Amt Rennerod): Seck (k) Neunkirchen (r) Westerburg (l) Gemünden (l) Willmenroth (l) Emmerichenhain (r); ohne Orgel: Rennerod (k) Elsoff (k)
Inspektion Rod a. d. Weil (Amt Usingen): Hasselbach (k) Haintchen (k) Grävenwiesbach (l) Merzhausen (l) Neuweilnau (l)
Inspektion Usingen (Amt Usingen): Usingen (l) Rod a. Berg (l) Arnoldshain (l) Anspach (l) Wehrheim (k u. l) Pfaffenwiesbach (k) Cransberg (k) Brandoberndorf (l) Cleeberg (l)
Inspektion Ransbach (Amt Selters): Ransbach (k) Helferskirchen (k) Maxsayn (r) Wölflingen (r) Herschbach (k) Marienrachdorf (k)
Inspektion Hattenheim (Amt Eltville): Eltville (k) Erbach (k) Kiedrich (k) Hallgarten (k) Hattenheim (k) Mittelheim (k) Neudorf (Martinsthal) (k) Niederwalluf (k) Oestrich (k) Rauenthal (k); ohne Orgel: Oberwalluf (k)
Inspektion Rotzenhahn (Amt Marienberg): Liebenscheid (r) einzige
Inspektion Dornholzhausen (Amt Nassau): Nassau (l) Kördorf (l) Becheln (l) Dienethal (l) Ems (l) Singhofen (l) Niedertiefenbach (l) Dausenau (l) Weinähr (k) Dornholzhausen (l); ohne Orgel: Schweighausen (l) Seelbach (k) Arnstein (Krieg zerstört)
Inspektion Wallau (Amt Hochheim): Wallau (l) Delkenheim (l) Nordenstadt (l) Igstadt (l) Breckenheim (l) Medenbach (l) Langenhain (l) Lorsbach (l); keine Orgel: Wildsachsen
Inspektion Meudt (Amt Walmerod): Keine; ohne Orgel: Hahn (k) Meudt (k) Großholbach (k) Nentershausen (k) Niederweierbach (k) Hundsangen (k) Salz (k) Schönburg (k) Berod (k) Weidenhahn (k)
Inspektion Naurod (Amt Wiesbaden): Naurod (l) Auringen (l) Rambach (l) Sonnenberg (l) Schierstein (l) Bierstadt (l) Kloppenheim (l) Frauenstein (k) Klarenthal (l) Erbenheim (l) Mosbach (l) Biebrich Schloß, Dotzheim (l)
Inspektion Grenzhausen (Amt Selters): Grenzhausen (r) Als-

bach (r) Nordhofen Rückeroth (r) ; ohne Orgel: Nauort Grenzau, Breitenau (k) Freirachdorf (r) Selters (r) Nordhofen (r)
Inspektion Weilmünster (Amt Weilburg): Altenkirchen (l) Philippstein (l) Essershausen (l) Hirschhausen (l) Löhnberg (l) Niedershausen (l) Obershausen (l) Allendorf (l) Mehrenberg (l) Weinbach (l) Elkershausen (l) Langenbach (l) Weilmünster (l); ohne Orgel: Edelsberg, Lambach, Bernbach, Cubach, Selters, Dromershausen, Mengerskirchen (k) Wibels, Probbach, Dillhausen, Hasselbach, Bornig-Selbenhausen, Walhausen, Odersbach, Ahausen, Kirchhofen, Gräveneck, Aulenhausen, Ernsthausen, Möttau, Diedenhausen, Rohnstadt. Die Orte sind alle lutherisch [10].

Das bedeutet, daß in den alten kath. Pfarreien zusammen 87 Orgeln, in den evangelischen Pfarreien 180 Orgeln vorhanden waren. Es standen also, außer einigen nicht gemeldeten Gemeinden, 267 Orgeln in Nassau.

Für die Diözese Limburg konnte mit Hilfe der Schematismen von 1835, 1851, 1887, 1902, 1956 folgende Entwicklung festgestellt werden: 1817: 87; 1835: +36; 1851: +11; 1887: +41; 1902: +51; 1956: +63; nach 1956:+35; 1956 ohne Orgel: 60; jetzt Harmonium: 26. Summe 410 Gemeinden.

Die einzelnen Gemeinden werden in alphabetischer Reihenfolge abgehandelt.

Im wesentlichen wurden die oben gekennzeichneten Bestände des Hauptstaatsarchivs Wiesbaden, die fürstlichen Archive Solms-Braunfels und Solms-Lich, die Stadtarchive Frankfurt, Wetzlar und Wiesbaden ausgewertet.

In sehr vielen Fällen wurden die Pfarr- und Gemeindearchive benutzt, ohne daß jedoch - wegen der Vielzahl der Orte - eine Vollständigkeit erreicht werden konnte.

Da diese Archive in den seltensten Fällen geordnet sind, was heute bei der beruflichen Beanspruchung ihrer Verwalter kaum möglich ist, war die Benutzung immer sehr zeitraubend und schwierig. Es ist daher durchaus möglich, daß trotz versuchter Genauigkeit der Durchsicht der vorhandenen Aktenfaszikel, Rechnungen und - vor allem in den Haufen von losen ungeordneten Blättern - noch geeignetes Material übersehen wurden. Sehr oft konnten die Rechnungsbände und die dazugehörigen Urkunden- oder Belegbände, vor allem des vorigen Jahrhunderts, die einzige Auskunft über die ursprüngliche Form des Instrumentes geben, sowie die noch älteren vorhandenen Rechnungen der noch früheren Zeiten Angaben über die Erbauer geben. Da heute Rechnungen und Belege nur befristet aufgehoben werden, ist dieser Bestand in die Gefahrenzone gekommen, ebenfalls als erledigt betrachtet zu werden.

Es darf hier nochmal der Hinweis gegeben werden, daß vor allem im vorigen Jahrhundert die Praxis herrschte, daß alle zu einem Vorgang gehörigen Schreiben, z.B. anläßlich einer Restaurierung, mitsamt den Voranschlägen, die meistens den alten Bestand aufzeichnen, in dem Urkundenband abgeheftet werden. Es ist dann meistens kein besonderer Aktenvorgang vorhanden. Befinden sich im Urkundenband nur Quittungen, dann kann auf das Vorhandensein der Unterlagen an anderer Stelle ge-

10) HStA Wsb 211/1409

schlossen werden, sei es in den bekannten Haufen fliegender Blätter. Der größte Teil der Ortsliteratur ist in der Landesbibliothek Wiesbaden erfaßt und konnte dort eingesehen werden.
Es sollte im vorliegenden Band versucht werden, eine möglichst umfassende Übersicht über die Daten der vorhandenen oder früheren Orgeln zu geben.
Eine gewisse Grenze ist das Jahr 1944, da zu diesem Zeitpunkt von den Kirchen Meldebogen über die Orgeln wegen Metallablieferung gefordert wurden [11]. Da auch die Dispositionen mit angegeben werden mußten, hat diese Meldung trotz des makabren Hintergrundes einen großen Wert [12]. In vielen Fällen habe ich auch noch die folgenden Jahre berücksichtigt.
Leider fehlten diese Meldebogen fast ganz für die Diözese Limburg, so daß ich mit Hilfe der Pfarrer und Organisten, soweit nicht eine eigene Aufnahme erfolgte, wenigstens den heutigen Zustand ermitteln konnte. In einigen Fällen wurden mir auch geschichtliche Daten angegeben.
Für viele Gemeinden konnte ich Aufzeichnungen über den früheren Zustand der Werke oder über die Neubauten aus den Archiven verschiedener Orgelbauer verwenden. So konnten benutzt werden die Archive folgender Orgelbauer: Joh. Klais in Bonn, Förster und Nicolaus in Lich, G. Hardt in Möttau, Eppstein in Weilmünster, G. Schmidt (Nachfolge Ratzmann) in Gelnhausen, Gebr. Oberlinger in Windesheim.
So sei es mir zum Abschluß erlaubt, allen zu danken, denen ich die Unterstützung meiner Arbeit verdanke:
Zunächst gilt mein Dank den Damen und Herren des Hauptstaatsarchivs und der Landesbibliothek in Wiesbaden, den fürstlichen Verwaltungen, sowie der genannten Stadtarchive. Für ihre freundliche Aufnahme und Hilfe bin ich auch besonders den Herren Pfarrern beider Konfessionen dankbar, die mir trotz mancher technischen Benutzungsschwierigkeiten die Einsicht in ihre Archive ermöglichten.
Mein besonderer Dank auch den beiden großen kirchlichen Archiven, dem Zentralarchiv der Landeskirche in Hessen und Nassau und dem Bistumsarchiv in Limburg.
Ein persönlicher Dank gilt dem verstorbenen Sachverständigen der Landeskirche in Hessen und Nassau, dem immer hilfreich gewesenen Pfarrer Theodor Wißmüller, der die Fragebogen in einer Kartei zusammengestellt hatte und sie auch später vervollständigt hat. Leider konnte ich ihm mit der Übergabe des vorliegenden Werkes kein bleibendes Dankzeichen mehr überreichen. Seiner gedenke ich an dieser Stelle mit besonderer Hochachtung und Dankbarkeit.
Für besondere Unterstützung durch Überlassung ihrer Aufzeichnungen danke ich dem Orgelsachverständigen, Herrn Kantor Hans Brendel in Wiesbaden, mit dem mich besonders manche denkmalpflegerische Arbeit verband und Herrn Lehrer Franz Vogel in Wiesbaden, der sich als guter Kenner des Westerwaldgebietes ausgewiesen hat und durch

11) Meldebogen für Orgel. Reichsstelle für Eisen und Metall Berlin-Schöneberg
12) Gekennzeichnet sind diese Meldungen FBHN44

seine besonders guten Zeichnungen in vielen orgelkundlichen Publikationen bekannt geworden ist.
Nicht zuletzt danke ich herzlich meiner lieben Frau Anneliese, die immer volles Verständnis für diese Arbeit gezeigt, etliche Archive mitdurchsucht hat und Begleiterin auf manchen der vielen Tausend Kilometer auf der Landstraße war. Sie übernahm auch die schwierige Arbeit der Korrekturen von Manuskript und Druck sowie die Aufstellung des Registers.
Als Abschluß der Studien ist das Ende des Jahres 1969 anzusetzen.

Franz Bösken

Herschbach Uww., Joh. Wilhelm Schöler, 1772-74 *Zeichnung von Franz Vogel*

ACKERBACH

Ein Gesuch um Genehmigung der Anschaffung einer Orgel richtet Pfarrvikar Anthes, Sohn des Orgelsachverständigen Kantor Anthes in Idstein, am 10.2.1842 an die Regierung, in dem Verhandlungen mit Raßmann und Voigt vorgesehen sind. Der Dekan leitete dieses Gesuch an die Regierung am 16.2.1842 weiter.
Ein Plan des Caspar Embach beläuft sich auf 680 fl unter Berücksichtigung von Verbesserungsvorschlägen des Lehrers Rooß auf 720 fl. Anscheinend verzögerte sich der Bau. Am 20.4.1853 wird der Plan an die Regierung gegeben und am 25.4.1853 genehmigt. Am 27.4.1853 erfahren wir, daß sich auch Buderus aus Singhofen beworben hat. Die Landesregierung erwidert, daß sie Buderus nicht empfehlen kann, "weil er sich in der Erfüllung eines Accords über eine neue Orgel in hohem Grade unzuverlässig bewähret hat". Der Preis von Embach schien zu hoch, man empfahl Voigt. Der Dekan teilte der Regierung am 1.6.1853 mit, daß man Embach wolle. Demnach baute Voigt, die Abnahme erfolgte am 12.7.1854 [13].
Diese Orgel wurde nach einem Bericht vom 24.4.1928 an die Regierung reparaturbedürftig und am 9.3.1929 legte Kantor Petersen einen Plan vor. Etwas Näheres über diese Orgel erfahren wir aus einem Bericht des Orgelbauers H. Voit u. Söhne, Durlach, vom 15.11. 1929. Es handelt sich um ein älteres Werk von 10 Registern, einem Manual und Pedal. Die Mechanik ist klapperig, vorhanden sind Schleifladen, die Einteilung der Register sehr eng, 2 nur halb ausgebaut. Die Register sind zum Teil in der Tiefe wegen ihrer Höhe gedackt, so daß ein offener Achtfuß wie ein zweites Manual fehlen. Der Prinzipal 4' soll zum 8', der 2' zum 4' umgebaut werden. Zu Hohlflöte 8' sollen 24 neue Pfeifen in der Tiefe gebaut werden und das Pedal um 7 Töne erweitert werden.
Zeitgemäß wird der Umbau auf pneumatische Traktur und der damit notwendige Neubau der Windlade empfohlen.
In diesem Sinne wurde ein Vertrag mit H. Voit am 28.4.1929 abgeschlossen [14].
Das Werk hatte nach diesem Umbau folgende Gestalt:
I. Pl8 Sal8 Gd8 O4 Fl4 Q3 O2 Rschq2f

13) HStAWsb 211/5056
14) ZALKHN 1/2330 Ackerbach

II. Hlfl8 Vxcl8 Echogb8 Gh4
Ped. Sbß16 Ztbß16 Vlbß8 [15]
Das Gehäuse hatte neoromanische Formen.
Im Jahre 1967 wurde ein neues Positiv erstellt von G.F. Steinmeyer, Öttingen:
Gd8 Pl4 Rfl4 O2 Schf2-3f1 1/3 [16]

ADOLFSECK

In den bis 1773 vorliegenden KR ist kein Posten für die Orgel aufgeführt [17]. 1817 ist eine Orgel bezeugt [18].
Nähere Einzelheiten über die Herkunft des Werkes sind den Verhandlungen zu entnehmen, die im Zusammenhang mit einer Neuanschaffung in den Jahren 1892-1897 stehen.
Nach einem Bericht an das Konsistorium in Wiesbaden vom 28.11. 1892 wurde über die nötigen Vorbereitungen wegen der Anschaffung eines Werkes berichtet, auch über die eingereichte Zeichnung des Orgelbauers Raßmann.
Das Gutachten des Seminarlehrers Wolfram über die eingereichte Disposition wurde am 18.4.1893 erstellt. Es wird erwähnt, daß Raßmann im benachbarten Hohenstein zur Zufriedenheit gebaut habe. Am 20.6.1897 wird berichtet, daß das Werk am letzten Sonntag eingeweiht wurde.
Von besonderem Interesse sind die Verhandlungen über den Verkauf einiger Zierrate des Werkes, so aus dem Bericht vom 20.6.1897 zu entnehmen: "Vor einigen Jahren wurde eine neue Orgel angeschafft und die bisher im Gebrauch gewesene im Rathaussaal deponiert". Sie hatte kein Pedal und war nicht mehr zu gebrauchen, der Orgelbauer will nur Bleireste übernehmen. Der Kirchenvorstand beabsichtigt eine Versteigerung. Eine Engländerin will für Holzverzierungen, so 2 "primitive" Engelchen aus Holz 20 Mk. geben. Das Konsistorium veranlaßte daraufhin am 9.7.1897, daß der Kunstwert festgestellt werden solle.
Die Beschreibung des Gehäuses war wie folgt: Gehäuse 2,50 m breit, 2,38 m hoch, 0,80 m tief, oberer Teil in Barockformen, Bekrönung in Flachschnitzerei, Engelfiguren Trompete blasend, Blumenkorb. Erbauer unbekannt.
Gegen den Verkauf wurde nichts eingewendet.
Das Dekanat Schwalbach berichtete am 23.7.1897: "In der Kirche Adolfseck stand bisher eine kleine Orgel, welche im Jahre 1807 von dem Kloster Camp gekauft sein soll. Dieselbe zeigt 2 figürliche Darstellungen und ornamentalen Schmuck. Der Kreisbaumeister bittet die Kirchengemeinde Camp, ob etwas über die Orgel bekannt ist."
Camp berichtete am 8.9.1897, daß weder in den Akten noch sonst etwas bekannt sei [19]. Es handelt sich vermutlich um die kleine Orgel

15) FrBHN44
16) Mitt. Brendel
17) HStAWsb Abt 133 KR
18) HStAWsb 211/1409
19) ZALKHN 1/2331

aus dem Augustinerinnenkloster in Kamp, die bei der Säkularisation für 66 Rthl. 36 alb. taxiert wurde [20].
Die jetzige Orgel baute Gustav Raßmann mit 7 Registern:
Pl8 Gd8 Sal8 Fl4 O4 O2 Sbß16 [21]
Sie hat eine mechanische Kegellade. Ihre Disposition wurde im Jahre 1953 durch Orgelbauer Katzer in Bleidenstadt wie folgt verändert:
Pl 4 Gd8 Sal8 Fl4 Gh2 Schf2f1 Sbß16 PK [22].

AHLBACH

In der 1880 erweiterten Kirche steht ein Werk, das am 27.1.1938 durch BO. Limburg genehmigt wurde und zum Preise von 3520 durch Ludwig Rohlfing, Osnabrück gebaut worden war. Nach Vertrag mit Orgelbauer Wagenbach, Limburg, vom 8.10.1959 wurde es durch eine Mixtur vervollständigt und umdisponiert.
Ursprünglich: I. Pl8 Gd8 Feenfl4 Rschpf2 II. Hlfl8 Sal4 Vxcl4 Sbß16,
jetzt: HW. Pl8 Gd8 Fl4 Mxt4f OW. Hlfl8 Sal4 Rschpf2 Sbß16 [23]

ALBSHAUSEN (Krs. Wetzlar)

Die kleine Barockorgel stammt aus der evangelischen Kirche Niederwetz-Reiskirchen und wurde durch Walcker im Jahre 1954 dort anläßlich eines Neubaus aufgekauft und in Albshausen restauriert wieder aufgestellt. Die Disposition entspricht der alten, Gehäuse und Windladen wurden übernommen.[24] Das Gehäuse stammt aus dem Jahre 1750.
Die Disposition: Gd8 Pl4 Rfl4 O2 Q1 1/3 Mxt3f Ped. angehängt [25]

ALLENDORF (Ulm)

Die Orgel wurde im Jahre 1890 aus Idstein gekauft, wo sie in der kath. Schloßkapelle gestanden hatte. In der dortigen Chronik wird berichtet, daß sie 1836 9 Register besessen habe [26].
Im Jahre 1891 wurde sie von Orgelbauer Eichhorn, Weilmünster umgebaut, wohl anläßlich der Aufstellung renoviert [27]. Nach der Aufzeichnung der Disposition vor der letzten Restaurierung hatte sie folgende Stimmen:
Pl8 Gd8 O4 Fl4 Sal4 O2 Harm8 Sbß16 Vlbß8.
Das Pedal war in Idstein im Jahre 1822 zugefügt, ebenso ein Krummhorn durch die Harmonika ersetzt worden.
Das Gehäuse mit sehr stark heraustretenden Spitztürmen auf beiden

---

20) s. Kamp, Augustinerinnenkloster. In Kamp konnte auch im PfA nichts ermittelt werden.
21) FBHN44
22) Mitt. Brendel
23) H. Becker, Ahlbach und seine neue Kirche. Festschr. 1960, S. 20 PfA
24) Abnahmebericht ALKRhl 12.4.1954
25) Arch. Hardt WWV 1955/56. S. Niederwetz-Reiskirchen
26) s. Idstein kath. Frdl. Mitt. Pf. Usinger Idstein
27) ALKRhl O + G

Seiten wirkt älter als die sonst üblichen des 18. Jahrhunderts. Die heutige Disposition nach der letzten Restaurierung: Pl4 Gd8 Rfl4 Q3 O2 Mxt3fl 1/3 Sbß16. Der Pfeifenbestand ist neu [28].

ALLENDORF (bei Weilburg)

Am 6. April 1752 wurde mit dem Frankfurter Orgelbauer Johann Christian Köhler und dem Kirchspiel Allendorf im dortigen Pfarrhaus im Beisein des Pfarrers Hermann ein Vertrag über den Neubau einer Orgel abgeschlossen. Dem Vertrag liegt ein eigenhändiger Entwurf des Orgelbauers zugrunde, den dieser offensichtlich in Limburg aufgestellt hatte, wo Köhler mit dem Bau der Orgel des St. Georgstiftes tätig war [29].

Der Wortlaut des Vertrages folgt in der definitiven Form:

Kund und zu wißen seye hiermit Jedermann wem daran gelegen ist, daß heute unten gesetztem Dato un Jahrzahl zu Allendorf in dem Pfarrhauß zwischen dem dasigen Kirchspiel an einem, sodann Herrn Johann Christian Köhler Hochfürstlich Heßen-Darmstädtischer Hof- und Land-Orgelmacher von Franckfurth am andern Theil wegen Verfertigung eines neuen Orgelwercks in die Allendörfer Kirch folgender Accord abgeschloßen und aufgerichtet worden:

1. Verspricht Herr Orgelmacher das Orgelwerck so zu verfertigen, daß es nach der Größe des Platzes und der Kirche schicklich seye und zwar mit folgenden Registern zu versehen
   1. Principal 4 Fuß, von fein Engelisch Zinn wie der Riß ausweißet
   2. Octave 2 Fuß
   3. Hohlflöte 4 Fuß
   4. Mixtur 3 fach
   5. Sesquialter 2 fach die größte Pfeif 3 Schuh
   6. Gedackt 8 Fuß von Holtz
   7. Vox humana discant 8 Fuß und
      Baß Krumhorn 8 Fuß
2. Verspricht Herr Orgelmacher zu diesem Werck 2 Blaßbälge, deren ieder 6 Schuh lang und 4 breit seyn soll, von Tannen Doppel Diehlen gemacht, mit Leder und Pergament wohlverwahret.
3. Verspricht H. Orgelmacher das Gehäuß nebst seinen Gesimse von Tannen Doppel Diehlen, rundum mit Thüren zu machen
4. Verspricht H. Orgelmacher die Zierathe von Bildhauer Arbeit um das Pfeifenwerck, alle inwendige Schlosser Arbeit nicht weniger alle Schreiner Arbeit so zu diesem Werck gehöret, auf seine Kosten zu stellen
5. Verspricht H. Orgelmacher das Clavier, so aus 48 Clavibus bestehen soll, und zwar die gantze Thöne von schwartzem Ebenholtz, die Semithonen aber von Helfenbein zu machen

---

28) ALKRhl O + G
29) Im Entwurf steht oben am Vertragskopf richtig Allendorf angegeben, aber am Ende bei der Datumsangabe steht Limburg.

6. Verspricht H. Orgelmacher alles Drathwerck zum Anhencken der Abstractur, wie auch die Federn unter das Ventil wegen des Rosten von Meßing zu machen
Vor diese sämtliche Arbeit gut gemacht verspricht hingegen das Kirchspiel dem H. Orgelmacher zu geben zweyhundert zehen Gulden und zwar:

1. Bey Abschließung dieses Accords sollen zur Angabe gegeben werden 30 fl.
2. Wenn das Werck fertig und von Orgelverständigen approbiret worden, sollen 130 fl gezahlet werden
3. [30] die übrige 50 fl sollen Jahr und Tag auch wohl noch länger stehen bleiben und ehe dieselbe ausgezahlet werden soll H. Orgelmacher gehalten seyn, das gantze Werck noch einmahl durchaus zu stimmen und alle sich etwa ereignende Fehler auf seine Kosten herstellen, daß also das Kirchspiel keine weitere Unkosten hat als das Werck in Frankfurth abzuholen.

Zu steter Festhaltung ist dieser Accord in duplo ausgefertiget von beyden Theilen unterschrieben und ieden Theil ein Exemplar zugestellet worden.
Geschehen Allendorf den 6. April 1752 W. Hermann p.t. Pastor loci [31]
Im Jahre 1753 ist das Werk abgeliefert; denn am 16.5.1753 wurde von Köhler über die 130 fl. eine Quittung ausgestellt.
Die letzte Summe, die mit der Durchstimmung bezahlt werden mußte, wurde erst am 30.1.1758 von Ph. Ernst Weegmann quittiert mit der Unterschrift Christian Köhler in dessen Nahmen der Sohn Ph. Ernst Weegmann [32].
Der Kuriosität wegen soll der Nachtrag zu der Quittung mitgeteilt werden:
Bey dießen 50 fl. wahren vierzehen und ein halber fransoische große Thaler jedes Stück zu 2 fl. 46 xr., welche aber nicht höher als 45 xr., ferner ein alter Keyßer Thaler zu 2 fl. 30 xr., welchen aber nur zu 24 xr., und dan ein Brandenburger Speci Gulden zu 1 fl 14 xr., welchen aber nur zu 12 xr. annehmen können. Daß also H. Zähler an dießem Geld ein Verlust zu 23 xr. erleiten müßen, solches bescheinige hiermit

Ph. Ernst Weegmann.

Also gab es auch schon damals Verlust beim Umtausch von Devisen.
Eine Abrechnung über Orgelgelder führt in den Einnahmen 289 fl. 12 alb, 4 d. auf in der Ausgabe 266 fl. 25 alb. 2 den.
Unter den Ausgabeposten möge noch interessieren, daß "das Orgelwerck mit 2 Wagen und 4 Pferden zu Frankfurth abzulangen habe zahlen müßen 13 fl." [33].
In einem Bericht an die Regierung in Weilburg wird die Orgel 1754 als neu bezeichnet [34].

30) im Original falsch 4.
31) Der Entwurf ist von J. Ch. Köhler unterschrieben.
32) Es handelt sich um den Stiefsohn.
33) PfA Allendorf Orgelakte
34) HStAWsb 153/243

Aus den Gemeinderechnungen ergibt sich, daß diese an den Kosten für die Orgel beteiligt war, so 1779 anläßlich einer Reparatur [35], desgleichen 1799, ebenso in den Jahren 1801 und 1809 [36].
Diese neue Orgel wird auch in der Aufstellung von 1817 bezeugt [37].
Gemäß Vertrag vom 9.6.1822 stellte Daniel Raßmann damals in Weilmünster zwei neue Bälge her und reinigte das Werk [38].
Dasselbe Werk wird in einem Inventar gekennzeichnet "Kleine Orgel 8 Register" [39].
Im Jahre 1943 fehlte das Rohrwerk [40].
Im Jahre 1960 wurde die Orgel von A. Hardt renoviert und hat heute folgende Disposition Pl4 Gd8 Rfl4 Q3 O2 Mxt1 1/3 Sbß16 [41].

ALPENROD

Im Jahre 1817 war noch keine Orgel vorhanden [42]. Die im Jahre 1887 von Gebr. Weil, Neuwied aufgestellte Orgel hat folgende Stimmen:
I. Pl8 Bd16 Gb8 Hlfl8 O4 Q3 O2 Mxt3f2
II. Gd8 Fernfl8 Sal8 Fl4
Sbß16 Obß8
Das Werk hat mechanische Schleifladen [43]. Die Hohlflöte wurde im Jahre 1909 durch Orgelbauer Eichhorn neugebaut [44].

ALSBACH (Dek. Selters)

Eine 1817 vorhandene Orgel wurde 1886 durch eine neue ersetzt, die G. Raßmann erbaute. Sie hat mech. Kegellade und folgende Register:
Pl8 Gd8 Gb8 Sal8 O4 Fl4 Mxt3-4f2 2/3 Sbß16 Obß8 [45]

ALTENBERG (Kloster)

Nach der Chronik des späteren Abts von Rommersdorf Petrus Diederich wurde an Stelle der alten Orgel von 1452 über dem Johannisaltar im Querschiff im Jahre 1653 eine neue Orgel von 8 Registern mit einem "umb-lauffenden Stern" gesetzt [46].
In den Antiquitates monasterii Aldebergensis wird noch zusätzlich über diese beiden Werke berichtet: "Die Orgell ist 1653 pro 96 Rthl

---

35) HStAWsb 162/237 GR 1779
36) HStAWsb 162/238 GR 1799, 1801, 1809
37) HStAWsb 211/1409
38) PfA Allendorf Orgelakte
39) Gemeint sind Züge, da das Rohrwerk ja geteilt war. ZALKHN 1/2339
40) FBHN44
41) Arch. Hardt. Den Hinweis auf den Vertrag verdanke ich Herrn Pf. Schermuly Allendorf
42) HStAWsb 211/1409
43) Arch. Hardt
44) ZALKHN 1/2333
45) Arch. Hardt
46) Fr. Ebel, Das Prämonstratenserkloster Altenberg, Magdeburg 1905, S. 53

et einem Centner Bley reparirt worden .." Anno 1452 ist die alte erste Orgel per Comtessa de Nassaw et Solms comparirt worden" [47].
In den Jahren 1756-1760 wurde die heute noch vorhandene Orgel neu errichtet. Die KR ermöglichen die genaue Bestimmung des Baujahres: "1756/57:21.12. ist die Angaab zur neuen Orgel dem Orgelmacher überschickt worden, so bestanden in 300 fl. hiervon allein das Closter geben 262 fl. aber haben unterschiedliche Gutthäter geben.
1758/59: Wegen Abholung der neuen Orgel zahlt für Fuhrlohn und was die Cloister Leuth verzehrt 36 fl. 3 xr. Ist dem Orgelmacher abermahlen zahlt auff die Orgel 150 fl. Als die Orgel aufgeschlagen gewesen dem Orgelmacher abermahl zahlt 768 fl., dem Gesellen des Orgelmachers an Trinkgeld 2 fl. 46 xr. Dem Wetzlarer Schreiner die Lamberi zum Balghaus zu machen 50 fl. Item dem Orgelmacher das Pedal-Gehäuß und sonstige Arbeit helffen machen 3 fl.
1759/60: Dem Orgelmacher 200 fl.
1760/61: Die neue Orgel nunmehero ausgezahlt als den Rest mit 100 fl."
In den nächsten Jahren stellten sich, wie häufig, zunächst noch einige Mängel ein.
1766/67: Für die Orgel zu repariren den 15.12. 88 fl.
Besonders interessant ist der Posten des Jahres 1768/69: Für ein Brief auf Rhaunen-Sulzbach 6xr.
Die Gesamtkosten für den Neubau erreichten nach obigen Posten die stattliche Summe von 1609 fl. 49 xr. [48].
Die Vergoldung des Werkes fand erst später statt: KR 1774/75 berichtet: "Mahler Becker 11.4. hat er an Gold für die Orgel zu kaufen abschläglich bekommen 100 fl."
1778/79 wurde die Orgel von Orgelmacher Greiner gestimmt, der am 7.9.24 xr. erhält.
Nach der Säkularisation des Klosters ging es in den Besitz des Fürsten von Solms-Braunfels über, der kurze Zeit darauf für eine durchgreifende Renovierung der wertvollen Orgel sorgte, die von dem bekannten Hoforgelbauer Bürgy aus Bad Homburg ausgeführt wurde.
Die Fürstl. Kammerrechnung quittierte 66 fl., wovon die Hälfte durch die fürstl. Schatullrechnung bezahlt wurde [49].
Die Orgelbauer beurkundeten ihre Arbeit durch eine Kreideinschrift in der Tür zum Hauptwerk: 1804 im Monat May wurde diese Orgel rep. von den Gebrüder Bürgy Hoforgelbauer in Homburg.
Die Pflege übernahm später der Orgelbauer Raßmann, Möttau [50].
So weist dementsprechend die Trompete b die Gravur auf: Wilh. Raßmann 1891, 1903.
Heute hat das Werk folgende Dispositionen (Stellung auf der Lade):
OW = HW C-c3
1. Bordun 16' Holz, Schölersche Bauweise
2. Principal 8'

---

47) FA Solms-Braunfels, Altenberg XIV, S. 745
48) FA Solms-Braunfels, Altenberg XXXVIII Klosterrechnungen
49) FA Solms-Braunfels II 11 c1 und I 11 f
50) FA Solms-Braunfels, 47-15-3 Rentkammer

3. Gamba 8' (Schöler)
4. Octav 4'
5. Salicional 4' oben Spitzlabium, unten Doppelbegrenzung, s. Nazard Pos.
6. Gedackt 8' Holz (Schöler)
7. Quint 3' (Schöler)
8. Superoctav 2' (Schöler)
9. Tertz 1 3/5' (Schöler)
10. Mixtur 3fl' rep. c^o, c^1, c^2 (Schöler)
11. Trompett 8' Discant alt, Schöler? Kehle mit besonderer Stütze
12. Trompett 8' Baß

UP C-c^3

13. Principal 4'
14. Flaut travers 8' Diskant, Baß mit Gedackt verführt, Holz
15. Hohlpfeiff 8' Tanne C-h, ab c1 Metall (Schöler)
16. Nazard 2 2/3' oben Spitzlabium, unten Rundlabium mit doppelter Begrenzung
17. Salicional 2' (Schöler)
18. Mixtur 3fl' rep g^1 g^2 Bauart und Gravur wie Stumm, Gravur "Altenberg"
19. Rohrflaut 4' (Stumm)
20. Vox humana 8' Discant Gravur wie Stumm Vox humana Altenberg
21. Vox humana 8' Baß

Ped C-c^o

22. Subbaß 16
23. Principalbaß 8' Holz (Schöler)
24. Octavbaß 4' Holz
25. Posaunenbaß 16' Holz Stiefel Eiche, Aufsatz Tanne

Die Manualkoppel ist als Schiebekoppel ausgebildet. Pedalkoppel zum HW. Manualumfang: C-c^3, Pedalumfang: C-c^o. Der Spielschrank ist links an der Seite.

Das sehr schlanke Gehäuse ist in das Gitter der Nonnenempore eingebaut, das UP in gleicher Höhe mit diesem, das OW darüberstehend. Den Hauptakzent bilden die beiden Spitztürme (5 Pfeifen), die auf beiden Seiten von schmalen Harfenfeldern (je 3 Pfeifen) abgestützt werden. Je zwei niedrigere, von innen nach außen kurvende Felder (je 11 Pfeifen) leiten zum Rundturm (etwa 2/3 der Spitztürme, 5 Pfeifen), der Mitte des Gehäuses. Die großen Spitztürme werden von posauneblasenden Engeln, der Mittelturm von David mit der Harfe gekrönt.

Etwas schmaler, die seitliche Grenze liegt jeweils unter der Mitte der großen Türme, ist das UP ausgebildet, das unmittelbar oben an das OW anstößt. Die untere Fortsetzung des runden Mittelturms des OW ist der als Hauptturm ausgebildete Rundturm des UP (5 Pfeifen). Ihm folgen nach beiden Seiten, durch kleine Harfenfelder getrennt, zwei niedrige Spitztürme (je 5 Pfeifen). Den seitlichen Abschluß bilden die zwei von außen nach innen hochschwingenden Harfenfelder (je 7 Pfeifen). Der Prospekt des UP bietet im Gegensatz zum OW nicht allen Pfeifen Platz. (Die Prospektpfeifen sind weiß gestrichen und die Labien gold umrandet.) [51)]

Leider ist der Erbauer des Werkes nicht eindeutig zu bestimmen. Durch die Renovierung zu Beginn des 19. Jh. ist offensichtlich neues Pfeifenwerk hinzugefügt worden. Aber auch unter dem älteren Bestand ist keine Einheit. So weicht das HW vom UP ab, in dem einige Register stehen, die nach der Bauart, der Ortsgravur und Mensur eine enge Verwandtschaft zu den Orgelbauern Stumm erkennen lassen, so Rohrflödt 4' (ihr Stand auf der Lade zwischen Mixtur und Vox humana ist ungewöhnlich) Vox humana 8'. Mixtur (Mensur und Repetition wie bei Stumm im Gegensatz zur Mixtur im OW), Hohlpfeif 8' (2 Oktaven Holz, der Rest Metall, im OW durchgehend Holz). Abweichend von diesem Bestand sind Nazard, Salicional (nicht repetierend), Flaut travers. Während das oben gekennzeichnete Pfeifenwerk von leichterem Metall gebaut ist, betonte rote Lötnähte und Rundlabien hat, ist der andere Bestand im UP und OW durch schweres Metall, Spitz- oder eingerückte Labien leicht abzusondern. Ortsgravuren sind hier nicht vorhanden. Die Form der eingedrückten Labien ist charakteristisch für OB Schöler in Bad Ems, während vornehmlich das UP-Pfeifenwerk auf Stumm hinweisen könnte.
Die Prinzipale des OW haben in den beiden unteren Oktaven eine grössere Weite, vor allem in Pl8 und O4, haben aber dann denselben Verlauf Stummscher Mensuren. Die Quinten und Terzen beginnen enger und zeigen weiterhin engerwerdende Tendenz. Abweichend ist die Repetition der Mixtur des OW. Das Salicional des OW ist konisch gebaut, das Gedackt ganz in Holz ausgeführt. Unklar bleibt die Frage, wieweit Bürgy neue Register und neues Pfeifenwerk eingebaut hat. Aber zusammenfassend muß gesagt werden, daß die Altenberger Orgel auch in ihrem jetzigen Zustand einen außergewöhnlich schönen Klang hat, der in dem im übrigen sehr interessanten Kirchenraum der ehemaligen Prämosntratenserinnen sehr gut zur Geltung kommt.

ALTENHAIN

Im Jahr 1817 war noch keine Orgel vorhanden, im Schematismus von 1837 wird sie aufgeführt. Heute ist eine Elektrium Alborn C 31 als Stiftung in der Kirche [52].

ALTENKIRCHEN (Krs. Weilburg)

Am 19.6.1755 berichtet der Pfarrer von Philippstein über Altenkirchen: "Zu Ende des vorigen Jahres eine Orgel, weil solche etwas schwach lautend, mit einem neuen Register vermehren und verstärken lassen."
Dafür wurden dem "Orgelmacher von Griedel (Drauth) 23 fl. ausbezahlt.

---

51) Fotografien des Werkes stellte frdlw. Fr. Vogel zur Verfügung, seine Aufnahme des Werkes konnte zum Vergleich herangezogen werden.
52) HStAWsb 211/1409. Schematismus, Limburg 1837. BALbgPfI

Er bittet in dem Gesuch an das "Nassau-Saarbrückische Consistorio", daß 10 fl. 15 alb. aus dem Kirchenkasten des Jahres 1754 bezahlt werden dürfen, "zumahl sie bei dem ganzen Orgelbau nichts aus dem Casten bekommen" [53].

Demnach wurde die Orgel vor 1754 erbaut. Die Disposition ist aus einem Bericht vom 15.8.1837, der anläßlich von Neubauverhandlungen abgefaßt wurde, zu entnehmen.

1. Principal 4'
2. Gedackt 8'
3. Quintatön 8'
4. Gedackt 4'
5. Oktav 2'
6. Quint 1 1/2'
7. Superoctav 1'
8. Mixtur 3f1'

Manual: 48 Töne, Pedal: C-c^{o}. Das Pedal war angehängt. Windversorgung durch Spanbälge.

Das Gehäuse war 5 1/2' lang, 2-2 1/2' breit, 10' hoch. Stimmung: Chorton.

Die Windlade wurde 1837 als gut bezeichnet, aber zu klein für die Pfeifen befunden.

Nach der Disposition zu beurteilen, wurde das Werk auch ursprünglich von Dreuth aus Griedel erbaut, kennzeichnend ist die Superoctav 1'.

Bemerkenswert ist das Fehlen der Flöte 2', an ihrer Stelle wurde wohl die Quintatön 8' gesetzt, die sonst bei Dreuth nicht auftritt. In der Zeit nach 1747 erscheint die Gamba. Sicherlich ist die Quintatön zur Verstärkung eingebaut, wie oben berichtet wurde [54].

Am 12.7.1803 wird dem Konsistorium in Weilburg berichtet, daß mit Lehrer Bock, Vollenkirchen, ein Akkord wegen einer Reparatur für 21 fl. abgeschlossen wurde, Datum dieses Akkordes ist der 16.7.1803. Die Wirkung war nicht von langer Dauer. Am 8.11.1808 wurde Lehrer Rühl, Niederkleen zur Reparatur beordert.

Am 21.9.1837 stellte die Gemeinde ein Gesuch wegen einer neuen Orgel in der neuen Kirche auf, da für diese, 79' lang, 40' tief und 31' hoch, die alte Orgel zu klein sei. OB Daniel Raßmann wurde am 16. 12.1837 aufgefordert. Er bemerkte aber schon, daß Kantor Anthes, Idstein, nicht sein Freund sei, dieser aber als Sachverständiger ein Hauptwort mitsprechen konnte. Am 9.4.1838 bittet OB Peter Weil, Weilmünster um Genehmigung des Akkords, mit dem Bemerken, daß er gezögert habe, da er "noch keine Probe gezeigt". Er berichtet bei dieser Gelegenheit über seinen Werdegang.

Am 30.8.1837 und am 8.9.1837 reichte Lehrvikar und Organist Demmer zwei verschiedene Dispositionen ein:

Plan I gibt auch für die verschiedenen Register genaue Materialangaben über Holzart und Mischungsverhältnis der Metalle sowie das Gesamtgewicht der Metallregister. Über diese Fragen sollte sich ein reger Briefwechsel entwickeln, da Raßmann in einer Stellungnahme zu diesem Problem anderer Meinung war. Diese Stellungnahme sei hier auszugsweise mitgeteilt, da sie einen guten Einblick in die Ar-

---

53) HStAWsb 153/26
54) HStAWsb 245/301

beitsweise Raßmanns und die Preisbildung der damaligen Zeit gibt.
Demmers Angaben sind folgende:

I. Principal 8' 15löthig, 54 Pfeifen = 200 Pfd
Octav 4' 12löthig, 54 Pfeifen = 50 Pfd
Bordun 16' Tanne 54 Pfeifen
Gedackt 8' Tanne 54 Pfeifen
Gamba 8' 15löthig, 54 Pfeifen = 150 Pfd
Quint 3' 12löthig, 54 Pfeifen = 30 Pfd
Mixtur 4f2' Cgce 12löthig, 216 Pfeifen = 54 Pfd
Gemshorn 4' 12löthig, 54 Pfeifen = 60 Pfd
Flöte 8' 2 obere Octaven Birnbaum
Flageolet 2' 12löthig, 54 Pfeifen = 20 Pfd
Trompete 8' 12löthig, 54 Pfeifen = 150 Pfd 2 Züge
Subbaß 16' offen, Tanne 25 Pfeifen
Violoncello 8' Tanne 25 Pfeifen
Posaune 16' 25 Pfeifen
Coppel, Ventil
3 Bälge 8' x 4'

Manualumfang: C - f^3 = 54 Töne, Pedalumfang: C - c^1, die Manualtasten sind unten mit Ebenholz belegt, oben mit Bein.
Rassmann erwidert mit einer detaillierten Stellungnahme:
Bisher sei kein Normgewicht für Pfeifen festgelegt, "Orgelbauer haben Pfeifen kaum gewogen". Er führt folgende Legierung für das Pfeifenmaterial auf [55]:

"12 Pfd Zinn 1 Pfd Bley = 12löthig
13 Pfd Zinn 1 Pfd Bley = 13löthig
14 Pfd Zinn 1 Pfd Bley = 14löthig
15 Pfd Zinn 1 Pfd Bley = 15löthig".

Er rechnet nun für den Principal 8' 15löthig mit 6 Dresdner Zoll Diameter 200 Pfd. Es kann also die Gamba nur die Hälfte wiegen, also 100 Pfd, nicht 150 Pfd (wie bei Demmer angegeben). Er rechnet anschließend die "heute" entstehenden Kosten auf : Angenommen 150 Pfd

---

55) Offensichtlich weicht Raßmann in der Berechnung der Lötigkeit von der heute üblichen und auch früher anderwärts geübten Praxis ab. Raßmann rechnet die Lötigkeit nach dem Anteil Zinn und fügt konstant 1 Pfd Blei hinzu, wodurch der Metallwert höher ist und die Klangfarbe in Richtung frisch und scharf tendiert. Zur selben Zeit setzt der OB Embach 12lötiges Mischungsverhältnis für das Orgelmetall an, Engers nur für Bordun 8lötiges Metall. Ersteres wird als Probzinn bezeichnet, letzteres als Naturguß. Deimling bezeichnet 10lötiges Metall als ansehnlich, Probzinn als gut. Heinrich nimmt 10lötiges Metall anscheinend als Norm an, warnt, nicht unter den Naturguß zu gehen. Die Abweichung Raßmanns kommt am besten zum Ausdruck im Vergleich der Prozentverhältnisse von Zinn und Blei.

Heute übliche Lötzahl			Rassmann	
	Zinn	Blei	Zinn	Blei
16lötig	100%	-	94,1%	5,9%
15lötig	93,75	6,25	93,7	6,3
14lötig	87,50	12,50	93,3	6,7
13lötig	81,25	18,75	92,8	7,2
12lötig	75,00	25,00 (Probzinn)	92,3	7,7
8lötig	50,00	50,00 (Naturguß)		

W. Ellerhorst, Handbuch der Orgelkunde, Einsiedeln 1936, S. 119 — E.L. Deimling, Beschreibung des Orgelbaues, Offenbach 1812, S. 58f — J.G. Heinrich, Orgellehre, Glogau 1861, S. 18f.

rohes Material, Feuer-Verlust beim Gießen pro 100 Pfd = 10 Pfd, so müßten 165 Pfd verwendet werden. "Vorigen Winter zahlte ich pro 100 Pfd Blockzinn 84 fl. ohne Transport, da Zinn auf- und abschlägt, so will ich die 100 Pfd Zinn im Querschnitt mit 70 fl. rechnen, so beträgt die bare Auslage 115 1/2 fl., für 1 Gesellen 24 Tage Arbeit = 3 1/2 Wochen und Kost und Logis 5 fl. = 17 1/2 fl. Kostenaufwand 133 fl. Der Orgelmacher erhält nach heutigen Preisen für diese Register 120 fl. als 13 fl. mehr Auslagen." "Nach Demmer soll Octav 4' 50 Pfd wiegen, wie kann dann ein Gemshorn 4'60 Pfd wiegen, da Gemshorn oben konisch, ohngefähr 2/3 enger ist, kann also statt 10 Pfd schwerer nur 2/5 wiegen."

Bei der Trompete 8' rechnet Raßmann bei einem Materialaufwand von 12lötigem Material und 15 Pfd Verlust 165 Pfd Metall und bei einem Messingpreis von 54 xr. pro Pfd sowie einer Arbeitszeit von 4 Wochen 120 fl., während nur 100 fl. bezahlt würde.

Für die Flöte müßte für die zwei oberen Oktaven Birnbaumholz, für die unteren Tannenholz verwendet werden. Er weißt auf seine Flauttravers in Hennethal hin. Als "Mitarbeiter des Planes" hätte er kein Violoncello disponiert, eher einen Violon-oder Octavbaß, "denn das Violoncello ist nur 16', was es eigentlich sein soll". "Der 8' wird in der oberen Octave nicht angenehm und zu jung. Steht ein Principal- oder Oktavbaß neben ihm, so wird er in der Höhe gedeckt, allein auf dem Subbaß sticht er oben zu sehr durch, deutlich gesagt, wird er oben zu vorlaut" [56].

In der weiteren Stellungnahme wird die Verwendung des offenen Subbasses 16' bemängelt und die Frage gestellt, warum er nicht, wie üblich in gedeckter Form verwendet wird, da er "offen nur in großen und eigentlich nur in solchen Werken, wo für das Pedal separate Blasbälge angebracht, welche 6-8° Wind mehr gegeben als denen des Manuals, weil ein offener Subbaß ohne diesen starken Wind schwächer klingt als ein gedeckter". Ist für kleinere Kirchen auch zu lang und muß gekröpft werden. Über die Verwendung von Koppeln mit Koppelventilen urteilt unser Meister: "An Orgeln, wo im Manual Zungenwerke stehen, fertige ich aus dem Grunde keine Coppelventille, weil nach dieser Art der Wind, wenn z.B. in Manual und Pedal bei gezogener Coppel von zwey Seiten der Pfeife zuströmt, und bey dem Zusammentreffen gewissermaßen gegen einander streitet und durch dies hin und her sich Wanken starke Verstimmungen herbeigeführt."

Nach seiner Berechnung sind die Bälge zu klein. Drei Bälge in den Maßen 8'x4' wären für ein kleineres Werk angebracht, wie z. B. in Rehborn.

Außer der einmanualigen Disposition gab Lehrer Demmer noch eine

---

56) Das Violoncello ist fast immer achtfüßig gebaut. Raßmann weist hier auf den Mensurenunterschied zum weiteren Violonbaß hin, da das Cello schon zu Ende des 18. Jh. bedeutend enger gebaut wurde und einen schärferen Ton hatte. So sticht es auf dem Subbaß stark hervor. Deimling disponiert in diesem Sinne bei ähnlichen Werken neben dem Violonbaß 8' eng einen Oktavbaß 8' mit weiter Mensur, so wie es Rassmann empfiehlt.
s. Chr. Mahrenholz, Die Orgelregister, Kassel 1942², S. 79.
Deimling, aaO, S. 127.

größere an, die er am 8.9.1837 einreichte:
UW. Pl8 Bd16 O4 Fl4 Q3 O2 Mxt2-3f Tpt8
OW. Pl4 Gd8 Rfl4 O2 Corn3f Vh8
Ped. Sbß16 Vc8 O4 Pos16
Man entzweite sich mit Raßmann und am 15.8.1837 wurde ihm mitgeteilt, daß er sich nicht weiter bemühen möge, da die Orgel "anderweitig accordiert" sei. Man beauftragte Weil mit dem Bau und schloß einen Kontrakt zu 1600 fl. ab, der am 27.4.1840 genehmigt und von Anthes entsprechend seinem Bericht vom 21.10.1840 abgenommen wurde.
Die Landesregierung genehmigte lt. Schreiben an Dekan Diekmann den Verkauf der alten Orgel an die Gemeinde Oberquembach zum Preis von 300 fl. Im Jahre 1943 hatte das Weilsche Werk 12 Register [57].

ALTENKIRCHEN (Krs. Wetzlar)

Das heutige Werk, von Walcker restauriert, wurde im Jahre 1859 von Fr. Weller in Weilburg mit Schleifladen erbaut. Nach einem Gutachten von Raßmann vom 10.7.1903 waren die Metallpfeifen dünn und die Mechanik defekt [58].
Nach einem Gutachten von OB Eppstein, Fa. Eichhorn in Weilmünster vom 1.7.1934 wurde die Reparatur als dringend notwendig bezeichnet und am 6.8.1934 beschlossen. Es wurden 3 nicht näher bezeichnete Register eingebaut. Die letzte Form vor der Walckerschen Restauration:
Pl8 Bd16 Gd8 Hlfl8 Gb8 O4 Gh4 Q3 Flgt2 Mxt3f2 Sbß16 Obß8 [59]
Nach dem Umbau ist heute folgende Disposition vorhanden:
Pl8 Bd16 (fehlt) Hlfl8 Gb8 O4 Fl4 Gh4 O2 Mxt4f1 1/3
Sbß16 Plbß8 Chbß4 Plbß2 [60]

ALTSTADT

Im Jahre 1817 war eine Orgel vorhanden [61]. Das Werk hatte folgende Stimmen:

1. Principal 8'	6. Quint 2' (3'?)
2. Octav 4'	7. Octav 2'
3. Gedackt 4' (8'?)	8. Terz 1' (1 3/5'?)
4. Salicional 4'	9. Mixtur 3fach
5. Flöte 4'	10. Trompete 8'

Angehängtes Pedal, 3 Bälge. Es wurde unter Pfarrer Simonis erbaut, der von 1697-1739 dort tätig war [62].

---

57) HStAWsb 245/301. FBHN44
58) ALKRhl O + G
59) FBHN44
60) Arch. Hardt
61) HStAWsb 211/1409
62) Matthias Dahlhoff, Geschichte der Grafschaft Sayn, Dillenburg 1874, S. 218

Das jetzige Werk von 12 Stimmen wurde im Jahre 1881 von Gustav Raßmann, Möttau, erbaut [63].
Disposition heute: Pl8 Bd16 Hlfl8 Sal8 O4 Fl4 Q3 O2 Mxt4f1 1/3 Sbß16 Obß8 Vcl8 (zu Chbß4 umgebaut) Schleiflade [64].

ALTWEILNAU

Am 29.7.1835 stellte die Gemeinde einen Antrag auf Neubau einer Orgel. Es müsse dazu eine Emporenbühne errichtet werden. Nach eingezogenen Erkundigungen forderte Raßmann 875 fl., und diese Summe schien der Gemeinde zu hoch. Man bezog sich auf die Größe der Kirche von Oberlauken, die ungefähr die gleiche sei, wo man für die Orgel von Raßmann 600 fl. bezahlt hatte [65].
Man entschied sich für einen Orgelbau durch Raßmann nach dem Muster von Oberlauken, jedoch mit dem Unterschied, daß statt Sal4 und Fl4 in Altweilnau Sal8 und Fl4, die Mxt4f statt 3f und das Ped selbständig durch zwei Stimmen besetzt würde. Kantor Anthes nahm Stellung am 23.8.1835 und sprach sich für die Reduzierung der Mxt4f zu 3f, wobei die veränderte Stärke durch die Fl4 aus Birnbaum (Spindelfl) aufgehoben würde [66].
Der Akkord mit Raßmann wurde am 1.10.1835 genehmigt [67]. Die neue Orgel war am 19.10. 1837 fertig und wurde von Organist Rupp aus Weilburg abgenommen [68].
Die heutige Orgel dürfte die originale Form der Raßmann-Orgel zeigen:
Pl4 Sal8 Bd8 Fl4 Spindelfl4 O2 Mxt3f2 Physharmonika Sbß16 Obß8 [69]
Die Spindelflöte 4' ist sozusagen ein Leitfossil der Orgeln von Daniel Raßmann, aus Birnbaum hat sie die Funktion der vordem üblichen Flaut travers aus dem gleichen Material.

ANSPACH

In einem Gesuch des Idsteiner OB Georg Friedrich Weißhaupt an die Regentin von Nassau-Usingen im Jahre 1733 bittet dieser um die Erlaubnis, in Anspach die Reparatur und Stimmung durchführen zu können. Da dieser Ort Gemeinschaftsbesitz des Fürsten zu Nassau-Dillenburg und des Kurfürsten zu Trier war, fiel dieser Fall nicht in den Entscheidungsbereich von Nassau-Usingen [70]. Wenn aber der Orgelbauer das Privileg für diesen erwirken wollte, ist anzunehmen,

63) Westerwälder Kirchenbote 1911, Nr. 1. FBHN44.
64) Arch. Hardt
65) HStAWsb 242/962
66) HStAWsb 211/4797
67) HStAWsb 242/962
68) HStAWsb 211/4797
69) FBHN44
70) Walter Wagner, Das Rhein-Main-Gebiet vor 150 Jahren, Darmstadt 1938, S. 83/85

daß er sich über die Existenz einer Orgel informiert hatte.
Im Jahre 1817 ist eine Orgel vorhanden [71].
Die jetzige Orgel wurde durch Gebr. Bernhard, Gambach, erbaut mit 9 Registern.
Pl8 Kztfl8 Gd8 Gb8 Sal8 Fl4 O4 Progrharm 2 2/3 2, 4 2 2/3 2 [72]

ARFURT

Am 10.1.1816 wurde berichtet, daß die Orgel beschädigt und eine Reparatur notwendig sei. Die Orgel wurde durch OB Ecker, Runkel, aufgenommen. Wegen vorhandener Schulden bittet er um einen Vorschuß. Die Gemeinde will die Hälfte tragen (4.6.1816). Die Landesregierung fragt am 19.3.1817 an, ob Ecker die Reparatur durchgeführt habe, die Gemeinde antwortet am 3.7.1817, daß Ecker vor 6 Wochen gestorben sei. Am 9.7.1817 teilt der Amtmann von Runkel der Regierung mit, daß Orgelbauer Christian Weil aus Neuwied, der aus Seelbach, einem Nachbarort stamme, die Reparatur übernehmen wolle.
Es empfahl sich auch OB Embach, der allerlei Attestate vorlegte: 11.12.1812 von Neuenhain, 23.3.1815 von Höchst (Philipp Embach habe die Mechanik der Pfarrorgel repariert), 11.11.1815 Hundheim. 22.3. 1815 Stadtprozelten, 14.8.1815 Kleinwallstadt, 1.5.1808 Preungesheim. Der Arbeitskreis reichte also damals weit in das Oberstift des Kurfürstentums Mainz hinein.
Erschienen war auch OB Engers aus Wehen. Ein Kontrakt wurde schließlich am 21.1.1818 mit Embach geschlossen und zur Genehmigung vorgelegt, die am 9.1.1818 von Wiesbaden erteilt wurde.
Am 28.6.1856 wurde wieder ein Reparaturgesuch eingereicht und dabei berichtet, daß die alte Orgel 1828 von der alten in die neue Kirche (1827-29 [73]) "transferirt" worden war und sei zur Zeit unbrauchbar. Mit Weil wurde ein Voranschlag von 121 fl. 30 xr. vereinbart und der Regierung vorgelegt und am 17.7.1856 genehmigt [74].
1904 wurde die heutige Orgel durch Joh. Klais, Bonn, als op. 279 mit 10 Registern aufgestellt [75].
Die Disposition:

I. Pl8 Hlfl8 Gb8 O4 Mxt2-3f — II. Lbgd8 Sal8 Fltr4
Ped. Sbß16 Vlbß8 — Pneum. Traktur [76]

ARNOLDSHAIN

Nach einem Schreiben vom 19.3.1783 hatte sich die Gemeinde entschlossen, die alte Orgel aus der Stadtkirche in Idstein zu kaufen.

---

71) HStAWsb 211/1409
72) FBHN44
73) Dehio-Backes, Hessen, S. 21
74) HStAWsb 211/14057
75) Walter, ZfI 1904/05, S. 301. HBLbg56 erwähnt 11 Register. Möglicherweise ist die Koppel mitgezählt.
76) Arch. Klais

Man beauftragte den OB Bürgy aus Bad Homburg, das Werk zu besichtigen, um einen Vertrag wegen Abbruchs und Reparatur machen zu können. Dieser behauptete nun, daß dieses Werk kein Geld "geschweige denn 100 Rthl wert" sei. Idstein berief sich aber in dem Schreiben darauf, daß die OB Stumm bei Übernahme dieses Werkes nicht 100-120 Rthl geboten haben würden, wenn es so schlecht wäre. Es handelt sich um die Orgel, die Georg Henrich Wagner aus Lich im Jahre 1673 für die Stadtkirche in Idstein erbaut hatte (s. Idstein)[77].
Zur Aufstellung dieser Orgel wurde im Jahre 1784 das Orgelgestell von der Gemeinde errichtet, wofür der Zimmermeister Johann Henrich Vintz aus Brombach 16 fl. 30 xr. erhielt [78].
Im Bericht von 1817 wird die Orgel gemeldet [79].
Nach Bericht vom 17.8.1835 wurde eine Erneuerung mit Conrad Embach akkordiert für 17 fl. und am 17.8.1835 genehmigt. Am 28.10. 1839 ersucht man um Genehmigung der Balgreparatur durch Storck, Friedrichsdorf, die am 31.10.1839 gewährt wurde [80].
Im Jahre 1860 erstellte G. Raßmann ein neues Werk, das 1943 folgende Gestalt hatte:
Pl4 Gd8 Sal8 Fl4 Corn B u. D Physharm Sbß16 Obß8 [81]

Rüstzeitheim: Positiv von Förster und Nicolaus 1954:
Gd8 Pl4 Pfl4 Spfl2 Zbl3f1/3. Schleiflade und mech. Traktur.

ARNSTEIN (Seelbach)

Das im Jahre 1139 gegründete Prämonstratenserkloster wurde im Jahre 1803 säkularisiert, kam an Nassau-Weilburg, und die Kirche wurde 1813 dem früher Arnsteinschen Ort Seelbach als Kirche überwiesen.
Die Prämostratenser pflegten nach den im Liber ordinarius festgelegten Regeln auf die würdige Gestaltung der Liturgie sehr viel Wert zu legen und zogen schon seit Anbeginn die Musik hinzu, auch schon bald die Orgel. So deutet die auf die Sequenz bezügliche Stelle im Arnsteiner Rationale divinorum aus dem 13. Jh. auf das Mitwirken von Instrumenten oder der Orgel:
"... Deinde sequenciam cum vocibus et organis iubilant, quia victoriam cum plausu et cantu celebrant". In dem Abschnitt "De choro" wird das Mitwirken der Instrumente mit Bezug auf die Gewohnheiten im Salomonischen Tempel noch einmal hervorgehoben: "... et Salomon cantores circa altare instituisse dicitur, quod voce tube, organis, cymbalis, cytharis cantica personuisse leguntur unde et adhuc in choris musicis instrumentis utuntur ..." [82].
Aus Anmerkungen aus dem 16. Jh. in dem Nekrolog des Klosters ist die Orgel durch eine Stiftung belegt: "8. Januarii. Johanni dicti Gen-

77) HStAWsb 133 Stadt Idstein 677
78) HStAWsb 133/KR
79) HStAWsb 211/1409
80) HStAWsb 211/5293
81) FBHN44

ser sacerdotis et custodis in Lympurg, qui legavit florenum ad organum" 83).

Visitationsberichte aus den Jahren 1629 und 1630 gewähren einen kurzen Einblick in die gottesdienstliche Praxis und der Verwendung der Orgel in jener Zeit:

Visitation 1629: "In summo sacro quando non pusatur organum semper post hoc cantabitur Graduale quando scilicet iuxta ordinarium cani debet (der Einsatz der Orgel geht aus dieser Stelle eindeutig hervor).

Visitationsbericht vom 28.4.1630: "Organa autem nec Introitum incipient nec Alleluia absorbunt, sed finito organo post Epistolam pulsu Alleluia semper a duobus cantabitur. Nec organa Credo cum choro divident sed totum Credo a choro canent et tota Praefatio et Pater noster a sacerdote absolvetur iuxta divisorum decreta conciliorum" 84).

Nach einem Brief des Abtes Sebastian des Prämostratenserkloster Ilbenstadt vom 14.6.1754 trug sich der Arnsteiner mit Orgelneubauplänen. Abt Sebastian lernte den Orgelmacher kennen in Ilbenstadt und berichtete seinem, schon von einer in Mainz gemeinsam verlebten Zeit, befreundeten Arnsteiner Abt von dem guten Eindruck, den er von diesem gewonnen habe. Er habe ihm die Pflege seiner Werke anvertraut und bedauert, daß sein Vorgänger einen anderen Meister herangezogen habe 85).

Nach einem Bericht von 1817 wird gemeldet: "In der ehemaligen Abtei Arnstein ist die Orgel im Krieg zerstört worden" 86).

Am 18.8.1828 wendet sich der Kirchenvorstand an die Regierung. Da neue Bühnen eingebaut wurden und zu diesem Zeitpunkt fast fertig waren, wurde das Orgelproblem aktuell.

Man berichtete, daß der größte Teil der Orgel erhalten sei und die Gemeinde eine Orgel fordere. Man bittet, die alte Orgel wieder aufbauen zu dürfen, da laut Protocoll Nr. 2 die Gemeinde "zu dieser schönen Orgel, wie sie früher darstand, so ganz billig wieder kommen kann". Man gab zu bedenken, daß beim Verkauf der Orgel der "Erlös unbedeutend" wäre. "Herr Orgelbauer von Ems (Schöler) hat Mittei-

---

82) HStAWsb Hs A2 Liber 2 S 18r und Liber 3 S 37
Abt Gerbert bezieht sich bei der Deutung der Stelle, die sich auf den Sieg bezieht auf Eckehard: "Discimus ex Eckehardo decano sangallensi auctore vitae B. Notkeri Balbuli c. 10 apud Bollandum, jubilos hos etiam solitos organis exprimi." Sequentiae (inquit) etiam canticum victoriae designant, quo iustorum animae in Deo pro sua liberatione exultant: sicut filii Israel pro sua ereptione canticum victoriae canebant, et quondam Romani. Jubilus autem id est neuma, quem quidem in organis iubilant, plausum victorum laetantium commendat".
M. Gerbert, De cantu et musica sacra, St. Blasien 1774, Bd I, S. 338

83) Becker, Der Nekrolog der vorm. Prämostratenser Abtei Arnstein an der Lahn, Nassauische Annalen XVI (1881)

84) HStAWsb 11 Akten II b 1

85) "Divertit nuper organarius hic Ilbenstadii et contractum cum Rev. Dignitate vestra iniisse praetendit, qui, quantum capio et quantum sapio, aequus admodum ac justus mihi videtur, aliunde jam sciens, quod hic vir, qui improbo suo labore parum ditescit et limites aequitatis raro admodum vel nunquam excedat, seque omni recommendatione dignum reddat. Opera ejus organica quae huijate in terra erexit, omnem laudem habent et approbationem optarem ego, eundem notum nobis fuisse, antequam D. Antecessor meus novum organum exstrui curavit et quidem praetio sat enormi, cujus medietate forte pepecissemus et organum melius accepissemus, qod tamen hoc modo emendavit, ac deinceps sub cura retinebit."
HStAWsb 11, Akten IId 8

86) HStAWsb 211/1409

lung gemacht, daß das noch vorhandene Orgelwerk gänzlich unbrauchbar sei". Nach Meinung des Kirchenvorstandes "gründe Schöler sich auf keine Wahrheit". Schöler habe sich das Pfeifenwerk nicht angesehen, wie es jetzt der Orgelbauer Arndt von Nomborn getan habe, der schon "viele Orgeln zur Zufriedenheit repariert". Er habe alle Teile genau untersucht, die Orgel "so schön wie sie früher war herzustellen". Man wolle einen Kelch verkaufen und den Rest durch freiwillige Beiträge zusammenbringen.

Schöler hatte einen Neubau im Sinne und reichte am 2.9.1827 einen Entwurf ein:

1. Principal 4' Zinn
2. Viola di Gamba 8' gutes Metall
3. Bourdon 8' gedackt von Holz
4. Hohlflöte 8' Baß Holz, Discant Metall
5. Salicional 4' Metall
6. Quint 3' Metall
7. Octav 2' Metall
8. Mixtur 1' 4 repetiert c^1, g^1, c^2, e^2
9. Fagott Baß 8' Metall
10. Oboe 2' Discant gutem Metall
11. Subbaß 16' Holz gedeckt
12. Principalbaß 8' Holz offen
13. Violonbaß 8' Holz offen

Pedalumfang bis ins 2te g, Clavier von Ebenholz, halbe Töne von Elfenbein. Das Werk soll auf der Seite spielbar sein. Die Coppel des Manuals und Pedalis soll durch besonderen Zug angehängt werden.
2 Bälge von "Doppeldiehl" 9' lang, 4 1/2' breit.
Preis 1250 fl. im 24 Fuß.

Am 14.5.1829 wurde mitgeteilt, daß man erst den Verkauf des Kelches abwarten wolle. Die Gemeinde bat am 26.6.1829 um die Erlaubnis einer Kollekte.

Am 14.12.1829 mußte man der Regierung melden, daß durch den im Monat April erfolgten Tod Arndts der Kontrakt hinfällig geworden sei und daß der Sohn diesen übernehmen wolle für 311 fl. Die Gemeinde aber berief Konrad Embach mit beiden Söhnen und bittet die Regierung um die Genehmigung des Kontrakts mit Embach in Höhe von 400 fl.[87].

Die Arbeit wurde im Oktober 1829 begonnen und im März 1830 beendet. Embach hat wahrscheinlich Grundbestandteile verwendet und folgende Disposition erreicht:

Principal 8'	Kleingedackt 4'
Großgedackt 8'	Quint 3'
Octav 4'	Mixtur 2-3fach
Salicional 4'	Trompete 8'

Später wurde statt des angehängten Pedals ein Subbaß 16' und Octavbaß 8' angebaut.

Eine erneute Renovierung wurde im Jahre 1923 durchgeführt, im Jah-

87) HStAWsb 211/5001. N. Arnold, 250 Jahre Seelbacher Schule, in: Heimatblätter für den Unterlahnkreis, Beilage zur Emser und Diezer Zeitung Jg. 5 (1930) Nr. 4.

re 1953 ein Neubau durch OB Walter Seifert als Teilbau geliefert.
Bis 1952 hatte die Orgel folgende Disposition:
Pl8 Gb8 Gd8 Dolce8 (neu) O4 Gd4 Spfl4 Mxt3f Sbß16 Obß8
Das Werk war an der linken Seite spielbar, das Pedal reichte von C-g. Der alte Prospekt mit einem durch seine Höhe betonten Rundturm in der Mitte von 7 Pfeifen, den anschließenden Flachfeldern von 9 Pfeifen, durch je einen größeren Engel betont, und den flankierenden Dreieckstürmen mit je 7 Pfeifen, mit den ziemlich großen Engelsköpfen mit Flügeln unter den die Türme tragenden Konsolen und den stark durchbrochenen Blindflügeln ist noch erhalten und könnte nach dem in hiesiger Gegend erhaltenen Vergleichsmaterial gegen Ende des 17. oder Anfang des 18. Jh. entstanden sein. Ob der oben angedeutete Neubau um 1754 wirklich durchgeführt wurde, ist nicht belegt, das Gehäuse scheint mir aber älter zu sein.
Der heutige Teilneubau hat folgende Form:
I. Pl8 Portunalfl4 O2 Mxt4f Tpt8 II. Gd8 Sal8 Pl4 Q3 Ped Sbß16 Obß8 Chbß4
Das Werk hat Taschenladen [88].

ARZBACH

Im Jahre 1817 war eine Orgel vorhanden [89]. An dieser vorhandenen Orgel repariert OB G. Heil aus Bad Ems im Jahre 1832 für 30 fl. Im Jahre 1848 stimmt OB Arndt, Nomborn, ebenso 1850. Dann unterbleibt die Stimmung, der Grund ergibt sich aus der Rechnung 1854, wo für die "Herstellung der unbrauchbar gewordenen Orgel" 18 fl. an Arndt bezahlt werden.
Nach der Erweiterung der Kirche durch Chor und zwei Seitenschiffe im Jahre 1860 mußte die Orgel hergestellt werden; 1861 berichtet die Kirchenrechnung: "Herstellung der durch den Kirchenbau zerstörten Orgel, die dem C. Zumsande gemachte Vorlage an Herrn Pfarrer 8 fl." 1864 schritt man dann zu einem Neubau. "Das Bauen und Aufstellen einer neuen Orgel in hiesiger Kirche mit Gehäuse dem C. Zumsande 1625 fl." Für Revision erhielt der Revisor Meister 7 fl. Für das Abholen des Werkes in Höhr, dem Wohnort Zumsandes, mußten 15 fl. 6 xr. bezahlt werden. So ergibt sich eindeutig ein Neubau im Jahre 1864 durch den OB Zumsande [90].
1876 wurde die Orgel durch Zumsande wiederhergestellt und seit 1878 stimmt und pflegt M. Keller, Limburg, das Werk, bis 1896 J. Klais Bonn an seine Stelle tritt. Dieser stellte 1899/1900 ein neues Werk auf [91].

---

88) Foto und beide Dispositionen verdanke ich Herrn Fr. Vogel, Wiesbaden.

89) HStAWsb 211/1409. Vorhandene Jahrgänge des 18. Jh. weisen keinen Posten über eine Orgel aus. BALbg KR Arzbach

90) Diesem widerspricht eine Angabe Walters, daß 3 Orgeln in einem Jh. vorhanden gewesen seien und die letzte im Jahre 1871 fehlerhaft geworden war, daher im Jahre 1899 von J. Klais eine neue gebaut wurde. Walter, Deutsche Zeitung für Instrumentenbau 7.10.1900.

91) BALbg KR Arzbach

Die Disposition:
I. Pl8 Bd16 Gb8 Fl8 Sal8 Rfl4 Wfl2 MxtCorn Tpt8
II. Ggpl8 Lbgd8 Aeol8 Vxcl8 Trfl4
Ped. Sbß16 Plbß8 Chbß4 Fag16 [92]
Diese Orgel kam bei einem weiteren Neubau im Jahre 1964 nach Kadenbach. Klais baute ein neues Werk:
I. Pl8 Rgd8 Pl4 Blfl2 Sesq Mxt4f
II. Hzgd8 Spillfl4 Pl2 Nas 1 1/3 Zbl 3f Rschalm8
Ped. Sbß16 Plbß8 Chbß4 Fag16

ASSLAR

Am 19.1.1819 richtet Pfarrer Raßmann ein Gesuch an die Regierung, eine Kollekte für die Orgel zu genehmigen, da die Kirche 1796 Magazin der Franzosen war und die Orgel unbrauchbar geworden ist. Schon vor 8 Jahren wurde eine Reparatur für unmöglich erklärt. Die Regierung Koblenz erwidert, daß man sich an den Fürst zu Solms wegen Beihilfe wenden solle [93].
Am 5.9.1835 wurde eine Reparatur durch Instrumentenmacher Luther, Aßlar, für 7 Rthl 10 Gr genehmigt [94]. Abicht stellt nur das Vorhandensein einer Orgel fest [95].
Der Sohn des Aßlarer Pfarrers Raßmann, der OB Daniel Raßmann, kannte die alte Orgel und ihren Zustand. Am 9.7.1843 wendet er sich an den Kreisbürgermeister und erwähnt, daß er ihn zuletzt in Aßlar im elterlichen Hause gesehen habe. Er bitte um die Übertragung eines Neubaus, zumal er jetzt Vater von 8 Kindern sei. Die Planung zog sich noch hin.
Am 15.2.1849 schreibt Raßmann nach Aßlar: "Da der 4.3. [96] auch auf die nassauische Industrie, namentlich auch auf den Orgelbau so nachhaltig gewirkt hat, daß auch mein Geschäft seit der Zeit größtenteils ruht, so habe ich eine schöne und gute in anliegender Disposition beschriebene auch für die Aßlarer Kirche passende kleine Orgel vorräthig gefertigt und in meinem Hause spielbar aufgestellt." Darauf wurde ein Kaufvertrag am 1.5.1849 abgeschlossen in Höhe von 400 Rthl, bei Übernahme der alten Orgel zum Preise von 30 Rthl. Die Disposition war folgende:

Principal 4'	Mixtur 3fl'
Solicinal 8' 3/4 Zinn	Subbaß 16'
Hohlfloete 8'Hz	Principalbaß 8'
Floete 4' Birnbaum	Coppel und Ablaß
Spindelfloete 4'M	Gehäuse in "Byzantinischer
Octav 2'	Bauart".

Das Projekt konnte wegen der Zeitverhältnisse nicht ausgeführt wer-

92) Walter, Zfl. 7.10.1900
93) StAKo 441/28745
94) HStAWsb 424/330
95) F.K. Abicht, Der Kreis Wetzlar, Wetzlar 1836/37, S. 158.
96) gemeint ist der 4.3. 1848, Märzrevolution, "Märzminister" Hergenhahn in Wiesbaden, G. W. Sante, Hessen in: Hdb der hist. dtsch. Stätten, Bd 4 Stuttgart 1960, S. L II

den. Ein neuer Vertrag mit Raßmann wurde am 1.2.1859 abgeschlossen. In einem Brief vom 11.2.1859 bedankt sich Raßmann, daß man an ihn gedacht habe und er wolle gern "in der Kirche seiner Jugend ein Denkmal setzen".
In dem Sommer 1859 mußte er zunächst die Orgel nach Edelsberg liefern. Dem Brief nach muß er sehr unter seinen Familienverhältnissen gelitten haben, er habe "viel Kreuz getragen". Im vorigen Herbst sei seine Frau gestorben und er habe viel Kummer wegen seines Sohnes Theodor, der ihn kürzlich mißhandelt habe, und den er aus dem Hause verwiesen habe. Er wurde sogar des Diebstahls beschuldigt.
Zur Orgel empfiehlt er noch die Aufnahme eines Cornett, "es wird bei allen neuen Orgeln gewählt, weil er sich zum Vorspielen der Melodie eignet".
Am 15.4.1859 wurde die Disposition durch Kantor Franke, Wetzlar, beurteilt, das Pedal als zu schwach empfunden und eine Erweiterung um eine Posaune 16' empfohlen. Er zeigt an, daß sein Sohn Gustav (sein Nachfolger im Werke) nach Aßlar kommen werde, um die Orgelbühne auszumessen. Nach Mitteilung vom 15.4.1860 soll die Orgel bald nach Pfingsten aufgestellt werden [97].
Nach 1935 wurde ein Neubau errichtet [98].
Ob Weigle erstellte folgendes Werk:
I. Pl8 Gd8 Gh4 Mxt2-3f
II. Sal8 Rfl8 Hzfl4 Pl4 Qfl3 Schwig2 Rschalm8
Ped. Sbß16 Obß8 Chbß4 (Tr) Rschalm (Tr) [99]

ASSMANNSHAUSEN

Ende des 18. Jh. bemühte man sich um eine Orgel und wandte sich um die Genehmigung dazu an die Regierung in Mainz. Der kurfürstliche Amtmann berichtete am 14.3.1792, daß ein Fonds von 450 fl. und Stiftungen, Kirchenstrafen und weitere Stiftungen vorlägen [1]. Zaun spezifiziert diesen Betrag: Gesammelt waren 435 fl., "der frühere Pfarrer Weis gab 100 fl., 150 fl. lieferte die Kirchenstrafgeldkasse und 49 fl. wurden in Wein und Grundstücken zusammengebracht" [2].
Am 27.3.1792 wurde von Mainz aus die Genehmigung erteilt. Es wird erlaubt eine "neue Kirchenorgel, deren sie noch keine hat, in dem Falle anzuschaffen, wenn sich der Ortsvorstand anheischig machen würde, die an denen accordirten 650 fl. noch fehlenden und aus der Gemeindekasse beizuschießende 200 fl. aus denen zu sammelnden wieder ersetzen wollen" [3].
Am 24.12.1791 hatte Orgelbauer Michael Engers aus Simmern einen Entwurf eingereicht, der durch die Regierung, wie gesagt, genehmigt wurde.

---

97) HStAWsb 424/330
98) Läufer, Gemeindebuch der Kirchensynoden Braunfels und Wetzlar, Wetzlar 1953
99) Arch. Eppstein.
1) StAWzbg MRA Lade 632/2052
2) J. Zaun, Beiträge zur Geschichte des Landkapitels Rheingau, Wiesbaden 1879, S. 303
3) StAWzbg MRA Lade 632/2052

1. Principal 4' engl. Zinn
2. Hohlpfeif oder Gedackt 8' Eiche
3. Viol de Gamba 8', untere Octav Holz, obere Octav Probzinn
4. Flöttraver 8' Discant, Birnbaum
5. Quint 3' Probzinn
6. Gedacktflöte 4' Probzinn
7. Sollicional 2' Probzinn
8. Octav 2' Probzinn
9. Waldflöte 4'
10. Terz 1 3/5'
11. Mixtur 3f 1' rep in g 2mal
12. Trompete 8' 2 Z
13. Vox humana 8' 2 Z
14. Subbaß 16'
15. Octavbaß 8'

Koppeln zu Man und Ped
Tremulant
Das Manual soll 54 Tasten das Pedal 18 haben. Zur Windversorgung wurden 2 Bälge 9' lang und 5' breit vorgesehen. Der Gesamtpreis sollte 650 fl. betragen.
Zaun bemerkte in seiner oben erwähnten Geschichte, daß sie "mangelhaft gefertigt" gewesen sei.
Die Ausstaffierung der Orgel erfolgte erst später. Im Jahre 1795/96 wurden 28 fl. 38 xr. bezahlt "die neue Orgel zu laquiren und vergolden" und 1797/98 noch einmal ein Beitrag aus der Kirchenkasse entrichtet [4].
1880 erbaute Schlimbach, Würzburg, ein neues Werk, dessen Gehäuse wegen starker Verwurmung später entfernt werden mußte.
I. Pl8 Bd16 Gb8 Gd8 O4 Rfl4 Corn4f
II. Fl8 Sal8 Dolce8
Ped. Sbß16 Vlbß16 Vc8 [5]

ATZBACH

In den Jahren 1783/84 wurde eine neue Orgel angeschafft [6]. Nach Abicht wurde sie alt gekauft; denn er bemerkt, daß die Kirche "mit einer guten zu Sachsenhausen bei Frankfurt gekauften Orgel versehen..." [7].
Im Jahre 1783 fanden in der Dreikönigskirche in Sachsenhausen Wiederherstellungen statt und man ließ durch die Gebrüder Stumm eine neue Orgel bauen, sodaß die alte verkauft werden konnte, die 1637 neu angeschafft worden war [8].

---

4) HStAWsb 108/3401 KR
5) FBLbg44, HBLbg56 13 Reg. Das PfA ist seit Pfarrhausbau 1910 verschwunden, die Chronik erwähnt den Neubau von 1791.
6) HStAWsb 166/67 1593
7) Abicht, S. 27
8) Peine, S. 54, Anm. 120. Nach Dehio stammt die Orgel aus der Erbauungszeit der Kirche 1766-67. G. Dehio - Gall, Handbuch der deutschen Kunstdenkmäler, Nördliches Hessen, München-Berlin 1960[3], S. 241.

Im Jahre 1831 wurde die Notwendigkeit einer Reparatur festgestellt, ebenso im Jahre 1842, wo der Orgelbauer Loos für den Juli angezeigt wurde [9]. Am 21.3.1885 reichte Orgelbauer G. Förster, Lich, einen Vorschlag für einen Neubau ein:
Pl8 Gd8 Hlfl8 O4 Gd4 Fl4 Q3 O2 Mxt3f Tpt8 Sbß16 Vlbß8 Koppel [10]
A. Hardt renovierte das Werk und gab ihm folgende Gestalt:
Pl8 Gd8 Hlfl8 O4 Nh4 Rfl4 Q3 O2 Sffl1 Mxt1 1/3 Sbß16 Obß8 [11]

AULHAUSEN

Aulhausen, Pfarrkirche

Vor 1838 wurde durch Orgelbauer H. Engers, Waldlaubersheim, eine neue Orgel erbaut. Auf beste Atteste über diesen Bau wird verwiesen in einem Bericht der Gemeinde Lorch, die sich wegen Reparatur der dortigen Orgel nach einem geeigneten Meister umsah [12]. Nach dem letzten Bericht hat das Werk 9 Register [13]. Versetzung und Neubau durch Carl Horn, Limburg op 58, 1913: I Pl8 Gd8 (alt) O4 (alt) Rschq 2 2/3 II. Ggpl8 Sal8 Fl8 Sbß16 (alt) Obß8 (alt) [14]

Aulhausen, Vinzenzstift

Erbaut von Conrad Euler, Hofgeismar:
I. Pl8 Rfl8 O4 Gd4 Wfl2 Q3 Mxt4f
II. Spfl8 Gd8 Spillfl4 Pl2 Sffl1 Rschalm8
Ped. Sbß16 Offbß8 Gh4 Tpt8

AUMENAU

Am 11.5.1903 wurde ein Orgelbau beschlossen, nachdem man sich zunächst mit einem Harmonium begnügen wollte. Man setzte sich mit Walcker und G. Raßmann in Verbindung, mit letzterem einigte man sich.
Pl8 Gd8 Sal8 O4 Fl4 Doubl 2 2/3 Sbß 16 Mech. Traktur [15]

AURINGEN

In einem "Historischen Bericht von allerhand Kirchensachen" unter Dörsdorfer Akten vom Jahre 1722 ist für Auringen eine Orgel belegt [16].

9) HStAWsb 424/1057
10) Arch. Förster und Nicolaus
11) Arch. Hardt
12) HStAWsb 211/5165
13) HBLbg56
14) PfA
15) ZALKHN 1/2337 Festschrift zur Feier der Einweihung der ev. Kapelle in Aumenau/Lahn 28.6.1903
16) HStAWsb 132/Dörsdorf 4

Am 27. 12. 1815 wurde mit OB Joh. Michael Engers, Wehen, ein Vertrag wegen einer Reparatur geschlossen, demnach die Windladen und Pfeifen nachgesehen, der Mixtur ein neuer Registerzug gearbeitet, die Bälge neu beledert, der Tremulant nachgesehen und ein neues Pedal gebaut werden sollte. 1816 wurde Engers mit 28 fl. nach Genehmigung vom 30. 8. 1816 entlohnt [17]. Die heutige Orgel wurde im Jahre 1890 von G. Raßmann mit 8 Registern geliefert [18].
Pl8 Sal8 Gd8 O4 Fl4 Corn 2 2/3 Sbß16 Vlbß8

BAD EMS

Bad Ems, ev. Martinskirche

Wie aus einigen Posten der Kirchenrechnungen des Jahres 1686/87 zu entnehmen ist, wurde in diesem Jahre eine neue Orgel aufgerichtet. So wurde dem Pfarrer Kirchengeld für die Orgel in Höhe von 13 fl. 12 alb. abgeliefert. Der Zimmermann Jacob erhielt 22 fl. 12 alb. um einen "Orgelstand" zu machen. Der Schmied lieferte eine eiserne Stange, um die Orgel zu befestigen; er lieferte auch Kohle, die der Orgelmacher "bei Aufrichtung des Orgelwerks verbrauchte" [19].
Aus einem Bericht wegen Anschaffung einer Orgel vom 5. 10. 1746 ist zu ersehen, daß die Orgel "leider 1720 verbrandt zusambt der Kirche". Die Kurgäste haben beigesteuert, so daß 312 fl. zusammengekommen sind [20].
Auf diesen Neubau beziehen sich die Ausgaben in der Kirchenrechnung von 1748, die sich im wesentlichen auf den Verzehr der Orgelbauer beziehen:
"Die Orgelmacher haben bey der völligen Verfertigung der Orgel nebst deren Leuthen verzehrt laut Spec. und Quitt. 96 fl. 15 alb.
Bey Probierung der Orgel ist verzehrt worden 10 fl. 15 alb.
Ferner ist an Wein aufgegangen für 7 fl. 4 alb. 4 d.
Die Orgel wurde in Neuwied abgeholt: Ferdinand Großer so die Orgel von Neuerwied abgeholet 13 fl." [21].
Wer ist der Orgelbauer, dessen Werk entweder in Neuwied hergestellt oder auf dem Rhein bis dorthin transportiert wurde?
Im Jahre 1750 bezahlt der Orgelmacher Johann Wilhelm Schöler zum ersten Mal Bürgergeld in Höhe von 3 fl. 10 alb. [22]. Es ist möglich, daß Schöler der Erbauer der Orgel ist. 1752/53 wurden ihm 10 fl. ausbezahlt, die Orgel abzunehmen und auszuputzen, wohl wegen Bauarbeiten in der Kirche [23]. Am 14. 6. 1781 wird an die zweiherrisch Dillenburgische und Darmstädtische Verwaltung berichtet, daß Praeceptor Schneider eine Anzeige gemacht hat, "daß die Orgel an Registern und Bälgen

17) HStAWsb 137 KR, 211/5006
18) FBHN44
19) HStAWsb 351 KR 1686/87
20) HStAWsb 355/143 - Heimatblätter für den Unterlahnkreis, Beilage zur Emser und Diezer Zeitung, Jg. 1 (1926) Nr. 1.
21) HStAWsb 351/GR 1748
22) HStAWsb 351/GR 1750
23) HStAWsb 351/KR 1752/53

Schaden gelitten". Am 29. 5. 1781 hatte Schöler schon einen Voranschlag gemacht. Die 3 Bälge waren durch das neue Dach beschädigt. Manual und Pedal mußten gereinigt werden. Die Arbeit wurde mit 60 fl. veranschlagt. Über diese Arbeit wurde am 9. 8. 1783 ein Testat von Fr. Emelicus Schneider, Praeceptor und Organist ausgestellt, daß die vom "Fürstlich Hessen-Darmstädtischen Landorgelbauer Schöler hergestellte Orgel tauglich und Dauerhaft" ist.

Wegen der Bezahlung überlegte man sich, "Die von Schöler verfertigte Orgel hätte von dem Opfer der auf der Bühne stehenden Personen unterhalten werden können". Eindeutig ist die vermutete Urheberschaft Schölers an dem Bau von 1748 aus diesem Satz nicht zu entnehmen, da er sich auf diese Reparatur beziehen könnte. Bei der Aufzählung der Personen, die ihren Sitz auf der Bühne hatten, erscheint auch unser Meister: "Orgelbauer Schöler nebst seinem Sohn und Gesellen" 24).

Eine Disposition über die Orgel erfahren wir aus einem Reparaturvoranschlag, den der Orgelbauer Buderus am 15. 3. 1840 erstellte 25):

Manual	Pedal
Principal 8'	Principalbaß 8'
Bordun 16'	Octavbaß 4'
Gedackt 8' Holz	Posaune 16'
Viola di Gamba 8'	
Octav 4'	
Rohrflöte 4'	
Octav 2'	
Sesquialter	
Cornet 3fach	
Mixtur 2' 4fach	
Vox humana 8'	
Trompete 8'	

Die Besonderheit der Besetzung von Sesquialter und Cornet neben 2 Lingualen, Trompete und Vox humana ist in einigen früheren Werken Schölers zu beobachten. Auch die Pedalbesetzung kommt in Werken dieser Zeit schon vor 26).

Der später nicht mehr verwendete Sesquialter kommt in dieser Gegend bei Schöler auch nur in den frühen Werken vor, wie auch das Tintinabulum, so in Niederwallmenach 1749 und Nauheim/Nassau 1754. Das Cornet wird auch später noch häufiger gebaut. Das Pedal wird in dieser Form später, besonders bei größeren Werken, immer wieder disponiert.

Im Jahre 1889 verfertigte W. Sauer, Frankfurt/Oder, einen Neubau:

I. Bd16 Pl8 Gb8 Flharm8 Gd8 O4 Rfl4 Mxt4f Tpt8
II. Pl8 Rfl8 Sal8 Fldo4 Fug4 Ob8
III. Spfl8 Lbgd8 Aeol8 Vxcl8 Trfl4
Ped. Plbß16 Sbß16 Obß8 Vcl8 Pos16

Diesem Werk folgte ein Neubau von W. Peters, Köln-Mühlheim, im

24) HStAWsb 175/292
25) HStAWsb 211/5007
26) Vergl. die Werke von Duisburg-Salvator, 1752, Hilden, ref. 1752, Ruhrort, 1756 in W. Munzert, Studien zur Geschichte des alten niederrheinischen Orgelbaus Hs. S. 19, 45, 50.

Jahre 1958. Es ist ein Werk mit Schleifladen, mech. Traktur und einem Jalousieschweller aus Plexiglas.
OM P18 Spf18 O4 Q3 Nh2 Mxt4f2 Tpt8
UM Rf18 Fldo4 P12 Q 1 1/3 Schf3f1 Vxhm8
Ped Sbß16 Obß8 Chbß4 Rschwerk3f 2 2/3 Lieblpos16 27)

Bad Ems, ev. Kaiser-Wilhelmskirche

Für diese neuerbaute Kirche fertigte im Jahre 1898 Klaßmeyer, Kirchheide, ein Werk von 18 Registern:
I. Bd16 P18 Gb8 Hlfl8 O4 Trfl4 O2 Mxt4f2
II. Ggpl8 Bordfl8 Sal8 Vxcl8 Fug4 Fldo4
Ped. Sbß16 Vlbß16 Obß8 Vcl8.
Das Werk hatte pneum. Traktur 28).

Bad Ems, kath. Alte Kirche auf dem Spies

Im Jahre 1811 war in dieser Kirche noch keine Orgel vorhanden 29).
In einem Brief betr. Kirburg erfahren wir am 14.5.1830, daß Schöler dort tätig ist 30).
Im Jahre 1953 hatte das Werk folgende Disposition:
Gedackt 8'
Principal 4'
Flöte 4'
Salicional 4'
Quint 3'
Octav 2'
Mixtur 3f
Gamba 8' 2 Züge. Hier stand wohl eine Zunge Trompete 8'?
Subbaß 16'
Violoncello 8'
Umfang Manual C-c^3, Ped C-f.
Die Untertasten sind von schwarzem Ebenholz, die Obertasten von Elfenbein. Der Spielschrank ist auf der rechten Seite 31).

Bad Ems, kath. Neue Kirche

In die 1876 neuerbaute Kirche stellte R. Ibach, Barmen, ein Werk auf, das von einer Ausstellung stammte und von Merklin-Cavaillé-Coll erbaut worden war. Dieses mechanische Werk mit 2 Schleifladen für I und II und Kegelladen im Pedal hat folgende Stimmen:
I. Bd16 P18 Gd8 F18 Gb8 O4 Hlfl4 Q3 O2 Mxt4f2 Tpt8 Tptbatalla8(stumm)

---

27) FBHN44 - Mitt. Wißmüller
28) FBHN44
29) HStAWsb 211/1409
30) HStAWsb 211/4427
31) Aufn. Vogel

II. Rfl8 Sal8 Trfl8 Flambl4 Fug4 Ob8
Ped. Plbß16 Vlbß16 Obß8 Vcl8 Pos16
MK PK 2 Fortetritte [32]

BAD HOMBURG

Bad Homburg, luth.

Die evang.-luth. Stadtkirche wurde im Jahre 1667 eingeweiht, im Jahre 1760 gründlich hergerichtet und seit dem Jahre 1908 nicht mehr benutzt.
Aus der Erbauungszeit stammte das Werk von Jost Friedrich Schaeffer aus Langensalza, zu dem der Landgraf 250 Thlr. zusteuerte.
Über Arbeiten an diesem Werk wird für 1705 von OB Heinius und 1719 von Franz Albrecht berichtet [33].
Leider ist über das Werk Schaeffers, von dem bedeutende Werke 1677 in Eschwege und 1682 in Rotenburg erbaut worden waren, nichts in Erfahrung zu bringen [34].
Anscheinend konnte die Orgel ihren Dienst nicht mehr leisten, am 23.4.1782 heißt es, daß sie nicht mehr gespielt kann [35].
Bereits im Jahre 1781 hatte man sich mit den berühmten Orgelmachern Stumm in Rhaunen-Sulzbach in Verbindung gesetzt, wie einem Schreiben von Johann Heinrich Stumm vom 25.10.1781 zu entnehmen ist, das dieser an den Kaufmann Joh. Phil. Bruère in Frankfurt richtete. Die Stumm fragten an, ob man ein Werk mit Rückpositiv oder einem Positiv oben zwischen dem Manual wünsche, wie sie es in der Katharinenkirche zu Frankfurt erbaut hatten [36].
Am 14.6.1782 schloß man einen Vertrag über einen Neubau mit dem Homburger Hoforgelbauer Johann Conrad Bürgy ab:
"Kundt und zu wissen seie hiermit, daß am heutigen zu Ende gesetzten Tag zwischen dem Hochfürstl. Hessen-Homburgischen Evangelischen Lutherischen Kirchenkonvent und dem hiesigen Hof-Orgel- und Instrumentenmacher Herrn Johann Konrad Bürgy nachfolgenden aufrichtigen und rechtsbekannten Kontrakt verabredet, geschlossen und vollzogen worden."
Hauptmanual
1. Principal von acht Fuß von feinem engl. Zinn mit aufgeworfenen Labiis und sauber poliert
2. Grob Bourdon 16' im Baß von Holz im Discant Metall
3. Viola de Gamba 8' Metall
4. Klein Bourdon 8' im Baß von Holz im Discant Metall
5. Octav 4' Metall
6. Salcional 8' Metall
7. Flauto minore 4' Metall

---
32) Aufn. Vogel
33) H. Jacobi, Von der Hofmusik der Homburger Landgrafen, Taunusbote 1936
34) D. Großmann, Kurhessen als Orgellandschaft, in: Acta organologica I, 75
35) Die folgende Darstellung nach Akten PfA Bad Homburg, Altes Archiv Konv. X
36) Abdruck: Bösken, Stumm, S. 8

8. Quinta 3' Metall
9. Superoctav 2' Metall
10. Holflaute 2' Metall
11. Spitzflaute 2' Metall
12. Zimpel 2f 1' Metall
13. Cornet 6f im Discant 1' Metall
14. Mixtur 6f 1' rep. Metall
15. Trompete 8' Metall

Positiv

16. Principal 4' engl. Zinn
17. Flauto minore 8' Holz
18. Holflaute 4' Metall
19. Quinte 3' Metall
20. Octav 2' Metall
21. Flauto traverso 4' Discant Holz
22. Spitzfloete 2' Metall
23. Mixtur 3f 1' Metall
24. Krummhorn 8' Metall
25. Vox humana 8' engl. Zinn

Echo

26. Bourdon 8' Baß Holz Discant Metall
27. Flaute 4' Metall
28. Salcional 2'
29. Quinte 3' im Baß gedackt im Discant offen Metall
30. Octav 2' Metall
31. Bason im Baß und Vox humana im Dixcant 8'

Pedal

32. Principalbaß 16' engl. Zinn, ab F im Gesicht
33. Subpaß 16' Gedackt Holz
34. Octavbaß 8' offen Holz
35. Quinte 6' Metall
36. Superoctav 4' Holz
37. Posaunbaß 16' Holz
38. Koppel
39. Tremulant
40. Wind Vendil

Das Werk sollte im Kammerton gestimmt werden.
Die Manualklaviere wurden aus Ebenholz, die Semitonia aus Elfenbein verfertigt, sie sollten einen Umfang von 53 Tasten bekommen. Für das Pedal wurde der Umfang von 25 Tasten vorgesehen.
6 Bälge sollten den notwendigen Wind liefern. Die Lieferzeit wurde auf 2 Jahre, 6 Monate festgelegt, die alte Orgel wurde übernommen und Logis sollte gestellt werden. Der Preis wurde auf 2400 fl. vereinbart, der Vertrag eigenhändig von Johann Conrad Bürgy unterzeichnet.
Der Akte liegt der Riß bei, nach dem das Gehäuse erstellt werden sollte, das auch heute noch erhalten ist.
Über den Kontrakt hinaus wurde im Pedal eine Mixtur eingebaut sowie ein zweiter Tremulant.

Die Abnahme erfolgte durch den damals berühmten Johann Wilhelm Häßler, Musicdirektor der öffentlichen Konzerte in Erfurt, am 25.4. 1787, nachdem sie am 29.3.1787 zum ersten Mal gespielt worden war. Bürgy wurde als "geschickter und sehr erfahrener Meister" gelobt. Die Orgel hat eine Höhe von 24', Breite 23 1/2' und Tiefe von 6' 9''. Wegen der Erstellung des Balggestells war ein besonderer Vertrag mit Phil. Reichert in Homburg am 9.5.1786 geschlossen worden. Am 24.8.1789 erbittet Bürgy für die Stimmung 10 fl. Weiterhin wurde das Werk von den Söhnen, Gebrüder Bürgy, gepflegt.
Das weitere Schicksal dieses Werkes ist aus den Akten zu entnehmen [37]: Eine Reparatur wurde im Jahre 1823 beschlossen. Man benutzte den Augenblick, wo Carl Landolt aus Gießen in Homburg weilte, da Herr Bürgy in Dornholzhausen "für seine Person zu schwächlich" sei. Landolt begann mit dem Ablegen der Pfeifen am 25.4.1823. OB Storck aus Friedrichsdorf wurde 1831 für das Stimmen engagiert und schlug 1835 eine Balgreparatur vor. Ein Kontrakt mit Landolt wegen einer Reparatur wurde am 29.8.1839 geschlossen. "Orgel von meinem Großvater neu erbaut". Die Mechanik des Hauptwerks wurde als zu schwerfällig, das Positiv als zu schwer ansprechend und als nicht mehr brauchbar befunden.
Wegen einer abermals notwendigen Reparatur wurde der damalige hessische Orgelsachverständige, Seminarlehrer Thurn aus Friedberg zu Rate gezogen. Für die Arbeiten werden genannt:
B. Dreymann in Mainz, Rothermel in Zwingenberg, J. G. Förster in Lich, W. Bernhard in Romrod, J. Köhler in Mainz, F. Voigt in Wicker bei Höchst. Dreymann wird als anerkannt tüchtig, geschickt, solid beurteilt, allerdings befürchtet, daß er sehr beschäftigt ist. Auch die Neubauten und Reparaturen Rothermels fanden eine gute Beurteilung. Eine genaue Aufstellung über die Orgel lieferte der OB Friedrich Helbig aus Hanau, die noch mit dem Vertrag übereinstimmt. Folgende Veränderungsvorschläge wurden unterbreitet:
Mixtur neu: C:2 2/3' 2' 1 1/3' 1'; c1: 4' 2 2/3' 2' 1 3/5',
Cornett 6fach auf 4fach reduziert: c1: 4' 2 2/3' 2' 1 3/5',
Cimbel 1' und Trompeten sollten wegen zu kleiner Kanzellen wegbleiben. Im ganzen sollten die Stimmen stärker intoniert werden.
Betr. das Positiv wurde vorgeschlagen, die Mixtur, da sie alter Art sei, neu zu bauen C:2' 1 1/3' 1' und einmal repetieren zu lassen. Die Mensur müsse "nach der Regel weiter sein als Prinzipal". Im Echo wird die Octav 2' als überflüssig empfunden und soll zu Prinzipal 4' umgebaut werden, statt Vox humana soll eine Flöte dolce 8' disponiert und in der Intonation gegenüber dem Hauptwerk zurückgenommen werden.
Im Pedal sollte die Mixtur durch eine Flöte major ersetzt und die Posaune umgearbeitet, vor allem die Mensur der Zungen verbessert werden. Mit neuen Bälgen sollte diese Arbeit von Helbig für 1003 fl. geleistet werden. Dieser Vorschlag wurde hier aufgenommen, da er ein Zeugnis für die Stellung der Orgelbauer-Generation der Mitte des 19.

37) Die folgenden Daten aus Bad Homburg EvPfA Konv. 4

Jahrhunderts bedeutet, die im allgemeinen noch die Werke anerkannte, allerdings die Mixturen herabsetzte und Zungen gerne durch leisere Labiale ersetzte.
Wilhelm Bernhard, Romrod, legt am 8. 8. 1849 sofort einen Neubauplan vor und schlägt bei Beibehaltung des alten Gehäuses folgende Klanggestalt vor:
I. Pl8 Bd16 Hlfl8 Gd8 O4 Hlfl4 Gh4 Q3 O2 Mxt4f2 Corn4f
II. Pl8 Qtt8 Sal8 Fldolc8 Gd4 Fldolc4 Spfl4 Mxt3f2
Ped. Plbß16 Sbß16 Obß8 Vlbß16 Bd8 Pos16 MK PK, der Preis 3000 fl.
Der Vorschlag von Rothermel, die 6 "Blasbälge à la Froschmaul" in 4 Zylinderbälge zu verändern vom 5. 5. 1850 und die sonstigen Renovierungen durchzuführen, wurden vom Revisor Thurn am 10. 7. 1852 gut beurteilt. Es wurde nur beanstandet, daß statt der Veränderung der Octav 2' in einen 4' das Salicional 2' in den 4' gebracht werden sollte.
Wegen des Neubaus der Kirche machte man sich Gedanken über die Orgel. In einem Bericht vom 18. 5. 1877 wurde festgestellt, daß die vorhandene Orgel in der neuen Kirche nicht verwendet werden kann, "da dieselbe im Renaisseancestyl erbaut ist und eine neue Kirche bekanntlich in Deutschland nicht in diesem Baustyl errichtet wird" 38).
A. Ratzmann Söhne in Gelnhausen reichten am 18. 5. 1877 einen Umbauvorschlag des alten Werkes ein:
Im I. Manual wurden eine neue Hohlflöte, Trompete, Rohrflöte 4', im II. Manual die Versetzung von Salicional 8' aus I nach II, ein neues Quintathön 16', eine neue Oboe mit durchschlagenden Zungen und eine Aeoline 8', im Echo Traversflöte 4', im Pedal ein neuer Violonbaß 16' und Oktavbaß 8' wie der Einbau neuer Kegelladen vorgeschlagen.
Am 7. 7. 1872 erklärte Walcker, daß ein Werk von 11 Stimmen genügend für den Raum sei. Als Interimsorgel wurde folgendes Werk für 5000 Mk. vorgeschlagen:
I. Pl8 Bd8 Gb8 Fl8 O4 Mxt4f 2 2/3
II. Lbgd8 Sal8 Fl4
Ped. Sbß16 Obß8
auf Kegelladen. Die Zahlungsanweisung erfolgte am 3. 4. 1873. Das alte Gehäuse wurde beibehalten 39).
Dieses Werk von 11 Registern wurde im Jahre 1909 nach Merzhausen verkauft, allerdings ohne Gehäuse 40).

Bad Homburg, englische Kirche

In dieser Kirche stand ein Werk von J. W. Walker, London, aus dem Jahre 1867:
Swell Organ: Open Diapason 8' Stopt 8' Pl4 Picc2 Hautboy 8
Great: Open Diapason 8' Dulciana 8' Stopt Diapason 8' Pl4 Fl4
Twelfth 2 2/3' Sesquialter 3 ranks
Ped: Bourdon 16 41)

38) ZALKHN 1/2540
39) EvPfA Bad Homburg Konv. 4
40) s. d.
41) Arch. Klais

Diese Orgel wurde im Jahre 1953 an die katholische Kirche Hl. Kreuz geschenkt 42).

Bad Homburg, ev. Erlöserkirche

Für diese von 1902-08 erbaute Kirche lieferte W. Sauer, Frankfurt/ Oder, in den Jahren 1905-08 die neue Orgel, die in den Jahren 1939/40 von Walcker umgebaut wurde und heute folgende Gestalt hat:
HW. Pl16 Qtt16 O8 Hlfl8 Gh8 Qtt8 O4 Rfl4 O2 Nh2 Nas3 T 1 3/5 Mxt5f2 Tpt8 Clarin4
II. RP Rfl8 Pl4 Gd4 O2 Schwpf2 O1 Schf3f1 Sffl 1 1/3 Tptreg8
III. SchwW Pl8 Gd8 Sal8 O4 Qfl4 O2 O1 Mxt5f 1 1/3 Zink2f2 Dulz16 Ob8 Hohetpt4
Ped. Plbß16 Sbß16 Obß8 Violfl8 Chbß4 Hzfl4 Hs6f Rschpf2f Qbß 10 2/3 Pos16 Tpt8 Pneumatische Traktur 43).

Bad Homburg, ev. Gedächtniskirche

Das Werk wurde 1913 von W. Sauer, Frankfurt/Oder, erbaut:
I. Pl8 Fl8 Gb8 O4
II. Gd8 Aeol8 Vxcl8 Fernfl4
Ped. Sbß16 Vcl8. Pneumatische Traktur 44)

Bad Homburg, ev. Gemeindesaal

Das Positiv mit geteilten Schleifen erbaute 1942 Fr. Weigle, Echterdingen, mit Schleiflade und mechanischer Traktur:
Gd8 Pl4 Rfl4 Mxt2-3f1 Kh8 Sbß16 45)

Bad Homburg, kath. Marienkirche

Die Orgel erbaute als op. 333 im Jahre 1906 Joh. Klais in Bonn.
I. Pl8 Bd16 Doppgd8 Gb8 Gh8 Dolce8 Flambl8 O4 Hlfl4 Picc2 Mxt4f Tpt8
II. Viol16 Hlfl8 Lbgd8 Qtt8 Sal8 Kzfl8 Vxcl8 O4 Fug4 Fl4 Corn2-4f
Ped. Plbß16 Sbß16 Salbß16 Obß8 Vcl8 Pos16 46)

Bad Homburg, kath. Hl. Kreuz

Die Orgel der engl. Kirche war seit dem 1. Weltkrieg profaniert. Sie hatte inzwischen Schaden gelitten und wurde von OB Klais nach Plänen von Organist an St. Marien, W. Hohn, restauriert. Sie wurde von der Stadtverwaltung an die Gemeinde geschenkt. Zum 100. Geburtstag fand

42) s. d.
43) Mitt. Wißmüller
44) FBHN44
45) Mitt. Wißmüller
46) Arch. Klais

eine Feier statt. Die Inschrift als Chronostikon gibt Kunde von der Schenkung:
angliCani organuM restauratuM magIstratus homburgensIs devovIt (1953) [47]

Bad Homburg-Enzheim, ev.

Eine Orgel wurde im Jahre 1830 von dem hanauischen OB Degenhard renoviert. 1843 bekam die Gemeinde ein neues Werk [48].

Bad Homburg-Gonzenheim, ev.

Die Orgel wurde von Ratzmann in Gelnhausen in den Jahren 1876/77 erbaut [49].
Die Disposition:
I. Pl8 Bd16 Hlfl8 Gb8 O4 O2 Mxt3f2
II. Lbgd8 Sal8 Dolce8 Fl4
Ped. Sbß16 Vlbß16 Vcl8 [50]
An ihrer Stelle steht heute ein neues Werk, das Förster und Nicolaus in Lich 1967 gebaut haben:
HW. Pl8 Spfl8 O4 Blfl2 Seq2f Mxt4f
Pos. Hzgd8 Rfl4 Pl2 Zbl2f Kh8 Tr
Ped. Sbß16 Obß8 Gh4 Nh2 Fag16 [51]

Bad Homburg-Kirdorf, kath.

Für die in den Jahren 1859-62 erbaute neue Kirche lieferte Hermann Dreymann im Jahre 1962 die neue Orgel. Auf mech. Schleifladen hat sie folgende Disposition:
Pl8 Bd16 Gb8 Gh8 Gd8 Qtt8 O4 Gh4 Nas6 Klgd4 Q3 O2 Mxt2 Corn8D, Tpt8
II. Ggpl8 Fl8 Sal8 Harmonika8 Fltr4 Dolce4 Spfl4 Flgt2 Basson/Hautbois8
Plbß16 Sbß16 Vlbß16 Obß8 Vlbß8 Obß4 Pos16.
Die Orgel wurde 1964 nach Plänen von P. A. Hohn OSB. durch die Firma J. Klais restauriert, wobei das Werk in der alten Form beibehalten wurde.

BAD SCHWALBACH

Bad Schwalbach, ehem. luth.

Für die alte gotische lutherische Kirche kaufte man im Jahre 1668 eine alte Orgel von Idstein, die Graf Johann Ludwig von Nassau-Idstein durch

47) Pfarr-Mitteilungen Heilig Kreuz Juni 1967
48) Heimat-Blätter f. d. Kreis Büdingen Jg. 13 (1940) Nr. 4/9
49) ZALKHN 1/2510. Inventar 1912.
50) Arch. Schmidt
51) Mitt. Brendel, Prospekt Förster und Nicolaus

den damals bekannten Orgelbauer Caspar Schütz aus Laubach im Jahre 1594 erbauen ließ [52])
Mit der Aufstellung des Werkes beauftragte man gemäß Kontrakt vom 2. 5. 1668 den Kiedricher Meister Hans Wendel Kirchner:
"Contract Hans Wendel Kirchner Orgelmacher von Kitterich im Rheingau. Itzstein den 2. 5. 1668.
Zu wießen seye hiemit jädermänniglich sonderlichen, welchen dieses Concept von nöthen zu wiesen, daß ein öffentlicher Contract Vorgang zwischen einem ehrsamen und ehrbaren Gericht und gantz Gemeinde zu Langenschwalbach [53]) eines theils und dann der ehrgeachte und kunsterfahrne Hans Wendel Kirchner Orgelmacher andern theils solcher Gestalt und also:
daß obermelter Orgelmacher die erkaufte Orgel zu Itzstein, und was dar zu gehörig von das erste abbrechen, hermacher zu Schwalbach ahm bestimmten Orth und Stellung aufsetzen, mit aller Zugehör, Balcke, Windlade unn was dar zu erfordert, nichts ausgeschieden, es habe Nahmen wie es wolle, und nach dieser Arbeit dieselbige Orgel stimmen nach gemäß der Kunst, alles sonder Argelist und Gefehrde. 35 Rthl. Hausmannskost, was an Handwerksleuten erfordert, als Zimmerleute, Schreiner, Schmidt, solle die Gemeinde aufsehen. Unterschrift."
In den Beilagen folgt die Abrechnung Kirchners vom 30. 7. 1668:
"Item alß die Orgel zum ersten Mahl geschlagen wahrt 1 Rthl.
Item zu Verehrung weil die Orgel fleißig gemacht geben 5 Rthl. 11 alb.
Die Kost so 9 Wochen sein alß 3 1/2 Wochen beim Schulmeister, 5 1/2 Wochen in dem Löwen 9 Rthl."
Schlosserarbeit: "2 Eißen, den Orgelfuß damit an die Mauer zu hencken von einem Eisen, das Gesimbß oben an der Orgel in den Bogen damit fest zu machen, 3 Eißen under die Bank hinder der Orgel bey der Windlade.
Obere Bälge, die drei underste Bälge.
Ein Stück an die Waltz am Register anzulöden.
16 Schrauben mit ihren zugehörigen Henkeisen zu den Brillen an das vorderste Register" [54]).
Zu dieser Orgel steuerte die Gemeinde Bärstadt 3 fl. bei.
"Zu der newen Orgel nacher Schwalbach 3 fl." [55])
Ursprünglich war diese Orgel neben der Kanzel aufgestellt, 1682 erfolgte ihre Versetzung in das Chor [56]).
Wegen der Versetzung wurde folgender Vertrag geschlossen:
"Actum Langen Schwalbach den 20. Febr. Styl vet. 1682.
Kundt und Zuwißen sey hiermit, undt in Kraft dieses, männiglichen, daß, demenach, uf vorbedachten Rath, Wissen undt Willen, unserer respectivè Herrn Superiorum, sodann hiesigen Oberschultheißen, Gerichten, Vorstehern, undt sambtlichen evangelischen Gemeinte, zwischen Uns, Pfarrern undt vier Kirchensenioren, ahn einem, undt Herrn

52) s. Idstein
53) seit 1875 Bad Schwalbach üblich
54) HStAWsb 303 Xd, 5/13
55) HStAWsb 303 KR 1669
56) A. Genth, Kulturgeschichte der Stadt Schwalbach, 1858, S. 137 Anm.

Johann Wendel Kirchnern, Orgelmachern zu Kiedrach, Rinckgauer Chur Mäintzer Gebieths, nebst seinen bey sich habenten zween Söhnen, Christoff undt Johann Henrich, ahn andere Theyl, wegen in allhiesiger Evangelisch Lutherischen Kyrch Langen Schwalbach, nechst der Cantzel ohnbequem undt zu transportiren nöthig stehenten Orgelwercks, ein ufrichtig undt beständiger Verdingungs-Contract, zu heüt obgesetztem Dato, beschehen, undt vorgangen, mann beyderseits darinnen sich nachfolgenten, wohlerwogenen Accordts verglichen habe, alß nehmlich: Er, Johann Wendel Kirchner, Orgelmacher, undt neben ihme, gedachte seine beyde Söhne, Christoff, undt Johann Henrich, sagen zu undt versprechen hiermit wissentlich undt wohlvorbedächtlich, solches auch also steif undt vest zuhalten, undt ohne alle Argelist, wie auch anderen ausser diesem Beding, einigen oder ferneren Kosten undt ohnverhoften Schaden, Gefahr undt Nachtheyl, obenberührtes Orgelwerck, von seinen jetzigen Orth der Cantzel nützlich undt besten Fleisses abzuschneiden, undt von dar sobaldt in der Kyrchen Chor, uf die, hinter dem Altar, über den Pfarrstuehl, dazu gelegte, undt von beyden Seithen des Chors, mit zweyen neü eingefasten Orgelständen, würcklich stehente Gebälcke, mitten â regione deß Althars ein, ordent- undt bequemlich in seine völlige Perfection, Standt undt Gang, hinzusetzen, dergestalt, daß, wie vorbehalten undt verglichen worden, Er Orgelmacher undt mehrbesagte seine beyde Söhne, dieses Werck, mit seinen jetzt habenten 6 Registeren, vorbast durch undt durch säuberen, mundiren, habente Fehler zumahlen außbesseren, undt Cornetto stimmen: Ein neu Tracturbreth, mit allen seinen Becirck undt Zugehör verfertigen undt summà das gantze Werck durchauß, undt biß zum geringsten Verbesserungspuncten, alß möglichsten Fleises einrichten wollen, daß das Principal in völligem runden Chor, undt einen feinen undt zierlichen Prospect vornen herauß in die Kyrch, der Sitz deß Organisten aber, sambt dem Clavir verändert, undt hinten zum Mittelchorfenster soviel am Blatz möglich undt thunlich hinkommen;

Demnach alle Züge dieses Wercks neu verändert, undt wie obsteht umbgekehret, undt in sein Esse perfectioniret, mit guter Arbeith wiederumb eingesetzet werde.

Darnach versprechen undt wollen er Johann Wendel, undt seine beyde Söhne, diese obbesagte Orgelwerck, neben denen 6 noch mit 3 neuen Registeren alß Trommeten, Quinth undt Zimbeln, vollkömlich vermehren, undt darzu alle Materialia, ahn Zinn, Bley, Blech, Drath undt dergleichen, uf eygenen ihren Kosten sich schaffen, undt hergeben: Sodann alle Schreiner- undt Schnitzarbeith zum Zierath, undt was sonst zum Werck allerseits nöthig sein wirdt, selbst machen, undt darzu gleichfallß die Materialia, ahn Holtz undt dergleichen sich uf eygenen Kosten stellen, Schlosser- undt anderer Schmittarbeith, so per se, voraus behalten, undt selbige die Kyrch bezahlen soll;

Zu deme Ende verabdinget worden, daß dieses Orgelwerck, unten mit einer proportionirten, undt zierlich erhabenen Brust, neben zu aber mit zwey wohl außgearbeiteten Blindtflügeln, uf beyden Seithen, mit außgeschmückter erhabener Schreiner- undt vornen zu, ringst den Pfeifen undt gantzen Werck, mit fein undt von guten sauberen Gehöltze, ufs form- undt fleißigste, wohl außgearbeiteter Schnitzarbeith, wie auch alle Gesimbse, nach ihrer ordentlichen Architectur undt Zierlichkeiten, neu undt in summa, dieses gantze Werck, sambt allen Zugehör, wie auch solches immer Nahme haben möchte, in seine Vollständigkeit von 9 Registeren, sambt den Tremulanten, dieses Accords lauth gemäß, netto undt wohlaußgefertiget, undt zwischen hier undt nechsterst künftigen Pfingsten 1682, eingangs Monaths Junij, ahn behörigen Orth, von Ihme Johannes Wendel, undt beyden seinen Söhnen, ohne allen, außer diesen beschriebenermaßen Beding, sonstigen Kosten, Gefahr undt Schaden, der Kirchen undt deren Vorstehern, treülich, undt was der Kunst Brauch, Schuldigkeit, undt Ehren zustehent, überliefert werden soll.

Darfür denn Ihme Johann Wendel, undt obberührten seinen beyden Söhnen, in allem undt allen, uf eygene ihre Kost, zubezahlen versprochen worden 95 fl. baares Gelts, undt gangbahrer Landtmüntze, sambt einer halb Ohme Bier, so Johann Elias Wilhelmi hierzu verehret, mit dem Beding, daß nach Lieferung, lauth ersten Punctes, der 6 Registeren dieses Orgelwercks, 40 fl., die übrige 55 fl. aber nach völliger geliferter Arbeith, lauth deß gantzen Accordts, zu Danck abbezahlet werden solle.

Urkundt unserer beyderseits Contrahenten nahmens unterschrift.

Datum ut supra.

Petrus Dietz, Evangel. Prediger allhier Mpp.

Johann Wendel Kirchner Orgelmacher.

Daß, laudt dieseß Brifß, dieser Accort, wegen darin gedachten Orgelwerckß, sich also verhalte, undt mit ihme Orgelmacher verhandelt worden sein, wirdt hiermit beschienen von Unß

Johann Philipß Braun Niklau: Schmeltz

Johann Eliaß Wilhelmi Johann Jacob Sartor

Samptlich Kirchen Senniohr

Christoffel Kirchener Orgelmacher von Kittrich

Hanß Hennerikuß Kirchener Orgelmacher von Kitterach [57]

Diese Orgel wurde zunächst von der lutherischen und reformierten Gemeinde gemeinsam benutzt, wenn es auch manche Auseinandersetzung dieserhalb gab.

Am 29. 8. 1732 beschwerte sich die lutherische Gemeinde über die reformierte, "daß sie den unerfahrenen Organisten Carl Dornen bey reformierten Gottesdienst habe spielen lassen". "Ihro königliche Majestät in Schweden, Fürstlich Hessisches Consistorium berichtet, Praeceptor habe im ref. Gottesdienst gespielt".

Man befürchtete, daß die Orgel "welche mit großen Kosten vor etlichen Jahren reparieren lassen", beschädigt würde [58].

Auf die Dauer schien die Orgel der Gemeinde veraltet und man bemühte sich um einen Neubau:

Am 19. 7. 1748 berichtet die Gemeinde über dieses Vorhaben:

"Demnach das Orgelwerk in unßer Ev. Luth. Kirch allhier nicht nur

57) PfA Orgelakte (ZALKHN)

58) HStAWsb 303 Xd, 5/13

sehr veraltet und gantz unvollkommen ist, so bezeigt ev. luth. Gemeinde mit Verlangen, eine neue Orgel machen zu laßen, ist auch willig, so viel alß in ihren Kräften stehet, etwas zu solchem heilsamen Zweck dar zu reichen".
Man wolle außerdem bei den "Brunnen Gästen hoch und niedrigen Standes" um milde Beisteuern werben.
Am 1. 9. 1750 wurde folgender Vertrag daraufhin geschlossen:
"Folgender Vergleich wegen einer neuen Orgel in der Ev. luth. Kirche allhier, ist zwischen dem Herrn Pfarrer und Kirchensenioren ahn einen, und dem Orgelmacher Simon Armbruster von Rantzel auf der Strüth zu ander Theil, biß auf hochgeneigte Ratification des Hochwürdigen Herrn Inspectoris Beckers verabordnet und geschlossen worden:
Als verspricht gedacher Herr Simon Armbruster eine neue Orgel von 10 Registern zu machen.
Ein Principal Register 8' offen ins Gesicht
Die Octav von Principal 4'
Die Superoctav 2'
Groß Gedeck 8'
Klein Gedeck
Die Tertii Register in Super Octav (1 3/5')
Die Quint 3'
Die Cymbel 1'
Die Mixtur 3fach 1'
Die Cornet 3fach durch das halbe Clavir Register in der Super Octav, im Discant.
Ein jedes dieser Register besteht in 48 Claves oder Pfeifen.

2. Machet der Orgelmacher Simon ein gantz neu Windlade von altem Eichenholtz mit 48 Canal, so dann verschaffet er auch das Holtz zu den Clavibus und verspricht die Bälg in guten Stand zu setzen, jedoch wird ihm das Leder und Drath angeschafft.
   Das Corpus in soweit es Schreiner- und Bilhauerarbeit ist, wird anderwärts veraccordirt und von ihm übernommen.
3. Diejenge Pfeifen, so annoch tüchtig sind, weil solche von gutem Metall, werden beybehalten, waß aber veraltet und unbrauchbar ist, wird umbgeschmolzen, das übrige erforderliche Metall muß von ihm auf seine Kosten angeschafft werden.
   Noch wird ein Petall ans Clavir angehengt.
   Den Transport hin und her besorgt die Kirche oder Gemeindt.
   Bey dem Aufschlagen wird er zehrfrey gehalten..."

Der Preis wurde auf 100 Rthl. festgesetzt, "vor die extradirte alte Orgel alß daß so Ihm praenumerirt vor 30 Rthl. vorgeschoßen".
Am 16. 9. 1750 garantiert das Gericht Ransel für 50 Rthl., da der Schulmeister und Orgelmacher Simon Armbruster "sein Kunst wohl verstehet..."
Genehmigt wurde der Entwurf des Neubaues von dem Inspektor "approbatur et confirmatur. P. Becker Inspector Ecclesiae."
Armbruster hat das Corpus sodann was die Schreiner- und Bildhauerarbeit betrifft verakkordiert, dabei folgendes festgelegt:
"1. Das Untergestell von dünnen Doppelthielen dauerhaft zu machen,

2. Das Obergestell nach vorgezeigtem Abriß der Höhe und Breite nach von gutem Borden zu verfertigen,
3. Die Rondelen mit den 2 Blindfügeln von gutem Lindenholtz sauber nach der Kunst außzuschneiden,
4. Dießes Corpus sambt der gantzen Orgel verspricht Herr Armbruster noch vor dem Christfest zu verfertigen, daß solches auch kann abgeholt werden."

Es werden angesetzt 40 fl. für Bord Hölzer und Arbeit, 10 Rthl. sollen im voraus bezahlt, der Rest nach Vollendung der Arbeit. Es unterzeichnen: Simon Armbruster, Johann Otto Riß, Schreiner und Johann Michael Werner, Schreinermeister.

An Schlosserarbeit wurde gebraucht 48 Winkelhaken, Stück 2 alb., zusammen 3 fl. 6 alb.

11 Register Eisen zu machen, Stück 12 alb. macht 4 fl. 12 alb.

11 Schrauben zu den Registern, Stück 2 alb. macht 22 alb.

"3 Runte Ringe an die Bulten an der Windlat 9 alb.,

6 Eisen an die Bulten an der Windlat 24 alb.,

6 Schrauben an die Orgel gereicht 12 alb.,

Eine Stange Eisen runt gemacht forn und einen runten Gnobe

11 Blege gemacht auf die Register 22 alb.

2 Riegel zusammen 20 alb."

Die Rechnung betrug im ganzen 11 fl. 7 alb.

Für Schmiedearbeit an Winkel, Eisen an den Kanal, Stangen zur Befestigung der Orgel wurden zusammen 11 fl. an Schmiedemeister Johann Brühl bezahlt.

Zu den Pfeifen wurden 17 Pfd. Zinn gebraucht zu 21 xr. zusammen 5 fl. 57 xr.

Die Rechnungen sind datiert vom 14. 7. 1751. Dazu kam noch für die Verpflegung die Fleischerrechnung.

In den Jahren 1769-71 ließ man durch Orgelbauer Schöler aus Bad Ems eine neue Orgel bauen, deren schönes Gehäuse heute noch vorhanden ist. Die alte Orgel wurde laut Quittung für 95 fl. nach Gemmerich verkauft.

Wegen der Bezahlung der neuen Orgel entstand ein Prozeß, ob die Gemeinde oder der Kirchenkasten zuständig sei. Aus dieser Prozeßakte erfahren wir auch über den Kontrakt mit Kirchner, da diese Abrechnung als Beweis für die Beteiligung des Gerichts und der ganzen Gemeinde beigelegt wurde. Am 31. 8. 1770 wird an die Reservaten Commission in St. Goar berichtet:

"Es hat die ohnumgängliche Nothdurft erfordert, daß in unserer luth. Kirche die Orgel durch die Zeit gänzlich abgenutzt und völlig unbrauchbar geworden, wir inzwischen eine neue Orgel accordiren müssen, davon sich der Betrag mit denen noch nicht völlig bestimmten Transportkosten ohngefähr auf 1000 fl. belaufen wird."

Aus den Prozeßprotokollen des "Forst- und Postverwalters Wilhelmi Denuncianten contra Vorsteher und Deputierte der luth. Gemeinde" ergibt sich, daß Schöler zum ersten Ziel 200 Fl. bezahlt wurden, weitere 215 fl. Michaelis 1769 fällig waren. Actum St. Goar 2. 2. 1781.

Die gründliche Stimmung und Reparatur wurden nach diesen Unterlagen

1781 durch Schöler durchgeführt, wobei Schöler und Sohn 8 Tage in Schwalbach verbrachten. Am 7. 7. 1816 wurde ein weiterer Kontrakt wegen einer Reparatur mit Philipp Embach aus Rauenthal geschlossen in Höhe von 70 fl. [59]).

Von denselben Orgelbauern aus Rauenthal wurde 1814/15 eine Reparatur für 50 fl. durchgeführt [60]).

Eine größere Reparatur wurde in den Jahren 1836-39 für 220 fl. ausgeführt [61]).

Die letzere Reparatur war durch die Herstellung der Kirche bedingt. Nach einem Bericht des Sachverständigen Anthes vom 14. 9. 1836 war die Orgel abgelegt. Sie wurde als ziemlich bedeutendes Werk bezeichnet.

Am 30. 12. 1828 war schon von Schöler ein Vorschlag wegen Versetzung der Orgel von der unteren in die obere Kirche vorgelegt, da die Orgel in der oberen ref. Kirche unbrauchbar geworden war und seit Jahren nicht mehr gespielt werden konnte [62]).

Am 16. 1. 1829 machte Schöler erneut den Vorschlag wegen Versetzung und Verstärkung des Pedals durch Octavbaß 8' und Posaune [63]).

Aber man nahm doch Abstand.

Daniel Raßmann schlug vor, das achtfüßige Werk mit 14 Registern zu reparieren unter Ergänzung der beschädigten Stimmen Trompete und Vox humana.

Fr. Voigt, Igstadt, überliefert die alte Disposition in den Vorschlägen vom 16. 10. 1836 und 21. 11. 1836:

Die Schölerorgel hatte demnach folgende Form:

1. Principal 8' Zinn
2. Bordun 16' Holz
3. Viol di Gamba 8' Metall
4. Flöte 8' Discant Metall
5. Gedackt 8' Holz
6. Octave 4' Metall
7. Quinte 3' Metall
8. Rohrflöte 3' Metall
9. Octave 2'
10. Mixtur 3fach 1 1/2' (16. 10. 3fach 1')
11. Trompete 8'
12. Vox humana 8'
13. Subbaß 16'
14. Violon 8' (16. 10. Principalbaß 8')

Am 16. 10. wird noch eine Terz 1 3/5' genannt, aber nicht Rohrflöte 4'. Es ist wohl ein Versehen beim Aufschreiben? Pedalcoppel und Windablaß (16. 10. Tremulant und Trompete 2 Züge genannt).

Am 21. 11. 1836 wird ein Reparaturvertrag mit Voigt für 250 fl. abgeschlossen.

---

59) HStAWsb 303 Xd, 5/13
60) HStAWsb 303/KR 1814/15
61) Rhein. Antiquarius II/13 S. 82
62) PfA Akte Bauwesen
63) HStAWsb 211/4792b

Das alte Gehäuse ist restauriert und erhalten, hat folgende Gestalt: Die Mitte bildet der große Rundturm, ihm lehnen sich auf jeder Seite ein etwas niedrigeres schmales Harfenfeld an, dem ein tieferes folgt. Ein Flachfeld verbindet dann nach außen mit dem größeren Harfenfeld. Der Prospekt ist also neunteilig [64].
In das alte Gehäuse von 1770 baute Walcker 1927 ein neues Werk als op. 2161:
I. Pl8 Kztfl8 Dulciana8 O4 Ob8
II. Hornfl8 Aeol8 Vxcl8 Bachfl4 Rschq2 2/3
Ped. Sbß16 Ztbß16 Vlbß8 Traktur pneumatisch [65]
Im Jahre 1950 baute OB Franz Katzer, Bleidenstadt, das Werk klanglich um:
I. Pl8 Fl8 SpO4 Gh2 Mxt3f
II. Qtt8 Bachfl4 Pl2 Hörnle 2f 1 3/5 Sffl1 Kh8
Ped. Gdbß16 Sbß16 Vlbß8 3Nk 2 Oktavkoppeln [66]

Bad Schwalbach, ehem. ref. sog. obere Kirche

1729 begann man mit dem Bau einer reformierten Kirche. Zunächst waren beide Konfessionen - Reformierte und Lutheraner - in der alten sogenannten unteren Kirche. Wegen der gemeinsamen Benutzung ergaben sich die oben genannten Schwierigkeiten. Später hat man sich eine eigene Orgel angeschafft. 1817 wird eine Orgel für die reformierte, sogenannte obere Kirche aufgeführt [67].
Am 30.12.1828 machte Schöler, Bad Ems, den Vorschlag über eine Versetzung der Orgel der unteren Kirche in die obere, dazu den Vorschlag der Einrichtung eines neuen Orgelstandes.
Am 27.7.1829 wird an die Regierung berichtet, daß die Orgel der oberen Kirche seit Jahren nicht mehr gebraucht werden könne. Man empfiehlt, durch OB Embach die Mängel feststellen zu lassen. Am 20.3. 1833 wird beschieden, daß die Transferierung der Orgel nicht empfehlenswert sei [68].
An Orgelbauern werden genannt:
Voigt, der 1837 bisher 3 neue Orgeln gebaut und 4 projektiert habe.
Heil, Bad Ems (Schwiegersohn und Nachfolger von Schöler) mit dem Bemerken, daß er sich dem Trunke ergeben.
G. Schmidt, Hadamar, der erst durch einige Reparaturen bekannt geworden sei.
Embach, Rauenthal, der nicht geschickt genug sei.
Buderus, Nassau, ein Anfänger, der noch unbekannt sei.
Daniel Raßmann, der vor 5 Jahren eine neue Orgel für Hennethal zum Preis von 1100 fl. erbaut hatte, machte auch einen Vorschlag für Bad Schwalbach, denselben, den er zur Zeit in Bicken in Arbeit habe:

---

64) PfA Akte Herstellung beider Kirchen. UB 1837
65) FBHN44
66) Mitt. Brendel
67) HStAWsb 211/1409
68) PfA VII Bauwesen

Vorschlag I
1. Principal 4'
2. Bordun 8'
3. Flauttravers 8'
4. Salicional 8'
5. Spitzflöte 4'
6. Quint 3'
7. Flachonett 2'
8. Mixtur 3fach
Pedal
9. Subbaß 16'
10. Principalbaß 8'
11. Violonbaß 8'
Preis 1200 fl.

Vorschlag II
1. Principal 8'
2. Bordun 8'
3. Salicional 8'
4. Octav 4'
5. Gemshorn 4'
6. Octav 2'
7. Mixtur 3fach 2'
8. Trompete 8'
Pedal
9. Subbaß 16'
10. Violonbaß 8'
Preis 1450 fl.

Kaspar Embach schlug als Neubau vor:
1. Principal 8'
2. Bordun 16'
3. Gamba 8'
4. Flauttravers 8' D
5. Hohlflöte 8'
6. Octav 4'
7. Salicional 4'
8. Quint 3'
9. Flöte 4'
10. Octav 2'
11. Mixtur 1' 3fach
12. Trompete 8'
13. Subbaß 16'
14. Violonbaß 8'
15. Posaune 16'
Preis 1500 fl. 69)

Am 21.11.1836 schlug Fr. Voigt vor:
1. Principal 8' Zinn
2. Bordun 16' Holz
3. Viola di Gamba 8' Metall
4. Gedackt 8' Holz
5. Octav 4' Metall
6. Flöte amabile 4' Holz
7. Spitzflöte 4' Metall
8. Quinte 3' Metall gedackt
9. Octav 2' Metall
10. Mixtur 3fach 2'
11. Trompete 8'
Pedal
12. Subbaß 16'
13. Violon 8'
14. Octavbaß 4'
15. Pedalcoppel
16. Windablaß

Manualumfang C-f^3, Pedalumfang 2 Octaven.
Preis 1300 fl. Orgel muß in Igstadt abgeholt werden.
Am 24.9.1837 bemüht sich Raßmann nochmals um den Bau und weist darauf hin, daß er bisher in Nassau 14 Orgeln gebaut habe, die letzten in Driedorf für 1900 fl., Eisenroth für 1700 fl. und in Weilmünster für 1300 fl.
Voigt schreibt am 9.8.1837, daß er zur Zeit mit Reparaturarbeiten im Dom zu Limburg beschäftigt sei [70].
Fr. Voigt erbaute das Werk, das am 10.10.1839 durch den Sachverständigen Anthes abgenommen wurde [71].
Die alte Orgel wurde zur Versteigerung freigegeben für den 28.9.1838.

69) HStAWsb 211/4792c
70) PfA Akte Herstellung beider Kirchen.
71) A. Genth, Kulturgeschichte, S. 149

Am 29. 9. wurde festgesetzt, daß das Werk bei der Ablage schonend behandelt werden müsse.
Das alte Pfeifenwerk ging an den Kaufmann Diefenbach, an Heinrich Herz und Samuel Abraham. Das Holzwerk wurde extra versteigert und ging an Diefenbach. Die Versteigerung wurde am 26. 12. 1838 amtlich genehmigt, nachdem die Protokolle vorgelegt waren [72].
Die Maße der alten Orgel waren: Länge 16', Tiefe 8 1/2'. Sie stand in der Mitte und wurde seitlich gespielt [73].
Am 18. 1. 1903 reichte H. Voigt, Söhne, Durlach, einen Neubauvorschlag ein:
I. Pl8 Bd16 Gb8 Solofl8 O4 Gh4 Mxt2 Tpt8
II. Ggpl8 Gd8 Aeol8 Vxcl8 Trfl4
Ped. Sbß16 Vlbß16 Obß8 Preis 5250 Mk. [74]
1913 lieferte endgültig Walcker die neue Orgel:
I. Pl8 Bd16 Fl8 Sal8 O4 Gh4 Mxt3-4f2 2/3
II. Ggpl8 Gd8 Aeol8 Vxcl8 Trfl4
Ped. Sbß16 Vlbß16 Vcl8 Pneumatische Traktur.
Im Jahre 1945 erfolgte ein Klangumbau durch Förster und Nicolaus, Lich:
HW. Po16 Pl8 Fl8 Gh4 O2 Mxt3f1 EnglH8
OW. Rfl8 Gd8 Pl4 Fl4 Nh2 Q1 1/3 Sffl1 Zbl2f1 1/3 Tr.
Ped. Ktbß16 Gdbß16 (Tr) Vlbß8 [75].

Bad Schwalbach, kath.

Eine erste katholische Kirche wurde unter Landgraf Ernst von Hessen-Rheinfels (1623-1693) im Jahre 1652, dem Jahre der Konversion des Landgrafen, erbaut [76].
Die mit der Seelsorge beauftragten Minoriten bemühten sich um eine Orgel. 1682 erreichten sie von dem Mainzer Generalvikar eine "Concessio termini pro organo erigendo". Ihr Wortlaut: "Anselmus Franciscus Liber Baro ab et in Hoheneck, S. Metropolitanae Moguntinae, nec non Equestris S. Ferrutii in Bleidenstadt Canonicus Capitularis, Eminentissimi Archiepiscopi et Principis Electoris Moguntinensis Vicarius in spiritualibus Generalis. Universis praesents literas inspecturis, lecturis, seu legi audituris salutem in Domino sempiternam.
Cum harum exhibitor Religiosus P. Alphonsus Ord(inis) Sti. Francisci Conventualium, pro nunc Parochialis Ecclesiae Catholicae Schwalbacensis Curator et Administrator Nobis exposuerit, qualiter ad maiorem divini Numinis gloriam et honorem in praelibata Eccelsia Catholica Schwalbacensi organum quoddam erigere proposuerit, id autem sine subsidio piorum et liberalium Christi fidelium efficere non possit, humiliter rogans, quatenus huius rei testimonium eidem impartiri dignaremur: Nos eiusdem piae intentioni deesse notentes, omnes et

72) PfA UB 1838
73) Bericht vom 17. 10. 1838. HStAWsb 231/675
74) PfA Orgelakte
75) Mitt. Brendel 21. 7. 1959 Gutachten
76) Hdb. d. hist. Stätten D., Hessen, S. 28

singulos cuiuscumque demum conditionis fuerint, debite requirimus, ut ex eo, quo in Deum ipsiusque divam matrem et sanctos feruntur affectu, praefati religiosi Patris intentioni ac necessitati, pro suggerente cuiuslibet pietate ac misericordia, succurrere velint, quam sanctam liberalitatem omnium bonorum dator et remunerator agnoscet. In fidem praesentes Sigillo Vicariatus consueto munitas dedimus.
Moguntiae Calend(as) Junii 1682
Anselmus Franciscus B(aro)ab Hoheneck V(icarius) G(enera)lis m(anu)p(ro)p(ria) [77].

So erfahren wir von der Sammlung in Mainz: "einem Minoriten wird auf sein demütige Bitt zur Erbauung einer Orgel in der kath. Kirche zu Schwalbach eine Dukat aus der Schatzung zusteuren verwilligt. 28.8.1683 [78].

Dieser Orgelbau wurde mit dem Kölner Orgelmacher Ludwig Prangen verakkordiert. Es war der Meister, der auch die Orgel zu Oestrich erbaut hatte. Man bezog sich bei den Bälgen auf diesen Bau.

Der Kontrakt hat folgenden Wortlaut:

"Kund und zu wißen seye hiermit iedermäniglich, welcher Gestalt heut zu unts geseztem Dato zwischen dem WohlEhrwürdigen und Wohlgelehrten Herrn Patre Alphonsio Jonas, Herrn Brunnenmeister Johann Christoph Zippel, Herrn Antivari Burggrafen und Kirchen Senioribus zu L. (angen) Schwalbach, aines, so dann dem Ehrenvesten und Wohlachtbaren Herrn Ludwig Prangs Bürgern der Statt Cöllen andern theils wegen Verfertigung einer Orgel vermög folgender Specification deren Registern veraccordirt und beschloßen worden.

Daß nemblich Herr Ludwig Prangs auf seine Kosten solche Orgel mit dem Kasten und aller Zubehör, /: worauf der König David mit in Handen habender Harpfen, so dann zwey zur Seithen mit Posaunen stehende Englen:/ aufs ziehrlichste außarbeithen und verfertigen solle vor und umb Dreyhunderth und zwanzig fünf Rechsthaler worin seiner Haußfraw Trinkgelt mitbegriffen, ganz nach dem Model der jüngst zu Östrich aufgerichteten Orgel.

Specification der Register:

1. Holpfeife auf 8 Fuß sprechend.
2. Coppel auf 4 Fus sprechend.
3. Ein Corneth auß dem Bas bis in die zweyte Octav auf 1 Pfeife sprechend, auß der Halbschieth bis zu End drey fach sprechend.
4. Ein Blockfleuth auf 4 Fuß sprechend.
5. Ein Quintfleuth auf 3 Fuß sprechend.
6. Ein Superoctav auf zwey Fuß sprechend.
7. Ein Trompet auf 8 Fuß sprechend.
8. Mixtur vier fach.
9. Ein Cimbel zwey fach.

Ein Tremuland.

Zwey Blasbälg mit einer Fallen wie zu Ostrich seint.

Auf vorgesetzt specificirtes Werck ist ged. Herrn Ludwig Prang in Abschlag heut Dato entrichtet worden, Fünfzig Reichsthaler und solle

77) Siegel mit dem Wappen des Kurfürsten Anselm Franz von Ingelheim
78) StAMz I/20, S. 154, Frdl. Mitt. Sigrid Duchhardt-Bösken

fordrist künftig Michaelis ferners Einhundert Reichsthaler so dann der Rest bey würcklich aufgesetztem Werck völlig entrichtet werden.
Eß solle aber ged. Herr Ludwig Prang oblegirt seyn so ferner Er sonst seiner Unpeßlichkeit halber nicht darahn verhindert werden solte, obg(edach)te Orgel längst künftig 1683ten Jahr gegen Pfingsten auf zu richten, alles ietzt obbeschriebener maßen ohne Geferde und Argelist bey Verpfändung seiner Hab und Güther und mit Begebung aller und ieder Exception geist- und weltlicher Rechte, wie die Nahm haben mögen, und solle Derselbe solches Werck bis nacher Elfelt (Eltville) ins Ringaw auf sine und so dann auf Schwalbach auf vorgd. Herrn Principalen Kosten geliefert werden.
Alles treulich und ohne Geferde, desen zu wahrern Uhrkund ist solcher Contract von allerseits Principalen unterschrieben und mit gewohnlichen Petschaff subsignirt worden.
So geschehen Ostrich den 20. Aprilis A(nn)o 1682
Ludovichus Prangen Burger zu Collen Orgelmacher
NB. ist noch ein Pedall gemacht worden, so kostet fünf Thaler.
Dieß obgesetzte veraccordirte Summ des Orgels und Pedals zu Danck bezahlt (am Rande) und will Ich nechsten dieß folgenden Jahrs auf Begehren das Orgel revidiren.
Ludovichus Prangen
(Rückseite: Accord ra(ti)one organi nostri)" [79].
Am 20. April wurde Prang in Östrich wegen Vollendung der Orgel ausbezahlt. Es wird dort erwähnt, daß er das in diesem Vertrag genannte Corneth eigens über den Vertrag hinaus angefertigt hatte. Man hat also die Gelegenheit in Östrich wahrgenommen, den Kölner Meister auch für sich zu gewinnen. Möglicherweise hatten die Minoriten Beziehung zu Prang in Köln [80].
Da die Östricher Orgel in deren Gehäuse noch in Hundsangen erhalten ist, kann man sich ein Bild von dem Äußeren der alten Schwalbacher Orgel machen. Charakteristisch ist das durchlaufende Gesims das den großen runden Mittelturm, die zweietagigen kleinen Flachfelder und die beiden Spitztürme an den Seiten umfaßt. Zeitgemäß ist auch das reiche Knorpelschnitzwerk der Schleierbretter [81].
Im Jahre 1750 wird eine Reparatur durch den Orgelmacher aus Ransel, Johann Simon Armbruster, ausgeführt. Er begann in demselben Jahr den Neubau in der luth. Kirche. Neben einer Balgreparatur wurde auch eine Umdisposition vorgenommen:
"Dem Orgellmacher Joann Simon Armbrüster zu Ranssell im Rhingau die Kirchenorgell, wo sehr destruiret war zu repariren veraccordirt für 24 floren. / nebst der Kost der nöthigen Materialien, so apart müssen gezahlt werden / daß der die Blasbalch mit neuem Leder, so Herr Brunnenmeister Zippelius dazu gegeben, frisch belegen wie es nöthig. Item daß er ein neues Register nemlich die Tertz dazu mache, wogegen bekommt er daß alte Trompeter Register zurück, ferner die gan-

79) PfA Schwalbach Lose Akte Orgel bei Bausachen
80) s. Östrich. In Östrich wird der Meister Prang geschrieben, in Schwalbach Prangs. Er selbst unterschreibt eindeutig mit Prangen. Die Wahl der lateinischen Form Ludovicus in der Unterschrift deutet wohl auf einige Bildung hin.
81) s. Hundsangen

ze Orgell auszuputzen, stimmen in fölligen Stand zur Prob stelle, seien ihm dahero nach bemeldte massen Verfertigung der Orgell die 24 fl. gezahlt.
Dem Lehrer Baumann fürs Clavir einzurichten, für Kohle so bei Legung der Balche gebraucht 10 alb.
Dem Zattelermeister Joan Nicolaß Ferber für Beköstigung und Schlafung des Orgelmachers 5 fl. 7 alb. 1 d."
Eine weitere Reparatur der Orgel wurde 1776 für 22 fl. 20 alb. 1 d. ausgeführt. Weitere Reparaturen, im wesentlichen der Bälge, sind für die Jahre 1788, 1793, 95 und 97 belegt [82].
Über den Zustand des Werkes berichtet das Visitationsprotokoll von 1792: "Habetur organum reparatione maxime indigens pro qua facienda exspectatur specialis benefactor" [83].
Durch die Unterstützung des Fürsten wurde im Jahre 1801 der Neubau einer Orgel ermöglicht [84].
In einem Schreiben an den Pater Superior Benkard in Schwalbach wurde mitgeteilt:
"Nachdeme Serenissimus unterm 15. dieses gnädigst resolviret haben daß vom hiesigen Juden Feist Henle von Ausfertigung des Schuz Briefs ad pios usus zu zahlenden 360 fl. leicht 300 fl. zu Anschaffung einer neuen Orgel in der hiesig Katholischen Kirche gnädigst geschenkt seyn sollen, als geben wir demselben hiervon Nachricht, um ungesäumt dahier anzuzeigen, wann diese 300 fl. accordmäsig an den Orgelbauer bezahlt werden müssen, wornach alsdann die Anweisung ausgefertigt werden soll.
L(angen)schwalbach den 22. Mai 1801
Fürstlich Hessen Rheinfels. Kanzlei hierselbsten Langen" [85].
Der Orgelbauer Johann Michael Engers aus Alten Simmern (später Wehen, dann Laufenselden) reichte der katholischen Gemeinde folgenden Entwurf ein:
"Verzeichnis eines neuen Orgelbaues, so ich endtsgenannter Michael Engers der katholischen Gemeinde zu L. Schwalbach zur Einsicht und nachmaliger Genehmigung vorzeigen wollen, nachdem die Kirche daselbst oder den Platz eingesehen, wo die Orgell hingesetzt werden soll, und dann das neue Werk sich anbringen lassen könnte als:

1. Principal, welcher in das Gesicht gesetzt und aus fein englischem Zinn gemacht werden soll, 4 Fuß Ton;
2. Bordong, aus halb Eichen und halb Tannen Holz, und in drey Octaven, die übrigen Pfeifen von halb Zinn und Bley, 8 Fuß Ton und 4 Schu lang;
3. Flöthtraver, aus Birnbaum Holz, und im Discand mit doppelter Ansprach, 8 Fuß Ton und 2 Schu lang;
4. Solitional (urspr. mit c darüber ein t geschrieben), aus eben dem

82) PfA KR
83) PfA
84) Ein Nachfahre des oben genannten Fürsten von Hessen-Rheinfels-Rotenburg war zu dieser Zeit Emmanuel (1746-1812), verheiratet mit Leopoldine, Tochter des Fürsten Franz von Lichtenstein. Wilh. Karl Prinz von Isenburg, Stammtafeln zur Geschichte der Europäischen Staaten, I, 101.
85) PfA Lose Akte bei Bausachen

Holz wie ad 2 durch die zwey untere Octav, der Discand aber von halb Zinn und Bley. - Die erste Pfeifen des untern C, 8 Schu oder Fuß lang, Discand 4 Fuß;

5. Quint, aus halb Zinn und Bley, wie ad 1. 3 Fuß;
6. Octav, Supber Octav, wie ad 5. - 2 Fuß Ton;
7. Mixdur, dreyfach, aus Probzinn, reppedirt im G zweymal, hat 162 Pfeifen, 1 Fuß Ton;
9 (sic!) Trompete-Baß, aus Eichen Holz die untere Octav nur, die andere von Metall, wie ad 5 - hat 8 Fuß Ton;
10. Trompet-Discand, aus Probzinn, 4 Fuß Ton;

(Am Rand) 1 Register

11. Vox homan-Baß, gleichfalls aus Probzinn und 8 Fuß Ton;
12. Vox homan-Discand, ebenwohl aus Probzinn und 4 Fuß Ton;

(Am Rand) 1 Register

13. Im Petal, Principalbaß aus reinem Tannen Holz und 8 Schu lang, welcher mit denen Händen geschlagen wird. - Da dieses Werk Baße genug hat, so kann man einen 16 füßigen Subbaß entübrigen.

NB. Gedacktflöth, folgt nach der Quint 3 Fuß wird noch zur Vervollkommnung des Werks annodirt.

14. Tremeland
15. Coppel zum Manual und Petal.

Das Clavier aus 54 Clavicis, bis in das f, und das Petal aus 25 Clavis (ursprünglich stand darunter 18) oder 2 completten Octaven bestehen (auch nachgetragen).

Das Clavier wird mit schwarz Ebenholz, die Simetonien (!) mit weisen Knochen belegt; das untere Cis wird nicht weniger eingeführt, und das Clavier auf die Seite gebracht;

Die Windlad aus Eichen Holz, das Orgellhaus im Gesichtspunct aus Nußbaum Holz mit zierlicher antiquischer Arbeit, die Rückwand aber aus Tannen Holz gefertigt.

Zwey Blasebälg, wovon die Größe vor der Hand noch nicht bestimmt wird, werden nach Erfordern des Werks dauerhaft von einem Tannen Holz, mit Pferdsflechsen und gutem Leder beledert, und werden zum Tretten eingerichtet.

Das Balggestell wird mir dann von der Gemeinde frey hingestellt, oder ich es selbst fertige, mir eine Caroli dafür bezahlt werden. - Überhaupt genommen, was zu einer guten Orgell durch alle befindliche Theile gehöret, so nicht weniger eine passende Tonstimmung, gute Harmonie, welche einem gesunden Gehör angenehm seyn wird, und an Geschmack und Güte, nach Proportion der Orgell zu Bärstadt gleich und ähnlich wird, und nach Verfertigung zweyer Kennern zu einer Probe anempfohlen werden kann.

Überhaupt verspreche getreu zu erfüllen, was ich zuvor in Ansehung einer neuen Orgell gesagt habe, mache mich anheischig besagte Orgell in 3/4 Jahren verfertigt zu haben und solche aufzustellen. Die alte Orgell stelle aber auf meine Kosten so her, daß solang Gebrauch davon gemacht werden kann bis die Neue fertig und zum Aufstellen zugerichtet seyn wird. -

Wofür ich die äußerste Forderung also mache, nämlich 7 Hundert,

schreibe Sieben Hundert Gulden, dagegen nehme ich die alte Orgel zu 200 fl. zurück an. -
Die Zahlungs Termin wird in dreyen Zielen also seye, daß das 1te Ziel, 200 fl. Vorschußweis gegen zu leistende Bürgschaft, 200 fl. wann die Orgell probirt samt der alten Orgell, die übrige 100 fl. bleiben zwey Jahr zur Sicherheit stehen.
So geschehen Laufenselden den 2. Januar 1801
M. Engers Orgelbauer.
Ein anderer Plan einer neuen Orgell mit nachstehenden Registern, als:
1. Principal, aus Frankfurter Probzinn 4 Fuß Ton;
2. Bordong, die zwey untere Octav von halb Eichen und Tannen Holz Discand von halb Zinn und Bley 8 Fuß Ton;
3. Solicional, ebenfalls aus Zinn und Bley 4 Fuß Ton;
4. Gedac-Floeth, die untere Octav aus Eichen Holz, die übrige wie ad 1 aus Zinn 4 Fuß Ton;
5. Quint, ebenfalls aus Zinn 3 Fuß Ton;
6. Flaschnet, wie vorige aus Zinn 2 Fuß Ton;
7. Terz, wie eben gesagt aus Zinn 3/5 Ton;
8. Mixdur, dreyfach, reppedirt im G zweymal, aus eben dem Zinn wie vorhergehende Register 1 Fuß Ton;
9. Tremeland

In das Petal -
10. Principal-Baß von 8 Fuß Ton, besteht aus 15 Tön vom ersten C bis in das zweite D, und aus Tannen Holz gefertiget. -

Übrigens wird alles gleich ersterem Plan gemacht, nur mit dem Unterschied, daß diese verzeichnete Register nur 500 fl. kostet, und statt vorigem 150 fl. vorschusweis, die alte Orgel zu 200 fl. zurück und übrige 150 fl. wie vorher beschrieben, auf die Probe stehen bleiben, wie nicht weniger die alte Orgel zum einstweiligen Gebrauch herzustellen: Der ich unter vieler Hochachtung mir hierüber eine beliebige Antwort ausbitte
Michael Engers Orgelbauer. Den 3ten Janner 1801".
Interessant ist die Bemerkung, daß er sich auf die Stumm-Orgel in Bärstadt bezieht. Möglicherweise hat Engers wie auch sein Bruder Heinrich bei den berühmten Stumm in Rhaunen-Sulzbach gelernt.
Ein endgültiger Vertrag wurde mit Engers am 19. Januar in Langenschwalbach abgeschlossen der folgenden Wortlaut hat:
"Zu wissen seye hiemit: wie daß folgender Contract zwischen dem Herrn Pater Superior Adolph Benckhard und der mit unterschriebenen Herrn Kirchen-Senioren allhier eines - und dem Herrn Michael Engers von Alten-Simmern andern Theils, wohlbedachtlich verabredet und geschlossen worden als:
Es verspricht letztgedachter Herr Michael Engers von Altensimmern für die katholische Kirche und Gemeinde allhier zu Langenschwalbach eine durchaus ganz neue Orgel, wie solche in der Anlage sub A Nro. 1 usque 15 beschrieben ist, zwischen hier und Michaelis-Tag dieses Jahres mit aller dazu gehörige Schreiner-Arbeit und Verzierungen dergestalten zu verfertigen: daß das Clavier mit schwarzem Ebenholz, die Simetonien (sic) mit weisen Knochen belegt, das Untere Cis nicht weni-

ger eingeführt und das Clavier auf die schicklichste Seite gebracht, die Windlade aus Eichenem Holz, das Orgelhauß im Gesichtspunkt aus Nußbaumenem Holz mit zierlicher antiquer Arbeit, die Rückwand aber aus Tannen Holz, auch die zwey Blasbälge in gehöriger Größe am schicklichsten Platz dauerhaft von reinem Tannen Holz, mit Pferdsflechsen und gutem Leder beledert gemacht und zum Tretten eingerichtet werden, auch das hiezu erforderliche Balggestelle, /: wenn solches von der Gemeinde nicht besonders hingestellet werden sollte: / für eine Caroline oder 11 fl. zu verfertigen und überhaupt alles voll kommen so dahin zu stellen, wie solches zu einer guten Orgel durch alle darin befindliche gehöret, nicht weniger mit einer passenden Tonstimmung und solcher guter Harmonie, daß dieselbe einem gesunden Gehör angenehm sey, der Orgel zu Bärstadt an Geschmack und Güte nach Proportion ähnlich, und nach deren gänzlicher Vollendung von zweyen Kennern probieret, authentisch und ohne Tadel befunden werde; auch die alte Orgel einstweilen so herzustellen, daß solche so lang, bis die neue aufgestellet ist, gebrauchet werden, dann aber wegen jener neuen Orgel für die Dauer, und etwaiger Hauptfehler derselben 10 Jahre - für geringere aber 2 Jahre lang zu haften.
Dahingegen aber für dieses alle des Herrn Superioren Benckhard Hochwürden nebst Herrn Kirchen-Senioren ihme Herrn Michael Engers

1. die alte Orgel überlassen, hiernächß
2. Fünf Hundert Gulden, und zwar zwey Hundert Gulden praenumerando jedoch gegen zu leistende Caution, sodann zwey Hundert Gulden bey aufgestellt und tüchtig befundener neuer Orgel, die übrige ein Hundert Gulden aber zur Sicherheit dessen hierinnen gethanen Versprochenes nach Ablauf zweyer Jahren bezahlen, auch
3. Demselben noch besonders für das obgedachte Balggestelle eine Caroline oder 11 fl. zu bezahlen, nicht minder
4. Dafür zu sorgen: daß der bisherige Bälgen-Zieher oder ein Anderer demselben bey Probirung der Orgel die Balgen ziehe, gutdenkende Bürger ihme einige Wochen lang dahier zu Essen geben, und die Orgel, wenn solche in Laufensellen gemacht ist, von fuhrhaltenden Einwohneren dahier gratis anhero gefahren werde, jedoch im Kloster allhier demselben der nothige Raum zur Verwahrung seiner Sachen auch Quartier und Schlafung verstattet werden soll.

Jedoch dieses alle mit Vorbehalt der Genehmigung Hochfürstlicher Kantzley und hochlöbl. Amts, urkundlich beiderseitiger Unterschrift.
Dat(um): Langenschwalbach, den 19. Jan(nuarii) 1801.

J. Michael Engers
Orgelbauer

P. Adolphus Benkard
p. t. Superior mpp.
Jacobus Hoffmann mpp.
Kirchensenior
Adam Dönges
als Kirchen Jurat

Dabei liegt als Anlage A:
Beschreibung der neuen Orgel, wie solche Unterzeichneter Michael Engers von Altensimmern verfertigen und nach mehrerem Inhalt des mit demselben anheute getroffenen Contrackts in die katholische Kir-

che zu Langenschwalbach mit allem Zugehör aufstellen und für deren Güte haften will, als:" Es folgen dann Punkte 1-15 wie in dem Entwurf [86].
Unter den Einnahmen des Jahres 1801 erscheint dann auch rechnungsmäßig die Stiftung des Fürsten:
VIII An Opfern und Collecten: Nr. 2: Sind von Serenissimo Hochfürstlicher Durchlaucht zu der neuen Orgel gnädigst geschenkt worden 300 fl. bezahlt wurden davon 200 fl.
Die übrige 100 fl. hingegen liegen annoch bei Hochfürstl. Kanzlei in deposito, und werden erst nach Ablauf von 2 Jahren als der Probezeit der Orgel verabfolget, und kommen alsdann auch erst zur Einnahme und Ausgabe.

3. Sind von Schwalbach und denen benachbarten Ortschaften zum Behuf der neuen Orgel collectirt worden 218 fl.

In den Ausgaben unter VI. Bau- und Reparations-Kosten erscheint der Titel: Die neue Orgel hat gekostet: Die Posten numeriert 1-12 1/2, dazu die Urkunden 31 (Vertrag)-43 1/2.

1. Vermög anliegenden Accords ist gegen Überlassung der alten Orgel eine neue von dem Orgelbauer Michael Engers accordiret worden zu 500 fl.
   Darauf sind accordmäßig zahlt worden 400 fl. und die übrige 100 fl. bleiben zur Sicherheit nach abgelaufenen 2 Probejahren stehen.

1 1/2.	An denselben für das accordirte Balggestell	11 fl.	
2.	Dem Mahler Joseph Meuerer zu Nastetten für Illumination der Orgel	30 fl.	12 xr.
3.	Mathes Herber für 2 Fichtenstämme zum Orgelstand	7 fl.	15 xr.
4.	Bernhard Dick für 1 Stamm Eichenholz darzu	5 fl.	30 xr.
5.	Zimmermeister Jacob Schwarz für die Zimmerarbeit	22 fl.	
6.	Schreinermeister Demare für die Schreinerarbeit incl. Bord und Nägel	21 fl.	24 xr.
7.	Schlossermeister Schreyer für die Schlosserarbeit	14 fl.	
8.	Jacobus Hofmann für Brod, Weck und Mehl vor den Orgelbauer, weilen derselbe ist verköstigt worden	13 fl.	6 xr.
	Latus	524 fl.	27 xr.
9.	An Metzger Jcob Hollinger für geliefertes Fleisch an den Orgelbauer	17 fl.	39 xr.
10.	Georg Philipp Dietrich für gelieferte Victualien	13 fl.	48 xr.
11.	Bierbrauer Seipp für 43 Maas Doppelbier	4 fl.	18 xr.
12.	Valentin Dietrich für Bemühung wegen dem Kochen für den Orgelbauer und seine 2 Gesellen nebst Holz	14 fl.	
12 1/2.	Christoph Lauzi für das Balgtretten während der Orgel	2 fl.	
	Die Gesamtsumme der Ausgaben	576 fl.	12 xr.

Am 18. Oktober 1801 quittiert Engers 400 fl. erhalten zu haben (Urkunde 32).

86) PfA KR 1801 Beilage 31

Im selben Monat quittiert der Maler Meirer aus Nastätten 2 1/2 carolinen und 2 fl. 42 xr. = 30 fl. 12 xr. (1 Caroline = 11 fl.).
Die unter Nr. 36 spezifizierte Rechnung des Zimmermeisters Schwarz läßt den Abbruch des alten und den Aufbau eines neuen Orgelstandes erkennen:
Im "Breiterden Wald" (Breithardt) wurden zu diesem Zweck 2 Fichten angewiesen am 19. April und am 23. geschlagen und verladen.
Im September wurde der Stand abgebrochen und aufgestellt in 6 Tagen. Dem Schreiner oblag es, das Gesims und die Fußbodenbretter anzufertigen und anzuschlagen.

Die Verpflegungsrechnungen gehen für die Dauer des Aufenthaltes in Schwalbach vom 29. September bis zum 21. November 1801.
12 Tage wurden zum Stimmen gebraucht und der Schneidermeister Lauzi dafür extra bezahlt.
Im Jahre 1828 wurde eine Reparatur der Orgel notwendig. In dem Überschlag des Jahres wird berichtet: "Die Orgel ist in allen Theilen so destruirt, daß eine totale Reparatur durchaus nothwendig geworden ist. Nach dem anliegenden Kostenüberschlag wird hierfür in Aussicht genommen 173 fl. (Die Zahl gestrichen).
NB. Für die obige Reparatur wurden von einem Orgelbauer in Mainz (dort war um diese Zeit Franz Ripple tätig) 300 fl. und von dem Orgelbauer Schöler in Ems 270 fl. gefordert".
In der Rechnung: "Für eine Hauptreparatur der Orgel, für einen neuen 16' Subbaß und einer neuen Windlade dazu an die Orgel dem Orgelbauer Konrad Embach in Rauenthal gemäß amtlich bestätigtem Accord vom 8.4.1828 170 fl."
"Für Nacharbeiten an der Orgel, so nach dem amtlichen Accord vom 8.4.1828 Lit. C verbessert werden sollten, aber nicht möglich war, sondern neu gemacht werden mußte, demselben 27 fl. abzüglich der für die Reparatur nach dem Accord 7 fl. 20 fl." [87].
Embach führte auch in den Jahren 1806-16 die Stimmungen durch [88].
Im Jahre 1842 erstellte Kaspar Embach, Rauenthal, erneut am 4.9. einen Kostenvoranschlag für eine notwendige Reparatur. Er stellte fest, daß das Werk 14 klingende Register habe und 2 Bälge. Durch das Ausweißen der Kirche war eine Verschmutzung eingetreten. So wurde eine vollständige Säuberung in Anschlag gebracht. Er bemängelte die unzweckmäßige Anlage der Windstöcke: "Die Windstöcke auf der Windlade sind nicht mit Schrauben sondern mit hölzernen Negel festgelaimt, dafür müssen neue Holzschrauben angebracht werden". Den Betrag von 24 fl. quittierte Embach am 15.9.1842 [89].
Eine weitere allgemeine Reparatur, die sich auf die Bälgen und eine Säuberung bezog, führte Orgelmacher Weil aus Weilmünster nach dem Vertrag vom 28.5.1857 durch [90].
Ein entscheidender Eingriff bedeutet die Reparatur und der Umbau durch OB Keller, Limburg, nach Vertrag vom 1.2.1882.

---

87) PfA KR 1828. Leider fehlen die Belege mit dem Kontrakt
88) PfA Kr. HStAWsb 303 KR
89) UB 1842
90) UB 1857

Es wurde ein neuer Principal 8' eingebaut, dessen tiefe Oktav in Holz ausgeführt wurde. Desgleichen wurde eine neue Gamba 8' eingebaut. Die Laden wurden gereinigt und die Bohrungen erweitert. Durch diese Maßnahme wurde das alte vierfüßige Werk auf ein achtfüßiges umgestellt, eine Maßnahme, die mit dem Ideal der Zeit zusammenhängt, die den Achtfuß als Normalhöhe für die Hauptstimme fordert. Die alte Gamba hatte sicher nicht genügend Stärke und Strich, wie sie damals gefordert wurden.

Bei dieser Gelegenheit wurde auch eine neue Manualklaviatur eingebaut [91].

Nach dem Neubau der jetzigen Elisabethkirche in den Jahren 1914-1916 wurde die alte Orgel übernommen [92].

Nach Unterhandlungen mit Domkapellmeister J. Papst, Limburg, in den Jahren 1951 und 52 wurden am 20. 3. 1952 mit Orgelbauer Franz Katzer, Bleidenstadt, endgültig folgende Arbeiten vereinbart: Übernommen wurde die Schleiflade des alten Werkes und je eine pneum. Kegellade für Hauptwerk und Pedal neu angefertigt. Das Hauptwerk übernahm Prinzipal 8', Gamba 8' wurde durch Hinzufügung 12 neuer Pfeifen zu Quintatön 16' umgebaut, Flöte 8' und Flöte 4', die instandgesetzt werden mußte. Neu gebaut wurden Oktav 4', Prinzipal 2', Mixtur 1 1/3' 4-5fach und die Trompete 8'. Das Oberwerk (auf der alten Lade hinter dem alten Prospekt in der Mitte des Werkes) übernahm Bourdon 8', Prinzipal 4', das alte Salizional wurde durch ein neues konisches ersetzt. Neu kamen weiter hinzu: Rohrflöte 4', Blockflöte 2', Quinte 1 1/3', Sifflöte 1', Zimbel 1/2', Krummhorn 8'.

Im Pedal wurden Subbaß 16' und Oktavbaß 8' übernommen und um 9 Töne erweitert. Neu wurden geliefert: Prinzipalbaß 4' und Stillposaune 16'. Auf eine Zusatzlade wurde Rauschpfeife 2 2/3' 2fach gestellt.

Zu beiden Seiten des alten Gehäuses wurden 2 neue Gehäuse mit Billigung des Staatsdenkmalamtes aufgestellt, die Hauptwerk und Pedal umschließen. Die endgültige Disposition hatte also folgende Form:

I. Qtt16 Pl8 Fl8 Hzfl4 O4 Pl2 Mxt5f Tpt8

II. Bd8 Sal8 Pl4 Rfl4 Blf12 Q1 1/3 Sffl1 Zbl1/2 Kh8

Ped. Sbß16 Obß8 Plbß4 Rschpf2 2/3 Stillpos16 [93]

Ein Neubauvertrag wurde am 28. 9. 1970 mit Gebr. Oberlinger, Windesheim, abgeschlossen mit folgenden Stimmen und 1972 aufgestellt:

HW Rfl8 Pl4 Klgd4 Q3 O2 Mxt5f Tpt8

BrW Hzgd8 Sal8 Koppelfl4 Pl2 Sesq2f Zbl4f Kh8 Tr.

Ped. Sbß16 Obß8 Gh4 Pos16 [94]

Das alte Gehäuse der Engerschen Orgel ist erhalten: In der Mitte ein kleiner Turm, von dem je ein kleineres Feld, nach außen steigend, die Verbindung zu den beiden größeren Außentürmen schafft. Reiche Schnitzereien sind der Zeit entsprechend. Aus derselben Zeit stammt die erhaltene alte Orgelbank.

---

91) UB 1882

92) Gedenkschrift zum 300jährigen Jubiläum der Kirche 1958, S. 21

93) Aufstellung Wagenbach 15. 12. 1969

94) PfA neue Registratur, Orgelakte. - Mitt. Oberlinger

Bad Soden, ev.

In den Jahren 1717 bis 1721 wurde von einem Frankfurter Meister eine neue Orgel geliefert. Um diese Zeit wirkte in Frankfurt Johann Friedrich Macrander, dem sein Sohn Philipp Wilhelm folgte.
Aus den Kirchenrechnungen dieser Jahre sind einige Posten, die dem Orgelbau gelten, zu entnehmen

1717/18: Schreiner Conrad Peneier für den neuen Orgelbau 10 fl. 8 alb.
Item H. Kilian Müllern zu Frankfurt für Holtz und Bord zu dem neuen Orgelbau 22 fl.
Item dem Orgelmacher zu Frankfurt 56 fl.
Martin Schichtel dem Maurer von denen Krachsteinen (Kragstein) am Orgelbau einzusetzen 1 fl. 7 alb. 4 d.
Item dem Orgelmacher zu Frankfurt 12 fl.

1719/20: Dem Orgelmachergesellen 3 fl.
Bord und Latten zur Orgel 2 fl. 1 alb.

1721/22: Calcanten Bestallung 1 fl.
Die Flügel an die Orgel zu machen 15 alb.
Die Orgel anzumahlen und anzustreichen 6 fl. 6 alb.

Es sind also hier im wesentlichen die Arbeiten aufgeführt, die am Ort zunächst erledigt wurden, Aufbau der Tribüne, Lieferung des Materials. Die Orgel selbst entstand in der Frankfurter Werkstatt. Mit den Flügeln sind um diese Zeit wohl die Blindflügel an beiden Seiten des Prospekts gemeint [95].

Die Disposition ist einer Beschreibung des Werkes anläßlich des Verkaufs im Jahre 1858 an die kath. Gemeinde Falkenstein zu entnehmen:
Beschreibung der zu verkaufenden Orgel. Höhe 13 1/2', Breite 9', Tiefe 4'. 2 Faltbälge 9' lang, 3' 2'' breit.

Links:	Rechts:
Principal 4'	Terz 1 3/4' 3fach
Octav 2'	Mixtur 1/2' (1 1/3'?)
Bourdon 8'	Subbaß 16' rep. 8'
Violdi Gamba 8'	Violonbaß 8'
Cimbel 1'	Tremulant
Quint 1/2' (1 1/3'?)	Ventil

Mit der Terz ist ein Sesquialter oder Cornet gemeint, die Mixtur ist wohl als 1 1/3' anzusetzen, wie auch die Quint. In dieser Form ist die Disposition für Macrander charakteristisch. (Vgl. Laubach 1720, Nierstein).

Das Manual umfaßte 4 Oktaven ab C, das Pedal 1 1/2 Oktaven.

Die Bässe und der Bourdon waren aus Holz, das übrige Pfeifenwerk aus Metall. Die Wirkung des Werkes wurde seinerzeit folgendermaßen beschrieben:
"Ton recht kräftig, nicht schreiend. Sehr lieblichen Tones sind die Register Gamba, Flöte und Burdon" [96].

95) HStAWsb 4/KR 1717-21
96) EvPfA Bad Soden IX Bausachen

Einige Reparaturen am Werk fanden in den Jahren 1751/52, 1771/72 statt. Die Stimmung übernahmen im 19. Jahrhundert die OB Embach aus Rauenthal und Stork aus Bad Homburg, so 1820 und 1828. Die Orgel war eine Stiftung des Oberkommissarius Jo. Hoppe aus Frankfurt [97].

Im Jahre 1857 bemühte man sich um eine neue Orgel, wozu Fr. Voigt, Igstadt, einen Entwurf einreichte, datiert vom 12. 9. 1857. Diesem muß ein Vorschlag vorangegangen sein, zu dem Seminarlehrer Feye, Usingen, ein Gutachten abgegeben hatte.

Am 23. 12. 1857 wurde folgender Vertrag mit Voigt geschlossen:

1. Principal 8' tiefe Octav Holz gedackt, das übrige im Prospekt, Zinn
2. Octave 4' gutes Metall
3. Salicional 8' tiefe Octav spielt mit Gedackt
4. Gedackt 8' Holz
5. Flöte 4' Holz, offen
6. Quinte 3' Metall
7. Octave 2' Metall
8. Mixtur 3fach 1 1/2'
9. Subbaß 16'
10. Violon 8'

Pedalkoppel, Windablaß

Manualumfang: C-f^3, Pedalumfang: C-g^o, Preis 1100 fl.

Am 23. 7. 1858 wurde berichtet, daß die neue Orgel am 1. 10. aufgestellt und die alte zum Verkauf ausgesetzt werden soll. Der Orgelbauer Voigt legte keinen Wert auf die Übernahme. Die kath. Gemeinde Falkenstein bot 200 fl. Das Herzgl. Dekanat Kronberg teilte die Genehmigung am 26. 7. 1858 mit.

Den Akten liegt eine Liste der freiwilligen Beiträge bei.

Am 11. 7. 1858 fand das Einweihungskonzert unter Leitung von Director Bischoff, Frankfurt, und Mitwirkung Frankfurter Liebhaber statt. Neben Arien aus Werken von Felix Mendelssohn-Bartholdy, der in Soden zur Kur weilte und von der alten Orgel seine Kompositionen für dieses Instrument inspirieren ließ, Händel und Mozart (Ave verum) wurden auch Werke des Leiters des Konzertes aufgeführt. So kam eine Kantate zur 300jährigen Jubelfeier der deutsch-reformierten Kirche mit dem Text von Dr. Weismann wie auch eine Ecce panis mit deutschem Text von Dr. Weismann zur Darstellung [98].

Am 8. 11. 1907 wurde mit Fr. Weigle ein Neubauvertrag geschlossen [99].

Auf eine Membranlade wurden folgende Register gestellt:

I. Pl8 Dgd8 Gb8 Floct8 Dulciana8 O4 Rfl4 O2 Mxt4f4 Tpt8

II. Bd16 Lbgd8 Qtt8 Vla8 Serfl8 Sal8 Aeol8 Vxcl8 Nh8 Gh4 Trfl4 Labob8 (Qtt + Vla)

Ped. Sbß16 Vlbß16 Gdbß16 (Tr) Obß8 Vcl8 Chbß4 Pos16.

Neben den Normalkoppeln sind Super- und Suboktavkoppeln eingebaut,

97) E. Butteron, Heimatgeschichte der Stadt Soden, S. 56

98) EvPfA Bad Soden IX.

99) EvPfA Bad Soden XIII, 2.

die Superkoppel ist ganz durchgeführt [1].
In dem Revisionsbericht von P. Gräb, Biebrich, vom 27.4.1908 wurde die außerordentlich einfache, dauerhafte, niemals versagende rein pneumatische Membranlade Weigels gelobt.

Bad Soden, kath.

Für die neue kath. Kirche erbaute E. Wagenbach, Limburg, im Jahre 1957 eine neue Orgel.
HW Po16 P18 Kufl8 Strfl8 O4 Gh4 P12 Mxt6-8f Tpt8
OW Sggd8 Qtt8 Undamaris ab c^{0}2f8 P14 Rfl4 Blfl2 Q1 1/3 Sesq2f Schf4f Ob8
Ped. Plbß16 Sbß16 Obß8 Gdbß8 Rpo4 Nh2 Rschpf4f Pos16
3 Nk 3fr komb.

BALDUINSTEIN

Im Jahre 1776 wurde eine neue Kirche gebaut. Graf von Boos hatte eine alte, sehr reparaturbedürftige Orgel geschenkt. Sie versagte wohl im Laufe der Zeit ihren Dienst; denn nach einem Bericht vom 4.8.1809 bemühte man sich um einen Neubau, zumal die Orgel wegen Einführung des deutschen Gesanges unentbehrlich sei. Dementsprechend akkordierte die Gemeinde eine neue Orgel. Eine Witwe hatte 400 fl. Kapital zur Unterhaltung der Orgel gestiftet. Man bat die herzogliche Regierung um Genehmigung [2].
Nach einem Bericht des Pfarrers von Kirburg vom 2.10.1811 wurde das neue Werk von Johann Arnd aus Nomborn gebaut. Man hatte vor Eingehen eines Neubaukontrakts mit diesem Meister das Balduinsteiner Werk besichtigt und war zu dem Ergebnis gelangt, daß dieser gute Orgeln baue [3].
Orgelbauer Wagenbach, Limburg, lieferte 1954 ein neues Werk mit folgenden Stimmen:
I. P18 Sal8 O4 Blfl2 Mxt4-6f
II. Sggd8 Rfl4 P12 Q1 1/3 Mxt4f
Ped. Sbß16 Gdbß16 Po4 [4]

BALLERSBACH

Nach einem Bericht an das Konsistorium vom 22.10.1912 fanden Verhandlungen wegen des Ankaufs einer Orgel aus Frankfurt-Griesheim statt. Das Werk war vor 44 Jahren gebaut und mit 1300 Mk. taxiert. Der Verkauf wurde am 23.11.1912 genehmigt [5].

1) Mitt. Brendel lt. Vis. Bericht 1962.
2) HStAWsb 115, Balduinstein
3) HStAWsb 211/4427. Dort Dispositionsentwurf Arnds für Kirburg. s. d.
4) M. Keiling, Einricher Orgelchronik, S. 63
5) ZALKHN 1/2515

Erbauer der Orgel war Orgelbauer Embach aus Mainz, sie hatte 10 Register [6].

Ob der Verkauf zustande kam, oder das Werk so schadhaft war, daß es nicht mehr aufgestellt werden konnte, ist unklar.

Für das Jahr 1915 wird ein Werk von Weigle, op. 432 genannt mit folgenden Stimmen:

I. Bd16 P18 Gb8 Hlfl8 Sal8 O4 Mxt3f 2 2/3
II. Lbgd8 Gh8 Aeol8 Sal8 Fl4
Ped. Sbß16 Ztbß16 Vlbß8 Chbß4 Pneum. Traktur [7]

BATTENFELD

Das folgende Werk wurde im Jahr 1871 von OB Vogt, Korbach, erbaut:
HW P18 Hlfl8 Gb8 O4 Fl4 Q3 O2 Corn3f8 Mxt4f2
OW Gd8 Fltr8 Sal8 Gh4 Gdfl4
Ped. Sbß16 Vlbß16 Plbß8 Pos16 Mech. Traktur [8]

BÄRSTADT

Aus den Kastenrechnungen des Jahres 1702 ist das Vorhandensein einer Orgel bezeugt. Dem Schulmeister werden "wegen Bedienung der Orgel ad interim eingehändigt" 4 fl. 6 alb. 4 d.

1710 "Werden Herrn Ehren einem Organisten wegen Probierung und eine zeitlang Bedienung der Orgel auf Gutachten der Senioren" bezahlt 3 fl.

1715 erscheint der Idsteinische Orgelmacher Weißhaupt zur Stimmung, er erhält 1 fl. 15 alb.

"1721 den 1.11. an den Orgelmacher zahlt 1 fl. 15 alb, wegen Rückstand, zu des Pfarrers Bartels Zeiten vor Reparierung der Orgel zahlt 1 fl. 15 alb."

Dieser gleiche Posten wird für Stimmung in den Jahren bis 1736 eingesetzt, später in den vierziger Jahren werden 2 fl. ausbezahlt.

Im Jahre 1769 wird der Vertrag wegen einer neuen Orgel geschlossen. Es handelt sich um die heute noch gut erhaltene Orgel der Orgelbauer Stumm. Ein Vertrag ist leider nicht überkommen, ebenso wird in den folgenden Kastenrechnungsauszügen der Name der Meister nicht genannt, jedoch die Urheberschaft der Stumm ist nach Anlage des Werkes und der Art des Pfeifenwerks nicht zu bezweifeln.

"1769 Ausgab zur neuen Orgel wie sie accordirt worden 30 fl."

"1770 Ausgabe Interesse vor 100 fl. Capital, welches zur Orgel vorgeschossen worden 5 fl.

An Receß zur neuen Orgel 23 fl. 19 alb. 3 d. Summa 30 fl. 19 alb. 3 d.

1771 Den Receß zur neuen Orgel 43 fl. 21 alb. 2 d. desgl. 50 fl. und 30 fl.

---

6) J. Brumm, Geschichte der Gemeinde Griesheim, 1922, S. 216
7) FBHN44 - Mitt. Brendel
8) FBHN44 - Arch. Hardt

1772 Receß 16 fl. 23 alb. 6 d., desgleichen 1773 36 fl. 3 alb. 2 d.
1774 Nach den abgelegten Capitalien sind zur neuen Orgel verwendet worden 236 fl. 16 alb."

Ab 1776 tritt dann regelmäßig ein Posten für den Balgzieher auf.

Im August 1771 wurde die Orgel fertig, wie ein Bericht an die Nassauische Rentkammer belegt:

5.8.1771 "... findet sich daß das Kirchspiel Bärstadt genötiget die unterthänige Vorstellung zu thun, daß das Schiff in der hiesigen Kirche, welches höchst und hohen Herren Decimatoren zu bauen und zu erhalten haben, seit 1729 mithin über 40 Jahre nicht abgeweißt worden. Da nun eines theils in zehen, längstens 14 Tagen eine sehr ansehnliche Orgell in hiesiger Kirche aufgestellt werden solle, anderen theils unser Herr Pfarrer bereiths vor etliche Wochen das Chor der Kirche auf seine Kosten außweisen lassen..." [9].

Das Jahr 1771 ist in der Kartusche des Gehäuses eingeschnitzt.

Das Werk hat folgende Disposition: Nach Stellung auf der Lade:

HW (oben)

1. Principal 8'
2. Bourdon 8'
3. Gamba 8'
4. Octav 4'
5. Salcional 4'
6. Quint 3'
7. Flöte 4' (Gravur Floet 4')
8. Superoctav 2'
9. Terz 1 3/5'
10. Mixtur 3fach 1'
11. Trompet 8' Baß und Diskant

Unterpositiv (auf Emporeboden)

12. Principal 4'
13. Gedackt 8' Die Pfeifen liegen zum Teil hinter der Gehäusewand mit eigenem Kanal, da wegen der Registerschwerter kein Platz vorhanden war.
14. Flaut travers 8' Diskant (fehlte)
15. Gedackt 4' (Flöt)
16. Octav 2'
17. Quint 1 1/3' rep c^1
18. Trompete 8' Diskant) später Salicional 8'
19. Cromhorn 8' Baß) nicht besetzt
20. Vox humana 8') neu

Pedal (hinter dem Gehäuse)

21. Subbaß 16'
22. Violonbaß 16' ursprünglich Posaunbaß 16'
23. Octavbaß 8'

Tremulant im Positiv.

Manualumfang: C, Cis-d^3, Pedalumfang: C, Cis-d^0.

---

9) HStAWsb 303/KR, 303 Xd 2, 5

Restaurierung 1971 durch v. Beckerath, Hamburg. (Flaut travers 8' neu, Vox humana 8' neu, Posaune 16' neu).

BAUMBACH (kath.)

Im Jahre 1901 baute J. Klais als op. 212 folgendes Werk:
I. Pl8 Fl8 Aeol8 O4 Mxt2 2/3 Tpt8
II. Lbgd8 Gb8 Sal8 Fltr4
Ped. Sbß16 Obß8 [10)]
Im Jahre 1952 wurde von W. Bosch, Kassel, ein Neubau erstellt:
I. Pl8 Gh8 Rfl8 Pl4 Hlfl4 Q3 O2 Mxt5-6f Dulc16 Helltpt8
Ped. Plbß16 Sbß16 Obß8 Chbß4 Mxt3f Pos16 Tpt8

BECHELN

Im Jahre 1817 war eine Orgel vorhanden [11)].
Im Jahre 1838 befaßte man sich mit einer notwendig gewordenen Reparatur. Kantor Anthes nahm Stellung zu Vorschlägen von den Orgelbauern Schmidt und Buderus. Aus einer Beurteilung von Anthes aus Idstein vom 24. 7. 1838 ist zu entnehmen:
Ein Bordun 16' soll auf einen leeren Platz gestellt werden. Anthes fragt, ob genügend Platz vorhanden sei. An Stelle eines Cornetts sollte eine Flöte 8' gestellt werden. Anthes entgegnet, ob Cornett so schlecht sei, gut hergestellt gäbe es viel Kraft. Die Flöte sollte auch im Baß gebaut werden. Es entsteht daher die Frage, ob man für diese Flöte, die auch Ersatzpedalregister sein solle, Platz habe, da das Cornett nur im Discant vorhanden war. 135 fl. schien als Preis zu niedrig.
Es wurde auch überlegt, ob für Bordun 16' Wind genug vorhanden sei. Als Flöte wurde eine runde Holzflöte vorgeschlagen, die Anthes nicht bekannt war. Er fragt, ob sie haltbar sei.
Weiter bemerkt er: "Bordun und Flöte im Manual und Pedal klingt ganz gut, aber sind nur Worte. Bordun und Flöte können nicht durch eine Registerparallele oder durch Extraventile in Subbaß und Octavbaß wie durch einen Zauber metamorphosirt werden, sondern geben den Ton, wie er aus dem Bau der Pfeife hervorgehen muß, sie bleiben Bordun und Flöte und erscheinen nur als Surrogat für fehlende Pedalregister." 165 fl. erscheinen nicht unbillig. Anthes war also Transmissionen gegenüber noch sehr mißtrauisch.
In einem Schreiben vom 20. 9. 1838 hatte Anthes seine Meinung über runde Pfeifen nicht geändert, der Orgelbauer solle zumindest 3 Jahre Garantie geben. Am 25. 9. 38 wird von Wiesbaden das Unternehmen gebilligt mit der Auflage, viereckige Pfeifen zu nehmen.
Am 9. 10. 1857 wird wiederum ein Antrag auf Reparatur gestellt.
Es heißt: "Unsere hiesige sehr alte Orgel" ist trotz alljährlicher Reparatur infolge der Construction ihrer Teile und langem Gebrauch so

---

10) Walter, ZfI Jg. 1904/05, S. 301 - Mitt. Vogel
11) HStAWsb 211/1409

fehlerhaft, daß eine Reparatur erforderlich wurde. Als Hauptfehler werden die mangelhafte Tastatur, Bälge und Kanäle beanstandet. Laden und Pfeifen werden als ziemlich gut beurteilt. Die Bälge hätten zu geringe Dimensionen. So lautet der Voranschlag von W. Schmidt, Braubach vom 20. 7. 1857. Er verlangte 48 fl.
Am 8. 3. 1859 erstellte Lehrer und Organist Phil. Dönjes aus Becheln ein genaues Gutachten, aus dem die 1838 veränderte Disposition zu entnehmen ist:

1. Principal 4'
2. Bourdon 16' Holz 1838
3. Flauttraverse 8' Holz
4. Gedackt 8' fehlen Baßtöne (1838?) vordem Cornett
5. Flöte 4' Holz
6. Salicional angeblich 4'
7. Quint 1 1/3'
8. Terz 1' (1 3/5')
9. Mixtur 3fach

Quint, Terz und Mixtur werden nicht mehr beim Gottesdienst gebraucht.
Es wurde vorgeschlagen:

1. Salicional durch wirklichen 4' ersetzen, Gambenintonation verleihen
2. Quint verdoppeln zu 3'
3. Terz 1' zu 2', also Octav 2' machen
4. Mixtur durch andere Register ersetzen, die 3. Reihe vergrößern.

Eine Zunge wäre zu empfehlen, da sie aber leicht verstimmet, wird eine Physharmonika empfohlen, wie sie Schmidt in Frücht gebaut habe.
Im Jahre 1913 ist in einem Inventar nur von einem Harmonium die Rede. Im Jahre 1918 ergab sich die Gelegenheit, eine Orgel günstig zu kaufen. Der Kirchenvorstand berichtet am 21. 5. 1918 ...
Die Kirche hat ein altes schlechtes Harmonium. Es bot sich Gelegenheit, die alte Orgel von Friedrichssegen, die noch gut und an den Meistbietenden verkauft werden soll, zu gewinnen. Sie sei vor 30 Jahren neu angeschafft. Die Gemeinde beschloß den Ankauf für 2500 Mk. Von OB Horn, Limburg, wurde am 4. 7. 1918 ein Gutachten ausgestellt, der Kauf am 19. 7. 1918 genehmigt.
Das Werk war um 1880 von M. Keller, Limburg, erbaut und hatte folgende Register: Pl8 Fl8 Gb8 Dolce8 O4 Fl4 Corn3f Sbß16 Vlbß8 Mech. Traktur. Diese Orgel wurde anläßlich eines Neubaus durch Walcker im Jahre 1955 verkauft [12].
Die neue Orgel hat diese Form:

I. Gd8 Pl4 Mxt3-4f 1 1/3 OW Qtt8 Nh4 Schwig2 Zbl2f 1
Ped. Sbß16 Gdpo4
Mechanische Traktur und Schleifladen [13].

12) ZALKHN 1/2761, 1/2387
13) Mitt. Wißmüller

BECHLINGEN

Am 4. 4. 1716 wurde ein Vertrag über einen Orgelbau geschlossen:

"Underthanigster Bericht. Das neue Orgelwergk, so von dem Orgelmacher zu Griedell gemacht wirdt und nacher Bechlingen in dasige Kirchen soll aufgerichtet werden, besteht in nachfolgenden Registern:

1.	Principalregister 4'	4.	Quint 1 1/3'
2.	Gedack oder Quintathon 8'	5.	Superoctav 1'
3.	Octav 2'	6.	Mixtur 2chor

sambt 1 Cornet Discant durchs halbe Claffier.
Also das gantze Werk in 7 1/2 Chor oder Register besteht. Nebst 2 Blasbälcher in einer Stellage."
Anscheinend hatte man das Werk zu groß veranschlagt, so daß man sich überlegte, dieses Werk nach Weckelsheim zu bringen und das dortige Positiv in Bechlingen aufzustellen:
"Weilen nun dieses Werk vor sehr stark im Thon in die Bechlinger Kirch gehen, also ist der unmaßgebliche Vorschlag, ob nicht dieses Wergk in die Weckelsheimer Kirche konnte gestellt werden und ein Positiv, so in Weckelsheim in der Kirche steht, nach Bechlingen gebracht werden möchte."
Über den Ausgang habe ich nichts in Erfahrung gebracht.
Das oben beschriebene Werk ist wohl ein Werk des OB Grieb in Griedel, der auch in der Schloßkapelle Braunfels baute [14].

BECHTHEIM

Nach der Chronik von Bechtheim wurde die Orgel im Jahre 1752 angeschafft und von einem Meister aus Frankfurt gebaut. Es muß sich zu diesem Zeitpunkt um J. Chr. Köhler handeln. Die Richtigkeit der Erbauungszeit wird durch einen Bericht erhärtet, in dem dargelegt wird, daß "letzhin mit Einverständnis Beyerbach eine Orgel angeschafft"... Actum 3. 3. 1753.
Auf Köhler verweisen die folgenden Stimmungen und Reparaturen, die durch ihn oder seine Gesellen durchgeführt wurden, wie z. B.: 1753 Bericht des Köhlerschen Gesellen Linck an den Idsteiner Convent über die Stimmung der Orgel für 1 fl. 30 alb. [15].
Desgleichen 1758 in den Idsteinschen Landkirchenrechnungen "Des Orgelmacher Koehlers Gesell nahmens Joh. Georg Linck wegen Rep. der Orgel zahlt 1 fl. 15 alb. [16].
1772 "An Hofmechanicum Mahr zu Wiesbaden wegen Reparation der Orgel 13 fl. 12 alb."
Von demselben wurde 1777 eine Reparatur durchgeführt und ihm 5 fl. 23 alb. 4 d. bezahlt [17].
Nach dem Tode Köhlers im Jahre 1761 ging die Arbeit in den meisten

---

14) FA Solms-Braunfels A 64, 9
15) HStAWsb 131 Xd 15
16) HStAWsb 133 Idsteiner Landkirchen R.
17) HStAWsb 133 KR Bechtheim und Idsteiner General Urkunden zu den Landkirchen R.

Gemeinden in die Hände Mahrs über. Auf Anfrage des Idsteiner Convents vom 21. 1. 1766 wegen Reparaturen und Stimmungsakkord Köhlers antwortete die Gemeinde am 28. 1. 1766, daß in Bechtheim seit 4 Jahren (1762) keiner dagewesen. Ein Geselle habe die Arbeit angefangen und ohne Förderung liegen lassen und fortgegangen [18].
Als man sich im Jahre 1786 erneut um eine Reparatur des Werkes bemühte, lehnte man den Hofmechanikus Mahr ab. In einem Bericht vom 25. 11. 1786 schreibt die Gemeinde, daß die Ortsvorstände nicht durch Mahr reparieren lassen wollen, da schon einmal geschehen ist, "daß die Orgel fast schlechter als wie vorher gewesen seyn solle".
Die Orgelmacher Stumm, die gerade in Idstein stimmten, wo sie ein neues Werk erbaut hatten, visitierten die Orgel in Bechtheim.
Philipp und Franz Stumm schlugen vor, daß die Bälge beledert, fehlende Pfeifen ersetzt, Pfeifen, "die an der Mündung zu weit aufgeschnitten" nachgearbeitet und das Werk neu gestimmt werden müsse. Man verlangte 30 fl. und freie Kost, was als teuer bezeichnet wurde [19].
Das vorhandene alte Werk wurde von OB Oberlinger restauriert nach Angaben von Kantor H. Brendel. Es wurde als ehemalige Disposition festgestellt:

1.	Principal 4' neu	6.	Mixtur 3f neu
2.	Gedackt 8' alt	7.	Trompete 8' neu
3.	Gedacktflöte 4' alt	8.	Subbaß 16'
4.	Quint 3' alt (1944 1 1/3)	9.	Octavbaß 8'
5.	Octav 2' alt		

1943 war keine Mixtur und Trompete vorhanden, dafür war später ein Salicional 8' und Hohlflöte 8' eingesetzt, die aber 1963 nicht mehr mit Pfeifen besetzt waren. Zum gleichen Zeitpunkt wird eine leere Schleife erwähnt, auf der wahrscheinlich die Mixtur gestanden hatte. Ob die Quint nicht ursprünglich wohl 1 1/3' war, da sie in dieser Größe bei kleineren Köhlerschen Werken in der Regel gebaut wurde, ist unklar. Nach der Restauration erscheint sie als 3' und wird mit alt bezeichnet. Möglicherweise ist sie ergänzt worden [20].

BEILSTEIN

Nach dem Ausbau der Burg als Residenz von 1607-12 wurde auch die Schloßkirche in den Jahren 1614-16 ausgebaut [21].
Graf Georg von Nassau, Herr zu Beilstein schreibt an seinen Bruder, Graf Wilhelm Ludwig von Nassau Dillenburg, daß er ihm ein Positiv aus Dillenburg überlassen möge, da dieses "ohnedaz verwüstet".
Der Sohn des Dekans Wagner, aus der berühmten Orgelbauerfamilie in Lich, könne es aufstellen [22].
Dekan Theodorus Guagnerus in Lich schrieb:
"Demnach E. G. gnedig an mich gesunnen, derselbigen einen, welcher

18) HStAWsb 133 Xd, 15
19) HStAWsb 135 Bechtheim 36
20) Mitt. Brendel - FBHN44
21) Dehio-Backes, Hessen, 1966, S. 66
22) Herborner Geschichtsblätter, Jg. 5 (1908) Nr. 7, Sp 174/75.

des Orgelmachens erfahren, zu Reparirung eines Positivs inderselbigen Kirchen zu schicken. Alß habe auf derselbigen gnedigen Begern ich solchen Rath gesetzet und überschick alhier E. G. Briefzeygern meinen Sohn Eberhardum, welcher dan auch hiebevor zu Dillenburg solches Positiv hat reparirt und daßelbigen Gelegenheit Reyße, welcher alß durch E. G. Anordtnungen solches zu Dillenburg zur Translacion und Abholung, wird wißen abzulegen, einzupacken, und hernacher wiederumb zu Beyhelstein aufzusetzen und, so Mengel an demselbigen, zu corrigiren und reyn zu stimmen wißen. Welchem also E. G. zu underthenigem Gefallen und willigen Dinst, auch wegen hiebevor erzeigten Gnaden und Gutthaten, nach zu setzen, ich nicht underlaßen sollen ... Signatum Lichae 27. Augusti Anno 1616 [23].

Im Jahre 1772 wurde die jetzige auf der Empore über dem Altar vollendet. In einem Schreiben, praess. 13. 3. 1792 bittet der Schulmeister Kegel um Bezahlung des Orgelspiels. Bei dieser Gelegenheit wird bemerkt: "Da das hiesige Kirchspiel Anno 1772 eine neue Orgel erbauen und solche zu gottesdienstlichem Gebrauch in die hiesige Kirche stellen ließ ... "

Einige wenige Angaben sind den Gemeinderechnungen zu entnehmen: "1771. 1. 10. habe ich unser Quantum zu der neuen Orgel lt. Quittung bezahlt 43 fl. 4 alb. 4 d. "

Beleg: "Die Gemeinde Beilstein hat bey Liefferung der Orgel dessen Quantum zu denen 200 fl. und dabey vorgesehenen ferner Kosten 43 fl. 4 alb. 4 d. "

1771: " Dem Peter Ernst als Schmidt bezahlt an Fuhrlohn wegen der neuen Orgel lt. Quittung 9 fl. " Quittung vom 3. 1. 1772.

1772: "An J. Herlen von Hilchenbach wegen seiner Schwester Haußmännin das Beilsteiner Quantum zur Orgel bezahlt 33 fl. 10 alb. "

"Vor ein Supplic das Holtz zur Orgel los zu bekommen 12 alb. " [24]

Aus der Auszahlung an Frau Haußmann ist wohl auf den Erbauer der Orgel zu schließen:

Ein Orgelbauer Johann Gottlieb Haussmann aus Langenholdinghausen, später in Siegen auf der Hammerhütte, hatte in den Nassau-Dillenburgischen Landen ein Privileg und einige Werke neugebaut und andere repariert [25].

Als im Jahre 1779 die Orgel gestimmt werden muß, wird bestimmt, daß Orgelmacher Arnold Boos aus Niederndorf im Fürstentum Siegen genommen werden soll.

Pfarrer Chelius aus Wallendorf erwähnt am 10. 12. 1778, daß die Orgel vermutlich "bei vorjähriger Reparatur der Kirche verstimmte".

1789 bittet man wiederum Boos zu engagieren, das Consistorium schreibt ihn dieserhalb am 5. 10. 1789 an [26]. 1790/91 reparierte Arnold Boos lt. Quittung vom 30. 6. 1790 für 25 fl. [27].

Nach einer älteren Aufzeichnung von 1943 und einer gleichzeitigen Auf-

---

23) HStAWsb 177 B 235 fol. 130
24) HStAWsb 190/14070
25) HStAWsb 175/90 s. Mengerskirchen, Dillenburg, Stadtkirche
26) HStAWsb 175/77
27) HStAWsb 190/14018

zeichnung von OB Eppstein war die veränderte Disposition:

1. Prinzipal 8'
2. Flöte 8'
3. Gedackt 8'
4. Geigenprinzipal 8' (bei Eppstein, von Eichhorn eingebaut)
5. Kleingedackt 4'
6. Salicional 4'
7. Quint 3'
8. Octav 2' (Eppstein OctaV2=Terz 1 3/5')
9. Mixtur 1 1/3' (Eppstein 3fach ab c^o)

2 leere Schleifen

10. Subbaß 16'
11. Vlbß8' (Eppstein Choralbaß 4')

leere Schleife [28]

1959 wurde ein Klangumbau vorgenommen.
Die Disposition heute nach Stellung auf der Lade:
Pl8 Klgd4 Sal4 Q3 O2 leer Mxt4f leer Gd8 Fl8 Ggpl4.
Auf der Lade hinter dem Werk:
Sbß16 Plbß8 Chbß4.
An alten Registern sind noch vorhanden:
Sal4 Q3 O2.
Das Werk hat Schleifladen mit mech. Traktur. Manualumfang C-c^3, Pedal C-g [29].
Unbekannt ist der Erbauer. Das Pfeifenwerk ist nicht von Schöler, den man in dieser Gegend als Erbauer vermuten könnte.
Abweichend von der üblichen Form ist das Gehäuse:
1 großer Rundturm in der Mitte, 2 kleinere an beiden Seiten, die Verbindung zwischen den Türmen stellen 2 doppelte Zwischenfelder her.
Am auffälligsten sind die Pfeifen in den seitlichen Blindflügeln.

BERGHAUSEN (Krs. Wetzlar)

In dem erhaltenen Gehäuse stand ein Werk aus der Zeit um 1780-1800 mit folgender Disposition:

1. Prinzipal 4'
2. Gedackt 8'
3. Gamba 8'
4. Gemshorn 4'
5. Quint 3'
6. Mixtur 1'
7. Flöte 1 1/2'

1954 wurde von Walcker ein neues Werk aufgestellt:
I. Gd8 Pl4 Mxt3f 1 1/3
II. Qtt8 Nh4 Schwig2 Zbl1-2f1/2, 1/4
Ped. Sbß16 Gdpo4 [30]
Die alte Orgel wurde beim Neubau des Kirchenschiffes an die Marktkirchengemeinde in Wiesbaden verkauft [31].

---

28) FBHN44 - Arch. Eppstein
29) Eig. Aufnahme - Bericht Dr. Karl Tittel, Herborn
30) ALKRhl O + G
31) Mitt. PfA

Ein neues Werk erbaute 1969 G. Woehl, Marburg, mit folgenden Registern:
I. Rfl8 Pr4 O2 Mxt5-7f II. Gd8 Fl4 Qtt2 T1 3/5 ab a° Pl1
Ped. Sbß16 Dulz4 Schleifl. mech. Traktur [32]

BEROD

Am 11. 11. 1852 wurde Gesuch wegen einer Orgel genehmigt [33].
Ab 1853 erscheinen in den KR Posten für Organist und Bälgetreter und seit 1861 finden wir die OB Weil und Embach mit der Stimmung beauftragt. Ob es ein älteres Werk ist, konnte nicht ermittelt werden [34].
1893 erbaute M. Keller, Limburg, als op. 64 eine neue Orgel, die von Seminarlehrer Schmetz, Montabaur, abgenommen wurde. Während des Kirchenneubaus Ende 1899 wurden die Holz- und Zinnpfeifen der Orgel aufbewahrt, bis sie am 11. 5. 1900 bei einem Brand zerstört wurden. Nach dem Plan der alten Orgel wurde sie von C. Horn, Limburg, im Jahre 1901 für 2500 Mk. wieder aufgebaut. Ihre Gestalt:
I. Bd16 Pl8 Hlfl8 Gb8 O4 Mxt3f
II. Ggpl8 Gd8 Sal8 Fl4
Ped. Sbß16 Vlbß8 [35]
Sie ist in einem schlechten Zustand und versagte 1964. Nach Aussage des Domkapellmeisters Papst, Limburg, soll es dasselbe Werk sein, wie in Limburg in der Annakirche. Es ist dann J. Chr. Köhler aus Frankfurt als Erbauer der alten Orgel anzunehmen.

BEUERBACH

Im Jahre 1911 war ein Harmonium vorhanden [36].
1961 erbauten Förster und Nicolaus eine neue Orgel mit Schleiflade und mech. Traktur, die folgende Disposition hat:
Gd8 Sal8 Pl4 Rfl4 Spfl2 Mxt3f1 1/3 Sbß16 Obß8 [37].

BICKEN

Im Jahre 1837 wurde von dem OB Daniel Raßmann, Möttau, eine neue Orgel geliefert mit folgenden Stimmen:

1. Principal 4'
2. Bordun 8'
3. Salicional 8'
4. Flaut travers 8'
5. Spindelflöte 4'
6. Quint 3'
7. Flageolett 2'
8. Mixtur 1 1/3'
9. Subbaß 16
10. Prinzipalbaß 8'
11. Violon 8' (später in Choralbaß 4' verändert)

Das Werk hat Schleifladen und mech. Traktur. Es kostete 1200 fl. [38]

---

32) Musik und Kirche, Jg. 42 (1972), S. 252
33) HStAWsb 211/5384
34) BALbg KR

Biedenkopf, Pfarrkirche

In dem Jahre 1657 arbeitete Georg Henrich Wagner, Lich, an einer Orgel für Biedenkopf, wie einem Brief zu entnehmen ist, den Wagner am 25.1.1657 an den "Gräflich Eyßenbergischen (Ysenburgischen) Secretarium Wolff Henrich Meyern zu Wechtersbach" schickte, um eine Terminverzögerung damit zu begründen, daß er noch das Werk in Biedenkopf aufstellen müsse, das bald fertig würde: "Weil ich aber noch ein neuw Werck welches baldt fertig, undt ich solches nacher Biedenkopf gelieffern soll..." 39)
Nach späteren Berichten hatte dieses Werk 8 Register. s.u.
Am 11.2.1670 fanden noch Verhandlungen im Rathaus statt, die sich noch nachträglich mit restierenden Unkosten befassen mußten.
"32 Rthl. vor Zehrung und anderen Unkosten, welche zu und bey Lieferung der Orgell sollen ufgegangen sein ...
2 Rthl. so bey Ihme vor Essenspeiß und vor Wein soll uffgangen sein alß die Orgell verdingt worden.
3 Rthl. 30 alb. alß die Orgell verfertigt und zur völligen Zahlung gegeben haben will." 40)
Wegen Bau einer neuen Orgel wandten sich der Bürgermeister und Rat der Stadt an das Konsistorium in Gießen in einem Schreiben, das dort am 22.4.1791 praesentiert wurde. Man hatte gehört, daß der Fürstl. Darmstädtische privilegierte Orgelmacher Heinemann in Gießen gestorben sei und habe deshalb mit dem Orgelmacher Schlottmann einen Vertrag am 11.1.1791 abgeschlossen, dessen Copie vom 20.4.1791 man beilegte. Der Inhalt im Wortlaut
An Hochfürstlich Hessisches Consistorium
"Die Orgel in der hiesigen Stadt-Kirche ist nicht nur für diese Kirche und zahlreiche Gemeinde zu klein, sondern auch schon seit vielen Jahren so abständig worden, daß Wir genöthiget werden, eine größere und bessere neu anzuschaffen.

Hierzu ist nun bereits ein Beträchtliches freywillig gestiftet und, weilen der gnädigst privilegirte Orgelmacher Heinemann in Giesen dem äußerlichen Ruf nach, mit Todt abgegangen seyn sollte, der hier in Abschrift beyliegende Accord, mit dem Orgelmacher Johannes Schlottmann zu Spangenberg, den 11. Jenner a(nni)c(urrentis) abgeschloßen worden.
Dieser will nun sogleich nach dem nächstbevorstehenden Heil. Osterfest mit diesem neuen Orgelbau, dazu er schon viele Materialien angeschafft und dahier niedergelegt hat, auf dem allhiesigen Rathhauß anfangen; Nachdeme Wir aber diesen Augenblick erst erfahren haben, daß vorgedachter Heinemann nicht todt - sondern noch am Leben sey:

35) Walter ZfI 1904/05, S. 301. Mitt. Pf. Quirmbach
36) ZALKHN 132368 Beuerbach Inventar 1911.
37) Mitt. Brendel
38) Fr. Theis, Bicken im Aartal in Vergangenheit und Gegenwart, 1953, S. 19 - FBHN44
39) FA Ysenburg-Büdingen, Kulturwesen Nr. 643, Fasz. 96, Orgel Wächtersbach.
40) StAMbg 330 Dep. Biedenkopf Nr. 97

So haben Wir, um allein hierunter zu befürchten habenden Verdruß vorzubeugen und auch zu zeigen, daß Wir diese Arbeit einem fürstlichen Unterthanen weit lieber als einem Ausländer gönnen, dieses sofort Ew. Exellenz Hochwohlgebohrnen, Hochwürdigen unterthänig anzeigen und bitten sollen, dem oftbesagten Orgelmacher Heinemann gnädig anzubefehlen geruhen, daß er, wenn er in vorliegenden Accord treten - und solchen in allen Punkten erfüllen will, ersten Tags sich bey uns melden - oder hernach schweigen soll.

Wir getrösten uns einer baldigen Erhörung und verharren mit unterthenigem Respect Ewr Exellenz
unterthänige Diener Bürgermeister und Rath der Stadt Biedenkopf
und in deren Nahmen Emanual Heinzerling als Bürgermeister"

Es folgt die "Copia Copiae:

"Kundt wissend seye hiermit, wie daß anheute ein Accord wie solcher nach denen Rechten am kräftigsten und gültigsten geschehen kann oder mag, zwischen H. Bürgermeister und Rath zu Biedenkopf an einen und dem Orgelmacher H. Johannes Schlottmann zu Spangenberg an andern Theil, einmüthig abgeschlossen und bestättiget worden wie folget:

1. Will gedachter Orgelmacher H. Johannes Schlottmann eine neue Orgel in die hiesige Stadt Kirche mit 12 klingenden Stimmen im Manual, als

a) Das Principal 8 Fuß von englischen Zinn
b) Großgedackt 8 Fuß
c) Quintathön 8 Fuß
d) Viol digamba 8 Fuß
e) Octava 4 Fuß
f) Gedackt 4 Fuß — von Metall nemlich
g) Spitzflöte 4 Fuß — halb Zinn und halb Bley
h) Flauto Traverso 4 Fuß
i) Quinta 3 Fuß
k) Super Octava 2 Fuß
l) Kleingedackt 2 Fuß und
m) Mixtur 4fach 2 Fuß

sodann
mit 3 klingenden Stimmen im Pedal

1) Das Principal 8 Fuß von Metall
2) Subbaß 16 Fuß
3) Trompet 8 Fuß — von Holtz
4) Ein Koppel zum Pedal, durch welches alle im Manuali befindliche Stimmen pedaliter gespielet werden können und
5) Tremulant ohne Tadel verfertigen, auch

2. Das Manual-Klavier vom tiefen C bis c mit 49 clavibus von schwarzem Ebenholz und die Semitonia von Elfenbein auch das Pedal von 25 Clavibus oder 2 Octaven, 3 tüchtige Blasbälge von Tannen doppelten Tafeln, mit Leim und Leder wohl verwahrt, das Orgelgehäuß von schöner tüchtiger Schreiner- und Bildhauer Arbeit nach jetziger Facon mit Gesimsen und Bildwerk über denen Principalpfeifen, die Kunstlade von gutem alten Eichenholtz, das Dratwerk so wohl in als außer der Lade, von Meßing, und die Register von

Eisen und guter Schlosser Arbeit stellen und machen und dieses alles

3. in dem allhiesigen Rathhaus, wohin Er sich die Materialien auf seine Kosten bringen läßet, verfertigen, wegen des ihme vorzuschießenden Geldes eine gerichtlich Hypothecarische Caution sofort beybringen und ein ganzes Jahr für dieses Orgelwerk von der Zeit wenn solches fertig ist angerechnet, stehen und haften.

4. Wird diese Orgel sofort in Arbeit genommen und längstens bis den 25. August a. c. überliefert, auch von der Stadt das Gestell zu denen Bälgen und der Befestigung des Gehäuses gestellet, wie nicht weniger auf ihre Koste durch einen erfahrnen Organisten examinirt und propirt.

Für diese vor specificirte Arbeit und probmäßig befundene Orgel hat sich

5. H. Bürgermeister und Rath verbindlich gemacht Ihme, H. Schlottmann überhaupt Sechs Hundert Gulden und diese in 4 Terminen, nemlich 150 fl. nach beygebrachter Caution, 150 fl. wenn die Orgel zur Helfte fertig ist, 200 fl. wenn solche ganz fertig ist, und 100 fl. nach Verfließung eines Jahres, wenn solche überliefert worden, zu bezahlen, dreysig Gulden zu dem Transport der Materialien beyzutragen, eine Stube im Rathhauß, eine Küche in der Nachbarschaft und das benöthigte Brennholtz frey zu stellen und Ihme die alte Orgel zu geben.

6. Haben sich Bürgermeister und Rath noch ausdrücklich vorbehalten, daß Er H. Schlottmann schuldig seyn soll, die letzte 100 fl. allhier abzuhohlen, die Orgel noch einmahl richtig zu stimmen, die alsdann sich etwa ergebenen Fehler wieder auszubessern und wann es verlanget wird, andere Register an statt der vorbeschriebenen und in eben der Größe zu machen.

Deßen allen zu wahrer Urkund, ist dieser Accord in duplo ausgefertiget, und von beyden Theilen eigenhändig unterschrieben worden.
Biedenkopf am 11. Jenner 1791
Emanual Plitt, Bürgermeister
Johann Kraft Keßler, Unter Bürgermeister
Johannes Schlottmann Orgelbauer
In fidem originalis Biedenkopf am 20. April 1791 Walther"

Das Konsistorium faßte folgenden Beschluß:
"Actum Gießen den 26. April 1791.
In Gemäßheit des vom Hochfürstlichen Consistorio auf die von Bürgermeister und Rath der Stadt Biedenkopf sub no. 1152 übergebene Anzeige, in Betreff ihres vorhabenden neuen Orgel-Baues und deßfalls mit dem Orgelmacher Johannes Schlottmann zu Sprengenberg getroffenen Accords, ertheilten Resolution, wurde der dahiesige Orgelmacher Heinemann sogleich per Pedellum vorbeschieden, und ihm gedachte Anzeige nebst der dabey befindlichen Abschrift des Schlottmännischen Accords, zu seiner Vernehmlaßung vorgelegt.
Orgelmacher Heinemann ließe sich hierauf vernehmen:
Er wolle sich schlechterdings dieses neuen Orgelbaues begeben, indeme weder er im Stande seye, noch ein anderer im Stande seyn würde, nach

dem geringen Accord, deßen Richtigkeit er an seinen Ort gestellet seyn laße, ein solches Werk aufzustellen.
Jedoch behalte er sich vor, daß wenn die neu zu erbauende Orgel fertig aufgestellet seye, ihme oder, wenn er nicht mehr am Leben seyn solte, seinem Tochtermann Rühl, die Examination der Tüchtigkeit des ganzen Werks überlaßen bleibe.
Facta praelectione ratihabitae Comparent diese seine Erklärung in fidem Elwert".
Die Stadt wandte sich ebenfalls an den Fürsten. Am 10. Mai 1791 wurde die Bittschrift in Darmstadt praesentiert und dem fürstlichen Konsistorium "zum Bedenken" überreicht und in Gießen am 16. 5. 1791 vorgelegt. Außer dem in Copie vom 20. 4. 1791 vorgelegten Akkord liegt ein Begleitschreiben bei, dem noch einige interessante Bemerkungen zu entnehmen sind:
"Durchlauchtigster Landgraf, Gnädigster Fürst und Herr.
Die nur aus 8 Registern bestehende - und vor mehr als 150 Jahren gemachte Orgel in der hiesigen Stadtkirche, ist nicht nur für diese große Kirche und die volkreiche Gemeinde viel zu klein, sondern auch fast gar nicht mehr und besonders unter der allsonntäglichen Kirchenmusic zu gebrauchen; derowegen Wir genöthiget werden, auf eine größere und bessere den Bedacht zu nehmen. " Es folgt dann die oben schon aufgeführte Schilderung von dem Zustandekommen des Vertrages mit Schlottmann unter Umgehung des Gießener Meisters Heinemann.
"Die Orgel wurde im nördlichen Seitenschiff unter dem östlichen am Turm angrenzenden Kreuzgewölbe aufgestellt. Die Vorgängerorgel hatte auch hier ihren Platz gehabt. " Nach dem ursprünglichen Entwurf sollte das Pedal an den äußeren Enden des Prospekts - im Manual aus 3 Türmen und 2 Flachfeldern bestehend - aufgestellt werden. Da sich der Orgelbauer in den Maßen versehen hatte, mußte das Pedal hinter das Werk gestellt werden [41].
Infolge baulichen Verfalls der Kirche baute Peter Dickel, Treisbach, das Werk ab.
Im Jahre 1891 trug man sich nach dem Kirchenneubau mit dem Gedanken, eine neue Orgel zu bauen. OB Vogt aus Korbach teilte die alte Disposition mit, aus der man ersehen kann, daß wohl schon bei deren Neubau eine geringe Abweichung von der Vertragsdisposition beschlossen wurde:
Es fehlen in dieser Aufstellung Flauto traverso 4' und Kleingedackt 2', dafür ist eine Zimbel 2fach 1' vorhanden.
Vogt schlägt als Veränderung der Disposition vor:
Pl8 Lbgd8 Gb8 Sal8 Hlfl8 O4 Gh4 Ggpl4 Fl4 O2 Mxt3f2
Vlbß16 Plbß16 Obß8
Bei der Überprüfung der Möglichkeit einer Vergrößerung stellte sich heraus, daß wegen der niedrigen Kanzellenhöhe an der C- und Cislade höchstens 2 Stimmen angebracht werden könnten, und daß eine 2. Manual mit 5 Stimmen neugebaut werden müsse. Ein Neubau wurde mit 3629 Mk. veranschlagt unter Anrechnung des alten Werkes mit 200 Mk.

---

41) StAMbg Dep. Biedenkopf 97. Die Kopien der Verträge stellte mir freundlicherweise Herr Dieter Schneider, Biedenkopf, zur Verfügung.

Auf der alten Lade dürften höchstens 8-9 Stimmen untergebracht werden.
Die alte Disposition wurde dem Geschmack der Zeit nach charakterisiert: "Alte Disposition ist schreiend und heute nicht mehr beliebt".
Als Neubauvorschlag unterbreitete Vogt am 12. 5. 1890:
HW P18 Bd16 Gb8 Hlfl8 Gh8 O4 Fl4 O2 Mxt3f2
Oberwerk: Sal8 Lbgd8 Harmoniefl8 Fltr4
Sbß16 Vlbß16 Obß8
und am 21. 7. 1890 einen weiteren:
I. Pl8 Gb8 O4 Hlfl4 O2 Mxt3f
II. Ggpl8 Sal8 Lbgd8 Fl4 Gh4
Vlbß16 Sbß16 Obß8 [42]
Am 15. 1. 1891 wurde ein Neubauplan des OB Car. G. Weigle mit Röhrenpneumatik dem Konsistorium eingereicht, der Neubau beschlossen und am 22. 11. 1891 durch den Seminarmusiklehrer Wolfram, Dillenburg, abgenommen. Das Werk hatte folgende Form:
I. Bd16 Pl8 Gb8 Doppelgd8 O4 Hlfl4 Mxt2f2 2/3
II. Ggpl8 Lbgd8 Sal8 Dolce8 Trfl4
Ped. Sbß16 Vlbß16 Obß8 [43]
Eine Instandsetzung der Orgel nach dem Vorschlag Weigles wurde am 1. 6. 1939 genehmigt [44].
Im Jahre 1950 erfolgte ein Umbau durch Walcker:
HW Po16 Pl8 Gh8 O4 Hlfl4 Spillfl2 Sesq2f Mxt5f1 1/3
Hinterwerk Gd8 Pr4 O2 Q1 1/3 Schf3f1/2
Ped. Sbß16 Obß8 Chbß4 Pedmxt4f2 2/3 Lbpos16 NK. Tr. [45]

Biedenkopf, Hospitalkirche

Im Jahre 1855 lieferte Peter Dickel, Treisbach, ein Werk mit Schleifladen:
Manual: Pl8 Sal8 Gd8 O4 Fldo4 Mxt4f2 (jetzt Gb8)
Ped. Sbß16. MK. Ventilzug [46]

BISKIRCHEN

Im Jahre 1822 baute G. Bürgy, Gießen, eine Orgel [47]. Sie wurde im Jahre 1872 nach Daubhausen verkauft [48]. Man schaffte sich ein neues Werk an, das OB Knauf, Gotha, verfertigte. Die Disposition ist folgende:
I. Bd16 Pl8 Hlfl8 Gd8 O4 Fug4 Q3 O2 Korn3f8 Mxt3f
II. Gb8 Salicet8 Trfl8 Pl4 Fldo4
Ped. Sbß16 Obß8 Gdbß8 Pos16 [49]

---
42) Arch. Vogt
43) FBHN44
44) ZALKHN 1/2347
45) Mitt. Schneider
46) Mitt. Schneider
47) Abicht, Kreis Wetzlar, S. 185
48) Läufer, Gemeindebuch der Kreissynoden Braunfels und Wetzlar, 1953. s. d.
49) ALKRhl O + G

BISSENBERG

Die Orgel wurde im Jahre 1965 von Großrechtenbach übernommen [50]. Nach Veränderungen, die schon in Großrechtenbach vorgenommen waren, (s. d.) hatte das aus dem 18. Jahrhundert stammende Werk folgende Form:
Principal 4'
Gedackt 8'
Octav 4' Diskant (wohl später verändert)
Gemshorn 4'
Quint 3'
Octav 2'
Hohlflöte 8' Baß und Diskant (wohl Rohrwerk ?)
Subbaß 16' [51]

Nach einem Bericht des Pfarrers sollten Terz und Mixtur durch deckende Stimmen ersetzt werden [52].
Die Terz stand möglicherweise an der Stelle der späteren Octav 4' diskant?
G. Hardt, Möttau, erbaute 1965 eine neue Orgel, die am 15. 6. 1966 abgenommen wurde, mit den Stimmen:
Gd8 P14 Rfl4 P12 Mxt3-4f1 1/3 Sbß16 [53]

BLASBACH

Nach einem Bericht des Lehrers Althaus aus Dutenhofen vom 17. 12. 1852 hatte das Werk folgende Register:
P14 Gd8 Sal8 Hlfl8 Fldo4 O2 Mxt3f1 Sb16 Obß8
Alle Register waren nach Althaus eng mensuriert und die Mixtur überschrie alle Stimmen. Für das Principal gab er C 35''' sonst 38''' üblich an, Dutenhofen habe 39'''.
OB Zieße empfiehlt am 24. 12. 1853 ein zweites Manual:
Fernfl8 Harm8 Gh4 Flgt2.
Offenbar wurde dieser Plan nicht ausgeführt [54].
Nach einer später überlieferten Disposition fehlte die Mixtur, statt ihrer erscheint eine Fldo8 [55].

Am 25. 7. 1963 wurde die Abnahme der von Förster und Nicolaus restaurierten Orgel vorgenommen. Ihre Gestalt jetzt:
P14 Gd8 Rfl4 Spfl2 Mxt3-4f1 1/3 Sbß16 [56]

---

50) Dehio-Backes, Hessen, S. 85
51) ALKRhl O + G
52) s. Großrechtenbach
53) Arch. Hardt
54) HStAWsb 424/1060
55) ALKRhl O + G
56) ALKRhl O + G

Bleidenstadt, ev.

Um 1658 wird eine Orgel zum ersten Mal erwähnt. Es war die Rede von der Reparatur der Kirche "vom Thurm bis uff des Rats Stub über der Orgell" 57).
Die weiteren Daten geben die KR. 1691 wird ein neuer Stand errichtet, der Zimmermann bekommt 12 fl. 4 alb.
1692 werden mehrere Posten für die Orgel aufgeführt, 23 fl., 10 fl. 7 fl. 5 alb., die aber wegen einer besonderen Rechnung gestrichen werden.
1696 "Dem Orgelmacher das Clavir zu erhöhen und die Orgel zu stimmen 11 fl.".
Es folgen dann regelmäßig auftretende Posten für Stimmung, 1700, 04, 05. Am 29. 10. 1715 wurde mit dem Idsteiner Orgelmacher Weißhaupt ein Kontrakt abgeschlossen mit den Aufgaben "ein neues Clavir zu machen, alle Register abzulegen, Pfeifen alle durchsehen ... neu zu stimmen ... Balch durchzusehen" für den Preis von 10 fl. 15 alb. Das Idsteiner Consistorium genehmigte diese Arbeiten am 7. 11. 1715 58).
Ebenso werden in den Jahren 1724-26 und 1729 Reparaturen durchgeführt, die 1729 zu 1/3 von der Kirche und 2/3 von der Gemeinde bezahlt werden. Weitere Reparaturen durch Weißhaupt werden bis 1733 bezahlt.
Im Jahre 1741 tritt zum ersten Mal J. Chr. Köhler aus Frankfurt die Nachfolge in der Pflege an.
1755 ist ein Orgelmacher Rese von Nastätten an der Orgel, 1758 Köhlers Geselle J. G. Linck und 1762 sein Geselle Joh. Friedr. Stahl 59).
1767 übernimmt der Wiesbadener Hofmechanikus Mahr die Pflege. In einem Bericht an das Idsteiner Consistorium vom 3. 3. 1781 werden seine Arbeiten zusammengefaßt:
1767 Pfeifen ausgebessert, 1771 Das alte Regierwerk durch neues ersetzt, 1772 Pfeifenreparatur, 1775 Bälge neu beledert. Die Orgel wird als sehr alt und schlecht charakterisiert 60).
Sehr reich war die Gemeinde nicht, denn am 15. 11. 1770 ersucht sie, daß die Reparatur und Stimmung aus der Kirchenschaffnerei bezahlt würde, da "die Gemeinde wegen Mißwuchs und Thurmbau" nicht bezahlen kann. Am 5. 1. 1771 berichtet die Gemeinde, daß sie "die Mängel an der Orgel durch Gottfried Mahr von Wiesbaden abzuhelfen versucht". Es wurden 3 Bälge frisch beledert 61).
Im Jahre 1855 wurde das Kirchenschiff neu erbaut 62).
Aus diesem Anlaß trat man auch einem Orgelbau näher; denn die alte Orgel war nach den Daten, die angegeben wurden, trotz regelmäßiger Pflege wohl am Ende.

57) HStAWsb 14/IIb, 15
58) HStAWsb 133 Land KR UB 1715
59) HStAWsb 136 KR.
60) HStAWsb 131 Xd, 15
61) HStAWsb 136, Bleidenstadt 2
62) K. H. May, Der Raum Bad Schwalbach und seine Kirchen, 1964, S. 28

Im Jahre 1856 baute OB Raßmann, Möttau, ein neues Werk in folgender Form:
Pl8 Gd8 Sal8 O4 Gh4 Fl4 Q3 O2 Mxt3f1 Sbß16 Obß8 [63]
Im Jahre 1952 wurde die Orgel durch OB Katzer, Bleidenstadt, nach Plänen von Kantor H. Brendel erweitert und umgebaut:
Pl8 Gd8 Sal8 O4 Gh4 Q3 O2 Mxt3f Tpt8
OW Rfl8 Pl4 Blfl2 O1 Zbl2f Vxh8
Ped. Sbß16 Obß8 Chbß4 Nh2
Das Werk hat mechanische Schleifladen und elektr. Registratur [64].

Bleidenstadt, kath.

Die Gebäude des Ritterstifts St. Ferrutius wurden in den Jahren 1632 und 1637 zerstört [65].
Der Chordienst wurde nach St. Stephan in Mainz verlegt, von dort nach St. Johann, Quintinskirche und St. Sebastian [66].
In den Jahren 1685-1718 erfolgte in Bleidenstadt der Wiederaufbau [67].
Aus Notamina wegen Bleidenstadt vom 1. 7. 1715 ist zu entnehmen, daß in dieser Zeit auch wieder eine Orgel vorhanden war:
"Pfarrer zu Bleidenstadt übergibt einige Notamina so in dieser Kirche zu versorgen weren: 3. Einen Organisten, weilen dieses Jahr verflossen, durch welches der Schantzenwirth zur Ehr Gottes umb ein gering beliebige Discretion zu Hochw. Capitel Ehr die Orgel geschlagen ..."
"ad. 3. Soll dem Organisten jährliches zwey Malter Korn verabfolgt werden." [68]
So wurde 1717 der Sohn des Schulmeisters zu Bleidenstadt, Tillmann, als Organist angenommen "gegen Geniesung 6 Malter Korn jährlich" [69].
Im Jahre 1748 war die Orgel reparaturbedürftig geworden:
"Actum Bleydenstatt: Hiesiger Schuldiener Mehlmer zeiget vermittelß eines schriftl. Vortrags unterth. ahn, welcher Gestalt es hiesige Ritterstiftsorgel verschiedener Reparatur bedürfe". 16. 7. 1748 [70].
1772 glaubte man, doch an eine Neuanschaffung denken zu müssen:
Der Amtmann von Bleidenstadt veranschlagt 200 fl. zur "Anschaffung einer neuen Orgel zu Bleidenstadt, als welche daselbst ganz abgängig". Einstweilen sollen von den Zinsen Reparaturen ausgeführt werden (8. 11. 1772). Am 12. 7. 1773 im Amtshaus Bleidenstadt: "Amtmann Brückner zeigt an, daß Alte Hochheimer Orgel verkauft werden soll, noch in gutem Stand". Es sollten Erkundigungen eingezogen werden.
Erst im Jahre 1781 wurden konkrete Vorschläge von den Orgelbauern Joh. Andreas Mahr in Wiesbaden und Joh. Wilhelm Schöler in Bad Ems eingeholt. Am 26. 11. 1781 wurde Amtmann Schunck befohlen, feststellen zu lassen "wie hoch er die alte Orgel in der Stiftskirche zu

63) FBHN44
64) Mitt. Brendel
65) Dehio-Backes, Hessen, S. 88
66) HStAWsb 14 I, 1 Protokolle 1638, 55, 80, 81.
67) Dehio-Backes, Hessen, S. 88
68) HStAWsb 14, I Bd. IV
69) HStAWsb 14, I Bd. IV 23. 6. 1717
70) Prtk. Bd. V

Bleidenstadt verkäuflich anbringen könne. Wie hoch eine neue Orgel zu stehen komme".
So wurden Vorschläge von beiden am 18. 7. 1782 bzw. 9. 10. 1789 eingereicht. Acht Jahre zogen sich also die Verhandlungen hin.
Der Vorschlag von Johann Andreas Mahr vom 18. 7. 1782:

1. Principal 4' von Zinn
2. Cantabile 8' von Holz
3. Quintatoen 8' Medal
4. Quintviol 4' Medal
5. Quinta 3' Medal
6. Supperoctav 2' Medal
7. Gedact 4' Holz
8. Mixtur 3 fag 2'
9. Gemsvogel 1' Medal
10. Vox humana 8' Medal

Pedal

11. Subbaß 16' Holz
12. Violonschelt 8' Holz
13. Posaun 8' Holz
14. Coppel zu Manual Baß
15. Bebung zu Vox humana
16. Tremuland

Manual Clavir 4 Octaven C-d^3 auf der Seite zu spielen eingerichtet
Pedal C-d 15 Toene. 2 Spanbälge 9' lang, 4' breit.
Principal in Zinn, das Metall 4 löthig. Stimmung: Corton.
Preis: 900 fl. 2 Carolinen Trinkgeld, frei Logis. Die alte Orgel sollte mit 100 fl. berechnet werden.
Vorschlag von J. W. Schöler, Hoforgelmacher:
9. 10. 1789 wird Disposition und Riß übersandt. "Der Abriß ist nach dem neusten gusto der Antique".

1. Principal 4' Engl. Zinn Chorton
2. Viol di Gamba 8' untere Octav Holz, obere Materie 1/4 Zinn
3. Gedackt 8' Baß Holz, Discant Metall
4. Salicional 4' Metall
5. Quinta 3'
6. Gedäcte Flöte 4'
7. Octav 2'
8. Tertia 1 3/5'
9. Mixtur 3fach 1' repediert
10. Trompett 8' halbiert mit 2 Züge
11. Tremulant ad libitum
12. Copula manualis et pedalis et Ventiel
13. Vox humana 8' (Schreiben vom 21. 10. 1789 "die Vox humana wohl vergessen, soll von Amt eingefügt werden")

Pedal bis 2te f dahinter zu stellen

1. Principalbaß 8' Holz
2. Subbaß 16' Gedäct Holz
3. Posaunbaß 16' Holz

2 Blasbälge 9' lang und 4 1/2' breit.
Clavier auf der Seite zu spielen, ganze Töne Ebenholz, Semitonia Elfenbein.
Den Transport von Ems, Schreinerarbeit am Orgelstand und Bekleidung des Pedals hinter der Orgel übernimmt das Ritterstift.
Preis 825 fl., bei freier Logis für Schöler und die Gesellen.
Die alte Orgel wird nach dem Wert des Metalls berechnet, "weil alles nach der uralten Einrichtung gemacht ist" [71].

71) HStAWsb Karten Abt. Nr. 2476

Am 1. 3. 1790 berichtet der Amtmann "daß die Orgel sich in gantzem Unstand befinde, Reparaturkosten zu 70 fl. ohne die Kost angeschlagen, und da dennoch die Orgel ein altes Stück bleibe, so sey räthlich, ein gantz neue verfertigen zu lassen. Dazu überschickt Amtmann ein Riß für das Äußere und eine Disposition zur inneren Einrichtung nebst dem Kostenvoranschlag von dem Orgelmacher Mahr zu Wiesbaden und Schöler zu Baad Ems. 1. Kost und Logis 922 fl., letzterer frei Logis eigene Kost 825. Amtmann rahtet zu accord des letzteren (Schöler), weil die äußere Anlage zierlicher und die innere Einrichtung größer und wehrter, dabey als ein Preis wohlfeiler seye. Dann die alte Orgel an die Gemeinde Limbach dermahlen verkäuflich angebracht werden könne".
Concl. : Alte Orgel bestmöglichst zur Zeit zu reparieren und desfalls von dem Orgelmacher Schöler ein Überschlag zu fertigen ..." [72].
Aus dem Neubau scheint nichts geworden zu sein, da man sich um die Orgel des aufgehobenen Klosters Gottesthal beworben hat. Am 2. 7. 1811 wird die Übertragung nach Bleidenstadt beschlossen [73].
Die Gemeinde Stephanhausen bewirbt sich um die Bleidenstädter Orgel. Dieserhalb richtet die Regierung eine Rückfrage an Bleidenstadt am 10. 12. 1812, worauf die Gemeinde am 27. 12. 1812 berichtet, daß die Orgel wegen der Kirchenrenovierung auf dem Speicher läge. Sie wird vom Herzog am 4. 12. 1812 an Stephanshausen geschenkt und hatte nach Schöler 8 Register. Schöler hat inzwischen die Orgel in Gottesthal abgebrochen und stellt an Fehlern fest, daß Balg und Pfeifen einer Reparatur bedürfen und daß von verschiedenen Registern insgesamt 36 Pfeifen und von der Trompete 48 Zungen fehlten. Der Principal und der Prospekt müßten geputzt werden. Am 26. 7. 1811 stellt hierzu Schöler eine Kostenrechnung von 200 fl. auf. Da das Pedal nur angehängt war, empfiehlt er ein selbständiges Pedal mit Subbaß 16 und Principalbaß 8' mit der zugehörigen Lade und 2 neuen Bälgen zum Preis von 230 fl. Der Orgelmacher J. M. Engers aus Wehen schlägt für die Pedalbesetzung Principalbaß 8' und Violoncello vor, in einem Entwurf vom 15. 2. 1813 Principalbaß 8' und Vagotbaß 8' mit den oben genannten Pfeifen- und Zungenergänzungen, zum Preis von 275 fl. Mit Engers wird am 15. 2. 1813 ein Vertrag abgeschlossen [74].
Im Jahre 1902 gibt Walter anläßlich des Neubaus durch J. Klais, Bonn, die alte Disposition wieder:

1.	Principal 4'	7.	Octav 2'
2.	Großgedackt 8'	8.	Mixtur 1'
3.	Flaut travers 8'	9.	Kornett 3fach
4.	Kleingedackt 4'	10.	Subbaß 16
5.	Flöte 4'	11.	Octavbaß 8'
6.	Quint 3'		

Manual und Pedal hatten noch die kurze Oktave, zur Windversorgung waren 2 Spanbälge vorhanden. Der Zinngehalt betrug 15-20 %.
Es muß die Trompete später abgebaut oder durch das Kornett ersetzt

72) Prtk. 1. 3. 1790
73) HStAWsb 73 III/7
74) HStAWsb 212/4951a

worden sein, da dieses anscheinend auf der letzten Schleife stand. In Gottesthal hatte Orgelbauer Macrander aus Frankfurt 1698 eine neue Orgel gebaut, um diese muß es sich also wohl handeln. Nur scheint es, daß die Disposition im Laufe des 18. Jahrhunderts verändert wurde. Darauf deuten Flauttravers hin, wie wohl auch ein späterer Einbau der Trompete. Es fehlt als charakteristische Stimme die Zimbel. Sie ähnelt der Disposition von Mainz, St. Ignaz von 1698.
J. Klais erbaute ein neues Werk mit den Registern:
I. Pl8 Bd16 Fl8 Gb8 O4 Gh4 Mxtcorn3-4f Tpt8
II. Ggpl8 Lbgd8 Aeol8 Vxcl8 Fl4
Ped. Sbß16 Obß8 Vcl8 [75)]

BLESSENBACH

Um das Jahr 1840 erbaute Daniel Raßmann eine neue Orgel. In einem Schreiben des Amtes Runkel an Obertiefenbach wird sie am 28.10.1842 als gut erwähnt [76)].
Sie hat folgende Disposition:
Gd8 Sal8 Pl4 Gd4 Fl4 Q3 O2 Mxt3f2 leer (Tpt8?)
Sbß16 [77)]

BONBADEN

Im Jahre 1833 wurde eine ältere Orgel von Peter Weil repariert. Abicht bezeichnet die Orgel als gut [78)].
Am 15.10.1833 wird in der Bewerbung Weils für Altenkirchen ein Zeugnis für die genannte Reparatur angeführt [79)].
Im Jahre 1891 baute G. Raßmann aus Möttau ein neues Werk:
Pl8 Gd8 Sal8 O4 Hlfl4 Doubl Sbß16 [80)]

BORN

Im Jahre 1789 am 8.10. bittet die Gemeinde Born und Watzhahn um Beisteuer zur neuen Orgel, die gut ausgefallen ist [81)].
Die heute noch vorhandene Orgel wurde von J. W. Schöler aus Bad Ems gebaut und hatte zuletzt folgende Disposition:

1. Principal 4'
2. Gedackt 8'
3. Gamba 8'
4. Flöte 4'
5. Quint 3'
6. Octav 2'
7. (Terz oder Salicional)
8. Mixtur 1'

---

75) Walter, ZfI 1902/03
76) HStAWsb 229/895, 239/124
77) FBHN44
78) HStAWsb 424/791 - Abicht, S. 147
79) HStAWsb 245/301
80) ALKRhl O + G
81) HStAWsb 136, Born 3

9. leer (Trompete 8') [82] 11. Subbaß 16'
10. leer 12. Octavbaß 8'

Die Bälge lagen nicht unten sondern auf dem Speicher, wie bei einer Auseinandersetzung in Breitenau im Jahre 1820 für Born berichtet wurde [83].

Am 20. 7. 1866 wurde eine Reparatur genehmigt [84].

Im Jahre 1911 wurden im Inventar 12 Register festgestellt mit dem Bemerken "Älteres Werk" [85].

1968 wurde das Werk durch Gebr. Oberlinger im Sinne der ursprünglichen Disposition restauriert und eine Terz und Trompete 8' Baß und Diskant eingefügt. Die Mixtur ist 3fach.

BORNHOFEN (Kloster)

Um 1715 muß für Bornhofen eine neue Orgel gebaut worden sein, denn im Inventar des Jahres 1715 wird "ein geschnitzter Engel mit der Posaune blasend, so auf der Orgel gestanden" genannt. Dieser ist dann bei dem Neubau nicht mehr verwendet worden.

Um diese Zeit muß es demnach gewesen sein, daß ein Meister aus Würzburg und einer aus Boppard sich um einen Neubau bewarben. Wahrscheinlich handelt es sich um Johannes Hoffmann aus Würzburg, der 1715 eine Orgel für Kloster Marienberg in Boppard geliefert hatte und um Conrad Risse, der sich in Boppard um 1700 niedergelassen hatte.

Bei dem Vorschlag des Würzburger Meisters vermißte man genauere Angaben und war dem Bopparder zugeneigt:

"Die zwey Abriß von Würtzburg über die Orgel nach Bornhoven seindt zwar den Augen anständig, aber die Vernunft kan darüber nichts eigentliches schließen aus Mangel

1. Daß der nothige Stab der Schuhe nicht beigesetzet, worauß man die Höhe und Breite deß Werkeß nehmen könnte.
2. Weilen nicht nur die Registers nicht benannt, sondern auch die Höhe der Pfeifen im Thon nicht spezifizirt, welches doch ein Hauptstück des Werkes ist.
3. Ob das Werk auf des Meisters oder der Kirchen Kösten von Würtzburg nach Bornhoven solle geliebert werden.
4. Ob der Meister die alte Orgel in solutum annehmen wolle.
5. Ist schier unglaublich, daß der Meister abwesendt nach der rechten Proportion das Werk verfertigen kann, wo er nicht zwar die Situation undt Umbständ des Orts augenscheinlich eingenohmen. Dahero, weile die Eviction wenigst auf ein Jahr nothwendig, so wirdt es schwer und gefährlich fallen, bey denen vielleicht für künftig fürfallenden Fählern.

Der Meister von Boppard über seinen neuen Abriß alles erleutert, noch

82) Mitt. Brendel
83) HStAWsb 241/211
84) HStAWsb 211/5456
85) ZALKHN 1/2356 - K.H. May, Der Bad Schwalbacher Raum und seine Kirchen, S. 31

2 oder 3 Register mehr eingesetzt, den Ort besehen und abgemessen, auch ohne einige Kösten der Kirche, das Werk liebern will, auch die alte Orgel in solutum annehmen und nicht nur Caution leisten, sondern 50 Rthl. von verdingtem Lohn der Sicherheit auf ein Jahr zu hinterlassen, versprochen, zudem ein Handtsaß an der Hand und über seine Arbeit sich zu Trier, Seyn, Grenßhausen, Boppard et caet. zu erkündigen - als wäre meine unverfängliche Meynung, daß diesem die Arbeit zu vergönnen.

Er hat endlich resolvirt auf 200 Rthl. und die alte Orgel. Doch wann man nun 6 Register verlange, will er auch mit der alten Orgel das Werk für 170 Rthl. frey liebern." Ohne Datum und Unterschrift [86].

Der Dispositionsvorschlag entsprach wohl dem französisch orientierten Typ wie er in Sayn, Enkirch und möglicherweise in Trier, St. Gangolph von Rissen gebaut wurde [87].

Aus den Jahren 1760, 1766 und 1806 sind kleinere Reparaturen nachzuweisen [88].

Bei der Säkularisation bewarben sich Lorchhausen und Kamp um die Orgel, wie Gesuche vom 27. 2. 1813 zeigen. Aber auf Anweisung des Staatsministeriums von Nassau vom 7. 5. 1813 wurde Kamp berücksichtigt:

" Auf Bitten des Landdechanten und Pfarrers Kühn zu Camp, soll die Kirche von Bornhofen mit Altären, Beichtstühlen, Kanzel, Orgel und die 3 Glocken mit Paramenten und Gerätschaften an Camp gegeben werden" [89].

Als seit 1821 die Wallfahrten wieder auflebten, kamen auf Betreiben des Limburger Bischofs Peter Josef Blum Redemptoristen nach Bornhofen [90].

Mit dem bedeutenden Kölner Orgelbauer Fr. W. Sonreck wurde am 31. 12. 1855 ein Vertrag über einen Neubau geschlossen in folgender Form:

1. Principal 8' ab B Prospekt
2. Bordun 16' Baß in Holz, Diskant in Metall, 2 Züge
3. Gedackt 8' Baß in Holz, Diskant in Metall, 2 Züge
4. Salicional 8' Diskant Metall
5. Octavflaut 4' Metall
6. Cornett 4' Discant 4fach
7. Tuba 8' Baß freischwebende Zungen
8. Quint 2 2/3'
9. Superoctav 2'
10. Trompete 8' Discant

Zug, wodurch ein 2. Klavier ersetzt wird.

Das Werk sollte bis Ostern 1856 fertig sein und 745 fl. kosten.

Der Orgelsachverständige Pfarrer Neubig empfiehlt ein selbständiges Pedal Subbaß 16', Violon 8' Quint 5 1/3', dazu eine Kegellade.

---

86) HStAWsb 15, II 16-14 Akten
87) Bösken, Stumm S. 15
88) HStAWsb 15, II 35
89) HStAWsb 15, II 25 - Hans Neumann, 1000 Jahre Kamp-Bornhofen, Neuwied 1950, S. 79
90) Neumann, S. 111

Mit der Revision wurde Neubig beauftragt von der Diözese Limburg, die sich dafür am 29. 1. 1857 bei ihm bedankt [91].
Im Jahre 1950 erbaute OB Christian Gerhardt, Boppard, eine neue Orgel mit den Registern:
I. Bd16 Pl8 Hlfl8 O4 Gd4 Q3 Mxt3-4f Tpt8
II. Gd8 Sal8 Aeol8 Itpl4 Fernfl4 Gh4 Picc2 Klmxt2-3f
Ped. Sbß16 Vlbß16 Gdbß16 Obß8 Obß4
Neben den Normalkoppeln SpII/II, II/I SBII/II, II/I   Pneum. Traktur

BORNICH

In einem Inventar des Jahres 1915 wird beschrieben: "Älteres Werk, 11 Register, Empore im Chor, Gehäuse reich Barock" [92].
Im Jahre 1817 wurde das Werk wie folgt charakterisiert: "Klein ohne inneren Werth, schwer zu schlagen" [93].
Nach dem Bericht vom 27. 5. 1826 wird eine Reparatur für 125 fl. durch OB Raßmann genehmigt, da Schöler, Bad Ems, nicht billiger arbeiten will [94].
Am 14. 4. 1844 plant Buderus die Zurücksetzung der Orgel und ihre Reparatur für 215 fl. und einen weiteren Anschlag 1851 ein. Diesen Plänen ist die Disposition und die Stellung der Spieleinrichtung vorn im Gehäuse zu entnehmen.
Die Disposition des Werkes:

1. Principal 4'
2. Bourdun 8'
3. Baßflöt 8'
4. Spietzflöt 4'
5. Quinte 2 2/3'
6. Octave 2'
7. Cimpal 1'
8. Mixtur 3fach
9. Subbaß 16'
10. Principalbaß 8'
11. Octavenbaß 4' [95]

Keiling weist auf die Verwandtschaft mit dem Gehäuse von Springen hin.
Mit diesem Werk Macranders stimmt außerdem das Register Baßflöt 8' überein, das mir zunächst bei demselben Meister in der Disposition von Annweiler begegnete, die 1707 von ihm erbaut wurde [96].
Es fehlen in diesem Werk die sonst üblichen Stimmen Sesquialter oder Cornett, oder, wie in Springen, die Terz.
Am 13. 3. 1853 wird die Reparatur an Joh. Schlaad in Waldlaubersheim vergeben und am 14. 4. 1853 von der nassauischen Regierung genehmigt [97].
Am 2. 5. 1930 wird an das Konsistorium berichtet, daß die Orgel sehr schlecht und ein Neubau erforderlich sei. Ein weiterer Antrag wird am 16. 7. 1930 gestellt. Es heißt dort, daß OB Voigt schon vor dem Kriege

91) PfA Erbach, Akte Pfarrer Neubig, Sachverständiger des Bistums Limburg.
92) ZALKHN 1/2379
93) HStAWsb 211/1409
94) HStAWsb 211/5203
95) M. Keiling, Einricher Orgelchronik, S. 15 f.
96) A. Graf, Die Orgeln der Stadtkirche in: 800 Jahre Stadtkirche Annweiler. 1953, S. 22 - F. Bösken, Stumm, S. 15
97) HStAWsb 211/5203

einen Neubau gefordert habe und OB Eichhorn, Weilmünster, für ein entsprechend großes Werk in dem alten Gehäuse 1200 Mk. gefordert habe.
Am 5. 10. 1930 wird der Pfarrer ermächtigt, mit OB Weigle einen Neubauvertrag abzuschließen in der Höhe von 6336 Mk. Dieser wurde am 8. 4. 1939 genehmigt [98].
Das Werk op. 763 hat folgende Stimmen:
I. Pl8 Gd8 Nh4 Gh2 Sesq2f
II. Sal8 Rfl8 Pr4 Blfl2 Q1 1/3 Siffl1
Ped. Sbß16 Plbß8 Chbß4 Gh2 (Tr) [99]

BOTTENHORN

Anläßlich des Berichts über die Einweihung der neuen Kirche vom 4. 10. 1887 wurde festgestellt, daß eine Orgel "sobald als thunlich" angeschafft werden solle. Am 5. 3. 1912 wurde wiederum der Wunsch nach einer Orgel in einem Bericht niedergelegt. Am 19. 12. 1915 erfahren wir, daß der Gemeinde ein Harmonium, ein Geschenk der Gemeinde Rödelheim, zur Verfügung steht. Am 3. 3. 1916 genehmigte die Zivilgemeinde den Orgelbau nach der Disposition von OB Weigle, die am 31. 7. 1916 genehmigt wurde. Die Abnahme erfolgte im Jahre 1917 [1].
Die Disposition:
I. Pl8 Gb8 (TrII) Sal8 Serfl8 Trfl4 (TrII) Gd8 O4 O2 Cornmxt3f 2 2/3
II. Lbgd16 Bd8 Fl8 Gb8 Sal8 Aeol8 Vxcl8 Trfl4
Ped. Sbß16 Vlbß8 (TrII) Pl8 (TrI) Chbß4 (TrI) Lbgd16 (TrII)
Pneum. Traktur [2]

BRANDOBERNDORF

Im Jahre 1817 war eine Orgel vorhanden [3].
Am 29. 3. 1830 wurde um die Genehmigung einer Reparatur ersucht, da das Werk in sehr schlechtem Zustand sei, Raßmann forderte 112 fl. Die Genehmigung durch die Regierung erfolgte am 2. 4. 1830.
1865 beschäftigte man sich mit dem Gedanken an einen Neubau; denn am 10. 6. 1865 richtet Theodor Raßmann ein Gesuch mit der Bitte um Übertragung des Neubaus. Er habe schon seit 2 Jahren keine Orgel mehr geliefert. Weiter schreibt er: "... besitze ich viele und gute Materialien selbst und gut und sauber verfertigte vorräthige Arbeiten. Ich bin ein zur conservativen Parthei gehörender getreuer Unterthan sowie ein dürftiger Familienvater. Da im Bunde zur Fortschrittsparthei gehörende Bruder bei weitem nicht so dürftig ist als ich und die Orgel in die neue Kirche nach Limburg hat, Weil in Weilmünster im Orgelbau wenig Erfahrung hat und bedeutendes Vermögen besitzt, bit-

98) ZALKHN 1/2379
99) Arch. Eppstein - Mitt. Brendel
1) ZALKHN 1/2348
2) FBHN44
3) HStAWsb 211/1409

te ich hohe Behörde unterthänigst um Überlassung der Erbauung der erwähnten Orgel mit der Zusicherung, ein tüchtiges Meisterwerk zu liefern. Durch mir entgegengesetzte Verfolgungen mißgünstiger Geschäftsgenossen, habe ich in etwa 6 Jahren, da ich ein selbständiges Geschäft betreibe erst 2 neue Orgeln, die eine nach Gemünden, letztere nach Cleeberg zu großer Zufriedenheit geliefert." Es scheint also dem Sohn Daniels und Bruder Gustavs schlecht gegangen zu sein, zumal er anscheinend konservativer im Stil war.
Er legte ein Gutachten von Cleeberg vom 24. 2. 1864 von Seminarmusiklehrer Frey bei. Die Orgel hatte 8 Manual- und 2 Pedalstimmen.
Am 28. 6. 1865 wird aber von der Regierung der Bruder Gustav Raßmann empfohlen, da Frey ihn für den tüchtigsten hält.
Am 17. 10. 1865 wird mit Gustav Raßmann ein Vertrag geschlossen [4].
Das Werk hat folgende Register:
Bd16 ab c° Pl8 Gd8 Sal8 O4 Fldo4 Q3 O2 Mxt4f2 CornDisk
Plbß Obß8 Vlbß4 II. Harmonika 8 [5]

BRAUBACH

Braubach, ev.

Von der Landgräfin Anna Elisabeth (+ 1602) wurde für die Stadtkirche eine wertvolle Orgel gestiftet [6]
Diese wurde später in das Chor auf die nördliche Seite versetzt, deren Bühne noch später "alte Orgel" genannt wurde [7]
Auf diesen Umbau beziehen sich wohl die Ausgaben in der Kirchenrechnung 1706:
"12 alb. 9 d. vor ein Seil an die Orgelbälg.
3 fl. sind dem Zimmermann Joh. Balthasar Köhler gegeben worden, welcher den alten Orgelstuhl in die richtige Form gesetzt hat, welche aber dem Casten von den Inhabern refundirt wird.
13 alb. 2 2/3 d. Schmitarbeit an vorigem Stuhl.
7 alb. 4 d. vor 150 Speichernägel an besagtem Stuhl".
Die Reparaturen in den Jahren 1709, 12, 14, 15, 16 beziehen sich auf die immer fehlerhaften Bälge [8].
Im Jahre 1718 wurde eine neue Orgel aufgestellt, deren Anschaffung in Höhe von über 300 Thl. teils durch freiwillige Beiträge der Bürger, teils durch die Gemeindekasse übernommen wurde [9].
Zu Beginn des 19. Jahrhunderts wurde mit Hoforgelbauer Schöler aus Bad Ems ein Vertrag für eine neue Orgel abgeschlossen, deren Disposition Hofmechanikus Mahr zur Beurteilung vorlag. Die Forderung

4) HStAWsb 211/5294
5) FBHN44 - Arch. Hardt
6) J. Wilhelmi, Mitteilungen aus der Geschichte der Gemeinde Braubach. Oberlahnstein 1884, S. 25
7) Wilhelmi, S. 39
8) HStAWsb 301 KR Braubach
9) Wilhelmi, S. 44 -HStAWsb 301 Xd2 Nr. 5 Braubach, Neue Orgel 1718-21. Leider ist die Akte durch Kriegseinwirkung zerstört.

wurde als nicht "übersetzt" beurteilt. Die alte wurde als fast unbrauchbar bezeichnet und die Unkosten wurden von der Stadtgemeinde übernommen. 23. 3. 1809 10).

Im Jahre 1928 fanden Verkaufsverhandlungen wegen der alten Orgel statt, die in der alten Kirche stand und ein "reiches barockes Gehäuse" besaß, aber nicht zu benutzen war. Ein Fragebogen zur Inventarisierung alter Orgeln vom 18. 9. 1928 enthält folgende Disposition:

1. Principal 8'	10. Mixtur 3fach
2. Gedackt 8'	11. Trompete 8'
3. Hohlflöte 8'	12. Vox humana 8'
4. Gamba 8'	13. Subbaß 16'
5. Octav 4'	14. Octavbaß 8'
6. Flöte 4'	15. Violonbaß 8'
7. Quint 3'	Octavbaß 4'
8. Octav 2'	Posaune 16' 11)
9. Octav 1'	

Es ist diese die Disposition der Schöler-Orgel und entspricht seinem Typ. Auffallend ungebräuchlich ist die Octav 1'.

Die Urheberschaft Schölers ist 1817 bezeugt: Neue Orgel von Schöler in Embs verfertigt und in gutem Stand 12).

In die neuerbaute Kirche kam eine Orgel von Walcker:

I. Bd16 Pl8 Doppelfl8 Gb8 Dolce8 O4 Rfl4 Mxt 2 2/3

II. Ggpl8 Hzfl8 Lbgd8 Sal8 Aeol8 Trfl4

Ped. Ktrbß16 Sbß16 Gdbß16 Obß8 Pneum. Traktur 13)

Das alte Gehäuse wurde an die Feldkirche oberhalb Fahr bei Neuwied verkauft, wo es im Kriege zerstört wurde 14).

Braubach, kath.

Nach dem Schematismus des Bistums Limburg war 1887 eine Orgel vorhanden. Die jetzige erbaute im Jahre 1929 Chr. Gerhardt und Söhne, Boppard:

I. Pl8 Choralfl8 GgO4 Dulc4

II. Gb8 Klgd8 Rfl4 Flino2

Ped. Sbß16 Echobß16 Vcl8 15)

BRAUNFELS

Braunfels, ev. Schloßkirche

Unter Graf Heinrich Trajectin zu Solms-Braunfels wurde für die Schloßkirche eine neue Orgel gebaut. Der Vertrag wurde mit den Orgelmachern Gottfried und Conrad Grieb aus Griedel abgeschlossen am 23. 3. 1688:

---

10) HStAWsb 270/269; 211/4218
11) ZALKHN 1/2352
12) HStAWsb 211/1409
13) FBHN44
14) Mitt. Gebr. Oberlinger
15) Mitt. KPfAmt

"Heutt unden gesetzten Dato ist mit Meister Conradt Grieb unnd deßen Vedder Gottfried beyden auß Griedel nachfolgendermassen geschloßen unnd verabredet worden, daß sie beyde gehn Braunfelß in die dasyge Hofkirchen innerhalb 7 ad 8 Monathen machen und verfertigen sollen eine newe Orgel von lauther Zinn- und Bleyen Pfeifen, solchergestalt daß dazu kommen und gebraucht werden sollen 3 1/2 Centner Bley und ein Centner Zinn Frankfurter Probe.
So soll auch solche newe Orgel in allem bestehen in zehen Register alß

2 Principalen von 4 Fuß Thon	1 Octav von 2 Fuß Thon offen
1 Register Großgedeckt von 8 Fuß Thon	1 Quint von 1 1/2 Fuß Thon
1 Kleingedeckt von 4 Fuß Thon	1 Superoctav von 1 Fuß Thon
1 Octav von 2 Fuß Thon gedeckt	

undt 1 dreyfacher Mixtur bestehend in alß wie zwey Register alß 1 Register 1 Fuß Thon die erste Reyhe, die zweite 9 Zoll die Quint und die dritte ein halbe Fuß Thon gibt die Octav auf den ein Fuß Thon.
Nach alle diese gantze Arbeit zu sambt alle Materialien, haben Nahmen wie sie wollen, soll sie beyde nicht vohr alles zu empfangen haben Einhundert zwantzig Reichthaler, sage 120 Rthl. Doch dergestalt, daß Ihnen gleich anfangs zum Einkauffen für die Materialien und also nach vohr dießer instehender Ostermeß in Abschlag zahlt werden sollen dreysig Rthl. alles gutwillig sonder Argelist und Gefehrde.
Butzbach den 23. Martii 1688 Conradt Grieb mpp Gottfried Grieb."
Auf der Rückseite ist die Disposition in etwas veränderter Form aufgezeichnet:

2 Principale	(4')	Superoctav	(1')
Großgedeckt	(8')	3f Mixtur	(1')
Kleingedeckt	(4')	Posaun Register	(8' ?)
Octav	(2')	Tremulant	
Quint	(1 1/2')	10 Züge	

Von den Octaven 2' wurde eine durch die Zunge ersetzt.
Da der Ort Griedel wegen der Anteile des Fürsten zu Solms an der Herrschaft Münzenberg ihm unterstand, waren die Orgelbauer Grieb zu Diensten verpflichtet, die ihnen aber nach dem Orgelbau erlassen wurden, um ihrem Handwerk besser nachgehen zu können und auch für die Pflege der Orgel weiter zur Verfügung zu stehen [16].
Der Vertrag: "Wir Hennerich Graff zu Solmß Braunfels, Herr zu Müntzenberg, Wildenfelß undt Sonnenwaldt, der vereinigten niederländischen Provincien Obrister: Nachdem unnßer Unterthan zu Griedel nahmenß Conradt Grieb unß in unsere Schloßkirchen allhier zu Braunfelß eine Orgel verfertiget, und wir auch Ihme sein Handwerkß halber künftiglicher in Mehrmaß von Nützen haben werden, als haben wir in solcher Betrachtung unndt damit Er obgemeldt seinem Handtwerk desto besser obwarten undt Unß uf gnädigstem Begehren dieß eher uhnderthänig aufwarten könnte, ihm hiermit gegen jährlicher Erlegung der gewohnlichen 2 Rthl. für die Handdienst all übrigen gewesenen Dhienste welch Nahmen sie haben wollen auch hiermit erlassen. 3. 1. 1689."
Am 20. 3. 1700 ersuchen Gottfried Grieb und Johann Henrich Grieb, Va-

16) W. Wagner, Rhein-Main-Gebiet, S. 93

ter und Sohn wegen der Pflege der Orgel in Braunfels und Greifenstein um Erlaß des Dienstgeldes. Es wurde von Graf Wilhelm Moriz am 19.5.1700 genehmigt. 1746 versieht Joh. Georg Drauth die Orgel. Am 5.5.1778 zeigt Pfarrer Bingelius die Notwendigkeit von Reparaturen an und empfiehlt den anwesenden Orgelmacher von Marburg (?). Diese Arbeit wird jedoch von Friedrich Dreuth aus Griedel, Werkstatt-Nachfolger der Grieb in Griedel, für 20 fl. aus der Kellereikasse ausgeführt. Im Jahre 1798 heißt es, daß Friedrich Dreuth die Orgel 45 Jahr lang gepflegt hat [17].

Als nach der Säkularisation das Kloster Arnsburg an das Gesamthaus Solms kam, erhielt Braunfels die 1766/68 von dem Florstädter Orgelmacher Syer erbaute neue Chororgel [18].

Die Orgel wurde durch OB Bürgy, Bad Homburg, im Chor der Kirche und durch G. Raßmann an dem jetzigen Platz aufgestellt.

Im Jahre 1900 wurde durch OB Raßmann ein II. Manual angefügt, 1965 durch OB Hardt ergänzt und umdisponiert.

Die durch die Übernahme der Arnsburger Orgel freigewordene alte Orgel wurde für 90 fl. nach Kraftsolms verkauft, nachdem die Fürstl. Rentkammer sie zunächst allen Solms'schen Gemeinden am 10.4.1804 angeboten hatte [19].

Die mit einem neuen Gehäuse versehene Orgel ist im Hauptwerk mit der alten Disposition erhalten. Die schönen Registergravuren wurden eigens vom Kloster Arnsburg in Auftrag gegeben [20].

H a u p t w e r k
1. Principal 8'
2. Viola di Gamba 8'
3. Flaut major 8' Metall
4. Quintathön 8'
5. Octav 4'
6. Gemshorn 4'
7. Quint 3'
8. Flaut minor 4' Metall
9. Superoctav 2'
10. Flagiolett 2' konisch
11. Cornett 3f rep c^1 und c^2
12. Mixtur 4f 1' rep c^0 und c^1

II. Manual (1900)
12. Geigenprinzipal 8'
13. Salicional 8'
14. Lieblich Gedackt 8'
15. Traversflöte 4'

II. Manual (1965)
12. Gedackt 8'
13. Prinzipal 4'
14. Rohrflöte 4'
15. Waldflöte 2'
16. Nasat 1 1/3'
17. Rankett 8'

Pedal
18. Subbaß 16'
19. Prinzipalbaß 8'
20. Choralbaß 2' + 4' [21]

Braunfels, kath.

Die Orgel in der neuen Kirche steht seitlich des Altars hinter Jalousien. Sie hat 2 Manuale und Pedal auf Schleifladen mit mech. Traktur [22].

---

17) FA Solms-Braunfels A 62, 1
18) Hdb. d. hist. Stätten D., Hessen, S. 12
19) FA Solms-Braunfels 47-13-7 Rentkammer
20) s.d.
21) FA Solms-Braunfels Rechnungsarchiv II8b 1804 Nr. 182, II8b 251-56. Die Angaben wurden zusammengestellt durch Fürstl. Baumeister Schellenberg 1926, 1951 Rentk. Akten 47-15-3
22) BALbg LB 1963

Braunfels, St. Georgen

Die Orgel stammt von OB Hardt: Gd8 Pl4 Rfl4 O2 Mxt3f1 1/3 [23].

BRECKENHEIM

Im Jahre 1728 ließ Pfarrer Christoph Gregorius Brade die erste Orgel anschaffen [24].
Anläßlich der Visitation 1758 wird berichtet: "Gemeinde hat ihre Orgel renoviren lassen und bittet um Zuschuß" [25].
1817 wird über die Orgel an die Regierung berichtet:
"Breckenheim hat eine kleine schwache Orgel ohne Pedal, die überdies durch den schlechtgewählten Stand im Hintergrund des Kirchenchores fast alle Wirkung für den Kirchengesang verliert". Sie ist vor kurzem repariert worden [26].
Am 7.4.1825 teilt die Regierung mit, daß die von Lehrer Schaab beantragte Reparatur der Orgel vorerst ausbleiben muß. Der Amtmann Justizrat Lautz zu Hochheim hatte diese Arbeit am 29.3.1825 befürwortet und über den beabsichtigten Orgelbauer Dreymann, Mainz, geurteilt, daß er in Flörsheim, Nordenstadt und Massenheim gute Arbeit geleistet habe. Der Pfarrer hatte am 25.3.1825 berichtet, daß Dreymann einen Überschlag von 48 fl. vorgelegt habe.
1878 baute OB Voigt, Igstadt, folgendes Werk:
I. Pl8 Gb8 Gd8 O4 Fltr4 Q3 O2 Mxt3f
II. Physharmonika
Ped. Sbß16 Obß8 Vcl8 Mech. Tr. Kegelladen [27]

BREIDENBACH

Breidenbach, ev.

Im Jahre 1628 war eine Orgel vorhanden [28].
1639 erbaute Georg Heinrich Wagner aus Lich ein neues Werk, das nach einem Inventarium 7 Register hatte: "Ein Orgelwerk in Anno 1639 erzeuget mit 7 Hauptregistern sambt dem Tremulanten, Vogellgesang, Guckuck und umb gehenden Sterne [29].
Das dritte Werk stammt von J. A. Heinemann und ist zum großen Teil noch im Original erhalten.
Der Vertrag wurde am 18.8.1767 für 825 fl. abgeschlossen. Die Ge-

23) Arch. Hardt
24) Kirchenbote der Kreissynode Wallau, Jg. 4 (1910) Nr. 4 in: Die Geistlichen in Breckenheim von He. (wohl Heyne, dieser schrieb für Nordenstadt)
25) HStAWsb 331 Xa, 20
26) HStAWsb 211/1409
27) FBHN44
28) Chr. Runkel, Aus der Geschichte der Kirche und des Kirchspiels Br., Hinterländer Geschichtsblätter Jg. 26 (1937) Nr. 3
29) Mitt. aus Gesch. und Heimatkunde des Kreises Biedenkopf Jg4 Nr3 S. 54. Den Hinweis auf Wagner verdanke ich Herrn D. Schneider, Biedenkopf.

meinde stellte Lager der Bälge, Eisen und Sonstiges für die Befestigung des Werkes. Im Herbst 1769 war das Werk fertig, da am 28. 10. 1769 das bei der Abnahme gerichte "Traktament" und die Getränke 15 fl. quittiert werden.
1858 erfolgte eine Reparatur fü 50 fl. durch OB Küthe aus Battenberg. Hierbei wurde nach Ansicht Schneiders die Manualklaviatur erneuert und die spätere Beschriftung an den Registerknöpfen angebracht.
Eine Besichtigung am 11. 12. 1968 stellte erhebliche Mängel fest. Im Jahre 1971/72 wurde das Werk durch OB Hillebrand, Altenwarmbüchen bei Hannover, restauriert. Das schöne Prospekt beschreibt Schneider wie folgt:
"Der kräftige Mittelturm (7 Pfeifen) ist von zwei kleinen Rundtürmen (je 11 Pfeifen) mit darüber liegendem Flachfeld eingerahmt. Diese Flachfelder enthalten keine klingenden Pfeifen, ähnlich dem Barockprospekt der norddeutschen Schnitgerorgeln. Den beiden kleinen Rundtürmen schließt sich jeweils ein größerer Spitzturm (je 9 Pfeifen) an. Als Abschluß ist den beiden Spitztürmen je ein nach außen abfallendes Harffeld (je 3 Pfeifen) angefügt. Es stehen also sämtliche Pfeifen des Registers Principal 8' im Prospekt". Am 1. Advent 1972 fand die Einweihung statt [30].
Die Disposition:
1. Principal 8' nach Pfeifenabgabe in Holz ersetzt. 1970 Zinnprospekt neu
2. Gedackt 8' Holz, original
3. Flöte 8' Holz, original
4. Quintatön 8' Metall, original
5. Gamba 8' Diskant, Flöte 4' Baß (Voxhumana 8' original). Auf Vorschlag von H. Brendel Terz 1 3/5
6. Octav 4' Metall, original
7. Gedackt 4' Holz, original
8. Spitzflöte 4' Metall original
9. Quint 3' Metall, original
10. Octav 2' Metall, original
11. Gemshorn 2' Metall, original
12. Mixtur 4f1', 2 Chöre fehlen, ergänzt
13. Subbaß 16' Holz, original
14. Violonbaß 8' Holz, original

Manualumfang C-e^3, Pedalumfang C-c^1.
Die starke Besetzung der Achtfußlage in den verschiedenen Farben, die Doppelbesetzung Gedackt 4' und Spitzflöte wie der Zweifuß neben der Octav ist kennzeichnend für Heinemann.
Großmann ordnet den Prospekt als Vorstufe zu Ziegenhain ein, noch nicht so schmiegsam und blockhafter, eine Erinnerung an Kleinseelheim 1756 [31].

30) Dieter Schneider, Die 200jährige Heynemann-Orgel zu Breidenbach, 1972. Ein genauer Bericht über die Geschichte und die Durchführung der Restauration wird hier mit einigen Abbildungen und den Mensuren vorgelegt.

31) D. Großmann, Johann Andreas Heinemann, in: Hessische Heimat Jg9 (1959/60) Heft 3 S. 19

Breidenbach, kath.

In dieser neu gebauten Kirche steht seit 1954 eine gebraucht gekaufte Orgel von Seifert, Köln-Mansfeld, mit 6 Registern [32].

BREIDENSTEIN

Im Jahre 1904 bemühte man sich um einen Orgelbau. Das Konsistorium teilte mit, daß "nichts gegen Neubau einzuwenden sei, wenn Kosten von der Zivilgemeinde getragen werden" [33].
Das Werk wurde von A. Eifert, Stadtilm, gebaut. Im Inventar 1914 werden 8 Register aufgeführt, vermutlich sind die Züge gemeint; denn 1944 sind nur 6 Register benannt. Es können noch eine Manual- und Pedalkoppel mitaufgeführt sein [34].
Die Register:
I. Pl8 Bd8 O4
II. Sal8 Fl4
Ped. Sbß16 [35]

Breidenstein, Gemeindesaal

Hier steht ein 1965 von Walcker gebautes Werk (Positiv D4) mit geteilten Schleifen in der Trennung C-b und c^1-c^4.
Die Registeraufteilung:
Baß: Gd8 Rfl4 Pl4 O2 Schf3f1 1/3
Diskant: Gd8 Rfl4 Pl4 O2 Schf3f1 1/3 Terzian2f1 3/5 + 1 1/3
Ped. Sbß16
Die Abnahme erfolgte am 18. 1. 1966 [36].

BREITENAU

Von 1817 bis 1820 ziehen sich die Verhandlungen um einen Neubau der Orgel hin. OB Schöler hatte mit der Gemeinde einen Vertrag geschlossen auf Grund einer von Kantor Herrmann, Idstein, entworfenen zweiten Disposition. Anscheinend wurde die Genehmigung von der Nassauischen Regierung wegen des Preises verweigert.
Man wandte sich an den Orgelmacher Joh. Ecker in Runkel.
Der Bericht vom 26. 4. 1817 besagt, daß Ecker der Vertrag mit Schöler nach Herrmanns Disposition vorgelegt wurde. Er kalkuliert für ein 8' Werk 1500 fl., unentgeltliche Abholung aus Runkel Bedingung, Fertigstellung in 12 Monaten. Ecker hatte auf Aufforderung der Regierung in Wiesbaden die Kirche in Breitenau besichtigt und meinte, daß ein 8'-

32) HBLbg 56
33) ZALKHN 1/2372
34) ZALKHN 1/2391
35) FBHN44
36) Mitt. Wißmüller

Werk aufgestellt werden könne, wie es auch Herrmann vorgesehen hatte. Ein 4' Werk sollte auf 850 fl. kommen.
Am 4. 7. 1817 wird nun der Gemeinde mitgeteilt, daß Ecker vor 6 Wochen gestorben sei. Als Orgelbauer werden von der Regierung an den Amtmann in Selters Nicolaus Embach in Rauenthal und J. M. Engers in Wehen genannt.
Am 22. 7. 1817 teilt Schöler mit, daß er nicht den mit Ecker ratifizierten Akkord übernehmen wolle.
Die von Kantor Herrmann geforderte "Viol di Gamba 8' ganz von gutem Metall in Baß und Diskant, sowie Pedal bis 2te g, zur Trompete apartes Regierwerk, Ventile, daß solche nach Belieben im Pedal allein gebraucht werden könne, Bordon oder Hohlflöte 8' von Holz" sollen nur 100 Thlr. mehr kosten.
Am 15. 8. 1817 werden die Ämter Wehen und Eltville beauftragt, ihrerseits Engers und Embach zur Stellungnahme aufzufordern. Zudem wird im Intelligenzblatt eine Aufforderung wegen anderer inländischer Orgelmacher erlassen.
Laut Bericht vom 22. 8. 1817 ist Embach in Selters erschienen und hat sich durch ein Zeugnis über eine in Neuenhain gefertigte neue Orgel ausgewiesen. Er glaubt, daß eine 4' Orgel hinreichend sei.
Am 29. 8. hat Jo. Michael Engers auf dem Amt in Selters in den Vertrag mit Ecker eingewilligt.
Inzwischen standen 2 Klosterorgeln zur Versteigerung an in Limburg und Montabaur, die möglicherweise günstig erworben werden können.
Im Intelligenzblatt 25 (1818) wird die Orgel des Frauenklosters Betlehem zu Limburg angekündigt. Man solle dieses Werk besichtigen lassen und ein Gutachten anfordern, ob dieses Werk für Breitenau geeignet sei. Der Versteigerungstermin: 20. 7. 1818.
Man erwidert, daß der Pfarrer die Orgel kenne. Sie sei zu klein, "da sie für die engräumige Klosterkirche groß genug, aber nicht für Breitenau." Er hält die Orgel des aufgehobenen Franziskanerklosters zu Montabaur für passender. Aber es sei bereits verfügt am 8. 8. 1818, daß sie in die Stadtkirche von Montabaur kommen solle.
Die Regierung Wiesbaden teilt mit, daß aber die Orgel der Stadtkirche in Montabaur versteigert werden soll. Der Pfarrer Widtmann teilt mit, daß genannte Orgel 12 gut ausgewählte Register habe.
OB Schaefers wird wegen Bericht über Montabaur am 22. 2. 1819 erwartet. Es soll sofort gemessen werden, ob die Orgel aus Montabaur in die Kirche passt.
Schließlich entschied man sich doch für einen Neubau durch Schöler nach der Disposition des Kantors Herrmann, Idstein, vom 18. 3. 1817.
Sie hatte folgende Form:

Hauptwerk

1. Principal 8' Zinn
2. Gedackt 8' Holz
3. Viola di Gamba 8'
4. Quinten 3'
5. Octav 2'
6. Rohrflöte 4'
7. Mixtur 3fach 1' rep jede Octav
8. Flöte 4' Birnbaumholz
9. Trompete 8' 2 Züge

Pedal
10. Subbaß 16'
11. Principalbaß 8'
12. Violoncellobaß 8' keine zu enge Mensur, sonst geht der Grundton in Quint über.

Ventile für Trompete im Baß allein zu spielen.
Bälge auf dem Speicher.
Metall besteht aus 5 Pfd. Zinn und 4 Pfd. Blei.
Der Preis sollte 1200 fl. betragen. Es wurden Risse über 8' - und 4' Werk beigefügt. Großer Mittelturm und kleinere Seitentürme, dazwischen die einfachen Zwischenfelder. Verzierung mit Vasen und Ranken. Der Spielschrank ist an der Seite.

Am 18. 9. 1820 teilt Schöler in einem Brief mit, daß er gerade von Strinz-Trinitatis nach Aufstellung eines neuen Werkes zurückgekehrt sei. In einem weiteren Brief vom 1. 1. 1820 bittet Schöler um weiteren Zuschuß und am 30. 5. 1820 schreibt er, daß alles fertig sei.

In einem Gutachten fordert J. A. Widtmann von Hadamar, daß die Bälge von dem Speicher herabgelegt werden müßten. Die Lehrer von Helferskirchen, Mayschied, Höhr und Sayn spielten und finden Orgel und Lage der Bälge gut. Als Beispiele, daß Bälge nicht unten liegen müssen, werden angeführt: Born, Braubach, Kierdorf, Ketternschwalbach, Nastädten, kath. Niedershausen, Wölferlingen und Vallendar. Hierdurch ist ein kleines Verzeichnis Schölerscher Werke gegeben.

Die Disposition fand auch andernorts Gefallen, so bittet die Regierung auf Anregung von Geh. Regierungsrat Müller in Höchst das Amt Selters um Mitteilung der Disposition für den Gebrauch in der Kirche zu Münster (Kelkheim-Münster). Endlich war der Bau der Orgel durch Schöler zur Zufriedenheit ausgeführt [37].

Im Jahre 1908 baute J. Klais ein neues Werk von 12 Registern als op. 374. Der Antrag zur Weihe wurde am 25. 8. 1908 in Limburg gestellt [38].

Die heutige Disposition:
I. Pl8 Hlfl8 Gb8 O4 MxtCorn 2-3f
II. Gd8 Sal8 Fltr4
Ped. Sbß16 Vlb8
Koppeln: SpI, SpII/I II/I [39]

BREITHARDT

Die vorhandenen Rechnungen weisen seit 1692 auf eine Orgel hin, an der die Meister arbeiteten, Fehler abzustellen und die Stimmung in Ordnung zu bringen suchten [40].

1692 zahlte Pfarrer Rossel wegen der Orgel 2 fl. 26 alb. 4 d. und der Schreiner erhielt für 3 Bänke auf die Orgel zu machen 19 alb.

1693 werden Einnahmen verzeichnet wegen "rückständig aber freywil-

---

37) HStAWsb 241/211
38) BALbg
39) Arch. Klais
40) HStAWsb 133 KR Breithardt

lig gelobter Orgelsteuer 13 fl. 7 alb. 4 d.", vermutlich wegen der in den Jahren darauf erfolgten größeren Reparatur oder eines Neubaus. 1698 werden dem Orgelmacher 3 fl. 15 alb. gegeben, dem Maler 30 fl. 15 alb. und 8 alb. bezahlt "vor ein Viertell Bier alß der Orgelmacher die Arbeit gedingt". Es scheint sich wohl um eine Reparatur zu handeln. 1714/15 werden wieder 3 fl. 15 alb. für Reparatur bezahlt.

1744 tritt Orgelmacher Köhler auf, 1753 verlangt dessen Geselle Linck in einem Bericht an das Idsteiner Consistorium 11 fl. für Reparatur und Versetzung der Orgel [41].

Im Jahre 1755 stimmte der Orgelmacher Joh. Paul Rese von Nastätten, 1763 der Geselle Köhlers Joh. Friedr. Stahl bis 1772 Hofmechanikus Mahr aus Wiesbaden diese Arbeit übernimmt.

Im Jahre 1822 versagte die Orgel allmählich ihren Dienst, der Bericht vom 17.6.1829 lautet: "Seit 1822 ist die sehr alte und unansehnliche Orgel gänzlich unbrauchbar". Beim Gesuch um einen Neubau weist man darauf hin, daß selbst in den Filialkirchen gute Orgeln vorhanden sind, so in Steckenroth, Hennethal, Holzhausen, Born und Hohenstein.

Daniel Raßmann reicht am 16.9.1830 zwei Entwürfe ein:

Entwurf I:	Entwurf II:
1. Principal 8'	1. Principal 4'
2. Salicional 8'	2. Bordun 8'
3. Hohlflöte 8'	3. Salicional 8'
4. Gemshorn 4'	4. Flaut travers 8' Discant
5. Octav 4'	5. Flöte 4'
6. Quinte 2 2/3'	6. Octav 2'
7. Octav 2'	7. Quint 1 1/2'
8. Mixtur 2' 3fach	8. Mixtur 2' 3fach
9. Trompete 8'	9. Cromorne 8'
10. Subbaß 16'	10. Subbaß 16'
11. Violonbaß 8'	11. Principalbaß 8'
12. Posaunbaß 16'	12. Trompettbaß 8'

Coppeln, Ventil, Manualumfang:

C-f^3, Pedalumfang: C-g^o.

Es sind zwei für die Landschaft charakteristische Dispositionen des Biedermeier. Der Kontrakt wurde aber mit dem Rheingauer Orgelbauer Embach aus Rauenthal abgeschlossen. 1832 wurde das Werk neugebaut.

Es scheint zunächst mit einigen Fehlern behaftet gewesen zu sein. Dreimal wurde eine Revision durchgeführt, da man Klage wegen Nichterfüllung erheben mußte. Es wurde als "Untaugliches Werk" bezeichnet.

Nach einer gut durchgeführten Restauration durch OB Breitmann, Nieder-Olm, und etwas abgeänderter Disposition erklingt es noch heute mit angenehmem Ton. Die Abnahme der restaurierten Orgel fand in dem Gutachten vom 7.2.1965 durch H. Brendel seinen Niederschlag [42].

---

41) HStAWsb 131Xd, 15
42) Mitt. Brendel

Vor der Veränderung war folgende Disposition zu verzeichnen (ein Vertrag konnte nicht gefunden werden):
Principal 4'
Gedackt 8' B. u. D.
Flöte 8' (Bordun)
Salicional 8'
Hohlflöte 8' (Diskant, Traversflöte?)
Gamba 4' (Salicional 4')
Gedacktflöte 4'
Quinte 2 2/3'
Octav 2'
Mixtur 3fach 2' (1 1/3'?)
Trompete 8'
Subbaß 16'
Octavbaß 8' 43)
Im Jahre 1947 wurde die Orgel aus dem Chor auf die Westempore versetzt 44).

Die heutige Orgel hat folgende Form:
P14 Gd8 2Z Bd8 Hlfl8Disk Sal4 Gdfl4 Q3 O2 T1 3/5 Mxt3f2 Tpt8
Sbß16 Obß8 45)

BREITSCHEID

Im Jahre 1762 richtete die Gemeinde Breitscheid und Medenbach an das Nassau-Oranische Oberconsistorium in Dillenburg ein Gesuch wegen Anschaffung einer Orgel, da sie gehört haben, "da aber solche dermahlen aus der im herrschaftlichen Thiergarten befindlichen Kirche bekanntlich abgeschlagen worden".
Am 11. 1. 1762 antwortet Dillenburg, daß man sich an die fürstl. vormundschaftliche Landesregierung wenden solle.
Erst 1780 hört man etwas weiteres in der Orgelangelegenheit:
Am 3. 7. 1780 berichtet die Gemeinde, daß sie aus eigenen Mitteln eine Anschaffung bestreiten und Medenbach 1/3 bezahlen will.
Das Oberconsistorium genehmigt die Anschaffung, man soll sich um einen geeigneten Orgelbauer und um eine gute Disposition umsehen.
Erst 1787 wurde der Ankauf eines gebrauchten Werkes von Dreuth aus Griedel genehmigt. So berichtet Pfarrer Schmitt am 23. 2. 1788 an das fürstl. Consistorium: daß die Orgel von Griedel angekommen und aufgestellt gemäß Resolutum 654 des vergangenen Jahres.
Endgültig ist Dreuth am 1. 9. 1789 fertig. Praeceptor Steups gibt am 3. 4. 1790 den Abnahmebericht:
Angenehmes Prospekt. "Alle Windbefestigungen an beyden neu belederten Bälgen und an den Kunstladen so, daß kein Durchstecher verspürt

---

43) FBHN44
44) ZALKHN 1/2368
45) Mitt. Brendel

wird". Die 10 Register sind richtig intoniert, "nach jeder erforderlichen Harmonie eingestimmt und so qualifizirt, wie es von einem ungefähr 60jährigem Werk wohl zu hoffen steht." Das angehängte Pedal "an Grosoctav schicklich angebracht". Alles Holzwerk, Traktur und Regierwerk sind gesund und dauerhaft. Der Tremulant ist sehr "accurat". "Überhaupt befindet sich das Werkgen im ganzen durchaus in zuletzt angewandten Fleiß des Meisters in gutem brauchbaren Stand" [46].
Im Jahre 1906 berichtet der Kirchenvorstand am 20.8., daß die Orgel reparaturbedürftig sei. Ein Neubau wird auf 2225 Mk. veranschlagt. OB Eichhorn, Weilmünster, macht den Vorschlag, das Gehäuse zu erhalten, die Orgel zu versetzen und verlangt mit der Reparatur 760 Mk. Der Plan Eichhorns wird durch Seminarlehrer Wolfram, Dillenburg, am 2.11.1906 begutachtet. Die Abnahme nahm nach Bericht vom 17.5. 1907 Seminarmusiklehrer H. Ferreau, Dillenburg, vor.
Demnach war der Subbaß 16 neu, konnte aber wegen Platzmangel nicht auf 26 Tasten erweitert werden. Neu war das Magazingebläse und die fehlenden Cis-Töne im Manual. Das Spiel wurde als "nach altem System, mechanisch" entsprechend schwer empfunden. Der Orgelbauer habe sich Mühe gegeben, das "alte verbrauchte Werk" zu restaurieren.
Nach dem Inventar 1907 wurde das Werk von der Süd- auf die Westempore versetzt. Das Gehäuse hat 2,50 : 3,00 m Frontbreite und barocke Formen.
Die zuletzt aufgezeichnete Disposition war folgende:

Principal 4'
Gedackt 8'
Camba 4' (8' unten verführt?)
Flöte 4'
Gedackt 2' (Flöte oder Waldflöte genannt)
Octav 2'
angehängtes Pedal, Entstehungszeit um 1730, nach obigem Bericht.

Offensichtlich war das Werk zu diesem Zeitpunkt nicht mehr ganz vorhanden, es wurden ursprünglich 10 Register angegeben. Der später zugefügte Subbaß wird auch nicht erwähnt!
Nach Werken Dreuths aus der Zeit um 1730/40 (etwa Laubach-Entwurf) wären zu ergänzen: Mixtur3f1 Q3 O1 Tertian? [47].

Im Jahre 1953 erbaute Förster und Nicolaus, Lich, ein neues Werk, sein erstes mit Schleifladen und mech. Traktur außer einem 4-Register-Positiv. Die Register:

Hzgd8 Pl4 Blfl2
OW Qtt8 Rfl4 Pl2 Zbl2-3f1
Ped.· Sbß16 Rgd4 3.Koppeln [48]

46) HStAWsb 175/66
47) FBHN44
48) Mitt. Wißmüller

BREMTHAL

In die 1888 erbaute Kirche stellte bald Chr. Gerhardt, Boppard, eine Orgel auf mit folgenden Stimmen:
I. Bd16 Pl8 Hlfl8 Gb8 O4 O2 Mxt3f II. Sal8 Lbgd8 Fl4
Ped. Sbß16 Vlbß8 Normalkoppeln, mech. Traktur 49)

BROMBACH (Ev.-Methodistische Kirche)

Eine Orgel erbauten im Jahre 1973 die Gebr. Oberlinger, Windesheim. Sie hat folgende Register:
I. Gd8 Pl4 Gh2 Mxt3f II. Rfl8 Klgd4 O2 Sffl1 Sesq2f Tr.
Ped. Sbß16 Obß8 50)

BUCHENAU

Die Orgel wurde im Jahre 1898 von G. Raßmann, Möttau, erbaut. Aus einem Bericht ist zu entnehmen, daß man sie in das Chor, das im Turm ist, aufstellen wollte. Dagegen wendet man sich, weil dann die Orgel durch den Bogen von der Kirche getrennt steht und der Schall nur zum Teil in den Kirchenraum strahlen kann. Das Konsistorium hat nach dem Schreiben vom 27.2.1899 gegen den Neubau an Stelle der alten nichts einzuwenden. Demnach war schon eine Vorgängerin vorhanden.
Am 20.5.1898 wurde der Vertrag mit G. Raßmann abgeschlossen.
Die Disposition:
Pl8 Gd8 Sal8 O4 Fl4 Corn3f B. u. D. Sbß16 Vlbß8 Mech. Kegelladen 51)

BÜDINGEN (Oberwesterwaldkreis)

Die Orgel wurde 1923 von Franz Eggert, Inh. A. Veith, Paderborn, erbaut mit den Registern:
I. Pl8 Hlfl8 Gh8 Fug4 Mxt Tpt8 II. Gd8 Aeol8 Vxcl8 Trfl4
Ped. Sbß16 Obß8 Tuba Pneum. Kegellade 52)

BURG

Im Jahre 1963 wurde ein Walcker Positiv E7 aufgestellt:
I. Gd8 Pl4 Mxt2-3f1 1/3 II. Gh8 Rfl4 Pl2 Q 1 1/3
Ped. Sbß16 Tpt8 Chbß4 53) Schfl. mech. Tr. 54)

---

49) Mitt. PfAmt
50) Mitt. Oberlinger
51) Arch. Hardt
52) Mitt. PfAmt
53) WWV 1663/10
54) Mitt. Wißmüller

BURGSCHWALBACH

Im Jahre 1732 wurde durch OB Weißhaupt, Idstein, ein neues Werk erstellt, das auf dem Orgelstand im Chor aufgestellt wurde.
Am 3.9.1732 beantragte man deswegen beim Oberkonsistorium den Herrschaftsstuhl verändern zu dürfen, desgleichen am 13.9.1732 den Bogen am Chor zur Verbesserung der Schallführung ausbrechen zu lassen.
Von der Kirchenkasse wurden nur 45 fl. bezahlt, vielleicht war im übrigen die Zivilgemeinde Träger? [55]
1739 übernahm Köhler die Pflege bzw. dessen Geselle Linck oder Stahl führten die Stimmungen bis 1762 durch. 1768 trat Mahr, Wiesbaden, ein [56].
Über eine 1772 ausgeführte Reparatur sagt das Attestat vom 3.8.1772: "als sie neu nicht besser mag gewesen sein".
1767 hatte er die Orgel auf der Seite spielbar gemacht und mit seinem Sohn 12 Tage gearbeitet für 33 fl. 26 alb. [57]
Am 21.8.1799 wurde ein Vertrag mit Schuldiener Müller aus Hasselbach über 20 fl. für Arbeit an der Orgel abgeschlossen [58].
Am 23.11.1894 teilt die Gemeinde mit, daß sie ein Harmonium kaufen wolle. Am 23.11.1894 bewarb sich Walcker um einen Neubau. Man bemühte sich um den Verkauf der alten Orgel und bot sie dem Verein für Nassauische Altertumskunde an, der ablehnte. Am 16.3.1895 wurde ein Protokoll über den Verkauf der Orgel an Eichhorn, Weilmünster, aufgestellt, der am 11.2.1893 den Vorschlag gemacht hatte, statt der Zunge eine Hohlflöte einzubauen. 13.3.1895 Quittung über 40 Mk. von Eichorn [59]. Eichhorn verwendete das Gehäuse 1895 in Odenhausen. s.d.

BURGSOLMS

Burgsolms, ev.

Um 1835 war eine Orgel vorhanden, die von Abicht mit "ziemlich gut" beurteilt wird [60].

Burgsolms, kath.

Die Kirche besitzt eine Muliplexorgel mit 2 Manualen und Pedal [61].

55) HStAWsb 132 Burgschwalbach 3
56) HStAWsb 132 KR
57) HStAWsb 131Xd, 15
58) HStAWsb 132, Burgschwalbach 3
59) PfA UB 94/95
60) Abicht, Wetzlar, S. 151
61) BALbg LB 1963

Camberg, ev.

Am 24. 1. 1897 beschloß der Kirchenvorstand einen Neubau durch Walcker nach der vorgelegten Disposition vom 16. 9. 1896 aufrichten zu lassen, wozu Seminarlehrer Wolfrum am 21. 9. 1896 gutachtlich Stellung nahm.

Das Gehäuse wurde durch den Architekten Hofmann, Herborn, entworfen.
Die Disposition:
I. Pl8 Bd8 Gb8 Sal8 O4 Mxt3f2 2/3
II. Lbgd8 Aeol8 Fldo4
Ped. Sbß16 Pneum. Traktur [62)]

Camberg, kath.

1770 arbeitet OB Martin Becker für 5 fl. an der vorhandenen Orgel [63)].
Im Jahre 1778 am 4. Juni wurde die Orgel für 375 Mk. an die Kirche von Merzhausen verkauft, wo das Gehäuse heute noch vorhanden ist. Sie hatte 18 Register wovon 4 erst kurz vor dem Verkauf hinzugebaut worden waren. Der Prospekt ist 19' hoch und 12' breit [64)].
Im Jahre 1779 wurde mit Herrn Henrich Stumm aus Sulzbach ein Vertrag über einen Neubau geschlossen, der nach der Copie, ausgestellt in Camberg am 15. 12. 1779, folgenden Wortlaut hat:
"Verzeichnis derer originaliter hierbey gehenden accorden über den neuen Pfarrkirchenbau zu Camberg Nr. 19.
Wurde nach vorheriger Unterredung ein aufrichtiger accord zwischen der Pfarrgenossenschaft Camberg und Filialen an einem und Herrn Henrich Stumm zu Sultzbach am andern Theil eine neue Orgel verfertigt zu werden folgenden Inhalts getroffen.

1. Soll der Kasten von gutem Holtz mit den zugehörigen Zierrathen verfertigt und mit folgenden Registern mit drey Bälge die beyden Clavir mit schwartz Ebenholz bis in das hohe D, das Pedal von 15 Thön versehen werden.

Manual

1. Principal 8' Zinn Frankfurter Prob
2. Hohlpfeif 8' Baß Holtz, Discant Metall
3. Das Großgedack 16' Baß Holtz, Discant Metall
4. Viol de Gambe 8'
5. Flaut 4'
6. Quint 3'
7. Octav 4'
8. Superoctav 2' Materie
9. Tertz 1 3/5'
10. Cornet 4fach

62) Mitt. Brendel
63) HStAWsb 356 B40 Stadt Camberg KR 1770
64) Mueller, Geschichte von Stadt und Amt Camberg, 1879. s. Merzhausen

11. Mixtur 4fach
12. Trompet 8'
Manualkoppel

Positiv
1. Principal 4' Zinn
2. Pordong 8' Baß Holtz
3. Rohrflaut 4' Materie
4. Octav 2'
5. Flaute travers 8' Birnbaum Discant
6. Quint 3' M
7. Kromhorn 8'
8. Vox humana 8'
9. Tremulant
10. Mixtur 3fach

Pedal
1. Subbaß 16' Holtz
2. Posaunbaß 8'
3. Octavbaß 8'
Pedalkoppel"

Lieferzeit 3 Jahre 6 Monate, Preis: 1225 Rthl., bei Accord Anzahlung von 100 Rthl.
"Copia J. W. Krafft, Praetor Oranien Nassovicus. Bericht cum remissis an Seiten des Churfürstl. Trier. Oberamts zu Camberg Ehrenbreitstein 11.5.1780". Camberg war eine zweiherrische Stadt. Das Positiv war als Unterpositiv gebaut [65]
In einem Brief vom 19.9.1784 lädt Franz Stumm den Präsenzmeister Stein in Idstein zur Orgelweihe am 25.9. um 2 Uhr ein [66].
Zu der Pfarrgenossenschaft Camberg gehörten damals Camberg, Würges, Erbach, Dambach, Schwickertshausen und als Filiale Oberselters.
Im Jahre 1900 baute J. Klais, Bonn, eine neue Orgel, die am 19.10. fertig war und am 28.10.1900 eingeweiht wurde [67].
Das Werk hat heute 26 Register und wurde im Jahre 1940 erweitert.
Die heutige Disposition:
I. Pl8 Bd16 Hzfl8 Sal8 O4 Rfl4 Nas3 O2 Mxt3-4f Tpt8
II. Qtt8 Lbgd8 Ztfl8 Pl4 Flachfl2 Sffl1 1/3 Sesq2f Schf4f Kh8 Vxcl8 Nh1
Ped. Sbß16 Vlbß16 Obß8 Chbß4 Pos16 NK. SbII/I [68]

CLEEBERG

Im Jahre 1817 war schon eine Orgel vorhanden [69].
Am 12.6.1888 wird ein Antrag wegen Neubau einer Orgel gestellt. Raßmann und Bernhard haben die alte Orgel geprüft. Sie ist mangelhaft und "geht unter dem Namen Bernhard". Der Nachfahre will für 1850 Mk. eine neue liefern und die alte zu 200 Mk. übernehmen. Man will von einer Reparatur durch Raßmann absehen und entscheidet sich für einen Neubau durch Gebr. Bernhard, Gambach. Die Abnahme erfolgte durch den Seminarmusiklehrer G. Zanger in Usingen am 26.7. 1889.

---

65) HStAWsb 356 B40 Stadt Camberg fol 149/50
66) HStAWsb 133, Stadt Idstein 677
67) Walter, Zfl.1904/05, S. 301
68) BALbg LB. - Mitt. H.W. Peuser
69) HStAWsb 211/1409

Die Disposition war folgende:
Pl8 Gb8 Gd8 Sal8 O4 Fl4 Progr. harm2-3f
Sbß16 NK. Tritte für piano und forte. Gut wäre es, nach dem Abnahmebericht, einen Plbß8 zuzufügen.
Die Windversorgung erfolgte durch Kastenbälge.
Am 2. 2. 1937 wird ein Antrag zur Durchführung einer Reparatur durch Orgelbauer Eppstein für 1165 Mk. gestellt. Es wurde ein starker Wurmschaden festgestellt. Pfarrer Wißmüller schlägt als Sachverständiger den Ersatz der Gamba 8' durch eine Waldflöte 2' vor. Der Abnahmebericht wurde am 14. 3. 1937 erstellt.
Nach einer späteren Aufzeichnung ist die Form:
Pl8 Gd8 Sal8 O4 Fl4 Gh2 Mxt3f2 Sbß16
Es ist die gleiche wie vorhin erwähnt, die Waldflöte wurde durch Gemshorn ersetzt. Mixtur ist wohl die ungenaue Bezeichnung der ursprünglichen Progressio harmonica [70].

CRAMBERG

In den Jahren 1789/94 wurde die Kirche neugebaut. In der Rechnung dieses Baues steht ein Posten: "dem Schreiner für Arbeiten an der Orgel" und für den "Schuldiener Enderich von Heringen Rückstand von der von Ihm erkauften Orgel 140 fl." "Abschlag erkaufte Orgel und Arbeitslohn 169 fl." [71].
So hatte man sich ein älteres gebrauchtes Werk gekauft, das schon 1817 als "alt ohne Werth" beurteilt wurde [72].
In dem Inventar des Jahres 1912 wurde die Orgel als älteres, schadhaftes Werk in Barockgehäuse über der Kanzelwand aufgeführt [73].
Am 24. 10. 1926 wurde auf Grund eines Gemeindebeschlusses vom 13. 5. 1926 ein Antrag auf Genehmigung gestellt. Mit Weigle wurde der Vertrag abgeschlossen, beworben hatte sich außerdem OB Klaßmeier, Lemgo. In dem alten Prospekt steht op. 595 von Friedrich Weigle, Echterdingen, von 1926:
I. Pl8 Fl8 Sal8 O4 Cornmxt 2 2/3 II. Gb8 Lbgd8 Aeol8 Trfl4
Ped. Sbß16 Ztbß16 Vcl8
Normalkoppeln, dazu II/I16', II/I4', II/II 4' [74]

DACHSENHAUSEN

Über eine im Jahre 1817 vorhandene Orgel wird berichtet:
"... hat eine schlechte Orgel mit 6 Registern, ein Clavier, so aber gebrochen, auch ein angehängtes Pedal, hat große Reparatur nöthig" [75].

---

70) ZALKHN 1/2393
71) HStAWsb 337 KR 1789/94
72) HStAWsb 211/1409
73) ZALKHN 1/2400 - Ev. Kirchenbote Diez Jg4 (1912) Nr. 6 Synodalbericht: Orgel schlecht in Cramberg
74) Mitt. Vogel - Vis. Bericht Brendel 15. 1. 62
75) HStAWsb 211/1409

Es handelte sich also um ein älteres Positiv mit angehängtem Pedal. Auf ein höheres Alter läßt die gebrochene Oktave des Manuals schließen. Der Zeitpunkt der Anschaffung konnte bisher nicht bestimmt werden. In den Kirchenrechnungen der Jahre 1700-1759 wurde der Lehrer für das Singen bezahlt, was auf ein Nichtvorhandensein einer Orgel deuten könnte; denn wenn kein Instrument zur Führung des Gesanges vorhanden war, oblag dem Lehrer durch sein Vorsingen diese Aufgabe, für die er dann besonders bezahlt wurde [76].
Wegen des Kircheneubaus wurde im Jahre 1834 die Orgel durch den OB Heil, Bad Ems, abgelegt [77].
Der alte Orgelstand wurde für 12 fl. 15 xr. an Ph. Obel versteigert [78].
Am 2.2.1835 reichte die Gemeinde ein Gesuch ein, einen Neubau zum Preis von 925 fl. zu genehmigen. Zur Finanzierung erboten sich die Einwohner, auf die Hälfte ihres Losholzes zu verzichten, was 620 fl. einbringen würde.
Aus der alten Orgel hoffte man noch 100 fl. erlösen zu können. Man wollte erreichen, daß bis zur Einweihung der neuen Kirche am 2.2.1835 auch eine neue Orgel vorhanden sein solle.
Am 12.2.1835 wurde der Neubau durch OB Heil, Bad Ems, für 925 fl. genehmigt. Die alte Orgel wurde für 70 fl. nach Filsen verkauft, wozu die Regierung am 19.9.1836 die Genehmigung erteilte [79].
In der KR von 1841 ist die Verpflichtung des OB Heils enthalten, die neue Orgel 6 Jahre ab 1836 unentgeltlich zu stimmen [80].
Am 18.5.1871 wurde in einem Bericht dargelegt, daß die Orgel, "bei ihrer Entstehung verdorben durch strenge Kälte", sehr gelitten habe.
Am 16.4. des Jahres 1872 hatte schon der Gemeinderat beschlossen, von Schmidt, Braubach, einen Kostenvoranschlag anfertigen zu lassen, da Buderus in Singhofen zu schleppend arbeite. Am 14.5. wurde der Akkord geschlossen für 200 Thl. und am 27.5.1872 der Abnahmebericht durch Lehrer Müller abgefaßt.
Demnach war der Orgelbau durch Heil nicht sehr gut gelungen [81].
Anscheinend wurde das alte Gehäuse übernommen. Das Inventar 1913 macht die Angaben, daß das Werk 13 Register habe, anscheinend sehr alt sei und das barocke Gehäuse 3.00 zu 4.00 m groß sei.
Am 8.7.1935 wurde ein Gesuch um einen Neubau gestellt, da die alte Orgel schlecht sei. Am 29.6.1935 datiert ein Vorschlag von Förster und Nicolaus, Lich. Nach dem Beschluß vom 30.6.1935 wurde die Orgel an die genannte Firma zum Preise von 6520 RM vergeben [82].
Die Disposition der Orgel:
I. Gd8 Nh4 Q3 O2 Mxt3f1 1/3
OW Sggd8 Pr4 Rfl4 Blfl2 Siffl 1 1/3 Zbl 1
Ped. Sbß16 Plbß8 Obß4 (TrII) Blfl2 (TrII) Pneum. Traktur [83]

76) HStAWsb 301 KR
77) PfA UB 1836
78) HStAWsb 211/4224
79) HStAWsb 211/4224
80) PfA KR 1841
81) PfA Bauakte
82) ZAIKHN 1/2401
83) FBHN44

DAHLHEIM

M. Keller, Limburg, erbaute 1893 als op. 65 ein Werk von 14 Registern, das durch OB Wagenbach, Limburg, restauriert und umgebaut wurde [84].

Die Disposition heute:
Bd16 P18 Hlfl8 Gd8 Gb8 O4 Fl4 Q3 O2 T 1 3/5 Tpt8 2Z
Sbß16 Ob8 Qbß5 1/3 Mech. Kegellade

DAISBACH

In den Jahren 1860-64 wurde die erste Orgel angeschafft. Durch Sammlung wurden 200 fl. aufgebracht. 300 fl. stiftete der Hüttenbesitzer Lossen. 1909 reparierte C. Horn, Limburg, und fügte Register hinzu. 1928 wurde das Werk erneuert [85].
Diese Orgel wurde 1963 durch einen Neubau, den Chr. Gerhardt und Söhne, Boppard, ausführte, ersetzt.
Disposition:
Gd8 Sal8 Pl4 Blfl2 Gh4 Mxt3f1 1/3
Ped. Sbß16
Normal-Sub- und Superoktavkoppeln. Die alte Orgel wurde mitverwendet.

DASBACH

Im Jahre 1817 war noch keine Orgel vorhanden [87].
1858 erbaute Fr. Voigt, Igstadt, eine neue Orgel für 700 fl. [88].
Sie hatte folgende Register:
Pl4 Gd8 Sal8 Fl4 Corn3f3 B. u. D. [89]

Im Jahre 1932 war die Orgel nicht mehr spielbar, laut Bericht vom 3.6.1932. H. Voigt, Höchst, erstellt einen Reparaturplan am 11.11. 1940, der am 17.3.1941 genehmigt wurde [90].

DAUBHAUSEN

Die Orgel wurde von Biskirchen im Jahre 1872 übernommen und am 27.10. zum ersten Mal gespielt [91].

---

84) BALbg LB
85) Palm, Geschichte der Pfarrei Daisbach, Kreuznach 1940, S. 33
86) Mitt. PfA
87) HStAWsb 211/1409, 133 KR
88) A. Kämpfer, Chronik der Pfarrei Niederselbach 1888, S. 54
89) FBHN 44
90) ZALKHN 1/2445
91) Läufer, Gemeindebuch der Kreissynoden Braunfels und Wetzlar, 1953

Sie war im Jahre 1822 von G. Bürgy, Gießen, erbaut [92].
Nach einer Renovierung durch OB J. Stockhausen, Linz, hatte sie folgende Stimmen:
Ggpl8 Sal8 Fl8D Bd8 O4 Fl4 Gd4 Q3 O2 Kh8 Sbß16 Gdbß8 Obß8
Es fehlte die Mixtur 3f.
Nach dem Abnahmebericht vom 1.11.1956 wurde der alte Zustand wiederhergestellt: An die Stelle des Ggpl8 trat das Kh8 und an die Stelle der Fl4 die Mixtur 2-3f1 1/3, die neu hergestellt wurde. Sal8 und Fl8 wurden erneuert. So heißt die Registerfolge entsprechend der Bürgy'schen Dispositionsart:

Principal 4'
Bourdon 8'
Salicional 8'
Flöte 8' Diskant
Gedackt 4'
Quint 3'
Octav 2'
Mixtur 1 1/3' 2-3fach
Krummhorn 8'
Subbaß 16'
Octavbaß 8'
Gedacktbaß 8' [93]

DAUBORN

Am 20.10.1788 richtete die Gemeinde ein Gesuch wegen eines Orgelbaus ein, der jedoch unterblieb, da kein Lehrer Orgel spielen konnte. Ein weiterer Antrag wurde am 8.11.1803 gestellt. Der Fürstl. Amtmann Pagenstecher hatte schon am 10.8.1803 berichtet, daß der Stand der Dauborner Finanzen sehr schlecht sei. Die Gemeinde wolle jedoch die Orgel aus eigenen Mitteln anschaffen, 800 fl. waren subscribiert. Die Gemeinde wurde angewiesen, sich der priviligierten OB Schöler in Ems oder Boos in Niederndorf zu bedienen.
Die Genehmigung des Fürstl. Oberconsistoriums an den Amtmann erfolgte am 12.9.1803. Die Zeitläufe haben anscheinend den Orgelbau noch verhindert [94].
Im Jahre 1817 war noch keine Orgel vorhanden [95].
1823 ergab sich die Möglichkeit, ein gebrauchtes Werk zu kaufen, die Orgel der aufgehobenen ehem. luth. Kirche in Diez.
Der Landrat wendet sich in dieser Sache an den Kirchenrat Steinburg zu Diez auf Veranlassung der Schultheißen Möhn und Pfeifer zu Dauborn und Eufingen. Man solle die fragliche Orgel von einem Sachverständigen taxieren lassen, um mit den genannten Gemeinden in Unterhandlungen treten zu können. Er bat um Vorlage des Resultates. Die Taxation erfolgte durch OB Schöler, Ems [96].
Man entschied sich jedoch für einen Neubau und akkordierte am 17.1.1830 mit Daniel Raßmann, der zwei Entwürfe vorgelegt hatte.

I. 1500 fl.:
Principal 8'
Bordun 8'
Salicional 8'
Octav 4'
Flöte 4'
Quint 3'
Octav 2'
Mixtur 3fach
Subbaß 16'
Violonbaß 8'
Coppel, Ventil.

---

92) s. Biskirchen
93) ALKRhl O+G

II. 1850 fl.:
Principal 8'
Bordun 16'
Bordun 8'
Salicional 8'
Octav 4'
Flöte 4'
Quint 3'
Octav 2'
Mixtur 2' 3fach
Trompete 8'
Subbaß 16'
Violon 8'
Posaune 16' [97]

Am 20.1.1830 wurde die Bitte um Genehmigung vorgelegt und der Bau mit der von Lehrer Anthes überprüften Disposition am 6.9.1830 genehmigt [98].

Der heutige Stand zeigt einige geringfügige Veränderungen:
Statt einer Trompete 8' ist eine Gamba 8' vorzufinden, im Pedal fehlt die Posaune.
P18 Bd16 Gd8 Gb8 Sal8 O4 F14 Q3 O2 Mxt3f Sbß16 Obß8 [99]

DAUSENAU

Am 2.7.1839 wird in einem Bericht an das Amt Nassau ausgeführt, daß die Orgel eine Hauptreparatur erfordert und daß eine Neuanschaffung der schlechten vorzuziehen sei [1].
1841 baute Buderus, Singhofen, eine neue Orgel:
Principal 8'
Bordun 16'
Hohlflöte 8'
Flaut travers 8'
Gedackt 8'
Gamba 8'
Salicional 8'
Principal 4'
Quinte 2 2/3'
Octav 2'
Mixtur 2' 4fach
Subbaß 16'
Violonbaß 16'
Principalbaß 8'
Violoncello 8' [2]

DAUTPHE

Nach einer Untersuchung durch OB Bernhard, Gambach, war die Orgel nicht mehr reparaturfähig. Daher reichte die Gemeinde am 10.9.1889 ein Gesuch wegen eines Neubaus durch Bernhard ein. Man schloß mit ihm diesen Vertrag am 9.12.1889. Die Einweihung erfolgte am 4. Advent des Jahres 1890, wie ein Bericht an das Konsistorium vom 26.1. 1891 verlauten läßt [3].
Das Werk der Gebrüder Bernhard, Gambach, hatte folgende Disposition:
Bd16 P18 Gdf18 Gb8 Sal8 O4 F14 O2 Mxt3-4f Sbß16 Vlbß8 PK
und mechanische Kegelladen [4].

94) HStAWsb 175/149
95) HStAWsb 211/1409
96) HStAWsb 211/2670
97) HStAWsb 211/4842
98) HStAWsb 232/533
99) Arch. Eppstein - FBHN44
1) ZALKHN 1/2348
2) FBHN44
3) ZALKHN 1/2411
4) Aufz. OB Eppstein

1962 wurde durch Fr. Euler, Hofgeismar, folgendes Werk gebaut:
I. Gdpo16 Pl8 Gh8 O4 Rfl4 Wfl2 Mxt4f1 1/3 Tpt8
II. Gd8 Spfl4 Pl2 T2f Schf4f1 Schalm8
Ped. Sbß16 Plbß8 Chbß4+2 Mxt4f 2 2/3 Fag16 [5]

DEHRN

Im Jahre 1895 baute M. Keller, Limburg, ein Werk von 7 Registern [6].

DELKENHEIM

Im Jahre 1817 wird berichtet: "Delkenheim hat eine alte, schwache, im Chor der Kirche übel angebrachte Orgel" [7].
Am 7.7.1820 berichtet Amtmann Lautz an die Landesregierung, daß eine Reparatur dringend notwendig sei und mit Engers in Wehen von Seiten der Gemeinde ein Vertrag über 185 fl. abgeschlossen sei. Er vermerkt jedoch über diesen Abschluß: "Jedoch hätte ich gewünscht, und habe es auch dem Kirchenvorstand früherhin eröffnet, daß er sich mit dem erzliederlichen und verdorbenen Orgelbauer Engers von Wehen nicht einlassen solle, indem mit demselben wie ich in Weilbach das Beyspiel gehabt habe, durchaus nichts anzufangen ist. Meines Erachtens dürfte daher die Arbeit entweder an den Orgelbauer Embach zu Rauenthal oder an den Orgelbauer Bürgy zu Homburg in Accord zu begeben seyn". Ein hartes Urteil über Engers!
Dic Landesregierung empfiehlt am 14.6.1820 der Gemeinde Embach oder Raßmann in Weilmünster. Am 15.11.1820 schreibt die Regierung an den Amtmann in Hochheim: "Obgleich wir der Meinung sind, daß der Orgelbauer Raßmann zu Weilmünster gründlichere Kenntnisse über Orgelconstruction haben mag als Orgelbauer Engers, so haben wir doch bey der in der in der Gemeinde Delkenheim zur Disposition zustellende geringen Mitteln für diesen Zweck mit Engers abgeschlossen, unter denselben Bedingungen wie in Wallau und Langenhain." Der Pfarrer habe die Reparatur von Engers in Strinz-Margarethae für gut befunden.
Am 13.8.1820 wird mitgeteilt, daß die Reparatur durch Engers erledigt sei und von Kantor Herrmann als untadelhaft ausgeführt bezeichnet wird.
Am 29.8.1833 fertigte Fr. Voigt, Igstadt, einen Vorschlag wegen einer Reparatur an, der von Kantor Anthes geprüft wurde. Der Pfarrer Schneider bittet um Abnahme. Die Landesregierung empfiehlt zur Abnahme Pfarrer Vogelsang, Singlingen, der jedoch ablehnt. Sie wird am 27.2. 1835 dem Kantor Kunz übergeben [8].
In den Jahren 1893/94 lieferte Weigle eine neue Orgel mit pneumatischer Traktur:

---

5) Mitt. Wißmüller
6) Walter, ZfI 1904/05, S. 301
7) HStAWsb 211/1409
8) HStAWsb 211/4613

I. Bd16 Pl8 Gd8 Gb8 Sal8 O4 Hlfl4 O2 Mxt2-3f
II. Ggpl8 Lbgd8 Gh8 Fltr8 Aeol8 Vxcl8 Flamb4 Fug4
Ped. Sbß16 Vlbß16 Gdbß8 Vcl8 [9]

DERNBACH

Dernbach, Pfarrkirche

Im Jahre 1904 erbaute J. Klais als op. 295 ein neues Werk von 15 Registern, das von OB Wagenbach, Limburg, 1946 umgebaut wurde. Es hat heute folgende Gestalt:
I. Bd16 Pl8 Gb8 Gh8 Hlfl8 O4 Rfl4 Mxt2-4f
II. Gd8 Sal8 Plfl4 Fltr4
Ped. Sbß16 Vlbß16 Obß8 NK. SpII/I SBII/I SPI
Am 27. 1. 1905 war der Antrag zur Einweihung gestellt [10].
Am 13. 12. 1970 wurde eine neue Orgel eingeweiht, die J. Klais, Bonn, erbaut und mit folgenden Registern versehen hat:
HW Qtt16 Pl8 Rgd8 O4 Spfl4 O2 Sesq2f Mxt4-5f Tpt8
RP Hzgd8 Pl4 Rfl4 O2 Blfl2 Lrgt1 1/3 Zbl3-4f1/2 Schalm8
Ped. Sbß16 Obß8 Bartpf8 HzO4 Piff2f2+1 Pos16
NK 2frKomb. Schleifladen, mech. Spiel- und el. Reg. Tr. [11]

Dernbach, Mutterhaus

Hier steht ein Werk von J. Klais aus dem Jahre 1962 von 16 Stimmen [12].

DEXBACH

Im Jahre 1860 wurde um einen Zuschuß zu einer neuen Orgel gebeten [13].
Das Werk baute OB Dickel, Treisbach, in folgender Form:
Pl8 Sal8 Gd8 O4 Gd4 Mxt3f 2 2/3 Sbß16 Vlbß8 [14]
Anscheinend wurden von der älteren Orgel im Gehäuse barocke Teile verwendet [15].
Ein Reparaturvorschlag von Hardt vom 17. 3. 1941 wurde am 20. 4. 1941 genehmigt. Das Werk hat heute folgende Form:
Gd8 Pl4 Rfl4 O2 Mxt3-4f1 1/3 Sbß16 [16]

DICKSCHIED

Eine erste Orgel wurde 1831 angeschafft und stammte nach der Schulchronik aus Kloster Eibingen [17].

---

9) Arch. Hardt - Festschrift 1845-1920, S. 9
10) Walter, ZfI 1904/05, S. 303. Arch. Klais - Disp. Mitt. Vogel
11) Programm Orgelweihe, Mitt. Klais
12) P. Gabriel Hammer, Orgelbaukunst im Westerwald, Rhein-Lahnfreund, Jg. 34 (1964) S. 84
13) StAMbg acc 1909/16 Nr. 134

Am 24. 4. 1893 reichte die Gemeinde ein Gesuch wegen eines Neubaus ein, dem ein Plan des OB Eichhorn, Weilmünster, zugrunde lag:
Pl8 Gd8 Sal8 O4 Hlfl4 O2 Corn3f1 ab c^1 (2 Töne weiter als Pl) Sbß16
Es war an eine Schleiflade und Magazinbalg projektiert. Der Entwurf von Eichhorn vom 18. 3. 1893 war auf 1400 Mk. kalkuliert.
Das Sal war in den beiden unteren Oktaven gedeckt, ab c^1 offen in Metall vorgesehen. Für die alte Orgel wurden vom Orgelbauer 400 Mk. geboten.
Die Abnahme erfolgte durch Seminarlehrer Wolfram, Dillenburg.
Nachträglich wurde anscheinend statt Kornett eine Doublette 2 2/3 + 2 eingebaut. In dieser Form ist das Werk noch heute vorhanden [18].

DIEDENBERGEN

In Jahre 1721 beschäftigte man sich mit der Anschaffung einer Orgel. In diesem Jahre erscheinen zwei Posten, die darauf deuten:
"An Joh. Frantz Großmann lt. Hs. verschiedentlich zu Orgel inkommen 5 fl." und "Zum Orgelbau so Nicolaus Georg Erben gestiftet 6 fl." [19].
Sie wurde auch angeschafft. Ein Urteil im Visitationsbericht des Jahres 1783 ist nicht gerade günstig: "... desto elender ist die Orgel, die kaum diesen Namen verdient, wie ich dann in der gantzen Herrschaft, auch an denen Ortschaften, wo große sehenswürdige Orgeln angebracht sind, ein eintziges angetroffen habe, welches nicht eine Reparation solle benöthigt seyn, daher auch der Beamte entschlüssig ist, es dahin einzuleiten, daß der Hoforgelmacher Schöler von Ems zur Abschaffung der Gebrechen von sämtlichen Gemeinden gedungen und beschrieben wird" [20].
Es ergab sich die Gelegenheit, die Orgel der Deutsch-Reformierten Gemeinde in Bockenheim zu kaufen und man schloß am 12. 7. 1790 einen Vertrag über den Ankauf in Höhe von 1400 fl. Dieses Werk hatte 20 Register und war 1768 von Joh. Conrad Bürgy erbaut worden. Man richtete dieserhalb ein Schreiben an das Konsistorium am 4. 1. 1791 und bemerkte, daß eine Orgel fehle und sich die Gelegenheit ergebe, oben genannte Orgel für 1400 fl. einschließlich der Unkosten für Ab- und Aufschlagen zu erwerben. Die Entschließung und Genehmigung der Landes Oeconomie Deputation in Darmstadt erfolgte am 26. 1. 1791 [21].
Mit gleichem Datum wird bescheinigt, daß 1400 fl. an den Organist Haueisen in Frankfurt bezahlt wurden (s. Bockenheim, franz.-ref. Gemeinde).
Inzwischen erfolgten einige Reparaturen, so 1830 von Embach und 1893 von Fr. Voigt, Igstadt, dessen Dispositionsaufstellung schon die Form

---

14) FBHN44
15) Dehio-Backes, Hessen, S. 139 f
16) Arch. Hardt
17) Keiling, Einricher Orgelchronik, S. 70
18) Aufz. Eppstein - ZALKHN 1/2419
19) HStAWsb 331 KR
20) HStAWsb 331 Xa, 20
21) HStAWsb 331 Xd, 14, 35

zeigte, wie sie bis heute geblieben ist. Die Veränderungen müssen also schon vor dieser Zeit vorgenommen worden sein.

Hauptwerk	Pedal
Principal 4' Prospekt neu	Subbaß 16'
Gedackt 8'	Violonbaß 8'
Gamba 8' alt	Posaune 16'
Gemshorn 8'	
Spitzflöte 4' (Gravur)	
Flöt minor 4' (so die Gravur)	
Spitzquinte 3' alt	
Octav 2' alt	
Sesquialter 2fach 1 1/3' + 4/5' alt	
Mixtur 4fach 1' rep c^1 alt	

Echowerk
Gedackt 8' neu
Flauttravers 8' neu auf der letzten Schleife
Salicional 4' Gravur
Octav 2' so die Gravur (Bezeichnung Hohlflöte 2')

Im Jahre 1931 wurde die Orgel durch Steinmeyer renoviert. Ein Gesuch um Reparatur-Genehmigung wurde am 11. 11. 1930 eingereicht, es bewarben sich Hardt und Steinmeyer. Bei einer Anfrage des Landeskirchenrates vom 27. 10. 1930 wegen der Herkunft der Orgel wurde am 13. 11. 1930 von der Stadt Frankfurt berichtet, daß es sich nicht um die Orgel der ehem. Barfüßerkirche handele [22].

DIENETHAL

Im Jahre 1737 wendet sich die Gemeinde an das Nassauisch-Saarbrückische Ober-Konsistorium und berichtet, daß ein kleines Orgelwerk angeschafft werden soll. Der Orgelmacher gibt als Kosten 120 Rthl. an.
Am 30. 9. 1737 wird mit dem Hoforgelmacher Bartholomäus Boos in Koblenz ein Akkord getroffen. Das Werk hat 8 Register, jedes 48 Pfeifen. 6 Register sind von "vermischter Materie", 2 von Holz. Der Preis beträgt 120 Rthl., jeder zu 54 Petermänchen [23], mit der Verpflichtung, das Werk in Koblenz abholen zu lassen.
Es gab lange Auseinandersetzungen und Kompetenzstreitigkeiten.
1782 genügte das Werk nicht mehr den Ansprüchen. Am 12. 12. 1782 wurde beanstandet, daß der Baß zu schwach und das Pfeifenmaterial zu dünn sei.
Man schloß unter diesem Datum einen Kontrakt über einen Neubau mit dem OB Schöler in Bad Ems ab mit folgender Disposition:

1. Principal 4' Engl. Zinn
2. Großgedackt 8' zwei untere Octaven in Holz

---

22) s. d. Peine, Frankfurter Orgelbau, S. 132. - ZALKHN 1/2409. - Eigene Aufn.
23) (Trierer Münze)

3. Salicional 4' untere Octave gedackt, von c^1 an 2' (d. i. Repetition wie bei den OB Stumm üblich)
4. Kleingedackt 4' Metall
5. Quint 3' guter Materie
6. Octav 2' guter Materie
7. Trompet 8' 2 Züge
8. Mixtur 3fach 1' alle Octaven repetierend

Tremulant, Copula Manual/Pedal mit doppelten Ventilen. Stimmung: Chorton. 2 Bälge, 9' lang und 4 1/2' breit. Preis 525 fl.
Als Gutachter wurde OB Stumm herangezogen, seine Bemerkungen: Zu 1. poliert, 2. 2 Züge, 3. muß ganz offen und einen feinen schönen Ton haben, zu 4. Rohrflöt 4' 2 Züge oder Kleingedackt von Metall, 5. kann passieren, zu 6. ebenso, 7. jedoch das Corpus und Stiefel von Materie sein, Materie: 1/2 Zinn 1/2 Blei. Balg eine Falte nicht mehr. Gehäuse Eiche statt Tanne.
In einem Schreiben aus Dillenburg vom 10. 3. 1783 genehmigte das Fürstl. Nassauische Oberkonsistorium das Projekt mit dem Bemerken: "doch soll das Manual auf f erweitert werden, daß man Stücke von neuen Componisten spielen kann." Genehmigung aus Wiesbaden erfolgte am 14. 4. 1783 [24].
Am 12. 10. 1836 wird an die Landesregierung berichtet, daß Heil, Bad Ems, 90 fl., Buderus 50 fl. für eine Reparatur verlange. Der Vorschlag von Buderus vom 17. 10. 1839 wird von der Regierung am 22. 10. 1839 genehmigt [25].
Nach einem Bericht des OB Eichhorn vom 31. 5. 1891 waren die Bälge schlecht und nicht mehr zu reparieren. Es wurden 2 Kastenbälge beantragt [26].
Heute hat die Orgel folgendes Aussehen:
P14 Gd8 Gb8 Fl8 Q3 Gd4 O2 Mxt3f1 Sal8 2 Züge
Gb ist das alte Salicional, Flöte 8' die alte Gb und in der unteren Oktave zusammengeführt. Die Gb ist wohl über den Kontrakt hin gebaut. Das Sal auf 2 Zügen steht auf der letzten Schleife an Stelle der Tpt.
Nach den Untersuchungen von Franz Vogel steht am Mittelturm links von hinten mit Bleistift eingetragen: "Diese Orgel ist im Jahr 1786 im Juli durch Johann Friedrich Schöler neu erbaut worden, wohnte zur Zeit in Ems." Der Manualumfang: C-e^3, Pedalumfang: C-f.
Das Gehäuse zeigt einen größeren Mittelrundturm, dem nach einer Überleitung durch je ein nach außen abfallendes Harfenfeld je ein kleinerer Spitzturm folgt. Den Abschluß nach den Seiten bilden je ein größeres nach innen ansteigendes Harfenfeld für den Baß. Pedal- und Tastenform wie bei den Schölerorgeln [27].

---

24) HStAWsb 350 Xd 5, 2. Dienethal gehörte als zweiherrisches Gebiet zur Hälfte zu Nassau-Diez, zur anderen Hälfte zu Nassau-Usingen, daher Verhandlungen mit Dillenburg und Wiesbaden als den zuständigen Hauptstädten.
25) HStAWsb 211/5005
26) ZALKHN 1/2421
27) Heutige Aufnahme Mitt. Franz Vogel.

Im Jahre 1753 kaufte man die alte Orgel aus der Saalkirche in Ingelheim [28].
Sie wurde im Jahre 1782 nach Weinähr verkauft [29].
Mit Schöler wurde ein Neubau verakkordiert. Wenn auch Unterlagen fehlen, so lassen das Pfeifenwerk und andere Kennzeichen eindeutig Schöler als Erbauer festlegen. Durch den Verkauf der alten Orgel ist dieser Bau hinreichend datiert. Das Werk hat in späterer Zeit manchen Umbau erdulden müssen, im Jahre 1964 erfolgte eine durchgreifende Renovierung durch Gebr. Oberlinger.
1944 war die Disposition:
Pl8 Bd16 Gd8 2 Züge Sal8 Gb8 Pl4 Klgd4 Q3 O2 Mxt3fl Sbß16 Plbß8 [30]
Der Bordun 16' ist sicherlich später zugebaut, er kommt im allgemeinen bei zweimanualigen Werken vor. Salicional ist vermutlich ursprünglich 4', der Principal 8' Diskant ist möglicherweise Gemshorn 8' Diskant gewesen, so in Niedermeilingen. Der vorletzte Doppelzug, heute Sesquialter war wohl von der Trompete besetzt, der letzte einfache eventuell mit Vox humana 8', so in Kettenbach 1763, Klingelbach 1790, Bleidenstadt 1789.
Die Rohrwerke wurden bei der Restauration vermieden, dafür Sesquialter und Cimbel besetzt. Heute stellt sich das Werk so dar:
Pl4 Pl8 D Qtt8 (nach Muster Niedertiefenbach) Gd8 Fl4 Q3 O2 Mxt3f Sesq B 4/5 + 1 3/5 D 2 2/3 + 1 3/5 Zbl2f [31]

DIETKIRCHEN (Stiftskirche St. Lubentius)

Die erste Orgel tritt in das Licht der Geschichte durch ein Testament des Kanonikers Adam, das am 3. 8. 1294 von den beiden Organisten am Stift, Magister Hildebrand und Dietrich, beurkundet wird [32].
Über ihre Verwendung im Gottesdienst informieren uns Urkunden des 14. Jahrhunderts, die auf die gebräuchliche Alternatimspraxis zwischen Chor und Orgel hinweisen, wie sie vor allem bei dem Absingen der Sequenzen und anderer liturgischer Gesänge, die in Verbindung mit Fundationen zu besonderer Verehrung von Heiligen eingeführt wurden, gebräuchlich war.
So stiftete am 25. 8. 1350 der Kantor des St. Georgsstifts in Limburg die feierliche Begehung der Oktav des hl. Georg (30. 4.) und des Erzengels Michael (29. 9.) mit Orgelspiel [33].
Am 2. 7. 1387 wurde eine Feier des Festes "de spinea de corona domini"

28) Bösken, Quellen und Forschungen, Bd. 1, S. 357
29) s. Weinähr
30) FBHN44
31) FBHN44 - Mitt. Oberlinger
32) W. H. Struck, Quellen zur Geschichte der Klöster und Stifte im Gebiet der mittleren Lahn bis zum Ausgang des Mittelalters, Bd. 2, Die Kollegiatstifte Dietkirchen, Diez, Gemünden, Idstein und Weilburg, Wiesbaden 1959, Nr. 16. - Vor der Drucklegung vorliegender Abhandlung wurde die Geschichte der Dietkirchener Orgel in dem Aufsatz von Fritz Seidel, "Welche Register sollen gezogen werden", Instrumentenbau-Zeitschrift, 21 Jg. (Mai 1967) S. 322 ff. behandelt.
33) Struck, Nr. 387

am 4. Mai gestiftet, die mit Orgelspiel im Chor begangen werden soll [34]. Am 20.3.1398 stiftet Johannes Obelecker von Kirchhain, Kaplan des Maria Magdalenenaltars in Dietkirchen die feierliche Begehung des Festes Mariae Himmelfahrt und die Feste der hl. Magdalena und Margarete im Chor mit Orgelspiel [35].

Um die Mitte des 16. Jahrhunderts wurde offensichtlich ein neues Werk gebaut. Einen genauen Einblick in dieses Werk ermöglichte der Zufallsfund des Herrn Dr. Struck, der in einem Buch einer Vikarie mit wirtschaftlichen Eintragungen und Kontoführungen eine Registrieranweisung fand [36].

Registrieranweisung für Dietkirchen

Bericht und Underweisunck wehe die Register an der Orgelen durch einander gezogen sollen werden.

Erstlich soll zu den Pricipall die Koppell, Mixtur, Cimaln, Octaff und Bartpfeiffen, auch den Tremulant gezogen werden.

Zum anderen soll man undernand zehen die Koppell, Octaff und Cimbaln.

3. Koppell und Bartpfeiffen
4. Die Bartpfeiffen allein mit den Tremulant ad placitum
5. Bartpfeiffen und Holpfeiffen mit den Tremulant ad plac.
6. Holpfeiffen mit der Quintfleut mit den Tremulant ad plac.
7. Holpfeiffen allein mit den Tremulant ad plac.
8. Koppell und Holpfeiffen zusammen
9. Koppel allein mit den Tremulant ad plac.
10. Koppell und Octaff
11. Octaff und Bartpfeiffen mit den Tremulant ad plac.
12. Koppell und Trombeten auch den Tremulant
13. Krombhoerner mit der Cimbalen allein oder die Koppel darzu auch Tremulant
14. Quintfleut zu der Bartpfeiffen mit den Tremulant ad plac.
15. Quintfleut und Koppell zusammen ist auch guth.
16. Bartpfeiffen und Cimbalen mit den Tremulant ad plac.
17. Holpfeiffen mit der Octaff mit den Tremulant ad plac.
18. Quintfleuth allein ist aber nicht gepreuchlich [37].

Ferner hat auch ein Organist auff nachgeschrebene Puncten guthe Achtunck zu geben.

Erstlich, wan er ausgeschlagen hat, soll er alleweg die Register zumachen. Auch den Tremulant ablassen.

Zum anderen die Tromme und Vogell mag er prauchen wann er will doch nit zugleich dieweill sie auff einer Laden stehen. Und wan er Wasser in den Vogell thon will, sol er denselben von der Rohre abnemen uff das kein Wasser in die Laad komme.

Zum 3. soll er auch under dem Ampt oder Vesper das Ventill auffhaben biß er schlaeget, und zum Beschluß weder zuschliessen.

---

34) Struck, Nr. 141

35) Struck, Nr. 152

36) HStAWsb 19 IIIa 2a S. 27. Für den frdl. Hinweis, den mir Dr. Struck im Jahre 1958 machte, danke ich.

37) (27v.)

Zum 4. soll so vill muglich ein Blaeser gehalten werden und nit ieder Man darzu gelassen werden.
Zum 5. wann er in 8 oder 14 Tagen nit schlehet, sol das Werck zugemacht werden.
Zum leizsten sollen auch die Register gut auffgethan werden, wihe dan auch die Kerben Anzeigunck geben.
Wann nun in allen diesen allso fleissig nachkommen wird, so kan dem Organisten in allen wolgelingen und das Werck in sich desto lenger bestendig und unversert pleiben.
Notandum Sollten die Belg alle Jar am wenigst ein maell gesmirt werden zur warmer Zeit.
Item soll der Organist aus kein ledig Glas trinken [38].
Die Erbauung der Orgel dürfte für die Zeit nach 1550 anzunehmen sein.
Der Registrieranweisung liegt folgende Disposition zu Grunde:

1.	Koppell	7.	Quintfleut
2.	Octaff	8.	Trombeten
3.	Mixtur	9.	Krombhoerner
4.	Cimbal	10.	Tremulant
5.	Bartpfeife	11.	Tromme
6.	Holpfeife	12.	Vogell.

Die Fußzahl ist nicht angegeben. Nach benachbarten Werken zu urteilen, wie der Orgel in Weilburg, die Briesger aus Koblenz um 1535 (?) umbaute, in Alsfeld des Paul von Göttingen 1550, oder später in Idstein des C. Schütz aus Laubach, kann man die Kopel mit 6' ansetzen, dann sinngemäß die Octav mit 3' Länge. Unklar ist die Größe der Bartpfeife und der Holpfeife. Bei Briesger und Paul von Göttingen, auch weiter südlich bei Ruck in Weingarten, hat sie gleiche Länge mit der Koppel. Erst die späteren Werke, so von Scholl in Limburg 1581 und Schütz in Idstein, setzen sie eine Oktav unter die Koppel, wie es später gebräuchlich wird:
Quintatön 16' Prinzipal 8' bzw. Bordun 16' Prinzipal 8'.
Zum Prinzipal wird außer Koppel, Oktav, Mixtur und Zimbel die Bartpfeife gefordert. So würde also hier auch ein Gedackt den größten Vertreter des Prinzipalchores ersetzen. H. Fischer weist darauf hin, daß diese Registrierweise süddeutsch ist, wohingegen die Niederländer den reinen Prinzipalchor als "Principal" ansetzen [39].
Die Quint ist hier als Quintflaut, als weite Quint anzusetzen; denn Schütz und Scholl setzen dazu im Gegensatz neben einer Quintflaut - meistens im Positiv bei größeren Werken z. B. Schütz in Rotenburg - eine Quintcoppel. Briesger verwendet sie in Weilburg nicht.
Die Anzahl der Stimmen der Mixtur und Cimbel ist nur von Schütz bekannt. Dort waren sie noch sehr stark: in Idstein 1592 7-10fach oder 6-8fach, die Zimbel 2fach.
Der Name des Erbauers ist leider nicht überliefert. Die Anmerkung, daß das Register bis zur Kerbe zu ziehen ist, läßt wohl auf eine Spring-

38) (Spätere Hand)
39) H. Fischer, Die Registrieranweisungen von 1568 für die Hauger Stiftskirche in Würzburg Würzburger Diözesanblätter, Band 29 (1967), S. 263.

lade schließen, da dort die Stimme nicht ordentlich anspricht, wenn nicht in der Kerbe eingerastet ist.
Die Mixtur wird nur bei vollem Plenum benutzt, das durch die Vorform unter Nr. 2 ersetzt werden kann.
In einzelnen Klangkombinationen verbindet sich:
1. Bartpfeife mit allen außer mit den Lingualen Trompete und Krummhorn,
2. Koppel mit allen außer mit der Zimbel allein, nur in Verbindung mit Oktav,
3. Holpfeife mit allen außer Zimbel, Trompete und Krummhorn,
4. Quintflöt nie allein, nur mit Bartpfeife, Koppel und Holpfeife,
5. Trompete nur mit Koppel,
6. Krummhorn mit Zimbel allein oder mit Koppel.
7. Allein verwendet werden: Bartpfeife, Koppel und Holpfeife.

Mit dem Umbauentwurf Briesgers für Weilburg sind die meisten Beziehungen gegeben. Nach der dortigen vorgefundenen früheren Form sind zunächst anzusetzen Koppel 6' Octav 3' Mixtur, in Koblenz 1534 auch Zimbel und Holpfeife 6' (seit 1520). Nach dem Umbau kommen hinzu Zimbel auf der neuen Art, Bartpfeife 6' (hier Quintadein) sowie Trompete (Baß) und Schalmei, also zwei Linguale.
Genau diese Form ist in Dietkirchen erreicht. Es könnte also demnach die Disposition angesetzt werden:

Koppel 6'	Mixtur
Bartpfeife 6'	Zimbel
Holpfeife 6'	Trompete 6'
Oktav 3'	Krummhorn 6'
Quintflöte	

Das Pedal, falls vorhanden, muß angehängt gewesen sein.
Wie gebräuchlich, befand sich diese Orgel an der nördlichen Hochschiffwand, wie auch Funde bei der Renovierung bestätigten [40].
Am 13. 9. 1711 schloß man mit dem Mainzischen Kapitelorgelmacher Johann Jakob Dahm einen Vertrag über den Neubau einer Orgel folgenden Inhalts:
"Kundt und zu wissen seye hiermit, daß heut am Endts bemelten Dato ein aufrichtiger Contract zwischen Dechant und Capitul der Archidiaconal- und Collegiatstifts Kirchen ad S. Lubentium in Dietkirchen an der Lahn Chur Trier Erzstifts eines Teils, sodann mit Herrn Johann Jacob Dahm, Bürger und Orgelmacher in der Churfürstl. Residenzstadt Mainz anderen Teils sein vorgangen und beschlossen worden als nemlich, daß erstgedachter Herr Dahm nachgesetztes neues Orgelwerk in unsere obgemelte Stiftskirchen zwischen hier und künftigen Pfingstfest nächstfolgenden Jahres siebenzehn hundert und zwölf völlig verfertigen und aufrichten solle.
Im Manual an folgenden Registern:
1. Principal acht Fuß Ton ganz in Englischen Zinn
2. Octav vier Fuß Ton
3. Superoctav zwei Fuß Ton
4. Quint zwei Fuß Ton (1 1/3')

40) Seidel, S. 322. - W. Schäfer, Baugeschichte der St. Lubentiuskirche, S. 47

5. Mixtur vierfach
6. Flöte vier Fuß Ton
7. Großgedaeck acht Fuß Ton
8. Kleingedaeck vier Fuß Ton

von guter Materi als nemlich gut englisch Zinn und Stockblei

9. Solicional acht Fuß Ton
10. Cornet vierfach durchs halbe Clavir

Im Pedal

11. Subbaß sechzehn Fuß Ton von Holz gedäeckt
12. Octavenbaß acht Fuß Ton von Holz offen
13. Posaun acht Fuß Ton von halb Zinn und halb Blei.

Zu diesem Werk sollen kommen drei große Blasbälch jeder nach Proportion sieben Schuh lang, wie dann auch ein sauber Clavir von Elfenbein.

Was den völligen Kasten, worin oben specificirte Register nach Form und Maß des übergebenen Abriß auf gemacht und verfertiget werden, mitten darauf ganz in die Höhe soll das Kesselstadtische Wappen kommen und dann zu beiden Seiten zwei stehende oder sitzende Engel, wie es sich am besten schicken wird, von Bildhauer Arbeit auf des Herrn Orgelmachers Kosten, wohl ausgemacht, wozu dieser dann auch alle nötige Materialia, sie mögen Namen haben wie sie wöllen, auf eben sein Kosten verschaffen solle, und solle an obgedachten Orgelwerk an aller Zier und Lieblichkeit nichts abgehen, und Er Herr Dahm alles dasjenige daran zu praestiren was einem ehrliebenden und kunsterfahrnen Orgelmacher zu und wohl anstehet...."

Das Werk sollte 1000 Gulden rheinischer Währung, Gulden zu 50 Kreuzer, kosten und eine Garantie von Jahr und Tag gegebenenfalls auch durch die Erben gegeben werden.

Das Werk soll auf Kosten des Stifts in Mainz abgeholt werden. Für Dahm und Gesellen wird freie Kost ausbedungen, ebenso freie Gestellung von notwendigen Schmiede-, Zimmerer- und Maurerarbeiten.

"Sic contractum Dietkirchen d. 13. Septembris 1711." [41]

In der "Computatio cistae" stehen einige Ausgabeposten, die hier von Interesse sind:

"1712.8.9. Dem Orgelmachers Gesellen Antonio und beiden Schreiners Gesellen Trankgeld geben 15 fl.

1712.9.7. Herrn Dahm und seine Gesellen in Beisein sämtlicher Capitularen zum Abschied an den Limburger Wein getrunken worden 16 Maß, die Maß 5 fl. 8 alb.

Vor das neu aufgerichtete Orgelwerk ex cista ausgezahlt 16 Rthl. = 16 fl.

Dahm für das gemachte neue Orgelwerk auszahlet, so sich an Trierisch Gulden belaufen 240 fl. (50 Rthl. = 75 Trierisch Gulden)

2 Pferd H. Dahm samt seine Gesellen auf Wirges zu Fahren zahlen müssen 4 fl.

Von Wirges bis auf Mainz zu fahren 2 Pferde 6 fl." [42].

41) HStAWsb 19 I, 3. Abdruck der Disposition Bösken, Stumm, S. 17

42) HStAWsb 19 Stiftsrechnungen

Notwendige kleinere Reparaturen wurden im 19. Jahrhundert durch Embach aus Rauenthal und Peter Weil aus Weilmünster durchgeführt. Von diesem wurde am 9. 12. 1853 der Vorschlag der Versetzung um 6' zurück und 5' höher gemacht. Weiter wurden neue Kastenbälge empfohlen und der Spielschrank, wie damals üblich, auf die Seite verlegt. Neu wurde der Violonbaß 8' hinzugesetzt. Gutachten erstellten Kantor Glaeser und der Sachverständige Pfarrer Neubig von Erbach am 4. 3. 54. Weitere Einzelheiten über die Dahmorgel ergeben sich aus dem Gutachten, das Orgelbauer M. Keller, Limburg am 27. 2. 1888 aufstellte:
Die Flöte 4' war als Spitzflöte gebaut, die Mixtur 4fach besetzt:
C: 1' 2/3' 1/2' 1/3' repetierte in c^o und c^1, also die Zusammensetzung:

C				1'	2/3'	1/2'	1/3'
c^o			2'	1 1/3'	1'	2/3'	
c^1	4'	2 2/3'	2'	1 1/3'			
c^2	4'	2 2/3'	2'	1 1/3'			
c^3	4'	2 2/3'	2'	1 1/3'			

Das vierfache Cornett begann auf c^1.
Die Quint ist vermutlich später auf 3' umgesetzt, denn Dahm disponiert immer die Quint 1 1/3' im Hauptwerk. Die Trompete ist wohl nach dem Vertrag zugefügt worden. Für dieses Rohrwerk hat er in anderen Verträgen eine Leerschleife eingeplant [43]).
Keller erwähnt die charakteristische Aufstellung auf der Lade, wie sie im Mainzer Raum, möglicherweise beeinflußt von Dahm, üblich war. Die kleinen Register standen unmittelbar hinter dem Prinzipal und den Abschluß bildete dann im allgemeinen das Gedackt 8'. So stehen auch in Kiedrich, also vor Dahm, Zimbel und Mixtur unmittelbar hinter dem Prospekt. Er erwähnt dann eigens die Schleifladen und bemängelt, daß die Kanzellen eng und niedrig sind.
Die folgenden Beurteilungen des Klanges und der Disposition sind schon zeitbedingt: Der Principal sei zu schwach im Ton. Es fehlt ihm der Bordun 16' als Grundlage des Werkes "wenn die Orgel wirklich sonoren Charakter haben soll" [44]).
Der entscheidende Umbau wurde durch Keller unter Beratung von Seminar-Musiklehrer Schmetz, Montabaur, im Jahre 1893 durchgeführt. Es wurde folgende Disposition angesetzt:
I. Bd16 Pl8 Hlfl8 Gd8 Gb8 Gh8 O4 Fl4 O2 Q3 Corn4f Mxt3-4f Tpt8
II. Gd16 Pl8 Sal8 Dolce8 Doppelfl8 Fug4 Fl4 Corn3f Ob8
Ped. Plbß16 Sbß16 Vcl8 Pos16.
Der Preis betrug 6103 Mk. Die Weihe fand am 28. 5. 1893 statt, die Abnahme erfolgte durch Domkapellmeister Weber aus Mainz.
Infolge der Restaurations- und Ausgrabungsarbeiten an der Kirche in letzter Zeit mußte die Orgel ausgebaut und erneuert werden. Die Arbeiten wurden von E. Wagenbach, Limburg, ausgeführt unter Beratung von Domkapellmeister H. Papst, Limburg.
Nach der Weihe am 30. 8. 1959 stellt sich die Orgel in dem alten Gehäu-

43) s. Frankfurt, Karmeliter
44) HStAWsb 405/12530

se, dessen Unterteil allerdings entfernt und auf Träger gestellt wurde, so dar:

I. Bd16 Pl8 Hlfl8 Gd8 Gb8 Gh8 O4 Fl4 Q3 O2 Corn4f Mxt6f Tpt8
II. Gd8 Sal8 Pl4 Fl4 O2 Q1 1/3 Zbl2f Corn3f Schlm8
Ped. Plbß16 Sbß16 Obß8 Gdbß8 Pedmxt4f Plbß4 Pos16.

Während das Hauptwerk Kellers im wesentlichen beibehalten wurde - die Mixtur wurde vergrößert - wurde das II. Manual im Sinne eines barocken Klangstils verändert, wie auch das Pedal in diesem Sinne erweitert wurde [45].

DIEZ

Diez, Stiftskirche

Für das 1289 gegründete Marienstift ist schon bald eine Orgel nachweisbar:

1328, Juni 15. Aus dem Nachlaß des Kanonikers Erwin von Schwabach wird der Stiftspräsenz eine Einnahme überwiesen, aus der die Festfeiern mit Orgelspiel zu Ehren der hl. Katharina (25. 11.), Elisabeth (19. 11.) und Adelphus (29. 8.) bezahlt werden [46].

1329, Januar 16. Konrad von Rotenhain, Kaplan des St. Erasmusaltars in Diez stiftet die Feier des Fronleichnamsfestes mit Orgelspiel [47].

Um 1325. Der Dekan Johannes des Stifts Limburg stiftet 1/2 Pfund Heller, daß in der Stiftskirche zu Diez die Feste der Heiligen Erasmus, Antonius, Thomas von Canterbury, Blasius, Alexander und Colomann mit Orgelspiel gefeiert werden [48].

Durch diese Urkunden ist sicherlich nur ein Teil der Tage erwähnt, an denen in der Stiftskirche die Orgel erklang.

Für die nunmehr evang. Pfarrkirche werden die Ausgaben für die Orgel in den Präsenzrechnungen geführt.

Eine neue Orgel wurde in den Jahren 1700-1703 von einem Meister aus Frankfurt erbaut. Es kann sich nur um den Orgelbauer Macrander handeln, der um diese Zeit in Frankfurt ansässig war.

Folgende Posten lassen den Verlauf der Arbeiten erkennen:

1700 Herrn Stahln zahlt Zehrung vor den Orgelmacher 6 Rthl.

1701, 7. April, uff ordre der Reg. dem Orgelmacher von Frankfurt zahlt 50 Rthl. Item demselben 6 Rthl. = 44 Petermengern (Trierische Währung) machen 56 Rthl. 44 Peterm.

1701, 17. August, uff ordre der Reg. Georg Fritz dem Zimmermann wegen Verfertigung eines Baugerüstes zu der Orgel zahlt 15 Rthl. Geld nebst 1 Ohm Bier ad 7 Kopfstücke, 1 Malter Korn 31 fl. 1 alb.

1701, 11. August, dto uff ordre der Reg. zur Erkaufung Bordte zur Orgel 9 fl. 9 alb.

Meister Frantz Weiß wegen verfertigter Arbeit bey der Orgel 6 Zw Korn.

45) Seidel, S. 323
46) Struck, Diez, Nr. 366
47) Struck, Diez, Nr. 367
48) Struck, Diez, Nr. 402

1702, 25. Mai, uff ordre der Reg. Wilhelm Schopp an Schiffsfracht die Orgel von Frankfurt hero zu fahren 18 fl. 18 alb.
1702, 3. Juni, dem Orgelmacher zu Frankfurt wegen verfertigten Orgelwerks 150 fl.
1702, 10. Juli, uff ordre der Reg. dem Orgelmacher an Recompens zahlt 28 fl. 3 alb.
1702, 19. Juli, Joh. Philips junior eine Zehrungsrechnung wegen des Orgelmachers 22 fl. 12 alb.
1702, 20. Juli, uff ordre dem Schreinermeister wegen Arbeit an der Orgel zahlt 15 fl. 22 alb. 4 d.
1702, 30. Juli, Herrn Landrentmeister Hoppe vor gelieferte Bordt zur Orgel 6 fl. 19 alb. 2 d.
1703, 14. Dezember, Bernh. Stahl Zehrung für den Orgelmacher 1 Rthl. 15 Peterm. = 2 fl. 9 alb. 4 d.
Dem Orgelmacher 3 Rthl. = 5 fl. 15 alb.
Im Jahre 1833 wurde die Orgel der ehem. luth. Gemeinde in die Stiftskirche versetzt. "Der Orgelbauer Embach aus Rauenthal habe die Versetzung der Orgel aus der ehem. luth. in die hiesige Kirche vorige Woche begonnen und werde in der künftigen damit fertig werden. Antrag auf Prüfung vom 3. 8. 1833. Dekan W. Grimm legt die Abnahme des Kantors Anthes am 30. 8. 1833 vor. Anthes wünscht eine Pedalkoppel, die 6-8 fl. kosten soll, und einen Verschluß an der Rückseite der Orgel [49].
Im Jahre 1894 lieferte OB Carl G. Weigle lt. Vertrag vom 11. 7. 1893 ein neues Werk mit folgender Disposition, das am 16. 12. 1893 für 9000 Mk. genehmigt wurde [50].
I. Bd16 Pl8 Gd8 Gb8 Flambl8 O4 Rfl4 Q3 O2 Mxt3-4f2 Tpt8
II. Ggpl8 Doppelfl8 Sal8 Aeol8 Trfl4 Fug4 Corn5f8
Ped. Sbß16 Vlbß16 Plbß16 Obß8 Vcl8 Pos16 Pneum. Traktur
op. 177 [51]
Es lag auch ein Vorschlag des Orgelbauers Heinrich Voigt, Igstadt, vom 21. 9. 1886 vor:
Pl8 Bd16 Gb8 Hlfl8 O4 CornMxt4f Tpt8
Oberwerk: Ggpl8 Sal8 Gd8 Vxcl8 Fltr4
Ped. Sbß16 Vlbß16 Tuba16 Vcl8 [52]
Die Weigle-Orgel wurde am 12. 11. 1894 durch Ernst H. Wolfram, Seminar-Musiklehrer in Dillenburg, abgenommen.
1928 wurde eine Ergänzung und Umbau des Spieltisches geplant lt. Bericht vom 21. 2. 1928 [53].
Im Jahre 1955 wurde das Werk klanglich umgebaut durch OB Kemper, Lübeck:
Bd16 Pl8 Qtt8 Violfl8 O4 Rfl4 Mxt6f (neu) Tpt8
Schw. Gd8 Fldolc8 Fl4 Pl2 Sffl 1 1/3 Schf Vxh8
Ped. Sbß16 Plbß16 Obß8 Chbß4 Rschpf4f Pos16 [54]

49) HStAWsb 211/4263
50) ZALKHN 1/2423
51) FBHN44 - Festschrift Weigle 1845-1920, S. 9. - Ev. Kirchenbote f. d. Geb. des Dek. Diez, 1934 Nr. 1.
52) PfA Diez, Beschaffung Orgel
53) ZALKHN 1/2423
54) Bericht H. Brendel vom 15. 1. 1962. Frdl. Mitt. Brendel

Diez, St. Peter, ev. Pfarrkirche

Für die nach mehreren Zerstörungen im Jahre 1830 neuerbaute Kirche St. Peter lieferte OB Conrad Embach im Jahre 1835 ein neues Werk.
Die Disposition war:

Principal 8'	Kleingedackt 4'
Bordun 16'	Mixtur 3f 2'
Flöte 8'	Aeoline 8'
Gamba 8'	Subbaß 16'
Salicional 8'	Violonbaß 16'
Octav 4'	Octavbaß 8' 55)
Quint 3'	

Im Jahre 1912 wird die Orgel schon als schlecht bezeichnet 56)
Im Jahre 1955 wurde die Orgel umgesetzt und durch OB Kemper, Lübeck, überholt.
Die Disposition ist heute:
P18 Bd16 F18 Gb8 O4 Gd4 Q3 O2 Sesq ab c1 Mxt3f Sbß16 Obß8 Chbß4
Manualumfang C-g^3, Pedal erweitert C-d^1 57)
Ein neues Positiv hat folgende Gestalt:
Rf18 Rf14 P12 Sesq2f Zbl2f 58)

Diez, kath.

Die im Jahre 1835 zur Pfarrei erhobene kath. Gemeinde mietete 1832 die 1707 erbaute lutherische Kirche, die 1836 gekauft und 1887 umgebaut wurde 59). Mit der Kirche wurde auch die Orgel angekauft 60). 1814 war eine Orgel vorhanden, die in dem Jahre für 48 xr. gereinigt wurde 61). Ebenso wurden in dem Bericht des Jahres 1817 Orgeln in beiden Stadtkirchen aufgeführt 62).
Am 6.7.1967 wurde die durch E. Wagenbach, Limburg, neuerbaute Orgel eingeweiht:
HW. P18 Bd8 O4 Rfl4 Wfl2 Sesq2f Mxt5f Tpt8
Schw. Qtt8 Spgb8 Itp14 Blfl4 O2 Sffl1 1/3 Terzian2f Schf3f Dulc16 Schlm8
Ped. Us16 Obß8 Gdbß8 Gh4 Rschpf3f Pos16 Cl4 63)

Diez, Dekanat

Aus der Akte "Stimmung der Orgeln im Decanate Diez betr. 1846-43" ist einiges über Orgeln und Orgelbauer zu entnehmen 64).
Am 17.3.1836 berichtete Dekan Grimm an die Regierung:

55) Dehio, Südl. Hessen, S. 258 - FBHN44
56) Ev. Kirchenbote Diez, Jg. 4 (1912) Nr. 6 Synodalbericht
57) Bericht Brendel 15.1.1962, frdl. Mitt.
58) Mitt. Oberlinger
59) HBLbg56
60) Schematismus Lbg 1835
61) HStAWsb 191 KR 1814
62) HStAWsb 211/1409
63) Mitt. kath. PfAmt, Programm zur Einweihung.
64) HStAWsb 211/4266

"Da die Organisten oft zu wenig mit dem Innern der Orgel vertraut sind, kleinen Mängeln nicht nachhelfen können, mit dem Stimmen nicht umzugehen wissen, wäre es günstig, mit Orgelbauern auf gewisse Zeit abzuschließen, wie seit 1821 im Decanat Wiesbaden."
"OB Philipp Embach, derselbe welcher im Decanat Wiesbaden die Orgeln im Bestand hat, hat Accord im Decanat Diez abgeschlossen." Der Dekan bittet um Genehmigung. Er meint, die Orgel in Montabaur könne vorläufig ausgeschlossen werden, da sie zu klein sei.
Am 23. 3. 1836 genehmigte die Regierung den Vertrag mit Ph. Embach.
Interessant ist der folgende Bericht des Dekans an die Regierung anläßlich des Ablaufs des Vertrages mit Embach vom 19. 5. 1843:
"Da der frühere Akkordant in Folge seines unordentlichen Lebens schon längere Zeit krank ist und nicht zu erwarten steht, daß er wieder in seinem Geschäft wird arbeiten können, derselbe auch im letzten Jahre den Ansprüchen nicht mehr vollständig genügt hat, so habe ich von der Annahme desselben abstrahirt.
Zur Übernahme haben sich bereit erklärt der OB Raßmann, Buderus, Arndt und Kaspar Embach, der erste will zu dem bisherigen Lohn 4 fl. nicht übernehmen.
Der 2. will erst die Orgeln sehen, der 3. hat keinen sonderlichen Ruf, soll mehr aus sich selbst und nicht bei einem anerkannten Kunstverständigen den Orgelbau gelernt haben.
Kaspar Embach hat während der Krankheit des Ph. Embach die hiesige und mehrere des Decanats zur Zufriedenheit gestimmt und repariert und durch Erbauung der neuen Orgel in der hiesigen St. Peters Kirche sich als tüchtigen Künstler erwiesen, auch sonsten, so wie mir bekannt, ein ordentlicher und nüchterner Mann ist, erboten, in derselben Höhe wie Ph. Embach 4 fl. und Stellung eines Balgtreters."
Mit Kaspar Embach wurde akkordiert, die Bitte um Genehmigung an die Regierung am 27. 5. 1843 gerichtet.
Buderus wendet sich mit einem Gesuch an die Landesregierung, da er nicht berücksichtigt wurde. Als Beweis seines Könnens erwähnt er die Orgelbauten in Dausenau und Obernhof.

DILLBRECHT

1955 erbaute Walcker ein Werk mit 4 Registern [65].

DILLENBURG

Dillenburg, Fürstliches Konsistorium

Einige interessante Angaben befinden sich in der Akte "Allgemeines wegen Orgeln, Reparaturen etc." [66].
Am 9. 7. 1770 richtet OB Schöler zu Ems ein Gesuch wegen Aufsicht

65) WWV
66) HStAWsb 175/990

über alle Orgeln im Lande. Es wurde an das Konsistorium in Diez zur Begutachtung geschickt.
Am 14. 7. 1770 legte auch die Landesregierung den Antrag Schöler dem Konsistorium vor.
Am 17. 9. 1770 wurde entschieden, daß Hausmann Ausländern vorgezogen werden solle. Am 25. 4. 1771 wurde Hausmann und Schöler ein Privileg erteilt.
Desgleichen wurde ein Gesuch des OB J. G. Hausmann, alle Orgeln im Lande zu verfertigen und zu reparieren, an das Konsistorium in Siegen geleitet, 16. 9. 1776.
Am 12. 6. 1786 ging an alle Beamte der Fürstentümer die Anweisung der Genehmigung von Neubauten, Verkäufen und Reparaturen von Orgeln. Dieses wurde unterm 12. 6. in Nr. 26 der Dillenburger Intelligenz Nachrichten veröffentlicht.
Am 31. 3. 1794 machte der Präceptor Steups aus Dillenburg eine Anzeige an das Oberkonsistorium. An diesem Tage mußte er in Irmgarteichen eine Orgel abnehmen. Bei dieser Gelegenheit bittet er darum, daß die Gemeinde nicht ohne Aufsicht Kontrakte mit Ausländern abschließen sollte. Seit 20 Jahren habe er schon Revisionsaufträge auszuführen. Dabei vermerkt er, daß vor 5 Jahren Breitscheid mit einer alt angekauften Orgel von einem Ausländer angeführt worden sei, vor 12 Jahren Müsen im Siegenschen mit einem aus Amöneburg stammenden Werk, das nicht zu gebrauchen gewesen sei.
Er empfiehlt den OB Arnold Boos aus Niedersdorf.
1794 soll sich der Sachverständige Steups nach Geberzhagen (? Gebhardshain) im Amte Freusburg begeben, um einen Neubau von Boos zu besichtigen.
Am 4. 1. 1802 wird der Vorschlag gemacht, Boos in Siegen und Dillenburg, Schöler in Diez, Hadamar und der Gemeinschaft Nassau arbeiten zu lassen.

Dillenburg, Stadtkirche, ev.

Im Jahre 1616 ist von einem Positiv die Rede, das auf Befehl des Grafen Georg nach Beilstein gebracht wird. Ob es in der Pfarrkirche oder der Schloßkapelle stand, ist nicht sicher zu entscheiden [67].
Die Stadt ließ im Jahre 1659 eine Orgel bauen, die wohl die erste ist; denn vom Jahre 1666 an ist in den Stadtrechnungen der ständige Posten für die Besoldung des Organisten in Höhe von 11 fl. 6 alb. vorhanden.
Den Bau der Orgel bestätigt folgender Eintrag in der Stadtrechnung des Jahres 1666: "Als im Jahre 1659 die Orgell in hiesige Pfarrkirche gemacht ist an Zehrung die Zeit bei mir uffgangen laut Rechnung 60 fl. 22 alb. 4 d."
Am Rande ist vermerkt: "Bürgerschaft ist hiermit zufrieden" [68].
Der Erbauer war offensichtlich Georg Henrich Wagner aus Lich. Denn im Jahr 1660 heißt es in der Stadtrechnung: "Den 30. May alß der Or-

---

67) s. Beilstein
68) HStAWsb 190/4425

ganist von Lich mit seinem Sohn 2 Tage hier gewesen und die Orgel gestimmt. 5 fl. 5 alb." 69).

Der Orgelbauer von Lich wurde im Jahre 1680 auch mit einer Versetzung und Änderung der Orgel beauftragt:

"Dem Orgelmacher von Lich von Absatz undt Enderung der Orgell, wie die H. Geistliche und H. Schultheiß undt Eltisten veraccordirt gehabt. 13 1/2 Rthl. = 25 fl. 7 alb. 4 d.

Item dem Sohn an Trinkgelt 15 alb.

Conradt Moogk, so dreytag an Versetzung der Orgel gearbeitet zahlt jeden Tag 15 alb. 2 fl. 4 alb. 4 d.

Johann Elias Ballersbach in gleichen van 3 Tagen 1 fl. 21 alb.

Undt Philipps Baumannen von 1 Tag 15 alb.

Meister Isaac Bache vor Schreinerarbeith an der Orgell zahlt 6 fl. 1 alb.

Summa Lateris 26 fl. 16 alb.

Meister Ludwig dem Schlosser vor Schlosserarbeith an der Orgell 2 fl. 19 alb.

Andreas Arnolt von Speicher Nagell dazu 250 1 fl.

Johann Henrich Schützen, so mit seinem Pferdt den Orgelmacher her undt wiedrumb heim geführet zahlt 3 Rthl. = 5 fl. 15 alb.

Summa Lateris 9 fl. 10 alb. 4 d." 70)

Eine neue Orgel wurde im Jahre 1719 erstellt, wie aus einem Schreiben des Magistrats an das Konsistorium vom 30. 7. 1762 hervorgeht: "Wann nun in anno 1719 die Stadt allein solche Orgel neu machen..." 71).

Der Erbauer war Florenz Wang aus Hadamar 72).

Unter den Baukosten der Bürgermeisterrechnung des Jahres 1718 sind die Einnahmen und Ausgaben dieses Orgelbaus verzeichnet:

"Empfangen wegen der Orgell:

Von Ihro Hochfürstl. Durchlaucht Meinem Gnädigen Fürsten und Herrn zur Orgell baar gegeben 15 Rthl., so dann eine Assignation über 50 Rthl. 65 Rthl.

572 Pfd. Eyßen 14 Rthl. 13 alb. 4 d.

Von Ihrer Durchlaucht der Fürstin von Ihro Durchlaucht Printz Christian verehrt eine Anweisung auf die Statt 20 Rthl.

Den 1. August auff gn. Befehl von 60 Rthl. hatt Herr Pfarrer Arnsdorff von der Frau Rath Holtzelauen und Herrn Jungmann seel. wegen Begräbtnis in der Kirche gethan beyde Lagaten bezahlt 36 Rthl.

Summa 135 Rthl. 13 alb. 4 d.

Die alte Orgell ist ahn Flórentinus Wangen vorm Gericht verhandelt worden 80 Rthl.

Von der Kirchen Fabrique allhier der eine verlohrene Schuld von dem

---

69) HStAWsb 190/4420

70) HStAWsb 190/4441

71) HStAWsb 175/209

72) Heimatblätter, Beilage zur Dillzeitung Jg. 6 (1933) Nr. 3. Orgelbauer in Dillenburg und Umgebung. Dieser Aufsatz fußt auf folgenden Schriften: Aus dem "Nassauischen Zeit- und Taschenbüchlein, Hadamar 1801" und Allg. Nass. Schulblatt 1855, S. 416. Frdl. Hinweis von K. J. Stahl, Hadamar.

Heimb zu Waldlaubach, Ihro Fürstl. Durchlaucht ahn den Herrn Ambtmann Petry verloßen und von demselben empfangen den 1.4.
26 Rthl.

Ferner wegen obiger Schuld von meinem College Fey empfangen
7 Rthl.

Collecte Gelder 47 Rthl. 15 alb.
3 Rthl. 21 alb.

Summa 163 Rthl. 36 alb."

Ausgaben: (Unter den allgemeinen Baukosten)

"Vor einen starken Träger und einen Balcken zur Orgel zu beschlagen ahn hierher Hans Georg Schaaf von Niederschelt 27 alb.

Meister Sebastian Erff, Steinhauer, vor zwey Stein unter das Fundament von der Orgell in der Kirche gesetzt 30 alb."

Ausgaben (Orgelrechnung):

"H. Florentinus Wangen Orgellmacher auf die neue Orgell von meinem Collegen Frey empfangen 130 Rthl.

Joh. Elias Klauer 16 Tag die Blaßbälge zu ziehen 8 Kopfstück
1 Rthl. 35 alb.

Vor 4 starke große Eyßen unter die Orgel sambt Haake, Schraube und Bley an Herrn Phil. Ludwig Gast 6 Rthl. 21 alb. 4 d.

Jost Henrich Back vor Schreinerarbeit 5 Rthl.

Bey Aufsetzung und Liefferung der Orgell ist uff den Rathaus H. Conrady, H. Müntz und seinem Sohn mit dem Orgellmacher verzehrt worden 11 Rthl. 16 alb.

M. Joh. Phil. Krug vor Sayler so zu der Rüstung gebraucht worden
10 alb.

Summa Lateris 160 Rthl. 37 alb. 4 d.

Rentmeister Hoffmann von 14 Dannen Borden und ein Eich Brett 8 Kopfstück 1 Rthl. 35 alb.

H. Florentius Wangen bezahlt 152 Rthl. und mein College Jost Frey dazu gelegt zusammen 252 Rthl.

Die alte Orgel H. Wangen an Bezahlung überlassen
80 Rthl.

Nachdeme die Dorfschaft hießiges Ambts nicht zulänglich gewesen die neue Orgell zu Hadamar abzuholen, als hatt die Statt 3 Wagen, jeden mit 2 Pferden dazu geben müssen, davon ahn Joh. Phil. Weller, Georg Phil. Schultheiß, Georg Eckstein, Follmar Hundschied, Johann Schumacher 15 Rthl.

Ihro Hochfürstl. Durchlaucht, mein Gnädiger Fürst und Herr zu der neuen Orgell gnädigst verehrt 572 Pfd. Eyßen so darzu verbraucht worden 14 Rthl. 13 alb. 4 d.

Summa Lateris 363 Rthl. 3 alb. 4 d.

Meister Thomas Maurerarbeit 15 Rthl.

Hammerschmidt Joh. Heinr. Nix und Adam Eberhard Niederschelt 4 große starke 4eckige Stangen unter die Orgell 1 Rthl. 15 alb.

Godfried Wilhelm wegen Holtz auff und abladen bey der Orgell zur Handt gehen müssen 40 alb.

Aus jedem Dorf 2 Pferde die Orgell zu Hadamar helfen abholen
40 alb.
Summa Lateris 18 Rthl. 5 alb.

Godfried Wilhelm und Georg Philipp Bottenbach vor 3 Dannen zu hauen und helfen auflathen 20 alb.
Joh. Friedr. Lich aus Herborn vor 100 gebackene Steine auff das Gewölb hinter der Orgell 15 alb.
H. Stich vor eine Fahrt Eyßen von Niederschelt gefahren
15 alb.
Bey Erhebung der Collecten sind bey der Bürgerschaft viel Mariengroschen gegeben worden 1 Rthl.
Gesamtsumme der Orgelausgaben 544 Rthl. 6 alb." 73)
Auf Orgelbauer Wang weist auch der charakteristische Gehäusebau, wie er ihn auch anderwärtig erstellte, z. B. in Haiger.
Im Jahre 1880 wurde diese Orgel nach Niederlibbach verkauft, wo heute nur noch das Gehäuse steht und einzelne Pfeifen auf dem Kirchenspeicher liegen. Aus den alten Registerschildern ist die Disposition zu entnehmen, wie sie ursprünglich war und auch alle Kennzeichen Wangscher Klanggestaltung zeigt.
Die ursprüngliche Disposition:

Principal 8'	Terz
Gedackt 8'	Mixtur 3f
Gamba 8'	Cimbel 2f 1'
Quinte 3'	Cornett 2'
Flöte 4'	Subbaß 16'
Octav 2'	Großoctav 8'
	Posaune 16'.

In die Orgel flog am 21. 7. 1760 eine Granate. Bei der Schloßbelagerung hatten die Hannoveraner auf die Kirche geschossen, weil die Franzosen sich dort festgesetzt hatten. Von dieser Orgel werden zwei Türme, viel Schnitzwerk und ein Posaunenengel erwähnt 74).
Am 5. 7. 1762 wurde dem Konsistorium ein Gesuch des Magistrats vorgelegt wegen Anstellung des jungen Bürgermeisters Zacharias König als Organist. In diesem Gesuch heißt es: "Die Orgel ist durch einen Bombenanschlag ganz ruiniert und wiederum repariert worden, wozu sie dermahlen in Arbeit ist." Nun wird bei dem Gesuch des Magistrats darauf hingewiesen, daß König sich gut auf den Orgelbau versteht und bei dem anwesenden Orgelmacher noch vieles erlernen kann, um später Reparaturen selbst übernehmen zu können.
Aus einem Schreiben des Magistrats an das Konsistorium ist zu ersehen, daß Orgelmacher Haußmann die Reparatur übernommen hatte. Es hatte wegen der Abnahme des Werkes Schwierigkeiten gegeben, da die Stadt diese allein vorgenommen hatte. Sie macht bei dieser Gelegenheit darauf aufmerksam, daß die Kosten bisher von der Stadt getragen

73) HStAWsb 190/4450 1 Rthl. = 45 alb.; 1 fl. = 24 alb.; 1 Rthl. = 1 fl. 21 alb.; 1 Kopfstück = 10 alb.; 1 alb. = 8 d.
74) C. Dönges, Geschichte der Stadtkirche und Kirchengemeinde zu Dillenburg. Dillenburg 1901, S. 44

wurden und sie auch 1719 den Neubau allein getragen hatte, die jetzige Reparatur hatte der Stadt 18 fl. gekostet. Also, entscheidende Veränderungen sind zu diesem Zeitpunkt an dem Werk nicht vorgenommen worden [75].
In einem Kollektengesuch werden allerdings 222 stumme Pfeifen genannt [76].
Im Jahre 1880 erbaute Walcker ein neues Werk mit mechanischer Traktur für 6500 Mk. in dieser Form:
I. Bd16 Pl8 Gb8 Hlfl8 Gh8 O4 Rfl4 Mxt3-4f Tpt8
II. Ggpl8 Gd8 Sal8 Fl4
Ped. Sbß16 Vlbß16 Vcl8
Am 8.5.1933 entwarf Weigle einen Erneuerungsplan. Wesentlich war der pneumatische Umbau, die Disposition sollte wie folgt verändert werden: (a = alt übernommen)
I. Bd16a Pl8a Hlfl8a Gh8a Gb8 zu Nas3 Mxt4f2 1 Chor neu
II. Ged8a Sal8a, Vxcl Lade und Pfeifen neu. Koppelfl4 aus Ggpl8, Fl4 auf neuer Lade, Schwig2 Lade und Pfeifen neu, Kh8 neu Zbl3f auf Fl4
Ped. Sbß16a Vlbß16a Vcl8a Chbß4 (Trm) Baurnpf2 (Trm) Kh8 (Trm)
Dazu kamen die üblichen Koppeln mit SpII/I SbII/I.
Am 15.5.33 wurde der Umbau beschlossen und OB Weigle übertragen [77].
Die heutige Disposition nach dem Umbau, mit einigen Änderungen des Vorschlages:
I. Bd16 Pl8 Hlfl8 Gh8 Gb8 O4 Rfl4 Mxt4f Tpt8
II. Ggpl8 Gd8 Sal8 Pl4 Fl4 Q3 Schwig2 Zbl3f Kh8
Ped. Sbß16 Vlbß16 Sanftbß16 Vcl8 Chbß4 Bauernfl2 Tpt8 [78]

Dillenburg, Gemeindesaal

1919 erbaute Ratzmann, Gelnhausen, ein Werk von 5 Registern mit pneumatischer Traktur, das jetzt in Sechshelden steht.
I. Pl8 Gb8 Fl4 II. Lbgd8 Sal8 Sbß16.
1966 erbauten Gebr. Oberlinger, Windesheim, ein neues Werk:
I. Rfl8 Pl4 Klgd4 Blfl2 Mxt5f
II. Gd8 Koppelfl4 Pl2 Sesq2f Zbl4f Tr.
Ped. Sbß16 Obß8 Pl4
Mech. Spiel- und Reg. Tr. [79]

Dillenburg, kath.

Für die 1809 zu einer kath. Kirche umgebaute ehem. Orangerie schenkte Napoleon im Jahre 1810 den Katholiken Dillenburgs eine kleine Orgel [80].

75) HStAWsb 175/209
76) HStAWsb 172/2438
77) ZALKHN 1/2440
78) Mitt. Vogel
79) Mitt. Oberlinger
80) Dehio - Backes, Hessen, S. 148

Im Jahre 1832 bemühte man sich, die kleine Orgel von 3 Registern erweitern zu lassen, gemäß Bericht vom 26. 2. 1832. Ein Gesuch um eine Kollekte wurde vom Bischof von Limburg am 10. 3. 32 unterstützt.
Die OB Raßmann und Embach wurden um Dispositionen gebeten. Embach, der laut Bericht vom 22. 9. 1834 für 350 fl. die Orgel der ev. Kirche in Limburg geliefert hatte, erschien persönlich. Die Dispositionen wurden durch Lehrer Anthes geprüft. Raßmann fordert am 15. 7. 1834 481 fl. Der Akkord mit Caspar Embach wurde am 23. 1. 1835 genehmigt. Der Preis sollte 370 fl. betragen, das Werk im Frühjahr 1836 fertig sein.
Die Disposition vom 31. 8. 1834 war wie folgt:
1. Principal 4' Engl. Zinn
2. Hohlflöthe 8' Holz
3. Flautthrafers 8' Discand Birnbaum
4. Solicional 4' Metall
5. Octav 2' Metall
Das Metall soll das Mischungsverhältnis 3 Teile Zinn, 1 Teil Blei haben.
Im Manual sind 56 Tasten vorgesehen, die unteren schwarz die oberen aus gebleichten Knochen.
Das Pedal soll aus 20 Tasten bestehen, mit besonderem Mechanismus an das Manual gekoppelt.
Zur Windversorgung wurden Faltbälge 6' lang und 2 2/3' breit vorgesehen.
Das Gehäuse sollte aus Tanne angefertigt und silbergrau gestrichen werden. Preis 360 fl.
Der Vertrag wurde mit den Brüdern Conrad und Caspar Embach von Rauenthal geschlossen mit der Ausnahme, daß auf Anraten von Lehrer Anthes, Idstein, statt Faltenbälge 2 Spanbälge 7' und 3' gebaut würden. Das Werk sollte in Kammerton stehen und das alte Werk den Orgelbauern überlassen werden. Der Vertrag wurde am 7. 1. 1835 in dieser Form geschlossen zum Preis von 370 fl.
Man bekam Schwierigkeiten wegen der Fertigstellung. Am 30. 3. 1836 berichtete der Pfarrer Otto an den Dekan Hartmann in Rennerod. Man verlangte entweder die Rückgabe der 123 fl. 20 xr. oder die Lieferung. Man wollte sich an die Regierung wenden.
Über die Verhältnisse der Gebrüder Embach berichtete inzwischen Justizrat Siegfried in Rauenthal an den Posthalter Bollinger:
... haben sich die Gebrüder Embach vor einiger Zeit geprügelt und nach überstandenem Arrest hat sich einer derselben von der gemeinschaftlichen Fabrik losgesagt, der andere ist um schadhafte Orgeln auszubessern davongegangen. Die Mutter der beiden Brüder hat sich geäußert, einer ihrer Söhne würde die Dillenburger Orgel fertigen, wie weit ihre Arbeit vorgerückt sei, könne sie jedoch nicht sagen.
Durch die Regierung werden die Akkordanten zur Erfüllung aufgefordert, lt. Schreiben vom 19. 4. 1836. Das Amt Eltville berichtet am 25.4.1836, daß die Gemeinde durch Erklärung Conrad Embachs gesichert sei [81].

81) HStAWsb 211/4326 und 222/379

Diese Orgel wurde 1930 der katholischen Gemeinde Haiger verkauft, wo sie am 12. 3. 1945 durch Bomben zerstört wurde [82].
Im Jahre 1929 erbaute OB Weigle ein neues Werk mit pneumatischer Traktur in folgender Form:
I. Pl8 Bd16 Hlfl8 Gb8 Qtt8 Dolce8 O4 Gh4 Rfl4 Mxtcorn3-4f
II. Ggpl8 Sal8 Aeol8 Vxcl8 Lbgd8 Fltr4
Ped. Sbß16 Vlbß16 Plbß8 [83]
Von Jos. Göbel, Leichlingen, wurde das Werk umgebaut:
I. Pl8 Hlfl8 Gb8 Qtt8 O4 Rfl4 Corn4f
II. Flpl8 Sal8 Gd8 Vxcl8 Ggpl4 Spfl4 Rq2 2/3 Fag/ob8
Ped. Sbß16 Vlbß16 Ztbß16 Plbß8 [84]

Dillenburg, Gymnasium

Ratzmann, Gelnhausen, erbaute dieses Werk in folgender Form:
I. Pl8 Fl8 Gb8 Sal8 Aeol8 Gd8 Trfl4 Gh4
II. (Trm)
Ped. Sbß16 Gdbß8 (Trm) Koppeln: SbII/I SpII/I PI PII [85]

DILLHEIM

Das Werk soll um 1870 erbaut sein:
Bd16 Pl8 Hlfl8 Gd8 Gb8 O4 O2 Q1 1/3 Corn8 Mxt3f
Sbß16 Obß8 Pos16 [86]

DILLINGEN/KÖPPERN

Im Jahre 1895 erbaute Raßmann ein Werk von 5 Registern [87].

DOMBACH

Die Orgel wurde im Jahre 1939 von E. Wagenbach, Limburg, erbaut:
I. Flpl8 Gh8 O4 Rfl4 II. Gd8 Sal8 Pr4 Gq3 Flgt2 Mxt3f Sbß16 Flbß8 [88]

DONSBACH

Die um 1880 von G. Raßmann erbaute Orgel stand ursprünglich im Dillenburger Seminar. Sie hat mechanische Kegelladen und folgende Stimmen:

---

82) Mitt. Vogel - s. Haiger.
83) FBHN44
84) Mitt. Vogel - BALbg LB 1963
85) Arch. Schmidt
86) ALK Rhl O + G
87) ZALKHN 1/2599 Köppern
88) Mitt. Vogel

Pl8 Lbgd8 Rfl8 Sal8 O4 Fl4 Sbß16 Vcl8 [89]
Das heutige Werk wurde von Gebr. Oberlinger geliefert:
Gd8 Pl4 Rfl4 Pl2 Mxt4f Sbß16 Obß8

DORCHHEIM

Die Orgel wurde nach dem Vertrag vom 15. 3. 1904 von Joh. Klais für die kath. Kirche in Montabaur erbaut.
Die Disposition s. Montabaur [90].

DORFWEIL

Die Orgel wurde im Jahre 1908 von Gebr. Bernhard, Gambach, geliefert [91].
Sie hat heute folgende Register:
Pl8 Flharm8 Gd8 Sal8 Fl4 Fug4 Sbß16 Pneum. Traktur [92]

DORLAR

1835 wurde die Orgel als schlecht bezeichnet [93].

DÖRNBERG

Angeblich wurde die alte Orgel der ehem. Pfarrkirche von Seelbach nach Dörnberg verkauft [94].
1817 wurde die Orgel als altes Werk ohne Wert beurteilt [95].
Eine neue Orgel wurde von Buderus, Singhofen, erbaut und am 21. 12. 1862 eingeweiht. 1911 wurde sie durch Blitzschlag beschädigt [96].
Nach einem Bericht vom 27. 1. 1911 wurde sie von C. Horn, Limburg, repariert [97].
Sie hat folgende Disposition:
Pl8 Bd16 Gd8 Fltr8 Gb8 O4 O2 CornDisk Mxt4f2 Sbß16 Plbß8 [98]
Der Sachverständige Brendel bemerkte, daß die Ventile sehr groß seien [99].

89) FBHN44 - Die Mitt. über die Dillenburger Herkunft verdanke ich H. Brendel.
90) Arch. Klais - PfA Montabaur III, 14-16
91) ZALKHN 1/2434
92) Arch. Hardt
93) Abicht, S. 25
94) M. Keiling, Einricher Orgelchronik, 1972, S. 7
95) HStAWsb 211/1409
96) Keiling, S. 7
97) ZALKHN 1/2432
98) Arch. Eppstein - FBHN44.
99) Bericht Brendel 15. 1. 1962.

DORNDORF

Als Übergangslösung wurde im Jahre 1951 ein gebrauchtes Werk von E. Kemper, Lübeck, gekauft:
Pl8 Bd8 Dulziana8 O4 Sbß16 Koppeln Sp Sb PK [1]

DORNHOLZHAUSEN (Bad Homburg)

Für die Waldensergemeinde baute OB Bürgy im Jahre 1814 eine Orgel. "En 1814 on fit construire un orgue par Mr Burgy. Il revint avec tous les freins accessoires de collectes de pose en 319 fl. 43 xr." Für das Einüben der Lieder in der Schule kaufte man sich 1851 eine Eoline. "Grâce à Mr. van Loon et â la Diaconie de Francfort on peut se procurer une Eoline pour exercer â l' école le nouveau cantique". "1849 introduction des nouveaux cantiques de l' église francaise de Francfort" [2].
Am 16.7.1899 wurde ein Gesuch wegen eines Orgelneubaus durch G. Raßmann an das Konsistorium eingereicht. Am 3.8.1899 wurde die Akte wegen des Neubaus vorgelegt mit der besonderen Bitte, daß das Jubelfest zum 200jährigen Bestehen der Gemeinde bevorstehe. Laut Protokollbuch vom 20.8.1899 wird mit Raßmann verhandelt. Die alte Orgel soll von ihm übernommen werden [3].
Die Disposition:
Pl8 Gd8 Sal8 O4 Trfl4 Corn Sbß16 Vlbß8 [4]

DORNHOLZHAUSEN (Nassau)

Eine vorhandene ältere Orgel, angeblich aus Bendorf, wird von OB Schöler, Bad Ems, im Jahre 1815 für 40 fl. repariert [5].
Im Jahre 1876 baute OB Schmidt eine neue Orgel. Am 27.4.1879 wird berichtet: "Der Orgelbauer (jetziger Bürgermeister) Schmidt zu Braubach, welcher die Orgel gefertigt und geliefert hat, hat versucht, den Mängeln abzuhelfen. Bereits 1876 erklärte er, daß die feuchte Temperatur der Kirche Schuld sei".
Schmidt rechtfertigte sich durch Schreiben vom 6.5.1879:
"Kgl. Decanat gab ich bezüglich der von mir gebauten und dermalen in argem Mißstande befindliche Orgel zu B folgendes ergebenst vorzutragen". Die Orgel wurde im Frühjahr 1876 geliefert, "darauf von Kantor Ross von Nassau in Gegenwart der Frau Gräfin von Kielmannsegg revidiert und so gut befunden, daß derselbe eine Gratification von 50 Thl. beantragte".
Am 31.8.1892 stellt die Gemeinde ein Gesuch um Reparatur. Raßmann lehnt eine solche ab. Die Gemeinde entschließt sich zu einem Neubau.

---

1) Mitt. PfAmt
2) E. Couthaud, Monographie de Dornholzhausen, Colonie vaudoise en Allemagne Hombourg-ès Mont 1864, S. 163, S. 66.
3) ZALKHN 1/2438
4) FBHN44
5) HStAWsb 351 KR

Sachverständiger Wolfram bestätigt die Unmöglichkeit einer Reparatur und empfiehlt Raßmann zum Neubau [6].

Dieser schickte einen Vorschlag am 5. 2. 1899:

"Principal 8', große Oktav offen von Holz, ab c^o 14 löt. Zinn 265 Mk.
Salicional 8', große Oktav C-F ged, Fortsetzung offen, ab c^o 12 löt.
Zinn 150 Mk.
Gedackt 8' Tanne und Ahorn 105 Mk.
Traversflöte 4', 2 Oktaven Tanne und Ahorn, ab c^1 Zinn, doppelte
Länge überblasend 103 Mk.
Oktav 4' 12 löt. Zinn
Cornett Baß 2 2/3 ab g 2 2/3 + 2' Diskant g^2 c^3 e^3.
Dieses Cornett wird eingerichtet, daß man dasselbe als Doublette verwenden kann, indem der Organist vermittels eines Registerzuges die Terz abstellt, beim Ziehen dieses Zuges klingt wieder Cornett. 175 Mk.
Subbaß 16' Tanne 135 Mk.
Cioloncello 8' Tanne 120 Mk.
Pedalkoppel. Forte = Pl8 Sal8 Gd8 Fl4 Sbß16 + PK.
Tutti ist volles Werk. Windabsteller.
Manualumfang C-f^3, Pedal C-d^1."

Es werden Kegelladen gebaut, die Kegel von Birnbaumholz, die Stecher von Messingdraht, die Wellenrahmen aus Tannenholz, die Zugärmchen von festem Holz. Porzellanschilder kommen in die Knöpfe der Registerzüge. Als Windversorgung dient ein Magazingebläse.
Die Spieleinrichtung kommt auf die rechte Seite.
Der Gesamtpreis betrug 2350 Mk. Am 7. 10. 1900 wurde die Rechnung für die gelieferte Orgel aufgestellt. Das Gehäuse hat die übliche neoromanische Form [7].

DORNHOLZHAUSEN (Wetzlar)

Im Jahre 1736 lieferte der Orgelbauer aus Griedel bei Butzbach ein Werk von 7 Registern für 130 fl. Es handelt sich wohl um den OB Grieb oder dessen Nachfolger Dreuth [8].
Das Gehäuse hat einen runden Mittelturm und zwei eckige Seitentürme, die durch harfenfeldförmige Flachfelder miteinander verbunden sind [9].
Die Erwähnung der vormaligen Orgel geschieht in den Stimmverträgen, die der Amtsbürgermeister von Rechtenbach abschließt:
18. 7. 1843 Vertrag mit Carl Landolt, Neffe des OB Bürgy.
17. 11. 1853 mit OB Weller, 28. 8. 1873 Vertrag mit OB Bernhard, Gambach und 1881 Vertrag mit OB Eichhorn, Weilmünster [10].
Demnach war das Werk in guter Pflege.
Im Jahre 1930 baute OB Weigle folgendes Werk:
I. Pl8 Mxt4f Kh8 II. Sal8 Gh8 Spfl4 Ped. Sbß16 Ztbß16 [11]

---

6) ZALKHN 1/2410
7) Arch. Hardt
8) HStAWsb 166/67 Nr. 1596
9) Läufer, Gemeindebuch der Kreissynode Braunfels, Wetzlar 1953.
10) HStAWsb 424/453.
11) ALK Rhl O + G

DÖRSCHEID

Am 6.7.1820 wird ein Bericht an die Regierung geleitet, in dem eine neue Orgel gewünscht wird. Gleichzeitig wird darauf hingewiesen, daß im August in der ehem. reform. Kirche von Nastätten eine Orgel versteigert werden soll. Am 30.10.1820 wird die Anschaffung genehmigt. Am 9.12. des Jahres wird berichtet, daß Dörscheid mit den OB Stumm accordiert hatte. Man empfiehlt der Gemeinde, von D. Raßmann ein Gutachten zu fordern und in Erfahrung zu bringen, wieviel er fordern würde. Raßmann wird auch schon als Inländer von der Regierung empfohlen. Am 25.6.1822 wird mit Raßmann der Akkord abgeschlossen [12].
Das Werk von Daniel Raßmann hat folgende Disposition:

Principal 4'	Octav 2'
Flouten Discant 8'	Mixtur 1'
Bourdon 8' 2 Züge	Cromorne 8'
Harmonica 4'	Subbaß 16'
Salicional 4'	Principalbaß 8'.
Quint 2 2/3'	

Dieses Werk wurde von Kantor Herrmann, Idstein, revidiert und im Itelligenzblatt 1823 S. 719 empfohlen. Es kostete 1025 fl. [13]
Anscheinend hat die Gemeinde noch ein neues Werk gebaut.
Als Disposition wird überliefert:
Pl8 Bd16 Bd8 Fl8 O4 Gd4 Q3 O2 Mxt3f2 Tpt8 2 Z. Sbß16 Obß8 Vlbß8 [14]
1962 wurde ein Positiv von Förster und Nicolaus aufgestellt:
Gd8 Rfl4 Pl2 Zbl3f [15]

DÖRSDORF

Am 9.12.1722 wird ein interessanter Bericht abgefaßt, der auch für die Orgelgeschichte der Umgebung von großem Interesse ist, und auf den an den einzelnen Orten Bezug genommen wird:
"Historischer Bericht von allerhand Kirchensachen nach der Kirchenordnung."
"Vom Singen: 1681 erstes Idsteiner Gesangbuch hervorkommen.
Item das Jahr 1678 haben die Schiersteiner die erste Orgel auf dem Landt bekommen, denen nachgehendt die Erbenheimer und diesen die Bierstädter nachgefolget.
Nach diesen haben die Bleydenstetter (Bleidenstadt), Breytharder und Walßterffer (Walsdorf) sich solche verschaffet.
Endlich auch Walstorff, Werstorff (Wörsdorf), Reichenbach, Wallrabenstein, Kloppenheim, Dotzheim und Auringen." [16]
In der Mitte des Jahrhunderts bemühte man sich um eine Orgel. Die Anschaffung wurde am 21.7.1763 genehmigt. Es waren die 4 Kirch-

---

12) HStAWsb 211/5208
13) HStAWsb 242/941
14) FBHN44
15) Mitt. H. Brendel
16) HStAWsb 132, Dörsdorf 4

spielgemeinden Dörsdorf, Berghausen, Mudershausen und Eisighofen daran beteiligt. Nach Ausweis der Kirchspiel-Rechnungen war der OB Schöler der Erbauer des Werkes.
Folgende Posten sind in der KR aufgeführt:
"1764, 20.3. Bey dem Holß anreißen zur Orgel zu Muthershausen 4 alb.
1764/65 Wie die Orgel veraccordirt worden habe dem Orgelmacher nebst seinen Gesellen 3 Tage zu Essen geben vor jeden 15 alb. = 3 fl.
1765/66 30.10. an den Orgelmacher abschl. 280 fl.
Peter Kappus vor den Orgelstand 9 fl. 7 alb. 4 d.
2.7. und 9.10. an den Orgelmacher vor die neue Orgel 373 fl. 15 alb.
Frau und Gesellen Trinkgelder 16 fl.
1766, 2.6. Hat der Schultheiß Strobel die Orgel zu Embs abgeholt.
Dausenau Weggeld 16 alb., Nassau Fährgeld über die Lahn 3 fl.
Strobel vor ein Gang nach Embs wie die Orgel abgeholt 1 fl.
3.6. Zahlung bei Aufstellung der Orgel
24.6. Zehrungskosten bei Abschied der Orgelmacher 11 fl. 12 alb." 17)
Auch Mahr hatte sich um die Orgel beworben 18).
In den Jahren 1778, 1790 und 1798 verzeichnen die Rechnungen Posten für Säuberung und Stimmung.
Nach den Berichten von 1944 hatte die Orgel folgende Disposition, die möglicherweise nicht mehr ganz dem ursprünglichen Stande wiedergibt:
1. Principal 4'
2. Gedackt 8'
3. Gamba 8'
4. Flaute 8' nach Aufnahme in der Werkstatt Oberlinger 4'
5. Salicional 4'
6. Gedackt 4'
7. Quint 3'
8. Octav 2'
9. Mixtur 3fach 1'
10. Hohlflöte 8' an Stelle einer Zunge mit Zügen
11. Subbaß 16'
12. Octavbaß 8'.
Im Innern war die Bemerkung notiert: "réparé de nouveau en 1812".
Das alte Prospekt und ein Teil des alten Werkes ist erhalten.
Im Inventar 1913 wird bemerkt: "älteres Werk, 12 Register, Barockgehäuse". Die Form ist kennzeichnend für Schöler, Ems:
Kleiner Rundturm, anschließend je ein kleines Flachfeld, dann nach außen ansteigendes Harfenfeld, das zu den großen Eckspitztürmen überleitet.
Eine Reparatur durch Eichhorn wird empfohlen. Am 25.10.1931 wurde über den Stand der Orgel geklagt und am 7.11.1931 eine Renovierung vorgeschlagen 19).

---

17) HStAWsb 132 KR.
18) HStAWsb 131Xd 15
19) ZALKHN 1/2439

Ein Umbau des Werkes wurde durch OB Katzer durchgeführt.
Die Disposition wurde wie folgt verändert:
Pl4neu Sal8 aus Gb8 Gd8neu Hlfl2 aus Sal4 Dolce4 Q3 Gd4 O2 Sifflneu Mxt3f1 Tpt8 entfernt Sbß16alt Obß8alt Rfl4neu Pl2neu [20]
Im Jahre 1963 wurde durch Gebr. Oberlinger das Werk nach der alten Form restauriert; statt der Fl8 wurde T1 3/5 eingebaut.
Heute:
Pl4 Gd8 Gb8 Sal4 Klgd4 Q3 O2 T1 3/5 O2 Mxt3f1 Tpt8 2Züge Sbß16 Obß8 [21]

DREIFELDEN

Am 1.11.1838 ersuchte die Gemeinde um die Genehmigung eines Orgelbaus, da bisher keine Orgel vorhanden war.
Voigt und Embach reichten Vorschläge ein. Embachs Vorschlag war um 90-100 fl. billiger. Von ihm wurde ein Werk in Nordhofen aufgestellt.
Man schloß jedoch mit Voigt einen Kontrakt am 17.2.1840, nachdem die beiden Vorschläge von Embach und Voigt zunächst am 7.12.1839 durch den Sachverständigen Anthes überprüft worden waren [22].
Die Disposition ist folgende:

1. Principal 4'	4. Octav 2'
2. Gedackt 8'	5. Mixtur 1 1/2'
3. Flaut amabile 4'	6. Subbaß 16' [23]

1958 erbaute OB Hardt eine neue Orgel mit 2 Manualen und Pedal:
I. Pl8 Rfl8 Sal4 O4 Q3 O2 Mxt4f1 1/3
II. Gd8 Fl4 Pl2 Tertian2f Zbl2f2/3
Ped. Sbß16 Obß8 Chbß4.
Der Sachverständige Pf. Th. Wißmüller berichtet: "Dieses Werk wurde sehr geschickt unter Verwendung der alten Windladen und Teilen des Pfeifenwerks der alten Dreifeldener Orgel (erbaut von H. Voigt, Igstadt, ca. 1840) und der Orgel von Hatzfeld (erbaut 1875 von Peter Dickel, Treisbach) erbaut". Die Lade der alten Dreifeldener Orgel wurde durch Hardt im Positiv der Orgel in Grävenwiesbach verwendet [24].

DRIEDORF

Driedorf, ev.

Die alte von Florenz Wang aus Hadamar erbaute Orgel verbrannte im Jahre 1819 [25].

---

20) Mitt. Vogel
21) Mitt. H. Brendel
22) HStAWsb 211/14408
23) FBHN44
24) Mitt. Wißmüller
25) FBHN44

Ein neues Werk wurde laut Inschrift in den Jahren 1832-33 von Daniel Raßmann erbaut.

Nach Mitteilung vom 3. 6. 1830 hatte man durch Raßmann eine Disposition entwerfen lassen. Der Vertrag wurde am 11. 7. 1831 genehmigt. [26]

Das Gehäuse ist im klassizistischen Stil mit Gardinenverzierung gehalten. Die ursprüngliche, leicht veränderte Disposition ist dem Vertrag für Reichenbach zu entnehmen, da er diese nach dem Muster von Driedorf und Dauborn entworfen hat [27].

Die dort ursprünglich vorgesehene Octav 2' wurde nach Wunsch des Lehrers Anthes in Flageolett 2' abgeändert, so auch in Driedorf. Auf der letzten Schleife stand bisher Cornett 3fach Diskant und Gedackt Baß. Wie auch auf dem Pfeifenstock eingetragen war - entsprechend auch in Reichenbach - stand hier ursprünglich eine Trompete 8'. Die Flöte 4' Holz scheint auch neueren Datums zu sein, wie auch der durch Kondukte mit dem Werk verbundene Prinzipal 8'. Im Pedal fehlte die Posaune 16', deren abgesägte Stiefel noch zu erkennen waren. Die erneuerte Klaviatur reicht im Manual von C-g^3, im Pedal von C-g^o.

Demnach lautet die ursprüngliche Raßmann-Disposition:

Principal 8'	Flageolet 2'
Bourdon 16'	Mixtur 2' 4fach
Salicional 8'	Trompete 8' B + D
Hohlflaute 8' (Bourdon 8') B + D	Subbaß 16'
Octave 4'	Octavenbaß 8'
Flöte 4'	(Posaunenbaß 16') jetzt Flöte 4'
Quint 3'	Ventil.

Nach der Angabe in Reichenbach kostete das Werk 1725 fl. Es wurde anscheinend 1833 im wesentlichen bezahlt, die Rechnung von 1834 erwähnt nur noch einige nachträgliche Posten [28].

Im Sinne dieser Position wurde eine Restaurierung durch OB Wöhl, Marburg, nach den Plänen vom 7. 2. 1967 durchgeführt [29].

Driedorf, kath.

In der 1953 erbauten Kirche steht einstweilen eine Kleinorgel mit einem Register O4 [30].

DROMERSHAUSEN

Am 19. 1. 1896 wurde der Neubau einer Orgel durch G. Raßmann beschlossen [31].

1817 war noch keine Orgel vorhanden [32].

26) HStAWsb 211/4544
27) HStAWsb 229/895
28) PfA KR 1834, 1833 konnte nicht aufgefunden werden.
29) s. Musik und Kirche Jg. 39 (1969), S. 296
30) BALbg LB 1963
31) ZALKHN 1/2420
32) HStAWsb 211/1409

Das im neugotischen Gehäuse stehende Werk hat folgende Register:
Pl8 Gd8 Gb8 Sal8 O4 Fl4 Corn B. u. D. Sbß16 Obß8
Forte und Tuttizug.

DUTENHOFEN

Nach einem Bericht vom 23. 8. 1823 war dort keine Orgel vorhanden, man hatte Gelegenheit, ein Werk aus Pohlgöns zu kaufen, da es für diese Gemeinde als zu klein bezeichnet wurde. Man entschied sich jedoch anders. Am 14. 7. 1827 wird berichtet, daß die Gemeinde Dutenhofen von der Gemeinde Oberkleen die alte Orgel für 200 fl. gekauft habe [33].

Im Jahre 1837 bemühte man sich um eine Erneuerung des Werkes. Kantor Franke, Wetzlar, machte am 24. 5. 1837 den Vorschlag, das Werk ganz abzubrechen, mit der folgenden Disposition auf neuer Lade wieder aufzubauen und es gleichzeitig von der Seite spielbar einzurichten:

(Bordun 16')
Principal 8' alt
Gamba 8' alt, fehlen 19 Pfeifen
Gedackt 8' gut
Trompete 8' reparieren
Octav 4' fehlt Cis
Quint 3' alt
Superoctav 2' alt
Gedackt Flauto 4' neu
Mixtur 1' 3fach z. T. schlecht
Auf neuer Pedallade:
Subbaß 16' von wegfallendem
Bordun 16'
Principalbaß 8' neu.

Es wird bemerkt, daß der Bordun zu viel Platz wegnehme, daher wohl die Versetzung auf eigene Pedallade.
Die Arbeit wurde auf 321 Thl. geschätzt.
Georg Bürgy empfiehlt am 4. 5. 1841:

Principal 8' alt
Gamba 8' 19 neu
Flöte 8' neu
Gedackt 8' alt
Octav 4' neu
Gedacktflöte 4' neu, Zinn
Quint 3' alt
Octav 2' alt
Mixtur 1' 3fach zu 2' 3fach
Subbaß 16' kleine Octav neu
Principal 8' neu.

Entsprechend ist der Vorschlag von OB Ziehse vom 13. 3. 1840.
Er empfiehlt im Pedal den Hohlflödenbaß 4', im Manual verschwindet die Quint 3', dafür plant er eine neue Hohlflöte 8', die Trompete 8' soll bleiben, die bei Bürgy durch die Flöte 8' ersetzt wird.
Dickel fordert am 8. 2. 1840 292 Thl. 15 Slbgr.
Loos, Siegen, bemüht sich auch. Er schreibt am 7. 7. 1842, daß er in 3 Wochen in die Nachbarschaft nach Atzbach komme [34].
Im Jahre 1906 baut Förster und Nicolaus ein neues Werk:
I. Bd16 Pl8 Hlfl8 Gb8 Gd4 Rschpf2f
II. Lbgd8 Sal8 Fl4
Ped. Sbß16 Obß8 Vcl8 [35]

33) StAKo 441/28794 - Abicht, S. 30
34) HStAWsb 424/1057
35) ALKRhl O + G

Das Werk kostete 4475 Mk. und die alte Orgel wurde in Kauf genommen [36].

EBERBACH (ehem. Zisterzienserkloster)

1135 ließen sich in Eberbach Zisterzienser nieder und bildeten so eines ihrer ersten rechtsrheinischen Klöster, neben Himmerod das einzige Tochterkloster von Clairvaux in Deutschland [37].
Bald nach der Genehmigung eines Orgelbaus durch das Generalkapitel für den Abt von Kloster Schönthal a. d. Jagst im Jahre 1486 wird auch ein solcher durch den Abt Martin von Boppard (1498-1506) um das Jubeljahr 1500 in Auftrag gegeben [38].
In diesem Jahr muß sie schon spielbar gewesen sein; denn am 15.4.1500 wird der Organist Fr. Joannes de Wießbaden beerdigt. Über den von Abt Martin veranlaßten Orgelbau sagt die Chronik:
"Martinus Abbas XXXIII 1498-1506. Templum, peristylium, dormitorium et totum fere claustrum restaurari, organoque, picturis, fenestris, aliisque ornamentis decorari fecit" [39].
Eine neue Orgel wurde unter Abt Andreas (1541-63) angeschafft.
Rossel berichtet von einem Konventsbeschluß aus dem Jahre 1550, in dem festgelegt wurde, daß 2 Brüder das Orgelspiel lernen sollten.
Möglicherweise war die Fertigstellung der Orgel der Anlaß zu diesem Beschluß, der auch in der Chronik erwähnt wird [40].
Über die weiteren Arbeiten an der Orgel unterrichten die Bursen- und Renteirechnungen des Klosters [41].
Das Werk von 1550 hat seinen Dienst bis zu dem Neubau in den Jahren 1701/09 getan. Neben der Hauptorgel wurde ein Regal verwendet. Da für die Orgel von 1709 im Westen eine eigene Empore gebaut wurde, stand die bisherige wohl in der Nähe des Chores oder, wie gebräuchlich, an der Nordwand des Langhauses.
Die Organisten kamen zum Teil von auswärts, gelegentlich wird der Ort angegeben oder Fahrgeld und Kostenrechnung für 1 Pferd in die Rechnung eingesetzt. Im allgemeinen wurden seit Ende des 16. Jahrhunderts zunächst 16-18 fl. als Gehalt angesetzt.

---

36) Arch. Förster u. Nicolaus.

37) Die Kunstdenkmäler des Landes Hessen, Der Rheingaukreis, 1965, S. 61

38) Canivez, Statuta Capitulorum generalium ordinis Cisterciensium 1176-1786, Löwen 1933-41, V, 555, Nr. 89.

39) Anno 1500 Item Fr. Jo. de Wießbaden organista et magister hospitum obiit, IV feria post f. palmarum in infirmitate hydropicali apud penitentes moguntinas vel albas dominas dictas "HStAWsb Abt. 22, Varia 9" Varia annotationes" 15v. - Desgl. F. W. E. Roth, Die Geschichtsquellen des Niederrheingaus III, Wiesbaden 1880, Älteres Seelbuch von Kloster Eberbach, S. 6.
HStAwsb 22 Hs2, Liber continens Nomina Professorum Eberbacensium an Anno 1150. Abbatum Eberbacensium Series chronologico-biographico ex diplomatis et variis monumentis eruta et post quatuor saecula in integrum restituta, S. 101 - K. Rossel, Denkmäler aus Nassau, III. Heft, Die Abtei Eberbach, Wiesbaden 1862, S. 8

40) HStAWsb 22, Hs 2, S. 104: "Andreas Abbas XXXIX 1541-1563 cognomine Boppart. In psalmodiae levamen officiique divini pompam novum templo organum, organofratres pulsandi gnaros procuravit". Rossel, Denkmäler, S. 8

41) HStAWsb 22, Rechnungen - Renteirechnungen (R), Bursenrechnungen (B).

1575 erhält der Organist für Fahrgeld 12 den [42].
Dem seit 1596 genannten Organist Johannes werden als Gehalt 18 fl. bezahlt. Er scheint bis 1629 im Dienst gewesen zu sein [43].
1624/25 wurde ein Organist aus Frankfurt [44], in den Jahren 1645/47 der Organist von Erbach herangezogen [45].
1648/69 wird ein Organist von Hattenheim bezahlt [46], 1649/50 ausdrücklich "des Closters Organist von Erbach" genannt [47].
1653/54 werden zwei Organisten "zu unterschiedlichen Mahlen im Closter und zu Mainz, da einer einen fratrem instruirt 21 fl." gegeben [48].
1668 wird ein Organist Leonhard, 1671 ein Organist Heinrich genannt [49].
An Reparaturarbeiten bieten die Rechnungen verschiedene Posten:

1638/39 "Einem Schreiner so die Orgel im Kloster und ein Regal gebessert und allerhand Flickarbeit 49 fl. 13 xr." [50]

1641 "1Malter dem Orgelmacher geben wegen allerhandt victualien so zu Kiderich P. Gabriel im Herbst bei ihm abgeholt." [51]
Wie auch in den folgenden Posten bemerkt werden kann, wurde der Orgelmacher aus dem nahen Kiedrich zu allerhand anderen Geschäften herangezogen.

1645/46 "Einem Orgelmacher zu Kiedrich vor etliche Centner bleyene Taffeln im Closter zu gießen sampt seinem Restandt zulet 6 fl. 25 alb. 5 d." [52]

Hans Heinrich und Hans Wendel Kirchner, Vater und Sohn waren zu dieser Zeit Orgelmacher in Kiedrich.

1647/48 "Einem Orgelmacher zu Kiedrich vor 9 Centner bleyene Taffeln zu gießen 9 fl." [53]

Es handelt sich in diesem Falle wohl nicht um Orgelarbeiten sondern um Arbeiten an den Dächern, Rinnen etc.

1650 "3 fl. verehrt Hanß Heinrich Organisten descendenti propter sua exhibita servitia pro viatico den 17. XII."
"4 fl. 15 alb. zahlt Orgelmachern zu Kiedrich vor ein Stück Vaß (heute 1200 l) so in anno 1649 inß Closter vorgelegt worden den 22. XII."
"3 fl. 22 alb. 4 d. Orgelmacher zu Kiedrich vor 2 1/2 Centner Bley zu gießen 22. XII."
"Noch 2 fl. 12 alb. Eidem zahlt vor 6 Schreibzeugk, so ins Closter kommen pro Conventualibus vor jeden 12 alb. gerechnet."
"15 alb. Eidem zahlt von einem Regal im Closter zurichten".

---

42) (R)
43) (B u. R)
44) (B)
45) (R)
46) (R)
47) (R)
48) (R)
49) (B)
50) (R)
51) (B)
52) (R)
53) (R)

1652 "Des Orgelmachers Sohn zu Kiedrich 3 fl. vor 5 Schreibzeugk pro Conventu et Novitiatu 30. II." [54]

1656 "Item vor ein Real (Regal) in die Kirchen bey der Music zu gebrauchen 45 fl." Demnach war um diese Zeit die instrumental begleitete Kirchenmusik auch in Eberbach üblich [55].

1659 "Einem Organisten von Poppart (Boppard) vor Real und Orgell zu reparieren und zu stimmen 4 fl. 20 alb." [56]. Um das Jahr 1658 hatte sich in Boppard Johannes Ruprecht niedergelassen [57].

1660/61 "Zwei Organisten, welche die Orgell probirt 6 fl." [58]
"Dem Orgelmacher von der Orgell zu reparieren 90 fl."
Es muß sich in diesem Falle um eine größere Reparatur gehandelt haben. Zu vermuten ist, daß auch eine klangliche Veränderung im Sinne der niederländischen Schule vorgenommen wurde. Verwiesen werden kann in diesem Zusammenhang auf die Disposition der alten Limburger Domorgel, die 1581 von Joh. Scholl aus Köln umgebaut wurde und auf die Disposition der Orgel des Hieronymus Ruprecht für St. Lorenz in Köln von 1626 [59]

1670 "Einem Orgellmacher von Mäntz unser Orgell im Closter zu repariren und newe Blosbelch zu machen verdingt 40 Rthl., empfangen 18 fl."

1671 "Einem Orgellmacher von Mäntz von des Closters Orgellwerck zu repariren und 4 grose newe Blasbälch zu machen verdingt 40 Rthl. daruff vorig Jahr zahlt 18 fl. dies Jahr 24 fl."
Eindeutig ist aus der Zahl der Bälge nicht auf die Anzahl der Register zu schließen. Die Orgel zu Kiedrich hatte 5 Bälge. Aus den Angaben über Registerzahl und Balgzahl bei Prätorius ist im Durchschnitt bei 4 Bälgen auf eine Größe von etwa 14-17 Register zu schließen. Es könnte in Eberbach eine Größe etwa der Kiedricher Orgel angenommen werden [60].
"Einem Orgelmacher bey der Reparatur des Orgelwerckhs ein halb Jahr continuirlich in Kost gehabt" [61].

1676 Erhält noch einmal der ungenannte "Orgelmacher zu Mäntz" zur Bestallung 1 Malter Korn.

Im Zuge der barocken Ausstattung der Klosterkirche zu Anfang des 18. Jahrhunderts wurde auch eine neue Orgel angeschafft.
Die Chronik meldet: "Michael Abbas LIV 1702-27 ... exornavit templi chorum majoris et solubritatis et decoris ergo multis gradibus e profundo erexit, insignibusque operibus illustravit. Musices amator in

---

54) (B)
55) (R)
56) (R)
57) Bösken, Quellen und Forschungen, Bd. 1, S. 29
58) (R)
59) M. A. Vente, Die Brabanter Orgel, Amsterdam 1958, S. 148.
60) M. Prätorius, Syntagma Musicum II, 1619, Faks. Druck Kassel 1958, S. 169, 172, 178, 185.
61) (R)

officio divini majestatem pretiosum multaeque artis et splendoris organum procuravit" [62].

Abt Michael Schnock stammte aus dem benachbarten Kiedrich.

Aus den Bursen- und Renteirechnungen kann der Verlauf des Baues entnommen werden:

1704 "Ist daß Toxal in der Kirch sambt der Schwindelstieg darahn ein Steinmetz zu Mayntz neben der Kost im Closter zu haben, neben Herbeyschaffung des Geschirreß verdingt und bezahlt 560 fl. [63]

M. Michaell Maurer zu Erbach gedagter Toxal helfen aufsetzen. 328 fl. 28 xr." [64]

1706 Wird einiges Material herbeigebracht und Verträge abgeschlossen:

"1/2 Centner Trath zur Orgel 5 fl. 24 xr.

Vor 3 Rieß Maculatur Papier zur Orgel 2 fl. 24 xr.

Vor Zien zur Orgel 209 fl. 11 xr.

Vor Letter zur Orgel 31 fl. 20 xr."

1708 "Ein Zeugschmitt zu Mayntz vor gemachte Schmittarbeith zur Orgel 123 fl.

Einem Bildhauer zu Mayntz vor denen Bildern, so auf die Orgel gesetzt werden laut des Dingzettels 155 fl."

Nach der Beschreibung durch Rossel befand sich mitten auf der Orgel König David und auf beiden Seiten zwei lebensgroße und auf den Absätzen kleine taktschlagende Engel [65].

Am Fuße der Orgel haben noch 2 große Figuren gestanden, die die Stadt Wiesbaden gegen 2 andere Figuren vom Altar vertauschen wollte: Stadtrath Wiesbaden dankt für die Orgel und bittet "die an dem Fuße der Orgel befindlich 2 Statuen, welche sich nicht in der ev. Kirche wohl stehen gegen 2 am Hochaltar befindliche Figuren Melchisedech und Aaron vertauschen zu dürfen". Es wurde am 4. 5. 1804 genehmigt [66].

W. Einsingbach bezieht die oben genannten 150 fl. auf diese 2 Figuren, die von Christian Rosaler, Mainz, verfertigt wurden [67].

1708 "Dem Hofschreiner zu Mayntz wegen gemachter Schreinerarbeith zur newen Orgel lt. Dingzettel 344 fl." [68]

Das Gehäuse wurde demnach von dem Hofschreiner J. M. Gerhard aus Mainz erstellt [69].

Eindeutig wird in dieser Bursenrechnung der Erbauer der Orgel genannt:

"Ist die newe Orgel zu machen, ohne die dazu gegebenen Materialia ahn H. Dahm veraccordirt worden pro 1500 fl. Worahn aber derselbe ahn Wein, Frucht und anderen empfangen wie in dem Accord zu sehen 144 fl., den Rest mit bahrem Geldt 1386 fl."

62) HStAWsb 22, Hs 2, S. 104.
63) (B)
64) (B)
65) Rossel, Denkmäler aus Nassau III, S. 13
66) HStAWsb 22, Akten Verwaltung Nr. 22
67) KDm. Hessen, Rheingaukreis, S. 77
68) (B)
69) KDm Hessen, Rheingaukreis, S. 77

Für "underschiedliche Ausgaben" wurden nochmals 13 fl. 10 xr. bezahlt 70).

Für die Vergoldung wurde noch ausgegeben:
"Vor 84 Bücher geschlagen Gold zum vergüldten ahn die Orgel, iedes Buch per 2 fl. 40 xr. 224 fl."
"Vor 10 Bücher geschlagen Silber jedes 9 Batzen = 6 fl." 71)

Im Jahre 1709 wurde das Werk beendet. Später am 27.5.1718 stellte der kunstsinnige Abt Michael Schnock dem Orgelbauer Dahm ein Attestat aus:

"Attestatum wegen verfertigter hiesiger Orgel.

Demnach der Wohl Edle Herr Johann Jacob Dahm zu Mayntz bereits in Anno 1709 dahier ein sehr ansehnliches und kunstreiches Orgelwerckh mit 35 Registern, drey Clavir, alß einem Manual, Rückpositiv und einem Echo, nebst einem Pedal, allerdings wohl und dergestalten außgefertiget, daß nicht allein die sambtliche Register mit angenehmster Harmonie und Klang biß dato concordiren, dieselbige ohnbeschwehrt sich ziehen und die Claviren schlagen laßen.

Sodann auch dessen äußerliche Structur in schönster Ordnung zierlichst aufferbauet, und dan vier Orgel-Werckhen in denen unter meiner Visitation seyenden Jungfraulich Clöstern während Zeith, ebenfallß elaboriret, so daß dorab allerseithß ein sonderbahres Vergnügen getragen, und solches von Jedermann sonderlich der Kunst erfahrnen für ein best außgefertigtes Orgelwerckh erkannt und gerümt wird.

Indem nuhn derselbe mich umb beglaubten Schein sich deßen allenfalß erheischend Nothdurfft gebrauchen zu können, gebührend angelanget, und ich gantz gern willfahret.

Alß hat gen. H. Dahm hierüber gegenwärtiges Attestat außfertigen lassen, und so forth mit meiner aigenhändigen Underschrifft, auch beygedruckhten gewöhnlich Insiegell bekräfftiget, so geschehen Abbtey Eberbach den 27. May 1718." 72)

Nachweisbar lieferte Dahm den Rheingauer Klöstern Tiefenthal und Marienhausen eine Orgel 73).

Es unterstanden ihm in Mainz die Klöster Altmünster, Weißfrauen und Dahlheim. In Weißfrauen wurde um diese Zeit eine neue Orgel angeschafft, die heute in Strinz-Margarethae steht 74).

1744 wurden 2 Register verändert: "In hiesiger Orgel 2 Register zu verändern dem Orgelmacher 12 fl." 75)

1779 wurden die Bälge neu beledert für 15 fl. 76)

Bei der Säkularisation wurde die Orgel inventarisiert:

"Eine schöne große Orgel mit 3 Claviren, die aber nicht taxiert werden kann ohne einen der Sache kundigen. NB wurde bekanntlich an Wiesbaden abgegeben" 77).

---

70) (B)
71) (R)
72) HStAWsb 22, Protokoll 45b.
73) (siehe dort)
74) (siehe dort)
75) (B)
76) (B)
77) HStAWsb 212/4951a

Leider ist kein Originalvertrag erhalten, so daß die Disposition möglicherweise einige Veränderungen aufweist. So scheint mir das Echowerk später verändert worden zu sein.
Roth veröffentlichte die Disposition mit dem Bemerken, daß sie von P. Martin, Organist in Eberbach, stamme. Roth und nach ihm Walter überliefern Hauptwerk, Brustwerk, Oberwerk und Pedal, wohingegen der Abt von dem Manual, Rückpositiv, Echo und Pedal spricht. Dieses entspricht auch noch der Beschreibung durch Rossel, der das Rückpositiv folgendermaßen umschreibt: "Das kleine Hauptwerk, die Pfeifen für das 2. Manual enthaltend, stand vor dem großen Hauptwerk, so daß der Spieler zwischen beiden in der Mitte saß" 78).
Das als Oberwerk bezeichnete Manual war demnach das Echo.

Manual

1. Principal 8'
2. Bourdon 16'
3. Gedackt 8'
4. Quintaden 8'
5. Gamba 8'
6. Flöte 8'
7. Octave 4'
8. Gamshorn 4'
9. Rohrflöte 4'
10. Quinte 3'
11. Superoctave 2'
12. Cornet 4' 5fach
13. Mixtur 3' 8fach

Brustwerk (Rückpositiv)

14. Principal 4'
15. Gedackt 8'
16. Waldflöte 8'
17. Flauto traverso 8'
18. Vox humana 8'
19. Viola di Gamba 4'
20. Nasard 3'
21. Superoctave 2'
22. Cimbel 2fach
23. Sesquialter 1 1/2'
24. Mixtur 1 1/2' 4fach

Oberwerk (Echo)

25. Coppelflöte 8'
26. Salicional 8'
27. Spitzflöte 8'
28. Flauto traverso 4'
29. Hohlflöte 4'
30. Flageolet 2'

Pedal

31. Principalbaß 16'
32. Subbaß 16'
33. Posaunbaß 16'
34. Flötbaß 8'
34. Octavbaß 8'.

Dazu kamen 4 Nebenzüge, die nicht näher beschrieben werden 79).
Ein Vergleich mit der fast gleichartigen Orgel in Mainz, Dom, lassen einige Veränderungen vermuten, obwohl auch dort umdisponiert worden war. So ist möglicherweise die Trompete im HW durch die Flöte 8' ersetzt worden, wie auch im Echo an Stelle der Spitzflöte 8' ein Rohrwerk und statt der Flauttravers eine Quint 1 1/3' gestanden haben könnte.
Das Äußere des Werkes wird die Form der Karmeliterorgel - wie die Beschreibungen vermuten lassen - gehabt haben, die heute in Flörsheim erhalten ist. Diese und auch Weilburg geben über ein Echo keinen Hinweis, da sie nur ein Rückpositiv besitzen.

---

78) Rossel, Denkmäler III, S. 13f.
79) F. W. E. Roth, Geschichte und Topographie der Stadt Wiesbaden, Wiesbaden 1883, S. 286 - K. Walter, Zur Geschichte der Orgelwerke in der ehem. St. Mauritiuskirche in Wiesbaden, Ztschr. f. Instrumentenbau, 1898/99, S. 666.
Die dort angestellten Überlegungen über den Erbauer sind hinfällig. Über das weitere Schicksal s. Wiesbaden, Mauritiuskirche.

EBERNHAHN

Im Jahre 1959 erbaute OB Wagenbach, Limburg, eine neue Orgel.

EBERSGÖNS

Kurz vor 1835 wurde eine neue Orgel gebaut, vermutlich von Orgelbauer Bürgy; dessen Neffe Carl Landolt geht am 18. 7. 1843 einen Stimmvertrag mit dem Amtsbürgermeister von Rechtenbach wegen Ebersgöns ein. Abicht schreibt 1835, daß die Orgel ganz neu sei. Die Orgel steht auf der Altarseite, Backes schätzt das Gehäuse um 1800 [80].
Am 17. 11. 1853 wird der Stimmvertrag mit OB Weller und 1881 mit OB Eichhorn, Weilmünster, abgeschlossen.
Nach einem Urteil vom 6. 11. 1870 wird die Orgel als schlecht bezeichnet, sie sei unspielbar und neue Bälge seien erforderlich. Weller schlägt Zylinderbälge vor, Kubus 2' 8''. Vertrag 10. 2. 1871 [81].
Im Jahre 1938 wurde ein neues Werk angeschafft mit folgenden Stimmen:
I. Gd8 Pl4 Mxt3f II. Sal8 Fl4 Pl2 Ped. Sbß16 Chbß4 Gdbß8, letztere beide Stimmen sind Transmissionen [82].

ECKELSHAUSEN

Am 12. 1. 1901 wurde eine neue Orgel eingeweiht, die A. Eifert, Stadtilm für 2590 Mk. erbaut hatte.
I. Pl8 Bd8 Gb8 O4 Mxt3f II. Lbgd8 Sal8 Rfl4 Ped. Sbß16 Vcl8 MK. PK.
Die Traktur wurde pneumatisch angelegt [83]

EDDERSHEIM

Eddersheim, ev.

Ein Neubau von E. F. Walcker wurde im Jahre 1963 mit 6 Registern erstellt [84].

Eddersheim, kath.

Über den Orgelbau konnte bisher nichts ausgemacht werden. Die bürgerliche Gemeinde trug die Kosten. Im Jahre 1769 wird Leder für die Orgel besorgt zu 12 xr., dem Orgelstimmer für Trinkgeld 30 xr. ver-

80) Abicht, Kreis Wetzlar, S. 79. - Dehio-Backes, Hessen, S. 169.
81) HStAWsb 424/453
82) Läufer, Gemeindebuch der Kreissynoden Braunfels und Wetzlar, 1953 - Arch. Eppstein
83) ZALKHN 1/2473 - FBHN44
84) Hausmitt. Walcker 32 (1964), S. 52

ehrt. Weiterhin wird die Stimmung 1771 und in den folgenden Jahren in der Rechnung aufgeführt, die 1780 durch den OB Embach für 3 fl. ausgeführt wird. Diese Summe bleibt als ständiger Posten [85].
Der Schulchronik ist zu entnehmen, daß 1812 eine Orgelreparatur vorgenommen wurde. Bei dieser Gelegenheit wird erwähnt, daß Eddersheim diese Orgel aus Mainz bekommen hatte [86].

Am 23.1.1823 teilte der Amtmann Lautz der Regierung mit, daß die Orgel repariert werden müsse. Man setzte sich mit Raßmann in Verbindung, der feststellte, daß er das Werk nicht reparieren könne. Er schlug einen Neubau für 1235 fl. vor.
Am 1.3.1826 berichtet dann der Lehrer aus Weilbach, daß der Werkmeister Peter Wohlstadt die Orgel repariert habe. Am 22.6.1833 liegt ein weiteres Reparaturgesuch vor [87].

"1860 wurde die sehr schadhafte Orgel von dem Orgelbauer Johann Schlaad, Kestert, restauriert 320 fl." Das Gutachten darüber wurde von Pfarrer J. N. Neubig zu Erbach am 13.11.1861 ausgestellt.

1876 wird eine erneute größere Reparatur durch den Orgelbauer Carl Landolt und Sohn aus Heimersheim, Krs. Alzey, für 652 Mk ausgeführt. Der Abnahmebericht spricht sich lobend aus [88].
Im Jahre 1900 schritt man zu einem Neubau, der dem damaligen Klangempfinden mehr entsprechen sollte. Der Nassauer Bote berichtete: "Schon lange war es der ehrliche Wunsch unserer Mitglieder der hiesigen Kath. Gemeinde die alte Orgel mit seinem schreienden Charakter entfernt und durch ein neues, den kirchenmusikalischen Anforderungen geeignetes Instrument ersetzt zu sehen". Das aus tadellosem Material gut gearbeitete Werk wird von der Firma Carl Horn, Limburg, geliefert und hat 12 klingende Register:
I. Pl8 Bd16 Gb8 Hfl8 O4 MxtCorn Tpt8
II. Lbgd8 Sal8 Fltr4
Ped. Sbß16 Plbß8 [89]
1935 wird berichtet, daß die Orgel infolge des Umbaus der Kirche durch Feuchtigkeit sehr gelitten habe und die Membrane ersetzt werden mußte. Diese Arbeiten führte OB Wagenbach, Limburg, aus [90].

EDELSBERG

Am 18.2.1808 reicht die Gemeinde Edelsberg zum ersten Mal ein Gesuch um Anschaffung einer Orgel ein, dem aber nicht stattgegeben werden konnte wegen der Schulden der Gemeinde [91].
Demgemäß war in dem Bericht des Jahres 1817 über den Stand der Orgeln im Lande eine Fehlmeldung erstattet [92].

85) HStAWsb 103, GR 1769ff.
86) PfA Eddersheim, Schulchronik, s. 66.
87) HStAWsb 211/4615
88) Schulchronik, S. 60, 110f.
89) Nassauischer Bote 271, 28.11.1900
90) PfChronik S. 443
91) HStAWsb 153/287
92) HStAWsb 211/1409

Ein erneutes Gesuch wurde am 14. 8. 1858 eingereicht.
Das Werk wurde von G. Raßmann gebaut:
Pl8 Gd8 Sal8 O4 Gd4 Fl4 Sbß16 Vlbß8 Mech. Tr. 93)

EDINGEN

Im Jahre 1949 wurde durch OB Käs, Bonn, das Werk mit folgenden Registern geliefert:
Rfl8 Sal8 Qtt4 Pl2 Zbl1 94)

EGENROTH

Die Kirche auf dem Altenberg über Egenroth bekam in den Jahren 1754/57 eine neue Orgel, die über dem Altar ihren Platz fand.
Nach einem Visitationsbericht vom 24. 7. 1754 muß die Orgel in diesem Jahr geliefert worden sein: Weil diese Gemeinde in ihrer neuen Kirche auch eine schöne Orgel aufgestellt hat, so wollte der Schulmeister auch mehr Besoldung haben. Weil er aber vorher versprochen, daß er die Orgel umsonst schlagen wolle, weigerte sich die Gemeinde... 95).
Pfarrer Dietz fand im Balg eine Inschrift des Erbauers:
"Dieses Orgelwerk ist gemacht von Joh. Wilhelm Schöler aus Bad Ems im Jahre 1757 am 16. Februar..." 96)
Am 8. 4. 1858 wurde ein Gesuch wegen der Reparatur eingereicht.
Voigt, Igstadt, und Buderus, Singhofen, machen Vorschläge.
Das Gutachten Voigts wurde am 5. 2. 1858 erstellt. Buderus reichte am 17. 11. 1857 von Singhofen seinen Plan ein und teilt die Disposition mit, die demnach als die originale angesprochen werden kann:

1.	Principal 4'	6.	Salicional 4'
2.	Gedackt 8'	7.	Octav 2'
3.	Quintatön 8'	8.	Mixtur 1' 3fach
4.	Quint 3'	9.	Trompete 8'.
5.	Kleingedackt 4'		

Dazu sollten kommen Subbaß 16' und Principalbaß 8'.
Demnach war das Pedal bisher angehängt. Buderus berichtet nämlich, da das alte Pedal nur den Umfang von C-e habe, solle dieses auf 20 Tasten erweitert werden. Hierzu benötigte man ein neues Pedalklavier, eine neue Lade und 40 Baßpfeifen.
Die Reparatur wurde von OB Scherner aus Biebrich ausgeführt.
In der Abnahme vom 5. 12. 1859 heißt es, daß Scherner die Arbeit ausgeführt habe. Das Salicional wurde in der tiefen Oktave mit Quintatön verführt. Es wurde aber kritisiert, daß das Salicional "durch Wegnahme der früheren Metallpfeifen in der unteren Octav nichts gewonnen" habe 97).

---

93) FBHN44
94) LKRhl O + G
95) HStAWsb 351 Xa 54
96) Frdl. Mitt. Pfarrer Dietz vom 9. 9. 65, desgl. H. Brendel.
97) HStAWsb 211/4789

Die Disposition wurde mehrfach verändert. Am 25.6.1899 wurde an das Konsistorium berichtet, daß eine Reparatur notwendig und die Orgel ungenügend sei. Es wurde eine Erweiterung durch einen Prinzipalbaß vorgeschlagen. Die Genehmigung erfolgte am 28.8.1899 [98].
Über eine erneute gründliche Reparatur wurde am 11.11.1935 auf Grund des Beschlusses vom 20.10.35 und eines Vorschlages von H. Eichhorn, Weilmünster, vom 25.9.35 an das Konsistorium berichtet.
Eichhorn sah vor: Gedackt 8' von Kiefer, Prinzipal 8' tiefe Oktav und kleine bis g gedackt und eine Flöte 8' von Kiefer als Neubauten, dazu die Reparatur der Mechanik für 864 Mk [99].
Später wurde eine Aeoline 8' an die Stelle eines anderen Registers gestellt:
So war die Disposition im Jahre 1943:
Pl8 Gb8 Sal8 Fl8 Pl4 Fl4 O2 Mxt3f Aeol8 Sbß16 Obß8
Eine eigene Aufnahme vom 23.9.1962 fand bereits eine Veränderung vor, die auf eine Instandsetzungsarbeit der OB Katzer und Eppstein zurückzuführen ist.

Principal 4'	Octav 2'
Gedackt 8'	Mixtur 3fach 1'
Salicional 8' neu	Sifflöte 1' neu
Quintatön 8' neu	Subbaß 16'
Quint 3' neu	Octavbaß 8'.
Flöte 4'	

Das Pedal steht hinter der Orgel auf der Empore.
An Stelle der Sifflöte auf der letzten Schleife stand ursprünglich die Trompete 8'.

EHLHALTEN

Am 20.8.1805 wurde mit Joh. Michael Engers aus Laufenselden ein Neubauvertrag geschlossen für 500 fl. Es wurde ihm bestätigt, daß er zwei neue Orgeln in der Gegend gut ausgeführt habe [1].
1873 wurde durch OB Voigt, Igstadt, eine alte umgebaute Orgel geliefert, die durch ein neues Werk von Klais aus dem Jahre 1904 ersetzt wurde mit folgenden Registern:
I. Pl8 Fl8 Pl4 II. Lbgd8 Sal8 Ped. Sbß16 II/I I/P SpII/I [2]

EHRINGSHAUSEN (kath.)

Am 6.3.1966 wurde eine Orgel eingeweiht, die J. Klais, Bonn, als op. 1299 mit folgender Disposition erbaut hat:
HW Rfl8 Gh8 Pl4 Blfl2 Sesq1-3f Mxt4f1 1/3
Pos. Hzgd8 Spillpf4 (Pr) Pl2 Zbl3f2/3 Mus8
Ped. Sbß16 Pl8 Qtt4 Rschpf3f2 Fag16
Schleifladen, mech. Spiel - el. Reg. Tr. [3]

98) ZALKHN 1/2474
99) ZALKHN 1/2474.
1) HStAWsb 331 Xd 20a
2) Frdl. Mitt. St. Schmitt, Schloßborn 31.7.67
3) Mitt. Klais

EIBELSHAUSEN

Eibelshausen, ev.

Die Orgel wurde im Jahre 1910 von A. Eifert, Stadtilm, gebaut:
I. Pl8 Bd8 Gb8 O4 Q3 O2
II. Sal8 Flambl8 Dolce4
Ped. Sbß16 SbII/I SpI/P [4]

Eibelshausen, kath.

Die Orgel wurde von E. F. Walcker 1957 mit 9 Registern gebaut [5].

EIBINGEN

Eibingen, Kloster

Das von der hl. Hildegard 1165 mit Nonnen aus Rupertsberg besetzte Kloster Eibingen erlebte nach der Zerstörung durch die Schweden nach 1641 einen neuen Aufschwung. Nach dem Neubau der Kirche in den Jahren 1681-84 muß ein Positiv angeschafft worden sein, das der Begleitung des Chordienstes diente [6].
Seit 1692 ist dieses Positiv durch die Unkosten für seine Stimmung ausgewiesen:
1692, 18.12. Dem Orgelmann geben für 1 mal die Orgel zu stimmen 15 alb.
Dem Orgelmann ist das Closter noch schuldig von vorigem Jahr 3 Malter Korn. Darauf hat er an Bezahlung empfangen den 17.1.1693 ein Vernsel und ein Kessel Erbsen. Das Vernsel hat golten 1 Rthl. Der Orgelmann hat 1 Vernsel Erben für 1 Malter Korn angenommen.
1694, 15.11. Das Posetief zu stimmen geben 1 fl.
Positiv und Orgel sind wohl die gleichen Instrumente.
Noch im Jahre 1703 wird nur das Positiv genannt: Dem Orgelmacher vorß Positif zu stimmen 1 fl. 20 xr.
So wird diese Stimmung auch im weiteren Verlauf des 18. Jahrhunderts für 2 oder 3 fl. vorgenommen. 1777 wurde ein größerer Posten für das "Ausputzen" also einer genaueren Überholung, 6 fl. bezahlt.
1792, 16.7. wurden dem Orgelmacher "die Orgel gänzlich zu repariren" 16 fl. 30 xr. ausbezahlt [7].
Infolge der Säkularisation wurde das gesamte Inventar durch die nassauische Regierung aufgenommen. Es heißt am 19.2.1814:
"Auf dem Chor: Eine Orgel taxiert 150 fl."
Am 21.3.1814 wird eine Versteigerung angekündigt: "Orgel soll wegen vieler Liebhaber versteigert werden". Als die Liebhaber bei einer Prü-

---

4) FBHN44
5) Hausmitt. 26 (1961), S. 45
6) KDkm Hessen, Rheingaukreis, S. 340
7) HStAWsb 23, KR

fung fanden, daß eine Reparatur unbedingt nötig war, wurde das Interesse geringer.
Bingen bot für das Rochuskloster unter der Hand 12 Carolinen.
Bei der Versteigerung ging das Werk für 106 fl. als Höchstangebot an Bingen. Henrich Brückner und Carl Est bezahlten 106 fl. [8].

Eibingen, Pfarrkirche

In der Pfarrkirche Eibingen ist seit dem Anfang des 18. Jahrhunderts eine Orgel nachweisbar. Im Jahre 1708, am 20. 8. klagt der Pfarrer Bauer gegen den Gemeinderat. Unter anderem wird in dem Punkt 2 erwähnt: "derselbe (Schultheiß) lasse den Bürgern keinen Platz auf der Orgel, schlage dieselbe selbst, wenn er gerade wolle, habe sie auch, weil sie zu groß sei, schon mehrmals mit großen Kosten in der Kirche versetzt, und lasse sich sein Spiel noch obendrein mit 12 fl bezahlen" [9].
In dem Jahre 1769 wird der Orgelmacher Embach wegen der Stimmung mit 3 fl. 48 xr. bezahlt. Für 1777 ist eine Reparatur belegt, 1793 Orgelmacher Greim mit einer Reparatur für 50 fl. beauftragt. Daß es sich um eine Orgel mit Pedal handelte, läßt sich aus der Rechnung von 1795 entnehmen, da für "Trat zu dem Orgel Pedahl" 12 xr. eingesetzt wurden [10].
1831/33 wurde diese Kirche abgerissen und die Klosterkirche zur Pfarrkirche erhoben [11].
Da in dieser Kirche ja keine Orgel mehr vorhanden war, baute OB Engers, Waldlaubersheim, ein neues Werk. Diese Tatsache ergibt sich aus der Empfehlung für Engers an die Gemeinde Lorch.
Disposition siehe Erbach, ev. [12].
Die Kirche wurde 1932 durch Brand zerstört, mit ihr das Pfarrarchiv, so daß nähere Angaben über dieses Werk nicht gemacht werden können.
Nach dem Neubau der Kirche stellte J. Klais, Bonn, die neue Orgel in folgender Form auf als op. 783:
HW. Nhgd16 Pl8 Hzfl8 Sal8 O4 Rfl4 Mxt4f Tpt8
RP. Qtt8 Sgpl4 Schwig2 Zbl1 Kh8
Schw. Ggpl8 Fernfl8 Gh4 Wfl2 Sesq2f Tptharm8
Ped. Plbß16 Sbß16 Obß8 Bfl8 Chbß4 Pos16 [13]

EISENBACH

Im Jahre 1817 war eine Orgel vorhanden [14].
In der 1898 neuerbauten Kirche stellte F. Fleiter, Münster/Westfalen eine Orgel von 7 Registern auf [15].

8) HStAWsb 211/727 a. - s. Bösken, Quellen und Forschungen Bd. 1, S. 258
9) J. Zaun, Btr. z. Gesch. des Landcapitels Rheingau, Wiesbaden 1879, S. 298
10) HStAWsb 108/3404
11) KDkm Hessen, Rheingaukreis, S. 339
12) HStAWsb 211/5165
13) Arch. Klais
14) HStAWsb 211/1409
15) Walter, ZfI 1904/05, S. 301

Um 1950 führte E. Wagenbach, Limburg, einen Teilneubau aus:
I. Pl8 Gd8 Gb8 O4 Mxt Tpt8
II. Sal8 Fl4 Q3
Ped. Sbß16
Es sind noch 7 leere Plätze vorhanden.

EISEMROTH

1817 war noch keine Orgel vorhanden, der berichtende Schulinspektor bemerkte: "sollte eine haben..." [16].
1835 wurde ein Gesuch um Anschaffung einer Orgel gestellt, darauf mit OB D. Raßmann ein Vertrag über den Neubau für 1600 fl. abgeschlossen und dieser am 19. 6. 1835 von Seminarmusiklehrer Anthes einer Revision unterzogen [17].
Nach einem Inventar anfangs des 20. Jahrhunderts hat das Werk 11 Register, das dem heutigen Zustand entspricht. Es handelt sich um die häufiger vorkommende Raßmann-Disposition:

Principal 8'	Mixtur 2' 4fach
Gedackt 8'	Subbaß 16'
Salicional 8'	Violon 8'
Octav 4'	Posaune 16'
Gemshorn 4'	(Bei Wißmüller Bemerkung:
Quint 3'	Geht nicht. Nach Aufzeich-
Octav 2'	nung OB Hardt: Octavbaß 4').

Eine geringe Differenz besteht zwischen der Aufnahme Wißmüller und Hardt: Neben der oben erwähnten im Pedal basiert Wißmüller das Manual auf dem Principal 4', Hardt auf einen 8'. Beide Fälle kommen bei Raßmann bei sonst gleicher Disposition vor, wenngleich dem Prinzipal 8' im allgemeinen ein Bordun 16' zugeordnet ist.
Wißmüller hat entgegen dem älteren Inventar nur 10 Register. Entweder ist der Prinzipal 8' vergessen oder später nach 1944 zugefügt. Wißmüller hätte dann die Octav 4' im Pedal vergessen [18].

EITELBORN

Als op. 691 erbaute J. Klais eine neue Orgel, die im Jahre 1965 von E. Wagenbach, Limburg, umgebaut wurde:
I. Pl8 Offl8 O4 Q3 Nh2 Mxt2-5f
II. Bdfl8 Sal8 Ggpl4 Trfl4 Wfl2 Q1 1/3 Progrharm2-3f Horn8
Ped. Sbß16 Ztbß16 Obß8 Chbß4
Neben den üblichen Koppeln SbII/I SpII/I [19]

---

16) HStAWsb 211/1409
17) HStAWsb 211/4545
18) FBHN44 - Arch. Hardt - ZALKHN 1/2466
19) Rheinische Heimatblätter 1931, S. 188. - Frdl. Mitt. Org. Reichert

ELBGRUND

Die Gemeinde übernahm die alte Orgel aus Oberzeuzheim, bestehend aus 7 Registern und pneum. Traktur [20].

ELGENDORF

Die Orgel wurde von J. Klais als op. 233 mit 4 Registern gebaut [21].
Disposition: Ggp18 Lbgd8 Sal8 O4 Angehängtes Pedal [22]

ELKERSHAUSEN

Am 28. 8. 1804 richtete die Gemeinde Elkershausen ein Gesuch an das Konsistorium in Weilburg wegen Anschaffung einer Orgel. Es wurde berichtet, daß in Oberwetz eine für 100 Thl. zum Verkauf anstehe.
Am 24. 9. 1804 wurde die Antwort gegeben, daß zunächst eine Besichtigung vorgenommen werden müsse.
Darauf folgte ein Bericht am 13. 11. 1803, in dem mitgeteilt wurde, daß die alte Oberwetzer Orgel noch immer in einem brauchbaren Stande sei und bis zur Ablage bei jedem Gottesdienst gespielt worden sei. Eine Erbschaft sei der Grund für einen Neubau.
Man schlug vor, mit dem "schon durch mehrere von ihm verfertigte Orgelwerke vorteilhaft bekannte Griedeler Orgelmacher (Dreuth)" in einen Akkord zu treten, und daß sich der Orgelbau mit allen Reparaturen ungefähr auf 150 fl. belaufen könnte. Dieser Vorschlag wurde am 16. 11. 1808 genehmigt [23].
Orgelbauer Dreuth baute 1797 in Oberwetz ein neues Werk.
In den folgenden Jahren stimmte OB Bürgy dieses Werk, wie Organist Rupp in Weilburg am 16. 5. 1815 berichtete [24].
Als man sich im Jahre 1846 um ein neues Werk bemühte, charakterisierte Seminarmusiklehrer Freye das Werk folgendermaßen:
Das alte Werk sei im 16. Jahrhundert erbaut (wohl 17. Jahrhundert, häufig werden die Jahrhunderte nicht in unserem Sinne gezählt), die Disposition fehlerhaft, der Ton spitz und schreiend. Bericht vom 3. 9. 1846. Am 9. 4. 1846 hatte Raßmann eine Disposition nach dem Muster Eschbach eingereicht (s. dort), die am 27. 10. 1846 genehmigt wurde [25].
Das Werk hat heute folgende Gestalt:

Principal 8'	Spitzflöte 4'	Subbaß 16'
Salicional 8'	Octav 2'	Violonbaß 8'.
Hohlflöte 8'	Mixtur 3fach 1'	Die Traktur ist mechanisch [26].
Octav 4'		

20) BALbg LB 1963
21) Walter, Verzeichnis der in der Diözese Limburg in der Zeit von 1894-1904 aufgestellten Orgelwerke, in: ZfI 1904/05, S. 301 - Archiv Klais
22) Mitt. PfAmt
23) HStAWsb 153/57
24) HStAWsb 153/14
25) HStAWsb 211/5523
26) Arch. Hardt

ELLAR

Die heutige Orgel wurde in den Jahren 1942/49 von E. Wagenbach, Limburg, erbaut [27].
Sie hat folgende Disposition:
I. Pl8 Gdfl8 Pr4 Hlfl2 O2 Mxt3-4f
II. Lbgd8 Sal8 Pl4 Rfl4 Ghq3 Nh2 Nas1 1/3 Solotpt8
Ped. Sbß16 Bßfl8 Chbß4 [28]

ELSOFF

Im Jahre 1817 war noch keine Orgel vorhanden, wie die Schulinspektion meldete [29].
Chr. Gerhardt und Söhne, Boppard, baute die heutige Orgel im Jahre 1929 mit folgenden Stimmen:
I. Pl8 Hlfl8 Gb8 Dolce8 O4 Mxtcorn2-3f Tpt8
II. Ggpl8 Lbgd8 Sal8 Vxcl8 Fltr4 (8'?)
Ped. Sbß16 Vlbß16 Vcl8 NK und SBII/I SpI [30]

ELTVILLE

Eltville, ev.

Am 18.3.1902 machte G. Raßmann ein Angebot. Nach einem eigenhändigen Vertragsentwurf lag folgende Disposition vor:
Pl8 Gb8 Sal8 Gd8 O4 Fl4 T1 3/5 Corn B + D Sbß16
Nach einem Bericht von H. Brendel war die Terz 1692 stillgelegt [31]

Eltville, kath.

Zum ersten Mal ist eine Orgel 1671 nachweisbar, als dem Orgelmacher zu Kiedrich 4 fl. 30 xr. bezahlt werden. Es handelt sich um den Kiedricher Meister Joh. Wendel Kirchner oder dessen Sohn Joh. Heinrich. Demselben Meister werden am 27.6.1676 45 xr. bezahlt, "die Orgel allhier zu stellen". Bei dem geringen Betrag kann es sich wohl nur um eine Nachstellung der Ventile oder Tasten handeln, wenn nicht eine Nachstimmung gemeint ist [32].
Von einer größeren Reparatur für 90 fl. durch J. Wendelin Kirchner und Sohn J. Heinrich berichtet Zaun. Neben dem Geld wurden noch 1 Ohm Wein und das Logis bezahlt [33].

---

27) BALbg LB
28) Mitt. PfAmt
29) HStAWsb 211/1409
30) Mitt. PfAmt
31) ZALKHN 1/2470. - Arch. Hardt. - Frdl. Mitt. H. Brendel
32) HStAWsb 108/3199
33) J. Zaun, Geschichte des Ortes und der Pfarrei Kiedrich, Wiesbaden 1879, S. 156

Im Jahre 1753 schritt man zu einer größeren Reparatur des Werkes und zog zu diesem Zweck den Mainzer Orgelmacher Joh. Kohlhaas hinzu. Am 21. 7. 1753 wird beschlossen:

"Eodem, da man nun gefunden, daß die Orgell auch in einen brauchbaren Stand gesetzt werden möchte, fördersamst aber überlegt, ob man solche nicht anderswohin stelle, und noch etliche Register zum Baß machen lassen solle. Als hat man den Orgellmacher Herrn Kohlhaas von Maintz kommen lassen umb mit demselben einen Accord zu machen. Inzwischen dann vom Rathauß geschlossen worden, daß diese unsere Orgell auf die Bordkirch in die Mitte gesetzt werde und vor der Bordkirch durch die gantze Kirch ein Doxgsaal gemacht werden solle, wo alsdann die Halpart von der Bürgerschaft stehen solle und die andere Halpart von den Musicanten." 34)

Demnach war zu dieser Zeit die Orgel noch nicht im Westen, sondern möglicherweise neben dem Chor, wohin sie später wieder versetzt wurde. Es wurde mit Kohlhaas ein Vertrag abgeschlossen:

"Orgell Reparierungs Contract und ist folgendtenmaßen mit H. Orgellmacher Kohlhaas von Maintz geschlossen worden.

Erstlich ein newes Clavir mit vier vollkommenen Octaven,
Item ein new Pedahl welches gehet bis in das zweyte D,
Item ein new Gamb Register, welches dabei enthält 70 Pfund Material,
Item ein Flöten Register von 4 Fuß Thon, welches in 50 Pfund Material besteht,
Item ein Zimbell zu der Mixtur gefüget,
Item zu einem jeden Register 4 newe Pfeifen, Zinn, Chor Thon,
Item die übrigen Pfeifen ausgebessert in richtigen Stand zu stellen,
Item ein Subbaß von Holtz 8 Fuß gedackt, welcher Subbaß den Thon von 16' aufweißet sambt einer newen Windlath,
Item die Bälge new zu überziegen, wozu erfordert werden 20 Fäll,
Item das Prospect new umzugießen, worzu 50 Pfund Material erfordert werden,
Item die gantze Orgell im Chor Thon zu stellen.

Von dießer Arbeit, und alles auf seine Kösten ahnzuschaffen wird accordirt 230 fl. sage zwei Hundert und dreißig Gulden, sodann all das alte Bley von denen hiesigen Kirchenfenster, hirgegen ist Er H. Kohlhaas gut für alle Arbeit.

Eltvill den 21. Julii 1753 Johann Kohlhaas, Orgelmacher.

Nach dießen wieder ferner accordirt, daß Er an noch ein Posaunenbaß aus einer Octav und statt das gantz Flöthen Register ein halb Flöth und halb Menschenstimm (anfertige) und so lange Er hier aufschlaget die freye Kost, wo Er dann empfanget in allem 250 fl." 35).

Es scheint, daß dieses Werk ursprünglich mit F begann, so daß unter Fehlen von Cis, das Werk auf C gesetzt wurde. Zu diesem Zweck wurde eine neue Klaviatur notwendig. Das Pedal war bis dahin nur angehängt und bekam jetzt einen Subbaß.

---

34) StA Eltville, Nr. 548, S. 106 - Frdl. Mitt. von H. Krämer, Eltville.
35) StA Eltville, Nr. 548, S. 110-12

Diese Orgel wurde von B. Dreymann, der die Nachfolgerin 1834 erbaute, am 8. 7. 1834 der kath. Gemeinde von Fürfeld angeboten. Aus diesem Angebot ist die Disposition ungefähr zu ersehen:

Principal 8'	Kleingedackt 4'	2 vacante Züge
Großgedackt 8'	Quinta 3'	Subbaß 16'
Octav 4'	Superoctav 2'	Octavbaß 8'.
Spitzflöte 4'	Mixtur 1' 3fach	

Die Zimbel wurde später häufig beseitigt, es könnte der zweite 4', etwa Kleingedackt, eingebaut sein, auf den leeren Schleifen könnten Gamba und Vox humana Platz gehabt haben [36].

Diese Arbeiten finden entsprechend ihren Niederschlag in den Kirchenrechnungen:

"1753 den Tocksaal aufzuschlagen, den Zimmerleuten vor Wein und Brot 44 xr.
Dem Orgelmacher 115 fl.
Die Windlath und Bley auß Mayntz zu führen 32 xr.
1754 Kostgeld für Orgelmachergesellen 40 fl.
Meister Ritter Docksaal zu machen 10 fl. 50 xr.
Amtsschreiber Horix einen Zettul wegen dem Orgelmacher 51 fl.
Leder zur Orgel 6 xr.
Dem Dreher für Quasten an die Orgell 12 xr.
Schlosserzettel für die Orgel 15 fl. 26 xr.
Die Orgel zu verbessern und zu versetzen dem Orgelmacher 118 fl. 37 xr.
Die Kirch hat beygeschafft 355 fl. 11 xr., da nun die Gemeinde Eltville die Orgelkosten zu bestreiten." [37]

Aus den Jahren 1760, 70 wird von Reinigung berichtet und 1771 Embach als Stimmer bezahlt.

Am 2. 5. 1833 berichtet die Gemeinde Eltville an die Regierung, daß ein Bedürfnis nach einer neuen Orgel bestände. Die alte halte keine Stimmung mehr, verschiedene "Claves" sprächen nicht mehr an. Dann wird vor allem bemängelt, daß die Größe in keinem Verhältnis zur Kirche stände, so daß man sie kaum vernähme. Man habe sich einen Plan von Dreymann vorlegen lassen, der sich auf 2300 fl. beliefe [38].

Der Neubauvorschlag hatte folgende Form und war am 20. 2. 1833 angeboten:

Manual
1. Principal 8'
2. Bordun 16'
3. Salicional, tiefe Octav Holz
4. Viola die Gamba 8'
5. Großgedackt 8'
6. Octav 4'
7. Quinta 3'
8. Superoctav 2'
9. Kleingedackt 4'
10. Mixtur 1 1/2-4fach
11. Trompete 8'

Positiv
12. Principal 4'
13. Großgedackt 8'
14. Floete 8' tiefe Octav gedackt
15. Kleingedackt 4'
16. Flageolet 2'
17. Mixtur 1' 3fach
18. Crumhorn 8'

36) Bösken, Quellen und Forschungen, Bd. 1, S. 311
37) HStAWsb 108/3405
38) HStAWsb 211/4385

Pedal

19.	Subbaß 16'	22.	Posaunbaß 16'
20.	Octavbaß 8'	23.	Octavbaß 4'.
21.	Violonbaß 8'		

Manual- und Pedalkoppel, Ventil für Windablaß, 3 Bälge 12' mal 6', 56 Tasten im Manual und 25 Ventile für das Pedal.

Der Preis sollte 2950 fl. betragen und für die alte Orgel 150 fl. abgezogen werden.

Am 16. 9. 1833 wurde der Vertrag mit Dreymann abgeschlossen für 2200 fl. und Anrechnung für die alte Orgel 200 fl., Lieferfrist Ende 1834. Die Genehmigung der Regierung erfolgte am 3. 6. 1834, nachdem der Sachverständige Lehrer Anthes noch folgende Veränderungen beantragt hatte: Statt Octav 2' eine Spitzflöte 4' zu setzen und die Mixtur statt auf 1 1/2' auf 2' zu basieren, die Quint 3' in 6' zu vertiefen. Es sollte ein besonderer Knopf mit der Kopplung für 6 Register angebracht werden, welches als besondere Verbesserung bei einem Klavier bezeichnet wurde [39].

Es ergaben sich während der Aufstellung Schwierigkeiten. Am 8. 7. 1834 wurde an die Regierung berichtet, daß Dreymann die alte Orgel abgelegt habe, aber die Arbeit wegen Schäden im Emporenboden nicht zu Ende führen konnte. Am 21. 10. 1834 wurde die Weiterführung gemeldet. Die Abnahme durch Lehrer Anthes erfolgte nach Bericht vom 16. 12. 1834. Dreymann quittierte endgültig am 31. 1. 1836 [40].

Dem Gutachten ist zu entnehmen, daß die Orgel "durchaus gut ausgefallen ist". Sie ist "ausgezeichnet in der Qualität, Zinn und Metallpfeifen sind vertragsmäßig geliefert". Die von Anthes gewünschten Abänderungen wurden berücksichtigt [41].

Im Jahre 1867/68 stellte Louis Hooghuys in Brügge, der die bekannte Orgel in Kiedrich im Auftrage des engl. Baronets Sutton restauriert hatte, im Monat September eine Orgel auf, die er unter Verwendung eines wertvollen alten Pfeifenprospekts (angeblich das Positiv von St. Jakob in Lüttich) erbaut hatte.

Am 21. 11. 1868 bescheinigt Hooghuys den Empfang von 1895 fl. 40 xr. für die Herstellung der Orgel durch Pfarrer Schlitt.

Das Gehäuse wurde nach dem Kiedricher Muster von J. Röhrig und Bildhauer Elscheidt, Kiedrich, gemacht. Das Werk wurde hoch an der Südwand des Chores über der Sakristei aufgehängt [42].

Am 19. 6. 1878 reichte OB Keller, Limburg, einen Veränderungsvorschlag ein, dem die Disposition der Hooghuys-Orgel zu entnehmen ist: Das Manual hatte 48 Tasten, das Pedal 12. Die Stimmen:

Manual				Pedal	
1.	Principal 8'	5.	Quint 3'	9.	Subbaß 16'
2.	Bordun 8'	6.	Octav 2'	10.	Baßflöte 8'
3.	Octav 4'	7.	Mixtur 3fach	11.	Quint 5 1/3'
4.	Flöte 4'	8.	Cornett 4fach	12.	Principalbaß 4'.

39) UB 1835 PfA Eltville
40) UB 1835
41) HStAWsb 211/4385
42) Bericht von H. Göbel 1944

Keller schlug folgende Veränderungen vor:
1. Im Manual die Quint durch eine Gamba zu ersetzen.
2. Hinzufügung eines 2. Manuals.
Das 2. Manual wurde wie folgt vorgeschlagen:
Salicional 8'
Portunalflöte 8'
Flöte 4'.
Es sollten Kegelladen geliefert werden, wobei besonders bemerkt wurde, daß sehr wenig Platz vorhanden war. Der Preis betrug 531 Thl. 18 xr. Nach dem Abnahmebericht durch B. Widmann, Frankfurt, vom 30.8.1879 wurden 4 neue Register geliefert, Gamba 8', Salicional 8', Portunalflöte 8', Bordun 16'. Demnach entfiel der 4', oder an Stelle dieser Stimme im Hauptwerk wurde der Bordun 16' gestellt und die Flöte 4' ins 2. Manual versetzt [43].
Auf der Empore baute J. Klais 1925 ein Werk mit 17 Registern, verteilt auf 2 Manuale und Pedal. Die Traktur war pneumatisch. Die Abnahme erfolgte in dem Bericht vom 6.6.1925 durch den Organisten und Sachbearbeiter J. Gersbach.
Im Zuge der Kirchenrestaurierung 1932/34 wurde die östliche Stirnwand des südlichen Seitenschiffes durchbrochen und eine neue Orgel von Klais dahinter, über der Taufkapelle, aufgestellt, unter Verwendung des Hooghuysprospektes.
Der Umbau durch J. Klais wurde am 4.9.1934 vereinbart, von dem Werk nur ein Teilbau durchgeführt. Der Entwurf sah eine Teilung des Werkes vor:
1. Über der Taufkapelle mit dem alten Prospekt.
2. Auf der Empore.
Nur der Teil 1 wurde zunächst fertiggestellt, seine Disposition:
Pl8 Gd8 Sal8 Pr4 Rfl4 O2 Mxt3f Corn4f
Ped. Sbß16 Plbß8 Gd8Tr Chbß4Tr [44]
Der Entwurf für Schwell- und Chorwerk sowie Pedal zum Chorwerk, das seine Stellung auf der Empore erhalten soll:
Sch. Hzfl8 Gb8 Vxcl8 Sgpl4 Wfl2 Nh1 Progr2-4f Tptharm8
Chorwerk. Bd16 Ggpl8 Spfl8 Lbgd8 Gh4 Schweg2 Tertian2f Mxt4f Kh8
Ped. zum Chorw. Gdbß16 Flbß8 Bd16 Sord16 Sord8 Schnarrbß4 [45]

Eltville, Positiv im Privatbesitz von J. Ph. Horadan

Bei der Restaurierung der Orgel von Obersaulheim, vordem in Bodenheim, fand sich einiges von dem Erbauer der Bodenheimer Orgel, Kohlhaas, verwendetes Altpapier. Darunter fand sich folgender interessante Brief:
"Eltville den 4.12.1758.
Wohl Edell und Vester Sonderß geehrter Herr Vetter!
Bald wird mir die Zeit zu lang, daß ich deß accordirte Positiv ahnsichtig werden möge. Dann ich ein großes Verlangen darzu trage, wolle

43) PfA Eltville Orgelakte
44) FBHN44 - Bericht Eltviller Zeitung 7.6.1934
45) Arch. Klais

also mein H. Vetter gebetten haben, solches Ehebaldigst zum End zu bringen, worauf ich mich verlase und verbleibe in allem Respect nebst göttlicher Obhut

Mein gn. Herrn Vetters Ergebener

Johann Philipp Horadan

Mein Empfehl ahn Ihre Baaß und Liebe Angehörige." 46)

Leider sind wir über die Form dieses Positivs nicht unterrichtet. Immerhin ist es ein seltenes Zeugnis über das Vorhandensein eines Positivs in einem Rheingauer Bürgerhaus.

Eltviller Au

OB Kemper aus Lübeck baute für den Musiksalon der Gräfin Sierstorpf eine Hausorgel, die jetzt in Frankfurt-Seckbach in der kath. Kirche steht. (s. Frankfurt, Maria Rosenkranz)

ELZ

Im Jahre 1817 war noch keine Orgel vorhanden 47).

Für die 1851 neuerbaute Kirche baute Fr. Voigt, Igstadt, eine Orgel:

	Positiv	Pedal
Principal 8'		
Bordun 16'	Principal 4'	Subbaß 16'
Gedackt 8'	Gedackt 8'	Violonbaß 16'
Gamba 8'	Salicional 8'	Octavbaß 8'
Octav 4'	Gemshorn 4'	Posaune 16' 48)
Flöte 4'	Flauttravers 4'	
Quint 3'	Waldflöte 2'	
Octav 2'	Mixtur 3fach	
Cornet 3fach Discant		
Trompete 8'		
o. B. (Mixtur?)		

Das Werk hat Schleifladen mit mechanischer Traktur.

1952 wurde die Orgel durch Kemper-Wagenbach umgebaut:

HW. Po16 Pl8 Gd8 Spielfl8 O4 Gh4 Nas3 O2 Corn3f Mxt6-8f Tpt8

RP. Gd8 Qtt8 Pr4 Rfl4 Wfl2 Q1 1/3 Schf4f Kh8

Ped. Plbß16 Sbß16 Obß8 Gdbß8 Pl4 Rschpf6f Pos16 Tpt8 49)

EMMERICHENHAIN

Im Jahre 1725 erscheint ein erster Posten, der die Orgel erwähnt; für 9 alb. wurde ein Schloß an die Orgeltür gemacht. Es ist zu vermuten, daß kurz vorher die Orgel fertiggestellt wurde. Das über der Kanzel stehende Werk ist in einem Gehäuse gefaßt, das der Bauart von OB Florenz Wang aus Hadamar entspricht. Über den Erbauer konn-

46) Arch. Hardt
47) HStAWsb 211/1409
48) FBLbg 44
49) Aufn. Vogel

te bisher in den Rechnungen und Akten nichts nachgewiesen werden. Ein weiterer Hinweis auf Wang ist die Anlage der Spieleinrichtung hinter dem Werk, wie Vogel an den vorhandenen viereckigen Löchern für die Registerstangen hinten am Gehäuse feststellen konnte. Diese Bauweise ist an einem Wang'schen Werk in Nieder Libbach, ehem. Dillenburg, auch noch heute zu finden. (vgl. Dillenburg, Nieder Libbach)

Nachweislich arbeitete Wang um diese Zeit in dieser Gegend, so 1726 in Daaden, 1722 in Schönbach. Charakteristisch sind die vom mittleren größeren Rundturm zu den seitlichen kleineren Rundtürmen gerade oder leicht geschwungen abfallenden Zwischenfelder.

Im Jahre 1740 wurde ein Orgelmacher zur Besichtigung gebeten: "Noch an Botten bezahlt an den Orgelmacher in das Bergische 1 fl. 40 alb."

Es könnte sich hier um einen Vertreter der Familie Nohl gehandelt haben. Christian Nohl ist schon 1711/12 in Dierdorf nachweisbar. Oder sollte bereits J. W. Schöler, der 1748 in Bad Ems heiratete und auch aus dem Bergischen stammte, bereits auf dem Wege zu seinem neuen Arbeitsgebiet gewesen sein?

Der Orgelmacher war dagewesen und hatte mit Herrn Dax das Werk besehen. Man verzehrte für 2 fl.

1755 mußte ein Teil der Pfeifen restauriert werden. Man verbrauchte 1 Pfund Zinn für 12 alb. 4 d. Für das Reparieren und Stimmen wurden 8 fl. 17 alb. in Rechnung gestellt [50].

Eine größere Reparatur wurde 1778 notwendig. Man berichtete am 27.4. 1778 an das Oberkonsistorium, daß die Orgel sehr verstimmt sei. Man fragte an, ob man den OB Obergott in Daaden oder OB Boos zu Siegen zur Instandsetzung nehmen solle.

Das Oberkonsistorium erwiderte am 4.5.1778, daß Amtmann Diesterweg zu Freudenberg Boos zu Niederndorf nach Emmerichenhain beordern solle. Nach der Durchführung der Arbeiten mußte sich Boos um die Auszahlung des Lohnes bemühen. Am 12.10.1778 beschwerte er sich beim Oberkonsistorium, daß er noch keine Bezahlung bekommen habe. Er wandte sich persönlich an den Amtmann Chelius in Beilstein, der ihn auf 8-14 Tage vertröstete. Das Konsistorium schrieb am 12.10.78 an Chelius, daß die Gemeinde säumig sei und zahlen solle. Endlich werden am 4.11.78 90 fl. 4 alb. von Arnold Boos quittiert. Die Summe zeigt eine größere Arbeit an der Orgel an [51].

Während des "französischen Krieges" hatte die Orgel sehr gelitten und am 4.5.1836 wurde mit Daniel Raßmann eine Hauptreparatur akkordiert. Pfarrer Chelius legt die Abrechnung vor und Lehrer Schneider erstellte am 29.8.1836 den Revisionsbericht über die von Raßmann für 116 fl. durchgeführte Arbeit [52].

Das Werk hat nach den vollzogenen Reparaturen und möglichen Änderungen heute diese Form:

1. Principal 4' neue Zinnpfeifen
2. Cornett ab c^1 3fach 2' 1 1/3' 1' ohne Terz, weite Mensur
3. Gedackt 8' Baß Holz, dann Metall

50) HStAWsb 193, KR Emmerichenhain
51) HStAWsb 175/286
52) ZALKHN 1/2454

4. Mixtur 3fach 1' C 1' 2/3' 1/2'; c^o 2' 1 1/3' 1'; c^2 2 2/3' 2' 1 1/3'
5. Gedackt 4' Metall
6. Octav 2'
7. Quint 3'
8. Salicional 8'
9. Prinzipal 8'

8 und 9 stehen auf dem Stock der ursprünglich geteilten Trompete.

10. Subbaß 16' Holz
11. Violon 8'

Auf der Unterseite der Windlade steht, daß W. Raßmann die Orgel im Jahr 1872 repariert und umgebaut habe.
Der Umfang des Manuals reicht von C-c^3, des Pedals von C-f. Vogel kennzeichnet den Klang als strahlend, bemerkt aber das Fehlen der Terz im Kornett [53].

ENGELBACH

Im Jahre 1963 lieferte G. Hardt eine neue Orgel:
Gd8 P14 Rfl4 O2 Mxt4f1 1/3 Sbß16 Kop [54]

ENGENHAHN

Ein Harmonium wurde 1962/63 durch eine Orgel abgelöst, die E. Wagenbach, Limburg, lieferte:
Gd8 Rfl4 Pl2 Larigot 1 + 1 1/3 Teilung Baß und Diskant.
Das Werk hat Schleifladen und mech. Traktur. Das Pedal ist angehängt [55].

EPPENHAIN

Es ist nur ein Harmonium vorhanden [56].

EPPENROD

Am 17.10.1752 wurde eine Orgel akkordiert. Man wandte sich um Unterstützung an den Landesherrn, den Fürsten von Anhalt-Bernburg-Hoym-Schaumberg. Das Werk wurde in Berliner Blau und Bleiweiß gestrichen, Leisten und Gesims vergoldet. Ein Wappen wurde bei einem Hadamarer Bildhauer in Auftrag gegeben.
Am 9.11.1753 wurde ein Brief an den "Orgelmacher" nach Niederschelt geschickt. Die Gesamtabrechnung belief sich auf 214 fl. 35 1/2 xr. Prinz Christian stiftete 15 fl. und die Prinzessin in Diez 4 fl. 30 xr.

---

53) Aufnahme Vogel
54) Arch. Hardt
55) Mitt. Pf. Usinger, Idstein.
56) BALbg LB 1963

Zur Einweihung der Kirche sang man eine Kantate:
"Cantate welche in Höchster Gegenwart dr. Durchlauchtigsten Herrschaften von Anhalt-Schaumburg bey der Einweihung der durchauß reparirten Kirche und neu erbaute Orgel zu Eppenrod unterthänigst aufgeführt wurde von Joh. Wilhelm Gebhard, 3. classis Praeceptor und Cantor zu Dietz". Folge: Thema, Recitativ, Arie, Recitativ, Aria Tutti [57].

In Niederscheld arbeitete Andreas Scheld, vordem Lehrling von Florenz Wang in Hadamar, in der ersten Hälfte des 18. Jahrhunderts [58].
Diesen Überlegungen widerspricht ein Bericht des Pfarrers Molly in Kirberg vom 20.7.1820, in dem berichtet wird, daß die Orgel von Schöler stamme, durch die Franzosen zerstört, von OB Arndt aus Nomborn hergestellt wurde [59].

Sollte Schöler der Erbauer sein, dann müßte er damals in Niederscheld gearbeitet haben.
Schon 1776/77 war ein Orgelmacher Georg Friedrich Zimmermann an der Orgel, ihm zahlte die Gemeinde für Leim 20 xr. [60].
Bei einem Vorschlag wegen einer Reparatur wurde am 15.7.1833 die Herausnahme des Trompetenregisters als unzweckmäßig bezeichnet.
1836 übernahm Caspar Embach aus Rauenthal die Unterhaltung der Orgeln im Dekanat Diez. Weiter ist den Unterlagen zu entnehmen, daß der Nachfolger der Schöler in Bad Ems, der Schwiegersohn Heil, eine Hauptreparatur ausführte. Eine weitere Reparatur durch Embach wurde von Wiesbaden am 14.10.1845 genehmigt, sie kostete 123 fl. [61].
Am 18.7.1868 wird die Notwendigkeit einer Reparatur angezeigt und ein Vorschlag von OB Buderus aus Singhofen unterbreitet.
Am 22.1.1868 wird die Arbeit als mißglückt gemeldet, eine weitere Prüfung durch Lehrer Küster am 23.5.1868 kann den Erfolg der Arbeit melden, der Ton des Werkes wird als mager gekennzeichnet [62].
Nach einem Gemeindebeschluß vom 25.9.1905 wird dem Konsistorium berichtet, daß man die "uralte Orgel" durch eine neue ersetzen wolle.
Es wird ein Vorschlag von Carl Horn, Limburg, unterbreitet zum Preise von 2100 Mk [63].
Der alte Prospekt sollte erhalten bleiben, der in seiner Form auf Wang bzw. A. Scheld weist.
Das Werk mit pneumatischer Traktur hat folgende Form:
Pl8 Gd8 Gb8 Sal8 O4 Fl4 Sbß16 SpI/I [64]

57) HStAWsb 336 KR Eppenrod
58) Orgelbauer in Dillenburg und Umgebung. Aus dem Nassauischen Zeit- und Taschenbüchlein, Hadamar 1801. Allg. Nass. Schulblatt 1855, S. 416. Heimatblätter, Beilage zur Dillzeitung Jg. 6 (1933) Nr. 3. Frdl. Hinweis des Herrn StR. Stahl, Hadamar.
59) HStAWsb 211/4427
60) HStAWsb 336 KR
61) HStAWsb 211/4284
62) HStAWsb 211/4270
63) ZALKHN 1/2471
64) Aufn. Vogel

Eppstein, ev.

Im Jahre 1718 bittet die Gemeinde den Landesfürsten, eine Orgel anschaffen zu dürfen. Die Antwort am 19. 9. 1718 bemerkt, daß zunächst die Kirche repariert werden müsse [65].
Ein genauer aufgestelltes Gesuch des Pfarrers vom 14. 9. 1718 richtet sich bereits auf den Ankauf einer Orgel. Eine alte Orgel stände in Usingen zum Verkauf, da sie dort zu klein und nicht dem "Geschmack der Herrschaften" entspräche.
Die Orgelbühne sollte im Chor aufgestellt werden, da aber 3 Fenster noch mehr verdeckt würden, hat der Pfarrer die Empore seitlich bauen lassen. Dagegen erhob der fürstliche Keller Einspruch. Landgraf Ernst Ludwig (1667-1739, reg. ab 1687) beauftragt durch Schreiben vom 27. 4. 1719 den Pfarrer von Lorsbach, die Kirche zu inspizieren. In dessen Bericht vom 27. 4. 1719 erfahren wir, daß es "nicht practicabel" sei, die Bühne "durch das ganze Chor zu ziehen" und setzt sich für den Plan des Pfarrers ein. Ein diesbezüglicher Brief geht am 3. 8. 1719 nach Darmstadt mit der Unterschrift des Kellers Magnus und des Eppsteiner Pfarrers J. Martin Murus [66].
Die KR der Jahre 1718/19 berichten über den Ankauf und Transport der alten Usinger Orgel:
1718: "4 Personen nacher Usingen gefahren die Orgel zu besehen, dessentwegen Unkosten gehabt und verzehrt vor in und nach der Reyße 8 fl. 15 alb.
Vor Fohrlohn 3 fl. 2 alb.
Einem Botten von Usingen anhero holn und Zehrung derentwegen geben 1 fl. 12 alb.
Desgleichen der Pfarrer Müller, so wegen der Orgel nach Usingen, gegeben 1 fl. 12 alb."
"Die Orgel kostet 87 fl. 15 alb.
Dem Orgelmacher for 4 Tage Kost und Lohn 4 fl. bey Abholung der Orgel mit den Fuhrleuten und 8 Pferden den 22., 23., 24. 1."
1719: "Orgelmacher 29 fl.
Zehrung für 8 Mann, welche den Orgelstand aufgeschlagen 20 alb.
Den Musicis vor Zehrung als die Orgel bey öffentlichem Gottesdienst das erste Mal geschlagen 3 fl.
Dem Orgelmacher sein Werkzeug nacher Itzstein zufahren 1 fl. 10 alb."
1722: "Dem Orgelmacher Weißhaupt von Itzstein als er den 10. 11., 12. XII. 3 Tag zubrachte." [67]
1758 machte der Orgelmacher Georg Rudolph Braun einen "Aufsatz von der hiesigen Orgel zu renofiren wie folgend". Es handelt sich in den folgenden Posten im wesentlichen um Reinigungsarbeiten. 40 fl. waren

65) HStAWsb 331 Xd 6, 24
66) HStAWsb 331 Xd 6, 31 (1713-24 Pfarrer in Eppstein. Diehl, HSVII, 169) Über die mus. Bedeutung Landgraf Ernst Ludwigs. s. F. Noack, Darmstadt, MGGIII, Sp. 14ff.
67) HStAWsb 331, KR Eppstein

veranschlagt. Die Gemeinde bekam durch die Kollekten anderer Gemeinden Unterstützung. So leistete Igstadt 1760 einen Betrag des Kirchenkastens [68].

Eine größere Reparatur des alten Werkes wurde 1785 zum Anlaß genommen mit verschiedenen Orgelbauern zu verhandeln. Zunächst wurde Schöler empfohlen, praes. 25. 10. 1785.

Von besonderem Interesse ist die beiliegende Aufstellung des Bestandes der Orgel, die uns eine genaue Darstellung des Werkes bringt, wie es in Eppstein aufgestellt wurde. Die Vorgeschichte wird in Usingen behandelt.

Umfang: C D E F Fis G Gis A B H - c^3. Die Orgel hat 8 Register:

1.	Principal (4')	Ergänzung der Fußzahl nach früheren Aufnahmen in Usingen
2.	Octav (2')	
3.	Quint (3')	
4.	Superoctav (1')	(Sesquialter nach früheren Aufstellungen, s. folgenden Bericht Schöler)
5.	Gedeck (8')	
6.	Quintoctav (1 1/3')	
7.	Mixtur (3fach)	
8.	Flöth (4').	

Die Orgel ist gänzlich unbrauchbar.

Schöler sah folgende Arbeiten vor:

1. Das Werk sollte ausgehoben, intoniert und gestimmt werden.
2. Die Ventilfedern sollten statt aus Eisen aus Messing gefertigt werden.
3. Windladen müßten gesäubert werden.
4. Das Manual der fast 200jährigen Orgel sei abgenutzt "und solcher plumber ungeschickter Arbeit, daß auch einige Accorde, und wenn die Orgel die beste Reparatur bekäme, nicht gegriffen werden könnten. Die oben gelegenen sogenannten halben Töne so hoch und eng beysammen, daß die untenliegenden gantzen von den zwey mittelsten Fingern nicht berührt werden können".
5. "Ist das ehemals dagewesene Pedalclavir weggenommen, welches, obwohl es dem Manual angehängt ist, gut zu gebrauchen ist".
6. Seien die Bälge instandzusetzen.

Der als "sehr geschickter Orgelverständiger" bezeichnete Stallverwalter Greiß nahm zu dem Vorschlag Schöler Stellung.

Es sei ein guter Gedanke von Schöler, in der Lade statt Eisenfedern Messingfedern zu setzen. Es ist die Frage, ob die Quintoctav beizuhalten sei, da 2 Quinten vorhanden seien. Er fährt fort: "Die Orgelbauer haben noch im vorigen Seculo dergleichen junges Gezisch übermäßig angebracht und zwar, weile dazu wenig Materie erforderlich war". In jetziger Zeit aber "sind die Ohren der Zuhörer soviel als des Organisten diesem nur reinen Gepiff sehr abgeneigt, und finden mehr Vergnügen an einer sanften soliden Stimme". Die Abkehr von den hohen Aliquoten und die Vorliebe für sanftere Stimmen ist also nicht eine "Unart" des 19. Jahrhunderts sondern schon im 18. Jahrhundert vorbereitet.

Schöler will ein Pedal bis ins zweite f wieder einfügen. Offensichtlich ist es später entfernt.

68) HStAWsb 331, KR Igstadt

Weiter heißt es in dem Bericht: "Das alte Eppsteiner Orgelwerk, ein 4' Werk von 8 Registern, ist nach der alten ordinaren Art eingerichtet, nun ist Mixtur et Sesquialter darinnen und zwar jedes mit 2 Zügen Baß et Discant und kann leicht geschehen sein, daß beim Abschreiben der Register die Quint zweimal geschrieben worden, sie ist aber nur 1 1/2' in der Sesquialter worin auch eine Tertz 1 3/5' sich findet nebst Quinta, so hat man sie in der Combination.
Ansonsten andere Register nach der heutigen Art drein zu machen gehet wegen der engen Bauart nicht wohl an, als auch das Pedal weiter als eine Octav zu machen, weil der Kasten zu schmal ist. Am besten bleibt alles, weil sonst zu teuer als das 200jährige Werk wert ist".
Am 1. 3. 1786 weist Schöler die Arbeit ab, da er an verschiedenen anderen Werken arbeitet.
Hofmechanikus Mahr aus Wiesbaden bietet an, das Werk für 45 fl. zu reparieren. Dieser hatte schon früher am 23. 8. 1785 ein Angebot gemacht mit folgenden Preisen: Claviatur 12 fl., Pedal 8 fl., Pfeifenwerk 20 fl., Windlade reinigen 4 fl., Messingfedern 6 fl., Balgreparatur 6 fl. Die Unterschrift: Johann Andreas Mahr Hofmechanicus und Orgelmacher.
Schöler verzichtet - er hatte das Privileg in Hessen-Darmstadt - im Brief vom 27. 4. 1786 und am 2. 5. 1786 wird die Arbeit Mahr übertragen. Man hatte vorher wieder Greiß zu Rate gezogen, der sich am 29. 3. 1786 wie folgt geäußert hatte:
"Hofmechanicus nict speciell bekannt... Vor ohngefähr 10 Jahren ein Clavichord in Biebrich von dessen Arbeit gespielt, welches in Betracht seiner Güte ein vorzügliches Lob merithirt".
"Außer diesem habe ehemals als Discursive von einem Orgelmachergesellen, welcher bey Weegmann zu Frankfurt in Arbeit stand, gehört, und zwar nach dessen eigenen Worten: "Der Orgelmacher zu Wießbaden ist nicht ungeschickt, und wann er die Arbeit nimmt, verfertigt er mit Fleiß." Greiß fährt fort, daß Mahr "seinen Miteingebohrnen Eppsteinern eine Probe an Tag legen" wolle [69].
So konnte in dem Vistationsbericht von 1789 bemerkt werden:
"Orgel ist jetzt gut repariert fordert aber, weil ein altes Werk ist, jährlich Nachsicht und Stimmung, was 1 fl. 30 xr. beträgt." [70]
Im Jahre 1843 kaufte die Gemeinde in Trebur eine gebrauchte Orgel. Der Gemeindeeinnehmer Steinmetz stellte am 29. 9. 1843 eine Quittung von 605 fl. aus. Am 7. 9. des Jahres hatte die Landesregierung in Wiesbaden die Genehmigung erteilt, daß die Gemeinde Eppstein bis 1000 fl. steigern darf.
Am 8. 10. 43 schloß die Gemeinde mit Orgelbauer Fr. Voigt in Igstadt einen Vertrag über die "sofortige Abnahme der in Trebur erkauften Orgel" ab. Für Verpackung wurden 16 fl. für die Überfahrt und Fährkosten 8 fl. zusammen 24 fl. in Rechnung gestellt. Die alte Orgel wurde in demselben Jahr nach Niederjosbach verkauft und am 23. 12. 43 die näheren Verkaufsbedingungen formuliert [71].

---

69) HStAWsb 331 Xd 6, 69
70) HStAWsb 331 Xd 6, 24
71) EvPfA Eppstein UB 1843

Am 23. 12. 1844 wurde mit OB Voigt ein Vertrag abgeschlossen in der Höhe von 330 fl., der von der Landesregierung genehmigt wurde. Aus diesem ist im wesentlichen die alte Disposition zu entnehmen:

"a) Oberwerk

1.	Principal 8'	
2.	Großgedackt 8'	
3.	Gamba 8'	
4.	Quintatön 8'	(Im Vertrag: 16')
5.	Octave 4'	
6.	Cornett Discant	(4fach)
7.	Sesquialtera 3'	(Nasat 3')
8.	Octave 2'	
9.	Mixtur 4fach 1'	
b)	Unterwerk (Brustwerk)	
1.	Großgedackt 8'	(lieblich von Holtz)
2.	Kleingedackt 4'	
3.	Spitzflöte 4'	
4.	Gemshornquint 1 3/4'	(Sifflöte 1 1/2')
5.	Mixtur 3fach 1'	(Scharf)
6.	Spitzflöte 2'	(Gemshorn 2')
7.	Flaute 8'	(Hoboa oder Vox humana 8')
c)	Pedal	
1.	Subbaß 16'	
2.	Violonbaß 8'	
3.	Octavbaß 4'	(Principal 4')
4.	Posaunbaß 16'	

Nebenzüge:

1. Manual Coppel
2. Pedalcoppel
3. Tremulant.

Voigt verspricht alles Mangelhafte und Schadhafte im Äußeren und Inneren zu beseitigen und spielbar zu machen.
Die Orgel soll nach Möglichkeit auf Kammerton gebracht und auf den neu errichteten Orgelstand bis Mai folgenden Jahres gesetzt werden. Die verkröpften Pfeifen sollen gerade gerichtet, die zerdrückten und oben aufgeschlitzten Pfeifen rundiert werden. Es wird vorgeschlagen, daß die Bässe besser außerhalb des Gehäuses Aufstellung finden. Die Pedal- und Manualladen sollen so eingerichtet werden, daß später drei Stimmen eingesetzt werden können. Das Rasseln im Manual und Pedal soll beseitigt werden. Er solle eine Haftung von 10 Jahren übernehmen. Die Abnahme erfolgte nach Revisionsbericht von Lehrer Frey vom 28. 1. 1845, demnach konnte der Kammerton nicht gestimmt und die Kröpfung einiger Pfeifen im Unterwerk nicht beseitigt werden. Die endgültige Quittung stellte Voigt am 20. 6. 1846 aus [72].
Die Orgel wurde in Trebur nach dem Vertrag vom 18. 2. 1751 von Johann Christian Köhler, Frankfurt, für 1000 fl. gebaut. Sie wurde als kostbar bezeichnet. Der damalige Praeceptor Saalfeld wurde nach Goddelau versetzt und an seine Stelle der "in Musicis hervorragend bewandte Kandi-

72) EvPfA Eppstein UB 1845

dat Heusinger Praeceptor und Organist nach Trebur berufen. Heusinger war dort 1753 bis 1760 tätig [73].
Das sehr schöne Gehäuse ist heute noch erhalten. An den großen Rundturm schließen auf beiden Seiten ein zweigeschossiges Flachfeld an, dem je ein Spitzturm folgt, der mit den Flachfeldern durch ein gemeinsames Gesims zusammengefaßt wird, das in die Randleisten des Mittelturms eingearbeitet ist [74].
Den Spitztürmen folgt ein bedeutend niedrigerer Rundturm und den Abschluß auf beiden Seiten bildet je ein etwas höheres Harfenfeld. Diese Gehäuse baute Köhler auch in Grävenwiesbach und Limburg, ehem. Hospitalkirche, St. Anna.
Angeblich hat Felix Mendelssohn-Bartholdy bei der Einweihung der Orgel am Tag der Kirmes am 11. 8. spielen wollen. Er hatte zugesagt, zum Besten des Kirchenfundus zu spielen. Der herzogliche Amtmann habe aber wegen unwürdiger Bettelei das Konzert nicht gestattet [75].
Die Disposition Köhlers, wie sie Voigt überliefert hat, stimmt im allgemeinen mit den übrigen bekannten für Hauptwerk und Echo überein. Allzu häufig waren die zweimanualigen Werke in der Umgebung nicht: Limburg, Dom mit RP. und Echo, Frankfurt, Karmeliten, ein zum Dahmschen Werk hinzukomponiertes Echo. Es ist die Frage, ob das Quintatön in dieser Form zu 8' richtig aufgezeichnet ist. In allen bekannten gleichgelagerten Fällen, wo sich das Hauptwerk auf den Prinzipal 8' aufbaut, steht unter diesem ein Quintatön 16', vgl. Grävenwiesbach 1750, Reinheim 1752, Limburg 1750, Oberweimar 1747 [76].
Wo dieser 16' nicht auftritt, fehlt eine Quintatön überhaupt, so Gabsheim 1755, Haintchen 1753. Vermutlich stand im Hauptwerk als Zunge eine Trompete 8' und im Echo eine Vox humana 8' wie in Frankfurt Karmeliten 1749.
Für das Echowerk ist die Vox humana statt Flöte 8' belegt durch eine Inschrift an einer Holzpfeife, wo gesagt wird, daß 1817 das Flötenregister an Stelle der Vox humana 8' eingesetzt wurde. Die Orgel war nach einem Bericht vom 9. 9. 1908, dem auch obige Stelle entnommen ist, 1 Ton zu hoch.
1908 baute Fr. Weigle, Echterdingen, ein neues Werk und benutzte das alte Gehäuse. Er verwandte pneumatische Membranladen [77].
Die Disposition ist heute:
I. Bd16 Pl8 Gb8 Hlfl8 Sal8 O4 Mxt3f2 2/3
II. Serahfl8 Lbgd8 Viola8 Qtt8 Aeol8 Vxcl8 LabOb8 Fltr4
Ped. Sbß16 Lbgdbß16 Vcl8 NK SbII/I SpII/I [78]
Peine weist auf die Verwendung der LabialOboe, einer Kopplung aus Quintatön 8' und Viola 8' hin, die für die Werke Weigles dieser Zeit charakteristisch ist [79].

73) W. Diehl, Die Orgeln, Organistenstellen und Organistenbesoldung an den alten Obergrafschaftsgemeinden des Großherzogtums Hessen, Darmstadt 1908, S. 18 - H. M. Balz, Orgeln und Orgelbauer, S. 186, 589.
74) Grundriß s. Peine, Frankfurter Orgelbau, S. 168
75) K. Wolf Mendelssohn in Soden, Nassovia, Wiesbaden, Jg. X (1909) S. 44
76) Frdl. Mitt. G. Woehl
77) Festschr. Weigle 1845-1920, S. 12
78) Vis. Ber. 1962 Frdl. Mitt. Brendel
79) Peine, Frankfurter Orgelbau, S. 172

Die Disposition wurde von Weigle zusammen mit dem Sachverständigen und Organist Julius Wolf, Frankfurt, St. Peter, aufgestellt. Der Beschluß zum Neubau erfolgte am 30. 8. 1908.
Am Nachmittag des Einweihungstages war ein Konzert, in dem ein Konzert von Händel, Adagio und Schlußsatz einer Sonate von F. Mendelssohn-Bartholdy, ein Arioso von Händel und das Vater Unser von C. Krebs dargeboten wurde. Orgelsolist war Prof. Dr. Volbach, damals Universitätsmusikdirektor in Tübingen, der ja durch die Händelrenaissance besonders bekannt geworden war. Es sang Frau M. Hoß, Cello spielte Th. Hoß und die Violine Ph. Cezanne 80).

Eppstein, kath.

Am 18. 1. 1809 reichte die Gemeinde Eppstein durch Pfarrer Schwarz von Fischbach ein Gesuch wegen einer Orgel ein. Nach dem Rezeß zwischen Mainz und Hessen-Darmstadt von 1718 durften die Katholiken weder eine Kapelle noch Orgel, noch Glocken haben. Der Gottesdienst fand still, ohne Orgel, in einer Beamtenwohnung statt 81).
Man bemühte sich später um die Orgel des aufgehobenen Klosters Bethlehem in Limburg. Nachdem sie zunächst der Pfarrei Hahn zugewiesen worden war, aber anscheinend nicht übernommen wurde, kam sie an die Domanialpfarrei Eppstein, für die sie Pfarrer Schwarz am 15. 7. 1819 quittierte 82).
Am 16. 6. 1819 reichte OB Nikolaus Zahn eine Rechnung ein: "Für Aufschlagung der Orgel mit 10 Register und Reparatur der unbrauchbaren Pfeifen und Belederung deren 2 Blaßbalg für Endes underschrieben für die Reparatur 44 fl. von dem Kirchenrechner Nikolaus Fischer bezahlt worden welches bescheinigt Nikolaus Zahn Orgelmacher".
Weitere Rechnungen bekunden die Überführung und Reparatur der Orgel:
1820: "Dem OB N. Zahn vor die Orgel aufzustellen 44 fl.
Schreiner Fischer vor Arbeit an der Orgell 8 fl. 48 xr.
Vor Auslagen zur Orgell dem Joh. Nathan 4 fl. 27 xr. für Drath Leim und Leder
Die von gn. Herrschaft geschenkte Orgel in Limburg abzubrechen und nach Eppstein zu fahren 30 fl. 45 xr. " 83).
Dieserhalb quittierte OB M. Engers, Wehen, am 5. 3. 1820 dem J. Nathan 15 fl. : "In dem Bethlehemiten Nonnenkloster zu Limburg von dort hierher zu fahren als den Fuhrkosten nach vorheriger Bekanntmachung an den Wenigstbietenden versteigert. Wenigstbietender Herr Joh. Nathan 15 fl. 45 xr. " 84)
Die Stimmungen der folgenden Jahre wurden von den in der Umgebung bekannten Meistern durchgeführt:
1830 Dreymann, 1838 Embach, 1852-61 Fr. Voigt, 1873 Gebr. Voigt, 1875 Gebr. Keller, 1879 M. Keller, 1901/02 J. Klais 85).

80) ZALKHN 1/2476
81) HStAWsb 230/555
82) HStAWsb 232/500
83) PfA Eppstein KR 1820
84) PfA Eppstein UB 1820
85) PfA KR

1903 baute E. F. Walcker ein neues Werk, das 1957 renoviert wurde und heute folgende Register hat:
P18 Bd8 F18 O4 F14 P12 Q3 Mxt3-3f Sbß16 Vlbß8 [86]

ERBACH (bei Camberg)

Im Jahre 1817 war noch keine Orgel vorhanden [87].
Am 28.10.1850 reichte Fr. Voigt, Igstadt, folgenden Entwurf für einen Neubau ein:

1.	Principal 4' Prospekt	7.	Octav 2'
2.	Salicional 8'	8.	Mixtur 3fach 1 1/3'
3.	Gedackt 8'	9.	Subbaß 16'
4.	Flauttravers 8'	10.	Violonbaß 8'
5.	Gedackt 4'	11.	Koppel
6.	Quint 3'	12.	Windablaß.

Der Preis sollte 1350 fl. betragen. Die Regierung erteilte die Genehmigung am 18.6.1858 [88].
Der Neubau durch Voigt wurde am 25.5.1858 beschlossen. Nachdem der Sachverständige, Pfarrer Neubig von Erbach/Rhein, am 14.6.1858 sein Urteil abgegeben hatte, stand nichts mehr im Wege [89].

ERBACH (Rheingau)

Die ev. Gemeinde hatte zunächst eine kleinere Kapelle in dem von Prinzessin Marianne von Preußen, geb. Prinzessin der Niederlande, gekauften Zehnthof, eingerichtet [90].
Für diesen Raum bemühte man sich um eine kleine Orgel.
1836 berichtete Kirchenrat Mosbach an die Landesregierung, daß sich 2 Accordanten beworben hätten, Embach in Rauenthal und Engers in Waldlaubersheim.
Embach habe eine kleine Orgel nach Limburg und eine größere nach Diez geliefert und man sei mit beiden zufrieden, Engers habe vor 14 Tagen "eine ganz fertige Orgel, welche er für die Gemeinde Heddernheim bestimmt hatte, von der letzteren aber nicht genommen ward, angeboten für 385 fl. und könne solche in 14 Tagen in Erbach aufstellen". Man befürchtete allerdings, daß das Werk fehlerhaft sein möchte.
Auf Antrag des Herrn Pfarrers Eibach zu Erbach hatte Caspar Embach nachstehende Disposition entworfen:

a.	Manual	4.	Solicional 4' Metall
1.	Principal 4' engl. Zinn	5.	Octav 2' Metall
2.	Hohlfloeth 8' Holz	b.	Petal
3.	Flauthraver 8' Holz	6.	Principalbaß 8' Holz.

86) Walter, ZfI 1904/05, S. 301
87) HStAWsb 211/1409
88) PfA Erbach
89) HStAWsb 211/4720
90) KDkm Hessen, Rheingaukreis, S. 153

Metall soll aus 3 Teilen Zinn und 1 Teil Blei bestehen, als Holz soll Tannenholz verwendet werden. Das Manual soll 56 Tasten - oben gebleichte Knochen, unten schwarzes Ebenholz - das Pedal 20 Tasten, mit extra Ventilen aus dem Manual, umfassen.
Zur Windversorgung sollen 2 Spanbälge 7' x 3' dienen Der Preis beträgt 440 fl. Der Riß zeigt ein klassizistisches Gehäuse, ein tieferer Mittelteil mit Dreiecksgiebel wird von zwei etwas höheren rechteckigen Türmen eingerahmt.
Am 13.5.1836 wurde von Friedrich Engers, Waldlaubersheim, ein Entwurf für die Gemeinde Eibingen vorgelegt. Es handelt sich wohl um den gleichen Vorschlag eines schon gebauten Werkes [91].

1. Principal 4' Probzinn
2. Flöttraver 8' Disgant Birnbaum
3. Bourdon Baß 8' Holz
4. Bourdon Disgant 8' Metall 1/2 Zinn, 1/2 Blei
5. Gamb 4' Metall
6. Gedackt Flaut 4' Metall
7. Octav 2' reppetirt mit Flaschonett
8. Octavbaß 8' Holz.

Das Werk soll seitlich spielbar sein, einen Umfang von C-f3 im Manual mit schwarzen Ebenholztasten und weißen Semitonien, im Pedal 18 Tasten besitzen. Hinzu kamen 2 Froschmäuler als Bälgen.
Der Preis: 220 Berliner Thaler. Der Riß zeigt ein einfaches Gehäuse mit dreieckigem Giebel.
Am 25.11.1836 wandte die Gemeinde sich an die Landesregierung mit der Bitte um Genehmigung des Abschlusses mit OB Voigt für ein Werk mit 5 Registern für 440 fl.
Nach Bericht des Dekans wurde die Orgel am 5.11.1837 aufgestellt.
Am 5.11.1837 stellt Anthes bei der Prüfung fest, daß das Principal für die Größe der Capelle etwas sanfter intoniert werden könne [92].
Als Prinzessin Marianne 1865 durch E. Zais den neugotischen Bau errichten ließ, wurde auch eine neue Orgel notwendig [93].
Die ebenfalls von Voigt erbaute neue Orgel hat heute folgende Disposition:
I. Pl8 Bd16 (ausgebaut) Gd8 Gb8 O4 Fl4 Q3 O2 Corn3f D8 Mxt3f2 Tpt8
2 Züge
II. Gpl8 Lbgd8 Sal8 Aeol8 Fl4
Ped. Sbß16 Vlbß16 Obß8.
Die mechanische Traktur geht leicht [94].
Im Jahre 1892 bemühte man sich um eine Renovierung, wie der Bericht vom 27.7.1892 in allen Details klarlegt:
Die Orgel bedarf nach 28 Jahren einer Reparatur. Voigt, Biebrich, machte einen Vorschlag von 495 Mk. Aber man entschloß sich am 16.1.93, den Auftrag in Submissionierung zu vergeben. Man wandte sich an G. Raßmann, G. Stumm, Kirn, und H. Voigt, Biebrich.

---

91) s. Eibingen Pfarrkirche
92) HStAWsb 211/4384II
93) KDkm Hessen, Rheingaukreis, S. 153
94) Mitt. Brendel

Raßmann verzichtete, Stumm legte Zeugnisse vor und schickte am 16. 1. einen Vorschlag. Am 28. 9. kam ein solcher von Voigt, "der seither in Straßburg gearbeitet hatte". Man bemerkte, daß Voigt mit seinem Vater (Friedrich) die Orgel erbaut und seit 20 Jahren in Unterhaltung gehabt habe. Stumm sei gut, jedoch in "pressanten Fällen" nicht so schnell zu erreichen, z. B. "wenn Kirchenbesuch Sr. Kgl. Hoheit des Durchl. Prinz Albrecht von Preußen 2 Tage vorher bekannt wurde". Die Gemeinde will mit Voigt abschließen [95].

Erbach (Rheingau), kath.

Für das Jahr 1679 ist eine Orgel durch einen zwar sehr nebensächlichen Posten der Kirchenrechnung bezeugt:
"Dem Gemeinen Schmitt von den Himmel undt Orgellarbeit laut Zettel 50 xr." [96].
Diese Orgel hat dann 1703 ihren Standort gewechselt, wie die Eberbacher Patres bemerkten: "Veränderung unseres Stuhls in der Erbacher Kirch. Es hat die Gemeind zu Erbach 1703 einige Sachen in ihrer Kirch bey Transferirung der Orgel verändert und renovirt" [97].
In der oben zitierten Baurechnung von 1720-23 werden 5 fl. bezahlt "von der alten Orgell auß zu stauben und zu stimmen".
Im Jahre 1723 schritt man zu einem Neubau. Man schloß am 31. 12. 1723 einen Vertrag mit dem Mainzer Orgelmacher Johannes Kohlhaas ab, der selbst ein Kind des Rheingaus war:
"Uff Herrn Johann Kohlhaß von Kiderich, Orgellmacher zu Mayntz ahnmeldten hat Schultheyß und Rath wegen einer höchst bedürfft. = undt nötigen Orgell in unserer zum Theill vergrößerten undt new erbaute Kirchen sich mit ihm verglichen und accordiret, daß Er hernach specificirte Register einführen, undt von Englisch gutem Zinn probmäßig starckh = und dauerhaft Pfeiffen machen solle so hirnach folgt

1.	Ein Principal in der mitten der Orgell ins Gesicht von gutem Engl. Zinn	8 Fueß Thon
2.	Ein Octav halb Engl. Zinn undt guth Bley	4' Thon
3.	Ein Superoctav halb Zinn wie oben	2' Thon
4.	Ein Quint von ob. Materi	1 1/2' Thon
5.	Ein Mixtur 4fach durchs gantze Clavir	1' Thon
6.	Flöten Register von obiger Materi	4' Thon
7.	Ein Groß Gedackh von ob. Materi	8' Thon
8.	Ein Klein Gedackh wie auch	4' Thon
9.	Ein Solicional Materi	8' Thon
10.	Sexquialter die letzten Octaven doppelt	3' Thon
11.	Ein Flacholetto von Mat.	2' Thon
12.	Ein Cornette Register 4 mahl doppelt	1' Thon

Pedall biß ins 2te F.

1.	Ein Souspaß von Holtz offen	16'
2.	Ein Octavpaß von Engl. Zinn ins Gesicht	8'

95) ZALKHN 1/2458
96) KPfA Erbach Bau-Rechnung
97) HStAWsb 22 Prot. 44, S. 36

3. Ein Mixtur 5fach von Materi 2'
4. Posaunpaß von Mat. 8' Thon
Item noch Platz vor ein Register, statt dießes Platz soll ein Superoctavpaß von Materi (4')
Alle Pfeifen und vorgem(elte) Register sollen anschlagen unndt lauthen außer die obriste in den 2 kleinen Thürnges.
Das Clavier soll mit Schrauben angehenckt, unndt alles mit gelben Trath gemacht werden, wie dann sollen zu dießer Orgell ein guth Windladt mit 4 Blaßbelch ad 7 1/2 Schue lang undt 3 1/2 Schue breit wohl verwahret, das Clavir mit Prasilier Holtz, die Semithon schwartz mit Ebenholz eingepeizet werden, welche Arbeit H. Joh. Kohlhaß verspricht in Jahresfrist anhero zu lieffern, aufzusetzen undt in perfectionen Standt uff sein Costen zu bringen, wofür er guth ist Jahr und Tag, hingegen soll davor accordirtermaßen von der Gemeinth haben 600 fl.
Die Bildthauerey und Zimmermanns Arbeit soll die Gemeindt Erbach stellen..." 31.12.1723.
"Wegen eingesetzten Viol de Gamben von unser zugesetzten Materi 20 fl. Johanneß Kohlhaß" [98].
1723 und 1725 wurden noch einmal 1 bzw. 2 fl. bezahlt.
Diese Disposition erinnert sowohl in der Zusammenstellung der Register als auch in ihrer Folge im Vertrag an die Art des Joh. Jakob Dahm, der ihn offensichtlich beeinflußt hat. Vgl. Frankfurt Karmeliter oder die einmanualige Form in Dietkirchen.
In letzterem Falle sind auch, wie in Erbach, Register des zweiten Manuals in das erste mit aufgenommen, so Cornett und Flöte 2'.
Charakteristisch ist für Dahm auch die Quint 1 1/2', die später in hiesiger Gegend immer in der 3' Form auftritt.
Fränkisch wirkt die Posaune 8', dagegen fehlt die größere Farbskala im Bereich der 8'-Unterlage.
1829 führte Jos. Philipp Embach eine Reparatur aus für 54 fl. 80 xr.
Das charakteristische Gehäuse ist noch vorhanden, das interessante Werk mußte 1909 einem Neubau weichen.
Dem großen mittleren Rundturm schließt sich auf beiden Seiten ein doppelgeschossiges Flachfeld an, dem je ein kleinerer Rundturm angegliedert ist. Den Abschluß auf beiden Seiten bildet ein hohes Harfenfeld, das nach außen ansteigend den Mittelturm überragt. Das obere Flachfeld war, wie der Vertrag sagt, blind. Den Mittelturm krönt König David, auf den Seitentürmen stehen zwei Engel [99].
Michael Keller, Limburg, lieferte lt. Vertrag vom 8.7.1888 folgende Arbeiten:

1. eine neue Gamba, 12 löthiges Metall, tiefe Oktav von Holz zu 170 Mk.,
2. fertigte statt Gedackt 4' einen neuen Bordun 16' und ersetzte die Pfeife C des Gedackts.

Weiter wurden Bälge und Laden repariert. Die Gesamtsumme betrug 340,50 Mk [1].

98) KPfA Erbach. - Abdruck in: A. Gottron, Die Mainzer Lehrjahre Jos. Gablers. Mainzer Zeitschrift Nr. 34 (1939), S. 43, Anm. 25
99) KDkm Hessen, Rheingaukreis, S. 150, Abb. 509
1) PfA. UB 1888

Am 16.5.1909 wurde mit Carl Horn, Limburg, ein Neubauvertrag geschlossen.

I. 1. Prinzipal 8' 112 x 125 mm
2. Bordun 16' c-f3 alt C 120 x 150 mm
3. Hohlflöte 8' 100 x 115 mm
4. Gamba 8' cis-f3 alt 78 mm
5. Gemshorn 8' 126 mm
6. Gedackt 8' 76/95 C-h2 Fichte und Eiche
7. Dolce 70/115 mm
8. Rohrflöte 4' 70 mm
9. Octav 4' aus Prospekt alt 85 mm
10. Mixtur 2 2/3' 4fach
11. Trompete 8'

II. 12. Geigenprincipal 8' 90 x 112 mm
13. Salicional 8' 83 mm
14. Lieblich Gedackt 8' 70 x 95 mm,
15. Flaut amabile 8' 90 x 112 mm ab Fis alt Gedackt
16. Aeoline 8' 65 mm
17. Vox coelestis 8' 42 mm
18. Flaut travers 4' ab c1 überblasend

Ped. 19. Subbaß 16' 145 x 180 mm
20. Violonbaß 16' 134 x 170 mm
21. Salicetbaß 16' 125 mm
22. Principalbaß 8' 124 x 158 mm.

Pneumatische Kegelladen, Winddruck 85 mm.
Die Genehmigung durch das bischöfliche Ordinariat Limburg erfolgte am 7.6.1909, die Abnahme durch Seminarlehrer K. Walter am 6.12. 1909 [2].

ERDA

Abicht bemerkt 1835, daß die Orgel schlecht sei [3].
Am 21.12.1859 berichtet der Pfarrer von dem Werk, daß es ein sehr altes Werk und im Verhältnis zur Kirche zu klein sei. Es habe 6 Register, 1 Achtfuß, 1 Pedalregister. Es müßten 12 Register gefordert werden. In der untersten Oktave fehlen die halben Töne. Es war also noch die kurze Oktav vorhanden [4].
Das heutige Werk baute G. Raßmann 1898 mit Schleifladen.
I. Bd16 Pl8 Hlfl8 Gb8 O4 O2 Mxt
II. Ggpl8 Sal8 Gd8 Fl4
Ped. Sbß16 Vlbß16 Obß8 [5]

ERNSTHAUSEN

Am 9.8.1786 richtete die Gemeinde Ernsthausen ein Gesuch wegen Anschaffung einer Orgel an das Weilburgische Amt:
"Das gemeinschaftliche Städtchen Assenheim an der Nidda will seine

Orgel von 8 Registern verkaufen. Der Orgelmacher Dreuth zu Griedel - (er baute in Assenheim ein neues Werk) - erbietet sich, dieses Werk mit 2 neuen Registern zu vermehren, so dann das Getrieb und neue Balken zu fertigen, wenn ihm die Gemeinde Ernsthausen dafür 350 fl. bezahle. In die neue geräumige Kirche kann das Werk gut sein." [6]
Am 1. 9. 86 wurde der Bescheid gegeben, daß das Werk zunächst untersucht werden müsse. Es wurde der Orgelmacher Johann Peter Rühl aus Niederkleen beauftragt. Dieser berichtete am 27. 9. 1786, daß er die Orgel in der Werkstadt Dreuts untersucht habe.
Das Gehäuse ist nach alter Art und wird vorne gespielt, die Windladen "zu schmal und zu kurz, Pfeifen zu dicht", es fehlt das Cis, alle Pfeifen sind aus purem Blei, haben zum Teil Salpeterfraß, Der Diskant ist gegenüber dem Baß zu schwach und schlecht intoniert. Die Faltenblasbälge sind mit einfachem Leder überzogen und nicht doppelt. Er rät zu einer neuen Orgel.
Er legte bei dieser Gelegenheit einen Entwurf einer Disposition bei, die er am 15. 9. 1786 aufgestellt hatte:
"1. Principal 4' 10 löthig
2. Viol di Gamba 8' untere Octav Holz
3. Bourdon 8' Holz
4. Flaut douce 4' Holz
5. Quinta 2 2/3'
6. Octav 2'
7. Terz 1 3/5'
8. Mixtur Discant 3fach".
"Petal 13 Claves angehängt". Windladen Eichenholz, Ventile herausnehmbar. "Manual 51 Claves vorderste schwarz, hintere weiß".
Das Werk ist von der Seite spielbar. 2 Bälge waren für die Windversorgung geplant. Das Gehäuse aus "Dannen" in Berliner Blau, die "Bildarbeit" Gold.
Der Preis sollte 325 fl., dazu ein Eichbaum 24' hoch, betragen [7].
Es wurde wohl nicht gebaut, 1817 war keine Orgel da [8]. Im Jahre 1831 wurde eine neue Kirche gebaut, darin steht eine damals gebaute Orgel mit klassizistischem Gehäuse in originaler Marmorierung [9].
Das Gesuch um den Orgelneubau wurde am 27. 12. 1831 eingereicht und der Bau von Daniel Raßmann übernommen. Die Disposition wurde durch Anthes geprüft und bemängelt, daß Flöte travers 8' Discant unsinnig sei und Flöte beigegeben werden, also im Baß vervollständigt werden solle. Als "befremdend" bezeichnete er die Trompete Discant und das Fagott 16' ein "Unding" [10].

---

2) KPfA Erbach UB 1909
3) Abicht, S. 197
4) StAKo 441/28809
5) ALKRhl O + G.
6) Gemeinschaft Hanau-Münzenberg zu Hessen-Kassel, Solms-Rödelheim, Isenburg-Wächtersbach. W. Wagner, Rhein-Main-Gebiet, S. 70.
7) HStAWsb 153/304
8) HStAWsb 211/1409
9) Dehio-Backes, Hessen, S. 197
10) HStAWsb 245/101

Das jetzige Werk, demnach in dem Raßmann-Gehäuse, wurde von OB Eichhorn, Weilmünster, 1875 gebaut:
Pl8 B. u. D. Fl8 Sal8 O4 Rfl4 Mxt3f3 Sbß16 Mechanische Traktur [11]

ESCH

Nach Bericht vom 2.7.1788 wurde die alte Orgel aus Hasselbach, wo die Orgelmacher Stumm zu der Zeit eine neue gebaut hatten, aufgestellt. Hofmechanikus Mahr aus Wiesbaden führte die Arbeit durch. Der Sohn, "jetzt auch Meister" bekam 7 fl., ein Geselle 1 fl. und ein Schreinergeselle 1 fl., des Orgelmachers Lehrjunge 30 xr. [12]
Am 30.8.1840 wurde ein Gesuch um Reparatur eingereicht, Voigt reichte einen Voranschlag von 90 fl. ein [13].
G. Raßmann baute 1870 eine neue Orgel von 10 Registern:
Pl8 Gd8 Sal8 Fld4 O4 O2 Mxt3f2 Corn D Sbß16 Vlbß8 mech. Tr [14]
Im Jahre 1937 lag von OB Hardt ein Kostenvoranschlag vom 9.1.1937 vor über eine Reinigung und Lieferung eines neuen Prinzipal 8' im Prospekt, der am 3.9.1937 beschlossen wurde [15].

ESCHBACH (über Nastätten)

Am 25.2.1869 wurde wegen Anschaffung einer Orgel und deren Finanzierung mit dem Konsistorium in Wiesbaden verhandelt.
Anscheinend wurde eine Orgel von Buderus, Singhofen, geliefert; denn dieser bestand laut Schreiben vom 10.4.1870 darauf, bei der Abnahme zugegen zu sein.
Am 10.4.1875 wurde mit OB Schmidt, Braubach, ein Stimmvertrag abgeschlossen. Schon im Jahre 1886 mußte man sich wiederum wegen einer Reparatur an einen Orgelbauer wenden, dieses Mal an Fr. Voigt in Igstadt. Er berichtet über das Werk, daß es mangelhaft gebaut und aus alten Teilen zusammengesetzt sei und folgende Register habe:

1. Großgedackt
2. Kleingedackt (soll entfernt werden, stets verstimmt)
3. Flöte 4'
4. Salicional 4'
5. Principal 4'
6. Octav 2'.

Pedal ist angehängt. Die Reparatur sollte sich auf 200 Mk. belaufen. Dieses Werk wurde 1906 wegen Wurmfraß abgebrochen und ein Harmonium aufgestellt.

Im Jahre 1936 bemühte man sich wieder um eine Orgel. Aus einem Bericht vom 11.5.1936 ist zu entnehmen, daß Eichhorn und Eppstein in

11) Mitt. Wißmüller
12) HStAWsb 131 Xd 15
13) HStAWsb 211/4721
14) FBHN44
15) ZALKHN 1/2464

Weilmünster eine fertige Orgel anbieten. Am 19. 7. 1936 wurde beschlossen, diese zu kaufen.
Die Register: P18 Sal8 O4 Gh4, Pedal angehängt. Der Preis betrug 1000 Mk. Der Sachverständige Pf. Wißmüller rät am 25. 8. 36 zum Kauf [16]. Nach einem Bericht von H. Brendel von 1962 wurde dieses Werk auf Grundlage einer kleinen alten Schleiflade (Schöler?) in den Jahren 1900/10 erbaut. Die Spielart wird als sehr schwer bezeichnet. Das Gehäuse soll von einem Werk aus dem Lehrerseminar in Dillenburg stammen. Nach dem Bericht 1962 war die Disposition verändert: P18 Sal8 F14 Gh2. Es wurde ein Subbaß und die Anfertigung einer Rschpf2f empfohlen [17].

ESCHBACH (über Usingen)

Offensichtlich war in der alten Kirche eine Orgel vorhanden; denn im Jahre 1776 reparierte sie OB Bürgy, Bad Homburg [18].
Verschiedene Meister bewarben sich um den Bau der Orgel nach Vollendung eines klassizistisch-neuromanischen Neubaus aus dem Jahre 1843 [19].
Es bewarben sich Fr. Voigt, Igstadt, P. Weil, Weilmünster und D. Raßmann, Möttau. Mit Raßmann wurde der Vertrag abgeschlossen. Er teilt am 6. 11. 1845 mit, daß die Orgel in einigen Wochen fertig sei [20].
Die Stellung der Register auf der Lade, verteilt auf Unterwerk als Positiv und Oberwerk als Hauptwerk und dahinter stehendem Pedal, ist folgende:

I.	1.	Principal 8' Prospekt Stimmgang	II.	13.	Principal 4'
	2.	Mixtur 3fach 2'		14.	Hohlflöte 8'
	3.	Octav 2'		15.	Salicional 4'
	4.	Quint 3'		16.	Spindelflöte 4'
	5.	Gemshorn 4'		17.	Rohrflöte 4'
	6.	Octav 4'		18.	Flageolett 2'
	7.	Flöte 4'		19.	Mixtur 3fach 1'
	8.	Gedackt 8'	Ped.	20.	Subbaß 16'
	9.	Flauttravers 8'		21.	Violonbaß 16'
	10.	Bordun 16'		22.	Octavbaß 8'
	11.	Gamba 8'		23.	Octavbaß 4'
	12.	Trompete 8' 2 Züge neu		24.	Posaune 16' Stiefel und Zungen neu, Körper alt.

Manualkoppel und Pedalkoppel.

Es handelt sich hier um eins der größten Werke dieses Meisters, das auch heute noch einen ausgezeichneten Klangeindruck gibt. Sehr gut ist die Differenzierung der verschiedenen gleichfüßigen Stimmen gelungen. Während das Gedackt voller angelegt ist, hat die Flauttravers

16) ZALKHN 1/2849 - Pf. Weyer.
17) Mitt. Brendel
18) StAMbg 315g Eichen III, 3
19) Dehio-Backes, Hessen, S. 199
20) HStAWsb 211/5296

mehr Strich. In der 4' Lage hat das Gemshorn Strich, desgleichen die Spindelflöte, - ein Leitfossil für D. Raßmann - aber etwas schwächer, dagegen kräftig mit Strich das Salicional 4'. Die Flöte 4' im HW ist voluminös, hingegen die Rohrflöte im Pos. zart, flötig.
W. Metzler, der die Disposition inzwischen abgedruck hat und auf Raßmann hinweist, stellt fest, daß die Ventile unter den 8' Registern angebracht sind, die "Füllstimmen" etwas weiter davon entfernt. Er weist auf die Schwellmöglichkeit durch entsprechende Registrierung hin, worauf die Disposition offensichtlich angelegt ist. So hat Metzler diese Orgel folgerichtig als charakteristisches Werk für den Anfang des 19. Jahrhunderts eingeordnet, als Denkmal der Romantik [21].

ESCHBORN

Aus dem Anstellungsprotokoll des Lehrers Joh. Caspar Dill vom 12.3. 1716 ist zu entnehmen, daß ihm wegen des "Orgelschlagens" 15 fl., Halb Achtel = 1 Zentner Weizen verrechnet werden [22].
Laut Urkunde vom 28.2.1754 wird vom Kurfürstl. Schultheiß und den Gerichtsleuten vereinbart, daß zur Raumgewinnung in den Chor eine Bühne gestellt wird, sowie dort Gerichtsstuhl und Orgel Aufstellung finden soll [23].
Aus diesen Zitaten wird das Vorhandensein einer Orgel zu Beginn des 18. Jahrhunderts erhellt.
Aus den Kirchenrechnungen erfahren wir über ihr weiteres Schicksal:
1791 Orgelmacher Hugo für Stimmung 1 fl. 30 xr. desgl. 1796.
1797 Bürgy, Bad Homburg, für Reparatur und Stimmung 7 fl.
1798-1821 weitere Stimmungen durch Bürgy.
1824 Storck für Stimmung 2 fl. desgl. bis 1830.
1833 Der Orgelmacher ist schon einige Jahre nicht mehr gekommen die Orgel zu stimmen, wahrscheinlich weil die Belohnung hierfür mit 2 fl. zu gering ist.
1834 Dem Orgelmacher Embach für die Reparatur und Stimmung 5 fl. desgl. bis 1839.
1842 Accord für 5 Jahre 5 fl. 1848 Accord für 10 Jahre.
1857 Letztes Accordjahr.
1861 Eine neue Orgel von dem Herrn Orgelbauer Voigt, Igstadt, zu dem Preis von 800 fl. Abnahme durch Lehrer Link von Höchst.
Voigt hatte folgenden Vorschlag gemacht:
Disposition und sonstige Angaben über ein neues Orgelwerk für die Kirche zu Eschborn.
1. Manual
1. Principal 4' so viel wie thunlich in die Front zu stellen
2. Gedackt 8' Holz
3. Salicional 8' Metall tiefe Octav aus Gedackt 8' sprechend
4. Flöte 4' Metall gedackt
5. Mixtur 3fach 1 1/2' (Bleistift: statt dessen Cornett 3fach)

21) W. Metzler, Romantischer Orgelbau in Deutschland, Ludwigsburg o. J. S. 35ff.
22) A. Paul, Vom Vorgestern zum Heute, Oldenburg o. J. S. 85
23) Paul, S. 223 - HStAWsb 332 Xd 3a

2. Pedal	3. Nebenzüge
1. Subbaß 16'	1. Pedalkoppel
2. Violon 8'	2. Windablaß.

Gehäuse Tanne. Ventile zum Herausnehmen. Manualumfang: C-f3 = 54 Tasten, Pedal: C-g = 20 Tasten. Obertasten aus Ebenholz, Untertasten aus gebleichten Knochen. Registerzüge schwarz gebeizt. 2 Bälge.
3 Jahre Garantie. 800 fl. Igstadt den 11.12.1858.
Nachtrag: Auf der Manuallade sind noch 2 Register vorzusehen. Vertrag 12.12.1859. Genehmigung durch die Regierung 3.2.1860. Abnahme durch Lehrer Link, Höchst, am 1.8.1861.
Nach seiner Meinung hätte die Orgel mehr gewonnen, wenn statt Mixtur 3fach ein Cornett 3fach ab g^o oder c1 gesetzt würde [24].
Nach dem Visitationsbericht von 1962 lag die Disposition vor:
Pl4 Gd8 Sal8 Fl4 Q3 O2 Mxt1-2f Sbß16 Vlbß8.
1945 war eine Aeoline 8' vorhanden, die anscheinend später wieder entfernt wurde. Die zwei vorgesehenen Register waren demnach Q3 O2.

ESCHELBACH

Im Jahre 1957 baute OB Kemper, Lübeck, ein neues Werk:
HW. Pl8 Qtt4 Wfl2 Mxt4f OW. Gd8 Rfl4 O2 Schf3f Ped. Sbß16 NK

ESCHHOFEN

Für die 1889 erbaute Kirche von Eschhofen baute Carl Horn im Jahre 1910 eine neue Orgel mit den Stimmen:
I. Bd16 Pl8 Hlfl8 Gb8 Qtt8 O4 Gh4 Mxt3
II. Ggpl8 Gd8 Dolce8 Sal8 Aeol8 Vxcl8 Fltr4
Ped. Sbß16 Gdbß16 Vcl8 NK. SpII/I MelKop [25]

ESPA

Die Gemeinde kaufte sich 1965 von G. F. Steinmeyer ein Positiv Modell C: Gd8 Pl4 Rfl4 O2 Schf2-3f1 1/3 mit offenem Prospekt [26].

ESPENSCHIED

Durch die Regierung in Koblenz wurde am 6.5.1823 der Ankauf der alten Orgel aus Trechtigshausen für 400 fl. genehmigt. s. d.
1961 baute Chr. Gerhardt und Söhne, Boppard, eine neue Orgel mit zwei Manualen und 9 Registern für 15400 Mk [27].

24) PfA Eschborn UB 1861
25) Mitt. Vogel
26) Mitt. Wißmüller
27) BALbg LB 1963

ESSERSHAUSEN

Am 30. 9. 1808 wurde von den Gemeinden Essershausen und Bernbach für die Pfarrkirche in Essershausen ein Vertrag mit dem OB Schöler, Bad Ems, über den Neubau einer Orgel unterschrieben:

1. Principal 4'
2. Bourdon 8' Baß, Holz
3. Bourdon 8' Discant Metall
4. Flöte gedackt oder offen 4' Metall
5. Quint 3' Metall
6. Salicional 4' Metall
7. Octav 2' Metall
8. Mixtur 3fach 1' rep. per Octav
9. Gedacktbaß 8'
10. Principalbaß 8'

Tremulant
Copula manualis
Copula pedalis.

Das Pedal von 1 Oktav "durch ein aparte Traktur ohne angehängt nebst Windventile". 2 Bälge. Klaviatur an der Seite, "ganze Töne aus Ebenholz". Manualumfang C, Cis-f3, Preis: 520 fl.

Weilburg empfiehlt am 3. 3. 1808, mit Schöler, falls er in Löhnberg die Reparatur übernimmt, in Accord zu treten.

Genehmigt wurde der Vertrag von der Regierung in Weilburg am 11. 10. 1808 [28]. Eine Reparatur durch Theodor Raßmann wurde am 16. 7. 1846 genehmigt [29].

Im Jahre 1922 stand auf der letzten Schleife eine Flauttravers 8'. Nach einer Aufnahme von 1967 war das Salicional 4' in 8' verändert und statt der Flöte 8' ein Prinzipal 8' erwähnt. Vermutlich stand auf der letzten Schleife eine Trompete 8', die nach dem Vertrag besonders vereinbart worden war [30].

EWERSBACH (Berg-Ebersbach)

Im Jahre 1817 war schon eine Orgel vorhanden [31]. Das heutige Orgelgehäuse deutet auf die Mitte des 19. Jahrhunderts. Die Orgel stammt angeblich von Raßmann.

Die Disposition: Sal8 Hlfl8 Aeol8 Pl4 Fl4 O2 Mxt3f1 Sbß16 Obß8 Vlbß8 PK.

Alt sind an diesem Bestand: Octav 2', Mixtur, Salicional 8' und Gedackt 8'. Die Flöte auf der letzten Schleife ist neu, ebenso der Prinzipal 4' im Prospekt aus Zink. Die Mixtur repetiert in c° nach 2' und c2 nach 4'.

---

28) HStAWsb 153/83
29) HStAWsb 211/5525
30) Arch. Hardt
31) HStAWsb 211/1409

Auf den Pfeifen vom Violonbaß steht mit Bleistift die Jahreszahl 1851 eingetragen. Das könnte auch für den Prospekt das richtige Jahr sein. Die ursprüngliche Disposition (?) Pl4 Gd8 Sal8 Fl4 O2 Mxt (Rohrwerk?).

EWIGHAUSEN

Die Gemeinde richtete am 4. 12. 1860 ein Gesuch an die Regierung wegen Erbauung einer Orgel und der Zahlung von 50 fl. aus der Gemeindekasse [32].

FALKENSTEIN

Falkenstein, ev.

Im Jahre 1858 wurde die alte Orgel von Bad Soden nach Falkenstein verkauft (s. dort) [33]. Im Jahre 1817 war noch keine vorhanden [34].
Im Jahre 1913 wurde durch E. F. Walcker ein neues Werk geliefert:
I. Pl8 Bd8 Sal8 O4 Mxt3f3
II. Gb8 Kztfl8 Aeol8 Trfl4 Vxh8
Ped. Sbß16 Ztbß16 Vcl8 aus II Pn. Tr.
Die neue Disposition nach Bosch, Kassel:
I. Pl8 Rfl8 O4 Wfl2 Mxt3f1 1/3
II. Kztfl8 Trfl4 Pl2 Q1 1/3 Schalmob8'
Ped. Sbß16 Ztbß16 Kztfl8 oder Trfl4 als Tr. [35]

Falkenstein, kath.

Im Jahre 1895 erhielt die Kirche eine Orgel von H. Voigt, Biebrich. Sie hat heute folgende Form:
Pl8 Fl8 O4 Fl4 Q3 Blfl2 Mxt4-6f
OW. Gd8 Sal8 Fl4 Pl2 12-14 leere Schleifen
Ped. Sbß16 Obß8 Gdbß4 18-19 leer [36]

FELLINGSHAUSEN

Am 23. 8. 1901 wurde ein Gesuch wegen eines Neubaus eingereicht, Förster und Nicolaus, Lich, und Gebr. Bernhard, Gambach, bewarben sich. Der Sachverständige rät zu dem 100 Mk. billigeren Förster. Die Gemeinde beschließt, den Bau durch Förster ausführen zu lassen, die behördliche Genehmigung erfolgte am 22. 10. 1901, die Abnahme am 20. 6. 1902 [37].

32) HStAWsb 243/308
33) E. Butteron, Heimatgeschichte der Stadt Bad Soden, S. 56
34) HStAWsb 211/1409
35) Mitt. Wißmüller
36) Mitt. PfAmt
37) ZALKHN 1/2490

Der Plan von Förster und Nicolaus vom 5. 6. 1900 sah vor:
Pl8 Sal8 Bd8 O4 Fld4 Rschq2 2/3 Sbß16. Springwindladensystem für 2250 Mk. Später ist anscheinend die Disposition erweitert worden, möglicherweise auch beim endgültigen Vertrag:
Pl8 Gd8 Dolce8 Gb8 O4 Fl4 Rschq2 2/3 Wfl2 Sbß16 Pn. Tr. [38]
Am 29. 6. 1969 wurde eine neue Orgel eingeweiht, die Willi Peters, Köln-Mühlheim, erbaut hat. Die Register sind folgende:
HW. Rfl8 Pl4 Obertöne3f 2 2/3-1 3/5-1 Mxt4f1 1/3
Hinterwerk. Hzgd8 Blfl4 O2 Schf3f1
Ped. Po16 Plbß8 Koppelfl4
3 NK. Mech. Tr. und Reg. [39]

FISCHBACH

Fischbach, ev.

Im Jahre 1961 baute A. Hardt und Sohn, Möttau, eine Orgel:
Pl4 Gd8 Rfl4 O2 Mxt3-4f1 1/2 Sbß16 [40]

Fischbach, kath.

In dem heute vorhandenen Gehäuse stand ein Werk des Wiesbadener Orgelbauers Mahr.
Aus den KR ist zu entnehmen:
1781 Orgelmacher abschläglich 100 fl. desgl. noch einmal 100 fl.
1782 Dem Orgelmacher Mahr von Wiesbaden 200 fl. abschläglich auf seinen Accord für die Orgel.
Diesem ferner 120 fl. 30 xr., ferner 305 fl., dann 150 fl. und Trinkgeld für Gesellen 16 fl. 48 xr.
Die Orgelmacher mußten "accortermassen während ihres vernüdigten Hierseyns wegen Aufstellung und Stimmung der Orgel zehrungsfrey gehalten werden und haben also, incl. 2 fl. dürres gebrauchtes Holz, verzehrt 174 fl. 22 xr."
1783 wurden 93 fl., 1784 50 fl. 14 xr., 1785 21 fl. 14 xr. ausgegeben. Also wurden von 1781-85 an Mahr 1331 fl. 10 xr. gezahlt [41]
Leider ist kein Vertrag vorhanden.
Das Werk wurde dann in den Jahren bis 1819 von Embach, Rauenthal, 1819 von Zahn, Groß Ostheim, gestimmt und gepflegt.
Am 25. 1. 1820 leitet der Amtmann von Königstein ein Gesuch des Pfarrers wegen einer notwendigen Reparatur an die Landesregierung. Kostenvoranschläge lagen vor von Mahr, Wiesbaden, und Nicolaus Zahn, Großostheim. Ersterer verlangte 93 fl., letzterer 60 fl. Am 4. 2. 1820 genehmigte Wiesbaden die Reparatur durch Zahn [42].

---

38) Arch. Förster u. Nicolaus - FBHN44
39) Mitt. Peters
40) Arch. Hardt
41) HStAWsb 331/KR PfA KR
42) HStAWsb 211/14694

In den Jahren 1827/28 tritt der Mainzer Meister B. Dreymann auf, der am 10.11.1826 einen Reparaturvorschlag einreichte. Diesem sind folgende Einzelheiten zu entnehmen:

Kleine Pfeifen sind vom Salpeter befallen in der Mixtur im Diskant. Octav 2', Quint 3', Quint 1 1/2'. Die zu kleine Mixtur soll von 2' auf 4' umgestellt werden. Einige Pfeifen in Gamba 8', Dulcian 4', Quintatön 8', Octav 4', Vox humana 8' müssen erneuert werden. Da für die Größe des Prospekts ein Prinzipal 8' anzunehmen ist und ein Gedackt 8' selbstverständlich ist, wäre demnach folgende Disposition zu rekonstruieren:

1.	(Principal 8')	7.	(Gedackt 4' Holz)
2.	(Gedackt 8' Holz)	8.	Quint 3'
3.	Gamba 8'	9.	Octav 2'
4.	Quintatön 8'	10.	Quint 1 1/2'
5.	Octav 4'	11.	Mixtur 2'
6.	Dulcian 4'	12.	Vox humana 8'.

Nach anderen Werken Mahrs wäre für das Pedal anzusetzen:

13. Subbaß 16'
14. Principalbaß 8'
15. Posaune 16'

Dazu kämen Koppel und Tremulant [43].

Ab 1836 stimmte Fr. Voigt das Werk, der 1837 einen 6 Jahr- und 1843 einen weiteren 8 Jahrvertrag abschloß.

Die Autorschaft wurde auch schon durch einen Bericht des Lehrer Schäfer von Eppstein vom 3.6.1789 bezeugt [44].

Am 8.2.1905 schloß die Gemeinde einen Neubauvertrag mit C. Horn ab:

I. Pl8 Bd16 Hlfl8 Gb8 O4 Gh4 Mxtcorn2 2/3

II. Ggpl8 Lbgd8 Sal8 Dolce8 Fltr4

Ped. Sbß16 Gdbß16 Plbß8 [45]

Auf dem Mittelturm steht die Notiz: Geschenk des Herrn Baron Albert von Reinach [46].

Später wurde umdisponiert:

I. wie oben, II. Lbgd8 Sal8 Pl4 Q3 Fltr4, Ped. wie oben.

Das erhaltene Gehäuse zeigt einen runden Mittelturm, dem sich auf beiden Seiten je ein nach außen abfallendes Harfenfeld anschließt, mit gleicher Höhe beginnend folgt wieder je ein Harfenfeld als Abschluß.

FILSEN

Im Jahre 1817 ist noch keine Orgel vorhanden, im Schematismus von 1837 jedoch erwähnt [47].

Im Jahre 1930/31 baute Christian Gerhardt, Boppard, eine Orgel, die 1936/39 in der Disposition verändert wurde und heute folgende Form hat:

43) PfA UB 1828
44) HStAWsb 330 Xd 7, 11
45) PfA Fischbach Orgelakte
46) Peine, Frankfurter Orgelbau, S. 176
47) HStAWsb 211/1409. Schem. Lbg 1837

I. Pl8 Rfl8 Pr4 Gh4 Hirtenfl8 Engelstimme (stumm)
II. Vl8 Gb8 Aeol8 Trfl4 Klosterglöckchen4
Ped. Sbß16 Echobß16 [48)]

FLACHT

Nach dem Bericht vom 12.4.1786 wurde bei Neubau der Kirche die Orgel wieder aufgestellt und von Orgelmacher Zimmermann (in Diez) repariert [49)].
Am 4.8.1789 bat die Gemeinde das Fürstl. Konsistorium von Nassau-Diez, die Orgel reparieren zu lassen. Es wurde berichtet, daß der in Diez wohnende Orgelmacher (Zimmermann) die Orgel schon einmal repariert habe. Die Gemeinde wolle den in Ems wohnenden Orgelmacher (Schöler) nehmen. Amtmann Pagenstecher in Diez befürwortete Schöler, was vom Konsistorium am 22.8.1789 genehmigt wurde [50)].
Im Jahre 1831 arbeitete D. Raßmann an der Orgel [51)]. Die Reparatur zu 108 fl. wurde genehmigt am 15.7.1829 [52)].
Im Jahre 1924 wurde die alte Orgel in mehreren Teilen für unbrauchbar erklärt. Eine Besichtigung und Neuaufstellung einer Disposition erfolgte durch Organist Gräb, Biebrich, nach Bericht vom 14.5.1924. Man beschloß am 9.6.1924 einen Neubau von 15 klingenden Stimmen, der am 25.8. genehmigt wurde.
Mit dem Bau wurde Fr. Weigle beauftragt. Die Abnahme erfolgte am 31.5.1925, nachdem die Einweihung an Pfingsten stattgefunden hatte. Das alte Gehäuse wurde übernommen [53)].
Die Disposition:
I. Pl8 Gd8 O4 Sal8 Mxt2 2/3
II. Lbgd16 Flambl8 Qtt8 Gb8 Aeol8 Vxcl8 Fltr4
Ped. Sbß16 Vlbß16 Vcl8 [54)]
Das alte Gehäuse hat einen runden Mittelturm, dem sich je ein Flachfeld anschließt und das mit je einem Dreiecksturm abgeschlossen wird. Wenn auch um 1713 Elias Salvianer, der österreichische Orgelbauer, in Flacht wohnte und möglicherweise dort gebaut hat, so erinnert doch der Prospekt an die Bauart des OB Florenz Wang aus Hadamar [55)].
Im Jahre 1970 baute Fr. Weigle, Echterdingen, ein neues Werk mit den Registern:
HW. Rfl8 Pl4 Sesq2f Flachfl2 Mxt4-5f1 1/3 Tr.
BrW. Hzgd8 Blfl4 Pl2 Q1 1/3 Schf3-4f1/2 Tr.
Ped. Sbß16 Pl8 Hlfl4.
Schleifladen, Mech. Spiel- und Reg. Tr. [56)]

48) Mitt. PfAmt
49) HStAWsb 175/1540 Lahr
50) HStAWsb 175/316
51) HStAWsb 235/8 Niedertiefenbach
52) HStAWsb 211/4271
53) ZALKHN 1/2489. - Ev. Kirchenbote des Dekanats Diez 1925, Nr. 7
54) FBHN44
55) Volkmar Klose, Flachter Pfarrchronik, in: Weg und Leben, Jg. 1972. - M. Keiling, Einricher Orgelchronik, S. 9. - Franz Bösken, Orgelbauer aus Österreich am Mittelrhein in der ersten Hälfte des 18. Jh., in: Symbolae Historiae Musicae, Festschrift für H. Federhofer, Mainz (1971), S. 138-140.
56) Mitt. Weigle

FLEISSBACH

Nach Bericht vom 21.1.1889 fand die Versteigerung der alten Kirche statt und bei dieser Gelegenheit wurde ein Harmonium erwähnt. Eine neue Orgel wurde mit dem Kirchenneubau angeschafft, die G. Raßmann anfertigte. Sie bekam ein neugotisches Gehäuse [57].
Raßmann legte die Disposition zugrunde:
I. Pl8 Bd16 Hlfl8 O4 Mxt3f2
II. Gd8 Sal8 Fl4
Ped. Sbß16 Vlbß8
Dieses Werk wurde von Kemper, Lübeck, klanglich umgestaltet:
I. Pl8 Hlfl8 O4 Siffl2 Mxt3f1 1/3
II. Gd8 Fl4 Q1 1/3
Ped. Sbß16 Gdfl4 [58]

FLÖRSHEIM

Flörsheim, ev.

Nach einem Bericht vom 15.5.1901 an das Konsistorium ergibt sich folgender Tatbestand: "Hiesige Gemeinde (Hochheim) will der Filiale Flörsheim bisherige Orgel überlassen". Sie hat 10 klingende Stimmen. Ersetzt werden soll Fugara durch Aeoline, dazu sollen eine neue Klaviatur und ein Compensationsbalg kommen. In dem Gutachten des Sachverständigen Wolfram aus Dillenburg heißt es: Vor 50 Jahren wurde diese Orgel von Voigt, Igstadt, gebaut und von Weigle und Walcker im Beisein von Wolfram untersucht und für solid gebaut und gut erhalten befunden, so daß sie noch 100 Jahre aushielte.
Die Abnahme des übernommenen Werkes erfolgte nach Bericht vom 20.8.1901 in Flörsheim und bemerkt, daß das Salicional umgearbeitet und Fugara in Dolce verändert wurde [59].
Später hatte die Orgel an Registern:
Pl8 Fld8 Gd8 Sal8 Flambl4 Pl4 O2 Mxt3f Sbß16 Vlbß8 [60]

Flörsheim, kath.

Die erste nachweisbare Orgel baute der Frankfurter Meister "Görg" Steigleder. Dem Gerichtsprotokoll der Gemeinde ist unter dem 20. Mai 1691 zu entnehmen:
"Hatt Herr Ober und Underschultheiß auch ein Gericht sich dahin ahngefangen zu bewerben, damit sie die new gedingte Orgell so Herr Görg Steigleder von Franckfurt zu bringen, damit sie die drey Zettel laut die 90 Rthl. beyneben die 10 Rthl. Trinkgeldt ahn den Orgellmacher

57) ZALKHN 1/2487 - Zeichnung Raßmann, Arch. Hardt
58) FBHN44, Mitt. Wißmüller
59) ZALKHN 1/2488 - A. Kortheuer, Bausteine aus der ev. Gemeinde Hochheim-Flörsheim, Hochheim 1902, S. 4 - K. Olbert, Die ev. Kirchengemeinde, in: Festschrift zur Stadterhebung, Flörsheim 1953, S. 56
60) Mitt. Eppstein

zahlen kann undt auch von die Posaunen 20 Rthl. und ist die Einnahm wie folgt: 441 fl. 12 alb. 6 d.
Ausgab H. Görg Steigleder zahlt an bahrem Gelt 410 fl., 2 Ohm Wein, 90iger Gewächß.
Item H. Pater Milian (Aemilian Hummert, Amorbach), so wir beruffen zu der Orgell zuzusehen ob sie recht gemacht 6 fl.
Item deß Orgelmacher Schreinersgesell verehrt 2 fl.
Item zu voller Abstattung der 50 fl. Capitall sampt deren Interesse so die Gemeind Flörsheim Hanß Kohlen schuldig verplieben 6 fl.
Item H. Kastenmeister zu Mäintz verehrt wegen der Ding Zettel zu schreiben 1 fl.
Item 7 alb. zahlt vor Wehrgelt nebst an Wein dem Orgelmacher als geliefert ist worden. Dem Meister Martin Mich Schreiner von der Bord Bühne zu machen 2 fl. Alle Ausgaben bis 1692 430 fl. 19 alb. 4 d." [61]
Aus den KR ergeben sich noch kleinere Posten für die Pflege und Stimmung:
1702: Dem Orgelmacher welcher die Orgel reparirt hat zahlt 1. Z. 2 fl.
1761, 62, 64 4-5 fl. für die Stimmung. Dem Schulmeister wurden für das Schlagen der Orgel aus dieser Rechnung 20 fl. ausbezahlt [62].
Nach 55 Jahren bemühte man sich jedoch schon wieder um eine neue Orgel. Wahrscheinlich war das Steigledersche Werk, erbaut für den Kirchbau von 1666, zu klein für das 1766-68 erweiterte Gotteshaus [63].
Man erwarb ein altes Werk von den Augustinern in Mainz, die 1768 den Neubau ihrer Kirche begannen [64].
Aus den KR und UB ergeben sich die Einzelheiten dieses Orgelkaufs:
"Folget nun die Außgaab Gelt wegen der Orgel.
Erstlich denen Herrn Augustinern zalt für die Orgel 1 Q. Nr. 269 711 fl.
Item dem Orgelmacher H. Onimus zalt von der Orgel aufzuschlagen 166 fl. 18 alb.
Item dem Peter Mohr zalt für die Orgel Gerüst zu machen 2 fl. 14 alb.
Item für Brückengelt denen Wagen, so die Orgel ahn Rein geführt und das Schiff zalt 3 fl. 14 alb. 4 d.
Item dem Andreß Klepper und Peter Brehm zalt von der Orgel von Mayntz in denen Schiffen zu fahren 8 fl.
Item für 3 Brücken Diehl zu Mayntz kauft so an die Orgel kommen 3 fl.
Summa 894 fl. 16 alb. 4 d." [65]
Die Quittung der Augustiner unterschrieb der Prior P. Alexander Samhaber am 11.3.1766 [66]. Anton Onimus unterschrieb am 29.4.1769 [67].
Über die Orgel selbst wissen wir im Augenblick leider noch nichts.
Nach der Säkularisation gab es günstige Gelegenheiten, Orgeln billig aus den aufgehobenen Stiften und Klöstern zu erwerben.
So bot sich der Kauf der schönen Orgel der Karmeliten von Frankfurt

61) GA. Flörsheim (Heimatmuseum) Gerichtsprotokoll Bd. 7
62) HStAWsb 104/KR
63) Dehio-Backes, Hessen, S. 209
64) F. Arens, Die KDm der Stadt Mainz, Teil 1, S. 74, 104. - F. Bösken, Quellen und Forschungen Bd. 1, S. 51 - A. Gottron, Die Pflege der Kirchenmusik bei den Mainzer Augustinern im 17. und 18. Jh. MzZtschr. 41-43 (1946-48) S. 125.
65) PfA Flörsheim, Kirchen Bau-Rechnung, S. 65
66) PfA UB 1766, Nr. 269
67) PfA UB 1766, Nr. 270

an, die Johann Jakob Dahm aus Mainz 1709 erbaut hatte, und die von Joh. Christian Köhler 1748 durch ein Echowerk erweitert worden war. (s. Frankfurt, Karmeliterkirche)
Die beigefügten Urkunden unterrichten über den Ankauf in Frankfurt für 750 fl., den Reparaturentwurf, den OB B. Dreymann für die Ww. Ripple in Mainz aufstellte und den diesbezüglichen Vertrag des Jahres 1821. Besonders von Interesse ist der Reparaturvorschlag von Dreymann von 1842, da diesem der damalige etwas veränderte Zustand des Werkes zu entnehmen ist. Zuletzt wird durch die Unterlagen genau über die Reparatur von 1885 berichtet, die wieder einen Eingriff in das Werk bedeutet.

Kauf der Orgel:

Herr Schultheis MartinNeuhoff von Flörsheim zalte Namens der Flörsheimer Gemeinde für die unterm 18. April zu 750 f erkaufte Orgel in der dahiesigen ehemaligen Carmeliten Kirche

1) am 21 April vermög InterimsSchein	f 200
2) unter dem heutigen den Rest mit	" 550
In Summa	f 750.-

Schreibe Siebenhundert und funfzig Gulden welches andurch bescheinigt wird.

Frankfurt d. 5. May 1809 Fürst=Primatische unmittelbare geistliche Güter Administration
Loc. Sig. Georg Steitz [68)]

Reparatur 1821:

Herzogliches amt an den Wohllöblichen Kirchen Vorstand zu Flöersheim

Herzogliche Landesregierung hat durch das Rescript vom 11. Sept. d. J. ad N. 24252 anher erlassen, daß Sie den mit dem Orgelbauer Dreymann zu Mainz von Ihnen geschlossenen Accord, wonach derselbe die Orgel zu Flörsheim um zweyhundert funfzig Gulden herstellen will, dergestalt genehmigt habe, daß der Orgelbauer gehalten seyn soll, nach Ablauf eines Jahres nach völlig beendigter Reparatur, die Orgel noch einmal unentgeltlich rein zu stimmen. Nach Vollendung soll die Arbeit von einem Orgelbau Verständigen revidiert werden. Sie wollen daher nach Vollendung der Arbeit einen Sachverständigen zur Revision vorschlagen und den anliegenden Accord zur Aufstellung der Baurechnung anher einsenden.
Mich hochachtungsvoll empfehlend Hochheim den 20. Sept. 1821
Lantz

Es wird die Bescheinigung nach dem Notamen 12 hier gegeben mit dem besonderen Attestati, daß die Arbeit mit allseitiger Zufriedenheit gut und vollständig hergestellt worden ist.
Heilmann

Accord.

Nachdem wir Unterzeichnete, durch Herzogliches Amt die von herzoglicher Hoher Landesregierung, unter dem 11. Sept. l. J. genehmigte Reparatur der dahiesigen Kirchenorgel, nebst eingeschickten Überschlag, zurück erhalten so versammelte

68) UB 1809, Nr. 5

sich der hiesige Kirchenvorstand am 1. October, in dahiesigem Pfarrhaus, besprach sich noch einmal mit dem vorgeladenen Orgelbauer Herrn Dreymann über den von ihm selbst aufgesetzten und beygelegten Überschlag. Da Er Herr Dreymann alles wie es im Überschlag benannt ist, getreilich zu erfüllen versprochen; so hat unterzeichneter Kirchenvorstand den Accord ad 239 fl wörtlich Zweyhundert Dreißig Neun Gulden dergestallt festgesetzt, daß Ihm H. Dreymann 2/3 des Quanti nach gefertigter Arbeit und dann der noch übrige 1/3, nach von Sachverständigen vorgenommener Besichtigung soll ausgezahlt werden. Ferner wurde Ihm auf sein Ansuchen bewilligt einen Mann während Der Arbeit an Händen zu geben auch sein nöthiges Werkzeug von Mainz unentgeldlich hierher, und nach vollendeter Arbeit wieder nach Mainz zu bringen. Dagegen verspricht Herr Dreymann nach Verlauf eines Jahres, oder wenn es auch unter dem Jahr nothwendig seyn sollte, die von ihm reparirte Orgel zu untersuchen und denn auch am Ende des Jahres nocheinmal unentgeldlich rein zu stimmen.
Welches zu beiderseitiger Festhaltung von beiden contrahierend Theilen eigenhändig unterschrieben worden.
So geschehen Flörsheim den 1. October 1821

Bernhard Dreymann Orgelbauer	J. Mohr Pfarrer ppa
bey Franz Ripple selig Wittib	E Cronenbold Oberschultheis
	Peter Boll Andreas Flörsheimer Kirchen Vorstandt

Da ich Unterschriebener von den Herrn Dechant und Pfarrer Mohr zu Flörsheim beauftragt bin um den Überschlag der höchst nothwendigen Reparatur der großen Kirchen-Orgel /:von drey Klaviaturen und Extra Pedal:/ zu machen so habe ich folgendes für dienlich erachtet.
1. Das ganze Werk ausgestäubt und vor allen Unrath gereinigt werden muß.
2. Muß alles Pfeifenwerk von den 4 Windladen /:nämlich des Manuals, Positivs, Echo und Pedals:/ außgehoben gründlich reparirt und außgelöthet werden weil es von ungeschickte Hände sehr ruinirt ist.
3. Müßen alle Windladen auseinander geschroben werden weil an manchen stellen das Leder auf die Laden außgeschlißen ist und solches wieder windfest gemacht werden muß.
4. Sind die Klaviaturen sammt Registraturen, Wellbretter und Abstrakten in so eine übeln Lage oder Zustand, das die ganze Orgel beynahe unbrauchbar ist mithin eine große Verbesserung bedörfen.
5. Weil alle 4 Bälge nothwendigst in neu Leder gesetzt werden müsten, aber die Kosten nicht bestritten werden können, so ist resolvirt worden einen in neu Leder zu setzen, und drey derselben so gut wie möglich zu repariren.
6. Die Pfannen und Zungen der Rohrwerke sin von Grünspan überzogen diese müßen abgefeilet, poliert und wo es nöthig ist neue Zungen gemacht werden.
7. Muß alles Pfeifenwerk besser intonirt, und nach der gleichschwebenden Temperatur /:was es früher nicht wahr:/ gestimmt werden.
Schließlich verspreche ich obige Reparatur Kunstmäßig, und so gut herzustellen das selbe von jeden Kenner für gut befunden wird und zwar für den genauesten Preiß von 250 Gulden sage zwey hundert und fünzig Gulden, dabey bemerke ich das mir von seiten der Kirche einen Handlanger oder Bälgtreter frey gestellet wird.

Mainz am 27. August 1821	Bernhard Dreymann Orgelbauer bey Franz Ripple seelig Wittib

Anweisung an Dreymann über 239 fl. und Quittung durch Dreymann
14. November 1821. Kirchenrechner Lauck
Quittung des Schiffers Nicolaus Dienst für Fahrt mit Schiff nach Mainz um das Handwerkszeug zu holen 24 kr. 15.11.1821.
Quittung über 9 Ellen 9/4 breites Tuch die Ell zu 18 kr für die Orgel gegen Staub abzudecken von Joh. Hildebrand Summa 2 fl 42 kr 8.10.1821

Quittung für Verschlag und lattentür auf die Orgel zu machen an Lorentz Krantz 2 fl 20 15.11.1821
Quittung Schlosserarbeit an Schlosser Lose 1 fl 20 17.11.21.
Quittung für das Bälgtreten 2 gulden 40 kr. Johann Pauli +++ 29.9.21.
Heilmann für Prüfung der Orgel 2 fl 42 kr. 8. August 1822
vom herzogl. beordneter Revisor
Schlussabrechnung durch Oberschultheis und Pfarrer über Einzelquittungen Summa 12 g 2 kr [69)]

Reparatur 1842:

Disposition und Überschlag zur Reparatur der Kirchenorgel in Flörsheim.

a Manual

1. Principal 8fuß (2. Bordun 16fuß) 3. Salicional 8fuß Quint 1 1/2?
4. Gamba 8fuß 5. Quintadena 8fuß (6. Pfiffera 8fuß disc)
7. Gemshorn 4fuß 8. Octava 4fuß 9. Sexquialter 3fuß
10. Superoctav 2fuß 11. Mixtur 1fuß 12. Trompete 8 fuß

b Positiv

13. Pricipal 4fuß 14. Großgedact 8fuß baß 15. Großgedact 8fuß disc
(16. Flöt travers 8fuß) disc 17. Cornett 4fuß disc 18. Kleingedact 4fuß
19. Flageolet 2fuß 20. Octava 2fuß 21. Mixtur 1fuß
22. Claron 4fuß baß 23. Claron 4fuß disc

c Echo

24. Floete 8fuß 25. Großgedact 8fuß 26. Spitzflöte 4fuß
27. Kleingedact 4fuß 28. Octava 2fuß 29. Cornett 3fuß disc
30. Voxhumana 8fuß

d Pedal

31. Subbaß 16fuß 32. Octavbaß 8fuß (33. Crumhornbaß 6fuß)
34. Posaunebaß 16fuß) Superoctavbaß 4

Überschlag

1. Da es schon 19 Jahren sind, das dieses Orgelwerk ausgeputzet und reparieret worden, so ist es höchst nöthig daß dasselebe ganz zerlegt und vom Staube befreyet wird.

2. Sind die drey Finger=Claviaturen keine Reparatur fähig, es müßen dafür neue angelegt werden.

3. Das Pedal=Clavier muß ebenfalls neu gemacht werden.

4. Sind die Registerzüge zum herunterdrücken eingerichtet, welches sehr ausgeschliffen ist, und dadurch öfters Stockungen verursacht, dieses muß bestens verbessert werden.

5. Sind die Wellaturen des Positiv=und Echos wie auch dessen Winkels samt Winkelklötze keine Reparatur fähig, diese müssen alle neu gemacht werden, und

6. Müssen die vier Bälge repariert und windfest gemacht werden.

7. Das entbehrliche Register Crumhornbaß 6fuß von Holz muss mit ein neuer Octavbaß 4fuß von Holz verwechselt werden.

8. Das Claron 4fuß im Positiv muss zu 8fuß umgeschaffen werden, wozu die 12 größte Pfeifen noch hinzugefügt werden müssen.

9. Die Mixtur 1fuß in Manual muß zu 2fuß umgesetzt werden wozu 24 größere Pfeiffen neu hinzu gefügt werden müssen.

---

69) UB 1821, Nr. 32-38

10. Das unangenehme schrey Register Sexquialter muss in eine Quinte 3fuß verwandelt werden.
11. Muß alles Pfeiffenwerk der Orgel ihren Charakter gemäß richtig und klingend intonirt und dabei die Orgel rein gestimmt werden.
Schließlich verspreche ich benannte Orgel durch diese Verbesserungen in einen fehlerfreien Stand zu stellen für sechs hundert achtzich Gulden, hingegen hafte ich zehn Jahre für alle Fehler wenn mir dieselbe in Bestand und Stimmung gegeben wird für 15 fl p. Jahr.
Mainz den 28 Sept. 1840 B. Dreymann Orgelbaumeister.
NB. Statt des Pos 7 angegeben 4füßigen Octavbasses muss füglich, da der 8 und 16 füßigen Bäße zu wenige vorhanden sind, ein 8' am besten Violenbaß eingestellt werden. Den geringen Mehrbetrag der deßhalb entstehenden Kosten wird H. Dreymann in Betracht des Ganzen wohl nicht in Anschlag bringen, und also für die Anschlagssumme dennoch die bezeichneten Reparaturen vornehmen.
Henninger O. S.

(Vertrag mit Kirchenvorstand)
Disposition und Überschlag zur Reparatur der Kirchenorgel zu Flörsheim.
Disposition s. o.
1. Die Orgel ist seit neunzehn Jahren nicht ausgeputzt und reparirt worden; Sie muss daher auseinander gelegt, ganz von Staub gereinigt und alles Schadhafte an Bälgen, Windladen, Windrohren, Pfeiffen, Registerzügen etc reparirt werden.
2. Die Manual= und Pedal Claviaturen müssen neu gemacht werden, ebenso Rückwand des Claviaturkastens, in welchem ein herauszunehmender Pult anzubringen ist.
3. Die Registerzüge werden zum Ziehen eingerichtet; wo sich unbrauchbare Registerschleifen oder Stangen finden, müssen sie durch neue ersetzt werden.
4. Die Wellaturen des Positivs und Echos sind neu zu fertigen und die des Manuals und Pedals sind vollkommen zu reparieren die Winkel der Fingerclaviaturen müssen von Messing und die Winkelklötze neu gemacht werden; auch ist das Echo nöthigenfalls zu versetzen.
5. müssen die vier Bälge wo nöthig, verlegt werden.
6. statt des Crummhornbaßes (6fuß) im Pedal muss ein Violon-Baß (16fuß) angebracht werden, wovon die 6 tiefsten Pfeiffen wegen Mangel an Höhe gedeckt werden müssen.
7. Das Clairon 4Fuß im Positiv muss in ein achtfüßiges umgeschaffen werden, wozu die 12 größten Pfeiffen hinzuzufügen sind.
8. Die Mixtur (1Fuß) im Manual muss zweifüßig und die 24 größten Pfeifen neu zugesetzt werden.
9. Die Sexquialtera im Manual 3Fuß muß in die Quinte 3Fuß verwandelt werden.
10. mus das Pfeifenwerk der Orgel richtig und klingend intonirt, durchaus rein gestimmt und die Gesichtspfeifen rein geputzt werden.
11. Herr Orgelbäuer Dreymann macht sich verbindlich diese unter pos 1-10 aufgeführten Arbeiten und Reparaturen vollständig und fehlerfrei herzustellen und verspricht 15 Jahre für alle Fehler zu haften, wogegen ihm auch die Stimmung und Unterhaltung der Orgel auf denselben Zeitraum gegen eine Vergütung von 15 Gulden per Jahr in Accord überlassen wird. Unter accordmässiger Stimmung versteht sich, dass Herr Dreymann zweimal des Jahres zu kommen hat.
12. Für sämtliche Reparaturen und neuen Arbeiten an der Orgel erhält Herr Dreymann die Summe von sieben hundert dreißig Gulden und verspricht dieselben, in Zeit von drei Monaten nach erfolgter Genehmigung des Accords zu vollenden und einer Revision eines durch herzogliche Landes=Regierung zu ernennenden Sachverständigen zu unterwerfen.

Flörsheim, den 25. August 1841 Bernhard Dreymann Orgelbaumeister

J. Siegler Pfarrer, Neumann Oberschultheis Andreas Flörsheimer
Jacob Hartmann

Schreiben von Dreymann vom 23. 10. 1841. Auf Zuschrift des Kirchenvorstandes erklärt er sich bereit, die Arbeit für 700 fl. durchzuführen.

Schreiben der Herzogl. Nassauischen Landesregierung an den Decan Jost vom 9. 11. 41, worin der Accord mit Dreymann über 700 fl genehmigt wird, unter Datum vom 18. 11. 41 an Kirchenvorstand weitergeleitet.

In Schreiben vom 8.2.42 der Herzogl. Regierung an Herrn Cantor Anthes zu Idstein wird mit Bezug auf die Nachricht des Decans Jost vom 4. 2. dass die Orgel fertiggestellt ist, dieser aufgefordert die Revision vorzunehmen. Der Kirchenvorstand wird wegen des Tages weitere Eröffnungen machen. Nachricht an den Kirchenvorstand vom 17. 2. 42.

Bericht der Herzgl. Regierung an den Decan über das Resultat der Revision vom 20. 6. 42. Bericht des Cantors vom 26. Mai. Bericht von Decan an Kirchenvorstand vom 23. 6. 42.
Nach vorbemerkten Berichte ist die fragliche Orgelreparatur als vollständig ausgeführt befunden. Nur bemerkt der Cantor Anthes, dass der Accordant Dreymann in Mainz bey der ersten Stimmung noch zur Herstellung folgender Erfordernisse aufmerksam zu machen sey:
Das Clavierbrett ist noch conform oder doch mit dem Gehäuse passend anzustreichen, und da ein im Accorde bedungener Notenpult im Clavierbrette wegen zu nahe liegender Mechanik nicht ausführbar war, ein neuer Pult in der Form des bisherigen von poliertem Nußbaumholze nachzuliefern.
In dem neuen Register Clairon sind mehrere schadhafte Zungen zu entfernen und durch neue bessere zu ersetzen.
Ebenso ist dem Hängenbleiben und Versagen der Manual Koppelung abzuhelfen und möglichst bald eine Nachstimmung vorzunehmen.
Kosten des Cantors Anthes 13 fl 10 kr. (Rechnung vom 26. May 1842)
Bericht vom 16. 8. 42, dass Mängel behoben sind.
Überweisung an Anthes 4. 7. 42. Quittung Anthes 10. 7. 42.
(Belegt werden die Reisekosten durch interessante Eilwagen-Reisescheine.) [70]

UB 1842 Nr. 58-69

Reparatur 1885:

Kostenanschlag über ein neues Gebläse für die Orgel in der Pfarrkirche zu Flörsheim.
Das zur Zeit in der Orgel Befindliche Gebläse besteht aus 4 Keilbälgen welche in so defectem Zustande sind, dass das Balgtreten zur wahren Tortur geworden ist, und für das ganze Werk der Wind kaum mehr zu schaffen ist. Eine neue Verbindung und Belederung ist deßhalb unerläßlich.
Es würde dies einen Kostenaufwand von 264 Mark ergeben. Da nun Keilbälge naturgemäß sehr ungleichmässigen Wind liefern und jeder auch nur etwas ungeschickte Tritt auf die Balgclaves sich dem Orgeltone mitteilt und ein Zittern und Schwanken desselben veranlaßt, das Holzwerk auch sehr vom Wurm zerstochen ist, so wäre die Anlage eines neuen Gebläses rathsam, umso mehr als dessen Beschaffung eine Mehrausgabe von nur 126 ergeben würde. Das neue Gebläse würde bestehen aus einem Magazinbalg 1, 80 Meter breit 3 Mtr lang, aus einem Regulator 1, 20 Mtr breit 3 Mtr lang und 2 Arbeitsbälgen von 2, 40 Mtr lang 0, 90 Mtr breit zum Füllen der beiden ersten. Das Ganze wird zum Treten, und zwar derart eingerichtet daß auch beim ungeschicktesten Treten Stöße im Orgelton nicht zu verspüren sind. Die Platten werden von Doppeldiele. Die Belederung eine dreifache. Die Verbindung geschieht durch Roßsehne. Alle Bewegungen des Tretwerkes sind von Gußeisen. Preis dieses Gebläses 390 Mark. Der Transport geschieht auf Ko-

70) UB 1842, Nr. 58-69

sten der Gemeinde. Beim Heben schwerer Lasten ist Aushülfe zu leisten.
Limburg den 19. August 1881 M. Keller Orgelbaumstr.
Genehmigung der jährlichen Stimmung und der Neuanfertigung des Gebläses durch den königlichen Kommissarius für die bischöfliche Vermögens Verwaltung in der Diöcese Limburg vom 20. 12. 1881.

Gutachten und Kosten anschlag über Reparatur der Orgel in der Pfarrkirche zu Flörsheim.

Sämmtliches Pfeifenwerk ist von den Windladen zu nehmen, vom Staube zu reinigen, zu formen zu intoniren und neu einzustimmen. Zerbrochene Stellen und Risse sind zu löthen resp. zu leimen. Das Pfeifenwerk des 1. Manuals ist auf der Windlade derart placirt daß die großen Pfeifen hinten am Gang, die kleinen aber vorn am Prospekt stehen. Eine Nachhülfe und Stimmung an den vorderen Registern ist deßhalb sehr schwierig und bei einem Theil derselben vollständig unmöglich, da dieselben mit Stimmhorn und Stimmpinsel nicht zu erreichen sind. Diesem Übelstande welchem es auch zuzuschreiben ist, dass die beiden letzten Octaven von Viola di Gamba, sowie 6 Körper von Trompete 8' vollständig zerknickt und zerbrochen sind, soll durch Versetzung der Register abgeholfen werden.
Viola di Gamba 8' wovon ein Theil der Pfeifen wie schon bemerkt zerbrochen ist, der andere aber wegen zu dünnen Pfeifenwänden zusammengesunken ist muß ganz neu angefertigt werden. dßgl. c4 in Octave 4', 2 Pfeifen in Quinte 2 2/3', 1 in Octave 2' und die fehlenden Körper zu Trompete 8'. Salicional 8' soll vom Hauptwerk in das Echowerk versetzt werden, an Stelle der Vox humana welches ganz unbrauchbar ist und auch einen unwürdigen Ton gibt. Das Hauptwerk wird dadurch um ein Register kleiner, ist aber mit den alsdann noch vorhandenen 11 Registern bei der sehr engen Windlade noch stark genug besetzt. Auch ist Salicional 8', welches sich vorzüglich zum Begleiten des Geistlichen eignet im Echowerk besser am Platze weil mit diesem Manual meistens begleitet wird.
Echowerk und Pedal sollen von ihrem jetzigen Platze genommen und ersteres über, Letzteres neben die neu projektirten Bälge gelegt werden, damit das Pfeifenwerk dieser beiden Werke gestimmt werden kann, was bei der jetzigen Stellung unmöglich ist.
An Subbaß 16' welches nicht abgestoßen werden kann, soll ein Registerzug angebracht werden. Ferner müssen die Züge zu Pedal und Echowerk wegen der Verlegung abgeändert werden. Bei circa 8 Registerzügen des 1. und 2. Manuals müssen Gegenfedern, oder Gewichte angebracht werden, weil dieselben beim Anziehen, von selbst wieder einwärts streben. In dem jetzigen Zustand muß der Organist beim Registrieren jedesmal mit Keilchen festklemmen.
Die Untertasten des 1. Manuals sind in der mittleren Lage durchgespielt und müssen neu belegt werden ebenso die Obertasten des Pedals.
Kostenberechnung
Manual I (Hauptwerk)
1. Principal 8' zu reinigen zu formen zu intonieren und neu einzustimmen.
2. Bordun 16 zu reinigen zu intoniren. Die vom Wurm angestochenen Pfeifen sind mit Papier zu überziehen. Lose Stöpsel sind zu verdichten
3. Flöt traverse 8' wie pos 1
4. Viola di Gamba 8' ganz neu von 12 löthigem Zinn. Ton stark streichend aber angenehm mit Einrechnung der alten Gambenkörper
5. Quintatön wie pos 1 und die Hüte winddicht schliessend zu machen
6. Octave 4' wie pos 1 dazu eine Pfeife c4 zu liefern
7. Quinte 2 2/3' wie pos 1 ferner 2 Pfeifen zu fertigen
8. Octave 2' wie pos 1 und eine neue Pfeife zu fertigen.
9. Gemshorn 4' wie pos 1
10. Mixtur 4' wie pos 1
11. Trompete 8' wie pos 1 ferner 5 neue Körper zu fertigen.

12. Salicional 8' wie pos 1. (Dieses Register soll auf das Echowerk versetzt werden)
für veränderte Placierung von 11 der vorstehenden Register (Trompete bleibt auf dem alten Platze) Einpassen, Anhängen und einigen neuen Pfeifenstöcken.

Manual II (Rückpositiv)

1. Principal 4' zu reinigen, formen, intoniren u. Stimmen
2. Mixtur 3fach ist überflüssig, da das vorhandene Cornett ausreicht
3. Flöt traverse 8' zu reinigen zu intoniren und zu stimmen
4. Octave 2' wie pos 1
5. Flagelet 2' wie pos 1
6. Gedackt 8' wie pos 1 u. lose Hüte zu verdichten
7. Kleingedackt 4' wie pso 6
8. Cornett 3fach wie pos 1
9. Fagott und Basson zusammen 1 Register. Es wäre zu wünschen, daß statt dieses Registers, dessen Pfeifen als stumme Männer in der Orgel stehen, ein Geigenprincipal 8' von 12 löthigem Zinn, die tiefsten 12 Pfeifen gedeckt von Holz, Fortsetzung offen, mit kräftiger Intonation eingefügt würde, weil dieses Manual blos einen durchgehenden 8Fuß hat.

Manual III Echowerk

1. Gedackt 8' zu reinigen zu intonieren u. zu stimmen. Lose Stöpsel sind zu verdichten. Fehlende Pfeife c3 ist zu ergänzen.
2. Flöt traverse 8' wie pos 1
3. Salicional 8' vom 1. Manual zu entnehmen. Kosten bei Manual I schon berechnet
4. Gedackt 4' wie pos 1
5. Spitzflöte 4' zu reinigen zu formen u. zu intonieren u. zu stimmen
6. Cornett 3fach wie pos 5
7. Octave 2 ist hier überflüssig, und soll zur Vergrösserung u. Verstärkung der Mixtur des Hauptwerks benutzt werden.

Pedal

Die 4 Register des Pedals Subbaß 16' Violon 16' Posaune 16' und Octavbaß 8' sind zu reinigen und zu intonieren.
Mechanik und Traktur
Ein neuer Zug zu Subbaß 16' und Veränderung der Registerzüge zu Pedal und Echowerk.
Die Traktur des Pedals u. Echowerk ist neu anzulegen. Die Abstrakten von gradem Tannenholz. Gehänge von Messingdraht.
Die Pedalkoppel welche sich jetzt nicht abcoppeln läßt, ist zum abcoppeln einzurichten.
Die Untertasten des Hauptwerkmanuals sind soweit sie abgespielt sind, mit Knochen neu zu belegen.
desgl. die Obertasten des Pedal mit hartem Holz.
Windbehälter.
Für Veränderung der Canäle und Windführungen sowie Einfügung einiger neuen Stücke.
Bekleben sämtlicher Canäle, soweit erreichbar mit blauem Papier, damit dieselben winddicht werden.
Die Vorschläge der Windladen des II. u. III. Manual sowie Pedal sind der art zu ändern, dass sie nicht zwischen, sondern auf den Windladen anliegen, weil so ein dichter, dem Temperatur-Wechsel nicht unterworfener Verschluss erzielt wird. Beim Hauptwerk läßt sich eine Änderung nicht anbringen.
Ledersäckchen oder Messingpulpeten sind ungefähr 20 Stück neu einzufügen. Für Reinigen der Windladen und Erweiterung der Bohrung bei einigen Registern des Hauptwerks.
Windladenlager u. Stützen für Pedal u. Echowerkslade.
Beim Stimmem u. Intonieren ist der Balgtreter von der Gemeinde zu stellen, he-

ben schwerer Lasten von ders. Aushülfe zu leisten. Der Transport der neuen Register geschieht auf Kosten der Gemeinde.
Limburg den 27. August 1882 M. Keller Orgelbauer

Vertrag mit Orgelbauer Keller vom 30. Juni 1883. Summe 1233 Mark.

Revision durch Domkapellmeister G. Weber Mainz vom 22. Juni 1885
Einige Töne wurden beanstandet, teils wegen ungenügender Ansprache oder fehlerhafter Intonation. Bei der neuen Gamba wurde alte Pfeife festgestellt. Trompete stimmte für sich allein aber nicht im vollen Werk. Manualkoppel musste mehr angezogen werden, da Hauptwerk vor dem 2. Manual ansprach.
Im Voranschlag für Octave 2' des Rückpositivs Summe angesetzt, das Register gar nicht mehr vorhanden.
Bälge gut und solide. Tretvorrichtung bei vollem Werk unbequem und ermüdend.
22.5.85. Anweisung an den Rechner auf Abschlag 600 zu überweisen.
23.5.85. Quittung Keller
12.11.84 Anweisung 330 Mk.
13.7.85. 303 Mk. Folgen einige Rechnungen des Schreiners, Taglöhners, Frachtbriefe. Abrechnung G. Weber 7 Mk [71].

In dem Bericht von 1817 wurde das Werk aus Frankfurt sehr gelobt. "Flörsheim besitzt ausgenommen jener Orgel von Wiesbaden in der Hauptkirche (ehem. Kloster Eberbach) vielleicht die schönste und beste Orgel im Herzogtum von 36 Registern mit 3 Klavieren. Sie stand im Dominikanerkloster in Frankfurt" (ein Irrtum, im Karmeliterkloster) [72].
Das Werk wurde im Jahre 1961 durch P. Ott, Göttingen, restauriert und umgebaut. Die Einweihung fand am 22.1.1961 statt [73].
Die Orgel hat jetzt 39 Register, verteilt auf Hauptwerk, Rückpositiv, Brustwerk, Pedal. Das Brustwerk, mit Türen versehen, war ehemals ein Echowerk, das unten im Kasten aufgestellt worden war.
Die Disposition ist heute folgende: + = neu
HW Bd16 Pl8 +Rfl8 Qtt8 O4 +Spillfl4 Nas3 O2 +T1 3/5 +O1 Mxt4-5f1 1/3 +Qzbl3f Tpt8
BW +Gd8 +Rfl4 +Pl2 +Siffl1 1/3 +Tzbl3f +Vxh8 Tr
RP Grgd8 Pl4 Klgd4 O2 Flgt2 +O1 Corn4fD Schf3f1 Kh8 Tr
Ped. +Pl16 Sbß16 O8 +Gd8 O4 +Rgd4 +Nh2 +Mxt4f2 +Pos16 +Tpt8 +Tpt4 [74]
Das Gehäuse ist gut erhalten. Dem großen Rundturm in der Mitte schließen sich je ein rechteckiges Flachfeld, diesen je ein kleinerer Turm mit 3/8 Grundriß an, den Abschluß bildet je ein großes Harfenfeld. Im Rückpositiv hat der große Mittelturm 3/8 Grundriß, dem je ein Flachfeld und dann ein kleinerer Rundturm folgt. Den Abschluß bildet je ein kleines Flachfeld. Die großen Harfenfelder ragen seitlich über den Gehäusekasten hinaus, unter ihnen waren die Zugänge zur Empore.
In der Schulchronik werden Zettel aufbewahrt, die sich 1884 bei der Erneuerung im Balg befanden und auf die Balgerneuerung durch Philipp Ernst Weegmann von 1770 hinweisen. (s. Frankfurt, Karmeliterkirche)

---

71) UB 1885, Nr. 61-75
72) HStAWsb 211/1409
73) Schr. Pfarrer Gelhard vom 11.1.1961
74) K. E. Großmann, Die Orgel in der kath. Pfarrkirche, in: Festschrift zur Stadterhebung, S. 58 - Th. Peine, Frankfurter Orgelbau, S. 87, 110 - F. Bösken, Historische Orgeln im Mainzer Raum, Acta org. Bd. 3, S. 72ff. Dort auch Abbildung.

FRANKENBACH

Im Jahre 1899 wird am 1. 10. berichtet, daß die Orgel seit 1 1/2 Jahren unbrauchbar geworden ist. Aus dem Chorbogen soll dieses Werk versetzt werden, aber die Gemeinde protestierte. Am 29. 3. 1900 wird beschlossen, daß die Orgel an der alten Stelle bleibt. OB Bernhard reichte am 2. 8. 1898 eine Disposition ein, die am 11. 7. 1900 genehmigt wurde. Die Abnahme erfolgte durch Bericht vom 18. 6. 1901.
Die Disposition: Pl8 Gdfl8 Sal8 O4 Fl4 Progrharm 2 2/3 Sbß16 75)
Das alte Gehäuse wurde übernommen.

FRANKFURT UND VORORTE

Die Orgelgeschichte von Frankfurt und Umgebung wurde bereits eingehend von Theodor Peine dargestellt. Das dort vorgelegte reichhaltige Material wurde ergänzt und zum Teil überarbeitet. Vor allem wurden die Quellen und in weitem Maße die Rechnungen ungekürzt aufgenommen, da sie wichtige Aufschlüsse über die handwerklichen Grundlagen, das Material, die Arbeitsfolge und die Preise des Orgelbaus in älterer Zeit geben.
Es wurde versucht, einige Lesefehler zu verbessern, um so auch einige fragliche Stellen klären zu können.
Während Peine bei der Behandlung der Orgeln der einzelnen Kirchen den Gang durch die Geschichte wählte, wurde hier eine Angleichung an die Anlage des ganzen Werkes vorgenommen, d. h. jede Kirche einzeln in geschichtlicher Folge behandelt.
So folgen die Kirchen von Frankfurt und die Namen der Vororte mit ihren Kirchen in der Ordnung des Alphabets.

Frankfurt, Allerheiligen, kath.

Im Jahre 1937 hatte Klais als op. 876 eine neue Orgel erstellt.
Für die 1953 neuerbaute Kirche lieferte Friedrich Euler, Hofgeismar, ein Werk mit folgenden Stimmen:
HW Qtt16 Pl8 Rfl8 O4 Gd4 Blfl2 Mxt4-6f Tpt8
OW Hgd8 Spfl4 Pl2 Siffl1 Sesq2f Schf4-6f Rank16 Schalm4
BW Nh8 Gh4 Wfl4 Qzbl3f Kh8 Tr
Ped. Sbß16 Plbß8 Chbß4 Rschpf4f Pos16-, El. -pn. Membranladen 76)

Frankfurt, Amt für ev. Kirchenmusik

Die im Jahre 1949 von P. Ott, Göttingen, erbaute Orgel stand zunächst in Frankfurt-Bockenheim, St. Markus, in den Jahren 1950-54, wurde dann versetzt.

---

75) ZALKHN 1/2492. FBHN44

76) Peine, S. 209f. s. d. Aufbau des Werkes

UM Qtt8 Rfl4 O2 Nasl 1/2 Schf4f Kh8
OM Hzgd8 Pl4 Gh2 Siffl1 Terzian2f Sord8
Ped. Sbß16 Spfl8 Nh2 Dulz16 Reg4 [77]

Am 9.2.1960 wurde eine Übungsorgel der Gebr. Oberlinger, Windesheim, abgenommen:
OW Qtt8 Blfl2 Sesq2f HW Gd8 Pl4 Zbl
Ped. Sord16 Pos8 Rqtt4 [78]

Frankfurt, St. Antonius

Die Orgeln dieser Pfarrei spielten im kath. Frankfurt eine bedeutende Rolle, zumal hier der Organist H. Baum wirkte, der auch auf dem Gebiet der Orgelgeschichte forschend tätig war [79].

Das 1935 als op. 842 von J. Klais erbaute Werk, das 1944 zerstört wurde, hatte folgende Disposition:
HW Gdpo16 Pl8 Offl8 Gh8 O4 Ztfl4 O2 Sesq2f Mxt4-6f 1 1/3 Bomb16 Tpt8
RP Sggd8 Qtt8 Pr4 Blfl4 Itpl2 Terzian2f Zbl3-4f1/2 Kh8 Trrg4 Tr
OW Qtt16 Pl8 Lbgd8 Gb8 O4 Qufl4 Q3 Schwzpf2 Siffl1 Progr2-4f2 Dulz16 Tptharm8 Tr
KrW. Bd 8 Sal8 Pl4 Rfl4 Schweg2 Tl 3/5 Nasl 1/3 Schf4f2/3 Zbl2f 1/3+ 1/5 Knopfrg8 Schalm4 Vxcl8
Ped. Pl16 Sbß16 Ztbß16 Qbß10 2/3 Obß8 Chbß4 Bßfl4 Flfl2 Rschpf3-4f Ktrpos32 Pos16 Bom16 Klarbß8 Cl4 Sgkorn2 Tr [80]

Im Jahre 1948/49 baute J. Klais auch die Nachfolgeorgel:
HW Gdpo16 Hlfl8 Qtt8 Pl4 Gh2 Rschpf3-4f
OW Lbgd8 Blfl4 Pl2 Sesq2f Zbl2-3f
SchW. Hzfl8 Mxt4fl 1/3 Tpt16 Tpt8 Schalm4
Ped. Sbß16 Ztbß16 Pl8 Gd8 Chbß4 Bßfl4 Flfl2 Pedmxt Tpt16 [81]

Im Jahre 1965 bauten die Gebr. Späth, Ennetach-Mengen das heutige Werk mit drei Manualen und 55 Stimmen auf Schleiflade mit el. Traktur.
Die Disposition dieses op. 805 entwarf R. Giez:
HW Gdpo16 Pl8 Rgd8 O4 Koppelfl4 Q3 Flfl2 Mxt6-8f Nonenkorn6f Fag16 Spantpt8
OW Mtgd8 Qtt8 Pl4 Rfl4 Schwig2 Sesq2f Sept 1 1/7 Schf4-5f Schalm-Ob8 Tr
SchW. Flharm8 Bd8 Sal8 Pr4 Floct4 Nas3 Doubl2 Tl 3/5 Piccl Fourn6f Tptmagna16 Tpt8 Cl4 Tr

---

77) Mitt. Wißmüller - Peine, S. 207
78) Mitt. Oberlinger
79) Nachforschungen über den Verbleib des Nachlasses unmittelbar nach dem Kriege in Familie und Bekanntenkreis führten zu keinem Ergebnis. Auch die späteren Versuche Peines blieben ergebnislos. Peine, S. 185, Anm. 323.
80) Peine, S. 184
81) Peine, S. 187

Pos. Spgd8 Blfl4 Hellpl2 Klq 1 1/3 Glockenterz2f Zbl3f Vxh8 Tr
Ped. Grpl 16 Sbß16 Ztbß16 Obß8 Gdfl8 Qbß5 Chbß4 Nh4 Weitpf2 Rschw3f
Pedmxt5-6f3 Ktrfag32 Bomb16 Bßtpt8 Zk4 El. Tr.

Das Gehäuse ist werkmäßig aufgebaut, in der Mitte Schwellwerk mit dem darüberliegenden Oberwerk. Das Positiv ist als Rückpositiv gestaltet, das Pedal in den beiden äußeren Baßharfenfeldern untergebracht [82].

Frankfurt, Apostolische Gemeinde

Das 1891 von Walcker erbaute Werk hat 5 Register:
Pl8 Bd8 Aeol8 O4 Sbß16 Mech. Tr. [83]

Frankfurt, Baptistengemeinde, am Tiergarten

Dieses Werk mit pn. Tr. wurde von Gebr. Linck, Giengen, im Jahre 1911 erbaut und hat 11 Register:
I. Pl8 Rfl8 O4 Mxt3f3 O2 II. Gd8 Gb8 Aeol8 Gh4
Ped. Lbgdbß16 Sbß16 [84]

Frankfurt, Barfüßerkirche

Die 1271 von den Minoriten, auch Barfüßer genannt, erbaute und 1485 erweiterte Kirche, kam 1529 in den Besitz der Stadt Frankfurt und wurde ev. Hauptkirche. In ihr wirkten als Minorit und Guardian der berühmte Orgelbauer Leonhard Merz im 15. Jh. und später als ev. Prediger der bekannte Pietist Ph. Jakob Spener.
Für das Jahr 1466 sind bereits 2 Orgeln belegt [85].
Ein weiteres Zitat: "Anno 1470 ordinierte Bernhard Rohrbach ihm und den Seinen ein Jahrzeit und Mess mit der großen Orgel auf St. Bernhardi zu begehen." [86]
Für das Jahr 1482/83 werden Arbeiten des Leonhard Merz angesetzt, für die keine Aktenbelege vorhanden sind [87].
1598 arbeitet in der Barfüßerkirche ein Bernhard Grorock aus Emmerich. Zusammen mit Johann (III) erbaute er in den Jahren 1599-1604 die neue Große Orgel [88]. "Anno 1599 wird die Orgel in der Barfüßer Kirche zu machen angefangen und ist man anno 1624 mit der Arbeit fertig geworden." [89]

---

82) WV Späth. Abb. s.d. Werke 1964-66
83) Mitt. Wißmüller
84) Mitt. Wißmüller
85) K. Wolff - R. Jung, Die Baudenkmäler in Frankfurt, Ffm. 1896, Bd. I, S. 274
86) I. G. Batton, Oertliche Beschreibung der Stadt Frankfurt, 1861-75, Bd. IV, 303
87) Peine, S. 35
88) Es wird vermutet, daß Johann ein Bruder von Bernhard war. Beide heirateten in Frankfurt und gewannen dort Bürgerrechte. Peine S. 64 - Vente Brab. Orgelbau, S. 147
89) Lersner, T II, Buch 2, XVIII S. 65

Das Werk hatte 10 Register, die künstlerische Ausstattung besorgte der Maler Ph. Uffenbach. Zur Abnahme wurden der Mainzer Domorganist Florenz v. Adrichem, der Antoniter Lorenz Hack aus Höchst und Organist Lorenz Hausleib aus Nürnberg berufen. Das "herrlich gut Werck" hatte 1000 fl. gekostet [90].

Die Orgel dürfte ungefähr die Form des Werkes gehabt haben, das Joh. Grorock 1599 für die Stadtkirche in Darmstadt gemäß dem Vertrag vom 13.8.1599 baute:

"Ein Quindenam gravizirt uff acht Schu
Ein Octavam
Ein Holpfeiff uff vier Schu
Ein Mixtur
Ein Cimbel
Ein Quintflet
Ein Trombden
Ein Vogelgesang
Ein Gutem Tremulanten
sampt dem Pedal mit 8 ganzen und vollkommenen Registern" [91]

Auf Antrag des berühmten Musikdirektors der Stadt, Johann Andreas Herbst, beschloß der Rat am 30.3.1624 eine Renovierung der älteren Orgel, die durch seinen Schwager, den Nürnberger Orgelbauer Nikolaus Grünwaldt ausgeführt wurde und am 9.10.1624 für 100 fl. beendet war.

Für das Musizieren mit Generalbaß wurde auf dem Lettner ein Regal aufgestellt.

Herbst war auf die Dauer mit dieser Lösung nicht zufrieden, da das Regal zu leicht verstimme und häufiger ausfiel. Er beantragte daher für die Aufstellung auf den Lettner ein Positiv, das am 31.3.1628 mit Nikolaus Grünwaldt verdingt wurde. Es sollte folgende Stimmen haben:

"Erstlich ein Principal von vier Füßen oder Werckschuhen von gutem sauberen Zinn und poliert
Zum Andern ein gedachtes um ein Octav tiefer als das Principal von gebührendem gemischten Zinn
Zum dritten ein gedachtes von gleicher Materi, dem Principal ad aequal
Vierdents ein offene Octava vor dem Principal, auch von gemischtem Zinn
Zum fünften eine Superoctav von gemischtem Zinn
Zum sechsten und letzten eine Zimbel von erstgedachter Materi."

In moderner Umschrift:

Principal 4'	Octav 2'
Gedackt 8'	Superoctav 1'
Gedackt 4'	Zimbel

Außer den Windladen, Spanbälgen und Windkanälen wird besonders erwähnt, wie die Registerzüge angelegt werden sollen: "item die Register durchaus oben, hinden und forn her von Eissen sein". Es handelt sich

90) Wolff Baudkm. I, S. 274f. - Peine S. 64 - C. Valentin, Geschichte der Musik in Ffm., Ffm. 1906, S. 94
91) StADa XII, 6

um eine ähnliche Konstruktion anscheinend, wie man sie heute noch in Kiedrich hat (s. d.). Der Umfang des Werkes von C-c3 soll 45 Tasten haben. Demnach hat es sich in der großen Oktav um eine kurze Oktav gehandelt. Das Gehäuse bekam zwei Flügel zum Schließen, die Orgelbälge mußten mit Riemen gezogen werden. Der Preis sollte 500 fl. zu 15 Batzen betragen. Martini 1628 sollte das Werk geliefert sein.
Herbst hatte am 31.3.1628 dem Rat eine Akte vorgelegt, nachdem sich Frankfurter Bürger freiwillig erboten hatten, dieses Werk zu stiften. 174 Personen hatten sich beteiligt.
Der Zeitlauf hatte eine Verteuerung gebracht, sodaß Grünwaldt eine genaue Aufstellung der Unkosten machte und eine Preiserhöhung von 100 fl. vorlegen mußte.
Die von Valentin und Peine nach den verbrannten Schulakten abgedruckten Einzelheiten über die verwendeten Materialien und Arbeitsvorgänge mögen in diesem Zusammenhang folgen, da sie ein Bild von dem Werk geben.

"Erstens vor Zinn und Blei 100 fl.
Für Wismut 16 fl.
Für Leder, Leim, Pergament 52 fl.
Für Messingen Draht zum Ausgeheng und Scherz(?)
auch zum Heften zwischen die Ventil und Clavier 5 fl.
Item Zierathen zum bollirn 3 fl.
Für Unschlitt zum Gießen und Läutterung des Metalls 2 fl.
Item für Holz und Kollen zum Gießen und Löten der
Pfeifen, auch zum Leimwärmen 6 fl.
Gut dürr Eichenholz zur Windladen, Fundamentbrett,
Zellen, Stöcke, Register, Blindstegen, Ventillen;
Auch Lindenholz zu den Stellbrettern, darin die Pfeifen
stehn,
Item gut dürr fürecken (Vierecken) Füchten oder Dännenholz
zu den Bälgbrettern, Göittern oder Falten der Blasbälg,
zum Secklein oder Bodenbrett, Spünden des Wellenbrett,
die Wellen, Strakturen und Wündtkanäle, welches alles
ich zu 20 Rthl. nit kaufen kann 30 fl.
Nun habe ich ein 7 Monat oder 30 Wochen daran zu arbeiten,
ehe ich es verfertigen kann, wenn ich nun jede Woche nur
fl. 6 rechne vor die Kost als vor mich, mein Weib,
2 Kinder, 2 Gesell und 1 Magdt, nemblich 7 Personen,
so machts 180 fl.
Item so muß ich jede Woche den beiden Gesellen
25 Batzen Liedtlohn geben, so macht die Zeit über 50 fl.
Wo bleibt nun die Schlosserarbeit als Schrauben zu den
Stöcken, die Register uff der Laden und vorn bei dem
Werk, Zugstang, Winkelhaken, die Ermlein und Backen
zu den Wellen, daran das Klavier gehenkt wird, die Clausurn für die Spündt zu der Windladen, das Geheng-Zugwerckh zu den Bälgen, der Beschlag zum Corpus und
Fliegeln?
Item dem Schreiner für das Corpus sambt seiner Ge-

herung und Zierraten der Gestreng (Gespreng?) vor die Pfeifen, welches ich beides Schlosser und Schreinerarbeit under 100 fl. nicht kann machen lassen, will auch 100 fl. weniger nehmen, wenn E.E. und H. solches machen lest 100 fl.
Letztlichen vor meine Mühe und Arbeit rechne ich hundert Gulden, welche ich auch gar wohl daran verdienen kann, damit ich mich, mein Weib und Kinder auch zu kleiden habe und Hauszins zu bezahlen, dann ich jährlich 32 Rthl. Hauszins geben und bezahlen muß."

Aus den aufgeführten Posten ist die Konstruktion einer Schleiflade zu entnehmen mit Fundamentbrett, Kanzellen, Dämmen (Blindstegen) und Ventilen und für den Windkasten das Boden- oder "Seckleinbrett" auf dem die Pulpeten oder Säckchen angebracht sind.

Bezüglich des Gehäuses wird erwähnt, daß Hans Jacob Ruhland die Flügel auf seine Kosten machen ließ und der Maler Martin von Valkenburgh sie angefertigt hat. Das Corpus wurde "ganz schwarz angestrichen und vergüldet" [92].

Im Jahre 1657 wandte sich die Stadt an den Orgelbauer Georg Henrich Wagner in Lich wegen Reparaturarbeiten. Wagner teilt dazu mit:
11.7.1657. Brief an Wolfgang Henrich Meyer, Gräfl. Ysenburgischer Sekretarius zu Wächtersbach:
"Welcher Gestaldt der Edle undt Hochweiße Magistrat zu Franckfurt sich vor wenigen Tagen resolvirt, daß große Orgell Werck in der Parfüsser Kirchen zu repariren undt zu stimben zu laßen in willend undt nich auff der Post laßen beschreiben, daß ich in puncto alda soll da erscheinen, undt solches Werck durchgehen; dieweil der Waahltag vor handten, nidt ferrner kein Verzuckung nicht geduldet werden kann." [93]

In den Jahren 1736-40 wurde eine neue Orgel gebaut. Nach dem Reisebericht von seiner Hochzeitsreise, den Joh. Andreas Silbermann 1741 abfaßte, stand in Barfüßer ein Werk von "41 Stimmen". Er schrieb, daß diese Orgel am meisten imponierte und von Wegmann senior gebaut wurde [94]. Als Joh. Conrad Wegmann, Darmstädtischer Hoforgelbauer, der seit 1732 das Privileg in der Obergrafschaft und der Herrschaft Eppstein hatte, am 4.10.1738 in Frankfurt starb, führte Joh. Christian Köhler die Arbeit zu Ende. Er hatte wahrscheinlich schon mitgearbeitet, denn am 17.10.1739 heiratete er in Darmstadt die Witwe Wegmann. Leider ist über das Werk nichts mehr zu erfahren [95].

Im Jahre 1766 reparierte Phil. Ernst Wegmann die Orgel [96].

Nach einem Ratsbeschluß vom 21.8.1786 sollte die Barfüßerkirche we-

---

92) Valentin, S. 137ff. nach verbrannten Schulakten I, fol. 309ff. - vgl. Peine, S. 67ff.
93) FA Ysenburg-Büdingen, Kulturwesen Nr. 643, Fasz. 96 Orgel zu Wächtersbach
94) J. Wörsching, Die Orgelbauerfamilie Silbermann in Straßburg i.E. Mainz 1960[2], S. 124
95) Wolff, Baudkm. I, S. 281. Peine bezweifelt mit Recht die dort angegebene hohe Bausumme von 21 000 fl. s. biogr. Teil. Die Akten Ag II, 2 des StAFfm sind leider nicht erhalten.
96) Peine, S. 124 nach Angaben Dr. Berger aus nicht mehr auffindbaren Akten des Almosenkastens Miscell. C 7/14

gen Baufälligkeit abgebrochen werden. Die Orgel wurde in dem benachbarten Gymnasium im alten Kloster eingelagert und später versteigert [97].
Über das weitere Schicksal informiert ein Bericht des Stadtarchivs an das ev. Landeskirchenamt vom 13.11.1930:
"Wir beehren uns mitzuteilen, daß die letzte Orgel der eh. Barfüßerkirche nicht 1769 sondern bereits 1736 erbaut worden war. Die Kostenaufstellung befindet sich im Archiv des Almosenkastens Ag II, 2 im Stadtarchiv. 1766 wurde sie erneuert. Ihr Verkauf als Abbruchsmaterial fand im Jahre 1808 statt. Nach dem Protokoll des Bauamtes vom 18.7. 1808 Bl. 199b §446 ersteigerte sie in öffentlicher Versteigerung der Schlossermeister Dissmann um 715 fl. Was er damit angefangen hat, läßt sich aus den Akten natürlich nicht mehr feststellen." [98]
An die Stelle der Barfüßerkirche wurde die Paulskirche gebaut.

Frankfurt, Kloster der Barmherzigen Brüder

Für diese Klosterkirche baute Walcker 1963 ein Werk von 11 Registern [99].

Frankfurt, Bergkirche, ev.

In den Jahren 1967/70 wurde von Förster und Nicolaus, Lich, nach der Disposition von Helmut Walcha folgendes Werk gebaut:
I. HW Pl8 Gd8 O4 Nh4 O2 Schf4f Tpt8
II. OW Hzgd8 Pl4 Rfl4 Bfl2 Ql 1/3 O1 Zbl3f Kh-Schalm8 Tr.
Ped. Us16 Obß8 Gdbß8 Rgd4 Nh2 Rschpf2f Zbl2f Lieblpos16 Schalm4 Tr
Nk. 2frVorbereitungen. Schleifladen, mech. Tr. El. Reg. [1]

Frankfurt-Berkersheim, ev.

Am 20.5.1820 richtete Pfarrer Handwerk, Seckbach, im Auftrage der Gemeinde Berkersheim ein Gesuch an das Hanauische Konsistorium:
"Die vereinte Gemeinde zu Berkersheim entbehrt bey ihrer öffentlichen Gottesverehrung einer wesentlichen Unterstützung und Erhebung mittels Gesangs einer Orgel; und es konnte auch solange beide dortigen Gemeinen noch getrennt und in Ermanglung eines sonstigen Fonds nicht daran gedacht werden, diesem obgleich tief gefühlten Bedürfnisse abzuhelfen.
Der gute Geist, welcher auch dadurch ausgesprochen, daß die Glieder derselben, nicht nur einmüthig den Wunsch geäußert, eine Orgel zu besitzen, sondern sie haben auch die Aufrichtigkeit derselben durch

97) Wolff, Baudkm. I, S. 279
98) ZALKHN 1/2409 Diedenbergen - Peine, S. 137
99) WWV
1) Prospekt Förster und Nicolaus

Unterzeichnung freiwilliger Beiträge zu diesem Zweck bethätigt."
Diese Summe reichte jedoch noch nicht aus. Man hatte auch die Aufmerksamkeit darauf gerichtet "eine in Folge der Vereinigung in einer oder andern Kirche des Landes mit der Zeit entbehrlich werdende Orgel anzukaufen". Hierzu schiene die zu verkaufende Orgel in der vormals luth. Kirche zu Hochstadt geeignet.
Es wird hierdurch beim Konsistorium angefragt, ob die Nachricht des Verkaufs den Tatsachen entspräche.
Die Gemeinde Hochstadt beantwortet das Schreiben Handwerks am 7.6.1820, da sie durch das kurfürstl. Konsistorium aufgefordert war. "Was den Verkauf angeht, so müssen wir zu demselben um so geneigter seyn, je mehr die Zeit heranrückt, wo die bedrückende Summe von 540 fl. für die Ausbesserung unserer großen Orgel und Versetzung derselben ins Kirchenchor, wie auch andere bedeutende Reparaturkosten uns in Geldverlegenheit setzen werden."
Aus Unkenntnis könne man sich schwer für einen Preis entscheiden, etwa 200 - 250 fl. Dieses solle auch die Meinung des Herrn Bürgy bei dem letzten Dortsein gewesen sein. "Wir erwarten Herrn Bürgy in ganz kurzer Zeit, wo derselbe den Werth der Orgel aufs genauste angeben könnte." Pfarrer Theobald und Presbytherium.
Am 28.6.1820 berichtet Pfarrer Handwerk, daß nur 200 fl. aus Beiträgen vorhanden seien, aber noch 40 - 50 fl. für den Abbruch und die Aufstellung anzusetzen seien. Es blieben also noch 150 - 160 fl. Schulden. Am 10.7.1820 wurden vom Konsistorium 25 fl. als Beihilfe bewilligt.
Als der Pfarrer dem Konsistorium am 21.7.1820 mitteilte, daß die Gemeinde die Beiträge aufbringen wolle, antwortete das Konsistorium am 7.8.1820 mit der Aufforderung, mit Hochstadt einen Kontrakt abzuschließen, der am 9.10.1820 eingegangen wurde.
Berkersheim bezahlte bei der Abholung 175 fl. Am 22.10. wurde die Orgel abgeholt, wie Pfarrer Theobald am 24.11.1820 meldete 2).
Dieses Werk war im Jahre 1721 von dem Orgelmacher Waldhelm aus dem Eichsfeld im Auftrage von Pfarrer Sebastiani gebaut worden. Interessant ist sein Bericht vom 11.11.1721 an das Hanauische Konsistorium:
"Ew. Hochlöbl. Cosistorio habe bey dieser Gelegenheit mit anfügen und vorstellen sollen, welcher Gestalt ohnlängst an den hiesigen ref. jungen H. Pfarrer Bender ein längst erwünschter weit berühmter Orgelmacher H. Christian Waldhelm, auß dem Eyßfeldischen Chur-Mäyntzischen Lande gebürtig, durch einen vornehmen Freund von Meerholz, an mich aber durch einen ehrlichen Mann aus Frankfurt her bestens recommendirt worden. Wie er dann auch selbsten solche gute Attestata uffweisen kann, dergleichen ich, als ein Music Verständiger, noch wenig von einem Orgelmacher gesehen habe; inmaßen derselbe durch Aufrichtung neuer, großer und kleiner, wie auch durch glückliche Reparation verschiedener, und selbst allbereits bekannter, und durch andere ganz verdorbener Orgelwerke in dem Chur-Mayntzischen, in Sachsen, in

2) ŻALKHN 22 Anh. 22

der Wetterau, in den benachbarten Grafschaften und Ländern seine Kunst und Proben wenig dergleichen in dieser Wissenschaft und praxi /: darauf er auch viele Länder durchgereiset, nun aber sein Vermögen daran gewandt:/ ihm werden beykommen oder zuvorthun.
Dieser hat nun nicht allein obgedachten ref. H. Pfarrer bewogen, vermeldten Orgelmacher allhier zu arretiren und durch denselben ihr in den meisten Stücken verdorbene große Orgelwerk repariren zu lassen, zumahlen wann ich mit meiner Gemeinde zusammen thäte und nach unserm Vermögen eine von seiner Hand verfertigen ließen.
Wie wir nun des Handels mit ihm eins worden, er auch zuvörderst und ev. luth. zu arbeiten versprochen, weil wir noch mit keinem Werk versehen sind: also hat er auch bißhero mit allem Fleiß Hand angelegt, damit sothanes kleines Werk à 6 Register künfftige Weynachten, geliebts Gott, könne aufgeschlagen und dann die 2 Probe finden ad interim gebraucht werden, biß er die übrigen 4 etwa um Lichtmeße vollends zur Perfection bringen würde. Nun habe ich persönlich längst uff einen solchen rechtschaffenen Meister gewartet, deßen Arbeit derjenigen Orgeln oder Positiven gleich komme, wie ich sie hiebevor in Sachsen gehört; inmaßen alle diejenigen Werke, die ich noch hier zu Lande gehört, todte Dinge sind, undt nicht diejenige Lieblichkeit und Gravität haben, die sie in einer Kirche haben sollen, gleich wer davon die beyde Orgeln auch bey rechtschaffener Music und Orgelwerks Erfahrenen eine Probe können, die Kirchen auff dem Lande /: da die unverständigen Leute von allerhand Stümpern vielfältig betrogen worden:/ nicht zu gedenken.
Weil uns dann dieser Mann abhanden kommen, der bey den allerberühmtesten Orgelmachern in Ober- und Niedersachsen gelernet und gearbeitet, so habe diese Angelegenheit nicht allein versäumen, sondern auch kürtzl. resolvirt, entweder zu meinem eignen Vergnügen inß Haus, oder so es einer Gemeinde gefällig, zu ihrer allseits besserer Aufmunterung im Gesang zum Lobe Gottes ein Werklein, so viel es unsere Kosten oder der Gemeinde oder unseres kleinen Kirchhauses Beschaffenheit zugeben, um diesen berühmten Meister angeschaffen".
Er bittet um die Genehmigung, die am 12.11.1721 erfolgte.
Eine etwas größere Orgel hatte Waldhelm in Büdingen entworfen (s.d.). Orgelmacher Joh. Heinr. Schmidt aus Hanau hat das Werk 1801 repariert [3].
Im Jahre 1861 wurde durch Ob. Helbig, Hanau, die Notwendigkeit einer Reparatur für 150 fl. ausgesprochen und durchgeführt.
Am 8.11.1877 wurde an das Konsistorium ein Gesuch wegen einer neuen Orgel gerichtet. "Obwohl es schon lange im Plane ist, die alte unbrauchbare Orgel durch eine neue zu ersetzen, so konnte doch bisher noch nicht an die Verwirklichung dieses Planes gedacht werden, weil außer den 525 Mk., die gespart sind, keine Mittel zur Verfügung stehen. Durch Zeichnung ist die Summe von 1310 Mk. erreicht."
Es bot Ratzmann senior eine Orgel von 12 Registern an, die er fertig stehen habe. Nach einem Schreiben des Seminarlehrers Volckmar in Homberg kann es empfohlen werden [4]. Aus Kassel kam am 12.11.

3) StAMbg 83/705, 21 (Hochstadt)
4) . ZALKHN 22 Anh. 22

1877 die Empfehlung, mit Ratzmann abzuschließen. Die Disposition ist heute:
Pl8 Gd8 Hlfl8 Gb8 Sal8 O4 Gh4 O2 Mxt3f2 Vxcl8 BuD (Trompete?)
Sbß16 Obß8 [5]

Frankfurt, St. Bernardus, kath.

Für die 1907 erbaute Kirche lieferte Klais im selben Jahr als op. 712 ein Werk von 8 Stimmen, das 1929 durch ein großes von 57 Registern ersetzt wurde:
I. Bd16 Pl8 Gb8 Offl8 Gd8 Gh8 Pr4 Rfl4 Ghq3 O2 Korn3-4f Mxt4f Tpt8 Reg4
II. Pl8 Qtt8 Spfl8 Undmar8 Dulciana8 O4 Blfl4 Nh2 Q3 T1 3/5 Zbl4f Dulc16 Kh8 Kopfrg4
III. Stgd16 Pl8 Bdfl8 Sal8 Vxcl8 Ggpl4 Qfl4 Wfl2 Sesq2f Schf3-4f Harmtpt8 Ob8 Celesta4 Celesta forte
Ped. Us32 Pl16 Sbß16 Stillbß16 Salbß16 Obß8 Bd8 Dulciana8 Chbß4 Rschpf4f Pos16 Dulc16 Schalm4 Offener Prospekt [6]

Frankfurt, Bettinaschule, Hochschule für Erziehung

Die Orgel baute Jos. Glatter-Götz im Jahre 1958:
I. Gd8 Pl2 Mxt4f1 1/3
Pos. Qtt8 Rfl4 T1 3/5
Ped. Sbß16 Po4   3 NK. Schlfl. Mech. Tr.

Frankfurt, Blindenanstalt

Im Jahre 1891 baute Walcker ein Werk von 10 Registern:
I. Pl8 Fl8 Gb8 O4
II. Lbgd8 Sal8 Aeol8 Vxcl8+4 Fldolc4
Ped. Sbß16 [7]

Frankfurt-Bockenheim, ev.

1365 wurde in Bockenheim die gotische St. Jakobskirche gebaut. Von größerer Bedeutung wurde diese Kirche, als in den Jahren 1594 den Deutsch-Reformierten und 1598 den Französisch-Reformierten in Frankfurt die Ausübung ihres Gottesdienstes verboten wurde, da die Stadt Frankfurt nur die lutherische Lehre anerkannte. Philipp Ludwig II., Graf von Hanau und zuständiger Landesherr von Bockenheim, erlaubte

---

5) Arch. Schmidt
6) Klais Prosp. Folge 7/1929. - Abb. Peine, S. 272
7) Mitt. Walcker

den Frankfurter Reformierten, dort ihren Gottesdienst abzuhalten. Am 22.6.1596 wurde die erste Predigt gehalten [8].
Am 24.3.1638 fand zwischen Graf Philipp Moriz und Abgeordneten der niederländischen und französischen Gemeinde eine Vereinbarung statt und nach diesem Rezess wurde die Abhaltung des Gottesdienstes erlaubt [9].
Die Deutsch-Reformierten hielten ihren Gottesdienst seit 1634 in der Jakobskirche ab, die dieserhalb 1638 nach Westen erweitert wurde [10].
Die Französisch-Reformierten bauten 1638 eine Scheune zu ihrer Kirche um. Im Jahre 1768 wurde eine neue Kirche gebaut, die schon am 2.4. 1769 eingeweiht werden konnte [11].
Als am 15.11.1787 den beiden reformierten Gemeinden der Bau von Gotteshäusern innerhalb der Stadt Frankfurt erlaubt wurde, zog man dorthin; denn die deutsch-reformierte Gemeinde hatte dort am 17.3. 1793 und die französisch-reformierte Gemeinde am 16.9.1792 ihr neues Gotteshaus eingeweiht [12].
Die französisch-reformierte Kirche wurde von der lutherischen Gemeinde gekauft [13]. Diese hatte sich entwickelt, als nach dem Tode des letzten ref. Grafen des Hauses Hanau-Münzenberg im Jahre 1642 Graf Friedrich Kasimir aus dem luth. Hause Hanau-Lichtenberg zur Regierung kam.
Nach dieser Klärung der Verhältnisse kann auf die Geschichte der Orgel eingegangen werden.

Frankfurt-Bockenheim, Deutsch-Reformierte Gemeinde und Jakobskirche

Aus einem Bericht an das Konsistorium in Hanau vom 19.10.1787 ergibt sich, daß nach Genehmigung vom 14.1.1767 eine neue Orgel gebaut worden war [14]. Man hatte dieserhalb einen Anbau in das Hofgelände erstellt [15].
Die von den Gebrüdern Stumm in Rhaunen-Sulzbach erbaute Orgel hatte nach dem Stand vor dem Umbau im Jahre 1882 folgende Stimmen:
Manual:

1. Principal 8'
2. Waldhorn 16' (Bordun 16'?)
3. Bourdon 8'
4. Quintatön 8'
5. Viola di Gamba 8'
6. Octav 4'
7. Octavflöte 4' (Flöte 4')
8. Gemshorn 4'
9. Quint 3'
10. Octav 2'
11. Terz 1 3/5'
12. Mixtur 1' (4 fach?)
13. Cornett 2 fach 8' (5 fach?)
14. Trompete 8' 2 Züge
15. Engelstimme 4' (Vox angelica Baß?)

8) H. Ludwig, Geschichte des Dorfes und der Stadt Bockenheim, Frankfurt 1940, S. 84
9) StAMbg 83 Lade 930,4
10) Ludwig, S. 107
11) Ludwig, S. 235
12) Wolff, BDkm I, S. 297, 305
13) Ludwig, S. 242f.
14) StAMbg 83 / 930,4
15) Ludwig, S. 107

II. (Positiv)

16. Principal 4'	21. Quint 3'
17. Grobgedackt 8'	22. Octav 2'
18. Flöte 8' (Flaut travers 8' Diskant?)	23. Mixtur 1' (3fach?)
	24. Menschenstimme 8'
19. Salicional 8' (4' oder 2' rep?)	25. Krummhorn 8'
20. Rohrflöte 4'	26. Aeoline 8' (neu)

III. (Echo)	Pedal
27. Bourdon 8'	34. Subbaß 16'
28. Octavflöte 4' (Flöte 4')	35. Violonbaß 16'
29. Quint 3' (1 1/3' rep?)	36. Octavbaß 8'
30. Octav 2'	37. Posaune 16'
31. Trompete 8' Discant	38. Cornettobaß 4' [16]
32. Menschenstimme 8'	
33. Salicional 2' (rep)	

Diese Disposition entspricht fast genau der für die Reformierte Gemeinde Mannheim im Jahre 1761 erbauten Orgel. Die eingeklammerten Bezeichnungen entsprechen den üblichen Stummschen Namen [17]. Beim Abzug der reformierten Gemeinde nach Frankfurt sollte es wegen der Orgel Schwierigkeiten geben, da die Gemeinde Bockenheim diese schöne Orgel, die eine Zierde ihrer Kirche war, nicht abgeben wollte. Die Deutsch-reformierte Gemeinde schrieb daher an das Hanauer Konsistorium am 19.10.1787:
"... Da wir auch zu unserm hiesigen Interimsgottesdienst ein solches Privatgebäude zu bekommen die Hoffnung haben, in welchem wir von der Orgel Gebrauch machen können, welche unsere Gemeinde auf ihre Kosten, und zwar vermöge der unter dem 16. Januar 1767 durch den Herrn Pfarrer Hilchenbach bei Hochf. Consistorio geschehenen Anfrage und von Hochdemselben unter dem 14. desselben Monats erfolgten Genehmigung unter dem Vorbehalt in die Kirche zu Bockenheim hat setzen lassen, daß dieselbe zu unserer Disposition verbleibe, so sind wir zwar gesonnen, dieselbe in kurzem abnehmen und hereinbringen zu lassen. Da aber wegen derselben dazumal ein Anbau an die Kirche ist gemacht worden, den wir nicht gern leer wollen zurück lassen, so haben wir uns entschlossen, der Bockenheimer Gemeinde 500 fl. zu schenken, um sich dafür zu unserm Andenken eine kleinere Orgel setzen zu lassen."
Landgraf Wilhelm VIII. hatte sich für die Frankfurter Gemeinde eingesetzt.
Das fürstliche Konsistorium teilte am 19.10.1787 der Gemeinde mit:
"Es darf nichts in der Kirche in specie betr. die Orgel seitens der Frankfurter deutschen und frz. Gemeinde vorgenommen werden." [18]
Am 22.2.1788 richtete die Gemeinde wieder ein Gesuch nach Hanau:
"Die Vorsteher der ref. Teutschen Gemeinde zu Frankfurt bitten um Verabfolgung der ihrer Gemeinde zustehenden in der Bockenheimer

---

16) E. F. Schmid, Die Orgeln von Amorbach, 1963² (Bösken), Btrg. z. mrh. MG Nr.4, S. 96
17) Bösken, Stumm, S. 78f. Nr. 185
18) StAMbg 83/930,4

Kirche befindlichen Orgel. Am 5.3.1788 wurde es dem Konsistorium praesentiert und resolviert: "soll befördert werden" [19].
Darauf wandte sich die reformierte Gemeinde Bockenheim wiederum nach Hanau und bat "ihnen zu helfen, daß sie nicht alles verlieren", vor allem "den Stolz unserer Kirche, die Orgel zu nehmen" [20].
Man erbat mit Unterstützung des Konsistoriums für den Bockenheimer Gottesdienst die Orgelschlüssel. Ein Bericht an Hanau vom 4.2.1788 sagt darüber aus: "Die Frankfurter haben wirklich gestern nach beendigtem letzten Gottesdienst zu Bockenheim die Orgel daselbst geschlossen und den Schlüssel mit sich nach Frankfurt genommen." Schulmeister Müller aus Eckenheim soll Orgel spielen [21].
Über den Zustand berichtet die Gemeinde nach Hanau am 30.6.1788: "Nach Angabe des Candidaten Zimmermann soll die Orgel sehr verstimmt sein und der Stimmung bedürfen, vor allem Schnarrwerk Vox humana sonderlich, hat sich nach Abzug der Frankfurter, und da der Organist nicht stets darüber saß, ganz bald verstimmet und mich genöthigt schon vor 3-4 Monaten Orgelmacher Bürgy aus Homburg über selbige zu schicken. Das ganze Orgelwerk war verschlossen, wenn alles gestimmt werden soll, müßten die Frankfurter die Schlüssel herausgeben, oder man müßte den Schlosser aufbrechen lassen." [22]
Am 27.4.1790 wurde der Streit endlich beendigt und man zahlte die 2 000 fl., die die Frankfurter Gemeinde seinerzeit an den Graf Ph. Moriz bezahlt hatte wieder zurück. Man verzichtete seitens der deutsch-reformierten Gemeinde auf die Orgel [23].
Im Jahre 1882 bearbeitet W. Ratzmann, Gelnhausen, die Orgel und beschränkte sie auf 2 Manuale und 23 Register [24]. Diese Orgel verbrannte im Jahre 1944 [25].
Fr. Euler, Hofgeismar, erstellte im Jahre 1956 einen Neubau:
HW. Gdpo16 P18 Koppfl8 O4 Rfl4 Nas3 Blfl2 Mxt4-6fl 1/3 Tpt8
OW. Gd8 Weidpf8 Pl4 Wfl4 Sffl2 Ql 1/3 Jauchzendpfl Schf3fl Vxhm8
SchW. Qtt8 Rfl8 Gh4 Pl2 Zbl3fl Kh8 Tr
Ped. Sbß16 Pl8 Flbß8 Chbß4 Rschpf4f2 2/3 Nh2 Pos16
6 NK. Taschenl. el. pn. Tr. [26]

Frankfurt-Bockenheim, Französisch-Reformierte Gemeinde

Nach dem Neubau der Kirche, die am 2.4.1769 eingeweiht wurde, hat die Gemeinde wohl auch eine Orgel bekommen; denn beim Verkauf an die lutherische Gemeinde wird ausdrücklich darauf hingewiesen, daß die Kirche "ohne Orgel, Kanzel und 2 Öfen, die nach Frankfurt kamen." [27]
Um eine nähere Einsicht in Baujahr und Disposition des Werkes zu ge-

19) StAMbg 83/931,1
20) StAMbg 83/930,4
21) StAMbg 83/930,4
22) StAMbg 931,1
23) Ludwig, S. 242
24) Arch. Ratzmann - Schmidt
25) Peine, S. 143
26) Mitt. Wißmüller
27) Ludwig, S. 242f.

winnen, ist zunächst zu klären, ob das Werk heute noch existiert. Nach dem Kontrakt der Gemeinde Diedenbergen vom 12.7.1790 (s. dort) wurde die Orgel von der deutsch-reformierten Gemeinde Bockenheim gekauft. Wie oben eindeutig festgestellt werden konnte, blieb die Orgel der deutsch-reformierten Gemeinde, die in der Jakobskirche gestanden hatte, in Bockenheim. Weiterhin wurde bereits berichtet, daß die Lutheraner beim Ankauf der Kirche aus den Händen der frz.-ref. Gemeinde die Orgel nicht mit übernahmen. Also wurde wahrscheinlich die Orgel der frz.-ref. Gemeinde in Frankfurt von Organist Haueisen der deutsch-ref. Gemeinde für 1400 gekauft. Nun war Wolfgang Nikolaus Haueisen nicht nur als Organist, sondern auch als Musikverleger und Konzertunternehmer in Frankfurt tätig. So war es gut möglich, daß er für die frz.-ref. Gemeinde den Verkauf der Orgel vermittelt hat[28]. Das Versehen in der Herkunfstangabe der Orgel kann sehr leicht dadurch entstanden sein, daß der Organist der deutsch-ref. Gemeinde den Verkauf abschloß.
In der Pfeife C (der alte Prospekt ist nicht mehr vorhanden) soll eingraviert gewesen sein: "Johann Conrad Bürgy 1768". Nach dem Kontrakt soll das Werk 20 Register haben und vor 17 Jahren erbaut worden sein. Das wäre von 1790 aus gerechnet das Jahr 1773. Das ergibt freilich eine kleine Differenz, die allerdings häufiger vorkommt und durch den Zeitunterschied zwischen Pfeifenherstellung und Lieferungstermin oder Weihdatum bedingt ist[29]. Die Registerzahl stimmt in Diedenbergen, ebenso ist aus dem Werk, unter Außerachtlassung der heute nicht mehr vorhandenen Pfeifensignatur, die Hand des Orgelbauers Bürgy zu erkennen. Das heute noch in Diedenbergen erhaltene Werk mit dem schönen Rokokoprospekt stand vordem in der frz.-ref. Kirche von Bockenheim, deren Erbauungsdatum ja genau mit der Gravur 1768 übereinstimmt und der Auftrag für die Orgel zumindest in diesem Jahr wohl erteilt wurde.

Frankfurt-Bockenheim, Lutherische Gemeinde

Die Orgel in der als Kirche dienenden Schulstube mußte abgebrochen werden. Am 10.6.1789 wird an das Konsistorium in Hanau berichtet:
"Die kleine Orgel in dem ehemaligen Bockenheimer Kirchen Saal muß nun doch auch abgebrochen werden, weil die Ober Etage zur Wohnung zurecht gemacht werden soll.
1. Anfrage, ob solche auf den Stand verkauft werden soll,
2. gegen eine andere vertauscht werden soll,
3. ob eingepackt werden soll."
Die Antwort aus dem Extr. Prot. vom 24.6.1789:
"Diese Orgel in Bockenheim bald thunlichst so gut als möglich zu verkaufen und den Kaufschilling so lange in der Rechnung in Einnahme zu bringen, bis man im Stande ist, eine neue der Größe und Einrichtung

28) W. Matthäus, Der Musikverlag von W. N. Haueisen zu Frankfurt am Main 1771-1789, Musikforschung, Jg. XXII (1969) Heft 4, S. 421f.
29) Peine, S. 132

der Kirche angemessene Orgel anzuschaffen." Man hatte ja inzwischen die französisch-reformierte Kirche gekauft.
So liegt entsprechend am 24.5.1793 ein Gesuch der Gemeinde vor, das am 29.5. dem Konsistorium präsentiert wurde, das in Frankfurt zu habende Werk zu kaufen. In der Beilage zum Frankfurter Staats-Ristretto vom 4.5.1793 war annonciert: "Eine Orgel oder sog. Positiv steht allhier Lit. F Nr. 65 zu verkaufen, welche in eine allzugroße Kirche sehr wohl kann gebraucht werden. Das Werk ist von dem berühmten Herrn Friderici zu Gera noch kurz vor seinem Tode verfertigt worden.
Sie ist 10' hoch 7' breit und 3' tief hat 8 Register, 2 elfenbeinerne Klaviere, welche von C bis ins 3''' F durchgeführt sind.
Der Bälge sind 2. Die Intonation ist rein und stark. Das Hauptklavier liegt unten und hat folgende Stimmen:

1. Getackt 8 Fuß Ton von Holtz durch das ganze Klavier
2. Principal 8' von Zinn durch das halbe Manual, nämlich von c^1 bis f^3
3. Principal 4' Zinn durch das ganze Klavier, die mehrsten Pfeifen von Metall, etlich der tiefsten von Holz, welche nebst den metallenen inwendig stehen
4. Octav 2' von Zinn durchs ganze Klavier

das 2te Klavier, welches zu dem untern Hauptklavier gekoppelt werden kann, hat folgende Register:

1. Flaut 8' Ton von Holz und gedackt durchs ganze Klavier
2. Flaut 4' die unterste Octav von Holz, gedackt, die anderen Octaven sind eine Spitzflöte von Metall
3. Spitzflöte 2' von Metall
4. Sifflet 1' von Zinn geht durchs ganze Klavier, die oberen Octaven repetieren.

Für die innere Güte spricht der Name des Meisters."

Nach dem Extrakt vom 5.6.1793 soll Kantor Luja das Werk besichtigen und mitteilen, wieviel es kosten soll.
Kantor Luja, Hanau, berichtet am 9.6.1793:
"Das Werk ist 6'9'' breit 4' tief und 9' 4-5'' hoch. Außen sei der Kasten von Tannenholz wie Nußbaum gestrichen, ein wenig vergoldet mit einigen kleinen Figuren versehen. Die 8 Register seien nicht ganz zweckmäßig, es habe 2 Klaviere, kein Pedal, die Pfeifen teils aus Metall teils aus Tanne, Mahagoni, Eiche. Die 2 Bälge gäben reichlich Wind. Baumeister soll Friderici aus Gera sein, ein guter Freund des Pfeilischen Hauses, "so scheint der Eigentümer ein besonders pretium affectionis darauf zu setzen". Es solle 700 fl. kosten. Er teilt gleichzeitig mit: "Der hiesige Orgelbauer Schmidt erbietet sich ein Werk dieses Gehalts für 400 fl. zu bauen, 2 Manuale und Pedal für 600 fl."
Orgelbauer Ph. H. Bürgy aus Bad Homburg, der schon in Bockenheim bei der reformierten Gemeinde zu Reparaturen herangezogen worden war, bietet ein bei ihm stehendes altes Werk an:

"1. Das Gehäuse ist meistenteils ganz neu und himmelblau angestrichen. Das Laubwerk der Verzierung über den Pfeifen ist weis und mit Metall belegt und stehet im Prospekt.

2. Die Wind- oder Kunstlade ist die alte aber gründlich repariert, so daß solche einer ganz neuen an Güte gleicht.
3. Bestehet das Pfeifenwerk aus lauter ganz neuen Pfeifen und bestehet aus nachfolgenden Stimmen:

a) Principal 4' Thon im Prospekt, 12 löthiges Probzinn
b) Grosgedackt 8' Holz
c) Kleingedackt 4' die 2 großen Octaven von Holz
d) Octav 2' von Metall 6 löthiges Zinn
e) Quint 1 1/2' Metall
f) Sesquialtra 2 fach im Discant
g) Mixtur 1' 3fach repetiert von Metall

Pedal

a) Subbaß 16' Holz, gedackt
b) Violonbaß 8' Holz offen

Pedal ganz neu."

Das Werk kann für 350 fl. überlassen werden.
Homburg 30.7.1793 Ph. H. Bürgy Hof- und Landorgelmacher zu Homburg vor der Höhe.
Kantor Luja bescheinigt am 31.8.1793 die Angaben.
Die Verhandlungen zogen sich anscheinend doch noch länger hin, denn am 13.2.1805 teilt das Hanauer Konsistorium mit, daß es darauf ankomme, wieviel die Gemeinde bezahlen will [30].

Frankfurt-Bockenheim, Markuskirche, ev.

Im Jahre 1912 lieferte Steinmeyer, Öttingen, ein neues Werk:
I. Bd16 Pl8 Gd8 Fldo8 Gb8 O4 Gh4 Nas3 O2 Mxt4f1 1/2 Klar8
II. Hornpl8 Kztfl8 Qtt8 Sal8 Vxcl8 Ggpl4 Klgd4 Picc2 Progrharm3-4f 2 2/3 Zbl3fl Tpt8 Schalm8
Ped. Ktrbß16 Sbß16 Ztbß16 Flbß8 Pr4 Pos16 3 NK 2 OK [31]
Die Orgel wurde im Kriege zerstört.
In den Jahren 1954/55 baute P. Ott, Göttingen, ein neues Werk:
HW Qtt16 Pl8 O4 O2 Sesq2f Rfl8 Gd4 Mxt4-6f Tpt8
BrW. Musgd8 Pl4 Pl2 T1 3/5 Q1 1/3 Zbl3-4f Qtt8 Blfl4 Gh2 O1 Sord16 Dulc8 Tr
Ped. Sbß16 Pl8 Gd8 O4 Nh2 Mxt4-6f Pos16 Tpt8 Reg4 NK
Schleifl. mech. Tr. [32]

Frankfurt-Bockenheim, Elisabeth, kath.

Für die 1872 erbaute Kirche lieferte Balthasar Schlimbach, Würzburg, als op. 115 die Orgel, die Kaspar Dülk, Frankfurt, im Jahre 1942 klanglich ein wenig veränderte- Sie wurde 1944 zerstört.

---

30) StAMbg 83/1069,14
31) Mitt. Wißmüller
32) Peine, S. 207f.

Es war ein mechanisches Werk auf Kegelladen:
I. Bd16 Pl8 Hlfl8 Gb8 O4 Rfl4 Corn4f Mxt4f Tpt8
II. Lbgd8 Ggpl8 Sal8 Fldo4
Ped. Sbß16 Vlbß16 Obß8 Vcl8 [33)]
1954 erbaute Walcker ein neues Werk mit Schleifladen, mech. Traktur und folgenden Stimmen:
HW Pl8 Hlpf8 O4 Klgd4 Spfl2 Sesq3f Mxt4-6f Tpt8
RP Hzgd8 Gh8 Nh4 Pl2 Ql 1/3 Zbl3-4f Kh8
Ped. Sbß16 Plbß8 Rpo8 Chbß4 Rschpf2 Lbpos16 [34)]

Frankfurt-Bonames, ev.

Die Orgel wurde im Jahre 1851 von Bernh. Dreymann, Mainz, erbaut - wie eine Inschrift sagt:
"Diese Orgel wurde im Jahre 1851 von Herrn Bernhard Dreymann, Orgelbauer in Mainz, vom 26. November bis den 3. Dezember selbigen Jahres aufgestellt, von Herrn Dr. Schlemme in Frankfurt den 3. Dezember geprüft und am 2. Adventssonntag, den 7. Dezember feierlich eingeweiht. Joh. Georg Dürer, derzeit Schullehrer in Bonames."

Die Disposition im Jahre 1944:
Pl8 Bd16 Grgd8 Fug(?) O4 O2 Mixt3f2 2/3
II. Pl4 Spfl8 Dolce8 Aeol8 Fl4(?)
Sbß16 Plbß8 Vcl8 [35)]

Bei einem späteren Umbau wurde folgende Disposition festgehalten:
Pl8 Bd16 Gd8 Ggpl8 Gb8 O4 O2 Mxt3f2 2/3
Pl4 Fl8 Klgd4 Schwig2 Ql 1/3 2 freie Schleifen
Sbß16 Obß8 Vcl8 [36)]

Einen Neubau lieferte Fr. Euler, Hofgeismar:
Gd8 Pl4 Rfl4 Blfl2 Schf3-4f
II. Zfl8 Qtt8 Gd4 Pl2 Sffl1 Tr
Ped. Sbß16 Obß8 Qtt8 Chbß4 Pos16. 3 NK Pn. Taschenl. [37)]

Frankfurt, St. Bonifatius, kath.

Im Jahre 1927 erwarb man die Orgel der ev. Gemeinde in Niederursel [38)]. Später kaufte man, wohl anläßlich des Neubaus der Funkorgel durch Förster und Nicolaus, die alte Orgel des Hessischen Rundfunks; denn Förster und Nicolaus nahmen auch den Abbruch und Aufbau vor. Die Pfeifen der alten Orgel von Niederursel wurden an den Orgel-

33) Peine, S. 175
34) Peine, S. 204
35) FBHN44
36) Peine, S. 157
37) Mitt. Wißmüller
38) Peine, S. 156

bauer Wagenbach, Limburg, verkauft [39]. Sie war 1835 von B. Dreymann gebaut (s. Niederursel).
Fr. Weigle, Echterdingen, hatte 1927 eine kleine Orgel und 1929/30 eine große an den Funk geliefert [40].
Die heutige Disposition:

HW Pl16 Pl8 Kufl8 Rgd8 O4 Nh4 Nas3 O2 Mxt4f Tpt8
OW Starkgd8 Sal8 Weitpl4 Gdpo4 Schwig2 Ql 1/3 Sffl1 Schf3f Kh8 Schalm4
SchW. Ggpl8 Kztfl8 Qtt8 Ztgg8 Pl4 Spfl4 Q3 Rfl2 Tfl1 3/5 Rschzbl3f Dulc16 Vxhm8
Ped. Sbß16 Plbß16 Salbß16 Obß8 Sggd8 Chbß4 O2 Sesq2f Pos16 Bßtpt8 Dulc16 [41]

Frankfurt-Bornheim, Heilandskirche, ev.

1955/56 erbaute Förster und Nicolaus, Lich, eine neue Orgel mit 25 Registern, Schleifladen und mech. Tr.:

HW Qtt16 Pl8 Rfl8 O4 Nhgd4 Blfl2 Sesq2f Mxt4-5fl 1/3 Tpt8
RP Gd8 Pl4 Koppelfl4 Nas3 Spfl2 Siffl1 Klzbl4fl/2 Kh8
Ped. Us16 Obß8 Gdbß8 Rgd4 Nh2 Mxt6f2 2/3 Lbpos16 Klarine4 [42]

Frankfurt-Bornheim, Johanneskirche, ev.

In der alten Bornheimer Pfarrkirche - nach Beschluß des ev. luth. Konsistoriums vom 4.5.1896 Johanneskirche genannt - wurde nach der Kirchenrenovierung des Jahres 1679 am 13.4.1680 eine neue Orgel in Gebrauch genommen. Sie wurde von Joh. Wilhelm Müssig aus Aschaffenburg für 250 fl. gebaut [43].
Schon 1704 erhielt man von Nicolaus Boller in Frankfurt eine neue Orgel mit 8 Registern, die er für 150 fl. und Übernahme der alten Orgel lieferte [44].

Die alte Kirche wurde im Jahre 1752 abgerissen und in den Neubau lieferte der bekannte Frankfurter Meister J. Christian Köhler im März 1754 eine neue Orgel [45]. 1767 wurde dieses Werk ausgebessert, jedoch brannte es am 17.7.1776 mit der ganzen Kirche ab. Nach der Einweihung des Neubaus am 10.10.1779 bekam man schon bald ein neues Werk, das am 20.8.1780 in Gebrauch genommen wurde. Friedrich Meynecke, der Werkmeister der Wegmann'schen Werkstatt, erbaute es für 1550 fl. Es hatte 16 Register, verteilt auf 1 Manual und

---

39) BALbg LB
40) Weigle, Werkblatt
41) Mitt. PfAmt
42) Peine, S. 190
43) Wolff - Jung, BDkm, S. 262, 266
44) Peine vermutet, daß Boller identisch ist mit dem seit 1687 amtierenden Organisten der Peterskirche. Peine, S. 83
45) Wolff - Jung, BDkm, S. 264

Pedal, sowie 4 Bälge [46]. Die Orgel stand über dem Altar im Osten. Das sehr schöne Gehäuse ist nicht mehr erhalten, konnte aber nach einer alten Fotografie nachgezeichnet werden [47].
Der Bildhauer Aufmuth lieferte den bekrönenden Frankfurter Adler, 2 musikalische Trophäen, 2 Urnen und Girlanden. An den großen Mittelturm schlossen sich je ein zweigeschossiges Flachfeld an, dem je ein größeres Harfenfeld folgte; den Abschluß an den Seiten bildeten je ein kleinerer Spitzturm. 1873 wurde die Orgel von Osten nach Westen versetzt und Walcker erstellte eine neue Orgel von 24 Registern mit 2 Manualen und Pedal [48].
Das Walckersche Werk von 1874, mit Veränderung von 1939, hatte folgende Disposition:
I. Qtt16 Pl8 Rfl8 Aeol8 Klgd4 O4 Q3 O2 Blfl2 T1 3/5 Schf4-5f1 Tpt8 Trreg4
II. Gd8 Pl4 Spfl2 Ql 1/3 Sffl1 Zbl2f1/2 Kh8
Ped. Sbß16 Obß8 Qtt4 Pl2 Pos16
Deutlich ist die Klangumgestaltung von 1939 abzulesen.
Dieses Werk, ursprünglich auf mechanischen Kegelladen, wurde 1949 verändert. Außer der Anlage von elektropneumatischen Kegelladen wurde die Disposition umgestaltet:
HW Pl8 Gh8 O4 Q3 T1 3/5 Mxt4-5f1 1/3 Tpt8
OW Gd8 Pl4 Rfl4 Spfl2 Ql 1/3 Sffl1 Zbl2f2/3 + Rohrw8'
BW Qtt16 Rfl8 Klgd4 Blfl2+Pl2+Schf4f1 Kh8
Ped. Sbß16 Obß8 Gdbß8 Qtt4 Pl2 +Mxt4f2 2/3 Pos16 + Rohrw4 [49]

Frankfurt-Bornheim, Gemeindehaus, ev.

1905 erbaute Walcker ein Werk von 9 Registern:
I. Pl8 Gdfl8 Gb8 O4 II. Lbgd8 Aeol8 Vxcl8
Ped. Sbß16 Vcl8 pn. Tr. [50]

Für die Notkirche lieferte Walcker ein Werk von 1914:
Pl8 Fl8 Sal8 O4 II. Gd8 Aeol8 Trfl4 Ped. Sbß16 Ztbß16 [51]
Nach Peine erhielt die Gemeinde noch ein ähnliches Werk, wie es die Gutleutgemeinde hat, das 1950 gebaut worden war [52].

Frankfurt-Bornheim, St. Josef, kath.

In die 1876 erbaute Kirche setzte Michael Keller, Limburg, 1880 eine neue Orgel, die beim Umbau der Kirche 1932 in diese versetzt wurde.

46) Wolff - Jung, BDkm, S. 270
47) Wolff - Jung, BDkm, S. 265 - Peine, vor S. 299
48) Wolff - Jung, BDkm, S. 270 - Peine, S. 193
49) Peine, S. 193, + geplant
50) Mitt. Wißmüller - WWV
51) Mitt. Wißmüller
52) Peine, S. 205

In das neugotische Gehäuse wurden auf mech. Kegelladen folgende Register gestellt:
I. Bd16 Pl8 Flmaj8 Gb8 Gd8 O4 Flmin4 Corn5f ab c1 Rschq2f Tpt8 2Z
II. Ggpl8 Lbgd8 BuD Sal8 Fernfl8 D
Ped. Sbß16 Vlbß16 Obß8 [53]

Frankfurt-Bornheim, Hl. Kreuz, kath.

Die Orgel aus dem Jahre 1964 erbaute Gebr. Späth, Ennetach-Mengen auf Schleifladen mit el. Tr. und folgenden Stimmen:
HW Gdpo16 Pl8 Gh8 O4 Nh4 Q3 Wfl2 Mxt6-8f Engtpt8 Clar4
Pos. Spgd8 Qtt8 Rfl4 Hellpl2 Siffl1 1/3 Zbl3-4f Kh8 Tr
SchW. Koppelfl8 Wdpf8 Pr4 Blfl4 Schwig2 Sesq2f Schfmxt5f Schalmob8 Tr
Ped. Sbß16 Ztbß16 Obß8 Gdbß8 Chbß4 Pos16 Clair4 [54]
Der Winddruck ist differenziert: HW 58, Pos. 46, SchW. 50, Ped. 60.

Frankfurt, Bürgerhospital

Das von Joh. Christian Senckenberg gestiftete und 1779 vollendete Bürgerhospital erhielt im Jahre 1907 eine kleine Orgel von 5 Registern.
Die Disposition: I. Pl8 Fldolc4 II. Lbgd8 Aeol8 Ped. Bd16 [55]

Frankfurt, Cäcilienverein

Der im Jahre 1818 von Joh. Nepomuk Schelble zur Pflege der Oratorienmusik gegründete Cäcilienverein bekam 1905 durch Walcker eine neue kleine Orgel von 5 Registern [56].

Frankfurt, Christliche Gemeinde

Im Jahre 1937 erbaute Walcker folgendes Werk:
I. Gd8 Gh8 Fl4 Nas3 Nh2
II. Bd16 Fl8 Pr4 Trfl4 Picc2 Q1 1/3
Ped. Sbß16 Bd8 Chbß4 Bauernfl2 [57]

Frankfurt, Christuskirche, ev.

1886 erbaute Walcker eine Orgel mit folgenden Stimmen:

53) Peine, S. 174
54) Mitt. Späth
55) WWV. - Friedr. Bothe, Geschichte der Stadt Ffm., Ffm. 1913, S. 516 - Mitt. Walcker
56) WWV - W. Stauder, Frankfurt Main, MGGIV, Sp. 721
57) Mitt. Walcker

I. Bd16 Pl8 Gb8 Fl8 Rfl4 O4 Mxt3f2 2/3
II. Lbgd8 Sal8 Aeol8 Fldo4
Ped. Sbß16 Obß8 [58]

Frankfurt, Deutschordenskirche

Nach der Wiederherstellung der Kirche in den Jahren 1747-51 erfahren wir zum ersten Mal etwas von der Orgel. Zum Weihnachtsfest 1750 vollendete J. Chr. Köhler, Frankfurt, eine Orgel, deren Prospekt heute noch erhalten ist. In den Jahren 1781 und 1792 wird über Reparaturen berichtet.
Leider ist die Disposition Köhlers nicht überliefert.
1881 baute Eberhard Walcker in das alte Gehäuse ein neues, kleineres Werk mit folgenden Registern:
I. Bd16 Pl8 Gd8 Gb8 O4 Gh4 Mxt2 2/3
II. Lbgd8 Sal8 Fl4
Ped. Sbß16 Obß8. Mech. Kegelladen. [59]

Am 13. 5. 1967 erfolgte die Einweihung eines neuen Werkes, als op. 1353 von Joh. Klais, Bonn, erbaut:
HW Pl8 Rgd8 O4 Hzfl4 Nas3 Gh2 Mxt4-5f Dulc16 Tpt8
Pos. Hzgd8 Gb8 Pr4 Rfl4 O2 Siffl1 1/3 Sesql-3f Schf4f Kh8 Tr
Ped. Us16 Hzpl8 Mtgd8 Chfl4 Rschpf3f Fag16 Schalm4
Mech. Schleifl. el. Reg. [60]

Der alte Köhler-Prospekt ist erhalten. Er baut sich um das Fenster herum, sodaß in der Mitte der niedrigste Teil steht, ein kleiner Mittelturm auf Achteckbasis mit je einem anschließenden gleichhohen Flachfeld. Je ein größeres Harfenfeld leitet zu einem hohen Harfenfeld über, das einen Abschluß durch einen niedrigen Turm auf Achteckbasis findet, der die gleiche Höhe der kleineren Harfenfelder hat. So werden die nach außen strebenden hohen Harfenfelder organisch eingebunden [61]. Die eingeschnittenen Felder im Unterbau stammen sicherlich aus späterer Zeit. Im Unterbau war ursprünglich wohl ein Echowerk, wie Köhler es auch für die Karmeliterkirche 1748 gebaut hatte (s. d.). Der Spielschrank war wohl an der Vorderfront des Gehäuses.

Frankfurt, Deutsch-Reformierte Kirche

Als nach der Genehmigung des Baues einer eigenen ref. Kirche durch den Rat der Stadt Frankfurt die Gemeinde aus Bockenheim (s. d.) zu-

58) Mitt. Wißmüller
59) Mitt. Wißmüller - Wolff - Jung, BDkm, S. 195, 215 - Peine, S. 109, 165 - Festschr. zum 600j. Jubiläum, Ffm. 1909, S. 43
60) Arch. Klais
61) Abb. Peine, S. 246 Zeichnung von F. Vogel

rückkehrte, erbaute sie in den Jahren 1789-92 eine Saalkirche. Da durch die Kriegswirren die Lieferung der Orgel durch die Gebr. Stumm in Rhaunen-Sulzbach verschoben war, wurde die Kirche erst am 17.3.1793 eingeweiht. Die Orgel war zum Preis von 6500 fl. angefertigt worden, ein teures Werk [62]. Die Disposition ist leider nicht überliefert. Bei der Ähnlichkeit der Dispositionen der Stumm dürfte ein anderes Werk aus dieser Zeit einen Eindruck vermitteln können (in Frankfurt: Katharinen, Dreikönig in Sachsenhausen oder Bockenheim) [63].
In den Jahren 1854/66 baute Walcker ein neues Werk, das 1905 von 46 auf 52 Register vergrößert wurde:

I. Bd16 Pl16 Pl8 Bd8 Gb8 Qtt8 Sal8 Hlfl8 Lbgd8 O4 Fl4 Gh4 Q3 O2 Corn5f Mxt4f2 2/3 Tpt8 Klar8
II. Bd16 Pl8 Gh8 Trfl8 Gd8 Dolce8 O4 Rfl4 Fldam4 Vla4 Q3 O2 Mxt3f 2 2/3 Ob8
III. Qtt16 Pl8 Bd8 Flf8 Aeol8 Vxcl8 Hlfl4 Spfl4 Flino2 Vxh8
Ped. Plbß16 Vlbß16 Sbß16 Qtt16 Pl8 Obß8 Vcl8 O4 Pos16 Fag8

Diese Disposition steht am Anfang der elsässischen Orgelreform, sie erinnert an die Orgel der ev. Garnisonkirche in Straßburg, die E. Rupp zum Aufgang der Reform gedient hatte [64].
1952 baute Walcker ein neues Werk:

HW Pl8 Hzfl8 O4 Flachfl2 Mxt4-6f Tpt8
RP Hzgd8 Pl4 Rfl4 Wfl2 Zbl2f Kh8 Tr
BW Kugd8 Nh4 Pl2 Q1 1/3 Schf4f
Ped. Sbß16 Obß8 Gd8 Qtt4 Lblpos16 Tpt8 Rschpf3f
El. pn. Traktur [65]

Frankfurt, Ref. Gemeindehaus

1905 baute Walcker ein Werk von 7 Registern:

I. Diapas8 Clarabella8 Dulcet4
II. Ggpl8 Lbgd8 Gambetta4 Tr
Ped. Bd16 [66]

Diapason, Clarabella, Dulcet und Gambetta sind Stimmen, die im englischen Orgelbau beheimatet sind. Wir finden sie etwas später z.B. in der Chororgel von Birmingham von Willis. Es waren sicher Erinnerungen von Oskar Walcker an seinen Englandaufenthalt [67].

Frankfurt, Diakonissenhaus

1881 lieferte Walcker ein Werk von 6 Registern:
Pl8 Gd8 Sal8 II. Aeol8 Fldo4 Ped. Sbß16 [68]

62) Wolff - Jung BDkm, S. 297 - Peine, S. 153
63) Bösken, Stumm S. 67/68
64) E. Rupp, Die Entwicklungsgeschichte der Orgelbaukunst, Einsiedeln 1929, S. 335
65) Peine, S. 206
66) Mitt. Wißmüller
67) Rupp, S. 434 und 360
68) WWV - Mitt. Wißmüller

Frankfurt, Diakonissenanstalt

Das Werk von 1897 baute Walcker mit 15 Registern:
I. Bd16 P18 Flambl8 Gb8 O4 Mxt2 2/3
II. Ggpl8 Lbgd8 Sal8 Aeol8 Vxcl8 Fldo4
Ped. Sbß16 Vlbß16 Obß8 [69]

1949 folgte ein Neubau von Förster und Nicolaus, Lich:
UW Gd8 P14 Blfl2
OW Gh8 Rfl4 Klzbl3-4f
Ped. Sbß16 Rgd4 3NK Pn. Tr. [70]

Frankfurt, Dom St. Bartholomäus

Die Kirche des St. Bartholomäusstiftes ist als Wahl- und Krönungskirche des alten Reiches besonders hervorgehoben.
Die alte, von Hrabanus Maurus - Erzbischof von Mainz - geweihte Salvatorkirche ersetzte die frühgotische Bartholomäuskirche, die noch nicht ganz vollendet, von Bischof Liudolf von Ratzenburg am Bartholomäustage des Jahres 1239 geweiht wurde.

Diese wurde im 14. Jh. erweitert. 1315 wurde der Chor abgebrochen und dessen Neubau im Jahre 1338 vollendet. Die Vergrößerungen hingen wohl mit der Ernennung der Kirche zur Wahlkirche zusammen [71].
In dieser älteren Bartholomäuskirche wird schon eine Orgel erwähnt.
1311: Im Jahre 1313 wird in einer Urkunde berichtet, daß vor 2 Jahren am Ostertage eine Störung des Pfarrgottesdienstes durch Dekan, Kanoniker und Vikare durch Glockenläuten und Orgelspiel erfolgt sei: "cum clamoso tumultu et campanarum sonitu ac organorum strepitu turbaverunt ..." Daß hier eine Orgel und nicht andere Lärminstrumente gemeint sind, ergibt sich aus dem folgenden Passus: die Störung sei nicht zufällig gewesen, sondern unter der Kommunionausteilung habe der Dekan viel früher mit den üblichen Verrichtungen begonnen, darunter: "videlicet in organis cantare prout in die pasche ibidem fieri est consuetum" [72].

1322: Über die Stellung der Orgel berichtet Lersner anläßlich einer großen Mainüberschwemmung: "1322, den 15. Feb. Ist der Mayn so groß, daß er biß an die rothe Thür zu St. Bartholomäi, bey der Orgel gangen ..." Die rote Tür war die südliche Haupttür der alten Bartholomäuskirche, also heute im Langhaus. Die Orgel kann demnach im Seitenschiff über der Tür oder an der Stirnwand über der Wolfgangskapelle

69) WWV - Mitt. Wißmüller
70) Mitt. Wißmüller
71) Carl Wolff, Der Kaiserdom in Frankfurt am Main, Frankfurt 1892, S. 10, 15.
72) Joh. Fried. Böhmer, Codex diplomaticus Moenofrancofurtanus, Nb. Fried. Lau, Bd. 2, Frankfurt 1905, Urk.Nr. 35, Abs. 49f. Abdruck bei Peine, S. 14

gehangen haben. An dieser Stelle kann sie auch während des Neubaus des Chores weiterhin ihren Dienst getan haben [73].

1340: Am 1. November, am Feste Allerheiligen wurde eine neue Orgel vollendet, nach einer Bauzeit von 2 Jahren [74]. Es ist zu vermuten, daß dieser Orgelbau mit der Erweiterung des Chores in einem Zusammenhang steht, der 2 Jahre vorher, also zu Beginn der Arbeiten an der Orgel, vollendet wurde. Wahrscheinlich war das alte Werk für den bedeutend größeren Raum zu schwach geworden, oder man wollte auf dem Chor ein eigenes Werk zur Verfügung haben. Der im 18. Jh. abgebrochene Lettner entstammte dem 15. Jh. Von einem Vorgänger ist nichts überliefert.

1411: Die in der am 1.8.1411 beendeten Niederschrift der Statuten des Bartholomäusstiftes erhaltene Form und Ordnung des Empfangs des Römischen Königs, erwähnt auch Chor und Orgel.

Die hier interessierende Stelle:

"Finito cantu supradicto (Veni sancte spiritus) incipietur missa de sancto spiritu per cantorem super ambonem ecclesie. Et ibi solet esse chorus propter evitare pressuram. Et ibi et in organis peragatur missa ipsa modo solempniori quo fieri potest in omnipotentis dei et sanctorum ejus ac acclesie sue laudem ..." In dem letzten Abschnitt dieser Niederschrift "De oblacionibus" wird neben dem Organisten auch der Bälgentreter mit einem entsprechenden Anteil der Gelder bedacht.

Es wird von dem Chor gesprochen, der auf dem "ambo", später Lettner genannt, singt. Ob aber "et ibi et in organis" sich bezüglich der Orgel auf ihre Stellung auch auf dem Lettner bezieht, ist hier nicht

73) Ob es die alte Orgel, die 1311 genannt wurde, wirklich noch war, ist problematisch. Lersner gibt keine Quellen an. Es berichten über diese Überschwemmung 1. die Annales Francofurtani 1306-64 und die Deutschen Annalen von 1306-43. Quellen zur Frankfurter Geschichte, Hrsg. H. Grotefend, Bd. 1, Bearb. von R. Froning, Frankfurt 1884, S. 1, Z. 10ff. und S. 4, Z. 9.

Die Annales berichten nur, daß der Main "ad cimiterium St. ecclesie sancti Bartholomei" kam. Die Deutschen Annalen berichten: "Anno 1322 am nächsten tag nach sanct Veltins tag ist das gewäßer so gros gewesen, daß der Meyn in die rot thür zu sanct Bartholme bei der orgel gangen ist". Froning vermutet, daß hier eine Verwechslung mit der größeren Überschwemmung von 1342 vorliegt. Quellen, S. 4, Anm. 2. Vergl. R. Froning, Die beiden Frankfurter Chroniken des Johannes Latomus und ihre Quellen, Archiv für Frankfurts Geschichte und Kunst, NF Bd. 8, S. 264f. Achilles August Lersner, Der Welt-berühmten Freyen Reichs-Wahl- und Handelsstadt Frankfurt Chronica, Tom I 1706, S. 352, Kap. XL. Peine, S. 15.

Nun wurde 1340 der Neubau einer Orgel vollendet. Die Überschwemmung von 1342 hätte dann diese betroffen. Der Stand wäre aber trotz der Vollendung des Chores 1338 im Langhaus geblieben. Die großen Querschiffsflügel entstanden erst später. Das nördliche, in dem später die große Orgel hing, wurde 1346 bis 1353 und das südliche 1352 bis 1353 gebaut. Wolff, Kaiserdom, S. 15f.

74) Johannes Latomus (Johann Niclas, gen. Steinmetz, gräzisiert Latomus geb. 24.1.1524 in Frankfurt, 1543 Kanonikat im Bartholomäusstift, 1551 dort Kustos, 1561 Dekan, †7.8.1598) in Antiquitates quaedam civitatis et potissimum ecclesiae Francfordensis, Quellen Bd. 1, S. 81, Z. 20: "Eodem 40 anno statuitur organum ecclesiae nostrae". Etwas erweitert in den Annales eines Anonymus (meist zitiert als Anonymus) Quellen, Bd. 1, S. 140, Z. 18f: "Die omnium sanctorum organa ecclesiae sancti Bartholomaei duobus annis fabricata complebantur". Zit. Peine, 15.

Lersner, Tom. I, Bd. II, Kap. XXXIII, S. 105 berichtet: "1340 Ist die Orgel zu machen angefangen und in drey Jahr vollendet worden". In den angegebenen Quellen ist eine Differenz von einem Jahr Bauzeit vorhanden. Valentin übernimmt die Angaben "3 Jahre" von Lersner. Caroline Valentin, Geschichte der Musik in Frankfurt am Main, Frankfurt 1906, S. 10. Die obigen Quellen werden dort erwähnt, Anm. 4.

ganz eindeutig. Schon 1436 ist sie aber auf dem Lettner als kleine Orgel bezeugt [75]. Ob mit dem Ambo der später vorhandene Lettner aus dem 15. Jh. schon gemeint ist, kann aus dieser Stelle auch nicht eindeutig erschlossen werden. Es ist jedoch zu bemerken, daß zwischen 1409 und 1411 durch Madern Gertener die drei mittleren Gewölbefelder des Querschiffs vollendet wurden. Bei dieser Gelegenheit könnte auch der Lettner eingebaut worden sein, dessen Entwürfe vorliegen. Dann wäre möglicherweise bei der Wahl Kaiser Siegismunds am 21.7. der Dom vollendet gewesen, wenn auch der Kaiser nicht anwesend war [76].

Da aufführungstechnisch Chor und Orgel nicht allzuweit voneinander entfernt stehen können, ist die Annahme, daß hier zum ersten Mal eine Lettnerorgel - später die sogenannte kleine Orgel - erwähnt ist, nicht ganz abwegig, wenn auch nur schwach begründet. In dem Stich in den Krönungsdiarien Kaiser Leopolds I. 1658 sind auf dem Lettner deutlich eine Orgel wie auch Chormitglieder zu erkennen [77].

1422: Nur bei Lersner bezeugt ist der Neubau einer Orgel: "1422 Wird die neue Orgel zu St. Bartholmäi gemacht."

Valentin schließt aus dieser chronikalischen Notiz auf eine Erneuerung und Verbesserung der Domorgel und vermutet, entsprechend der allgemeinen Tendenz nach Vergrößerung des Umfangs des Tonbereichs im 15. Jh. bis zu 38 Tasten, eine Erweiterung einer älteren Orgel. Dieser Annahme schließt sich auch Peine an. M. E. könnte aber ein Neubau ebensogut in Frage kommen.

Es liegt nahe, hier an den Frankfurter Meister Diederich Krafft zu denken, der von 1413-1443 in Frankfurt nachweisbar ist und gerade eine Orgel für die Friedberger Stadtkirche vollendet hatte [78].

Die Entwicklung der Orgel im 15. und 16. Jh. wird an Hand der Rechnungen dargestellt. Wegen der vielen interessanten Einzelheiten, und um dem Leser die Möglichkeit der Nachprüfung der technischen Details und der eigenen Interpretation zu geben, werden die Rechnungen im

---

75) s. Rechnung 1436

76) Quellen zur Frankfurter Geschichte: Aus Bartholomäusbücher (BB) III, 4b, S. 12, Z. 6-9. Zwar wurde der Bericht 1411, nach Erinnerungen des Kustos Magister Nicolaus Gerstung an die Wahl Wenzels im Jahre 1378, aufgezeichnet. Trotzdem ist es durchaus möglich, daß sich auf diesen Vorgang im wesentlichen die liturgischen Anweisungen wie die Sitzordnung beziehen, die genaueren Angaben über Chor und Orgel und ihre Stellung dem Status von 1411 entsprechen. Quellen, S. 14, Z. 12ff.
Wolff, Kaiserdom, S. 16, 28. Valentin bezieht sich S. 19f. auf die Abschrift der Barth.-Bücher III, 3, einen Auszug des Dechanten Johannes Königstein (†1462), aus dem Buch des Baldemar von Peterweil (†1382) Quellen, S. 9 und der Aufzeichnung "De oblacionibus" II, Quellen, S. 14. Hier wird die nähere Angabe über Chor und Orgel nicht gebracht.

77) Stich in: Beschreibung und Abbildung aller Kayserlichen und Churfürstlichen Einzüge, Wahl und Crönungs Acta. Frankfurt 1658.

78) Lersner, T. II, Bd. II, Cap. XXXIII, S. 167. Es kommt hier auf die Interpretation des Wortes gemacht an. Wenn es als wiederhergestellt gedeutet wird, dann müßte es sich auf das neue Werk im Gegensatz zu einem älteren beziehen. Es könnte sich nur auf das Werk von 1340 beziehen, wenn nicht für den neuen Ambo ein Werk um 1411 (s. o.) neu errichtet wurde. Zeitlich wäre der Abstand von 82 Jahren zu groß, um von einem "neuen" Werk sprechen zu können. In den späteren Jahren werden die Werke immer nach ihrer Größe als klein und groß bezeichnet. Ich möchte daher auf einen Neubau, evtl. durch Meister Krafft, schließen.
Valentin, S. 28f. - Peine, S. 21. Eine Übersicht über die Umfänge der Klaviatur gibt: H. Klotz, Die Kirchenorgel bis um 1500, MGG X, Sp. 267f.

Anschluß an den darstellenden Teil wörtlich im Zusammenhang aufgenommen.

1436: Im Jahre 1436 wurden für die beiden Orgeln, die große und die kleine, neue Bälge angeschafft. Für die Bauaufsicht und Abrechnung wurden die beiden Kanoniker Wickeram Welder, Kustos und Johann von Königstein eingesetzt [79].

Anläßlich dieser Arbeiten wird zum ersten Mal eindeutig das Vorhandensein von 2 Orgeln, der großen und kleinen und der Standort der letzteren auf dem Lettner bezeugt [80]. Für eine der Orgeln zumindest wird eine Ladenerweiterung vorgenommen, also der Umfang erweitert [81]. Ein Teil der alten Bälge wird übernommen. Wenn für einen Balg zu schmieren 4 ß bezahlt werden und im ganzen für diese Arbeit 2 Gulden verrechnet werden, dann müssen im ganzen 12 Bälge nach der Fertigstellung der neuen vorhanden gewesen sein [82]. Wie sie sich auf die Werke verteilen, bleibt unklar. Wenn für die großen Bälge Rinderhäute und für die kleinen Bälge Kalbsfelle gekauft werden, könnte evtl. die Anzahl erschlossen werden. Erwähnt werden hier 3 Rinderhäute und 4 Kalbsfelle, also 3 große und 4 kleine Bälge. Es handelte sich wahrscheinlich noch um Faltenbälge, zu denen mit Vorliebe Pferde- oder Rinderhäute verwendet wurden [83].

Aus der vorliegenden Rechnung ist der Arbeitsvorgang, die Behandlung der Felle und vieles nähere zu entnehmen. So hatte eine der Orgeln Flügel, die abgenommen werden mußten. Mit der Arbeit beauftragt war ein Meister Peter, der entweder zu der Zeit in Mainz wohnte oder gerade dort arbeitete; denn man zahlte für den Verzehr in "Mentz" 12 Heller [84].

1439: Die schwache Stelle der Orgel waren die Bälge, die immer wieder repariert werden müssen. So werden auch in diesem Jahre Rinderhäute gebraucht, die dementsprechend geschmiert werden mit Heringsschmalz, dem noch "Swebbel" (Zwiebel, Schwefel?) zugefügt werden. Der Tischler mußte die Bälge abbrechen und wieder leimen. Das resignierte "half aber nit" galt auch hier dem Kampf mit den Ratten.

1440: Meister Peter reparierte wiederum die Bälge. Ein Balg wurde ganz neu beledert, die anderen geflickt. Die empfindlichen Stellen waren die Mäuler an den Scharnieren, wo auch das feinere weichere Allaunleder verwendet wurde. Man bot wieder "ein Aß" den Ratten, zu dem Schmalz wurde dieses Mal noch Pech und gepulvertes Kuhhorn zugesetzt.

Aber dieses Mal schaffte man außerdem zwei Rattenfallen an, die immer auf der Orgel bleiben sollten.

---

79) Die Familie Welder war in Frankfurt in führenden Stellungen, so ein Heinrich Welder 1407 und 1413 als Stadtadvokat genannt (StAFfm Reichsachen I, 1035, 1387).
Johann von Königstein starb als Stiftsdekan 1462.

80) s.o. 1411, Peine S. 22f

81) Vgl. 1422

82) 2 fl = 48 ß : 4 ß für jeden = 12 Bälge

83) Über die Herstellung der Bälge unterrichtet unter Ausschöpfung alter Angaben K. Bormann, Die gotische Orgel von Halberstadt, Berlin, 1966, S. 98ff.

84) s. Rechnung VI 52 h II 1436

1450/51: Die nächste größere Reparatur an einer der Orgeln wurde von dem Frankfurter Meister Günther Golt durchgeführt. Möglicherweise wurde die Lettnerorgel repariert, da 1461 eine größere, umfangreiche Reparatur und wohl auch eine Erweiterung die große Orgel betraf [85].
1453: Auch in diesem Jahre wurde Meister Günther Golt herangezogen, so mußten die Bälge geleimt werden und Clesichen Rymensnyder mußte die Stange zum Treten der Bälge [86] kürzen (kertzen) und neu aufhängen. Golt legte die Bälge ab, leimte die Lade und flickte die Pulpeten [87].
1459: In diesem Jahre beginnen anscheinend die vorbereitenden Arbeiten zur Renovierung und Verbesserung der großen Orgel. So wird von den Zimmerleuten das Dach an dem Bälgenhaus verbessert und dieses gleichzeitig durch ein Eisenband fest mit der Kirche verbunden "das Dach der Orgeln an der Kirche mitten anhalten" [88].
1461/62: Es beginnen die Arbeiten an der großen Orgel: "Anno M CCCC LX primo Domini de capitulo deputaverunt Martinum Debeca cantorem et Petrum de Selgenstadt in magistros fabrice pro reformacione organi magni ecclesie S. Bartholomei et exposuerunt ut sequitur!" [89].
Die genaue Rechnungsführung unterteilt verschiedene Gruppen: Material und Handwerker in folgender Reihenfolge:
Holz- und Holzfuhren, Zimmerleute, Kistener, Maler, Schmied, Schuhmacher, Meister Golt als Orgelbauer, Ausgaben zu den neuen Bälgen, Gelder für die abnehmenden Sachverständigen.
Peine weist mit Recht darauf hin, daß Golt der großen Orgel wahrscheinlich ein Positiv hinzufügte. Er weist auf die neu angefertigte Windlade und die neu erstellten Verzierungen "in dem Positiff" hin. Anscheinend wurden auch zu diesem Zweck die Bühne erweitert und 2 neue Bälge erstellt [90].
Die im folgenden abgedruckten Rechnungsauszüge lassen den Werdegang der Arbeit gut erkennen:
Am 11. 7. 1461 wird der erste datierbare Posten für die Aufrichtung des Gerüstes vorgesehen. Die Arbeit der Zimmerleute zieht sich bis in den September hin. Ende Oktober, am 31. 10. ist die Arbeit soweit gediehen, daß man die Lade und die Pfeifen setzt. Anfang des Jahres 1462 begann man mit der Arbeit an den neuen und der Wiederherstellung der alten Bälge. Am 31. 1. 1462 bezahlt man die Zimmerleute, die zu dieser Zeit die Gerüste abbrechen.
1462 wird dann am Anfang des Jahres die Orgel von dem Organisten Georg und dem "organiste monacho" abgenommen. Man kann wohl annehmen, daß es sich um den Konventualen Leonhard Merz aus dem

85) Peine S. 23/24
86) Claviger aus Clava, der Hebebaum, später Balgclavis genannt
87) (Wint Seck) Peine, S. 24 BB 52 h II S. 76 entspricht S. 122
88) BB 52h III S. 147f, 148 s. Rechnungsauszug
89) BB 52h I S. 166 und 172ff. s. Rechnungsauszug - Peine setzt, wohl beeinflußt durch die sofort nachfolgende Arbeit S. 205, 1466 für die ganze Arbeit an, Peine, S. 23
90) Peine, S. 23f.

Frankfurter Kloster handelt, der sich vor seiner 2. Reise nach Barcelona im Jahre 1463 zu dieser Zeit in Frankfurt aufhielt [91].
Nicht eindeutig ist der Standort dieser Orgel zu bestimmen. Ein Rechnungsposten besagt, daß "bebacken Stoyn die Finster über der Orgel zu vermuren" gekauft wurden. Die spätere große Orgel hing an der Westseite des an den Kreuzgang anlehnenden Nordquerschiffes, und zwar unmittelbar vor dem Langhaus [92].
Nach dem Bericht der Dombaukommission nach dem Dombrand vom 28. 3. 1868 waren ursprünglich auf der Westseite des nördlichen Querschiffs Fenster vorhanden, die später zugemauert wurden. Anlaß war allerdings wohl der Bau des Kreuzganges. An dieser Wand hing bis zum Neubau der großen Orgel zu Beginn des 18. Jh. die bisherige große Orgel, s. o. Sollte dort auch die große Orgel von 1461 gehangen haben? [93] Ein zweiter möglicher Standort wäre im letzten Joch des nördlichen Seitenschiffs über der später zum Kreuzgang durchgebrochenen Tür. An dieser Stelle ist auf der Zeichnung Denzingers noch ein zugemauertes Fenster zu sehen, während die Zeichnungen nach der Restauration von 1892 die Wiederöffnung dieses Fensters zeigen [94]. Auch hier wäre ein Fenster zugemauert worden, worauf sich unsere Ausgangsbemerkung beziehen könnte.
1466: In diesem Jahr wurde durch den schon genannten Meister Günther Golt eine Korrektur der Orgel vorgenommen [95].
Es handelte sich im wesentlichen um Arbeiten an den Bälgen. Es half auch in diesem Falle Henne Spengler, der als Kalkant schon in der Rechnung von 1461/62 genannt wurde [96].
Die verwendeten Eisenfedern dienen sicher der Verbesserung der Ventile. Außerdem wurden die Register verbessert. Der Begriff "Register" kann sich auf alle Elemente beziehen, die der Traktur oder Registratur dienen, aber auch auf die Pfeifen, also auf das "klingende" Register. Auf diese Deutung könnte die Verwendung von geschlagenem Blei hinweisen.
1472: Die nächste Reparatur galt wiederum einmal den Bälgen. Sie mußten abgebrochen und mit präpariertem Rindsleder ausgebessert werden. Die Arbeit wurde durch einen Guardian und den Organisten des Stifts Jacobus beaufsichtigt. Peine vermutet wohl mit Recht, daß der Guardian Fr. Leonhard Merz ist [97]. Zeitlich wäre es möglich, daß Fr. Leonhard Merz schon 1461/62 zur Abnahme hinzugezogen wurde. Dort wird ein monachus organista genannt (s. o.). In der Distributio chori 1763 heißt es "ein Barfüßer für die Orgel" [98].
Einige Tauben hatten sich malerisch in der größten Pfeife niedergelassen und dort ihr Nest gebaut. Es war nicht so ganz einfach, sie zu

---

91) Bösken, Quellen Bd. 1, S. 14
92) Abb. in dem Krönungsdiarium für die Gemahlin Anna des Kaisers Matthias von 1612. Abdruck in: Wolff, Kaiserdom, Figur 15.
93) Wolff, Kaiserdom, S. 139
94) Wolff, Kaiserdom, Fig. 19 und 50
95) Peine, S. 23
96) Die Posten seien wegen einiger unterlaufener Lesefehler noch einmal mitaufgeführt. BB 52h I, S. 205 s. Rechnungsauszug
97) Peine, S. 25
98) Vi 52 c 1fl Vid dem Barfüßer von der Orgel

vertreiben. Man mußte die Höhe des Gehäuses besteigen. Besonders interessant sind die Stellen, die von den Korrekturen "circa pedales" und den "ventibula in manuali" sprechen. In diesem Zusammenhang dürfte "pedales" wohl auf das Pedal schließen lassen. Als Manual wird meistens das Hauptwerk verstanden, zumal der Orgel ja ein Positiv angefügt worden war. Es kann natürlich, im Gegensatz zum Pedal, eines der beiden Manuale gemeint sein [99].

1475: In den Jahren 1475 bis 1478 wird eine neue Orgel durch Fr. Leonhard Merz erbaut, zu der Jeckel von Schwanau in seinem Testament, das er 3 Wochen vor seinem Tode - er starb am 14. 8. 1773 - errichtet hatte, das notwendige Geld vorgesehen hatte [99a]. Peine stellt fest, daß er den Auftrag vor dem 23. 7. 1475 erhalten haben muß [1]. Es muß sich bei der Länge der Arbeitszeit um einen Neubau gehandelt haben. Erhärtet wird diese Tatsache durch einen Rechnungsposten in der Fabrikrechnung vom Jahre 1478, in dem der Steinhauer Schißhenn am Samstag nach Agnes [2] für die Arbeit an den Treppen des Aufgangs "off die nuwe Orgeln" mit 1 lb. 1 ß bezahlt wird [3].

Der Neubau begann also im Sommer 1475. Im Jahre 1476 sind durch Rechnung festgelegte Termine: Blasius (2. 2.), die Sonntage Laetare (3. Sonntag vor Ostern), Jubilate (3. Sonntag nach Ostern), Vocem jucunditatis (5. Sonntag nach Ostern), Samstag vor Pfingsten, Bartholomäus (24. 8.), Dionysius (9. 10.), Vigilia Andreae (29. 11.), Nikolaus (6. 12.), für das Jahr 1477 Walpurgis (30. 4.). In das Jahr 1478 fällt dann noch die genannte Arbeit an den Treppen durch den Steinmetzen. Die Arbeit an der eigentlichen Orgel scheint im Frühjahr 1477 abgeschlossen worden zu sein. Im selben Jahr liefert er schon eine neue Orgel für das Liebfrauenstift [4]. Schon im Februar begann man zu graben, um eine Wendeltreppe zur neuen Orgel in der Kapellenecke zu errichten [5]. Schwierig ist die Lage dieser Treppe zur neuen Orgel zu bestimmen. Im Jahre 1612 war die große Orgel

---

99) 52h I, S. 211, s. Rechnungsauszug

99a) Peine, S. 42
Da es sich hier um eine Stiftung handelte, erschienen in den Rechnungen von Bartholomäus keine näheren Angaben, die aber durch das Rechenbuch des Jeckel von Schwanau im Frankfurter Almosenkasten B 3 ad 5a 36v ff zum Teil nachweisbar sind. Abdruck bei Peine, S. 32-34 in Anm. 73.

1) Peine, S. 31. Dieser Termin ist errechnet aus dem 1. Ausgabeposten, da Fr. Leonhard "Dominica post Maria Magdalenä" (Fest am 22. 7.), 20 fl. bezahlt werden "uff das Werck zu machen".

2) (21. Januar)

3) VI 52h III, S. 204. Peine, S. 37, wendet sich dagegen, daß Merz mit dem Bau vor 1466 in Beziehung gebracht wird. Mit Recht argumentiert er, daß er wohl nicht einen Neubauauftrag erhalten hätte, wenn das Werk nach 9 Jahren schon durch ein neues hätte ersetzt werden müssen. Valentin vermutete in Merz den Erbauer des großen Werkes, das angeblich 1466 zum ersten Mal erwähnt wurde, anläßlich der Predigten des Franziskaners Jacob Mone aus Köln. Valentin, S. 31 nach Quellen I, S. 225. Den Wortlaut gibt auch Lersner mit dem Jahre 1466 an. Lersner Tom. II, 2. Buch, Cap. XVII, S. 64. Peine bezieht sich auf Bothe, der kein Jahr angeben soll. Friedr. Bothe, Geschichte der Stadt Frankfurt, S. 259.
Es könnte aber der Bau der großen Orgel 1422 datiert werden, dann wäre ein Neubau schon verständlicher, s. o.

4) Peine, S. 34

5) VI 52h III S. 197v s. Rechnungsauszug

an der Westseite des Nordschiffs angebracht, wo ein heute noch erhaltener Konsolstein den Anfang des Orgelstuhls kennzeichnet [6]. Die Stellung der Orgel bei der Kaiserkrönung des Kaisers Matthias im Jahre 1612 findet sich in der Beschreibung der Krönung Tafel C und H [7]. Wäre hier die Orgel 1475 errichtet, dann müßte die Treppe im Ostflügel des Kreuzgangs gebaut worden sein, so daß ein Zugang zur Orgel über das Gewölbe des Kreuzgangs möglich gewesen wäre. Es ist möglich, daß in dem Kreuzgang eine Kapelle eingerichtet war [8]. Zu einer anderen Überlegung führt das Vorhandensein eines Treppenturms in der Ecke zum Vorraum zur Scheidkapelle [9]. Die Orgel könnte dann an der Südwand des Mittelschiffs oder im Südseitenschiff über dem Bogen, der zur Scheidkapelle führt, gehangen haben [10].

Beginnend im Jahre 1475, am 23. 7. bis zum 1. 5. 1477, werden Fr. Leonhard Merz gemäß der Abrechnung 203 fl. ausbezahlt.

Die vielen Posten für Steine, Sand, Schiefer und Holz lassen zunächst auf den Bau eines Balghauses schließen. Wenn ein Dachfenster geliefert wurde, könnte man an das Gewölbe über dem Kreuzgang denken, das zum Innenhof hin auf diese Weise Licht bekommen hätte. Auf den eigentlichen Orgelbau weist der Ankauf von 3 Zentner und 18 Pfd. Zinn, der Holz- und Nägelkauf sowie die Arbeit an den Gerüsten hin. Der Maler wird mit der Bemalung der Flügel am Gehäuse beauftragt. Die sonst zum eigentlichen Orgelwerk notwendigen Dinge wurden anscheinend durch den Orgelbauer selbst besorgt.

1485: Nach 8 Jahren wurde erneut eine Reparatur erforderlich. Die beiden deputierten Kanoniker Johannes Sommer und Johannes Piscator schlossen mit Magister Matthias von Straßburg einen entsprechenden Vertrag am Dienstag nach St. Jacobus des Jahres 1485 (26. 7. 1485). Die Abrechnung in der Präsenzrechnung [11] spricht deutlich von einer Reparatur bzw. Reformation.

Zunächst mußte das Werk wieder eingerüstet werden, wozu Meister Martin, der Zimmermann, herangezogen wurde.

Der Hauptfehler scheint die Lade betroffen zu haben. Sie wurde herausgenommen und wieder hereingetragen. Jorgen Spyddel, der Schmied, lieferte 2 eiserne Ventile "uff den nüwen Laden". Demnach mußte die Lade neu gebaut werden. Da neben der Reparation auch von der Reformacio gesprochen wurde, kann sich diese auch auf ein neues Windladensystem oder auf eine Umfangsveränderung der Klaviatur beziehen. Hierauf könnte sich der Posten beziehen: Item 1 fl. vor IIII und funffzig eychen Duben dem Bender betzalt zu Slosseln und anders zu der Orgeln" [12].

---

6) Wolff, Kaiserdom, Fig. 63

7) Wahl und Krönungshandlung, das ist Kurtze und warhafftige Beschreibung ... Frankfurt 1612. Abdruck in Wolff, Kaiserdom, Fig. 15

8) Diese Ansicht vertritt auch Kaufmann. Seiner Meinung nach war die Wand durchbrochen, so daß "die an dieser Stelle durchbrochene Kirchenwand korrespondierte mit dem Oberbau des Kreuzganges, in welchem auch das Gebläse aufgestellt war". C. M. Kaufmann, Der Frankfurter Kaiserdom, Kempten 1914, S. 25

9) Wolff, Kaiserdom, Fig. 2

10) Wolff, Kaiserdom, Fig. 64. Die Entscheidung bedarf einer genauen baugeschichtlichen Untersuchung, die in diesem Zusammenhang zu weit führen würde.

Als Orgelmacher wurde Meister Matthias aus Straßburg genannt. Es handelt sich möglicherweise um Meister Matthias Kern, der in den Jahren 1484 und 1486 im Münster von Basel tätig war [13].
12 Tage verbrachte der Meister beim Stimmen der Orgel. Meister Heinrich von Mainz nahm die Orgel ab [14].
1491: Es bezahlte die Fabrik kleinere Reparaturen: So waren die Verzierungen (Ziborien) beim Weißen herabgeworfen und zerbrochen. Neben der kleinen Orgel wurden zwei Hölzer, an der die Wappen hängen, wieder angebracht [15].
1498/1499: Es wurden größere Reparaturen an der Orgel nötig. Zu diesem Zweck beschloß am 10.4.1498 das Kapitel 200 fl. aufzunehmen, die mit 8 fl. jährlich aus den Sakristei-Einkünften zahlbar sein sollten: 4 fl. der Sakristan, 2 fl. der Officiatus summe misse und 2 fl. der Officiatus dominorum. Man erhielt das Kapital von Frau Katharina Holzhausen, Witwe des Gilbert Holzhausen.
Die Motivierung dieser Einnahmen weist auf eine nicht vorgesehene größere Reparatur hin: "propter quantitatem expensarum in negocio organi et ejus reformacione ad tollendum scandalum quod ex suspensione facti evenire possit..." [15a]. Demnach ergaben sich Schwierigkeiten infolge der Aufhängung des Werkes. Möglicherweise war die Befestigung in der Höhe nicht stark genug gewesen oder das Werk zu schwer ausgefallen? [16] Man begann sofort mit der Arbeit, es werden die Holzkäufe abgerechnet. Zunächst scheinen die Arbeiten an den Bälgen vorgenommen worden zu sein. 12 Rundstangen werden benötigt. Diese Zahl deutet wohl auf die Anzahl der Bälgen hin.
Die Positivlade mußte neu erstellt werden, wozu man Nußbaumholz verwendete.
Am 6.5. wurden die Werkleute aufgefordert, die Holzladen zu besichtigen, wie auch das Corpus der Orgel. Man sollte beraten, ob das vorhandene zu bessern sei oder ob man ein neues machen müßte. Jedenfalls arbeitete man an dem Positiv. Der Schnitzer wurde für diese Arbeit bezahlt.
Als Orgelbauer war "Meister Hans Suest von Nornberg" tätig, der am 11.4., 26.5. und 8.6. Abschläge auf seinen Lohn erhält. Damit tritt dieser bedeutende Meister zum ersten Mal in unserem Gebiet auf. Fr. Leonhard Merz war um diese Zeit nicht mehr tätig. Das genaue Todesjahr ist nicht bekannt.
Weitere Posten werden am 11.7. und 17.8. ausbezahlt [17].
Wie die Urkunde vom Mittwoch nach Nicolai 1498 bezeugt, mußte man

---

11) Barth. Bücher VI 42c, s. Rechnungsauszug
12) Der Bender oder Küfer fertigt Dauben für die Fässer an, die meistens aus Eichenholz gearbeitet werden. Mit Schlüsseln sind Tasten gemeint, entsprechend dem lat. claves.
13) I. Rücker, Orgel am Oberrhein, S. 114
14) Ein Organist Heinrich war Domorganist. A. Gottron, Mainzer Musikgeschichte, Mainz 1959, S. 13 - Bösken, Quellen und Forschungen Bd. I, S. 93.
15) Barth. B. VI 52i, s. Rechnungsauszug
15a) VI 44b S. 9v und S. 11, s. Rechnungsauszug
16) Ähnliche Schwierigkeiten hatten sich nach dem Bau der Orgel in St. Lorenz in Nürnberg ergeben. J.G. Mehl, Gesch. der Orgeln zu St. Lorenz, in: Lorenzer Orgelbüchlein, Kassel 1937. S. 28ff.
17) VI, 44b S. 11ff., s. Rechnungsauszug, Peine, 38-40 Anm. 90

sich doch wohl schließlich zu einem neuen Werk und Corpus entschlossen haben. Man beschloß, weitere 200 fl. der Präsenzkiste zu entnehmen, die auch jährlich zu 8 fl. zurückbezahlt werden sollten: Dechant und Kanoniker 2 fl., Kämmerer 2 fl., Officiator summe misse 2 fl. Sakristan 2 fl. Außerdem wurde die Stiftsbruderschaft der vier Fronfasten hinzugezogen [18]. Es wird dort auch auf den Neubau hingewiesen: "Dese her nachgeschreben haben Ihre Hantstuer treflich geben zum Bawe der nuwen Orgelin ..." Es folge zur Verdeutlichung der Situation der Wortlaut der Urkunde von Mittwoch nach Nicolai 1498 [19]. Die Schuld scheint erst im Jahre 1519 getilgt worden zu sein [20].

Weitere Nachrichten über die Orgeln stammen erst aus dem 17. Jh., als die bekannte Mainzer Orgelbauerfamilie Geißel am Werke tätig war, Georg Geissel und Sohn Hans Peter.

1646: Am 8. 9. 1646 wurden Meister Georg Geissel 35 fl. für Verpflegung und Unterkunft für die Zeit vom 3. 6.-9. 9. bezahlt. Gestimmt wurde in der Zeit vom 10. 7.-31. August.

Der Deutsche Schulmeister mußte Registerschilder schreiben, besonders erwähnt sind die für die Posaunen. So werden hier zum ersten Male die Zungenstimmen genannt.

1651/52: Georg und Sohn Hans Peter reparierten an der großen Orgel 14 Tage lang und besonders die Posaunen in beiden Werken. Demnach hatte auch die Chororgel, kleine Orgel, eine Posaune bzw. Trompete. Solche Pflegearbeiten sind für die Jahre bis 1660 belegt [21].

Die Rechnungen von 1679/80 und 1681/82 berichten noch einmal aus dem 17. Jahrhundert von den Choraufführungen und der Verwendung der großen und kleinen Orgel [22].

Rechnungsauszüge, betreffend die große und kleine Orgel 1436-1660

Sie sind folgenden Büchern des Bartholomäusstifts im Stadtarchiv Frankfurt entnommen, die in der Reihenfolge der Numerierung folgen:
VI 32a, 32b, VI 42c, VI 44b, VI 45b, VI 52c, e, f, g, h (liegt in drei verschiedenen Fassungen vor, hier bezeichnet 52h I, II, III), i.

---

18) Barth. B. II, 14a fol 1, Dort werden die Spender namentlich erwähnt. Peine hat sie abgedruckt, S. 39, Anm. 91.

19) Barth. Akten 4398 lat. K IV ad 43. Peine, S. 55, Anm. 124. Versehentlich das Datum der späteren Urkunde von 1519 gesetzt.
Wir Dechant, Schulmeister, Senger unnd Canonicken Capitulares / Unnd wir Rechenmeister, Distributores unnd Kemmerer itzt zur Zeit von gemeyner Presentz wegen, auch Capitulares / thun kunt so als wir hievor in guther Meynung zu gottl. Lob unnd Ere die grois Orgell in unnser Kirchen us erschienender Noitdurfft zu placken und zu bessern understanden / unnd in dem selben Handel uff Zuversicht guther Vertrostung vill erbarer Lude unns darzu bewegent und anliegendt sein, gantz nuwe Corpus unnd Wergk zu machen uns ergeben und verdiefft habenn / unnd nu myt befunden Troistung enicher Stuer von Ymantz / wie wol wir darzu geordent unnd mitgeteilt unnser unnd unnserer Nochkommen ewig Gedechtniß unnsers Styffts Bruderschafft der vier Fronfasten / herumb groisser Schaden, Schande unnd Schmachheit, und Abbroch gottl. Ere unnd Lob zu vermeyden / syn wir bewegt solich Werg uff gottl. Hulfe und Zuversicht zu follenfuren unnd unns darumb selber nach weyther dan vorhin umb Gelt zu besweren unnd an zugriffen in Maissen hernoch folget ..." s. o. 200 fl. zurück zahlbar jährlich 8 fl.

20) Urk. 28. 7. 1519. Barth. Akten 4535 a+b - s. Peine S. 40f. Anm. 92

21) Barth. B. VI, 45b, s. Rechnungsauszug

22) VI 32 a-h, s. Rechnungsauszug der Präsenz

Übersicht über die verwendeten Rechnungsmünzen:

Bis 1340:	1 Pfd. Silber = 20 Solidi = 240 Denare (den.)
	1 Mark = 12 sol. oder Schilling (ß)
	1 sol = 12 den.
	Blyen oder Boleten: 1 große Bol. = 12 Heller (hell.)
	1 kleine Bol. = 6 hell.
1436, 1440-1499:	1 fl. = 24 ß 1 ß = 9 hell. 1 lb (Pfund) = 20 ß 1 lb hell. = 180 hell.
	1 fl. = 216 hell. 1 fl. = 1 lb 4 ß
	1 alde Thornose = 20 hell.
	1 fl. = 20 Groschen
	1 Dukaten = 2 Species Thaler = 2 Reichsthaler 16-18 Groschen
	1 Dukat = 3 fl.
	1 ß = 2 1/2 Kreuzer (xr)
1736:	1 fl. = 60 xr. 1 Reichsthaler (Rthl.) = 90 xr. 1 xr. = 4 Pfg.
	3 xr. = 1 Groschen 4 xr. = 1 schwerer Batzen

VI 32 a-h Präsenz 1679/80

Vor die Musik in festo Caroli Magni: 2 Motetten gesungen, Kyrie, Gloria Sanctus, Agnus chor gesungen 2 fl.
1681/82 Salarium 2 Malter Roggen wegen der kleinen Orgel 6 fl. 4 Achtel wegen der großen Orgel 12 fl.

VI 42c Präsenz-Rechnung 1485

Anno Domini M CCCC L XXX Vto feria tertia post Jacobi Apostoli Domini de Capitulo deputarunt me Johannem Sommer Canonicum et Johannem Piscatorem vicarium ac Magistri computus pro supra intentoribus et Mag. fabricereformacione organi magni in ecclesia nostra Sancti Bartholomäei reparandi iuxta certum contractum et convencionem habitam per duos de Capitulo et [23] factore organi iuxta duas cedulas ex una cissas quare quilibet per se habet unam conplice alteri.
Exposita per praedictos duos Johannem Sommer et Johannem Piscatorem pro reformacione organi predicti.
Item V fl. XViii ß Heller vor eym hundert morgen bart und eyn halphundert Isenlot zu rosten.
It. IIII ß vor IIII Fert dieselben Diel uff den Kirchhoffe zu furen vonn dem Meyn.
It. IIII ß VI Hl vor III Fert L. Schauwe (Schuffeln) denne Holtzern zu rosten von dem Graben herynner zu foren und eyn Fart IIII Euchen Diel und III Buchen Diel uß dem Bruckhoffe hynußen zu foren.
It. XIII ß III Hl vor de vier Euchen Diel zu den Laden iglichen vor III ß III Hl in dem Bruckhoff betzalt.
It. IIII ß vor den Büchen Schuffeln oder Diel auch in den Bruckhoff betzalt.
Summa VI Gulden XX ß hl.
It. II Gulden II ß Meinster Martin dem Zymmermann mit seinem Gesellen vor X Tage Lone das Geroste zu machen pro die eynen V ß zu Lone.
It. VIII Hl Im vor das Batt geschenckt.
It. I lb Hl zweyn Knechten und das teils den Dottengreberen Ime Hantreüche zu thun abe und zu zu Ihenen iglichen per diem II ß zu Lone.
It. XVI Hl vor VIII großer Leyst Nagell je eyn vor zwene Heller.
It. IIII ß vor ander slecht groß Leist Nagel zu beyden Gerosten.
It. X ß aber den Zimmerluden iglichen vor eyn Tag das Geroste zu den Positiffgen zu machen.
It. II ß Heller dem Opperknecht vor eyn Tagelone Ime zu helffen.
It. VIII ß Hl vor VIII hundert Boene Nagel zu beyden Gerosten.

23) Magistrum Mathiam de Argentina

It. I fl. vor IIII und funffzig eychen Duben dem Bender betzalt zu Slosseln und anders zu der Orgeln.

It. XX Hl IIII Gesellen die Laden zu der Orgeln her ine zu tragen geschenkt.

It. XII Hl vor eyn Maiß Wins Brot und Uoeß Meister Mathisen mit seinem Knecht geschenckt als se de Laden brachten

Summa V Gl IIII ß II Hl

It. IIII ß Herman vor das kleyn Leytergen uff das Gerist zu machen

It. II Hl vor Beysen uff die Orgeln

It. XVI Hl vor eyn halp firtel Winß geschenckt Meinster Mathisen uff der Arbeit presentibus Domino Cantori Johanne Fischer et me.

It. Ij fl [24] vor achtzehenn wyß Felde zu der Orgelbelgen betzalt. Hengen Budeler bi der Brucken.

It. XII Hl vor VIII lb gutzs Lymß dem Bermertter (Pergamenter?) in dem Loherhoff je zwey Pfuntt III ß Hl.

It. VIII ß dem Meler das Positiffgen zu Sprengen und eltiche Lyesten.

It. Eyn Pfunt H. Augustin vor Isern Myssegen Drett Pin Negel und auch ander zu der Orgeln iuxta cedulam.

It. XII Hl vor zwene lb Hortz zu Orgeln

It. VIII Hl vor eyn Phunt Onßlet.

It. IIII ß IIII Hl dem Weyner fur etliche Vedder Speucheln

It. VII ß IIII Hl Clopph vor zwey Phunt Wachs.

It. I fl. Hansen zum Appenheim vor etliche Lynden Diel und andere Diel VI und drissig Schaufflen.

It. IIII ß Hentz Koche und Stotzelmeimer helffen ab zu rummen und widder hyn zu lyen.

Summa V gl VII ß I Hl.

It. II fl. IIII ß IIII Hl Herman und Cleßgen die Belge zu dreden als der Meyster stempt igliche XII Tage und darnach Herman Lysten helffen an zu slagen / und Gerost helffen abe zuthun und zu rumen.

It. VIIj ß den Zymmerluden vor Ij Tage das Geroste abe zubrechen.

It. VIII Hl gegeben Henrichen Schertz dem Smydt vor sein Smitwerck zu der Orgeln nach Lude eyns Zetels mit Ime gerechent in Biwesen Hans Brommen quarta post Michaelis.

It. II ß Vl Hl seinen Knechten zu Drencken Gelt

It. Ij fl Jorgen Spyddel dem Smidt vor zwey isern Ventile uff den nüwen Laden.

It. 1 fl zu Weinkauff iuxta contractum Meyster Mathisen und den Gesellen Organisten und andere zu verzeren.

Summa XIII gulden VI ß IjHl.

It. XXIII ß sin daruber vertzert worden durch die Buwemeister und Rechenmeister mit Meyster Henrichen dem Organisten, Jacobo Conrado et aliis in domo Cantoris auch Meyster Henrich von Mentz mit sinen Gesellen irlich zu Schyffe zu brengen mit Kost und mit Win.

It. LX fl gegeben Meister Mathisen von Straßberg uff Dinstag nach Michaelis racione contractus et conventione facture organi presente Domino Cantori.

It. III fl demselben geschenckt racione sue diligencie ex consilio Meyster Henrich des Organisten und Hans Bronnen etc.

It. I fl geschenckt seinem Knecht

It. j fl Christina Meister Mathiß Meyt.

It. II fl geschenckt Meister Henrichen dem Organisten ad probandum Organum.

It. XV ß Arnoldt Kandelgisser vor zwey lb Zinß und j lb Wismeidt auch zu der Orgeln gebrucht.

Summa LXVII Gulden XX ß

It. I fl geschenckt Conrado dem Organisten umb guden Fliß gethan der Orgeln.

It. I fl geschenckt dem Buwemeister,

Et sic erit summa summarum C fl IX ß IIIIj Hl.

---

24) j (J) = 1/2

Recepta pro reformacione organi magni per Joh. Sommer et Joh. Piscatorem.
Aus der Fabrik, der Praesenz, Sakristei wurde ein Beitrag entnommen, dazu Schenkung Vikar Smit Summa XCI Gulden.
IIII fl recepi vor II Zentner Orgen Pfiffen a fabrica.

VI 42c 1498

Item IIII ß IIII Hl. pro uno quartale vini propinato Magistro Henrico organiste in Mogunciam IIta feria post Vincula Petri.

VI 42c 1441

Item XXVI Hl dem Orgelmacher und dem Smyde die Orglen zu machen.

VI 44b Sakristei Rechnung S. 9v

1498 Recepta ad constructionem organi:
Item II^{c} gl recepimus ab honesta domina Katerina relicta Gilberti Hulczhuser ad constructionem organi de quibus sacristia pro tempore debet solvere VIII fl annue pensionis de reditibus sacristie quorum IIII solvet sacrista et II fl officiatus summe misse et II fl officiatus dominorum
Anno domini M CCCC XC VIII 1498 (10.4) tercia post palmarum domini capitulares una cum vicariis in negociis prensentiarum interesse solitus decreverunt propter quantitatem expensarum in negocio organi et ejus reformacione ad tollendum scandalum quod ex suspensione facti evenire possit receperunt II^{c} fl pro pensione VIII fl annue solvenda ut supra in receptis et tenore littere.
Exposita ad reformationem organi
1498:
Exposita in absendia D. Ant Antonii:
Item VI gl XII alb vor I^{c} dorren Meynzer Bort und XII Kirchen Sparen facit VI gl X ß VI hell.
Item II gl XX alb vor XII Holtz XVI Schu lang und eyn Schu breyt
Item XX alb vor XII runt Stangen von XVI Schuen zu den Blasbelgen facit XVII ß VII hell
Item II gl VIII alb vor XII Dreilingen
Item VIII alb Unkosten under Kauff und in Schiff zu tragen
Summa XII gl XVJ alb pro quibus recepit XIIJ gl
Item I gl VI alb Unkosten von Zol Schifflen und us den Schiff die vorgem. Holtz zu bestellen
Item III gl VI ß vor Noßbaumen Bortt zu der Positive Laden bezalt Meister Georgius zu Appenheym f. quarta p. Palmarum (11.4.)
Item II ß VI hell vor VI Maß Wynß den Werkluden geschenkt ex jussu dominorum als sye daß Werck anslugen
Item XII hell dem Organisten familie sue vor II Maß Wyn
Summa XIV gl., VII ß VII h.
Item X gl geben Meister Hanß dem Orgelmacher uff Rechnung in Abslag synes Lones 4a p. Palmarum (11.4.)
Item X gl geben Meister Jorgen den Schryner uff Rechnung eodem die
Item IIII gl geben Meister Gregor dem Snitzer uff Rechnung eodem die
Item XIIII hell vor III Firtel Barchen und VI Bogen Bappier
Item VII gl XIII ß V hell bezalt Claß zum Har vor Bly
Item II gl IX ß vor Wys Ledder II Dotzen bezalt deß Hen.
Item XXV ß bezalt Conrat Blon zwey Knechten IIJ Dag dye Holtzer zu hauhen zu den Belgen
Item XXVI gl bezalt Meister Jorgen den Schreyner vor alle syn Arbeyt und synem Knecht vor Linden Holtz und anderweß zu der Orgeln verkaufft hatt.

1498:

Actum 4. May anno XC VIII et fuit D. Anthonius Armiger presens

Item I lb vor IIII Daglon bezalt Conratt Blome dem Zymmermann vor die Arbeyt an der Wynt Kammern

Item XVI ß vor VI Linden Dele bezalt Meister Jorgen zu Appenheym hatt der Orgelmeister und Meister Jorgen Schreyner kaufft zu der Orgeln nach Ostern

Summa LXII gl XIII ß 1 h.

1498: S. 12

Actum IIII May

Item geben Meister Werner dem Smidt uff Rechnung der Arbeyt so er gethan hatt zu der Orgeln IIII May anno XC VIII

Item I gl VI ß I hell vor XVII Bodden Kole dem Orgelmeister kauft deponit in camera sacristie Quinta May

Item VI hell zu messen

Item III ß V hell vor I Fertel Weynß geschenkt den Werkluden alß sye geheyßen warent Dom. Jubilate (6. 5.) die Hulslate zu besehen das Corpus der Orgeln und Ratt zu geben daß alt zu bessern oder eyn nuheß zu machen

1499:

Anno XC VIIII de jussu capituli

Item II gl VI ß bezalt dem Schumecher by dem Hanawer Hoff von den Belgen zu nehen und zu bessern

Item VI gl I ß Meister Gregor den Snitzer bezalt vor syn Daglon die er an dem Positive gethan hatt und ist also gantz bezalet vor alle syn Arbeyt die er gethan hatt actum X May Anno 98

S. 12 a

Calcacion D. Anthonii qui habuit cum eodem predecessore.

Item II ß II hell geschenkt den II Schreynermeyster Jorgen und Gregor die Bretter an dem Fuß der Orgeln abzubrechen actum XVIII May

Item X gl solvimus Domino Decano quin dedit ex decreto capituli M. Hans Suest von Nornberg dem Orgelmecher in Abschlag synes Lones uff Rechnung deß er vormals hat I gl in Summa facit LX gl. actum Sabb. prox. ante Exaudi (26. 5.).

Item X ß II hell Pictori apud Sikaternam des Wegeners Sone

Item I gl XXIII ß VII hell solvit Hans bey dem Kremer vor XL lb Lymß daß lb X hell iustam cedulam Octava Pentecostes Anno XC VIII (10. 6.)

Item XII gl dedi Meister Hanß de Urgelmecher auff Rechnung in Abschlag synes Lones de jussu dominorum in VIa Pentecostes Meister Kannegisser vor Seuffen zene 1 ct. II lb.

Item I gl XVIII ß bezalt Claß zum Horn vor Holz daß er Anthon zu der Orgeln geborgen hat Item I gl vor Dele Item I gl VIII ß van Holzer zu der Balgkamer Item X ß vor III Dreyling

Item VI gl I ß bezalt Swalbach pro D. Anthonio qui recepit ad organum III ct. II lb Bly. Act. in translacione s. Benedicti (11. Juli)

Item IIJ gl VJ ß bezahlt Hans Goltsmidt dem Ysen Kremer pro recepta D. Anthonio Armigeri ad organum vicissim prout in cedula desuper dicta continetur pro diversis clavis et aliis. Act. Transl. Bened.

Item XX gl dedimus Meiß Fett ad solvendum Meister Dyl dem Leder Smerer quibus faciet computcionem in domo D. Cantoris

Item LX gl dedimus D. Georio Swarzburg Cantori et Anthonio Armigeri ad necessaria organi post contractum finitum cum organifice

Item XX fl idem dedimus D'Georg ad organum in VI a Assumptions 98 (17. 8.)

1499:

Actum 1499 in die Arnolphi (18. 7.) habita computacione cum D. depositariis presen. de receptis et expositis ad organum ratione sacristie...
C IIJ fl VI ß

VI 45b   1646:

66fl. in 44 Rthl bedingt Mr. Georg Geyßeln Orgelmachern zahlt wegen der großen Orgell zu repariren 8. 7bris 1646 Lit. N. 35 fl. pro victa et hospitio ejusdem a 3. Juni usque ad 9. 7bris per 14 septimanas a 2 1/2 fl.
4fl. 12 ß in 3 Imperialibus eidem honorarii loco
3 fl. Eidem Organistae und beiden Underglöckneren diversis vicibus ahn Wein uff die Capitel Stuben geschickt.
1 fl. 4 ß 8 d 4 Fell zu der Blaßbelgen a 9 alb.
8 ß für 2 lib. Leim
20 ß dem Teutschen Schullmeister in der Haßengassen geben die Register und Posaunen zu beschreiben.
16 fl. beiden Underglöcknern geben, von den Orgelbelgen zu tretten alß die Orgell vom 10. Julii bis uff den letzten Augusti gestimbt worden durch 40 Tage a 3 bz einem ieden worden Lit. O
1649: 1 fl 10 ß 4 d für einen newen weißen leddern Riemen, Nägel zu der großen Orgell. Lit. W.
1649/50 Jacobi usque Jacobi. 20 ß zahlt wegen 2 Riemen ahn der großen Orgel so die Meuß zerbißen Lit. Y
1651/52: 20 ß Organistae restituirt ratione organi majoris
12 fl. in 4 Ducaten, Mr. Georg N Orgelmachern zahlt, die Posaunen in beiden Orgeln undt sonsten andere defectus im großen Werk zu repariren, mit seinem Sohn durch 14 Tag. (Georg und Johann Peter Geißel)
8 fl. für Kostgeld durch besagte 14 Tag beiden Vatter und Sohn.
16 ß für Trath und Leimb idem 19. Julii 1652
15 ß dem Sohn zu Trinckgelt verehrt
1654/55: 18 fl Hans Peter Geyseln Orgelmachern zahlt die Belge ahn dem großen und kleinen Orgelwerck zu leimen, beide Orgeln zu stimmen und andere Defecten zu verbeßern Lit. P.
3 fl. Eidem für Ledder und Leimb zu den Belgen
10 fl. für die Cost vom 29.4. bis 6. Junii 1655 durch 5 Wochen 4 Tag
3 ß beiden Underglöcknern zahlt die Belgen zu der großen Orgel durch 8 Tage zu tretten
1655/56: 13 fl. 6 ß beiden Underglöcknern, daß sie durch 11 Tag die Belge getretten alß die große Orgel gestimbt worden zahlt am 6. 2. 1657.
1659/60: Dem Orgelmacher pro labore 9 fl.
3 fl. dem Calcanten zahlt alß die Orgel gestimbt worden.

VI 52c   (Bartholomäusstift)

1462: CCCC L XII a festo Jacobi usque Jacobi LXIII (25. 7.) Distributio chori. (Nach Dom. XX) Item feria quarta II marck Huperti epi. II fl. et XVI ß H ad pnt. Et organiste I ß Calcantibus X hl. Cantanti alleluia VIII hl., cantanti Versiculum hl II ß rectori II ß et famulo campanatori I ß. Instituit Dom. Joh. Kucze persone XIII h.
Sabb. II marck Erhardi epi. Cantantibus alleluia VIII hl. Organiste I ß calcantibus X hl. A quarta feria quatuor temporum Lucie virg. (13. 12.)
1462: Die St. Praxedis (21. 7.) Item Xß Spengelers Henne zu blasen uff der urgeln Jacobus byß nat. xr.
Item X ß des vorg. Geseln von der Orgeln zu blasen
1463: Expos. a festo Jacobi Anno Domini MCCCCLXIII per Camerarium Petrum Institoris de Selgenstad et Joh. Hoffmann:
Item 1 fl. Heylmannus Lintheym zu Lon von der Orgeln
Item 1 fl. VI d dem Baerfusser von der Orgel
Expos. q quarta feria quatuor temporum post exaltationem s. crucis (14. 9.)
Item IIII ß vor II Daglone zwey Blesern die Meister Guntern blesen uff de Orgeln.
Item V hl vor Neile czu der Orgeln

Item III hl vor Lichte uff die Orgel
Exp. a quarta feria 4. t. Penthecostes
Item 1 Pfd. XIII ß h zveen Blesser a Pascha usque Margarete.
Item XII hl den vorg. Blesern daz sie reformerten das Register hinden an den Belgen
1466: Anno Dom. LVI Item VII lb IIII ß dem Organisten
1477: Organist Jacobus
1478: Item III ß V hl. pro uno quartale vini eodem die Organiste de Moguncia

52e 1480

LXXX. Distrubutio chori.
Exp. post 4. feriam 4uor temp Crucis
Item XX ß Jacobo organiste fur Ledder und Drat zu placken von etlichen Jaren
1482: Item XVI ß Heller für II Maß Malvesii geschenket des Kongeß von Ungerß Sengern als sie in unserm Stifft eyn Meß singen (Matthias Corvinus) Conradus Organista.
1485: III ß V hl vor I Fertel Wynß propinatum Magistro Henrico Org.

VI 52f Distributio chori

1438: Item XVIII ß hel. ad translacionem Sti. Karoli ut sequencia cantatur sqc. franckfurdensis.
1470: Jacobus Organista
1473: Calcantibus 101 Tage
1474: Item IX lib XII ß Jacobo organiste ad cantandum in organo
Item II lib. calcantibus folles ad organum pro sexaginta dies

VI 52h I, II, III 1436-1472 [25)]

Registra edificii sci Bartholomei
1436 II: Anno Domini M^{o} CCCC^{o} trecesimo sexto circa festum bte Margarethe virg. de jussu dominorum organum ecclesie nostre est reformatum ubi domini dominos Wickeram Welder custodem et Jo Kennigsteyn deputaverunt ad expenditores organi ... [26)]
Dye Zymmerlude Gerust zu machen
Item III fl. II ß von dem Gerust zu machen und off das lest widder abbe zu brechen.
Item ein Baselbort oben zu eyn Crantz zu machen. Item Gestel zu den großen Belgen und auch zu den cleynen Belgen. Item daz Dach zu fudern et des sin X Summerdage Lon und Vj Dag Winterlon und dan 1 ĉ vor Win in geschankt fac ut supra [27)].
Item henffen und linerne Strenge XX lb, die andern verkauft ..
Item XV ß eym apperknecht der den Zymmerluden halff off zyhen und sonst auch andere Hantrychinge VIIj Dag ye eyn Dag II ß
Item XV torn vor eychen Thyl zu den Belgen
Item II Gulden vor den Thil an allenthalben zu stoppen und under dem Dach zu machen
Item III ß vor eym Baselbort oben an dye Orgel
Item verzert Her Wicker Welder als er mit dem Orgelmeyster redet sy zu machen
Item XII Hell auch off daz [28)] Mal verzeert gegen Mentz [29)]
Item IIII ß IIII hell vor eyn Maß Wins dem Steyndecker geschanckt als man daz Dach macht.
Item XX Hell vor eyn Maß Wins geschanckt Zymerluden und Steynmetzen dye Flogel vor der Orgeln off und abe zu thun
Item IIII ß VI Hell vor II lb. Lym [30)]

Item II ß vor 1 Firtel Kols, Schiff Spicher de [31] großen
item II Hell. vor eyn Firtel Kols, mittel Schiff Spicher dye Belge off zu heften.
Item III Gulden Kystenern zu Loen, von den Belgen groß und klein
Summa XIIj Gulden IX ß II Hell.

s. 9 Item II Gulden VI ß Hell vor III Rindern Hude und eyn Kalpfel zu den großen Belgen II
Item Vj Gulden dem Schoenmecher zu Loen von den selben Belgen als hernach geschryben stet
Item LIV lb. Smers ald und nuwe Belge zu smern ye eyn lb XII Hel
facit III Gulden
Item IIII ß vor eyn Balg zu smern facit II Gulden
Item XXI Hell. vor ein halpp Kalp Fel
Item XI ß dye czwen Belge zu nehen

---

25) Erklärungen zur Rechnung: Einige Varianten einer zweiten Handschrift dieser Rechnung 52h, S. 65a ff sind in Klammer beigefügt.
Baselbort: Baseler Bort, z.B. Baseler Dennen Borth. Bort ist Brett. L. Diefenbach - E. Wülcker, Hoch- und niederdeutsches Wörterbuch der mittleren und neueren Zeit, Basel 1885, S. 422
Crantz ist Kranzgesims, Abschlußgesims oben am Gehäuse. So könnte man auf eine Erweiterung der Orgel zur Tiefe hin schließen, da ja eine Erhöhung des Gehäuses vorgenommen werden mußte.
Opperknecht ist operarius, Handlanger. Götze, Frühmittelhochdeutsches Glossar, Berlin 1956[5], S. 171
Torn. = Tornose, ein Geldstück, z.B. 2 alde Tornosen = 2 Gulden
Kols = Kolle, ist Eimer, hier als Maß für Schiffnägel. Diefenbach - Wülcker, S. 709
Spicher = Spiker = kleinere Nägel, z.B. Schloßnägel, Lattennägel. Bei dem Nageln der Felle an die Bretter wurden abwechselnd größere und kleinere Nägel verwendet. Bormann, S. 171
Kistener = Tischler. Götze, S. 135
Smer = Schmalz oder Fett
Geallunte Fell = Allaungegerbte Felle
segen, seigen, seihen bedeutet reinigen. Diefenbach - Wülcker, S. 131
Copper Essenz und Öhl wird wohl Kupfervitriol sein, das als Gift gegen Ratten und Mäuse verwendet wurde.
Alleopaticum = Gegenmittel, gegen Ungeziefer
Anderwerb(e) = unterwärts
Muler = Mäuler am Ende der Bälge
Pin = Zweck, hier westfälische Nägel genannt, mit größeren Köpfen wie bei Heftzwecken zum Annageln des Tuches
Bosbaum off dye Slossel = Buchsbaum zum Belegen der Tasten
Fedich = Flügel
Gewerb = Gelenk eines Gliedes, Scharniere. Autenrieth, Pfälzische Idiotikon, Zweibrücken 1899, S. 53
Sitenisen wurden an den Bälgenstangen verwendet, wo der große Nagel zum Befestigen durchgesteckt wurde.
Währung im 15. Jh. in Frankfurt: 1 fl = 24 ß, 1 ß = 9 Heller, 1 lb Heller = 20 ß, 1 fl = 1 lb 4 ß
Da in den bereits behandelten und auch in den folgenden Rechnungen immer wieder die verschiedenartigsten Nagelsorten genannt werden, soll versucht werden, sie zu bestimmen:
Spiekernägel sind viereckige, alle vier keilartigen Flächen sind gleichgroß. Der Kopf ist flach, damit man ihn leicht ins Holz versenken kann.
Lattnägel, auch Brettnägel, sind flach, haben zugespitzten Kopf, der länglich viereckig ist.
Pinnägel haben Krone in Form einer Halbkugel, der Kopf ist mit Stempel geebnet.
Boenenägel, wohl Bodennägel, zum Festnageln der Böden, ist ähnlich dem Bodenspieker, ist aber nicht so lang wie der große Spieker, der Kopf ist etwas stärker.
Kölsche, Nürnberger und Westfälische Nägel sind Herkunftsbezeichnungen.
N. P. Sprengels Handwerker und Künste in Tabellen, 6. Sammlung, Berlin 1770
26) Dechant Johannes Königstein †1462
27) Kranzgesims ist Abschlußgesims oben am Gehäuse
28) B:selb
29) B: Mentze; Latula Ev B Comutaciones de diversis edificiis S. 67. Derselbe Inhalt wie in 52h. Varianten sind unter B aufgeführt.
30) B: Lymes
31) Der

Item 1 ß Hell. dye wißen geallunten Fel zu segen 32) faciunt in summa ut supra.
Item XXXII Hell. vor j Fertel Wins eingeschank als sye dye Belge smerten und wussen.
Item XII Hell. in vor daz Bad geschankt.
Item IIj lb Copper ess. facit IIII ß Hell.
Item VII Hell. vor j lb Oley
Item VIII ß VIII Hell. pro alleopatico vor 1 Firtel
Item IIII Hell. under eyn zu riben und zu machen
Item III ß V Hell. vor eyn halpp Fertel Wins den Knechten geschanckt, dye Belge anderwerb 33) smerten mit dem selben alleopatico und smerten Hering Smaltz.
Item 1 Gulden vor IIII Kalppfel zu den cleynen Belgen off den Lectener
Item VI ß VI Hell. vor V lb Smers zu XII Hell. 1 lb.
Item II ß vor eyn halpp Kalppfel ober die Muler
Item VI ß dye Belge zu smeren us zu nehem und uß zu bereyden daselbe
Item XV ß Hell. III Dage Loen Steynmetzen dye Stey off dye Belge gantz zu machen.
Negel Pin und ander
Item VI ß III Hell. vor allerley Pin Nel scz Westfels Nel und sunst cleyn daz Duch off daz Hultz zu heften mit Neln an den Flogeln vor der Orgeln
Item III ß vor VII wiß geallunt Fel, ye eynß vor III ß
Item V ß III Hell. vor II Fel geallunt, eynß IIII englis

Summa XII flo. IX ß VIII Hell.

Item XLIIII Hell. vor Bosbaum off dye Slossel 34) an der Orgeln zu fudern
Item V Gulden XVIII Schilling 35) zu Loen dem Moler dye Fedich und Orgeln zu malen und vor Drinckgelt den Knechten
Item III Gulden VIII ß Hell. der Smit V^{c} Negel zu den Belgen ye eyn Hundert XVI ß Hell.
Item XII ß vor IIII Par Gewerbe in 36) dye grossen Belge
Item VI ß Hell. vor IIII Thil da man dye Belge mit aff und zu stoßen und II Nel dorch die Stangen mit Siten Ysen daselbs
Item III ß hell. umb eyn Bandt von Ysen gesmitte als man dye Wintlade erlenget
Item IIII ß Thoer und Finster mit eynem newen Sloßel zu hencken
Item VIII ß vor IIII Par Gewerb zu dye cleyn Orgel zu den Belgen 37)
Item XII hell. Stangen, Nel und Siten Ysen daselbs zu der cleynen Orgeln

Calcantibus organorum
Item V Gulden XX ß IIII hell. zu Loen zweyn ye eym, eyn Dag II ß
Item IIII ß zu Loen von der cleyn Orgeln zu blasen
Item VIII ß hell. dem Smed vor Gehenck, Keden (Ketten) und Sloß und Zymmerloen unden vor den Belgen her, daz man nit in dye Belge griff und off und in Schaden Thue 38). Des Meysters Lon
Item L Gulden Loen Meyster Peter

Summa LXX VII fl XIX ß VI hell.
Summa summarum CIII Gulden II ß VII hell.

II, S. 15

1439: Item in dem Iar vyerzenhundert und IX und XXX bt Martini kosten dye Belge off der Orgeln zu bußen und zu beßern als hernoch geschriben stet.
Item I lb. hell. vor eyn Ryndern Hut

32) que omnia
33) (e)
34) Tasten
35) ß Hell.
36) an
37) vor die Belgen zu der cleynen Orgel
38) thw

Item VI ß VI hell. vor Smaltz
Item II ß vor der Hut zu smern zu Lon
Item X ß vor II Maß Heringes Smalcys
Item IIII ß vor Swebbel in daz Smaltz zu smeren
Item XVI ß dye Belge zu placken und alle zu smern
Item II ß vor wiß geallunt Ledder an zu lymen
Item IIII ß dem Kystener dye Belge abe zu brechen und widder an zue lymen
Item II Schillingh umb Riss und Lyme daz man eyn Ass macht den Ratten II ß half aber nit
1440: Item in dem Iar vertzenhundert und vertzig Item vor Maria Magdalena mater magna kosten dye Belgen off der Orgeln zu bußen und zu placken als her nach geschrybben stet
Item 1 lb hell. vor eyn Pherden Hut
Item X ß vor der Hut zu bereyden den Schoenmecher
Item V ß vor Kelbern Ledder in dye Nede zu legen dye Belge zu placken
Item IIII g ? ß vor eyn Firtel Nel in dye Belge zu nelen
Item I lb hell. von eyn newe Balge zu obberzigen und dye alden zu placken dem Schoenmecher vor sin Lon da vor
Item IIII ß vor wiß geallunt Ledder und Lym dye Belge off zu lymen mit den Mulern
Item VI ß VI hell. zu Lon de dye Belge obberstreych mit Smaltz vor dye Ratten und dye alden mit Wasser bestreych.
Item VIII ß hell vor czwo Ratten Faln dye dyr sollen allewegen blyben off der Orgeln sich dazu gebrauchen
Item XVIII hell eyn Smyr zu machen eyn Aß den Ratten
Summa XII lb XVI ß II hell

I 1440: Item I lb vor 1 Hut zu eym Balge
Item III ß zu nehen und zu bereiden daz Ledder
Item VII ß IIII hell, daz Ledder zu smern, vor V lb Smaltz und Ehtmaß Herinck Smaltz, Bech und gepulfert Kwe Horn (Kuhhorn)
Item IIII ß zu blasen als man stympt
I Thorn. IIII ß vor eyn geallunt Fel dye Muler zu verlymen
Item XVI hell. vor I lb Lyme
Item VIII Gulden facit IX lb XII ß dem Meyster Peter
Item IIII ß dem Kystern Wellen zu machen
Summa XI lb XVI ß II hell.

II (Einlage zwischen S. 111/112 Register 1400-1459)

1450: Exposita Anno LX° Magna Mater pro Reformacione Organi.
Item Mgro Gunthero eyn alten Thornosen zu Winkauffe als man ym die Orgel verdinget
Item dedi mgr. Gunthero f. 3a p. Palmarum VIII Gulden in stuba mea
Item dedi mgro Gunthero in die Bernhardi in presencia Petri de Selgenstadt VII Gulden de quibus solvit calciator [39].
Item dedi mgr. Gunthero f. 4. post nativitatem Marie in presencia Jo. Lange XI fl.
Item eodem dedi dem Kistnerer ex parte mgr. Guntheri IIII Gulden
Item 1 alt Thorn. propinavi mgr. Gunthero ad st. Leonhardum
Item propinavi mgr. Gunthero 1 ant. Thurn. ad mundicionem f. IIa p. Mathei
Item VIII hell. pro mensura vini als man die Flogel widder uff macht
Item VIII hell. pro mensura vini
Item XVI hell. vor II Maß Wins den Gesellen als man die Sangkbret lacht.
Item dedi mgr. Gunthero sabb. ant. Symonis et Jude II fl.

39) s. 1461 Petrus Instutoris de S. camerarius

Item dedi mgro Gunthero sabb. ante Martini II fl.
Item dedi mgr. Gunthero II fl. in vig. sti. Martini quos item dat dem Kistner
Ite, 1 alt thorn. in vig. Martini
Item dedi mgr. Gunthero f. 4a p. Katherina II fl.
Item 1 ant. thurn. propinavi mgr. Gunthero quam incepit stymmen organum
Item dedi mgr. Gunthero II fl. f. 3a p. Lucie
Item dedi mgr. Gunthero II fl. in vig. Circumcisionis Domini anno LX
1451: Item 1 ant. thurn Meister Gunthers Frawen pro novo anno
Item XX hell. pro II mensuris vini mgr. Gunthero et carpentario pro novo anno
Item dedi mgr. Gunthero IIII fl. f. 4a ante Anthonium qui est porcus
Item concessi mgr. Gunthero 1 fl. in die Pauli confessoris
Item concessi sibi iterum 1 fl. f. 4a p. Blasii
Item concessi sibi iterum 1 fl. ipso die Scolastice super organum
Item 1 fl. super organum
Item 1 fl. f. 2a p. Petri
Item iterum 3 fl. f. 5a p. Petri Cath.
Item concessi iterum mgr. Gunthro 1 fl. f. 2a p. Letare
Item iterum dedi 1 fl. f. 3a p. Judica
Item 1 fl. f. 2a. p. Palmarum
Item 1 fl. sabb. p. Pasce
Item 1 fl. sabb. p. Quasimodogeniti
Item 1 fl. in vig. Ascensionis Domini
Item 1 fl. in vig. Pentecostes
Item 1 fl. in vig. Trinitatis
Item 1 fl. in oct. Trinitatis
Item 1 fl. Dom. p. Nasarii Naboris

Summa omnium presentationum
mgro. Gunthero LXIIII fl.

Zimmerleuten
Item IIII alt thurn. den Knechten zu Lon und zu Verdrinken das Gerost zu machen
Item II alt. Thurn. das Geruste abe czubrechen den Czymmerluten

II, S. 76a
1453: Item 2 fl. dem Schwemecher zu wessen und zu smeren dye Belge
Item XV ß eym Knechte der ime V Dage halff dragen off und abe, der Dag zu III ß zu Lon
Item I Gulden IX ß III hell. vor XXX lb. Smers, das lb X hell.
Item VI ß III hell. vor Hering Smaltz dar zu
Item 1 ß vor Schaube zu born dar zu
Item IIII ß vor Win VI Maß zu VI hell.
Item II Gulden Mgr. Gunthern dye Belge abe und zu zulegen und lymen an der Laden, dye Wint Seck widder zu placken, als sye vergangen waren in der Laden.
Item VI ß vor II hindgeallunt Felle
Item VI ß vor Drait, Pinnel, Schloßnel
Item II ß vor ein Vertel Kols Spicker dye Belge hinden off zu nelen

Summa VII fl. 1 ß VI hell. 40)

I, S. 166
1462: Exposita ad organa reformandum der Belgen
Item III ß V hell. eyme cymermann zu Lon halbe Dage uff und abe die Belge zu thun
Item II gulden vor drye Hude eyn XVI ß h
Item XXIII ß VIII hell vor XXIJ lb Smalz eyn lb X hell
Item XIX hell von Dryen Huden zu smyrn
Item XXV ß hell vor IIJ Dagk zu Lone vor drien zu sie newen und zu zustechen, eym eyn Dag IIII ß hell

Item II hell vor j lb Wagensmer
Item II hell vor Harze
Item I gulden VIII ß vor VIII Maß Herinck Smalze eyn Maß vor IIII ß die Belge alle zu smern
Item II ß hell vor Harze VI lb
Item I gl IIII ß von den Belgen zu smern von eym Balge eyn thorn.
Item X hell vor X Weln Hulze
Item VII ß vor IIII wyß Felle zu lymen widderumb
Item X hell vor eyn lb Lym
Item XVI hell vor II^c Nelle
Item II fl. Meister Gunther vor sin Arbeit

Summa IX Gulden XVI ß hell

I, S. 172

1461: Anno M CCCC LX primo Domini de capitulo deputaverunt Martinum Debeca cantorem et Petrum de Selgenstadt in magistros fabrice pro reformacione organi magni eccl. S. Bartholomei et exposuerung ut sequitur:
Item 1 fl. V ß VI hell. vor CVI Sparen
Item II ß die Gerustehultzer zu schleyffen mit der Fore
Item XII ß VI Hell. domino Decano vor Ysenbort mit der Fore
Item IIj fl. vor XVI Denhulzer
Item III ß dar von zu schleyffen uß dem Wasser uff den Kirchhoff
Item II fl. lb V ß vor Eychen Dele uß den Kerchhoffe zu dem Sanckbrede
Item X hell. dar von zu faren
Item XVI ß vor eychen Hulcze dem Bender
Item VIII hell. dar von czu faren
Item XXII ß V hell vor XII Sparn an die Blaß Belge
Item VI hell. zu foren
Item IIII fl. vor IIC Ysenbort

40) Erklärungen zur folgenden Rechnung S. 172ff.: Sanckbred: Trier, Dom, 1464 kommt Sangladen vor. Nach Grimm, Deutsch. Wörterbuch bedeutet es Resonanzboden. Für die Orgel ist diese Deutung nicht ganz einsichtig. Sank ist lotharingisch Vertiefung. Es könnte hier das untere Fundamentbrett gemeint sein; man kann aber auch an die Vertiefungen denken, die Kanzellen, die in das Fundamentbrett eingestemmt oder gebohrt werden. Es könnte sich hier also um eine Bohlenlade mit eingebohrten oder eingestochenen Kanzellen handeln, nach der Charakterisierung durch Bormann. K. Bormann, Die gotische Orgel von Halberstadt, Berlin, 1966, S. 94. Eine ähnliche Technik wird ja von dem zeitgenössischen Henri Arnaut de Zwolle beschrieben. Bormann, S. 154, Abdruck von fol 130 r.
Gesprenge: Bei spätgotischen Altären ist mit dem Gesprenge der turmartige Aufbau gemeint, wie er auch bei den gotischen Turmmonstranzen zu finden ist. Er ist aus Fialen und kleingliedrigem Zierwerk gebildet. Die gotischen Orgelgehäuse schlossen sich ja zunächst weitgehend dem gotischen Flügelaltar an. J. Jahn, Wörterbuch der Kunst, Stuttgart 1962, S. 19, 462.
Lauberchin: kann sich auf Laubwerk beziehen, das sich bei Altären und Monstranzen als unterer Abschluß des Gesprenges befand. Sollte Lanberchins zu lesen sein, so wäre an Lambrequin zu denken. In der späteren Zeit, vor allem im Barock, sind damit quastengezierte Abschlüsse an Fenstern und Betthimmel gemeint. In der Heraldik ist die Helmdecke so bezeichnet, die in der Spätgotik krause Formen annahm. Jahn, S. 395, 427. Mir scheint die Ausdeutung als Laubwerk naheliegender zu sein.
Stuhl des Positivs ist der Unterbau, auf dem die Lade ruht.
Schalden, die mit Seife geschmiert werden. Wohl von scaltan, stoßen, abzuleiten. Schalte ist die Stange, mit der der Balg bewegt wird.
Die Angaben über das gekaufte Pfeifenmaterial: 9 Pfund Zinn und 78 Pfund Blei lassen auf ein stark bleihaltiges Material schließen, es müssen schwarze und sehr schwere Pfeifen gewesen sein. Es ergäbe sich der unvorstellbar niedrige Prozentsatz von 10,34% Zinn. Es ist allerdings zu bedenken, daß oben genanntes Metall neu angekauft wurde, also nicht feststellbar ist, ob noch Material vorhanden war. Allerdings wäre bei Blei diese Annahme gerechtfertigter, da es häufiger, z.B. bei den Dächern, gebraucht wurde als Zinn.
Aus einem Rechnungsposten, der das Schmieren des Bälge durch den Schuhmacher betrifft, muß auf 5 alte Bälge geschlossen werden.

Item II ß VI hell. dar von czu faren
Item I ß eyem Knecht der sy sart und lacht in daz Korne Huß
Item I fl. XVI ß vor V groß Baselbort eynen vor VIII ß domino Decano
Item X ß vor eyn Wagen vol Wellen mit dem uff drage
Item XXIIII hel. vor II Scheffte an die Blasbelge
Item V ß VI hel. vor den Sparen zu den lesten Belgen
Summa XIIII fl. XII ß V hell.

S. 172v Czymerluten
Item XII ß carpentario vor III Dagelone per diem IIII ß daz Geruste czu machen
Item II ß VI hel. dem Czymmerer daz cleyn Geroste czu machen
Item III ß duobus ministrantibus carpentariis die Belge widder zu reformeren
Item I fl. I ß VI hel. Dagelone carpentario per diem V ß sabb. ante Margarethe (11. 7.)
Item Sabb. die Arsenii V ß von eym Dagelon (19. 7.)
Item Sabb. p. Ciriaci II fl. II ß vor X Dagelone (18. 8.)
Item VIII hell. vor eyn Maß Wyns uff der Arbeyt
Sabb. p. Assumpcionis Marie V fl. (22. 8.)
Item 1 fl. XI ß vor VII Dagelone carpentario
Item VIII hell. pro vino
Sabb. ante Bartholomei dedi I fl. VI ß vor VI Dagelone carpentario (22. 8.)
Item VIII hell. pro vino
Sabb. p. Decoll. S. Johannis dedi 1 fl. 1 ß vor V Dagelone carpentario (6. 9.)
Item VIII hell. pro vino
Sabb. p. Egidii dedi 1 fl. XVIIIJ ß vor VIIIJ Dagelon carpentario (5. 9.)
Item VIII hell. pro vino
Sabb. p. Matris magne dedi XV ß vor III Dagelone carpentario
Item VIII hell. pro vino
Summa X fl. X ß X hell.
Item IX hell. propinavi carpentario pro balneo
Item IIII ß vor eyn Dagelon Sabb. ante Symonis et Jude die Pfyffen und Sanckbred zu seczen (31. 10.)
1462: Item VII ß Dagelon pro die IIII ß facit I fl. IIII ß Sabb. p. circumcisionis dan die czwene nuwen Belge czu legen (3. 1.)
Item XX ß vor V Dagelone pro die IIII ß sabb. p. epiphanie (10. 1.)
Item iterum IIII ß vor Vj Dagelon ultimo (31. 1.)
Item X hell. pro mensuram vini uff der Arbeyt
Item VIII ß VIII hell. den Knechten czu Lone und czu Verdingen das Groste zu machen den Melern
Summa II fl. XXIII ß IIII hell.

S. 173v Kistenern
Item VIII fl. XII ß dem Kistener vor daz Gesprenge an die Orgeln czu machen
Item 1 alde thorn. czu Wynkauff
Item V fl. vor XXIIII Dagelone Meister Guntern czu Stuer an dem Sanckbrede
Item 1 lb hell. vor Dagelone die Wyntlade czu machen
Item X ß vor II Dagelon den Krantz aben an die Orgel zu machen
Item IX hell. pro bibalibus?
Item III fl. die czwene nuwe Belge czu machen mit dem Hulcze
Item II fl. von dem Gesprenge czu machen
Item X hell. czu Wynkauff
Item VI hell. vor die Lauberchin under dem Gesprenge in dem Positiff
Item XI ß vor geschneden Lynden Brede da die Pyffen in stene

Mälern
Item XVI fl. mgro Sebaldo vor daz Gesprenge czu malen und czu vergulden
Item II ß VI hell. zu Winkauff

Item VIII hell. pro mensura vini uff der Arbeyt
Item 1 alde thorn. propinavi pictori, organiste etc qui concordaverunt de pictura
Item VIII fl. die Flugel czu malen und daz corpus
Item VIII hell. uff die Arbeyt pro vino
Item V fl. das Positiff czu vergulden und czu malen mit dem Stule
Item X hell. pro mensura vini sutoribus

Summa XLIX fl. XXII ß VI hell.

S. 174 Fabro
Item VIII fl. XVIIII ß dem Smede vor Smedde Wercke an die Urgeln
Item II ß II hell. sutoribus propinavi
Item 1 fl. II ß vor Missinge und Ysen Drede und Negel czu den Belgen
Item IIII ß alde Neyle zu slechten
Item 1 fl. vor XXC Bone Neyle zu dem Gehuse da die Belge in lygen
Item VI ß V hell. vor Latneyle Scharspiker, Pynele etc. wider und vor czu machen

Calciatorem
Item II fl. XVIII ß die Belge czu smeren und daz nuwe Ledder dar zu bereyden
Item VIII hell. famulo pro bibalibus
Item 1 fl. XV ß vor XXXIII lb Smalczes
Item VIII hell. czu wygen und czu dragen
Item XIX ß calcatori zu bereyden und zu rieben daz Ledder zu den nuwen II Belgen
Item XXII ß vor Smalcze dar zu
Item VI fl. vor X Hude Ledderß zu V nuwe Belgen
Item VIII hell. zu Winkauff
Item III fl. XVIII ß vor VI Hude zu den zwey nuwen Belgen

Summa LIIII fl. XX ß IIII h.

Item XVI ß vor 1 lb Aloi die Belgen zu smeren vor die Muse und Ratten

Summa XXVII fl. XXIII ß IIII hell.

S. 174v
Item 1 fl. XIIII ß vor IIII und den Fertel gebacken Stoyn die Finster über der Orgel zu vermuren
Item IIII ß dar von zu foren
Item VIII hell LX Ynzen pro propina
Item XII hell die gebacken Stein by die Orgel czu dragen
Item IX hell vor Sant
Item IIII ß den Knechten die alden Belge abe czu brechen II Dage
Item V hell vor Seuffen die Schalden an den Belgen zu smeren
Item 1 fl. vor IX lb Pfiffen und geslagen Zenes domino Decano
Item II ß III hell vor 1 lb czen Loet zu machen
Item 1 fl. XV ß vor LXXVIII lb Blyeß den Czyntener vor II fl. 1 thorn.
Item IIII hell zu dragen
Item IIII fl. vor JC wiß Ledderß Tuche
Item XIII ß III hell vor XII lb Lymes
Item XIIII hell vor eyn Hut Birment 41)
Item I ß vor eyn Filze under daz Clavier
S. 175
Item V ß VI hell vor III Glaß Fynster II nuwe und eym gebessert
Item VII ß vor VII lb Lichte uff die Urgel czu stymen
Item X hell Meister Gunterß Geczeure czu der Fraß kelter? czu foren
Item V ß vor IIJ Dage Lone Bli czu slagen
Item IIII fl. XII ß den II Blesern als in verdinget war
Item 1 thorn. zu Winkauff

---

41) Pergament

Item XII ß Snyder Henne pro propina
Item Henne Spengelern I lb II ß hell vor XIIJ Dagelon czu blasen pro die XVI hell
Item VI ß II hell vor IIIJ Dagelon alteri zu blasen pro di XVI hell

Summa VII fl. XIX ß II hell

S. 175v Magistro Gunther
Item XLIIII fl. m. Gunthero als wart yme daz Werke verdinget zu ersten
Item I alt thorn. m. G. zu Winkauff als man yme verdinget daz Werck
Item I alde thorn. M.G. als man die Orgel verdinget zu malen
Item XII hell M.G. ad St. Leonhardum [42)]
Item propinavi I alde thorn. ad mundicionem f. 5. p. Mathei [43)]
Item XVI hell pro vino als man die Flogel wydder ine macht
Item XVI hell pro vino als man daz Sanckebret lacht
Item I alde thorn. propinavi M.G. 1. Vigilia Martini [44)]
Item 1 alde thorn. propinavi M.G. als her anhube czu stymmen
Item 1 alde thorn. M.G. Frawen pro novo anno
Item XX hell pro vino Carpentario et M.G. pro novo anno 1462
Item concessi M.G. XX fl. ex jussu Dominorum quod Domini demiserunt sibi pro laboribus

I S. 176 Exposita zu den newe Belgen
Item III fl. IX ß I h. vor LXXIII lb Schmalczes das lb vor X h
Item I lb vor VI lb Heringes Smalczes die Maaß vor XXX hell
Item III lb hell dem Schumecher daz Leder zu smeren und zu nehen vor jeden Balck XII ß [45)]
Item V fl den Czymmerluden vor XXIIII Dagelone pro die V ß die Belge zu machen
Item I fl XVI ß vor X groß Dele vor eyn IIII ß
Item IX ß vor XI^{c} Nurnberger Neyl zcu den Belgen
Item X fl. minus 1 Ort vor XV Hude zu den Belgen
Item I lb hell Zymerluden vor IIII Dagelon pro die V ß sabb. p. Lucie (19.1.)
Item VIII hell pro mensuram vini uff der Arbeit
Item XVI ß Czymerluden vor IIII Dagelone pro die IIII ß sabb. p. Symonis et Jude (31.1.)
Item II ß vor Hultze zu den Koppen zu den Belgen
Item VIII ß vor Mittelspicker Latneyl und Kolsche Spicker
Item VI ß I hell vor V lb Lymes das lb vor XI hell
Item IIII ß das Geroste uff czu schlagen und ab zu brechen
Item dem Smede vor V Belgen zu beslagen

Summa XIX fl IX ß

S. 176v
Item I ß dem Smydeknechten zu Drynck Gelde
Item X ß IIII hell vor eyn Wagen voll Wellen uff die Schule
Item vor Aloe die Belge zu smeren vor die Müse
Item X ß vor IIJ Dage Cymerluden Leyst zu machen uff den Belgen Stangen
Item XVII ß vor X wiß Wellen zu verlymnęn
Item VII ß von VIIJ^{c} Nel zu den Belgen
Item II alde thorn. vor II lb Lymes und eyn Kalbeß Hudt
Item IX ß vor V lange Stangen an die Belge
Item V fl. czwen czu blasen yglichen XLV Dage pro die XII hell
Item III ß III hell vor III Maß Weyn als man die Orgel temptert zu dem lesten Male
Item eodem I alte thorn novo anno 2 fl
Item Organiste monacho I alte thorn pro novo anno 2 fl

---

42) 6. November
43) 24.9.
44) 10.11.
45) Zusammen sind es also 5 Bälge

Item VI thorn dem Smede vor XXVIII Bande und uff zu slagen die Leyst uff die Belge
Item XXI hell von III Virtel Colsche Mittelspicker zu den Leisten uff zu heften
Item XVII hell pro vino et albis panibus que concordamus ferialiter cum Mgr. Gonthero

Summa IX fl XV ß I hell

S. 177
Item XIIII ß vor XIII lb Licht vorbrannt zu dem Stymen czu dem lesten
Item Mgr. Gunthero XIII fl. pro salario
Item I fl uxori mgr. Guntheri pro propina

Summa XIIII fl XIIII ß

Item XII ß Mgistro Georio organiste qui probavit organum
Item 5 ß III hell pro IIII mensuris vini et duabus collacionibus
Item XII ß monacho organiste pro probacione organi
Item X ß j Cleiber vor III Daglon pro die XXX hell daz Dach uber die Orgel zu donchen
Item VII ß III hell sartorem der dem andelanget pro die XXII hell
Item IIII ß vor Karn vol Leymes
Item VI hell vor Stroe

Summa II fl III ß III hell

Summa summarum omnium expositirum pro organo
II^{c} XLIIII fl XX ß IIj hell

I, S. 205
1466: Exposita pro correctione organi ann LXVI
Item mg. Günthero pro laboribus suis V fl
Item II lb X hell Spengler Henne vor XIX Dagelone pro die XX hell
Item XIIII ß socio suo vor XIIII Dagelone pro die I ß
Item XII hell Spengler Henne etwas zu machen mit Blech
Item X hell vor Liecht, Neyle, Lyme und Seuffen
Item II ß vor III lb geschlagenes Blye
Item III ß vor eyn Felle zu vorlymen
Item XVI hell vor J Fertel Wins
Item XIIII ß vor XIIII ysern Feddern fer die Belge uff der Orgeln
Item III ß die Registere zu bessern auch an der Orgeln
Computum et solutum S. VIII fl IX ß III hell ex parte organi in die apl. Mathei LXVI

I, S. 211
1472: Organa ecclesie Sti. Bartholomaei sunt reparata in follibus per glires devastatis siccitate et caliditate estatis precedentis in crastino St. Mathie ap. et diebus sequentibus anno Domini M CCCC L XX II
Primo XVIII ß pro una pelle bovina
Item VII ß für VII Achtmaß Herengsmaltz
Item II ß für gebrannt Smaltz
Item II flor. II ß dem Leddersmerer und Blasebalchmecher pro salario laboris sui
Item VI ß für wyß Felle
Item VI ß IIII hl dem Kistener für Lyme und sin Arbeit
Item VI ß dem Spengler sine, haben heben tragen und andere Dineste 5 1/2 Tag
Item XII ß Jacobo Organiste pro suis laboribus ad idem
Item V hl für 1/2 C (50) Negel
Item III hl für III Vertel cleyn Negel
Item I hl für Licht
Item XX hl für Wein ad Guardiam
Item XVI hl für Weyn deponendo folles
Item XVI hl für Wyn 3a feria imo
Item V hl für Wein 4a feria

Item IIII hl für Bretzeln ad idem
Item VIII hl für Wein 5a feria
Item III hl für Bretzeln ad idem
Item XII hl für Wein als man die Belge widder inlacht
Item XII hl für Soppen, Krenge [46] Brot 3a feria post Dom. Oculi
Summa V fl. IIII ß 1 hl.

S. 211v
Item XVI hl pro uno, examinatibus organa, Guardiano, Jacobo et ceteris
Item IIII ß Hermanno Carpentario qui deposuit et reposuit folles
Item X hl pro vino, quod Guradianus fuit consultatus super organa ut columbe non lederent cannam majorem
Item VIII hl illis qui ascenderunt super corpus organi et proiicerent nidum columbarum 6a post Penthecostes
Item XII hl pro uno, Jacobo organiste et calcantibus, reformantibus organa circa pedales 3a post Laurentium anno L XX II
Item XII hl reformanti certa ventibula in manuali post Bartholomäum.
Summa X ß IIII hl
Summa Summarum V fl. XIIII ß V hl

52h Fabrikrechnung, III, S. 147v Item Sabb. post Jacobi apli.

1459: II lb. V ß. Zymmerluden vor ettlichen Sparren zu hauwen zum Dache ober den Orgeln Belgen
S. 148 Item XVIII ß vor isern Bande des Dachs der Orgeln an der Kirche mitten anhalten
1476: III, S. 197v Item XII ß IIII h Opperknecht ine echtige Grond zu graben zu Widerstetzen (Widerstegen) zur Orgeln

III, S. 198v Sabb. post Valentinum (14.2.). Uff de Zyt als man de Gronde grube zu der Capellecken under der nuwe Orgel
III, S. 204
1478: Primo Sabb. post Agnetis virg. 1 lb 1 ß Schißhennen Steinhauwer die vergangen Woche VI Tagen an den Drappen deß Offgangs off die nuwe Orgeln zu hauwen

52i 1491 Fabrik

Item VII ß die Ziborien uff de Orgeln zu placken alß die in dem Wißen herabe geworffen und zu brochen worden
Item V ß III hl fur die zwey Holtzer neben der kleyn Orgel dar an die Wapen hangen

Anläßlich der Krönung Karls des VI. im Jahre 1711 brach man den Lettner ab, auf dem bisher die kleine Orgel stand.
Im Jahre 1719 begann man die Planung einer neuen Orgel. Man hatte Fühlung mit einem Orgelbauer genommen und Verhandlungen mit dem Maurer wegen Errichtung eines Gewölbes gepflogen.
1721 wird in den Protokollen berichtet: "Solle eine neue Orgel verfertigt werden und hierüber ein Riß verschafft werden. Eodem wurde dem Maurer das Gewölb, worauf sie stehen soll, um 500 fl. veraccordirt" [47].
Am 27.6.1721 wird berichtet, daß der Dechant mit dem Orgelmacher gesprochen habe und daß dieser für seine Arbeit 100 Rthl. nebst 12

46) Wurstkringel
47) Barth.B. 714 II, 20, S. 123f. Die Verhandlungen sind bei Peine nach den Protokollen dargelegt. S. 96-99

Maltern Mehl bekommen solle, das Kapitel alles übrige bezahlen wolle. 1 1/2 Jahre wolle es die Kost mit 9 fl. wöchentlich für den Meister und seine Leute bezahlen.
Am 30. 6. 1721 wurde zwischen dem Scholaster Albertus Prez, im Namen des Kapitels, und dem Orgelmacher Johannes Mayer ein Vertrag über den Orgelneubau geschlossen.
Das Werk soll 31 Register bekommen und innerhalb von 2 Jahren erbaut werden. Das Corpus soll 40 Schuh hoch werden.
Es soll 2 elfenbeinerne Klaviere, das eine zum Oberwerk und ein Pedal von "13 Claves" erhalten.
Das Werk solle im Chorton gestimmt werden, jedoch mit einer "Verrückung oder Transposition" versehen werden, "daß es zugleich auch im Cornetton zu gebrauchen seye".

Manual oder Großwerk
1. Principal von Zinn mit verschobenen Labien 8'
2. Octav von Materi 4'
3. Quinta 3'
4. Superoctav 2'
5. Mixtur 5fach 2'
6. Cimbel 3fach 1' durch alle Octaven repetirt
7. Cornet 3fach
8. Kleingedackt 4'
9. Großgetackt 8'
10. Quintaden (? Rand beschädigt, unleserlich)
11. Querflöte (?)
12. Viola di Gamba 8'
13. Sollicional 8'
14. Gembshorn 16'
15. Unda maris
16. Trompete 8'

Sub Baß
17. Großer Untersatz 32'
18. Groß Subprincipal 16' offen
19. Principalbaß von Zinn 8'
20. Posaunenbaß 16'
21. Quintadenbaß 16'
22. Octavbaß 4'

Oberwerk
23. Principal 4'
24. Octav 2'
25. Quinta 1 1/3'
26. Mixtur 4fach 1'
27. Sesquialtera 2fach 1'
28. Flöth 4'
29. Getackt 8'
30. Krumhorn 8'
31. Vox humana 8'

Am 6. Juni 1724 wurden einige Veränderungen beschlossen:
Extra petitum des Orgelmachers anno 1724 den 6. Junii:
Specification deren Register, welche ausser dem Accord gemacht worden, wie folgt:
1. Die Mixtur im großen Werk ist anstatt 1' 5fach 2' 5fach gemacht worden
2. Die Mixtur im Oberwerk ist anstatt 1/2' und 3fach 1' und 4fach gemacht worden.

3. Ist ein Gedackt von Holz 8' gemacht worden
4. Ist ein Quintaden im Pedal von Holz 16' gemacht worden
5. Der von Holz gemachte Principalbaß mit Zinn zu überziehen
6. Den Cornett anstatt 3fach 5fach gemacht worden
7. Die Claron 4' new gemacht sambt register und waß dazugehörig ist.
8. Die Cimpel 1' 1fach aber 3fach
9. Ist anstatt des Gemßhorn ein Quintaden von 16'

Wann sie auch ein Stern haben wollten außer Accord 230 Rthl.
Es wurden 4606 Rthl in 4 Jahren Bauzeit auf das Werk verwendet.
Der Orgelbauer arbeitete mit 2 Gesellen.
In einer Mitteilung an den Abt von Ilbenstadt, der um diesen Vertrag gebeten hatte, heißt es dann noch: "Daß obgemelter Orgelmacher lebenslang niemals ein so großes Werk gemacht mit bloßem Speculiren und Probiren viele Zeit nicht allein gebraucht, sondern auch sowohl den Zimmermann als Schlosser bald diese bald jene Veränderung zugemutet ..."
Es war erstaunlich, daß das Kapitel einem so jungen Mann soviel Zutrauen schenkte [48]. Zwar hatte man anfangs Bedenken gehabt und die Arbeit unterbrochen: "1721 Augustus den 25ten post Matutinam praes.: Placet Rdis Dominis Scholastico, Cantore, Matern, Straub jun., Kirn, daß man zwar dem Orgelmacher H. Mayer die Arbeith bis auf fernere Ordre verbotten hätte, weilen wir einen großen Schaden durch ihn zu leiden in Forcht gestanden, demnach Er aber die Orgell, und zwar nach denen jenigen Register, welche Wir desideriren, oder ihme vorschreiben werden, gantz vollkommentlich zu lieffern verspricht ohne einigen Heller zu begehren, und fallß das Werck mangelhafft nach geschehener ohnpatheyischer Prob wieder sein Verhoffen befunden werden sollte, hoc casu, wollte Er von Unß nicht das geringste, weder für das Corpus, noch sonstige Arbeith abfordern, und gleichwohlen Unß eben das Gewicht von Zinn und Bley wiederumb darwiegen. Quibus circumstantiis auditis, omnes et singuli praedicti Domini excepto annuerunt. Er Orgellmacher solle in der Arbeith fortfahren und dieselbe auf obige Conditiones zu Endt bringen. Mihi absenti a pl. R. D. Decano hoc protocollum datum est [49]. Zur Sicherung bot Mayer an, daß seine Frau und Schwiegermutter den Kontrakt unterschreiben sollten, da er ja noch sehr jung war [50].
Noch im Jahre 1735 wurde Mayer mit der Stimmung beider Orgeln beauftragt [51].
Eine Beurteilung des Werkes gab J. A. Silbermann, als er auf seiner Reise Frankfurt und die dortige Domorgel aufsuchte: "Nicht schlecht im Ton, schwer spielbar" [52].
Am 19. 12. 1753 wurde im Kapitel beschlossen, den Hanauer Orgelbauer Joseph Carl Großwaldt zu überschlagen "was an dem gantzen

48) StA Darmstadt Ilbenstadt Akten, Konv. 43, Fasz. 5
49) Barth. B. 714 II, S. 142. Abdr. Peine, S. 97
50) 1722, 22. 1. Peine S. 97
51) Peine, S. 98, 99
52) J. Wörsching, Die Orgelbauerfamilie Silbermann in Straßburg, Mainz 1960[2]

Werk der großen Orgel schadhaft und mangelhaft sey". Er legte einen Bericht vor, in dem folgende Punkte herausgestellt wurden:

1. Umintonation des Werkes
2. Die Bälge so umzubauen, daß die Balgclaves (Tritte), die sehr hoch vom Boden entfernt liegen, so daß bei 6' Höhe eine Leiter benötigt wird, bequemer bedient werden können.
3. Den Untersatz 16' (im Vertrag 32', demnach hier die reale Länge des gedackten Registers angegeben), der unbrauchbar ist, da er "nur ein bloßes Windrauschen von sich hören läßt, auch den mehrsten Wind unter allen Registern wegzehret", durch ein Violon 16' zu ersetzen.
4. An die Stelle des Bombard 16' (im Vertrag Posaunbaß genannt) von Holz, "welcher gar kein Thon-Art in sich hat, alß ein wildes Geflatter, das alle übrige Register, welche noch ziemlich klingen, in eine widerwärthige Harmonie verändert, wenn diese Bombard gezogen wird" einen neuen Posaunenbaß 16' von Holz zu bauen.
5. Im Manual oder Hauptwerk ist der Quintatön 16' ein Hauptregister schlecht, es quintirt "wan die erste Pfeife C ihren C Thon 16' sollte hören lassen, so überspricht sie sich und gibt gantz falsch die Quinte G an". Er empfiehlt Bordun 16' "damit ein 16füßiges Manual vornehmlich bey diesem Orgelwerke zu hören komme ..."
6. Vox humana, Trompete und Krummhorn sollen nicht verändert werden, da die Kosten sonst weit höher würden.

Großwaldt verlangt für diese Arbeit 400 Rthl. Der Vertrag wird auf 300 fl. festgelegt, die Arbeit August 1754 beendet [53].

1763 meldet Großwaldt, daß die Bälge der kleinen Orgel erneuert werden müßten. Das Kapitel hielt aber die Forderung Großwaldts für zu hoch und man empfahl, sich an den Frankfurter Orgelmacher Wegmann zu wenden [54]. Er kam und wurde auf 8 Tage vertröstet. Am 26.2.1766 verlangte er, die Orgel einsehen zu können [55].

Im September und Oktober 1772 ist von der Reparatur der großen Orgel durch den Hanauer Orgelmacher Petter, dem Stiefsohn Großwaldts die Rede. Kanonikus Batton hatte sich in Mainz erkundigt, ob man für die Reparatur 100 fl. geben könne. Sie wurde schließlich für 170 fl. akkordiert [56]. Auch in den folgenden Jahrzehnten wurden noch Veränderungen vorgenommen, wie es der Zeitgeschmack befahl. Sie sind der Dispositionsaufzeichnung Hopkins von 1855 zu entnehmen.

In Parallele zum Vertrag gesetzt unter Berücksichtigung der Veränderung im Zusatzvertrag und durch Großwaldt:

Großwerk

1. Principal 8'
2. Octav 4'
3. Quinte 3'

---

53) Peine, S. 100-104

54) Barth. Protokolle, VI, 9, S. 73v 9.3.1763

55) Barth. B. VI, 9, 161 u. 163 vom 19.2. u. 26.2.1766. Peine Anm. 216, 217, S. 104f.

56) Barth. B. Prot. VI/10, S. 133 vom 1.9.1772 und S. 143 vom 23.10.1772. Peine, S. 105, Anm. 218

4. Superoctav 2'
5. Mixtur 5f1' = 5f2' = 5f1'
6. Cimbel 3fach 1' fehlt
7. Cornet 3f = 5f
8. Kleingedackt 4' = Hohlflöt 4'
9. Großgetackt 8' fehlt
10. Quintaden? fehlt
11. Querflöte? = Kleinflöte 4' (?)
12. Viola di Gamba 8'
13. Salicional 8'
14. Gembshorn 16' = Quintatön 16' = Bordun 16'
15. Unda maris = Bifara 8' (?)
16. Trompete 8'

Subbaß
17. Großer Untersatz = Violonbaß 16' = Subbaß 16' (?)
18. Groß Subprincipal 16'
19. Principalbaß 8'
20. Posaunenbaß 16' = Bombarde = Posaune
21. Quintadenbaß 16' = Violonbaß 8' (?) Violonbaß
22. Octavbaß 4' = Gedackt 8'(?) fehlt Trompete 8' neu
(23.) Claron 4'
(24.) Mixtur 3f neu

Oberwerk (ist erweitert und am stärksten umgebaut, statt 9 treten 1855 12 Register auf)
1. Principal 8' neu
2. Octav 4'
3. Quint 3' neu
4. Octav 2'
5. Nasat 1 1/2 vordem Quint 1 1/2'
6. Mixtur fehlt
7. Sesquialter
8. neu Salicionaloctav 4'
9. Spitzflöte 4' neu
10. Flaut minor 4' (Bezeichnung Flaut major und minor bei Großwaldt üblich.)
11. Flaut major 8'
12. Krummhorn 8'
13. Vox humana 8'

Das Werk ist auf den Principal 8' gesetzt worden, so auch die zusätzliche Quint 3' zu verstehen. Gleichzeitig wurde auch die Vierfußlage durch 2 Farben vermehrt: Salicionaloctav und Spitzflöte. Möglicherweise ist die Mixtur des Oberwerks in das Pedal versetzt worden 57). Die Orgel von Mayer fiel dem Dombrand von 1867 zum Opfer. Im Ok-

57) E.J. Hopkins, The Organ its history and construction, London 1855. - F. Bösken, Orgelbauer aus Österreich am Mittelrhein in der ersten Hälfte des 18. Jh., in: Symbolae Historiae Musicae, Festschr. f. H. Federhofer, Mainz (1971), S. 145-154

tober kam bei der Wiedereröffnung ein provisorisches Werk von Walcker zur Aufstellung; es hatte 12 Register. Für den Neubau wählte man als Standort die Westwand des nördlichen Seitenschiffs. Das Gehäuse wurde von Architekt Linnemann in spätgotischem Stil entworfen. Das Werk wurde durch Firma Walcker 1891 vollendet. Schwellwerk, Gebläse und Spieltisch fanden auf der Mittelschiffempore Platz.
Die Disposition wurde von Domorganist Karl Hartmann entworfen [58].
Die Disposition dieser Orgel:

I. Manual C-f3
Pl16 Fag16 O8 Pl8 Gb8 Gh8 Bd8 Hlfl8 Qtt8 Tpt8 O4 Spfl4
Rfl4 Cl4 Q5 1/3 O2 Mxt2 2/3 Corn5f ab c

II. Manual
Sal16 Bd16 Pl8 Gd8 Kztfl8 Bif8 Dolce8 Fug8 Klar8 O4 Gh4
Trfl4 Mxt5f2 2/3 O2

III. Manual, Schwellwerk
Gd16 Ggpl8 Lbgd8 Spfl8 Sal8 Aeol8 Vxcl8 Tptharm8 Pl4 Fldo4
Corn5f

Pedal
GrandBd32 Plbß16 Vlbß16 Sbß16 Bddoux16 Pos16 Obß8 Vcl8
Gdbß8 Tpt8 O4 Qbß10 2/3

Die Orgel hatte röhrenpneumatische Traktur, 7 Kopplungen und 5 Kollektivtritte mit feststehenden Kombinationen.
Die Stellung der Orgel gründete auf dem "Gutachten der Dombaumeister von Wien, Cöln, Regensburg über Wiederherstellung, Ausbau und Freilegung der Domkirche und des Pfarrturms zu Frankfurt nach dem Dombrand vom 15.8.1867".
"Als das nächste wichtige Stück der inneren Einrichtung ist die Orgel zu betrachten. Ohne Frage ist dieselbe in stilvoller Weise im Geiste des Baues auszuführen und könnte dieselbe ihren Platz neuerdings auf einer der neuerbauten Emporbühnen finden.
Dem schwierigen Umstande, daß nach der jetzigen Anlage dieser Empore der Organist nicht direct auf den Hochaltar sehen kann, ließe sich dadurch abhelfen, daß an der Seite derselben gegen das Mittelschiff zu auf Kragsteinen vorgelegte Ausbauten angelegt würden, auf welche der Spielkasten mit dem Sitz des Organisten Raum finden könnte" [59].
Nach dem 2. Weltkriege erbaute Walcker 1951 eine neue Chororgel:

HW Pl8 Rfl8 O4 Gdpo4 O2 Mxt6-8f
OW Gd8 Weidenpf8 Pl4 Nh4 Blfl2 Nas1 1/3 Schf4-6f Tpt8
Ped. Sbß16 Obß8 Chbß4 Stillpos16 [60]

Am 28.5.1955 entwarf J. Klais eine neue große Orgel, erbaut als op. 1109:

HW II. Pl16 Gdpo16 O8 Hzfl8 Spgd8 So4 Rfl4 Nas3 Pl2 Hlfl2
Grsesq2f Mxt8-10f Acuta5-6f Tpt16 Tpt8 Kopftpt4
RP I. Qtt8 Lbgd8 Pl4 Blfl4 Rfl2 Sffl1 1/3 O1 Schf4-5f Tzbl3f
Kh8 Trm

---

58) Wolf, Kaiserdom, S. 111, und Fig. 50.
59) HStAWsb 405/12698
60) WWV 1951/18 Peine, S. 194

OW III. Pl8 Rfl8 Wdpf8 O4 Sggd4 Flachfl2 Spt1 1/7 Tert2f Mxt5-6f Zbl4-6f Dulc16 Schm8 Vxhm8 Trm
SchwW IV. Rfl16 Pl8 Hzgd8 Gh8 O4 Violfl4 Q3 Schweg2 T1 3/5 Nonencorn6f Mxt6-8f Septzbl3f Fag16 Tpt8 Ob8 Zk4 Trm
Pedal Us32 Pl16 Kupffl16 Sbß16 Rfl16 (Tr) O8 Rgd8 O4 Koppelfl4 Nh2 Hs6f Mxt6-8f Ctrfag16 Pos16 Tpt8 Cl4 Sgcorn2
6 Mk 4Pdk 2 frKomb 3 Setzerkb. El. Trt. auf Kegelladen. Freistehender Prospekt, Schwellwerk im Gehäuse [61].

Eigentümer der großen Orgel ist die Stadt Frankfurt, der Chororgel der Dom [62].
Die große Orgel steht im südlichen Querschiff.

Frankfurt, Dominikanerkirche

1464: In der bedeutenden Kirche des eh. Dominikanerklosters wird im Jahre 1464 eine Orgel erwähnt, die über dem damals neu errichteten Altar der hl. Elisabeth gestanden, bzw. gehangen hat. Der Standort dieses Altares ist nicht genau festzulegen [63].
1630: Im Jahre 1630 kaufte man ein Regal, das möglicherweise für den Chordienst, oder, wie gebräuchlich, in der Fastenzeit verwendet wurde.
Rand: "Ein Regal wird für die Kirch erkaufft und wieder verkaufft." "Ein Regal in die Kirch kaufft für 70 fl.". "Dieses ist anno 1764 von hiesigem Krempelmann Bender mit Nahmen, lutherischer Religion, gegen 4 zu 5 fl. gerechnete Kissen auf die Altär von denen Sacristanen verhandelt worden" [64].
1648: Eine neue Orgel wurde 1648 vollendet: Rand:"Novum organum conficitur" "Circa haec tempora confectum est novum organum pro ecclesia nostra prout ex libro expositorum colligere est" [65].
1683: In diesem Jahr erbaute der Amorbacher Benediktinerpater Aemilian Hummert eine neue Orgel, die auf dem Chor gestanden haben muß. Er ist an verschiedenen Orten, in Frankfurt und Mainz als Orgelbauer aufgetreten, wenn auch das Urteil über die Werke nicht immer gut ausfällt [66].
Die Dominikanerchronik sagt aus: "Liber Expositorum ad hunc annum dicit: Exposita sub A.R.P. Praedicatori Generali Udalrico Nols et

---

61) Peine, S. 217f. Abb. Gehäuseentwurf, S. 274
62) BALbg Lagerbuch 63
63) Peine, S. 36. Dominikanerchronik 1464, 1470, 1492. Dominikaner Bücher 16a (DomB) Da der Altar der hl. Elisabeth schon 1297 zum ersten Mal errichtet wurde, und zwar als einer der beiden Nebenaltäre, muß er an bevorzugter Stelle gestanden haben. Wolff vermutet daher, daß die beiden Nebenaltäre vorne in den Seitenschiffen gestanden hätten. Nach dem Grundriß der Kirche könnte die Orgel an der Stirnwand des nördlichen Seitenschiffs gehangen haben. - Wolff, BDkm, S. 66, Fig. 78. So vermutet auch Peine ein größeres Orgelwerk frontal zum Kirchenschiff als Schwalbennest. Peine, S. 36
64) DomB. 16b, S. 116. So wurde auch 1630 dem Mainzer Dom von F. Hocque ein Regal angeboten. 1754 wird dort auch ein Fastenpositiv erwähnt. - Bösken, Quellen und Forschungen Bd. 1, S. 107, 109.
65) Peine, S. 75 - Wolff, BDkm I, S. 72. Quelle: StAFfm DomB 16b S. 212
66) Bösken, Quellen und Forschungen, Bd. 1, S. 30

Jodoco Weber, Syndico, et conventus Procuratore. Eodem libro teste: Pater Aemilianus Benedictinus adhuc laborabat in conficiendo organo novo". Rand: "Collectura pro novo organo": "Ad 7bris sextam ait liber Receptorum: Dito ex collectura pro reparatione organi viginti unum florenos, quindecim albos" 67). Widersprüchlich an dieser Stelle ist, daß einmal von dem organum novum gesprochen wird und gleichzeitig in der Angabe der Kollektengelder von der reparatio organi. Peine spricht infolgedessen von einer Vervollständigung der Orgel, bzw. von der Reparatur durch einen Benediktinerpater. Der 1. Teil dieser chronikalischen Aufzeichnung spricht aber eindeutig von P. Aemilian als dem Erbauer der neuen Orgel. Ein Hinweis zur Klärung bietet die Chronik anläßlich des Baues der neuen Chororgel: Dort wird das Jahr 1683 als Baujahr angegeben mit dem Vermerk "ab initio et postea nihilominus valens organum". Der Eintrag erfolgte 1684, so daß im folgenden Jahr oder gar in dem Jahr der endgültigen Fertigstellung - aus der Formulierung "laborabat in conficiendo" könnte auf sich längeres Hinziehen der Arbeit geschlossen werden - schon wieder eine Reparatur notwendig wurde, für die dann gesammelt wurde. Ich möchte doch annehmen, daß P. Aemilian ein neues Werk erstellte 68).

1725 wurde von dem Erbauer der großen Domorgel eine Chororgel geliefert. Für sie wurde eine neue Empore in der Mitte des Chores auf der Evangelienseite durch einen Schreiner errichtet. 1727 wurde dann die alte Orgel des P. Aemilian von ihrem Platz, der auch in der Nähe des Chors lag, wahrscheinlich am Ende des Seitenschiffs, entfernt. Ihr Platz muß im Anschluß an die Klostergebäude, die an das Nordschiff stießen, gewesen sein, da die Bälge auf dem Speicher über dem Noviziat lagen. Die Quellen bemerken hierzu: Novum organum pro choro: His etiam diebus confectum videtur organum minus, quod positum est in medio chori. Exposita namque dicunt: Vigesima prima Septembris: Dem Orgelmacher Mayer auf Abschlag der Orgel in choro 35 fl.; ad primam octobris 4 fl.; 30. octobris 5 fl.; ad januarii 1726 15 fl.; quanti totum opus constiterit." Die Endsumme beträgt 65 fl. Nach dem Abbruch wird die alte Orgel verkauft, wie aus den Einnahmeregistern hervorgeht, die dem Chronikschreiber Fr. Franziskus Jaquin 1770 noch vorlagen: In receptis per Augustum, Septembrem et Octobrem legitur: Für verkauffte alte Orgelpfeiffen empf(angen) 17 fl. In Receptis post 27timam Novembris 1728 für den Subbaß auß der alten Orgel empf(angen) 4 fl. 27 alb. Das übrige liegt annoch und hat lange gelegen auf dem Speiger über dem Novitiat, und gehet eines nach dem anderen hinweg, alßo das nichts übrig bleibet". Rand: "Organum vetus amovetur, ejusque loco chorus pendulus exstruitur." "Hoc etiam tempore vetus illud, per Patrem Aemilianum Benedictinum anno 1683 elaboratum organum, ab initio et postea ni (hi) lomino valens organum, penitus amotum fuit, ejusque loco chorus ille superius pendulus, ad latus Evangelii summi altaris, per scrinarium exstructus fuit..."
1729 wurde zusammen mit dem Anstrich der ganzen Kirche die Orgel

67) Peine, S. 83, Anm. 192 aus StAFfm DomB 16b S. 392v
68) Peine, S. 83, S. 106 aus DomB 16b, S. 687 s.u.

illuminiert und in Farbe gefaßt: Rand: "Organum in choro coloribus obducitur". "Die Orgel im Chor zu illuminieren 50 fl." [69].

1742 begann man mit dem Bau einer neuen Empore über der Haupttür im Westen. Auf ihr sollte dann die neue Orgel aufgestellt werden. Es wird berichtet: Am Rand: ("Sumptus exstructi in Ecclesia doxalis.") "Anno 1742 ist das Doxal auf welchem die große Orgel dermahlen stehet, zu erbawen angefangen worden, am End und über der großen Kirchenthür, allwo vorher nichts geweßen ware: und sind dem Maurer

deswegen zahlt worden	99 fl.	52 xr.
Steinmetz	244 "	29 "
Zimmermann	288 "	47 "
Eysenkrämer	21 "	11 "
Schlosser	28 "	7 "
Stoccateur bis 1744 daran gearbeitet nebst Kost, Quartier und allen Materialien	161 "	12 "
Dem Quadraturer zu Rohren	33 "	46 "
dessen Handlanger	7 "	
Gips 21 Zentner 75 Pfd.	24 "	
Kalk und Sand	12 "	
Draht, Nägel und Bley	23 "	
Weißbinder	5 "	
Oel und Leim	83 "	
Fenster	4 "	
Fenster Gegitter	3 "	30 "
Summa	979 "	12"

Alsdann begann der Frankfurter Orgelbauer Johann Christian Köhler, der schon ein neues Werk für die Barfüßerkirche und die Deutschordenskirche erbaut hatte, mit dem Neubau der Orgel in der Dominikanerkirche.

1752 war die Orgel fertig, denn in diesem Jahr wurde die letzte Zahlung angewiesen. Es werden an Tatsachen in der Chronik vermerkt: Am Rand: "Finalis persolutio novi et magni organi in ecclesia nostra". "1752 ad vigesimam quintam Novembris legitur inter Exposita: Den Orgelmacher völlig abzahlt, alßo daß derselbe nichts mehr zu fordern hat."

Organi autem structura stetit Conventui, illud anno 1744 vigesima nona Decembris incipienti per viginti anticipative datos Domino Köhler ejus fabricatori hujati, illudque anno 1747 consumanti solutos summarie 1605 fl. Da das Orgel-Gehäuß in Conventu per fratrem Dominicum Seits scrinarium verfertigt worden:

Für Bord	183 fl.	36 xr.
Für Leim	19 "	6 "
Gesellenlohn	70 "	5 "
Für Nägel und Schreiners Instrumenten	4 "	58 "
Dem Schlosser	120 "	

Hierzu seynd collectiret und ab extraneis verehret worden praecipue

69) Peine, S. 105, 106, dort die Quellen: StAFfm DomB 16b S. 682, 683, 720

zu Wahl und Krönungszeiten Francisci Primi (1745)

	1350 fl.	10 xr.
addidit Conventus präter victum et. et.	625 "	35 "
Summa	2002 "	45 "

Über die Kollekten wird berichtet:
"Dolendum est, quod annotatum non habeatur, quantum pro errectione doxalis collectum fuerit, praesente Aula Caesarea Caroli Septimi (1742), Consilio imperiali aulico, Magnatibus et Legatis aliis, quod indubie fuertit notabile.
De conexu inclyti Senatus hujatis pro organo per Campanatorem civicum comitantibus P. Josepho Troll et Fr. Francisco Helen Laico in civitate collecti fuerunt 242 fl.
Kostet mithin das Doxal sampt der newe große Orgel 2981 fl. 57 xr. Kost, Trank et so der Convent gegeben und nicht berechnet worden ausgeschlossen." 70)
Später wird die Chororgel und Bühne vergoldet: "1758 ad vigesimam primam vero Augusti legitur inter exposita: Dem Meister Karp auf den Kreutzaltar und Orgel zu illuminieren per Abschlag 30 fl."
Es folgen weitere Termine, Summa 411 fl. Restzahlung ist belegt am 12.5.1759. "Illuminata fuerunt et deaurata altare S. Crucis, chorus pendulus cum organo super eo constituto" 71).
Leider ist die Disposition dieser Orgel nicht überliefert. Aber in dem Vertrag, den derselbe Meister mit dem St. Georgstift in Limburg (heute Dom) am 27.7.1750 schloß, forderte er 2200 fl für ein Werk mit Hauptwerk, Rückpositiv, Echo und Pedal mit 34 Registern. Man bezog sich sogar auf die Dominikaner in Frankfurt: "In der vollständigen accuratesse wie bei den P. Dominicaner" 72). So kann man wohl mit Recht annehmen, daß die beiden Werke von ähnlicher Gestalt waren.
1771 wird über die Reparatur beider Orgeln durch Köhlers Stiefsohn und Nachfolger Wegmann berichtet:
1771, his diebus Julii hat Orgelmacher H. Wegmann von hier vermög des sub 22.h. errichtete Contracts a 160 fl. und Kost für ihn, seine Gesellen, angefangen, unßer groß- und klein Orgeln zu repariren, und hat damit zugebracht bis den 2ten Octobris" 73).
Infolge der Säkularisation wurde das Kloster aufgehoben und die Kirche 1802 als Warenmagazin eingerichtet 74). Die Orgel wurde der inzwischen wiedereröffneten St. Leonardskirche im Jahre 1809 überwiesen 75).
In den Jahren 1887/89 wurde die Kirche aufgeteilt in eine Turnhalle und Stadthalle. Nach dem 2. Weltkriege wurde das Dominikanerkloster restauriert und der ev. Kirche übergeben.

70) Peine, S. 106, 107. DomB 16c, S. 24, 25
71) Peine, S. 107, DomB 16c, S. 76
72) S. Limburg, Georgstift
73) Peine, S. 107, DomB 16c, S. 297
74) Wolff, BDkm S. 74
75) Erich Georg Gerhard, Geschichte der Säkularisation in Frankfurt/Main, Paderborn 1935, Diss. Ffm., S. 72

1959/61 erbaute Walcker eine neue Orgel mit folgenden Stimmen:
I. HW Qtt16 Pl8 Rfl8 Gh8 O4 Nh4 O2 Wfl2 Mxt6-8f1 1/3 Tpt8
II. OW Hzgd8 Violfl8 Pl4 Spillfl4 Spfl2 Sffl1 Nas3 T1 3/5 Q1 1/3 Schf4-5f 1 Kh8
III. BW Rqtt8 Gh4 Pl2 Blfl2 Tzbl3f1 Dulc16 Hzreg8
Ped. Pl16 Spgd16 O8 Gdpo8 Harfpl4 Bauernfl2 Mxt3f2 2/3 Sord32 Lbpos16 Tpt8 Schalm4
Schleifladen, mech. Traktur, el. Registratur [76)]

Frankfurt-Dornbusch, St. Albert

In diese Kirche baute J. Klais, Bonn, 1953 als op. 1028 ein Werk mit el. Kegelladen:
HW Rfl8 Weidenpf8 Pl4 Qtt4 Nh2 Mxt3-4f
Pos. Stillgd8 Blfl4 Pl2 Zbl2-3f Kh8
Ped. Sbß16 Pl8 Gd8 Chbß4 Flachfl2
NK. SbII/I 2 fr. Komb. Im Ped. sind Gd8 Chbß4 und Flachfl Weiterführungen von Sbß16 und Pl8 [77)].

Frankfurt-Dornbusch, ev.

Walcker erbaute 1930 für die Notkirche ein kleines Werk:
Pl8 Bd8 Sal8 Pl4 Sbß16 Pn. Tr.
1940 wurde das Werk erweitert:
Pl8 Gd8 Qtt8 Ggpl4 Rfl4 Nh2 Mxt4f2 2/3
II. Bd8 Sal8 Pl4 Gh4 Q3 Blfl2 T1 3/5 Zbl3f1 Ob8
Sbß16 Sanftbß16 (Abschw) Singtpt8 Chbß4 El. Tr. [78)]

Frankfurt, Dreifaltigkeit, ev.

1931 wurde von der Firma W. Ratzmann, Nachf. (Inh. A. Schmidt), Gelnhausen, eine Orgel geliefert mit der Disposition:
I. Pl8 Rfl8 Nh4 Mxt3f2 2/3
II. Sal8 Gdfl8 Pl4 Nas3 Qfl2
Sbß16 [79)]

Frankfurt-Eckenheim, ev.

Im Jahre 1900 lieferte W. Ratzmann, Gelnhausen, die Orgel:
I. Pl8 Hlfl8 Gb8 O4 Mxt3f2 2/3
II. Lbgd8 Sal8 Fldo4
Sbß16 Vlbß8 3 NK SbII/I Pneum. Tr. [80)]

---

76) Mitt. Wißmüller
77) Peine, S. 212
78) Mitt. Wißmüller
79) Arch. Ratzmann - Schmidt
80) Arch. Ratzmann - Schmidt

Frankfurt-Eckenheim, kath.

Das 1908 vom Limburger Orgelbauer C. Horn gelieferte Werk wurde durch dessen Nachfolger E. Wagenbach 1953 umdisponiert:
I. Bd16 Pl8 Hlfl8 O4 Gh4 Pl2 Mxt4f2 Tpt8
II. Lbgd8 Ggpl4 Fltr4 Q3 O2
Sbß16 Vlbß16 Plbß8 [81] Kegelladen
1960 kam das Werk nach Hartenfels [82].

Frankfurt, Englische Kirche

Im Jahre 1906 baute Steinmeyer die Orgel für die engl. Kirche:
I. Open Diapason, Hlfl8 Dulciana8 Flharm4
II. Bd16 Lbgd8 Echogb8 Vxcl8 Gh4 Ob8 Horn8
Sbß16 Vlbß16 Bd16 (II) Bßfl8 (I) Pneum. Tr. [83]

Frankfurt, Epiphaniaskirche, ev.

1956 erbaute Förster und Nicolaus, Lich, die Orgel:
I. HW Gdpo16 Pl8 Rfl8 Gh4 Blfl2 Mxt4-5f1 1/3 Tpt8
II. OW Gd8 Koppelfl4 Nas3 Pl2 Sffl1 KlZbl4f1/2 Kh8 Tr
Ped. Sbß16 Obß8 Rgd4 Nh2 Pdmxt4f2 2/3 Lblpos16 [84]

Frankfurt, Erlöserkirche, ev.

Die Orgel lieferten die Gebr. Link, Giengen, im Jahre 1914. Sie wurde 1939 klanglich umgebaut.

Disp. 1914:
HW Bd16 Pl8 Doppgd8 Portunalfl8 Sal8 (II) Gb8 O4 Rfl4 Q3 O2 Korn3-5f8(II) Mxt3-4f4 Tpt8
OW Qtt16 Flpl8 Gh8 Kztfl8 Spfl8(III) Rfl8 Sal8 Fug8 Pl4 Trfl4 Korn8 3-5f Zbl3f1 Ob8(III)
SchW. Lbgd16 Ggpl8 Spfl8 Lblgd8 Qtt8 Aeol8 Vxcl8 Fldolce4 Fug4 Picc2 Ob8
Ped. Ktbß16 Flbß16 Gdbß16 (III) Sbß16 Qbß10 2/3 Obß8 Vcl8 Chbß4 Pos16

Disp. 1939:
HW Qtt16 Pl8 Fl8 Spfl8 O4 Rfl4 Q3 O2 T1 3/5 Mxt4f1 1/3 Tpt8 Kornettzug3f:Fl8 +Q3+T1 3/5
OW Rfl8 Hzfl8 Qtt8 Pl4 Qufl4 RNas3 Spfl2 Sffl1 Zbl3f1 Kh8 Reg4 ab c^2 16

81) Peine, S. 177
82) BALbg LB
83) Mitt. Wißmüller
84) Mitt. Wißmüller

SchW. Pl8 Gd8 Gh4 Rgd4 Blfl2 Q1 1/3 Schf3-4f1 Dulc16 Sgrg8 Aeol8 Vxcl4
Ped. Ktbß16 Sbß16 Qbß10 2/3 Obß8 Gdbß8(III) O4 Pl2 Mxtbß6f4 Pos16 [85]

Frankfurt-Eschersheim, Bethlehemkirche, ev.

Das Werk erbaute Fr. Weigle, Echterdingen, im Jahre 1971.
Die Disposition:
HW Pl8 Spillpf8 O4 Rfl4 Nas3 O2 T1 3/5 Sffl1 Mxt5-6f1 1/3 Hzdulc16 Kopftpt8 Tr.
SchW. Qtt16 Sal8 Gd8 Pl4 Hzfl4 Wfl2 Q1 1/3 Schfzbl5f2/3 Mus8
Ped. Sbß16 Gh8 Dolkan4 Mxt5f2 2/3 Fag16 Pos8 Schalm4
3 NK. 2fr Pedkomb El. Spiel- und Regtr. [86]

Frankfurt-Eschersheim, Emmauskirche, ev.

Im Jahre 1909 baute W. Ratzmann, Gelnhausen, ein Werk von 8 Registern:
I. Pl8 Gb8 Fl8 O4 II. Lbgd8 Sal8 Fldo4 Sbß16 [87]

Frankfurt-Eschersheim, St. Josef, kath.

OB Späth, Fulda, erbaute den ersten Abschnitt der Orgel im Jahre 1932 mit 17 Registern. Ein zweiter fügte 1950 5 neue Stimmen hinzu und änderte 5 Register, sodaß ein Umfang von 22 Registern erreicht wurde. 1953 wurde das Werk auf 25 Register erweitert.
Im Jahre 1960 erfolgte eine Umdisposition durch Förster und Nicolaus, Lich.
Die erreichte Disposition:
HW Po16 Pl8 Gh8 O4 Rfl4 Nas3 Wfl2 Mxt4f Tpt8
SchW. Hzgd8 Suavial8 Pl4 Nh4 O2 Q1 1/3 Zink2f Schf3-4f Ob8
Ped. Plbß16 Sbß16 Obß8 Gdbß8 Chbß4 Pl2 Pos16
II/I II/I 4' I/P II/P 1 frKomb. El. -pn. Tr. [88]

Frankfurt-Eschersheim, ref.

Im Jahre 1753 reichte die Gemeinde ein Gesuch wegen Anschaffung einer Orgel an das Fürstl. Hanauische Konsistorium ein [89].
Ob der Bau zustande kam, ist nicht klar.

85) Mitt. Link
86) Prosp. Weigle
87) Arch. Ratzmann - Schmidt
88) Mitt. PfA St. Josef - Mitt. Förster und Nicolaus
89) StAMbg 83/Lade 907, 8

Im Zuge der Vereinigung der ref. und luth. Gemeinden stand die Orgel der ehem. luth. Kirche in Ginnheim zur Verfügung und wurde Eschersheim angeboten, das nur eine Kirche hatte.
Am 29.11.1824 wurde ein Gesuch wegen Überlassung der Orgel nach Eschersheim gestellt. Wegen Mangel an Kenntnissen konnte Pfarrer Jung in Ginnheim keinen Preis angeben.
Wenn auch die ehem. luth. Kirche in Ginnheim als Kirche weiter dienen sollte, wollte man doch die Orgel der ref. Kirche übernehmen und die luth. Orgel verkaufen, berichtete Pfarrer Jung an das Konsistorium am 3.11.1826.
Der Wert der Orgel wurde jetzt auf 200 fl. festgelegt, die Kosten der Versetzung auf 50 fl.
Eschersheim zeigte zunächst wenig Interesse an der Orgel.
Eine Gemeinde im Homburgischen hatte sich um eine Orgel bemüht, aber mittlerweilen eine erhalten. Es wurde daraufhin eine Versteigerung in Ginnheim empfohlen. Eine Schätzung erfolgte durch OB W. Storck: Abbruch in Ginnheim, Aufbau in Eschersheim, Reparatur von Pfeifen und Windlade samt Regierwerk 50 fl.
Pfarrer Schlée von Eschersheim bemängelte am 6.10.1826, daß die Orgel kein Pedal und zu wenig Register habe.
Mittlerweilen bewarb sich auch Schönberg. Eschersheim war der Preis zu hoch. Nach diesem langen Handeln wurde die Orgel endlich für 160 fl. nach Eschersheim verkauft. Der Vertrag wurde vom Konsistorium am 23.6.1829 genehmigt [90].
1847 am 25.10. wurde ein Antrag wegen Reparatur an das Konsistorium gerichtet [91].
Im Jahre 1960/61 bauten die Gebr. Oberlinger, Windesheim, eine neue Orgel mit folgenden Stimmen:

HW Po16 Pl8 Rfl8 O4 Klgd4 Blfl2 Mxt6-8f1 1/3 Flgl2f2+1 Fag16 Tpt8
Pos. Gd8 Pl4 Koppelfl4 O2 Q1 1/3 Sffl1 Zbl4f1/2 Vxhm8 Tr
III. Gbgd8 Spgb8 Pl4 Rfl4 Nas3 Spfl2 T1 3/5 Schf5f 1 Schalm16 Kh8 Tr
Ped. Plbß16 Sbß16 Obß8 Spfl8 Rgd4 Nh2 Mxtbß2 Pos16 Klarine4 Schlfl mech. Tr. 4 NK [92]

Frankfurt-Fechenheim, ev.

Von einer Orgel ist im Jahre 1744 die Rede. Man richtete ein Gesuch an das Fürstl. Hanauische Konsistorium, die Orgel aus dem Chor versetzen zu dürfen, um mehr Platz zu gewinnen [93].
1791 wurde ein neues Instrument angeschafft, nach dem Bericht des Pfarrers an das ref. Konsistorium, vom 13.3.1791:
"Es hat die ref. Gemeinde Fechenheim, weilen die alte kleine Orgel gantz unbrauchbar geworden und an Reparatur nicht zu gedenken, wei-

90) ZALKHN 22 Anh. /122
91) ZALKHN 22 Anh. /121
92) Mitt. Oberlinger
93) StAMbg 83, 854,3

len man nicht wißen konnte, wie sie ausfallen würde und gefordert wurde, eine andere angeschaffet, so sehr gut ausgefallen. Bitte um Genehmigung die alte unbrauchbare Orgel zu verkaufen um bequemer zu der neuen die Bezahlung auszumachen."
Am 23.11.1791 wurde nochmals vom Pfarrer berichtet, daß nach der Anschaffung der neuen Orgel die alte in das Schulhaus gestellt wurde und man sie verkaufen wolle, da sie durch langes Stehen zugrunde gehen würde.
Am 27.6.1792 schreibt der Pfarrer, daß die Orgel der alten ref. Kirche schon 4-5 Jahre bei der Ww. Kühnin stehe und diese den Platz haben wolle.
Nach dem Bericht vom 19.7.1792 wurde die Orgel von Mitgliedern der ref. Gemeinde für 450 fl. angekauft [94].
Am 7.4.1801 wird berichtet, daß Philippseich eine Deputation zur Besichtigung geschickt, der Verkauf der Orgel wurde für 375 fl am 17.5.1802 genehmigt.
Am 28.4.1843 stellt Jul. André fest, daß die Orgel sich in einem "erbärmlichen Zustand" befinde. Superintendent Eberhard bemerkt am 2.2.1845, daß nur noch 2 Register spielbar sind und beantragt eine Reparatur, die aber nach Gutachten André unmöglich sei. Man beschloß einen Neubau.
Am 28.6.1846 wird berichtet, daß sich der Orgelbauer Helbig, Hanau, mit einem Plan beworben habe und er fährt fort: "Da diese Orgel mein erstes Werk ist, so würde ich alles aufbieten, daß ich Ehre und Ruhm davon hätte. Ich erfahre aber, daß Herr Pfarrer Pernaut beabsichtigt, dieses Orgelwerk von einem ausländischen Orgelbauer machen zu lassen".
Der Pfarrer stellt am 6.7.1846 fest, daß der Plan von Walcker von den Sachverständigen bestens empfohlen wird.
Auf die Bitte Helbigs hin wird am 5.8.1846 von Fechenheim empfohlen, er solle zunächst eine Orgel bauen und sie dann prüfen lassen, da ja mehrere Orgeln in der Gegend gesucht würden.
Am 10.9.1846 wird auch ein Plan des bekannten Heilbronner Orgelbauers Schaefer eingereicht.
Endlich wird am 14.9.1847 mitgeteilt, daß die Gemeinde die Orgel angekauft habe gegen Überlassung der alten. Diese Orgel sei seinerzeit durch Organist Cassian für Preungesheim geprüft und gut befunden worden. Um 3 neue Register solle das obere Manual vermehrt werden.
Zum Anschluß teilt der Pfarrer mit, daß die von der bürgerlichen Gemeinde gekaufte Orgel der Kirche überlassen würde.
1861, am 5.1., urteilt Helbig, daß die Orgel einer Reparatur bedürfe [95]. Möglicherweise ist dieses die Orgel, die nach Peine 1844 von dem Begründer der Firma Ratzmann erbaut wurde [95a].
Wißmüller setzt, wohl gestützt auf die Fragebogen 1944, das Jahr 1880 an [96]. Das Werkverzeichnis Ratzmann-Schmidt gibt 1878 an. Dem-

94) ZALKHN 22 Anh. /148
95) ZALKHN 22 Anh. /148
95a) Peine, S. 173

nach wäre es nicht mehr der Bau von 1844, es sei denn, daß das Gehäuse übernommen wurde. Daß ein Neubau geplant wurde, geht aus dem Vorschlag hervor, den G. Förster, Lich, am 12. 6. 1874 eingereicht hatte:

I. Qtt16 Pl8 Hlfl8 Gb8 Bd8 Fld4 O4 O2 Mxt4f3
II. Flambl8 Dolce8 Flgd4
Ped. Plbß16 als Transm. Qtt16 Vcl8 Fl8 O4 [97]

Die Disposition heute:
I. Bd16 Pl8 O4 Hlfl8 Fl4 Q3 Gb8 Mxt2-4f3
II. Lbgd8 Ggpl8 Dolce8 Sal8 Fl4 Klar8
Ped. Sbß16 Plbß8 Vl8 Mech. Kegell. 1963 Umbau Schmidt [98]

Frankfurt-Fechenheim, ev. Kirchensaal

1959/60 lieferte Walcker eine Orgel [99].

Frankfurt, Fechenheim, kath.

Für die 1896 konsekrierte Kirche erbaute OB Voit, Durlach, ein neues Werk:
I. Bd16 Pl8 Gb8 Fl8 Gd8 O4 Rfl4 Mxt2 2/3
II. Pl8 Sal8 Gd8 Aeol8 Vxcl8 Trfl4 Dolce4
Sbß16 Vlbß16 Obß8 [1]

Frankfurt, Französisch-Reformierte Gemeinde

Nach der Genehmigung des Rates vom Jahre 1787, sich auch in der Stadt niederlassen zu können, wurde die neue Kirche in Frankfurt - vordem war man in Bockenheim, s. d. - am 16. 9. 1792 eingeweiht [2]. Nach der Frankfurter Zeitschrift Didaskalia erbauten die Gebr. Stumm, wie für die deutsch-ref. Gemeinde auch für die französische Gemeinde eine neue Orgel. Die Orgel war von Bockenheim nicht übernommen, sondern nach Diedenbergen verkauft [3].
Im Jahre 1859 erbaute Walcker eine neue Orgel, deren Gehäuse wohl das der Abbildung in Wolff BDkm ist [4]. Es ist allerdings auffallend, daß nach so kurzer Zeit eine neue Orgel aufgestellt wurde. Möglicherweise wurde das Gehäuse von Stumm nach gelieferten Zeichnungen aus Frankfurt schon in diesen klassizistischen Formen gearbeitet [5].

96) FBHN44
97) Arch. Förster und Nicolaus, Gießen, Synagoge
98) Peine, S. 173
99) WWV
1) FBLbg 1943, HBLbg56
2) Peine, S. 57, Anm. 132. - Wolff-Jung, BDkm, S. 304f.
3) s. Bockenheim, Diedenbergen
4) Wolff-Jung, BDkm Fig. 297. Es entspricht in etwa dem Gehäuse der Paulskirche desselben Meisters. Wolff, BDkm Fig. 289
5) Bösken, Stumm, Nr. 86

Die Disposition der Walckerorgel von 1859:
Pl8 Hlfl8 Gb8 Qtt8 O4 Fl4 Sal4 Q3 O2 Mxt4f2 Tpto
II. Pl8 Bd8 Dolce8 Fl8 Aeol8 O4 Vxhm8
Sbß16 Vlbß16 Pos16 Mech. Traktur [6]

Frankfurt, Frauenfriedenskirche, kath.

Im Jahre 1929 erbaute Gebr. Späth als op. 380 folgenden Teilbau mit el. Tr.:
I. Grpl16 Pl8 Tibia8 Gb8 Gh8 Dolce8 Vxcl8 Grgd8 O4 Rfl4 O2 Corn3-5f Mxt4-6f Fag16 Tuba8 Clair4
II. Bd16 Ggpl8 Jubfl8 Sal8 Undmar8 Fug4 Picc2 Mxt3-5f Tpt8 Tr
Plbß16 Ctrbß16 Sbß16 Ztbß16 Obß8 Pos16
NK Sb Sp. II ist als Schwellwerk gebaut [7].
Im Zweiten Weltkrieg hat die nicht voll ausgebaute Orgel sehr gelitten [8].

Frankfurt, Freie Ev. Gemeinde

Im Jahre 1957 baute Walcker ein Werk von 7 Registern [9].

Frankfurt, Freikirche, ev.-luth.

1938 wurde eine Multiplexorgel angeschafft. Es handelt sich um 2 Register mit 15 Abzügen:
I. Gd8 Gh8 Fl4 Nas3 Nh2
II. Bd16 (akust) Fl8 Pr4 Trfl4 Picc2 Q1 1/3
Sbß16 Bd8 Chbß4 Bauernfl2 [10]
Im Januar 1944 zerstört.

Frankfurt, Friedenskirche, ev.

Im Herbst 1927 vollendete Fr. Weigle folgendes Werk:
I. Grgd16 Pl8 Sergd8 Gb8 Floct8 Dulciana8 Rfl4 Mxt5f2 2/3 Corn4f8 Tpt8
II. Viola8 Bd8 Qtt8 Spfl8 Pl4 Gh4 Rfl2 O2 Schf3f1 Rank16 Kh8 Tr
III. Gd16 Ggpl8 Rfl8 Sal8 Lbgd8 Aeol8 Vxcl8 Viol4 Qfl4 Dolce4 Q3 Picc2 T1 3/5 Sffl1 Zbl3f 1/2 Dulc16 Ob8 Reg4
Plbß16 Sbß16 Harmonikabß16 Ztbß16 Obß8 Gdbß8(Tr) Vcl8(Tr) Chbß4 Pedmxt5f2 2/3 Sord32 Pos16 Dulc16(Tr) Ob8(Tr) Reg4(Tr) Pn. Tr. [11]

---

6) WWV - Mitt. Wißmüller
7) Mitt. Späth
8) Peine, S. 210
9) WWV
10) Mitt. Wißmüller
11) WWerkbl. - Mitt. Wißmüller

Im Jahre 1953 erbaute Fr. Euler, Hofgeismar, ein neues Werk nach der Disposition von H. Walcha:
HW Qtt16 Pl8 Rfl8 O4 Nh4 Q3 O2 Blfl2 Mxt4-6f1 1/3 Tpt8
OW Hzgd8 Spfl8 Pl4 Rfl4 Nas3 Wfl2 Sffl1 Zbl3f 1/2 HzKh8
BW Gd8 Qtt8 Koppelfl4 Pl2 Q1 1/3 Schf4f1 Rank16 Rg8 Tr
Ped. Pl16 Sbß16 Obß8 Bßfl8 Rfl4 Chbß4 Nh2 Rschpf6f2 2/3 Pos16 Schalm4
5 NK Taschenladen, el.Tr. 12)

Frankfurt, Friedhof

In der neuen Friedhofskapelle steht ein Werk von Walcker aus dem Jahre 1911 mit folgender Disposition:
I. Pl8 Bd8 Gh8 Dolce8 O4
II. Lgbd16 Flharm8 Sal8 Vxcl8 Rfl4
Ped. Sbß16 Gdbß16 Vcl8 13)
Für den Waldfriedhof baute Walcker 1937 ein Werk mit 14 Registern 14).

Frankfurt, St. Galluskirche, kath.

Im Jahre 1957 baute Walcker als op. 3501 folgendes Werk:
I. Gdpo16 Pl8 Rgd8 O4 Blfl4 Nas3 Feldfl2 Mxt6f Tpt8
II. SchW Sggd8 Qtt8 Itpl4 Rfl4 Pl2 Q1 1/3 Sesqu2f Schf4f Kh8 Tr
Ped. Plbß16 Sbß16 Obß8 Gdbß8 Rfl4 Chbß4 Nh2 HS4f2 2/3 Pos16 Clar4
NK SpI/P 3fr.Kb. 15)

Frankfurt, Gerichtsgefängnis

Im Jahre 1905 lieferte Walcker ein Werk von 5 Registern 16).

Frankfurt-Ginnheim, ev.

In Ginnheim gab es eine lutherische und eine reformierte Kirche. In beiden Kirchen stand eine Orgel, wie aus den Verhandlungen zu ersehen ist, die bei der Vereinigung beider Kirchen gepflogen wurden. Die ref. Kirche wurde zunächst als künftige gemeinschaftliche Kirche bestimmt, man zog aber doch die luth. vor 17).
Reformierte Kirchenorgel: Am 18. 10. 1784 wurde an das Ref. Konsistorium berichtet: "Es ist die Orgel in der Ginnheimer Kirche einer

12) Mitt. Wißmüller
13) Mitt. Walcker
14) WWV
15) Mitt. Walcker
16) WWV
17) ZALKHN 22 Anh. 122 Verhandlungen wegen der Vereinigung 1818.

Ausbesserung sehr benöthigt. Nicht nur fehlt der Ton häufig, so daß man leicht gewahr wird, es müßte solcher, wenn alles in gutem Stand wäre, ungleich besser und stärker lauten." Joh. Conrad Bürgy machte einen Voranschlag: "Verzeichnis derer Arbeit, welche an der Orgel in der Ev. ref. Kirche in Ginnheim gemacht werden müßte." Der Hauptfehler liege in den 2 Blasbälgen, wo der eine dem anderen den Wind abzieht. Ein Drittel der Pfeifen klingen nicht. Fehler in der Registratur und Traktur müssen repariert werden. Als Preis wurde 18 fl. angesetzt.

Die Orgel war von der Gemeinde angekauft, Ausbesserungskosten müssen vom Kirchenbau getragen werden. Bericht vom 10. 1. 1785

Der Bericht an das Konsistorium vom 24. 4.1785 gibt noch näher an, daß die Gemeinde die Orgel "vor etlich und dreißig Jahren aus ihren eigenen Mittel angeschafft." Also stammt das Werk etwa aus dem Jahre 1750 [18].

Auf diese Reparatur bezieht sich auch die Bemerkung über Bürgy, die am 11. 11. 1788 der Pfarrer von Bieber an das Konsistorium richtet anläßlich von Verhandlungen wegen einer Orgel in der dortigen luth. Kirche. Er schrieb, daß er den Vater Bürgy "schon lange von Ginnheim als besonders fromm und redlich" kenne [19].

Am 9. 3. 1826 beschloß die Gemeinde, daß die Orgel der ref. Kirche in die jetzt gemeinsam benutzte luth. Kirche übertragen werden solle, wenngleich "die Orgel in der bisherigen luth. nun verbleibenden ev. Kirche noch ganz brauchbar ist." Jedoch solle die "bessere aus der ehem.ref. Kirche" versetzt werden, weil "es nicht allein der ganzen vereinten Gemeinde höchst erwünscht sein wird, sondern auch nach Erkenntnis Sachverständiger diese Orgel recht gut in diese Kirche passen wird [20].

1829 wurde die Orgel übertragen. Bei dieser Gelegenheit hatte man die Bälge, entgegen der früheren Aufstellung, nicht auf den Kirchenboden gelegt sondern neben die Orgel, sodaß wenig Platz blieb. Dieses war entgegen dem Rat des OB W.Storck von Friedrichsdorf geschehen, lt. Bericht vom 27. 8. 1834.

Am 5. 5. 1841 wurde berichtet, daß der Hanauer Meister Degenhardt die Orgel untersuchen solle. Er reicht einen Vorschlag über 22 fl ein.

Am 29. 4. 1867 wird ein Reparaturvorschlag von Ratzmann, Gelnhausen, vorgelegt, am 9.3.1868 ein weiterer Voranschlag von Fickler und Ratzmann beurteilt. Fickler ist unbekannt.

Aus dem Voranschlag von Ratzmann vom 24. 2. 1868 ist die alte Disposition zu entnehmen:

1. Principal 4' Prospekt von Bleizucker zerfressen, neu 141.60fl.
2. Lieblich Gedackt 8' fehlen einige Pfeifen, neu
3. Gedackt 8'
4. Gemshorn 8' fehlt die tiefe Oktav, muß angefertigt werden von Zinn 15 fl.

---

18) ZALKHN 22 Anh. 177
19) StAMbg 315g III, 12
20) ZALKHN 22 Anh. 122

5. Gedackt 4'
6. Flöte 4'
7. Octav 2'
8. Octav 1'
9. Sesquialter — statt 8 und 9 Viola die Gamba 8' tiefe Octav gedackt 75 fl.
10. Quint 3'
11. Mixtur 1' 3fach
12. Oktavbaß 8' fehlt Subbaß 16', neue Baßwindlade 190 fl.

Die Baßlade soll als Schleiflade, nicht als Kegellade gebaut werden. Die Gesamtkosten würden 340 fl. betragen.
Diese Disposition wurde von K. Davin, Kgl. ev. Konsistorium und Musiklehrer in Schlüchtern begutachtet.
Ein Vertrag wurde am 24.2.1868 mit Ratzmann eingegangen und noch ein neues Manualklavier und ein zweioktaviges Pedalklavier zugefügt.
Am 18.9.1901 berichtet der Metropolitan Strobel, Frankfurt-Bockenheim, daß die Orgel alt und defekt sei. Der Orgelbauer komme nicht auf Einladung. Eine neue wurde geplant.
Nach Bericht vom 16.5.1902 setzte man sich mit Ratzmann, Gelnhausen und Raßmann, Möttau in Verbindung.
Ratzmann war zu teuer, die Disposition von Raßmann wurde genehmigt und ein Vertrag in Höhe von 3075 Mk. abgeschlossen, der am 5.6.1902 von Kassel genehmigt wurde [21].
Die lutherische Kirchenorgel wurde laut Bericht an das Konsistorium vom 23.6.1829 für 160 fl. an die reformierte Gemeinde in Eschersheim verkauft. s.d. [22].
Die heutige Orgel von G. Raßmann, Möttau:
I. Pl8 Gb8 Hlfl8 O4 Corn2f3
II. Gd8 Sal8 Fltr4
Ped. Sbß16 Obß8 Mech.Tr. [23].
1858/59 baute Walcker ein neues Werk von 9 Registern, das im Jahre 1963 von OB Schmidt, Gelnhausen, erweitert wurde [24].

Frankfurt-Ginnheim, Hl. Familie, kath.

Im Jahre 1933 wurde die Orgel, die Gebr. Voigt, Igstadt, für die Frankfurter Loge 1910 gebaut hatte, an diese Kirche verkauft.
Sie hat mech. Traktur und folgende Stimmen:
I. Pl8 Fl8 Gb8 Dolce8 O4 Fltr4
II. Gd8 Sal8 Harm4
Subß16 [25].
Als Op. 1369 erbaute J. Klais, Bonn, 1967 folgendes neue Werk:
HW Pl8 Rgd8 O4 Hztraverse4 Nas3 Doubl2 T1 3/5 Siffl1 Mxt4f Tpt8 Tr.

21) ZALKHN 22 Anh. 177
22) ZALKHN 22 Anh. 122
23) FBHN44
24) WWV - Mitt. Schmidt
25) Peine, S. 177

SchwW. Hzgd8 Spillfl4 Pl2 Lrgtl 1/3 Zbl3f Rank16 Kh8 Tr
Ped. Sbß16 Obß8 Qtt8 HzO4 Rschpf3f Pos16
Mech. Tr. NK. 2fr. Komb. 26)

Frankfurt, Gnadenkirche, ref. (im Günthersburg-Park)

Im Jahre 1951 lieferte Walcker ein Werk von 15 Registern:
I. Pl8 Hzfl8 O4 Flachfl2 Mxt4-5f
II. RP Hzgd8 Pl4 Rfl4 O2 Zbl2 Kh8 Tr.
Ped. Sbß16 Obß8 Gdbß8 Qtt4 27)

Frankfurt-Goldstein, St. Johannes, kath.

1970 baute Förster und Nicolaus, Lich, für diese Kirche das folgende Werk:
I. HW Gdpo16 Pl8 Koppelfl8 O4 Grobfl4 Blfl2 Q1 1/3 Mxt5f Tpt8
II. SchwW. Hzgd8 Gh8 Pl4 Rfl4 Nas3 O2 T1 3/5 Sffl1 Zbl3f Schalm8 Tr.
Ped. Plbß16 Sbß16 Obß8 Gdbß8 Qtt4 Rschpf4f Pos16 Clar4
NK 2fr. Vorbereitungen. Schfl. mech. Tr. el. Reg. 28)

Frankfurt-Griesheim, ev.

Im Jahre 1829 wurde eine Simultankirche vollendet, nachdem 1803 der ev. Gottesdienst nach Aufhebung der Mainzer Herrschaft genehmigt war 29).
Die ev. Gemeinde ließ durch OB Embach im Jahre 1866 ein Werk von 10 Registern bauen, das am 1. 8. 1866 geliefert werden sollte 30). Das Werk hatte sich nicht bewährt. Ein Bericht vom 4.7.1908 lautet: "Die vor 35 Jahren von einem ganz berufsunfähigen Orgelbauer zum Schaden der Gemeinde erbaute Orgel ist jetzt in schlechtem Zustand". Es wurde geraten, eine neue Orgel anzuschaffen. Empfohlen wurde OB Bechstein, der in Okriftel und in der Stadtkirche von Groß-Umstadt gebaut hatte. Gemäß Bericht des Kirchenvorstands vom 31. 5. 1912 will man Bechstein beauftragen. Dieser habe zuletzt in Guntersblum gebaut 31).
Am 22. 10. 1912 bot man die alte Orgel der Gemeinde Ballersbach zum Kauf an. Ballersbach meldete sich, man teilte mit, daß das Werk 44 Jahre alt sei (1868) und auf 1300 Mk. taxiert wurde. Am 23. 11. 1912 wurde der Verkauf genehmigt 32).

---

26) Abendmusikprogramm 2. 9. 1967
27) Mitt. Walcker
28) Prospekt Förster und Nicolaus
29) Die ev. Kirche zu Griesheim, Alt Nassau Jg19 (1915) Nr. 9, S. 33
30) J. Brumm, Geschichte der Gemeinde Griesheim, 1922, S. 216
31) s. Bösken, Quellen und Forschungen Bd. 1, S. 341
32) ZALKHN 1/2516

Der Neubau durch Bechstein wurde von Julius Peter, Org. an St. Peter in Frankfurt, laut Bericht vom 11. 12. 1912 abgenommen.
Die Disposition:
I. Bd8 Pl8 Fl8 Gb8 Dolce8 O4 Rfl4 Mxt2-3f2 2/3
II. Ggpl8 Sal8 Lbgd8 Fldolc4 Aeol8 Schwig2 (später ersetzt?)
Ped. Sbß16 Vlbß16 Vcl8 Pianobaß16 (Abschw. Sbß) Pneum. Tr. [33]
1951 lieferte P. Sattel, Speyer, ein Werk:
I. Pl8 Qtt8 O4 Nh4 Blfl2 Mxt3f1 1/3 Tpt8
II. Bd8 Rfl4 O2 Sesq2f Kh8 Tr
Sbß16 Obß8 Chbß4 Pos16 El. Taschenladen [34]
Nach dem WV von 1955 lieferte Walcker ein Werk von 8 Registern.

Frankfurt-Griesheim, kath.

1904 baute Chr. Gerhardt, Boppard, eine Orgel von 21 Registern, die 1945 zerstört wurde [35].

Frankfurt, Gutleutgemeinde

In dieser Kirche steht eine Orgel von Walcker, ursprünglich als Ausstellungsstück erbaut, später von der Gemeinde erworben.
HW Rfl8 Pl4 Flachfl2 Mxt3-4f
OW Gd8 Nh4 Pl2 Sffl1 Reg8
Sbß16 Qtt4 NK. [36]

Frankfurt, Handwerkerhaus

Förster und Nicolaus lieferte eine Orgel, die am 29. 1. 1929 abgenommen wurde [37].

Frankfurt-Hausen, ev.

Die Orgel baute Gustav Raßmann, Möttau, mit 9 Registern:
Pl8 Sal8 Gd8 Aeol8 O4 Fl4 Doubl2 2/3 mech. Tr. [38]

Frankfurt-Hausen, St. Anna, kath.

Die Gemeinde besitzt ein Pedalharmonium [39].

---

33) Mitt. Wißmüller
34) Mitt. Wißmüller
35) Walter, ZfI 1904/05, S. 301
36) Peine, S. 205. WWV gibt an 1958 und 12 Register.
37) Arch. Förster und Nicolaus
38) Mitt. Wißmüller
39) BALbg LB 63

Frankfurt-Hausen, St. Raphael, kath.

Nach WWV wurde 1948 eine Kleinorgel geliefert [40].

Frankfurt-Heddernheim, Thomaskirche, ev.

Im Jahre 1901 erstellte Walcker ein Werk von 23 Registern, verteilt auf zwei Manuale und Pedal [41].
Diese wurde 1938 von H. Eule, Bautzen, umgebaut:
I. Bd16 Pl8 Grgd8 O4 Rfl4 Q3 O2 Mxt4f1 1/3 Tpt8
II. Offl8 Sal8 Itpl4 Qfl4 Blfl2 Q1 1/3 Sffl1 Zbl3f 1/2 Kh8
Ped. Plbß16 Sbß16 Obß8 Pos16 Chbß4 Pn. Tr. [42].
1953 erbaute Förster und Nicolaus die neue Orgel:
I. Pl8 Rfl8 Spfl4 O4 Blfl2 Sesq2f Mxt4-5f1 1/3 Tpt8
OW Hzgd8 Qtt8 Rfl4 Pl2 Sffl1 Zbl4f 1/2 Kh8 Tr
Us16 Obß8 Pedmxt4f2 2/3 Lblpos16 Klar4
Kegellade, elpn. Tr. [43]

Frankfurt-Heddernheim, Chapel

Walcker baute 1952 eine Kleinorgel von 4 Registern [44].

Frankfurt-Heddernheim, kath.

1894 baute Walcker ein Werk von 23 Registern [45].

Frankfurt, Heilig-Geist-Spital

Im Jahre 1450 wird vom Abbruch einer Orgel berichtet, sie ist somit schon zu diesem frühen Zeitpunkt erwähnt [46].
1636 Für das Jahr 1636 berichtet Lersner "Die Orgel und Lettner hierinnen erbaut" [47].
1685 Bei der Wiederherstellung im Jahre 1685 bekam die Kirche auch eine neue Orgel für 350 fl. [48]. Sie wurde durch den Orgelmacher Nicolaus Oberländer erbaut [49].
1763 Nachdem die Kirche 1759 den französischen Truppen als Maga-

---

40) HBLbg56 Kleinorgel
41) WWV - ZALKHN 1/2546, Inventar 1912.
42) Mitt. Wißmüller
43) Mitt. Wißmüller
44) WWV
45) WWV - Walter, ZfI Jg1904/05 S. 301
46) Wolff - Jung, BDkm, S. 349 - Peine, S. 75 erwähnt sie um 1620.
47) Wolff - Jung, BDkmI, S. 350 nach Lersner TI, Buch II, Cap. XXII
48) Wolff - Jung, S. 350 - Peine, S. 83
49) StAMbg 315g III, 14. Laut Schreiben Oberländers vom 3. 8. 1687 hat er in der Frankfurter Spitalskirche ein "neues Orgelwerk verfertigt".

zin eingeräumt worden war, wurde sie 1762 zurückgegeben und 1763 die Orgel wieder instandgesetzt [50].
1826 Wurde die letzte Orgel gebaut, die später in die Nicolai-Kirche überführt wurde, da 1840 die Kirche am 20. 2. zum Abbruch versteigert wurde. 1839 wurde das neue Hospital in der Langstraße bezogen [51].
In das neue Hospital baute Walcker 1865 eine Orgel von 8 Registern:
I. Pl8 Gb8 Gd8 Dolce8 Fug4 Fl4
Ped. Sbß16 Vcl8 [52]

Frankfurt-Höchst, ev.

Im Jahre 1883 bauten Gebr. Voigt, Igstadt, eine neue Orgel von 25 Registern [53].
Sie wurde im Jahre 1915 durch Walcker umgebaut und auf 32 Register erweitert:
I. Qtt16 Pl8 Gd8 Gb8 Gh8 Dolce8 O4 Fl4 Rschq2f2 2/3+2 Mxt4f1 1/3 Tpt8
II. Bd16 Ggpl8 Sal8 Lbgd8 Hlfl8 Aeol8 Vxcl8 Vl4 Fug4 Flambl4 Fltino2 Sesq Harmaeth4f2 Echotpt8 Physharm8
Sbß16 Gdbß8 Vlbß16 Qbß10 2/3 Obß8 Pos16 Pn.Tr. [54]

Frankfurt-Höchst, Bolongaro-Palais

Für die ev. Kapelle im Bolongaro-Palais stiftete Prinzessin Marianne der Niederlande eine Orgel, die von Organist Graeb nach dessen Bericht vom 3. 6. 1908 geprüft wurde [55].

Frankfurt-Höchst, St.Josef, kath.

Die neue kath. Kirche wurde im Jahre 1909 eingeweiht.
Die damalige Orgel wurde im Jahre 1927 durch Walcker umgebaut und erweitert:
I. Pl16 Pl8 Dppfl8 Gh8 Gd8 O4 Blfl4 Pl2 Rschq2f Mxt3-4f Tpt8
II. Bd16 Pl8 Rfl8 Kztfl8 Sal8 O4 Fldo4 Vl2 Mxt3f Klar8
III. Lbgd16 Bdfl8 Lbgd8 Pl4 Trfl4 Fltino2 Q1 1/3 O1 Ob8
Ped. Plbß16 Vlbß16 Sbß16 Gdbß16 Obß8 Gdbß8 Chbß4 Pos16 Tpt8 [56]

---

50) Wolff - Jung, S. 350
51) Wolff - Jung, S. 351
52) Mitt. Walcker
53) ZALKHN 1/2536, Inv. 1913.
54) FBHN44 - WWV
55) ZALKHN 1/2536
56) Eig. Aufn.

Frankfurt-Höchst, St. Justin, kath.

Diese Kirche, die als Kern einen der ältesten deutschen Kirchenbauten enthält, diente ab 1441 dem Antoniterkloster als Kirche und wurde nach der Säkularisation von 1802 an kath. Pfarrkirche [57].
Die Klosterrechnungen berichten ab 1630 von der Orgel.
1630: "Item vor ein new Reall ihn die Kyrch 14 Rthl facit 21 fl.
Ab 1648 wurden regelmäßig als Gehalt für den Organisten 5 fl. und 4 Achtel Korn ausgegeben. Später, so 1660 werden 25 fl., 9 Malter Korn und 2 Ohm Bier bezahlt."
1661: "21. 9. Zur Reparation der Orgel des Antoniterklosters alhiero geben und zahle benebens der Kost vom 22. Augosto an biß den 21. 9. sampt Jungen an Gelt 12 fl. 25 alb.
Die Herrn und Bürgerschaft 17 fl. 5 alb. thut zusammen 30 fl. beneben 1 Malter Korn so daß Closter geben. Darbeneben das Closter dem Jungen verehrt 15 alb.
Vor Kohlen, Leim, Nägel etc. 16 alb. ohn waß Schlosser, Schreiner etc. gemacht, so in ihren Außzügen. Summa 15 fl. 17 alb." Den Materialien nach scheint es sich um eine Balgreparatur gehandelt zu haben.
1733 Orgel durch Conventualen Mulch geschlagen.
"Item dem Orgelmacher umb die Orgel zu stimmen und repariren zu lassen geben auf Abschlag 2 fl."
1735 "Für Stangen, Draht die Orgel damit zu bewahren daß das Ungezieffer nit hinein komme 2 fl. 40 alb."
1735 "Item dem Orgelmacher die Orgel wieder zu repariren so von dem Ungezieffer verdorben geben 30 fl." Es waren Ratten, die vornehmlich die Bälgen, aber auch gelegentlich die Metallpfeifen annagten.
1736 In diesem Jahre begann man mit dem Neubau einer Orgel, worüber die folgenden Posten berichten:

1736	"Zur newen Orgel 5 Boden Dannenholz gekauft	64 fl. 3o xr.
1737	"Dem Schlosser zu Maintz wegen der newen Orgel	34 " 42 "
	Item dem Orgelmacher H. Onimus uff Abschlag seiner Orgelarbeit geben	300 fl. - xr.
	Dem Schreiner zu Maintz Meister Weiser für das Geheuß von der Orgel zu machen	200 " - "
	Dem Bildhauer zu Maintz, H. Voßbach für die Bildhauerarbeit	200 " - "
	Dem Zimmermeister zu Maintz Meister Mulch daß Toxal zu verfertigen	37 " - "
	Summa	737 fl. - xr.
1738	Dem Schlosser zu Maintz, so ihm der Orgelmacher avancirt geben	7 fl. 30 xr.
	Dem Orgelmacher Onimus zu Maintz dieses Jahr wieder abschläglich bezahlt	500 " - "

57) Dekio-Backes, Hessen, S. 409f.

1739 Orgelmacher Rest wegen Verfertigung der newen Orgel geben	200 " - "
1740 Dem H. Onimo für ausgelegtes Geld dem Schlosser zu Maintz	7 " - "
Item demselben sein Rest zur newen Orgel zahlt	10 " - " 58).

Ein Vertrag ist nicht erhalten, die Disposition ist aus einem späteren Reparaturvorschlag von B. Dreymann zu entnehmen. Über das weitere Schicksal wird am 5.5.1827 von der Regierung in Wiesbaden berichtet, daß die Orgel einer Reparatur bedarf und die jährliche Unterhaltung vergeben werden solle. Schöler, Bad Ems, war vorgesehen, aber wegen der Orgelangelegenheit in Geisenheim waren Bedenken aufgetreten. Die Regierung empfiehlt die Einheimischen Raßmann und Embach, Rauenthal 59).

Am 16.11.1832 stellt der Orgelbauer B. Dreymann einen Kostenvoranschlag auf, der wegen der näheren Beschreibung des heute nur noch als Gehäuse vorhandenen Werkes von Onimus von Bedeutung ist 60).

a. Manual

1. Principal 8' von Zinn
2. Salicional 8' dto
3. Viola di Gamba 8' "
4. Großgedackt 8' "
5. Oktav 4' "
6. Floete 4' Holz
7. Quinta 3' Zinn
8. Quintflöte 3' "
9. Superoktav 2' "
10. Flageolet 2' "
11. Quinte 1 1/2 "
12. Sesquialter 2f 1/2
13. Mixtur 3fach 1'
14. Trompete 8'

b. Positiv

15. Principal 4' Zinn
16. Großgedackt 8'
17. Waldflöte 4'
18. Octav 2'
19. Waldflöte 2'
20. Quinta 1 1/3'
21. Cornett Discant 3fach
22. Mixtur 1' 3fach
23. Vox humana 8'

Pedal

24. Principalbaß 8' Holz
25. Violonbaß 16'
26. Violonbaß 8'
27. Mixturbaß 1' 3fach

"Dieses Orgelwerk habe ich 1823 ausgeputzt und überarbeitet."
Er hatte versprochen für alle Fehler zu haften, falls man sie ihm in Jahrbestand geben würde. Da man dieses nicht tat, haftet er nicht mehr.

Es hat sich gezeigt, daß vor allem das Positiv bei feuchtem Wetter unbrauchbar wird. Für Zerlegen und Ausputzen fordert Dreymann 120 fl. für eine neue Positivmechanik 40 fl. Er empfiehlt eine Dispositionsänderung im Hauptwerk: "Da es im Manual an tiefe und kräftige Register mangelt, so wäre es zweckmäßig an Stelle der Flöte 4' in Holz ein neues Bordun 16' in Holz vom kleinen c anfangent bis c3 gemacht würde, für die letzte Octav des Bordun ist kein Platz auf der Lade. Diese kann entbehrt werden, da im Pedal eine Stimme von 16' vorhanden ist. 75 fl.

58) HStAWsb Abt. 35, Rechn.
59) HStAWsb 405/13263
60) Aus der selben Zeit stammt die Orgel von Onimus in Kloster Ilbenstadt, s.d.

Die Quintflöte 3' im Manual ist auch ein Register was ganz entbehrlich ist, weil noch Quint 3' vorhanden ist, kann ein Kleingedackt 4' angeschafft werden, weil es im Manual an einer gedackte Stimme von 4' mangelt.
Der Cornett im Positiv ist ebenfalls entbehrlich, weil eine Mixtur vorhanden ist, statt dessen eine Flöte 4' von Holz aus dem Manual 20 fl.
Vox humana sehr schlecht, statt dessen neues Crumhorn 8' 100 fl."
Da die Klaviatur verschlissen war, wurde eine neue von C-f3 nebst Kopplung empfohlen. 65 fl.
Da das Pedal ausgetreten ist, neues nebst Kopplung 20 fl.
Pfeifen neu intonieren und stimmen 30 fl.
Der Gesamtpreis sollte demnach 550 fl. betragen, wobei 12 Jahre Garantie gegeben werden sollte. Das Jahresgehalt für die Unterhaltung beträgt 20 fl.
Am 26.6.1839 schloß man mit B. Dreymann einen Vertrag. Es wurde noch weiter vorgesehen, die Mixtur im Manual 1' 3fach zu 2' 4fach zu verändern, 61 Pfeifen, die längste 2 1/2 lang 36 fl.: cgcg. Für die Mixtur im Pedal 1' 3fach soll ein Oktavbaß 4' gesetzt werden und mit der Mixtur die des Positivs zu vergrößern 30 fl. Der Vertrag wurde gemäß Verfügung der Herzogl. Domänen Direction vom 16.5. des Jahres Nr. GDD 4025 mit Herzogl. Receptur Höchst vereinbart. Das Gutachten des Rektors Weil war gut ausgefallen, Nachricht der Receptur vom 8.9.1839.
Pfarrer Devora teilt Dreymann in einem persönlichen Brief die Genehmigung durch die Generaldirektion am 14.7.1839 mit. Ehe diese Reparatur durch Dreymann vorgenommen wurde, hatten schon vorher andere Meister Vorschläge eingereicht. Mit Verfügung vom 21.5.1828 war am 31.7.1828 mit Daniel Raßmann, Möttau ein Vertrag geschlossen, demnach 4 neue Bälge 9 x 4 1/2' gemacht und im Positiv die Mixtur 3fach cgc gesetzt und eine neue Flöte 4' aus Birnbaum angefertigt werden sollte für 460 fl. Der Stimmvertrag wurde mit Raßmann gekündigt, da er nach 1830 nicht mehr erfüllt wurde. Er soll ferner 172 Pfeifen der Mixtur an sich genommen haben. Die Stimmung wurde dann Dreymann übertragen. Derselbe Fall war auch in Zeilsheim eingetreten, wo man sich auch an Dreymann wandte. Seinerzeit hatte er 1826 am 24.11. vorgeschlagen, 3Bälge 10 x 5' für 270 fl. zu liefern. Er hatte die 28 Register in fehlerfreien Stand gesetzt und wollte jährlich 18 fl.
Die Regierung empfahl aber am 1.3.1827 drei inländische Orgelbauer: Schöler, Raßmann und Embach.
Man hatte seinerzeit auch einem Ausländer, nämlich Bürgy aus Dornholzhausen, die Reparatur der kath. Orgel in Idstein übergeben. Aber man nahm wohl Raßmann. So eng waren damals noch die Grenzen! Dreymann war Mainzer und Bürgy Hessen-Homburger! [61].
Das ursprüngliche Gehäuse mit Rückpositiv und Bildschnitzereien ist noch vorhanden.

---

61) PFA Höchst. UB 1832

Ein großer Mittelturm gefolgt von kleinen Feldern und zwei eckigen Seitentürmen bilden den Mittelteil, dem sich je ein großes Harfenfeld auf beiden Seiten anschließt. Das Rückpositiv hat 2 große Rundtürme und 2 eckige Mitteltürme.
In dieses alte Gehäuse baute Walcker 1931 ein Werk mit pneum. Kegelladen.
I. Pl8 Hlfl8 Gb8 Gh8 O4 Fl4 Q3 KornMxt2-3f Tpt8
II. Bd16 Ggpl8 Fernfl8 Aeol8 Lbgd8 Viola4 Trfl4 Ofl2 Mxt4f Hornob8
Sbß16 Ktrbß16 Gdbß16 Obß8 Vcl8 Chbß4 Pos16
NK SbII/I SpII/I [62]

Frankfurt, St. Ignaz, kath.

Eine ehemalige Hausorgel von Walcker wurde 1949 durch die Jesuiten erworben und durch Alban Späth, Fulda, umgebaut:
I. Pl8 Sggd8 Rfl4 Wfl2 Mxt4f
II. Grgd8 Blfl4 Pl4 O2 Sesq2f Kopftpt8 vorgesehen Zbl3f
Ped. Sbß16 Obß(Tr)8 Gdbß8 O4(Tr) O2(Tr) Zartpos16
NK SBII/I SpII/Ped [63]

Frankfurt, Immanuelkirche, ev.

Im Jahre 1902 wurde ein Werk von Steinmeyer mit 13 Registern erbaut:
I. Pl8 Gb8 Tibia8 Dolce8 O4 Rfl4 Mxt3f2 2/3
II. Lbgd8 Aeol8 Vxcl8 Fl4
Sbß16 Obß8 Pn.Tr. [64]
1958 lieferte Walcker eine Orgel von 6, 1963 eine von 11 Registern [65].

Frankfurt, Innere Mission

Im Jahre 1892 erbaute Walcker eine Orgel mit nachfolgenden Stimmen:
I. Bd16 Pl8 Gd8 Gb8 Hlfl8 O4 Rfl4 Mxt3f2 2/3
II. Ggpl8 Lbgd8 Sal8 Vxcl8 Fl4 Klar8
Sbß16 Vlbß16 Vcl8 Pneum.Tr. [66]

Frankfurt, Irrenhaus

In der Anstalt stand ein Werk von Walcker mit 5 Registern [67].

---

62) Peine, S. 179
63) Peine, S. 211
64) Mitt. Wißmüller
65) WWV
66) Mitt. Wißmüller
67) WWV

Frankfurt, Kaiser-Friedrich-Gymnasium

Die Schule erhielt 1889 eine Orgel von Walcker mit 9 Registern:
I. Pl8 Bd8 Sal8 O4
II. Lbgd8 Aeol8 Fldolce4
Ped. Sbß16 Vlbß8 [68)]

Frankfurt, Karmeliterkirche

Einer Notiz ist zu entnehmen, daß Ende des 17. Jh. in der Karmeliterkirche zwei Orgeln, eine große und eine kleine vorhanden waren: "10.11.1693 Hoc tempore reparatur parfum nostrum organum in choro superiori". 69) Demnach stand diese Orgel auf dem Chor, als sog. Chororgel speziell für den Chordienst [70)].
Der Eintrag zum 16.1.1694 bezieht sich eindeutig auf die Orgel der Karmeliter in Mainz [71)].
Im Jahre 1709 beschloß man den Neubau einer großen Orgel. Mit dem Mainzer Orgelbauer Johann Jakob Dahm schloß man am 5.6.1709 einen Vertrag über eine Orgel, wie sie in Mainz für das Liebfrauen-

---

68) Mitt. Walcker

69) StAFfm Karmeliter Bücher (KB) 48, S. 367v

70) Die von Peine aus den Karmeliterbüchern erschlossene Verwendung der Orgel in Frankfurt vor 1470 "sonus organi" und "absque organi modulatione" beziehen sich auf Untersuchungen über die Verwendung von Instrumenten beim Psalmengesang, wie sie in allen Psalmenkommentaren von den Kirchenvätern an zu finden sind. Bezogen auf das "Magnum theatrum vitae humanae" des Laurentius Beierlinck (Beyerlinck) wird neben der genannten Untersuchung auch die Erfindung des Pedals behandelt. Es sind gelehrte Abhandlungen, die mit in die chronikalischen Aufzeichnungen aufgenommen wurden. Der Eindeutigkeit wegen folge hier der ganze Abschnitt, wobei versucht wird, die Lesefehler richtigzustellen. "Notanda praeterea est differentia quam tradunt sancti Hilarius et Johannes Chrysostomus in prologo Psalmorum apud Menochium in psal. 29 scribentem inter psalmum et canticum et psalmum cantici: quod psalmus est sonus organi solius sine ulla voce humana cantantis; canticum est vox cantantis hominis absque organi modulatione; psalmus cantici dicitur cum cantico praecinente psalmus sonus subsequitur; canticum psalmi cum sonitu praecinente aemula vox canentis auditur. Horum fidem facit Laurentius Beierlinck in suo magno theatro vitae humanae v. Musica, dum haec quae sequuntur, de quodam Bernardo cognomento Teutone musico praecellentissimo refert:
Musicae artis virum omnium, qui nunquam fuerunt, sine controversia praestantissimum plures annos Venetiae habuerunt, circa annum salutis MCCCCLXX Bernardum cognomento Teutonem argumento gentis in qua ortus esset omnis musicae artis instrumenta scientissime tractavit: primus in organis auxit numeros, ut et pedes quoque iuvarent concentum funicolorum attractu. Mira in eo artis eruditio voxque ad omnes numeros accommodata, numinis providentia ad id natus, ut unus esset, in quo ars pulcherrima omnes vires experiretur suas". Ita Laurentius ex Sab(ellicus) L(iber) VIII Enn(eade) X: En quomodo vir hic insignissimus primus est, qui in organis numeros, claves et consequenter fistulas per pedes intonandas nova ad inventione adauxit, cum ante ipsum eadem organa paucioribus fistulis constarent, et pedali ut vocant, carerent. Ex quo prudenter simile quippiam circa organa dicta (Nablas scilicet) a Regio psalta primo reperta et confecta successu temporis factitatum esse autumari licet". StAFfm Karm. Nr. 1235 a sine anno, S. 1a, 7a, 8ff. Sabellicus (Marcus Antonius Coccius) Rapsodiae historiarum ad orbe condito op. omnia Tom II, Enneade X Liber VIII, Basilae J. Hervagius 1560. Nabla (Nablas) ist ein griechisches Saiteninstrument. C. Sachs, Reallexikon der Musikinstrumente, Hildesheim 1964 (Olms Paperback Bd. 3, S. 266) Vgl. Praetorius, Syntagma musicum II De organographia 1619, S. 92. Er schreibt vorsichtiger, daß er das Pedal "aus Deutschland gen Venedig in Italiam gebracht". Weil um diese Zeit in Frankfurt schon Orgeln waren, hat er zum angeblichen Jahr der Erfindung 1470 die Bemerkungen eingefügt.

71) Vgl. Bösken, Quellen und Forschungen Bd. 1, S. 148

stift gebaut worden war. Die Disposition war wie folgt angeordnet: "Kund und zu wißen, das heut zu endgesetzten dato zwischen dem Ehrwürdigen P. Emanual a Sto Georgio Priorem und die Conventuales des Carmeliter Closters in Frankfurth eines Theils, so dan H. Johann Jacob Dahm, Burgerem und Orgelmacheren in Maints anderen Theils folgender Contrackt gemacht worden. Und zwar solle erstlich gedachter Herr Dahm eine gantze newe Orgel sambt Kasten und Zieradten, Bildhawer-, Schloßer- und Schreiner Arbeith und dergleichen, es habe Nahmen wie es wolle, ausgenommen Zimmer- und Maurer Arbeith und Festmachung des Wercks mit den eisernen Stangen mit zweiundzwantzig Registeren verfertigen wie folgt und Platz laßen vor einen Register im Ruckpositiv.

Zum Manual
1. Principal von acht Fußen Thon von englischen Zinn
2. Octav 4 Fußen ton von halb Zinn halb Blei
3. Superoctav 2 Fußen ton von halb Materi
4. Quint 1/2 Fuß Ton von halb Materi (wohl 1 1/2 wie in anderen Dispositionen von Dahm. Vgl. Dietkirchen, Weilburg)
5. Mixtur fünffach halb Materi
6. Sexquialter doppelt halb Materi
7. Fleuten virfuß Tohn halb Materi
8. Solicional 8 Fuß Tonn halb Materi
9. Viol de Gamb 8 Fuß Tonn halb Materi
10. Quintaden 8 Fuß Tohn halb Materi
11. Trompet 8 Fuß Tohn von halb Materi

Superbaß oder Pedal
1. Superbaß 16 Fuß Tohn von Holtz gedackt, die Pfeiffen rundiert und mit Silber belegt ins Gesicht
2. Octavbaß 8 Fuß Tohn von Holtzpfeiffen offen
3. Superoctavbaß von 4 Fuß Tohn von Holtz offen

Ruckpositiv
1. Principal 4 Fuß Tohn von englischem Zinn
2. Octav 2 Fuß Tohn halb Materi
3. Quint 1 1/2 Fuß Tohn halb Materi
4. Mixtur 3 fach halb Materi
5. Großgedackt 8 Fuß Tohn halb Materi
6. Kleingedackt 4 Fuß Tohn halb Materi
7. Fleuten 2 Fuß Tohn halb Materi
8. Cornett vierfach durchs halbe Clavier halb Materi
(9. freie Schleife. s. o.)

Dieses alles wohl und vollig einzurichten also sauber, dauerhaft und bestandig machen, daß daran einiger Fehler oder Mangel, welcher sich nach unpartheischer Besichtigung oder sonsten finden möge, nit sein, sondern das alles wohl gestimbt und ausgearbeitet und nach bevor herausgegebenem Abriß - daß ist nach salbigem Format wie die wurckliche Orgel in der Collegiat Kirchen B. V. in Maintz gemacht ist - verfertigt werde.

Weiteres soll er gutes und ohnmangelbahres Englisch- und ander Zinn und Blei zu den Pfeiffen, altes wohl und ausgetrockenes Holtz zu der Windladen, Kasten, Bildhauer und Schreinerarbeith auch anderen dergleichen gute und tuchtige Materialien nehmen und das gantze Werck starck bestandig verfertigen, auch oben und neben herumb gantz zumachen, das kein Staub noch Wind darzu kommen moge; Und solches zum langsten nechtzkunftig Jahr gegen die Pfingsten fertig haben, auf seine Kosten zu Maintz an den Rhein lieferen ins Schiff, das Closter aber auf seine Kosten selbige nach Frankfurth abholen, nachmahlen Herr Dahm selbige aufrichten, vollig ausgemacht und wohl gestimbt darstellen.

3tens ist abgeredet und gedingt, daß zu diesem Werk kommen sollen zwei Clavier von Helfenbein, die schwartze Claves von Ebenholtz, die beide Clavier copulirt, daß man sie zusammen schlagen kan; solche auch verschloßen zu machen, daß Niemand darzue ohne Schlüßel kommen könne.

Das Pedal soll von gutem durren Holtz und dise Claves haben C Cx D Dx E F G Gx A B H c eine gantze lange Octav [72].

Die beide Clavier von Helfenbein sollen ebenmäßig in 4 langen Octaven bestehn. Dartzu sollen auch kommen 4 große Spanbelg von 8 Schuh lang.

Der Kasten soll gleich dem Abriß auf das sauberist mit Bildnußen, Leisten, Laubwerck ausgemacht werden.

Die Windladen von guten alten durren Holtz. Die forderiste, sonder wo man nach den Wentillen gehn kan, mit eisenen Vorreiber gemacht, daß sie vom Wind kein Schaden leiden.

4tens, damit kein Theil sich zu beschweren habe, so soll das gantze Werck, wan es verfertigt ist, durch Verstandige: wo es also beliebig- und die sich etwan ergebende Fehler verbeßert werden, wie dan ebenmäßig vorgehalten, daß er Herr Dahm auf Jahr und Tag davor solt gutt sein, die in Mitterzeit erscheinende Mängel auf sein Kosten zu verbeßern bei Verpfandung seiner Jahr und Habung vill als hiertzu von Nohten.

5tens verspricht dergegen obenbemeldeter P. Prior Conventualen der Carmeliter Closters in Frankfurth ihme, Herrn Dahme, zu geben 1800, sage: Tausend achthundert, florenos in den Gulden zu 60 xr. gerechnet.

Daran ihm gleich bei Anfang der Arbeith sechshundert flor., wie auch umb die Weihnachten in disem lauffenden Jahr 1709 sechshundert flor. Die übrige aber sechshundert flor. bei volliger Liberung der Orgel sollen extradirt werden.

Item bei Aufrichtung der Orgel soll ihm, Herrn Dahm, und seinen Gesellen das Closter schuldig sein das Logiment und nöthige Provision an Kost und Tranck hertzugeben.

Zu Statt- und festhaltung dises ist gegenwärtige Bedingung beiderseits unterschrieben und mit gewöhnlichem Signet bezeichnet worden. So geschen in Franckfurth den 5 Junii 1709 erat subscriptum

72) Peine vermutet mit Recht, daß Fx wohl versehentlich ausgelassen ist, da ja die Oktav im übrigen vollständig ist.

LS Fr. Emanual a Sto Georgio Prior
Fr. Polycarpus a Sto Ludovico Exprovincialis
Fr. Berthold a Sta Maria Defin(itor) et Clav.
Fr. Rudolphus a S. Thoma Aquinate Clav.
Fr. Hyacinthus a S. Joanne Baptista Clav.
Johann Wendel Munch org(anista) in monte B. M. V. mpp.
LS. Johann Jacob Dahm Burger und Orgelmacher in Maintz".

Als der Vertrag 1710 in die Chronik eingetragen wurde, folgte noch dieser Absatz:
:Contractui huic dum mihi describendus communicabatur involuta iacebat sceda huius tenoris: NB. A(nn)o 1710 die 13 Martii conveni cum Dmo Dahm de faciendo quodam registro ultra 22 registra accordata et specificata in primo contractu pro quo registro promisi ipsi dare 20 imp(eriales)et unum maldrum siliginis subscriptum erat".
Bei diesem späteren Eintrag des Vertrages wird gleichzeitig am 19. 6. 1710 etwas über die Stiftung des Fürsten von Thurn und Taxis niedergelegt:
"Erat Sacro Sacratissimo festo Corporis Christi fiebantque omnia solemnissime stylo et ritu veteri, eadem post sumptam coenam Moguntiam versus iter suum accelerant P. Procurator noster et P. Marsilius ut novum et noviter constitutum organum Francofurtam advehant et conducant. Circa hocce organum notaveram supra, quod Serenissimus Princeps Senior de la Tour et Tazzis in eiusdem constitutionem et confectionem conventui liberaliter omnino donaverit mille octingentos florenos circa cuius executionem contractum fuit cum honesto Domino Joanne Jacobo Dahm cive et organifice Moguntino die 5to Junii anno 1709 ut sequitur" 73).
Anläßlich der Renovierung der Kirche im Jahre 1710 und dem Neubau der großen Orgel, wurde die kleine Orgel, die über den Chorschranken (Lettner?) hing, an die Gemeinde in Oberrad verkauft.

"Eadem die venditum est communitati in Oberradt parvum nostrum organum quod prostabat in medio cancellorum chori pro 80 florenis cum onere tamen ex parte conventus nostri ut suis sumptibus illud reficiat 74).
Bei der Versetzung in das Archiv fand man eine bemerkenswerte Inschrift über Erbauungszeit:
"Dum organum minus, de quo immediate ante, in choro deponitur in tabellatura (Archiv) qua respexerat versus ecclesiam, invenitur haec memorabilis inscriptio:
Rev. P. Henricus Wolphius Doctor, aureae militiae eques et Prior hujus conventus anno 1614" 75).
Am 10. 3. 1710 berichtete das Diarium, daß man anfing, die alte

73) KB Diarien 60a v. 1710. Abdruck bei Peine, S. 86-89. Einige Lesefehler wurden hier berichtigt.
74) KB 60a 17. 1. 1710
75) KB Diarium 60a 24. 1. 1710. Peine, S. 85

Chororgel abzubrechen und gleichzeitig mit dem Bau der Basis und des Fundaments der neuen Orgel begann:
"Admovetur prima manus organo huncque in finem cancelli in choro superiori deponuntur; incipitque iaci basis et fundamentum novi organi" 76).
Am 28.3. war die Arbeit beendet: "Fabri lignarii cessant ab opere fabrili perfectaque stetit basis nostri novi organi" 77).
Aus Mainz brachten 2 Patres Material zur neuen Orgel mit:
22.3.: "Revertuntur Moguntia P. P. Procurator et Marsilius advehentes navigio aliqua materialia novi organi. Sed longe non omnia. Adveniunt cum eisdem tres socii organifices" 78).
Am nächsten Tage wurden die Materialien ins Kloster gebracht und die 3 Gesellen des Meister Dahm aus Mainz begannen ihre Arbeit:
"Matrialia novi organi ex navigio feruntur ad conventum incipiuntque 3 socii circa illa laborare" 79).
Am 3.8. wurden vorläufig zwei Gesellen nach Mainz zurückgeschickt, wahrscheinlich mußten noch in der Werkstatt in Mainz Arbeiten erledigt werden. :"Dom. Dahm organifex duos ex suis sociis scrinariis remittit Moguntiam" 80).
Ärger hatte Dahm mit dem Schreiner, der an der Arbeit beteiligt war, da er nicht kontraktgemäß lieferte. Dahm mußte sich dieserhalb nach Mainz begeben: "Scrinarius convictorum nostrorum non stans verbo et parolae et ad promissa caetera materialia stato et convento tempore non submittens, quiescere et manum paulisper ab organo semovere: jubet D. Dahm, qui proinde eadem una cum adjutore suo Jacobo Moguntiam properat, scrinarium propulsurus ad celeriorem et praeparationem caeterorum materialium" 81).
Die Mahnung war erfolgreich, der Schreiner begann mit der Arbeit, wie am 19.8. berichtet wird im Diarium:

"Fata die ordinarius magister scrinarius huicque incepit laborare circa fulcra inferiora organi novi 82). Advenit Moguntiâ socius scrinarius aliquis adducitque iterum materialia aliqua pro novo organo sed non iterum omnia" 83).
Mittlerweile kommt auch Dahm zurück und fängt am oberen Teil der Orgel (Gehäuse, bzw. dem oben liegenden Hauptwerk) an zu arbeiten:
"Succedunt D. Dahm cum socio suo Jacobo item scrinarius magister qui immediate manum admovent operi et partem superiorem organi paulatim et successive erigunt" 84).
Am 1.10.1710 berichtet das Diarium über die Besichtigung der Orgel:
"Eadem comparent in mensa adm. odum Rev. Dominus Bretz, imperialis ecclesiae ad St. Bartholomaei hic Vicarius et Ecclesiastes,

---

76) KB 60a 10.3.1710
77) KB 60a 28.3.1710
78) KB 60a 22.3.1710
79) KB 60a 23.3.1710
80) KB 60a 3.8.1710
81) KB 60a 14.8.1710
82) KB 60a 19.8.1710
83) KB 60a 23.8.1710
84) KB 60a 24.8.1710

admodum Rev. Dns. Bischoff Vicarius et Organista in monte B. Virginis, Dms. Schneider, Organista civitatis Lutheranus, sumpto prandio fati convivae nostri, ascendunt ad chorum nostrum superiorem organumque nostrum novum probant, approbantque excepto, quod circa folles et ventum. Non scio quae taxaverint et emendanda iudicaverint. Eadem discedit D. Dahm organifex" [85].
Gleichzeitig wird die alte Orgel verkauft: "Dispositio circa vetus nostrum organum:
Organum nostrum antiquum, quod prostabat super altare D. virginis Maria ad multam incolarum Heidenfeldensium instantiam fatis incolis in Heidenfeldt divenditum fuerat pro ducentis florenis; sed ecce dum mensuram organi capiunt, inveniunt illud latius et amplius, quam ut ab ecclesia sua caperetur; sicut ergo ob fatam causam contractui renuntiant.
Sic R(everen)dus P. Prior noster cum consensu illorum quorum interest illud donat assignatque conventui nostro Beilsteiniano" [86].

Am Ende des Monats November wurde dann diese bisherige große Orgel - Peine vermutet sie als Schwalbennest-Orgel über dem Marienaltar, wahrscheinlich an der Ostwand des nördlichen Querschiffes - abgebrochen:
"Hocce tempore levatur organum antiquum quod eminebat super altare D. Virginis et per specialem operam et industriam P. Marsilii secundum sua registra componitur et convasatur in finem ut prima occasione submittatur in Beilstein.
Circa organum legebatur haec inscriptio: Novis Sistris instruebar A. R. P. Joanne Müntzenberg Priore H(ujus) M(onasterii) Anno MDCXX" [87].
Diese Inschrift besagt also nur, daß Prior Müntzenberg einen Zimbelstern einbauen ließ. Die Orgel selbst muß demnach älter gewesen sein.
Die Diariennotiz vom 6. 1. 1711 berichtet kurz von der Bereinigung dieser Angelegenheit: "Organum antiquum deponitur. Eadem organum antiquum suo ordine dispositum et arculis inclusum a conventu abducitur ad Moenum navique committitur ut Beilsteinium transportetur".
Sie wurde also in gehörige Ordnung zerlegt, in Kisten verpackt, an den Main zur Überführung nach Beilstein gebracht [88]. So wurde

85) KB 60a 2. 10. 1710 - Peine, S. 89
86) KB 60a 4. 11. 1710 - Peine, S. 90
87) KB 60a 29. 11. 1710 - Peine, S. 90
Sistrum dürfte hier wohl mit Zimbel übersetzt werden. Eigentlich handelt es sich um ein Rasselinstrument, also mit unbestimmter Tonhöhe. C. Sachs, Reallexikon der Musikinstr., S. 348a. Praetorius reiht es der Gruppe ein, die durch Klöppel oder Kügelchen tönend gemacht werden: Campanae, Tintinabula = Glöcklein, Cymbala = Cymbeln, Sistra = Röllichen, Nolae = Schellichen. Praetaorius, De Organographia, S. 4. Fr. Gottl. Born, Lexicon Latinum et Theodiscum, Leipzig 1790 gibt die Bedeutungen: "Eine Cymbel, ein musikalisches Instrument, ein Klingeleisen, eine Klapper". Also ist für das 18. Jh. die Bedeutung Cymbel belegt. Nach der Einreihung Praetorius' ist demnach an den Zimbelstern zu denken, dessen Glöckchen ja auch nicht in der Tonhöhe festgelegt sind.
88) Peine, S. 90 - KB 60a, 6. 1. 1711

die Kirchenrenovierung um 1710 mit dem Bau der neuen Orgel abgeschlossen 89).
Im Jahre 1748 ließ man die Orgel, durch den Einbau eines weiteren Positivs in den Kasten der Orgel, vergrößern. Man schloß mit dem bedeutenden Frankfurter Meister Joh. Christian Köhler am 28. 7. 1748 einen Vertrag. Der Diarienbericht vom 2. 1. 1749 enthält den Vertrag: "1749 Die secunda: Organopaeus Köhler incipit novum opus ad organum.
Hac 2da, fer(ia) quinta, (Donnerstag, den 2. 1. 1749) Organopaeus D. Christianus Köhler, lutheranae confessionis, conformiter ad contractum cum ipso 28. Julii 1748 initum, incipit in organo suum laborem, et opus novum, sive novam appendicem ad organum nostrum, et hodie cum uno ex suis opificis servo erigunt arcam ventosam novam (Windlade), at non continuant diutius laborem, quam ad quartam huius inclusive, qua avocatus principalis Darmstadium a principe Landgravio 90).
Remanetque ibidem usque ad 15. exclusive, qua iterum incepit laborare. Ut totius novi operis habeatur melior notitia, inseritur contractus inter fatum D. Köhler, et infrascriptos de licentia, quorum interest, erectus.
Specificatio registrorum in novo opere: Copia contractus 28. Julii cum ipso initi:

1. Getackt 8 Fuß	Alle von Holtz, die Labia von Birnbaum, die 2 oberste Octaven ganz von Birnenbaumen Holtz gemacht.
2. Getackt 4 "	
3. Flöte traver 8 Fuß	
4. Flötte Amour 4 "	
5. Flötte 2 "	von Metall
6. Cornet vierfach	" "
7. Vox humana 8 Fuß	von englischen Zinn

Die Windlade von gutem alten Eichenholtz, nebst denen Stöcke und Registerzigen(zügen). Die Abstractur von feinem Tannenholtz nebst denen Wällen (Wellen) und Welbret.
Alles Drathwerck von Messing, wie auch die Federen unter die Ventiel.
Worzu noch vor die Vox humana ein Tremulant.
Obige spezificirte 7 Register sambt übrigem Zubehör, als Windladen, Abstractur, Tremulant mit Zuthuung deß spezificirten Holtz, Messingen Drath etc., obligirt sich Herr Köhler in completen und guten Standt völlig verfertiget und brauchbar zu liefferen künftige Weynachten 1748, auf welchem Fest es solle gebraucht werden. -
Item obligirt sich, die Trompet auß der Positive zu dem Hauptwerck in der Orgel zu transportiren und an statt deren die Vocem humanam ins Positiv zu setzen. Auch einen neuen Wind-Canal zuzu setzen. Alles auf eigene Kösten- Schreiner- und Schlosser-Arbeith mit eingeschlossen- darzustellen.
Wogegen sich Bruder Robertus a Sto. Philippo, Organist, mit Bewilligung und Erlaubniß seiner Obrigkeit, obligirt, gemeldten Herrn

89) Wolff - Jung, BDkm, S. 95
90) Köhler war privilegierter Hessen - Darmstädtischer Hof- und Landorgelbauer

Köhler, nach geliefferten vollkommenen und von Kunstverständigen examinirten und gut befundenen Werck zu zahlen, 220- schreibe zweyhundert Gulden zwantzig Gulden - richtig zu zahlen; Dergestalten dennoch, daß abschläglich von dieser Summa Ihme, Herrn Köhler, nach Belieben 20 ad 30 Gulden können gereichet werden; auch daß von gemelter Summa 150 Gulden erst übers Jahr, von heut unterschriebenen Dato an zu rechnen, können bezahlt werden. Geschehen im Carmeliter Closter Frankfurt den 28. Julii 1748 Fr. Melchior a S. Josepho p. t. Subprior ex commissione superiorum mpp Fr. Robertus a S. Philippo Organista mpp"

"Eadem 28. Julii in antecessum ipsi numerati 20 floreni, erga receptionem horum dedit sequentem syngrapham:
"Daß mir uff Abschlag deß Accordts heute dato als den 28. Julii von Ihro P. Subprior seinen 20 Gulden bezahlt worden, ein solches thun hiermit bekennen.
Christian Köhler Orgelmacher"
"Quod fatus D. Köhler conformiter ad contractum, non steterit promissis, opusque novum absolverit et tradiderit perfectum ante festum Nativitatis, exculpandus est, quia successive tres ex suis operariis laborarunt per aliquot septimanas febri (Fieber), quod et mature satis intimativ petiitque dilationem.
Prima vice pulsatur novum opus festo Purificationis.
Tandem cum 15. Januarii reincipisset laborem, eamque perfecit, ut festo Purificationis B. M. Virg. Organista Laicus pro prima vice pulsaverit, quamquam hac die nondum omnes regulae sive registra fuerint impositae. Miro tamen placuit audientibus. Octavam Februarii amnia absolvit et omnia attemperavit, et regulas omnes concorditer sonoras juxta artem reddidit, ita ut ex post audientes pulsari novum opus, sive positive habuerint omnem satisfactionem, nec taedeat contribuisse benefactores" 91).

Die Chronik berichtet kurz über die Einweihung an Lichtmeß:
Purificatio: Pulsatur in festo. Pulsatur organista F. Laicum Robertum novum opus sive positivum recenter errectum, de quo supra 20. Januarii cum admiratione populi et satisfactione benefactorum contribuentium 92).
Nach Beendigung des Baues des neuen Positivs zog man den gerade anwesenden Orgelbauer Mayer aus Worms, der seinerzeit die neue Orgel für das St. Bartholomäusstift in Frankfurt erbaut hatte, zur Beurteilung heran. Man war allgemein mit der Arbeit und auch der Person des Meisters sehr zufrieden. Man notierte im Diarium 2. 1. 1749:
"Certus dominus Organopaeus, olim hic Francofurti habitans, et qui perfecit organum novum ante annos aliquot in ecclesia collegiata ad St. Bartholomäeum, modo habens domicilium Wormatiae, inde

---

91) KB 60a, 1749 - Abdr. Peine, S. 100 f.
92) KB 60a 2. 2. 1749

veniens propter negotia Francofurtum, examinavit per omnia novum opus in nostro organo et approbavit; quod et fecit eiusdem artis peritus D. Schröder hujus; addentes, quod ex summa 220 florenorum erga hoc opus D. Köhler solutorum, reportasset modicum lucrum ipsorum judicio; saepe dictus D. Köhler forte ideo non exessit in pretio, sperans se accepturam per nostros reccommendationem apus extraneos in aliis ecclesiis, primo in nostris per provinciam, perficiendi nova organa. Laudatur ab omnibus intelligentibus callere suam artem, praecipue ab hujatibus P. P. Dominicanis, in quorum ecclesia etiam ante duos circiter annos novum erexit organum, item ab aliis tum nostrae, tum aliarum religionum, in quorum ecclesiis et nova erexit, et vetera organa reparavit. Vir modestae et honestae conversationis et in sua arte peritus nec in pretio pro labore excendens" 93).

Es folgen weitere Notizen über die Bezahlung und auch über die Spenden zu dem Echowerk, wie es neben dem Rückpositiv oder an dessen Stelle in der Zeit in dieser Gegend üblich wurde.

"Porro ne sit necesse dispersim annotare, quae hinc possum concernunt praestat hic reliqua addere; et primo quod alteri post absolutum laborem Domino Köhler soluti sint 174 floreni, et super hos - item super 20 fl., ipsi in antecessum 28. Julii 1748, solitos, in toto 194 florenos dedit generalem quittantiam receptorum".

"Ich bezeuge hiermit, daß mir laut Accord Bruder Robertus a S. Philippo, Organist, bezahlt hat 194, sage einhundert vier und neunzig floreni vor das Positive, welches verfertigt.
Frankfurt, den 8. Februar 1749. Chr. Köhler Orgelmacher".

Über noch weitere Verpflichtungen und über die Kollekte und Spenden wird berichtet:

"Debentur ipsi adhuc 26 floreni quos non tenetur Laicus solvere nisi sequente Julio 1749 juxta contractum. Sed prius non soluti quam 1751, circa pascha, prius enim non petiit et occupatus nimium in et extra civitatem usque in conventu. Et notandum quod haec summa 220 fl. sit collecta a diversis benefactoribus religiosis et ecclesiasticis labore et industria Fr. Laici Roberti, organistae, de licentia A. R. P. Provincialis et Prioris. Primarius et liberalissimus Benefactor fuit R. P. Martinus a S. Josepho p(ro) t(empore) Sacellanus domesticus et Confessarius Serenissimae Principessae Viduae de Turri et Tassis natae Lobkowitzin, qui primus dedit 58 fl. R. P. 3 Pistolettes, insuper concessit et indulsit ut interea temporis quo Organopaeus Köhler erigeret novum opus, prandeat in conventu cum uno operario servo, et uno ex ejus filiolis quod et factum, data ipsis in prandio cerevisia, uti et hora 3tia aliquotiens in haustu vini quocumque modo procurati interfuerint in prandio occurentibus recreationibus mensae et aliis nunquam in coena.

A. R. P. Provincialis Narcissus donavit in 2da Visitatione con ventus circa 19. May habita 10 fl. D. Pleiser donavit pistolettum diversi

93) KB 60a 2. 1. 1749 - Peine, S. 111 f.

duos florenos alii coronatum Dalerum..".
7 capitellorum alii plus, alii minus, alii volentes ignorari non contribuerunt, sicque singula collecta iuvarunt ad integrandum totam summam [94].

Der Beurteilung Köhlers vom 2. 1. wird noch nachgetragen:

Ad illa supra 2da Januarii de Organopaeo D. Köhler relata, addendum quod praeter illa contractavi inserta aliqua gratis et praefuerit, alia renovaverit in organo.

Novam regulam tremulam (Tremulant) perfecit novam. Perforatas hiuc inde folles reparavit, novo cereo et glutine obduxerit.

Pro reparatione et emendatione olim sub R. P. Priore Everhardo certo organopaeo debuerunt solvi 50 floreni. Insuper cum organum totum propter folles esset vitiatum vulgo(windstößig). Addidit alteri canali ventososo ab antiquo a Domino Dahm organopaeo moguntino prope folles reposito, sed non satis amplo, praesertim de facto propter novum opus, alterum pertingentem ex follibus ad novam arcam ventosam in organo ut videre esset.

Haeque gratis. Sicque absolutis omnibus numerati sunt fato D. Köhler stipulati numeri 220 fl. exceptis 26 adhuc florenis soluti ipsi prius 1751 circa pascha, vide in fine Januarii.

Es zeigte sich also, daß die Orgel an sich schon windstößig war und bei der Hinzufügung des Echowerkes für eine bessere Windversorgung ein weiterer Windkanal eingebaut werden mußte. Diese Arbeit wurde dann sofort zusätzlich von Köhler ausgeführt.

Durch irgend einen Anlaß bedingt sprachen im Jahre 1756 einige Pfeifen nicht an oder Registerzüge ließen sich nur schwer bewegen. Zur Behebung dieser Fehler wurde ein Franziskaner herangezogen. Leider ist der Name nicht überliefert. Das Diarium schreibt: "Tertiarius Franciscanus Organarius per A. R. P. Provincialem suum a nostro R. P. Priore requisitum hic missus adest cum coadjutore saeculari ejusdem artis perito, multas organi nostri regulas re-, aliquas etiam de novo confecturus et fistulis quam plurimis sonum redditurus [95].

Am 31. 1. 1757 verließen sie das Kloster. Das Diarium meldet: "Eadem organarii, de quibus ad 13. Octobris 1756 cum tanto temporis intervallo et organum reparassent et etiam Franciscanis hocce tempore solitum declinassent jejunium, accepto honorario ex una ex altera parte solutionis pretio in libris computuum assignato, nobis valdedicunt et abeunt Salismonasterium" (Es handelt sich um das Franziskanerkloster Salmünster) [96].

Wie immer bedürfen die Bälge einer häufigeren Reparatur oder Erneuerung. Köhlers Stiefsohn baut neue Bälge im Jahre 1770:

"16. 7. 1770 Hujus organopaeus D. Ernestus Wegmann Lutheranae religionis conformiter ad contractum, praevie cum ipso initu, incipit in organo suum laborem et novos, aveteribus plane deperditis , errigit folles, adhibitis quoque ad hoc opus lignariis fabris mutantibus

94) KB 60a 2. 1. 1749
95) KB 60a 13. 10. 1756
96) KB 60a 31. 1. 1757

vetus Repositorium. Opus absolutum fuit in vigilia Scapularis. D. Wegmann accepit 100 florenos" 97).
D. Ernestus Wegmann organoedus cum sociis denuo incipit laborem impendere nostro organo cum arcas ventosas recuperando, tum regulas ordinando, tum fistulas dependitas restaurando aut obsone sonanter attemperando. Hi tres pradent in Conventu et quilibet solvit pro victu 15 crucigeros 98).

D. Wegmann organoedus finem laboris imponit organo 99).
In Flörsheim fand man später 1) einen Zettel von Wegmann, in dem die Herstellung festgehalten wurde 2).
"Mit Gott erbaut im Jahre 1770 von Philipp Ernst Weegmann Hochfürstl. Heßen-Darmstädtischen privilegierten Hoff- und Land-Orgelmacher, deßen Gesellen: Johann Friedrich Meinecke von Hildesheim, Joh. Sigismund Aust von Hirschberg aus Schlesien, Joh. Ernst Hauck von Sachsen-Meiningen, Joh. Michael Sperling von Toren (Thorn?) Joh. Daniel Dobrick von Dantzig. Franckfurt am Mayn" 3).
Nach der Säkularisation wurde die Orgel nach Flörsheim/Main verkauft. Über ihr weiteres Schicksal wird dort berichtet (s. Flörsheim).

Frankfurt, Katharinenkirche, ev.

In der alten Damenstiftskirche St. Katharinen predigte 1522 der Schüler Luthers, Hartmann Ibach. Seitdem ist sie eine der bedeutendsten ev. Kirchen der Stadt Frankfurt.
Im Jahre 1625 erklärten die Bürger der Nachbarschaft, daß sie zu einer neuen Orgel beitragen wollten.
Lersner berichtet: "1625, Donnerstag den 24. November. Als die Nachbarn an der Catharinen Pforte inhalts Supplication gebetten, demnach sie zur Anrichtung ein Schlaguhr auf dem Thurm wie auch eines Orgelwerks in der Kirchen zu contribuiren vorhabens, daß man solches vergünstigen wolle. Soll man ihnen willfahrn."
"1626, Donnerstag 9. Martii: Als die Nachbarn gebetten demnach sie die Orgel in der Kirchen und ein Schlaguhr uff dem Thurm anzurichten vorhabens, der E. E. Rath den Stuhl zur Orgel und das Thürlein zur Uhr uff Stadtbau machen."
1626 wird die Orgel in der St. Catharinenkirche angefangen, und 1627 fertiggestellt. Ihr Erbauer ist Lorenz Ettlin aus Geißlingen 4).
1633 wurde sie durch Georg Wagner aus Lich repariert. 1640 versah man sie mit einem Deckel.
Als nach der Niederlegung dieser alten Kirche, die 1678 vom Rat be-

97) KB 60a 16. 7. 1770
98) KB 60a 12. 1. 1771
99) KB 16a 9. 2. 1771
1) s. Flörsheim
2) s. Peine, Anm. 248
3) Schulchronik Flörsheim, Abdr. K. E. Großmann, die Orgel in der kath. Pfarrkirche, in: Stadt Flörsheim, Festschrift 1953, S. 58
4) Lersner Tom II, Buch 2 Cap. XIX, S. 70 - Wolff-Jung, BDkm, S. 231. - Peine, S. 73.

fohlen wurde, am 20.1.1681 die neue Kirche eingeweiht wurde, stand die alte Orgel auf der Empore im Osten, über dem Altar. "Die Kirchen-Bau-Rechnung zu St. Catharinen über Einnahm und Ausgab von anno 1677-1682" berichtet über einige Arbeiten, die bei der Neuaufstellung vorgenommen wurden.

"Orgelmacher Israel Gellinger vor die Verbesserung der alten Orgel 490 fl. P. Ein Recompens 30 fl. Summa 520 fl.

Mahler: Item noch für die Orgel-Flügel 75 fl. Franciscus Willemar p. 14 Engel-Köpf sampt den Altar-Thürn und Orgeln zu vergulden vor Arbeit und Gold 461 fl. 48 xr.

Johann Melchior Benckert das Gerembs auf der Orgel auss- und inwendig zu bemahlen 105 fl.

Schlosser: Meister Hanns Georg Ernst vor allerhand Arbeit zur Orgel und Beschläg 143 fl. 30 xr." [5]

Nach einer nochmaligen Reparatur im Jahre 1744 beschloss man einen Orgelneubau, als man im Jahre 1778 zu einer umfassenden Erneuerung der Kirche schritt.

"Unsere alte Orgel wurde für 225 fl. nach Sulzbach verkauft." [6]

Ein alter Stich vom Inneren der Kirche, der 1683 nach Kraus gemacht wurde, läßt noch in etwa, wenn auch nicht ganz deutlich, die äußere Form der alten Orgel erkennen [7]. Nach meiner Meinung kann man auf den beiden Seiten einen rechteckigen Kasten erkennen. Nicht ganz deutlich ist die mittlere Partie auszumachen. Ich vermute einen Rundturm. Zwischen Rechteck und Rundturm kann man noch einen kleineren Übergangsteil vermuten, anscheinend ist die obere Kante etwas geschweift. Rechts und links von der Orgel sieht man das "Gerembs" und darunter die Emporenwand. Ein Rückpositiv vermag ich nicht zu erkennen. Insgesamt scheinen mir 5 Teile vorhanden zu sein [8].

Der Vertrag über den Bau der neuen Orgel wurde vom "Castenamt und dem Orgelmacher Stumm et Consorten von Rhaunen Sulzbach Churtrierischem Amt Schmidtburg" am 20.5.1778 geschlossen. Es unterschreibt Johann Henrich Stumm et Comp. Gemäß einer Quittung vom 8.4.1779 war auch der Neffe Joh. Philipp am Werk.

Die Disposition, ursprünglich mit Hauptwerk, Positiv und Pedal entworfen, erhielt zusätzlich ein Echo und einige Stimmen wurden über den Kontrakt hinaus geliefert. Dem Klang nach wurden gegenüber der sonst geübten Dispositionpraxis die Mixtur im HW von 3fach 1' auf 4fach 2' gesetzt und statt der Mixtur im Pos. eine Octav 1' geliefert.

5) Abdr. Wolff-Jung, BDkm, S. 239-42

6) Wolff-Jung, BDkm, S. 236, Anm. 1.

7) Wolff-Jung, BDkm, Fig. 268

8) Peine, S. 73 vermutet ein Rückpositiv und vermutet, daß das alte Gehäuse, etwas erweitert, in Sulzbach noch vorhanden ist. Die vermutete Disposition ist aus den vorhandenen Akten nicht mehr zu erschließen, da Lade und Register des Hauptwerks von Fr. Meinecke im Auftrag Wegmanns neugebaut wurden. Dort ist ebenfalls von dem neuen Orgelkasten die Rede. Reste des alten Werkes waren 1838 wohl noch in dem reich besetzten Pedal vorhanden. Von einem Rückpositiv ist bei dem Aufbauvertrag nicht die Rede, wie auch nicht 1838. Wenn es noch beim Kauf vorhanden gewesen sein sollte, so muß es von Wegmann entfernt worden sein. Aber ich glaube, dann wäre diese Arbeit in dem Aufbauvertrag erwähnt worden. Allzuviel scheint nicht übernommen worden zu sein. s. Sulzbach.

Manual C-d3
1. Groß Bordun 16' Baß Holz, Diskant Metall
2. Principal 8'
3. Gedackt 8' Baß Holz, Diskant Metall
4. Viola di Gamba 8' Metall
5. Quintathön 8'
6. Octav 4'
7. Flöte 4'
8. Sollicional 4'
9. Quint 3'
10. Superoctav 2'
11. Terz 1 3/5'
12. Cornet 5fach Diskant von c^1 - d^3
13. Mixtur 2' 4fach (1')
14. Cimbel 1' 2fach
15. Trompete 8' Baß
16. Trompete 8' Diskant

Positiv C-d3
17. Principal 4'
18. Hohlpfeif 8' Baß Holz
19. Flauto traverso 8' Diskant Birnbaum
20. Rohrflöte 4'
21. Quint 3'
22. Octav 2'
23. Klein Octav 1' im Vertrag Mixtur 1' 3fach
24. Krummhorn 8' durchs ganze Clavier
25. Vox humana 8' durchs ganze Clavier

Echo (über Kontrakt hinaus geliefert) 9)
26. Holpfeif 8' Baß Holz
27. Flöte 4' (gedackt)
28. Spitzflöte 4'
29. Octav 2'
30. Quint 1 1/3'
31. Krummhorn 8'
32. Vox humana 8'

Pedal
33. Principal 16' ab G im Prospekt
34. Subbaß 16'
35. Violon 16' Holz
36. Octav 8' Holz
37. Superoctav 4' über Kontrakt
38. Mixturbaß 2' 5fach
39. Posaune 16'
40. Clarine 4'
41. Kornett 2' über Kontrakt

9) Entwurf auf beigelegtem Zettel

Manualkoppel, Pedalkoppel, Tremulant im Positiv.
4 Bälge 6' x 11' [10]

Gleichzeitig wurden Vorschläge von Chr. Ernst Friderici, Fürstl. Sächsischer Orgelmacher in Gera am 16.5.1774 und Fr. Meynecke, Frankfurt, Werkmeister bei Wegmann, eingereicht.
Fridericis Entwurf wurde auch in Mainz, St. Ignaz, eingereicht [11].
Meynecke schlug folgende Disposition vor:

Manual

1. Quinthadena 16'	10. Quinta 3'
2. Principal 8'	11. Sesquialtera 3' 2fach
3. Salicional 8'	12. Rauschpfeif 2' 3fach
4. Viol di Gamba 8'	13. Mixtura 2' 6fach
5. Burdon 8'	14. Superoctave 2'
6. Octava 4'	15. Cornet 4fach 1'
7. Spitzflaute 4'	16. Trompet 8'
8. Blockflöth 4'	17. Hoboa 8'
9. Duetflöte 4' 2 Labia	

Positiv

18. Principal 4'	24. Quint 3'
19. Gedackt 8'	25. Octava 2'
20. Quintaden 8'	26. Flagolet 2'
21. Flöttraver 8'	27. Mixtura 1' 4fach
22. Fugara 4'	28. Fagota 16'
23. Flauthabec 4'	29. Vox humana 8'

3. Klavier im Oberwerk oder 3. Clavier delicate liebliche Mensuren

30. Lieblich Gedackt 8'	35. Gedackt 4' Holz
31. Flauth allemand 8'	36. Naßat 3'
32. Octava 4'	37. Octava 2'
33. Gemshorn 4'	38. Mixtura 1' 3fach
34. Salicional 4'	39. Krumhorn 8'

Pedal von starken durchdringenden Mensuren
40. Principal 16' von Zinn im Gesicht blank bollirt 8' es kann auch 16' als es die Höhe leidet
41. Contraviolon 16'
42. Subbaß 16'
43. Bommerbaß 8'
44. Violoncello 8'
45. Quintenbaß 6'
46. Octavenbaß 4'
47. Posaune 16'
48. Trompetenbaß 8'
49. Trompetenbaß 4'
Koppeln, Tremulant für Vox humana [12]

10) StAFfm A g II 3, 18. Abdr. H. Klotz, Vom rheinischen Orgelbau, in: Btrg. zur Musik im Rhein-Maas-Raum, Btrg. z. rh. MG Heft 19, S. 38 f. - Bösken, OB Stumm, Nr. 87 - Ag II, 18 verbrannt.
11) Abdr. Bösken, Quellen und Forschungen Bd. 1, S. 127 f.
12) StAFfm. A g II, 3

Zu Meyneckes Empfehlung wird hinzugefügt, daß er "bei 2 Prinzipalen (Joh. Christian Köhler und dessen Stiefsohn Philipp Ernst Wegmann) in 28 Jahren 56 Orgeln helfen verfertigen: Bamberg, Würzburg (Käppele), Limburg (St. Georg, Dom), Landau, Worms, Mayntz, Fulda, Lauterbach, Frankfurt-Dom, Frankfurt-Liebfrauen, Frankfurt-Barfüßer, Frankfurt-Peter und 6 selbständig: Mainz-Christoph, Ulrichstein".

Die Stumm bekamen den Auftrag. Am 26.1.1779 schrieb man wegen des Gehäuses, daß der Mannheimer Bildhauer keine Zeit habe, daß man in Rhaunen einen Straßburger von Geburt habe, Franz Martin, zu dem man bemerkte: "hat aber an den mehresten großen Höffen in Deutschland gearbeitet".

Am Sonntag vor Weihnachten 1779 wurde das Werk zum ersten Mal im Gottesdienst gespielt. Joh. Henr. Stumm schrieb am 2.12.1779 an das Konsistorium in Idstein, daß in Frankfurt Catharinen am Sonntag vor Christtag ein neus Werk eingeweiht würde von 3 Klavieren und "etlich 40 Register" und "zum ersten Male im Gottesdienst mit grossem Beyfall sich hat hören lassen..". Das Werk hatte die stattliche Summe von 8000 fl. gekostet [13])

Das Gehäuse weicht von den gewohnten Typen etwas ab:

In der Mitte sind die kleinsten Pfeifen in zwei übereinanderliegenden Rundflächen zusammengefaßt, wobei das obere Feld zum Positiv gehört. Diesem schließt sich auf beiden Seiten je ein größerer Rundturm mit 7 Pfeifen an. Je 2 schmale Harfenfelder mit 5 Pfeifen, fast an die Form eines Rundturms erinnernd, leiten zu den 2 größeren Rundtürmen über, die den Abschluß auf beiden Seiten bilden und wohl das Pedal enthielten. Sie beginnen tiefer unterhalb des Kastens und sind mit diesem durch Bogen verbunden [14]).

Am 28.6.1853 wird gemeldet, daß die Orgel in schadhaftem Zustande sei. Sie sei von dem OB Walcker untersucht worden. Ein weiterer Bericht wurde von B. Dreymann, Mainz, eingereicht. Der Frankfurter Meister Ebert war der Meinung, daß eine Reinigung genüge. Walcker reichte am 6.10.1852 einen Renovationsvorschlag "quasi Umbau" ein. Dreymann legte am 28.3.1853 einen Vorschlag vor, der zunächst den vorhandenen Bestand genau feststellte.

Es zeigte sich bei dieser Aufstellung, daß bis dahin kaum eine Veränderung an dem Stummschen Werk vorgenommen worden war, die Aufzählung entspricht in der Reihenfolge fast genau der des Originalvertrages.

An Änderungen waren - vermutlich durch die Gebr. Ebert 1829 oder schon durch Wegmann 1821 - durchgeführt: Versetzung der Terz 1 3/5' in Waldflöte 2' im Hauptwerk und Ersatz der Pedalmixtur durch einen Flötenbaß 8'.

Ebert hatte weitergehende Änderungen seinerzeit vorgeschlagen, die dem Dreymannschen Plan nach nicht zur Ausführung kamen: Quintatön 8' zu Quint 6', Cimbel 1' zu Krummhorn 16', Terz Discant eine

13) HStAWsb 133, Stadt Idstein 677

14) Das Gehäuse fiel dem letzten Krieg zum Opfer. Abb. in Wolff-Jung, BDkm, Fig. 251 - Peine, S. 142.

Oktav tiefer zu setzen, Terz Discant (gemeint ist wohl Cornett) aus dem HW ins Echo, Mixtur 2' im Pedal zu Gedacktquint 10 2/3', Cornettbaß 2' zu Gedacktterz 3 1/5', Ausführung für 180 fl.
Offensichtlich wurde schon um 1830 die Orgel der Stumm als zu hell empfunden und man versuchte, die notwendige Gravität zu erreichen, vor allem durch Einsatz der Aliquoten im Baß.
Der Plan Dreymanns versuchte das Manual etwas zu dunkeln durch eine Quint 6' im HW. Er war ein Gegner der hohen Aliquoten und pflegte auch anderwärts die Quint 1 1/3' oder Terz 1 3/5' durch einen 2' zu ersetzen. Die übrigen Vorschläge tendieren schon auf die dynamische Abtönungsmöglichkeit, wenn er die Harmonika 8', Dolce 4' und ein neues Salicional 8' im II. bzw. III. Manual vorsieht. Die sehr stark obertönige Vox humana 8' möchte er durch die klanglich bestimmtere Hautbois 8' zu ersetzen. Bezeichnend ist auch der Wunsch nach einer neuen Trompete 8'. Wenn auch Teile der Trompete sehr anfällig sind, so ist doch wohl die Änderung des Klangideals der Rohrwerke in dieser Zeit entscheidend. Darauf deutet auch der Ersatz neuer Pfannen und Zungen bei der Posaune 16'. Die Stärkung des Basses suchte er, wie Walcker und vorher auch Ebert, durch Ersatz des zweifüßigen Rohrwerks durch eine Quinte 10 2/3 zu erreichen.
Für diese Arbeit, neben der Erneuerung der Mechanik, Einbau neuer Klaviaturen und Balgreparaturen, forderte Dreymann 1685 fl.
Der Plan Walckers kann mit Recht als Umbauplan bezeichnet werden. Da nach diesem der weitere Umbau im wesentlichen erfolgte, möge er hier genauer dargelegt werden:

1. Principal 16', wozu Pfeifen des jetzigen Prinzipalbasses verwendet werden, die Fortsetzung neu in Zinn
2. Principal 8', alt, wegen des Prospekts so unzweckmäßig versetzt, daß die Töne ungünstig concentrieren, soll als Decoration belassen werden. Neu.
3. Bourdon 16', gedackt, alt, rep. Umfang um 3 Töne vergrößert
4. Viola di Gamba wird neu, alte Gamba kommt als Dolce 8' nach III.
5. Gedackt 8', alt, rep.
6. Neue Doppelflöte 8'
7. Quintatön 8', alt, rep.
8. Quint 5 1/3' fehlt, neu
9. Octav 4', alt, rep.
10. Salicional 4', alt, rep.
11. Gedackt 4', alt, rep.
12. Octav 2', alt, rep.
13. Quint 3', alt, rep.
14. Cornett 5fach, zur Hälfte vorhanden, soll durch 2 tiefe Octaven 2- und 3fach fortgesetzt werden
15. Mixtur 4fach, ihrem Namen nicht entspricht, als sie meist nur aus Octaven zusammengesetzt ist, die keine Wirkung geben, muß eine bessere Disposition erhalten, wozu 108 neue größere Pfeifen erfordert werden.

16. Cymbel 1' 2fach, ist ebenfalls winzig, muß durch einen größeren Chor von 54 Pfeifen zweckmäßig erweitert werden.
17. Trompete 8', neu

II. Manual.
1. Principal 8' tiefe Octav Holz, neu
2. Gedackt 16', Holz, neu
3. Gedackt 8', neu, doppelte Labien
4. Salicional 8', alt, rep. (Diese auch bei Dreymann erwähnte Stimme ist im Originalvertrag noch nicht enthalten.)
5. Flöte 8' Discant, tiefe Octav neu
6. Octav 4' aus Octav 4' von I, jetzige als Decoration
7. Flûte d'amour 4', Holz, neu
8. Rohrflöte 4', alt, rep.
9. Quint 3', alt, rep.
10. Octav 2', alt, rep.
11. Mixtur 2' 4fach, winzig klein, muß vergrößert werden, ganz neu substituiert werden.
12. Clarinett 8', neu, einschlagende Zungen
13. Krummhorn 8', alt, rep.

III. Manual
1. Geigenprincipal 8', tiefe Octav Holz, neu
2. Aeoline 8', tiefe Octav Holz, Gambenintonation, neu
3. Dolce 8', alte Gamba
4. Gedackt 8', alt, rep.
5. Physharmonika 8' zum schwellen
6. Traversflöte 4' überblasend, neu
7. Spitzflöte 4', alt, rep.
8. Gedackt 4', alt, rep.
9. Octav 2', alt, rep.
10. Quint 3', tiefe Octav neu (urspr. 1 1/3' rep. 2 2/3')

Pedal
1. Großoctav 16', offen, Holz, weite Mensur, neu
2. Principalbaß 16', Holz, als Ersatz des versetzten, neu
3. Subbaß 16', gedackt, sehr eng, 2 größten neu, continuiert
4. Violonbaß 16', alt, 3 große neu
5. Posaunbaß 16', alt, neue Krücken
6. Octavbaß 8', alt, rep.
7. Violoncello 8', Zinn, weil der alte blos ein schlechter Flötenton ist, keinen entsprechenden Charakter hat, neu
8. Flötbaß 4' alt, rep. (muß der alte Octavbaß 4' gemeint sein)
9. Clarine 4', alt, rep.
10. Cornettino 2' fällt aus
11. Quintbaß 10 2/3', fehlt, neu
12. Terzbaß 6 2/5' neu aus Violoncello

Es wurde ferner bemerkt, daß die Laden noch gut aber fehlerhaft construiert seien, so daß die Pfeifen dicht ständen. Es werden "enge un-

proporcionierte Cancellen" bemängelt, "die Pfeifen bei vollem Werk matt".
Die Laden sollen nach Walckers Konstruktion neu angefertigt werden, so daß jede Pfeife ihren eigenen Wind hat. (Kegelladen) Das Regierwerk muß erneuert werden, ein Fußtritt für crescendo und decrescendo eingebaut werden. Neben neuen Klaviaturen sollen 6 Bälge neu angefertigt werden.
Die Laden sollen in ihrer Lage verändert werden. Der alte Prospekt soll stumm als Fassade dienen. In der oben erwähnten unzweckmäßigen Versetzung der Prinzipalpfeifen war die Aufstellung nach den bildlichen Anforderungen des Prospekts gemeint, wo einzelne Pfeifen mit Kondukten mit der Lade verbunden wurden.. Der Gesamtpreis der Arbeit soll sich auf 6962 fl belaufen.
Zur Begutachtung gingen die Vorschläge an Dr. Schlemmer, Konsistorialassessor und den "gewesenen Domorganist zu St. Gallen", Carl Greith.
Im Dezember 1853 hatte Dr. Schlemmer, unterstützt durch Organist Keller, eine genaue Untersuchung des Werkes vorgenommen und gefunden, daß das Pfeifenwerk sehr verfallen und die Register mangelhaft wären. Zur Disposition wird bemerkt: "der Organist muß in den Stand gesetzt werden, bei zahlreicher Anwesenheit der Gemeindemitglieder von verschiedenen musikalischen Vorkommnissen den Chorgesang durch die Majestät, Kraft, Fülle und Tiefe des Orgeltons zu beherrschen, sicher zu leiten und aufs verschiedenartigste zu unterstützen". "Es muß die Orgel zur Kirche im richtigen Verhältnis stehen." Es war nicht allein die Reparaturfähigkeit, die hier zur Diskussion stand - heute versehen noch viele Orgeln der Familie Stumm ihren Dienst - sondern vor allem das veränderte Klangideal der Zeit. Der Stummsche Klang war demnach zu dezent und hell.
Den Dreymannschen Entwurf hatte man durch Dr. Schlemmer und Musikdirektor Messer prüfen lassen und fand ihn nicht für geeignet, auf die Dauer einen befriedigenden Stand zu garantieren, Bericht vom 21.4.1854.
Am 26.4.1853 hatte schon Dr. Schlemmer einen Vergleich zwischen Dreymann und Walcker gezogen und dabei aufgezeigt, daß Dreymann im wesentlichen das alte Werk bestehen lassen wolle, Walcker eine Vergrößerung anstrebe und den technischen Fortschritten "in der Mechanik und Akustik" gerecht werden wolle. Statt eines stark beschädigten alten "Orgelwerkes zweiten Ranges" wolle man ein neues Werk. Er hatte zwar Dreymann als Meister anerkannt: "Dreymann als solider und vortrefflicher Arbeiter bekannt". Nur war ihm der Vorschlag nicht genau genug ausgearbeitet, der von Dreymann dann auch in veränderter Form geliefert und wie oben erwähnt Schlemmer und Messer vorgelegt wurde.
Kurz vor dem endgültigen Senatsbeschluß reichte auch der hessische Orgelbauer Wilhelm Bernhard, Romrod, eine Bewerbung ein. Er bezog sich auf die Annonce im Frankfurter Anzeiger Nr. 139. Er erwähnte, daß er rund um Frankfurt im Hessischen verschiedene Werke geliefert habe. Er bezog sich vor allem auf Friedberg mit 16' Prin-

cipal und 32 Stimmen, auf Friedrichsdorf und Grünberg, letzteres mit 28 Registern. Nach dem Plan wird am 28.7.1854 ein Vertrag mit Walcker geschlossen über ein Werk von 53 klingenden Registern, der am 3.2.1855 ausgefertigt wurde.
Während der Arbeit meldete H. Spaich, der Associé Walckers, der anscheinend hier die Arbeit leitete, daß das Salicional 8' nicht mehr zu reparieren sei.
Am 12.12.1856 wird gemeldet, daß die Orgel geprüft werden könne.
Am 17.12.1856 wird die Orgel durch Dr. Schlemmer geprüft, der den Bericht am 16.1.1857 erstattet.
Endgültig hatte das Werk jetzt folgende Gestalt:

I. Pl16 Bd16 Pl8 Doppjubalfl8 Gd8 Gb8 Qtt8 O4 Sal4 Lbgd4 Q5 1/3 Q2 2/3 O2 Mxt4f2 2/3 Schf 1 4/5 durchgehend Corn2+2 2/3 Disk3f Tpt8 Klar8
II. Positiv. Gd16 Pl8 Fl8 Sal8 Gd8 O4 Rfl4 Flambl4 Q3 O2 Mxt4f2 Vxh8 einschl. Tpt8
III. OW Ggpl8 Gd8 Dolce8 Aeol8 Fltr4 Spfl4 Gd4 Q3 O2 Ob8
Ped. Plbß16 Sbß16 GrO16 Vlbß16 Vcl8 O4 Fl4 Q10 2/3 Pos16 Tpt8 Clar4 Corn2 [15]

Eine weitere Reparatur führte Walcker 1873 durch und fügte 1875 ein neues Gebläse ein und 1887 für 4300 Mk 10 neue Register [16].
Im Jahre 1909 wurde ein neues Werk von Steinmeyer, Öttingen, geliefert, das alte Gehäuse beibehalten. Die Klanggestalt:

I. Pl16 Bd16 Pl8 Gb8 Gd8 Seraphpl8 Sal8 Wienerfl8 Q5 1/3 O4 Rfl4 Gh4 Dolce4 O2 Corn3-5f8 Mxt3-4f 5 1/3 Tpt8 Clar8
II. Bd16 Pl8 Gd8 Kztfl8 Gh8 Qtt8 Dolce8 Pl4 Trfl4 Gd4 Fltino2 Progrharm 3-4f 2 2/3 Tptharm8 Ob8
III. Stillgd16 Ggpl8 Fug8 Tibia8 Echobd8 Aeol8 Vxcl8 O4 Fldam4 Sesq Vxh8
Ped. Sbß16 Plbß16 GrO16 Vl16 Bdbß16 Qbß10 2/3 Obß8 Vcl8 Flbß4 O4 Pos16 Tptbß8. Pneum.Tr. zerstört 1944 [17].

Als op. 3000 baute Walcker 1954 die jetzige Orgel von 55 Registern:
HW Grpl16 Qtt16 Pl8 Rfl8 Gh8 O4 NH4 Q3 O2 Mxt6-8f Schf3-4f Dulc16 Tpt8
RP Hzgd8 Pl4 Spillfl4 Schwig2 Siffl1 1/3 Schf4f Zink8 Kopfreg4
BW Hlfl8 Qtt8 Koppfl4 Pl2 O1 Tertian2f Schfzbl3f Trrg8
OW (SchwW) Pl8 Grgd8 Salc8 O4 O2 Blfl2 Sffl1 Q3Nas Terzzbl 6f Rank16 Kh8
Ped. Us32 Pl16 Sbß16 O8 Gdfl8 Gh8 O4 Blfl4 Nh2 Mxtmaj6f Pos16 Tpt8 Schalm4 Sgkorn2 Zimbelstern A=4 Glöckchen, harmonisch, B=5 Glöckchen unharmonisch.
Der Vertrag wurde abgeschlossen am 2.10.1953.

---

15) ZALKHN 23/280, 24/89
16) Wolff-Jung, BDkm, S. 237, 258.
17) Mitt. Wißmüller

Mech. Traktur, el-pn. Registertraktur.
Ein Gutachten vom November 1954 durch die Sachverständigen Paul Smets+, Mainz und Pfarrer Th. Wißmüller+ fiel sehr gut aus. Sie hatten das Werk entworfen. Eine sehr kritische Stellung nahm Jos. Ahrens, Berlin, am 19. 3. 1955 als Obergutachter hinsichtlich der Intonation und Disposition ein, wohingegen die technische Arbeit sehr gelobt wurde [18].
An der Nordwand der Kirche fand eine Chororgel Platz:
Mtfl8 Pl4 Rfl4 Pl2 Nas1 1/3 Mxt4-6f Sbß16 [19]
Diese Kleinorgel hat eine Vorgängerin in dem von Eule, Bautzen erbauten Positiv: Gd8 Pl4 Rfl4 Schf3-4f. mech. Tr. [20]

Frankfurt, Kath.-Apostolische Gemeinde

Neubau durch Gebr. Oberlinger. Abnahme durch H. Köhler, Frankfurt, 16. 7. 1959.
Po16 Pl8 Rfl8 O4 Gdfl4 O2 Sesq2f Mxt5f Flgt2f Tpt8
OW/SchW: Hzgd8 Spgb8 Pl4 Koppelfl4 Nas3 Pl2 Q1 1/3 Sffl1 Zbl4f Kh8
Ped: Sbß16 Obß8 Gh4 Nh2 Mxt6f Stpos16
NK. Schleifladen, mech. Tr. Reg. el-Pn. [21]

Frankfurt, St. Leonhard, kath.

Kurz vor der Einweihung des neuhergerichteten Chors und des Hochaltars am 22. 8. 1434 wurde das kleine Orgelwerk in das große eingebaut. Möglicherweise wurde ein Chorpositiv, das beim Neubau des Chors seinen Platz wechseln mußte, verwendet [22].
1432: Schwierig ist die Interpretation des Rechnungseintrages: "Item XII hl. den Schulern zu blaßen dar der Meyster daz kleyn Wergk in daz große regerit"
Anscheinend wurde hier dem größeren Werk ein kleines Werk eingebaut. So werden schon vor 1500 mehrregistrige Regale als Brustwerke oder Rückpositive eingebaut [23]
Ein sehr frühes Beispiel der Abstimmung eines großen und kleinen Werkes aufeinander, bzw. ihre Zusammenspielbarkeit, ist schon 1387 für Rouen, Kathedrale, belegt [24].
1452 wurde ein Schloß erneuert.
1459: Im Jahr 1459 wird eine Orgel an Meister Gonther, d. i. Günter Golt, verdungen, wie Lersner berichtet. Im Vergleich zu den Baukosten Golts im Dom ist das Werk entweder nicht sehr groß gewesen,

---

18) Wörtl. Abdr. der Gutachten: Peine, S. 199-204, Anm. 332
19) Peine, S. 202
20) Mitt. Wißmüller
21) Mitt. Oberlinger
22) Wolff-Jung, BDkm, S. 6. Rechnungseintrag vom Jahre 1432. Leonhard Bücher Nr. 53. Registrum custodiae. Die Einträge folgen am Schluß im Zusammenhang.
23) Mahrenholz, Orgelregister, S. 162

oder, was sehr gut möglich ist, wurde hier nur der Lohn für den Meister angegeben, alles andere vom Kapitel des Kollegiatstifts bezahlt [25].

1481 - 1525: Weitere Rechnungsposten handeln von den Organisten und kleineren Reparaturen.

Interessant ist vor allem der Eintrag in der Rechnung vom Jahre 1481. Es wird dem blinden Organisten 1 fl. 1 ß gereicht. Da 1525 Meister Arnold die Orgel stimmte, ist zu vermuten, daß es sich um denselben Meister handelt, nämlich Arnold Schlick. Er wäre hier in Frankfurt früh bezeugt.

1693: In diesem Jahr wird in den Kapitelsprotokollen von einem Orgelneubau durch den Bartholomäus-Organisten Steigleder berichtet: "Item conclusum est organum antiquum usque in aliud tempus pro meliore bono Ecclesia reservare et organario Steigleder pro novo organo ad interim de acceptis supra viginti quatuor imperialibus satis facere [26]. Nach der Säkularisation im Jahre 1802 wurde die Kirche 1809 wieder der kath. Gemeinde überwiesen.

1805: Die Orgel wurde 1805 für 70 fl an die ev. Gemeinde in Enkheim verkauft [27]. Aus den Enkheimer Archivalien ergibt sich, daß die Orgel von St. Leonhard am 5. 2. 1805 für 200 fl. gekauft wurde. OB Sier aus Offenbach stellt sie auf und baute Pedallade und Koppel neu. 1808 wird Bürgy mit einer Reparatur beauftragt. Aus dem Kostenvoranschlag des OB Link aus Reinhards vom 30. 4. 1848 ergibt sich die Disposition, die in dieser Form auch noch am 17. 4. 1871 in einem Kostenvoranschlag des OB August Ratzmann, Gelnhausen, bestätigt wird:

1. Principal 4' Prospekt
2. Gedact 8'
3. Gedact 4'
4. Octave 2'
5. Quinta 1 1/2'
6. Octave 1'
7. Sesquialtera 2 fach 1' Discant
8. Mixtura 3 fach 1/2'

Pedal:

9. Subbaß 16'
10. Octavebaß 8'

1695 baute Steigleder fast das gleiche Werk - ohne Sesquialter - für die katholische Gemeinde von Nastätten. s. d.

---

24) Item habuit die conversacionis S. Pauli in computacione X s. pro vel super aliquam innovacionem seu refectionem parvorum Organorum quae debet facere cantare per se quando placebat, et quando placebit cantare seu ludere insimul cum magnis organis et sic habuit super hoc XXXVII d. Nach Dufourcq der älteste Beleg für ein 2. Werk und seine Kopplung. N. Dufourcq, Documents inédits relatifs à l'orgue français, Paris 1934/35. Bd. I, S. 25. Es kann sich die Stelle auch auf eine gemeinsame Stimmung beziehen. Rücker glaubt, aus der Münsterrechnung von Basel 1443/44 eine ähnliche Anlage erschliessen zu können. Der Vorbehalt scheint berechtigt; denn zu dieser Zeit waren häufig schon mehrere Werke, zumindest ein großes und ein kleines vorhanden. Rücker, Oberrhein. Orgelbau, S. 112. Offensichtlich ist die Tendenz zum Einbau eines zweiten Werkes im burgundischen und oberrheinischen Raum im ersten Drittel des 14. Jh. aufgekommen. Kaufmann weist mit Recht auf die Bedeutung Dijons hin. W. Kaufmann, Der Orgelprospekt, Mainz 1949[3], S. 8 f. Das Wort regerit ist wohl zu regere gehörig und hat die Bedeutung einrichten, regulieren.

25) Peine, S. 23. - Wolff, BDkm, S. 31. - Lersner TII, B 2, S. 182

26) LB Chronik Nr. 18. Protokolle 1678-1710, fol. 75v von 1693. - Peine, S. 83

27) Hauptrechnungsbuch 1802-06, S. 33.

Die ehem. Leonhardsorgel wurde im Jahre 1910 durch ein neues Werk von Ratzmann, Gelnhausen, ersetzt [28].

1808: Der Leonhardskirche wurde laut Protokoll der Administration vom 1.6.1808 die Orgel der Dominikanerkirche überwiesen [29].

1867: 1867 baute E. Fr. Walcker ein neues Werk mit folgenden Registern:

I. Bd16 Pl8 Hlfl8 Gb8 Gd8 O4 Rfl4 Q3 O2 Mxt4f auf 5 1/3 rep. Corn5f auf 8' rep. Tpt8

II. Pl8 Fl8 Sal8 Dolce8 Gd8 Fl4 Nas3 Hautb8

Ped. Sbß16 Vlbß16 Obß8 Vlbß8 Pos16.

Kegelladen [30].

1957 wurde nach dem Kriege ein großes Werk von 57 Registern durch Walcker aufgestellt:

HW Qtt16 Pl8 Harfpf8 Rfl8 O4 Spillfl4 Q3 Hlfl2 Sesq2f Mxt4-6f Tpt8 Kopftpt 4

Pos. Gd8 Pl4 Hlfl4 Nas3 Rfl2 T1 3/5 O1 Zbl3f1 1/3 Ob8

BW Sggd8 Qtt8 Rfl4 Pl2 Sffl1 1/3 Schf4f Vxh8 Tr

SchW Itpl8 Fl8 Gh8 Undmar8 Pl4 Rq3 O2 T1 3/5 Rq3f Mxt5f Fag16 Helltpt8 Cl4 Tr

Ped. Plbß16 Sbß16 Zbß16 Qbß10 2/3 O8 Gdpo8 O4 Rgd4 Nh2 Mxt6f2 Pos16 Tpt8 Schalm4 [31]

Anhang:

Primum et secundum Registrum Custodiae (1432 - 1525 Leonhard)

1432 Item XII hl den Schulern zu blaßen dar der Meyster daz kleyn Wergk in daz große regerit

1452 Item VI hl fabro ad reformandum sero ante organum

1481 Item 1 gl. 1 ß dem Organisten dem Blynden (A. Schlick? sonst 1486 anläßlich der Krönung Maximilians in Frankfurt bezeugt zum 1. Mal. K. Berg-Kotterba, A. Schlick, MGG XI, 1817)

1491 II fl Organiste

1492 Item II fl VIII ß Organiste ecclesie nostre per annum integrum et festa deputata

Item VI ß organiste qu superaddidi organiste de anno preterito qui noluit esse contentus in duobus florenis

1493 Item XVI hl vor zwen Slussel zu dem Belchschanck und zu der undern Kirchthüre

Item XVI hl vor zwen Schlussel zu der Orgel

Item X ß III hl organistis von syben Festen zu orgeln

1494 Item II fl rectori scholarum Richardo de organo

1495 XII ß de organo Richardo quedam rectori scolarum 3 a p. Trium Regum

XX hl Organiste in corporali assumpcione beate Marie Virginis

XX hl Organiste in festo Leonhardi

---

28) Frdl. Mitt. Bernd Walz, Bad Vilbel

29) E. G. Gerhard, Geschichte der Säkularisation in Frankfurt/Main, Diss. Frankfurt, Paderborn 1935, S. 72. s. Dominikanerkirche.

30) Peine, S. 164

31) WWV Hausmitt. Nr. 21, Dezember 58, S. 24

1497 Item V ß vom etlichen Schaln zu machen an die Bleßbelgk an der Orgel dem Kistener
Item I ß vor Nagel die selben Schalen anzunageln
III fl. Rectori scolarum ratione organi pro salario suo dto. 1506 und 1501
1506: 1 alb vor 1 Schlossel zu der Orgeln
1508: Die Custodie hinder der Orgeln zu fegen Opperknecht II ß
1525: X h 1 Maß Wins Meister Arnolt dem Organisten von der Orgeln zu stymmen [32].

Frankfurt, Liebfrauenkirche, kath.

1361: Zum ersten Mal wird die Orgel anläßlich eines Hauskaufes für eine Schule erwähnt: "Anno 1361 wurde von U. L. Frauen Stift das Hausz, so neben der großen Kirchenthür hinter dasiger alten Orgel stunde, erkauft und zu eynem Schulhausz gemacht." [33]
Mit der Erhöhung der Kirche zu einem Kollegiatstift im Jahre 1325 war auch der regelmäßige Chordienst verbunden, der im allgemeinen den Bau einer Orgel nach sich zog. Im Ostportal der Südfront sieht man unter dem Türsturz in Relief einen Engel mit einem Portativ aus der 1. Hälfte des 14. Jh. [34] Dieses Ostportal ist wahrscheinlich gemeint bei der obigen Ortsbeschreibung.
1477 ist die Rede von dem Kauf einer Orgel, die Fr. Leonhard Merz gebaut hatte.
Hierüber erfahren wir aus dem Rechenbuch des Jeckel von Schwanau [35].
Nach Peine wurde Merz am 17.2.1477 mit der Aufstellung des Werkes beauftragt und soll 2 Jahre für die Arbeit benötigt haben.
1512: Eine neue Orgel wird 1512 vollendet. Ihr Bau steht möglicherweise in Verbindung mit dem neuen Chor, der am 15.8.1509 eingeweiht wurde [36]. Zu dieser Orgel hatte der Rat der Stadt auf bitten des Stifts genehmigt, daß man kostenlos das Holz liefern wolle [37].
Nach einer Inschrift, die bei dem Orgelneubau 1764 entfernt wurde, war 1589 ein neues "Orgelgesims" aufgestellt.
Nach dem Bericht über die baulichen Veränderungen in der Kirche von 1763 - 70 [38] begann man am 25.5.1763 "unten in der Kirche" den Abbruch des alten Orgelgestells von 1589, an dessen Stelle das Doxal für

32) StAF Leonhard Bücher Nr. 53
33) Peine, S. 15, Batton 4, S. 215
34) Wolff-Jung, BDkm, 122, 140
35) Peine, S. 34, StAFfm Almosenkasten B 3/zu 5, fol 47a - Wolff BDkm, S. 124 erwähnt eine Stiftung des Jeckel von Schwanau für Turm, Geläut und Orgel in Höhe von 400 fl nach einer Notiz des 17. Jh. in einem Extrakt aus Ratsprotokoll Bd. X. Er räumt dagegen ein, daß eine Urkunde des Liebfrauenstifts von 1479 nur von einer zinslosen Vorstreckung von 325 1/2 fl für den Turmbau spricht.
36) Wolff-Jung, BDkm, S. 125 - Peine S. 54, Anm. 121. Batton schreibt: "Die Orgel wurde 1511 gemacht" IV, S. 216. Offenbar ist der Beginn der Arbeit notiert.
37) Wolff-Jung, BDkm, S. 126
38) StAFfm. Liebfrauenbücher 64 Hist. Journal und Nachrichten.. eccl. Coll. BMV in Monte Francofurti 1763

die neue Kirche kommen sollte. Dieses stand im Westen; denn 1859 zeigten sich "Sprünge am Gewölbe im westlichen Theile der Kirche über der Orgel". Also wurde die neue Orgel 1764 im Westen erbaut und dafür mußte das Gestell oder Gesims von 1589 weichen. Der Ausdruck "Gesims" deutet auf die Stellung der Orgel auf einem vorstehenden Bauteil, so ähnlich wie im Dom der Konsolstein noch zu sehen ist an der Stelle, wo die große Orgel gestanden hatte.
Also ist wohl bei der Ortsbeschreibung von 1361 die Westtür der Südfront gemeint.
Wolff berichtet weiter aus der obiegen Beschreibung, daß am 30. Mai das "alte Doxal mit der Orgel und der Kreuzaltar vor dem Chor" entfernt wurde [39]. Über diesen Lettner und die Stellung der Orgel darauf sind wir durch eine schöne Zeichnung in dem oben erwähnten Liebfrauenbuch von 1763 genau unterrichtet.

Der untere Teil des Werkes zeigt links und rechts einen rechteckigen flachen Teil, in der Mitte einen Rundturm. Ein durchgehendes Gesims verbindet alle drei Teile. Dieser untere Teil ist durch Flügel verschließbar. Der obere Teil, auf ein Positiv weisend, ist wohl ein späterer Zusatz, da er ausgesprochen barocke Züge aufweist. Der untere Teil könnte wohl zu dem Bau von 1511/12 passen, den wir schon in einen Zusammenhang mit dem Chor-Neubau brachten, als wohl auch der Lettner gebaut wurde.
1763: Wie aus alledem zu entnehmen ist, ist der Orgel-Neubau von 1763 ein entscheidender Wendepunkt.
Das Ausweißen der Kirche brachte die Erneuerung in Gang. Am 21.5. 1763 wurde mit dem Frankfurter Orgelmacher Philipp Ernst Wegmann ein Vertrag abgeschlossen, nachdem man sich in Frankfurt und Mainz umgesehen hatte. So hatte auch der Mainzer Meister A. Boos einen Kostenvoranschlag auf Grund der gleichen Disposition gemacht [40]. Da Boos 2000 fl verlangte, Wegmann 1350 fl, nahm man diesen. Der Vertragstext: "Kund und zu wißen seye hiermit, daß nach gesetzten dato (conclusio capitularis, vide Protocollum de anno 1763 pag. 103- Praesentibus P. R. D. D. Petro Francisco Ludovico de Habermann Decano, Andreas Lincinius Scholastico, Henrich Petro Cunibert Cantore, Georgio Wilhelm Oberndorff, Henrich Bödinger, Stephano Lind, Francisco de Pfeiffer Canonicis Capitul(aribus) einmüthig...) zwischen Einem hochlöblichen Capitul zu Unser Lieb-Frauen und H. Weegmann, Bürger und Orgelmacher allhier, folgender aufrichtiger Accord geschlossen worden, betreffent ein gantz neues Orgelwerk, mit zwey Clavier und ein freyes Pedal wie folget:

Manuale:	fach	Fuß
1. Principal, von englisch Zinn	-	8
2. Grosgedackt, von Materie	-	8

39) Wolff, BDkm, S. 127 f.
40) Peine, S. 125-128. Peine läßt Boos in Frankfurt wohnhaft sein. Es wird sich aber wohl um den Mainzer Meister handeln, der dort in St. Peter gebaut hatte. In dem Vorwort zu dem Vertrag heißt es zudem, daß man "erst Kundschaft eines guthen verständigen Orgelmacher sowohl hier in Frankfurt, zu Meynz und anderen Orden eingehohlet"

3.	Dui Flauth, von Materie	-	4
4.	Octava " "	-	4
5.	Superoctava " "	-	2
6.	Quint " "	-	3
7.	Sesquialter " "	2	3
8.	Viol di Gam " "	-	8
9.	Mixtur " "	6	2
10.	Trompete, von Meynzer Zinn mit zertheilten Register	-	8

Vacanter Platz

Positiv:

1.	Principal, von Englisch Zinn	-	4
2.	Großgedackt, von Materie	-	8
3.	Kleingedackt " "	-	4
4.	Flageolet " "	-	2
5.	Mixtur " "	3	1
6.	Flauto traver, von Holz	-	8
7.	Vox humana, von englischem Zinn mit zertheilten Register	-	8

Vacanter Platz

Coppler Zug und Tremulant

Pedal		fach	Fuß
1.	Sub Baß, von Holz	-	16
2.	Violon Baß, offen, von Holz	-	8
3.	Octav Baß, offen, von Holz	-	4

Vacanter Platz

Alleß Pfeifenwerk von Metal, 3 Pfund Bley, 1 Pfund Zinn; ein jedes Clavier muß haben 49 Clavos die gantze Thon von Helfenbein, die Semithoni von schwarz Ebenholz. Daß Pedal 15 Clavos von Holz und alles Dratherenes von Messing, das Gehäuß von sauber türren Dannenholz und Bildhauerarbeit, also ausgezihret, wie der Riß anzeiget. Vier Blasbälg, jeder 10 Schuh lang, 4 oder 4 1/2 breid, alle wohl mit Leder und Leim versehen. Die Windlaten von guten alten Eigenholz; Alle Schlosserarbeit, die zum Werk nöthig, stellet der Orgelmacher, und die gantze Orgel in einem gutten, meisterhaften und brauchbaren Stand nach dem Riß die nechstkommente Weynachtsfeiern ferdig seyn soll. - Dargegen verspricht ein Hochlöbliches Capitul dem Orgelmacher zu zahlen, für das ganze neue Orgelwerk 1350 fl. und zwar in vier Terminen: den ersten Termin als bey Schließung des Contracts werden ihm 400 fl. bezahlet, den zweyten Termin als die bevorstehende Herbstmeß 200 fl., den dritten Termin bey Verfertigung des Orgelwerks 600 fl., den viereten Termin alß ein Jahr nach der Verferdigung werden 150 fl. bezahlet, welcheß zu mehrerer Bekräftigung in duplo contractmäßig verfaßet und von beyden Theilen eigenhändig unterschrieben, und alßo zur Vergleichung einem jeden Theil ein Exemplar gestellt.

So geschehen den 21. May 1763 PF. v. Habermann, Decanus BV
Ernst Weegmann, Bürger und Orgelmacher" 41)

41) Abdr. Peine, S. 125 f.

Am 28.11. begann Wegmann mit den Vorarbeiten zur Aufstellung des Gehäuses, am 9.6.1764 war ein Teilbau von 7 Stimmen fertig .. "ist die neue Orgel mit 7 Register einsweilen besetzt und das erste Mahl gebraucht und alsdann continuiert worden" [42]
Die alte Orgel verkaufte man nach Schwanheim für 150 fl. Schwanheim zahlte die Summe an das Stift: "Den 18. hatt die Schwanheimer Gemeind die alte abgebrochene Orgel um 150 fl. an sich erkauft. Den 19. Julii selbe bezahlt und abgelangt". [43]
Der gleichlautende Entwurf von J. A. Boos wurde schon erwähnt. Auf die Risse, die sich 1859 im Westen über der Orgel zeigten, wurde bereits hingewiesen. Dadurch wurde eine Renovierung notwendig. 1861/62 wurden die Arbeiten durchgeführt. Die Stadt bewilligte für eine neugotische Empore 4600 fl und für eine neue Orgel und Gehäuse 10696 fl. Die Orgel baute Walcker mit 35 Registern auf drei Manualen und Pedal [44].

I. Bd16 Pl8 Hlfl8 Gb8 Gd8 O4 Gh4 Q5 1/3 Q3 O2 Mxt5f auf 8'rep Tpt8
II. Pl8 Fl8 Dolce8 Gd8 Becherfl4 Fug4 Q3 Fl2 Corn3-4fauf 8'rep Clar8
III. Gd8 Sal8 Aeol8 Fl4 Ob8
Ped. Plbß16 Sbß16 Vlbß16 Obß8 Vl8 Fl4 Pos16 Tpt8

Nach der Zerstörung im 2. Weltkrieg wurde eine neue Orgel von J. Klais nach der Disposition von J. Klais, Dr. Fleury und Dr. Peine gebaut mit nachfolgenden Stimmen:

HW Gdpo16 Pl8 Rfl8 Weidenpf8 O4 Hlfl4 Spq3 O2 Mxt4-6f Tpt8
OW Lblgd8 Qtt8 Blfl4 Pl2 Rfl2 Sffl1 1/3 Sesq2f Schf4-5f Kh8 Tr.
Pos(SchW)Hzfl8 Gh8 Pl4 Qtt4 Schweg2 Mxt4f Sptzbl3f Dulc16 Schlm8 Tr
Pcd. Plbß16 Us16 Ztbß16 O8 Gd8 Chbß4 Nh2 Mxt4f Pos16 Tpt8 Zink4
NK.2 fr.Komb.Regwalze, Tutti.
OW-Prospekt Blfl4. Rfl2 (OW) nach Schnitgermensur [45].

Frankfurt, Lukaskirche, ev.

Im Jahre 1912 erbaute Walcker eine Orgel von 65 Registern mit el. Traktur:

I. Pl16 Bd16 Pl8 Gb8 Hlfl8 Gh8 Sal8 O4 Rfl4 Q3 O2 Mxt4f2 Corn3-5f8 Zbl3f Basson16 Tpt8
II. Bd16 Flpl8 Fug8 Rfl8 Qtt8 Kztfl8 Sal8 Dolce8 Ggpl4 Trfl4 Fltino2 Mxt3-5f3 Corn3-5f8 Horn8 Ob8
III. Qtt16 Pl8 Vl8 Vxcl8 Lbgd8 Flharm8 Qtt8 Dolce8 Pl4 Vla4 Fldo4 Picc2 Sesq Klar8
Fernw. Echogb8 Vxang8 Bd8 Spfl8 Qfl4 Vxh8

42) Peine, S. 127. Liebfr. B. 64, S. 25, 41, 49.
43) HStAWsb 166 GR
44) Wolff-Jung, BDkm, S. 129, 147. Disposition: Peine, S. 164
45) Peine, S. 212 f.

Ped. Pl16 Vlbß16 Sbß16 Qttbß8 Salbß16 Gdbß16 Qbß10 2/3 Obß8 Bßfl8 Chbß4 Pos16 Tpt8 Fag16
Diesem Werk folgte 1956 ein neues mit 34 Registern [46].

Frankfurt, Lukas-Gemeindehaus, ev.

Für diesen Raum lieferte Steinmeyer ein kleines Werk mit 6 Registern:
I. Ggpl8 Lblgd8 Dolce4
II. Fl8 Sal8 Sbß16 pneum. Tr. [47]

Frankfurt, Lutherkirche, ev.

1894 erbaute Steinmeyer die Orgel mit folgenden Registern:
I. Bd16 Pl8 Gd8 Gb8 Sal8 Tibia8 O4 Gh4 O2 Korn3f8 Mxt3f3
II. Ggpl8 Kztfl8 Lblgd8 Aeol8 Trfl4 Fug4
Ped. Sbß16 Vlbß16 Obß8 Vcl8 Pos16 Pneum. Tr. [48]
Diesem Werk folgte nach dem Kriege ein Werk von Walcker im Jahre 1955:
HW Gdpo16 Pl8 Rfl8 Gb8 O4 Gd4 O2 Blf2 Sesq2f Mxt5-7f1 1/3 Tpt8
RP Hzgd8 Nh4 Pl2 Ql 1/3 Schf4f Reg8 Tr
Seitenw. Hlfl8 Qtt8 Pl4 Koppelfl4 Nas3 Spfl2 Sffl1 Zbl4f1/2 Dulc16 Kh8 Tr
Ped. Plbß16 Sbß16 Obß8 Spfl8 Rgd4 O2 Mxt6-8f3 Lbpos16 Klar4
Mech. Schleiflade. Der Abnahmebericht von G. Bochmann ist datiert vom 19.7.56 [49].

Frankfurt, Mädchenheim der Franziskanerinnen, kath.

Im Jahre 1930 baute Walcker eine Orgel von 14 Stimmen:
I. Pl8 Flamab8 Nh4 Nas3 Blfl2
II. (SchwW) Lbgd8 Sal8 Vxcl8 Klpl4 Zartfl4 Harmaeth3f2
Ped. Sbß16 Sanftbß16 Obß8 Tr ganze Orgel [50]

Frankfurt, Maria-Hilf-Kirche, kath.

In die 1950 erbaute Kirche setzte J. Klais 1956 als op. 1043 eine Orgel mit folgender Klangform:
HW Gdpo16 Pl8 Hzgd8 Spfl4 Nas3 Schweg2 Mxt4-5f1 1/3 Tpt8
OW Rfl8 Spgd8 Pl4 Qtt4 Nh2 Sffl1 1/3 Schf3-4f1 Kh8
SchwW. Gh8 Blfl4 Pl2 Sesq1-2f

46) Mitt. Wißmüller - WWV
47) Mitt. Wißmüller
48) Mitt. Wißmüller
49) Hausmitt. Walcker 17. Febr. 1957, S. 28 - Musik und Kirche Jg. 27 (1957) S. 255
50) Mitt. Walcker

Ped. Sbß16 Gdpo16 O8 Gdpo8 O4 Gdpo4 Chfl2 Pos16
NK Gdpo16 auf Transmissionslade. 2fr.Kb.Ped und SchW auf Kegellade, HW, OW auf Schleiflade. El. Spiel- und Registratur [51].

Frankfurt, Markus-Gemeindesaal, ev.

Paul Ott stellte 1950 folgendes Werk auf:
HW Hzgd8 Pl4 Gh2 Sffl1 Tertian2f Sord16
Pos. Qtt8 Rfl4 O2 Nas1 1/3 Schf4f Kh8
Ped. Sbß16 Spfl8 Nh2 Dulc16 Reg4 [52]

Frankfurt, Matthäuskirche, ev.

In das von dem Erbauer der Kirche, Prof. Pützer, Darmstadt, entworfene Gehäuse stellte im Jahre 1905 Steinmeyer ein neues Werk. Es fand im Turmgewölbe neben dem Chor seine Aufstellung. Der Prospekt des im Kriege zerstörten Werkes war ein freier mit z. T. bemalten bronzierten Zinkpfeifen mit pflanzlichen Ornamenten, dem Jugendstil verwandt.
Die von Chr. Fr. Mack, Organist zu St. Paul, C. H. Hartmann, Domkapellmeister und H. Gelhar, Lehrer am Hochschen Konservatorium und Organist an der deutsch-ev. reformierten Kirche, vorgenommene Abnahme fand ihren Niederschlag in dem Bericht vom 17. 5. 1905. Die mit Röhrenpneumatik versehene Orgel hatte folgende Register:
I. Manaual 56 Töne
Pl16 Pl8 Gb8 Seraphonfl8 Sal8 Gd8 O4 Rfl4 Q3 Mxt3-4f2 Cctavin2 Tpt8
II. Manual 68 Töne
Bd16 Pl8 Seraphonfug8 Tibia8 Viol8 Qtt8 Wienerfl8 Ggpl4 Gh4 Cornettino4f4 Lbob8
III. Schw. 56 Töne
Stgd16 Ggpl8 Aeol8 Vxcl8 Lblgd8 Kztfl8 Vla4 Trfl4 Sesq2f3
Ped. 30 Töne
Plbß16 Vbß16 Sbß16 Bdbß16 (III)Qbß10 2/3 Obß8 Vcl8(III) Flbß4
NK SpII/I SbII/I 3frKb. [53]
Nach dem Kriege lieferte Walcker zunächst 1953 ein kleines Werk von 8 Registern.
1956 folgte das große Werk mit 47 Stimmen:
HW Pl16 O8 Rfl8 Gh8 O4 Nh4 Q3 Flfl2 O2 Mxt6f Schf4f Rpo16 Tpt16 Tpt8
RP Gd8 Qtt8 Pl4 Koppelfl4 Nas3 O2 Blfl2 Sesq2f Oberton2f Sffl1 Schf4-6f Rank16 Englhorn8 Tr
BW Hzgd8 Rfl4 Pl2 Wfl2 Terzian2f Sffl1 Kh8 Zbl3f Tr

---

51) Mitt. PfAmt
52) Mitt. Fr. Vogel
53) Prosp. Steinmeyer mit Abb. 1905

Ped. Pl16 Sbß16 Nas10 2/3 O8 Po8 Metfl4 Nh2 Rschpf4f Mxt6-8f Pos16 Tpt8 Schalm4
Schleiflade mit mech. Tr. Reg. el. 54)

Frankfurt, Matthäus-Gemeindesaal, ev.

Steinmeyer erbaute 1914 ein Werk mit folgenden Registern:
Bd16(II) Pl8 Fl8 Fug8 Sal8 O4 Ob8 (II)
II. Gb8 Dolce8 Gd8 Vxcl8 Solofl4 Q3 Picc2 Tfl1 3/5 Ob8
Ped. Sbß16 Ztbß16 Vcl8 Pneum. Tr.
Das von Walcker umgebaute Werk steht jetzt in Sickenhofen bei Babenhausen 55).

Frankfurt, Musikausstellung 1927

Musik im Leben der Völker. Instrum. Ausstellung vom 11.6. bis 28.8.1927

Walcker stellte ein Werk von 53 Stimmen:
I. C-c^4 Pl16 Großpl8 Ggpl8 Bd8 Zartfl8 Gdq5 1/3 O4 Doppfl4 Rschq2 2/3+2 Corn1-5f8 Mxt2-4f Horn8
II. Gd16 Hornpl8 Kztfl8 Qtt8 Sal8 Gh4 Orchesterfl4 Qfl2 2/3 Bachfl2 Tfl1 3/5 Zbl3-5f Vxh8
III. (SchwW)Schwpl8 Rfl8 Gh8 Viola8 Vxcl8 Qtt4 Nh4 Schwig2 Harmaeth3f Dulz16 Fag-Ob8 Tpt4 Celesta
Ped. GrBd32 Flbß16 Ktrbß16 Sbß16 Gdbß16 Vcl8 Bßfl8 Chbß4 Pedmxt5f Ktrtub32 Rankettbß32 Pos16 Dulzbß16 Tpt8 55a)
Im Haus Werkbund im Haydnsaal war eine Orgel von Fr. Weigle:
I. Gb8 Gd8 Sal8 Rfl4
II. Wienerfl8 Dulciana8 Vxcl8 Trfl4 Solotpte8
Ped. Sbß16 Harmonikabß8 Schwellwerk für die ganze Orgel.
NK SbII/I, Sp II/I. Vorführungen zeigte W. H.Simmermacher 56).

Frankfurt, Musikhochschule: Dr. Hoch'sches Konservatorium
Hochschule für Musik und Darstellende Kunst

Das Hoch'sche Konservatorium, gegründet 1878, entwickelte sich zur Hochschule für Musik.
Für das Hoch'sche Konservatorium baute Walcker im Jahre 1888 folgendes Werk:
I. Pl8 Bd16 Gb8 Fl8 Rfl4 O4 Mxt3f2 2/3
II. Lbgd8 Aeol8 Fldolce4 Ob8
Ped. Sbß16 Vcl8 57)

54) Hausmitt. Walcker 1957/17, S. 41
55) Mitt. Wißmüller
55a) Mitt. Walcker
56) Mitt. Wißmüller
57) Mitt. Walcker

Eine weitere Orgel für die Hochschule stellte R. v. Beckerath, Hamburg, im Jahre 1960 auf.
HW Qtt16 Pl8 Rfl8 Spfl8 O4 Koppelfl4 Q3 O2 Blfl2 Mxt5-6f Tpt8
SchwW Metgd8 Qtt8 Pl4 Hlfl4 Nas3 O2 T1 3/5 Sffl1 Schf4f1 Rank16
Kh8 Tr.
Ped. Pl16 Sbß16 Obß8 Spgd8 Metfl4 Nh2 Mxt5f2 Pos16 Tpt8
Schalm4 58)

Eine neue Studienorgel lieferte im Jahre 1956 Förster und Nicolaus, Lich:
HW Hzgd8 Pl4 Blfl2 Schf3-4f
BrW Reg8 Rfl4 Pl2
OW Qtt8 Metgd4 O1
Ped. Sbß16 Obß8 Gh4 59)

1967 erbaute W. Bosch, Niestetal-Sandershausen, als op. 455 folgendes Werk:
HW Hzgd8 Pl4 Blfl2 Schf4f1 1/3
BrW Reg8 Rfl4 Pl2
OW Qtt8 Metgd4 Siffl1
Ped. Sbß16 Pl8 Koppelfl4 NK. Mech. Spiel- und Reg. Tr. 60)

Von demselben Meister wurde als op. 597 im Jahre 1970 folgendes Werk geliefert:
HW Hzgd8 Blfl2
OW Qtt8 Gd4 Siffl1
Ped. Sbß16 Rfl4
NK Mech. Spiel- und Reg. Tr. 61)

Frankfurt, Neuapostolische Gemeinde, Moltkestraße

Das 1908 von Gebr. Link erbaute Werk hat folgenden Aufbau:
I. Pl8 Gb8 Lbgd8 Sal8 O4 Corn3-4f
II. Lbgd16 Ggpl8 Kztfl8 Aeol8 Vxcl8 Trfl4 Vla4
Ped. Sbß16 Lbgdbß16(II) Vlbß8 Pneum. Tr. 62)

Frankfurt, Neuapostolische Gemeinde, Sophienstraße

Für diese Gemeinde bauten ebenso Gebr. Link im Jahre 1925 ein Werk mit 15 Registern 63).
I. Pl8 Gb8 Lbgd8 Sal8 O4 Corn3-4f (Rfl4 Q3 O2 T1 3/5)
II. Lbgd16 Ggpl8 Kztfl8 Aeol8 Vxcl8 Trfl4 Vla4
Ped. Sbß16 Lbgdbß16(Tr) Vlbß8
NK SpII/I bis g3 durchgeführt, desgl. II/II 64)

---

58) Musik und Kirche Jg. 33 (1960) S. 47
59) Peine, S. 190
60) Mitt. Bosch
61) Mitt. Bosch
62) Mitt. Wißmüller
63) WVLink
64) Mitt. Link

Frankfurt-Nied

Im Jahre 1830 erbaute man eine Simultankirche, an der auch die Gemeinde von Griesheim beteiligt war. 1833 baute man eine neue Orgel, an der sich die Zivilgemeinde mit einem Drittel der Kosten beteiligte, das übrige deckten freiwillige Gaben 65).
Orgelbauer Gebr. Ebert, Frankfurt, die Nachfolger in der Wegmann-Werkstatt, wollten ein Werk mit 12 Registern für 800 fl. liefern. Oberkirchenrat Genth bemühte sich um diese Angelegenheit. Er bemerkte: "Ich bat einen jungen Mann von Dreymann einen Riß und Angebot zu machen. Das war Friedrich Voigt geb. Sachse nach Igstadt recipiert".
Dreymann konnte nämlich keine Orgel vor 2 Jahren liefern. So akkordierte man mit Voigt. Der Vertrag wurde am 13. 4. 1833 genehmigt. Genth stellte einige charakteristische Stimmen von Ebert und Voigt nebeneinander, um so die modernere Art von Voigt neben der etwas konservativeren Weise Eberts zu zeigen:

Ebert	Voigt
Principal 4	Principal 8
-	ein weiterer Achtfuß
Fl. travers4'	Octav 4'
Octav 2'	Octav 2
Terz 1 3/5	-
Quintatön 16	Bordun 16

Frankfurt-Nied, ev.

Im Jahre 1908 wurde die bisherige Simultankirche als ev. Kirche übernommen. Steinmeyer erbaute eine neue Orgel:
I. Pl8 Gb8 Doppgd8 Gh8 Dolce8 O4 Rfl4 O2(aus Mxt) Mxt3-4f3 Tpt8
II. Bd16 Ggpl8 Kztfl8 Lbgd8 Sal8 Aeol8 Vxcl8 Fug4
Ped. Sbß16 Vlbß16 Ghbß16(II) Obß8 Vcl8 Chbß4(I) Pos16 Tpt ab c(I)
Pneum Tr. 66)

Frankfurt-Nied., S. Markus, kath.

1907 erbaute die kath. Gemeinde eine neue Kirche. Man übernahm die alte Orgel von Voigt für 150 Mk 67). Diese wurde abgelöst durch einen Neubau von Walcker im Jahre 1926; op. 2120:
I. Gd16 Pl8 Bd8 Rfl8 Fug8 Dulciana8 O4 Klfl2 Mxt2-5f Tuba8
II. Schwellpl8 Sal8 Kzfl8 Qtt8 Spfl4 Fug4 Flgt2 Sesq Klar8

---

65) J. Benner, Chronik des Dorfes Nied/M, 1910, S. 62
66) Benner, S. 82, Festschrift zur Einweihung der umgebauten ev. Kirche Nied 1908. von O. Schmidtborn, S. 5 - ZALKHN 1/2692
67) Benner, S. 81

III. Aeol8 Vxcl8 Rfl8 Gb8 Ggpl8 Qtt16 Nh4 Schweg2 Harmaeth3f Horn8 Q3
Ped. Us16 Echobß16 Ktrbß16 Bßfl8 Vcl8 Chbß4 Bßtuba16 Plbß16
NK SbIII/II, III/I, II/I; SpIII/II, III/I, II/I SPI.

Am 30.1.1971 wurde anläßlich der Hundertjahrfeier der Gemeinde eine neue Orgel eingeweiht, die J. Klais, Bonn, erbaute:
HW Po16 Pl8 Flharm8 O4 Hztraverse4 Oktavin2 Septsesq1-3f Mxt5f Tpt8 Clair4
Pos. Hzgd8 Qtt8 Koppelfl4 Nas3 Pl2 T1 3/5 O1 Zbl3f Vxh8 Tr.
SchwW Rfl8 Gb8 Vxcl8 Pl4 Spgd4 Wfl2 Quintan1-2f Schf4f Hautbois8 Tr.
Ped. Pl16 Sbß16 O8 Gh8 O4 Rfl4 Rschpf3f Pos16 Kopftpt4
NK 3frKomb. 68)

Frankfurt-Niederrad, kath.

Für die 1932/33 erbaute Kirche kaufte man 1961 die 1949 von Förster und Nicolaus erbaute Orgel für die Dreikönigskirche in Sachsenhausen. Sie hat heute folgende Stimmen:
HW Gdpo16 Pl8 Rfl8 Gb8 O4 Nhgd4 O2 Blfl2 Sesq2f Mxt5-6f Fag16 Tpt8
OW Hzgd8 Pl4 Rfl4 Nas3 Spfl2 Sffl1 Klzbl3-4f Kh8
BW Qtt8 Gd4 Pl2 Q1 1/3 Schf5f Reg8
Ped. Plbß16 Sbß16 Qbß10 2/3 Obß8 Gdbß8 O4 Rgd4 Pl2 Nh2 Pedmxt4f Zbl3f Pos16 Tpt8 Klav4
NK El. Tr. 69)

Frankfurt-Niederursel, ev.

Am 17.7.1756 wird dem gräflichen Konsistorium ein "Gesuch wegen Anschaffung einer Orgel" präsentiert. Die Gelegenheit war günstig. Es bot sich ein Werk von 10 Registern zum Preis von 100 fl. an "so Dr. Seif in Frankfurt in seinem Haus gehabt, und vermög seiner üblen Haushaltung verkauft wird am 27.7. in Frankfurt. Man bittet um gräfliche Genehmigung."
Zur Finanzierung wird noch berichtet: "es seyen vor 12 Jahren 50 fl. legirt worden zur Anschaffung einer Orgel, mit Interessen heute 80 fl." Man habe die Orgel durch Sachverständige prüfen lassen, z. B. durch denjenigen der an hiesiger Orgel den Bestand hat "und dermahlen zu Schwanheim arbeitet".
Also war schon vor dieser Zeit eine Orgel vorhanden, die anscheinend nicht mehr den Ansprüchen genügte.
Die Orgel war von Dr. Seif für 800 fl. angeschafft worden, wie am 21. 7.1756 gemeldet wird.
Die gräflich Solms-Rödelheimsche Regierung schreibt an den Schultheiß Wenzel am 13.9.1756: "Da die Seiffische Orgel wegen der kost-

68) Programm Einweihung
69) Mitt. Org. Höckel

bahren Einlegungen und Zierrathen sich eher für eine Schloß- oder Hoffcapelle als in der Niederurseler Kirche schickt, ... so wird der Ankauf nicht ratsam sein".

Das Äußere der Orgel war für Niederursel offensichtlich zu vornehm. Die kleinere Gemeinde lief anscheinend Gefahr, die gräfliche auszustechen?

Was weiter geschah, konnte nicht geklärt werden.

Nach dem Amtsbericht vom 20.8.1801 bittet die Gemeinde "bei dem Homburger Orgelmacher accodiren zu dürfen, was am 15.8.1801 genehmigt wurde. Am Himmelsfahrtstag, am 27.5.1802, solle die Orgel zum ersten Mal gespielt werden.

Es kann sich also nur um ein Werk des Homburger Meisters Bürgy handeln. Dafür spricht auch die Aufzählung dieser Orgel unter den gebauten Instrumenten in der Lebensbeschreibung Bürgys [70].

Es ist erstaunlich, daß in verhältnismäßig kurzer Zeit (nach Peine 1835) ein Neubau durch B. Dreymann, Mainz, errichtet wurde. Peine schreibt die Orgel, die heute in St. Bonifaz in Frankfurt steht und 1927 von Niederursel, ev. Gemeinde, nach dort verkauft wurde, diesem Meister zu. Er verzeichnet zur Zeit der Arbeit um 1956 folgende Disposition in Frankfurt:

Principal 8'
Gedackt 8'
Salicional 8'
Octav 4'
Flöte 4'
Doublette 2fach
Subbaß 16
Octavbaß 8'
Schleifladen mit mech. Tr. [71]

Ganz ungewöhnlich bei Dreymann ist die Bezeichnung Doublette 2' + 1 1/3'. Ist sie ein späterer Zusatz? oder wurde das Register umbenannt? s. Frankfurt-Bonifatius.

Nach dem Neubau der Kirche im Jahre 1927/28 erstellte 1928 Walcker ein neues Instrument folgender Form:

I. Pl8 Bd8 Gb8 Sal8 O4 Cornmxt3-4f2
II. Lbgd16 Ggpl8 Rfl8 Lbgd8 Aeol8 Vxcl8 Trfl4 Qfl3 Picc2
Ped. Sbß16 Ztbß16 Obß8 Vcl8 Basson16. Pneum. Tr. [72]

Frankfurt, Alt-Nikolaikirche

Die den Römerberg beherrschende Nikolaikirche, ursprünglich Ratskirche, wechselte mehrfach ihren Zweck und wurde entscheidend in den Jahren 1842-47 renoviert.

Im Zusammenhang mit diesen Arbeiten und der Wiederindienststellung

70) Gr A Solms-Rödelheim, Laubach, Nieder-Ursel XII, 4. Hs. Förster
71) Peine, S. 156
72) Mitt. Wißmüller

für gottesdienstliche Zwecke, wurde die Orgel der Kirche des Hl. Geist-Spitals auf der östlichen Ecke der Empore aufgestellt.
Sie war 1826/27 von Orgelbauer Wegmann aufgestellt und bei der Überführung 1846 durch die Gebr. Ebert, Nachfolger Wegmanns, repariert und mit einem neuen Gehäuse versehen worden [73].
Ein Nachfolgewerk erbaute Walcker 1858 mit der Disposition:
Bd16 Pl8 Trfl8 Gb8 Dolce8 Grgd8 O4 Klgd4 Q3 Wfl2 Mxt3f1 1/3
Tpt8 2 Züge.
Sbß16 Obß8 Vl8 Pos16. Mech. Traktur [74].
1955 baute H. Voigt, Höchst, nach Disposition und Mensuren von E. K. Rößler eine neue Orgel:
HW Pl8 Rpo8 O4 Nas3 Mxt6f2
OW Gd8 SgNh4 O2 Ghq1 1/3 Zblmxt4-5f1 Rkh8 Tr.
Ped. Sbß16 Trgd8 Gh4 Doppelrfl2 Mxt3f3 NK
Geplant ist im HW Schweizerpf2, im Pedal Tpt8 und Erweiterung der Pedmxt auf 5f 5 1/3 [75].

Frankfurt, Neue Nikolaikirche

1909 baute Steinmeyer folgendes Werk:
I. Bd16 Pl8 Doppelfl8 Gb8 Gd8 Dolce8 O4 Rfl4 Fli2 Mxt3-4f3 Tpt8
II. Qtt16 Pl8 Kztfl8 Sal8 Lbgd8 Aeol8 Vxcl8 Fldo4 Fug4 Picc2 Sesq2f Ob8
Ped. Ktrbß16 Sbß16 Lbgd16(I) Obß8 Vcl8 Pos16. Pneum Tr.
1961 stellte W. Bosch, Kassel, ein neues Werk auf:
HW Gdpo16 Pl8 Rfl8 O4 Spllpf4 Blfl2 Mxt4f Tpt8
OW Gd8 Harfpf8 Pl4 Nh4 Nas3 O2 T1 3/5 Klzbl3f Rank16 Kh8 Tr
BW Spgd8 Koppelfl4 O2 Schwigl Schf4f Reg8
Ped. Pl16 Sbß16 Q1 Obß8 Spfl8 Rpo4 Rschpf4f Nh2 Tpt8
Scheiflade, mech. Tr. [76]

Frankfurt-Nord, ref.

1971 baute A. Führer, Wilhelmshaven, ein Werk mit nachfolgender Disposition:
HW Rfl8 Pl4 Gdfl4 Gh2 Q1 1/3 Mxt4f1 Dulz8
RP Gd8 Blfl4 Pl2 Sesq2f Schf3f2/3
Ped. Sbß16 O8 O4 3NK [77]

73) Wolff-Jung, BDkm, S. 44, 53
74) Mitt. Wißmüller
75) Peine, S. 209
76) Musik und Kirche, Jg 31 (1961) S. 47
77) Mitt. Führer

Frankfurt-Nordweststadt, St. Matthias, kath.

Im Jahre 1970 baute J. Klais, Bonn, folgendes Werk:
HW P18 Rgd8 O4 Blfl4 O2 Lrgt1 1/3 Sesq1-3f 2 2/3 Mxt5f 1 1/3 Dulz16 Tpt8 Tr.
SchW Hzfl8 Sal8 P14 Koppelfl4' Nas3 Flgt(überbl.)2 T1 3/5 O1 Schf4f1/2 Hautbois8 Tr.
Ped. Sbß16 Gh16 Plbß8 Hzgd8 TenorO4 Rfl4 Rschpf3f 2 2/3 Pos16
Nk. 2frKomb. Schfl. Mech. Spieltr. El. Reg. [78]

Frankfurt-Oberrad, ev.

Auf ein Gesuch des Pfarrers am 16.11.1829 um Reparatur der Orgel stellt OB Ebert fest, daß das Werk schon 30 Jahre lang nicht mehr ausgeputzt, intoniert und gestimmt worden ist. Für die Arbeit verlangt Ebert 140 fl. und erhielt außerdem für die Orgel nach Frankfurt zu fahren und zurück zu bringen 2 xr [79].
Im Jahre 1914 bauten Gebr. Link die neue Orgel mit den Stimmen:
HW Bd16 P18 Doppelgd8 Portunalfl8 Sal8(II) Gb8 O4 Rfl4 Q3 O2 Korn3-5f8(II) Mxt3-4f4 Tpt8
OW Qtt16 Flpl8 Gh8 Kztfl8 Spfl8(III) Rfl8 Sal8 Fug8 P14 Trfl4 Korn3-5f8 Zbl3f1 Ob8(III)
SchW Lblgd16 Ggpl8 Spfl8 Lbgd8 Qtt8 Aeol8 Vxcl8 Fldo4 Fug4 Picc2 Ob8
Ped. Ktrbß16 Flbß16 Gdbß16(III) Sbß16 Qbß10 2/3 Obß8 Vcl8 Chbß4 Pos16
Im Jahre 1939 wurde dieses Werk durch die Erbauer einer klanglichen Erneuerung unterzogen und erreichte folgendes Bild:
HW Qtt16 P18 F18 Spfl8 O4 Rfl4 Q3 O2 T1 3/5 Mxt4f1 1/3 Tpt8 Kornettzug 3f aus F18 Q3 T1 3/5
OW Rfl8 Hzfl8 Qtt8 P14 Qfl4 Rnas3 Spfl2 Sffl1 Zbl3f1 Kh8 Reg4 ab c2 16 Tr.
SchW P18 Gd8 Gh4 Rgd4 Blfl2 Q1 1/3 Schf3-4f1 Sgreg8. Aeol8 Vxcl 8
Ped. Ktrbß16 Sbß16 Qbß10 2/3 Obß8 Gdbß8(III) O4 P12 Mxtbß6f4 (darin O4 und P12) Pos16
Der Vergleich dieser beiden Dispositionen kann sehr gut den Übergang von einer schon durch orgelreformerische Tendenzen aufgestellten Disposition zu einer Form, wie sie der durch Studium barocker norddeutscher Werke beeinflußten Orgelbewegung gemäß war, aufzeigen.
Das Gehäuse von 1914 ließ kein Werkprinzip erkennen [80]. Gleichbreite und gleichhohe Pfeifenfelder, 9 vorstehende und an beiden Seiten je 4 zurückstehende, bildeten die Gehäusewand.
Diese Orgel wurde 1944 zerstört.

---

78) Mitt. Klais
79) ZALKHN 23/428
80) Mitt. Link

Im Jahre 1956 baute Walcker ein neues Werk mit folgenden Stimmen:
HW P18 Rf18 O4 Klgd4 Sesq2f Schwig2 Mxt5-7f Tpt8
OW Hzgd8 Qtt8 Nh4 P12 Q1 1/3 Schfzbl3-4f Kh8 Tr
Ped. Sbß16 Plbß8 Gdbß8 Itpl4 Rschpf3-4f Lbpos16
NK 2 fr. Komb. 1 fr. Pedkomb. 81)

Frankfurt-Oberrad, kath.

Im Jahre 1710 kaufte die Gemeinde die kleine Chororgel der Frankfurter Karmeliterkirche 82).
Die 1944 zerstörte Orgel war von H. Voit-Söhne, Durlach, mit 18 Registern erbaut worden 83).
Förster und Nicolaus erstellten 1952/53 einen Neubau mit folgenden Registern:
HW P18 Rf18 O4 Gh4 Blf12 Mxt4-5f Tpt8
OW Hzgd8 Rf14 Nas3 P12 Sffl1 Kh8 Tr.
Ped. Us16 Obß8 Rgd4 Lbpos16
3NK 2fr Komb 84)

Frankfurt, Opernhaus

Die Orgel wurde im Jahre 1880 mit 10 Registern durch Walcker erbaut 85).
Nach einem Umbau hatte das Werk folgende Stimmen:
I. Qtt16 P18 Gd8 Gh8 O4 Rf14 Q3 O2 Mxt4-5f Tpt8
Ped. Sbß16 Plbß16 Obß8 Pos16 86)

Frankfurt, Paulskirche

Dieses Bauwerk, historisch besonders interessant durch die Nationalversammlung von 1848, das heute ausschließlich noch weltlichen Zwekken dient, ist Nachfolger der ehem. Barfüßerkirche, die nach der Reformation ev. Stadtkirche war.
Nach deren Abbruch im Jahre 1787 wurde nach längeren Unterbrechungen die Paulskirche im Jahre 1833 eingeweiht.
Die alte wertvolle Orgel der Barfüßerkirche von Wegmann-Köhler, die durch den Abbruch der Kirche verwahrlost war, wurde schon 1808 auf Abbruch für 715 Fl. verkauft 87).

81) Walcker Hausmitt. 17 (1957) S. 37
82) s. d.
83) Walter, ZfI 1904/05, S. 303
84) Mitt. PfAmt
85) WWV
86) Mitt. Walcker
87) Wolff-Jung, BDkm, S. 287

1824 schrieb der Rat der Stadt die Erbauung einer neuen Orgel aus. Etwa 30 Bewerber sandten Entwürfe ein [88].

Am 20.2.1827 erhielt Eberhard Friedrich Walcker den Auftrag. Am 9.5.1833 wurde die fertige Orgel dem Rat übergeben.

Als bedeutsames Werk in der Orgelgeschichte ist es häufiger behandelt worden. Über die Intentionen dieses Baues berichtet E. F. Walcker in der "Lebensbeschreibung von E. F. Walcker, Orgelbauer in Ludwigsburg" [89] "Durch meine bei der Frankfurter Orgelbau-Kommission eingereichte Disposition, die sich durch ihre Großartigkeit und zweckmäßige Anwendung der Aliquoten nach dem Simplifikations- und Triasharmonikasystem Abbé Voglers, von etlichen 30 eingesandten Dispositionen anderer Orgelbauer, auffallend distinguirte, zog ich die Aufmerksamkeit derselben, bei welcher H. Hofrat André aus Offenbach Vorstand war, ganz besonders auf mich. Mit dieser Kommission hatte ich das weitere zu verhandeln, und sowohl meine Dispositionsanordnungen als zweckmäßige und kunstgerechte zu verteidigen, als auch die Einwendungen und den vielfachen Tadel anderer Orgelbauer zu widerlegen, was beinahe 3 Jahre lange schriftliche Diskussion veranlaßte. Namentlich hatte ich die vielfachen Anfechtungen, die gegen das Voglersche System gerichtet waren, durch evidente Gegenbeweise zu bekämpfen, was mir umso leichter war, als ich letzteres nicht nur theoretisch kennengelernt, sondern sogar von dem großen Wert desselben durch den Erfinder selbst praktisch und theoretisch unterrichtet worden war."

Es waren viele Verhandlungen vorhergegangen, in denen die eingegangenen Vorschläge unter Hinzuziehung von J. A. André, Offenbach, Hoforganist C. H. Rinck aus Darmstadt und des Frankfurter Organisten Petsche untersucht worden waren. Diese drei hatten einen Dispositionsentwurf erstellt, der den in engere Wahl gezogenen Orgelbauern zur Begutachtung und Äußerung vorgelegt wurde. Walcker kritisiert den Bericht in einem Schreiben vom 25.10.1826. Er verwies, wie schon in seinem Lebenslauf berichtet, auf die Theorien Abbé Voglers. Im übrigen umschreibt er kurz den damals geforderten Orgeltyp: "Bessere Einsichten der neueren Zeit verwerfen alle dies Gewirr von Tönen und halten sich an das, was den Ton rein, bestimmt und sicher macht, an die Einheit des Tones, die jedoch eine gemäßigte Anwendung einiger weniger Quinten und Terzen, wenn man solche nun einmal haben will, nicht ausschließt; Man zieht vor, viele Register zu haben, deren jedes von dem Spieler auch einzeln zum Vortrag einer Melodie gebraucht werden kann, die aber bei ihrer Einheit gleichwohl eine reiche Abwechslung in ihrem Charakter darbieten. Die Schönheit einer Orgel besteht nicht blos im Geschrei und am wenigsten im konfusen Geschrei; davon ist man zurückgekommen. Sie besteht vielmehr

---

88) Leider sind die Akten des Bauamtes und der Baudeputation im Kriege vernichtet worden, so daß heute Einzelheiten nicht erforscht werden können. Sicherlich wären die verschiedenen Entwürfe und ihr Verhältnis zum ausgewählten Entwurf von E. F. Walcker von Interesse gewesen.

89) Abdruck in E. Rupp, Die Entwicklungsgeschichte der Orgelbaukunst, Einsiedeln 1929, S. 131 ff.

darin, daß der Ton einen großen und ich möchte sagen einen heiligen Charakter habe." 90)
Die Prüfung der Entwürfe durch Senator Dr. Hoch ergibt als Vorschlag am 29.1.1827, die drei Orgelbauer Fr. Schulze, Paulinzella, Gebr. Overmann, Heidelberg und Walcker, Ludwigsburg, in nähere Auswahl zu ziehen. So wird am 27.2.1827 der Bau an Walcker vergeben, der am 9.5.1833 bei der Einweihung vollendet ist 91).
Die Disposition folge hier in der von Walcker 1834 aufgezeichneten Form 92).

Hauptwerk (unteres Manual)
1. Principal 16 (im Prospekt)
2. Viola di gamba major 16'
3. Flauto major 16'
4. Untersatz 32 (gedeckt)
5. Octav 8'
6. Viola die Gamba 8'
7. Gemshorn 8'
8. Flöte 8' (offen)
9. Quint 5 1/3 (offen)
10. Octav 4'
11. Hohlpfeife (offen sehr weite Mensur)
12. Fugara 4'
13. Terz 3 1/5 (verspitzt)
14. Quint 2 2/3'
15. Octav 2' (mit Repetition)
16. Waldflöte 2'
17. Terz 1 3/5'
18. Octav 1' (ohne Repetition)
19. Cornett 10 2/3' (5 fach, 1. Chor geht durchs ganze Klavier und repetiert nicht)
20. Mixtur 2' (5. fach, repetiert und wird zu 2' und 4')
21. Scharf 4f
22. Tuba 16' (aufschlagend von Zinn)
23. Trompete 8' (aufschlagend von Zinn)

Zweites Werk (mittleres Manual)
24. Principal 8' (von engl. Zinn, im Prospekt)
25. Bourdon 16' (gedeckt, von Holz)
26. Salicional 8'
27. Dolce 8' (oben weit)
28. Flûte traversière 4' (mit überblasendem Ton, von Holz)
29. Gedeckt 8'
30. Quintflöte 5 1/3 (offen)
31. Octav 4'
32. Quintatoen 8'

---

90) Abdr. aus W. Gurlitt, Die Paulskirchenorgel in Frankfurt a.M. ZfI Jg. 60 (1940) S. 89 ff. Abdr. in: Joh. Fischer, Das Orgelbauergeschlecht Walcker. Kassel 1966, S. 26.
91) Fischer, Walcker, S. 29.

33. Quint 2 2/3' (nach Art des Gemshorn)
34. Rohrflöte 4' (von Zinn)
35. Octav 2'
36. Mixtur 2' (5 fach)
37. Posaune 8' (aufschlagend)
38. Vox humana 8' (einschlagend)

Drittes Werk (oberes Manual)
39. Principal 8' (nicht im Prospekt)
40. Quintatoen 16' (Gedackt)
41. Harmonica 8' (offen)
42. Dolcissimo 4'
43. Lieblich Gedeckt 8' (mit doppelten Labien)
44. Bifra 8' (von Zinn)
45. Hohlflöte 8' (mit überblasendem Ton)
46. Spitzflöte 4' (ist ein ganz eng mensuriertes, eng aufgesschnittenes Gedeckt, welches sich vom Discant an um 12 Töne überbläst; also wird das c, welches 2' Ton angibt, so lang als das f, welches 6' Ton angibt)
47. Lieblich Gedackt 4'
48. Flûte d'amour 4'
49. Flautino 2'
50. Nasard 2 2/3'
51. Hautbois 8'
52. Physharmonica 8' (einschlagend) (Beide Zungenregister für Crescendo und Decrescendo)

Erstes Pedal (untere Pedaltastatur)
53. Principal 16' (von Cis an im Prospekt)
54. Subbaß 32' (offen, bis ins tiefe C ausgezeichnet stark im Grundton ansprechend)
55. Contrabaß 32' (offen, mit dem Grundton ansprechend)
56. Octavbaß 16' (offen)

---

92) Abdr. Fischer, Walcker, S. 30 f. In dieser Form mit einigen genaueren Zusätzen ist sie auch bei Peine, S. 162 f. übernommen, der sich auf die Schrift: Orgelbau E. F. Walcker und Co, ohne Herausgeber Mainz (Rheingoldverlag) o. J. und Oscar Walcker, Erinnerungen eines Orgelbauers, Kassel 1948 bezieht. In Peines Abdruck sind versehentlich im Pedal I Quint 10 2/3 offen und im Pedal II Flöte 8' nicht aufgeführt. Außerdem übernimmt er die Bezeichnung Clarinetto 2' statt Cornettino 2' im Pedal I. Im 3. Manual wird Dolcissimo 8' statt 4' geführt. In dieser Form druckt auch Moser die Disposition ab, der sich demnach auf Peine bezogen hat oder auf den Rheingolddruck. H. J. Moser, Orgelromantik, Ludwigsburg 1961, S. 80f.
Eine Disposition ohne die Zusätze mit einigen abweichenden Bezeichnungen bringt Riemann, so Jubalflöte 8' im I. Manual. Sicherlich ein Fehler ist die Bezeichnung Oktav 2' 2fach. H. Riemann, Handbuch der Orgel, Hesse Handbücher Bd. 4. 1888[1], hier zitiert 1922[6], S. 166ff. In der Bezeichnung Jubalflöte und Bifara stimmt Riemann überein mit E. F. Richter, Katechismus der Orgel, Leipzig 1868, der außerdem noch die Bezeichnungen: Violon d'amour 16' im Pedal II, Subbaß 16' ebendort und im Manual I Kleinoctav 1' und Hohlflöte 4' statt Hohlpfeife verwendet. Die Flauto major wird hier Tibia major bezeichnet. Es scheint mir demnach die Disposition nach der eigenhändigen Aufzeichnung Walckers zu sein, die Gurlitt nach den Akten Propstei Frankfurt, Ev. Luth. Consistorium Repos. 9, Nr. 3 c 102 und den Akten des Bauamts im Stadtarchiv Frankfurt Ges. XVI, Nr. 29 (die verbrannt sind) abdruckt.

57. Violon 16' (offen)
58. Quint 10 2/3' (offen)
59. Octav 8'
60. Violoncell 8'
61. Terz 6 2/5' (offen)
62. Quint 5 1/3' (offen)
63. Octav 4'
64. Posaune 16' (aufschlagend)
65. Trompete 8' (aufschlagend)
66. Clarine 4' (aufschlagend)
67. Cornettino 2' (aufschlagend)

Zweites Pedal (obere Pedaltastatur)
68. Gedeckt 16'
69. Violon 16'
70. Principal 8'
71. Flöte 8'
72. Flöte 4'
73. Waldflöte 2'
74. Fagott 16' (einschlagend)
Zusammen: 74 Register 93)
Nebenzüge: 5 Sperrventile, Tremulant, Koppeln (1. Ped + HW., 2. Ped. + 2. Man., 1. Man. + 2. Man., 2. Man. + 3. Man.) Calcantenwecker, Manualwindtrennung.
Fußtritte: Cresc. zum 2. Man., Cresc. zum 3. Man., welches in einem Kasten steht und mittels Jalousieläden geöffnet und geschlossen werden kann; Cresc. zur Physharmonica (und Hautbois).
12 Blasbälge mit Spanfalten, 7 für die Manuale und 5 für die Pedale. (Riemann teilt über die Aufteilung der Bälge noch einiges Interessante mit: "Das Werk hat 12 Bälge; jeder ist 14 Fuß lang und 5 1/2 breit. 7 davon sind zu den Manualen und 5 zu den Pedalen gehörig. Ist aber der Subbaß 32 Fuß und die Manualwindladentrennung gezogen, so geben 4 Bälge dem Hauptwerk, 3 dem zweiten und dritten Werk, 3 dem Hauptpedal und zweiten Pedal und 2 den 32 füßigen Bässen ihren abgesonderten Wind" 94).
Preis des Werkes war ohne Gehäuse 21 864.- Gulden.
Altar, Kanzel und Orgel waren auf der Südseite, der kurzen Achse, vor dem Turm übereinander aufgestellt.
Das Gehäuse hat die Form eines querliegenden Rechtsecks, das in drei gleiche Teile geteilt ist, wovon das mittlere Feld wiederum in 3 Teile aufgeteilt ist, in 2 Stockwerken, die beiden äußeren Felder sind etwas breiter. Die Felder an beiden Seiten des Mittelfeldes enthalten nur größere Pfeifen in einem Stockwerk. Die beiden Außen- und beide Trennungspilaster der großen Felder haben vergoldete korinthische Kapitäle. Ein antikisierendes Gesims schließt das Gehäuse oben ab. Ein Kasten in gleicher rechteckigen Form ohne weitere Verzierung unter dem Prospekt enthält vorne den Spielschrank.

93) Im vorliegenden Plan steht wohl fälschlicherweise 73
94) Riemann, Lexikon, S. 168

Die Prospektaußenfelder enthalten je 13 Pfeifen mit gleichhohen Labien, die 3 Felder des Mittelteils in beiden Stockwerken je 7 Pfeifen, wovon wiederum die größeren in den äußeren Teilen stehen, die kleinsten im mittelsten Feld.
Nach der Disposition waren es Pfeifen des Prinzipals 16' des Hauptwerks, desselben des 1. Pedals und des Prinzipal 8' des 2. Manuals [95].
Die Abnahme des Werkes zog sich bis 1834 hin und erfolgte durch die Sachverständigen Schnyder von Wartensee in Frankfurt und Rinck in Darmstadt [96].
Nach einer größeren Restaurierung der Kirche in den Jahren 1892/93 wurde auch die Orgel restauriert.
1899 wurde die Orgel durch Walcker als op. 875 umgebaut.
Der entscheidende Eingriff war die Beseitigung der Quint- und Terzaliquoten, die jetzt nur im Kornett und der Mixtur blieben. Entfernt wurde auch der Untersatz 32' ab c0 im Hauptwerk und das Scharf. Im übrigen wurden Stimmen in den Werken ausgetauscht.
Durch die Neuanlage der Traktur ergaben sich weitere technische Möglichkeiten: Kollektivdrücker, freie Kombinationen und Suboktavkoppel II/I, Superoktavkoppel III/I, Generalkoppel und Kollektivdrücker Tutti [97].
Die Disposition hatte nach dem Umbau folgende Form: (in Klammern möglicher Austausch)

I. Manual (C-g3)
1. Prinzipal 16'
2. Flauto major 16'
3. Fagott 16' (Ped. 2)
4. Prinzipal 8' (Ped. 2)
5. Groß Oktave
6. Tibia 8' neu
7. Jubalflöte 8' (demnach war später die Beschriftung so, s. o.)
8. Gedeckt 8' neu
9. Viola die Gamba 8'
10. Gemshorn
11. Quintatön 8' (II)
12. Trompete 8'
13. Cor anglais neu
14. Oktave 4'
15. Klein Gedeckt 4' (III. Richter kennt es auch hier)
16. Hohlflöte 4'
17. Clairon 4' (Ped. 1)
18. Oktave 2'
19. Flautino 2' (III)
20. Kornett 8' 3-5 fach
21. Mixtur 4' 6 fach

II. Manual (C-g3)
22. Viola major 16' (I)
23. Bourdon 16'
24. Prinzipal 8'
25. Fugara 8' neu
26. Konzertflöte 8' neu
27. Gedeckt 8'
28. Viola 8' neu
29. Bifra 8' und 4' (III)
30. Dolce 8'
31. Vox humana 8'
32. Klarinette 8' neu
33. Traversflöte 4'
34. Rohrflöte 4'
35. Oktave 4'
36. Waldflöte 2' (I)
37. Mixtur 2 2/3' 5 fach

III. Manual Echowerk C-g3
38. Quintatön 16'
39. Salizional 8' (II)
40. Liebl. Gedeckt 8'
41. Hohlflöte 8'
42. Prinzipal 8'

---
95) Wolff - Jung, BDkm. Fig. 289 älterer Abdruck bei Fischer, 286 späterer Zustand.

43. Hautbois 8'
44. Trompette harmonique 8' neu
45. Harmonika 8'
46. Voix céleste 8' neu
47. Dolcissimo 4'
48. Flûte d'amour 4'
49. Fugara 4' (I)
50. Kornett 8' 5 fach

Pedal
51. Grand Bourdon 32'
52. Subbaß 16' neu
53. Bourdon doux 16' (Ped. 2)
54. Violonbaß 16'
55. Violon doux 16' (Ped. 2, Richter: Violon d'amour)
56. Groß Oktavbaß 16
57. Prinzipal 16
58. Posaunenbaß 16'
59. Violon 8'
60. Gedecktbaß 8' neu
61. Oktavbaß 8'
62. Trompete 8'
63. Oktave 4'

Eine Zusammenstellung der ausgeschiedenen Register mag noch einmal den entscheidenden Klangumbau verdeutlichen:
I. Q6 T3 Q3 O1 Schf Tuba16
II. Q6 O2 Q3
III. Spfl4 Nas3 Physharm8
Pedl Ctrbß32 Q10 T6 Q6 Cornettino Fl8 Fl4 Wfl2
Im Jahre 1910 wurde die Orgel auf el. Traktur und Registratur umgebaut 98).

Frankfurt, Paul Gerhard-Kirche

Im Jahre 1925 erbaute die Firma Weigle eine neue Orgel mit den Stimmen:
I. Pl8 Gb8 Lbgd8 O4
II. Fltr8 Sal8 Aeol8 Vxcl8 Gdfl4
Ped. Sbß16 Ztbß16 El. Tr. 99)
Ein Werk von 9 Registern erstellte Walcker 1953 1).

Frankfurt, Paul Gerhardt-Gemeindehaus

Förster und Nicolaus lieferte 1928 eine Orgel folgender Art:
I. Pl8 Gd8 O4 Gdpo4 Gh4 Nas3 O2 Mxt4f1 1/3 Tpt8
II. Lbgd16 Hzfl8 Qtt8 Sal8 Ggpl4 Rfl4 Q3 Wfl2 T1 3/5 Sffl1 Zbl3f1/2 Rank16 Kh8
Ped. Sbß16 Pbß16 Sanftbß16 Flbß8 Gdpo4(II) Chbß4 Mxt4f2 2/3 Rank16(II) Kh8(II) Zink2 El. Tr. 2)

96) Wolff - Jung, BDkm. S. 288
97) WWV 1914, S. 32
98) WWV
99) Mitt. Wißmüller
1) WWV
2) Mitt. Wißmüller

Frankfurt, Peterskirche, ev.

1. Alte Peterskirche
Die Geschichte dieser Kirche endet im Jahre 1896, als man auf Beschluß vom 20./23.8.1889, nach einem letzten Gottesdienst am 26.4.1895, die Kirche in den Monaten Dezember 1895-Januar 1896 abriß [3].
Zunächst hatte man ein Positiv, das 1648 als alt bezeichnet wird. In diesem Jahre am 9. November ist in den städtischen Büchern vermerkt, daß die Nachbarn zu St. Peter eine Sammlung veranstaltet hätten, die zur Anschaffung einer Orgel dienen sollte. Es kamen 261 fl. zusammen, die von den Kastenherrn für diesen Zweck als ausreichend erachtet wurden [4].
Dieses Werk blieb anscheinend bis ins 18 Jh. im Gebrauch.
Aus Anlaß der Renovierung der Kirche in den Jahren 1769-1771, zu der etwa 100 Bürger durch ihre Unterschriften aufgefordert hatten, wurde auch auf die Notwendigkeit der Anschaffung einer Orgel hingewiesen; "die Orgel wolle keinen Laut mehr von sich geben".
Unter den Angeboten auf Grund der Verhandlungen des Kastenamts vom 21.2.1771 liegt auch ein Angebot des heimischen Orgelmachers Ernst Wegmann vor, ein neues Orgelwerk mitsamt den Schlosserarbeiten für 1100 fl. in fünf Monaten zu liefern. Ebenso will der bekannte Bildhauer Schnorr das Zierwerk für 200 fl. liefern unter der Bedingung, das Holz auf dem Kirchhof fällen zu dürfen [5].
Aus dem Jahre 1829 wissen wir, daß das Werk 17 Register hatte. Bei dem Vertrag hatte man wohl zunächst 3 Register gestrichen. Am 15.7.1771 beschloß das Kastenamt auf Vorstellungen der Nachbarschaft die 3 Register, die man zunächst nicht bauen lassen wollte, dennoch hinzuzufügen [6].
Dieser Antrag ging anscheinend auf den Bericht des Joh. Conrad Seibert zurück, der Stellung zu der accordierten Orgel mit 13 Registern in St. Peter nahm. Er bemängelte das Fehlen eines Borduns 16', da so zur Verstärkung des Gemeindegesanges nur die Trompete bleibe und "die Gemeinde werde unleidlich sein, ein beständig schnarrendes Register unter dem ganzen harmonischen Gottesdienst anhören zu müssen".
Außerdem könne unmöglich der "Contre Violon" wegbleiben, er "fehlt sonst zur Unterstimme bei der kleinen Besetzung". Dann fehle eine Flaut travers, "eines von den angenehmsten in einem Orgelwerk", vor allem auch bei der "Musik".
Der Wegmannsche Werkmeister Meynecke schlägt ein Contreviolon auf aparter Windlade vor, sowie ein Fagott 16'. Das Pedal soll von 12 auf 25 Tasten erweitert werden.
So hatte das Werk nach einer Aufstellung Meyneckes über die von ihm gestimmten Zungenstimmen in den städtischen Orgeln 2 Zungen [7].

3) Wolff - Jung, BDkm. S. 160
4) Valentin, S. 193 -Peine, S. 75
5) Wolff - Jung, BDkm. S. 156, Peine, S. 124
6) Wolff - Jung, BDkm. S. 157

An Zierrat waren später noch im Historischen Museum von Schnorrs Hand vorhanden: 2 Vasen, 2 kleine musizierende Engel mit Laute und Gambe und der Frankfurter Adler [8]).
Wegmann reparierte dann 1791 das Werk, erneuerte die Trompete, fügte neue Windkanäle zu und ersetzte vieles Schadhafte am Regiewerk.
Gebr. Ebert stellen in ihrem Voranschlag vom 21. 5. 1829 fest, daß das Leder der Blasbälge zersprungen und die Intonation der 17 Register verdorben ist. Sie verlangen 245 fl.
Am 13. 8. 1829 werden schließlich 221 fl. angewiesen.
Ein Bericht vom 31. 8. 1850 erweitert die Kenntnis dieses Werkes. Ihm entnehmen wir interessante Einzelheiten:
Unangenehm fiel auf "bei vollem Werk Unregelmäßigkeit und Mangelhaftigkeit im Zuströmen des Windes, asthmatische Windstößigkeit". Im Manual wurde bei fast allen Labialregistern mit Ausnahme der Flöte 8', also bei Principal 8', Gamba 8', Quintflöte 3', Octav 4', Flöte 4' und Superoctav 2' eine große Ungleichheit zwischen den Tönen bemerkt. Leidlich waren die 2 Zungenstimmen trotz des Alters. Bei der Vox humana, die in den Haupttönen gut war, wurden einige "quäkende" bemerkt.
Am 23. 9. 1850 legen Gebr. Ebert erneut einen Voranschlag von 133 fl vor.
Am 3. 5. 1861 klagt der Organist Friedr. Wolf über die "Unzulänglichkeit der Orgel". Von den 17 Stimmen sei Bourdon, Octav 2', Sexquialter, Mixtur, Vox humana, Trompete und Posaune nicht mehr zu gebrauchen. Das Pedal habe nur 1 1/2 Octaven Umfang. Er empfahl dringend, daß Walcker, der durch die verschiedenen großen Werke in Frankfurt bekannt geworden war, ein neues Werk bauen sollte.
Am 19. 6. 1861 wird der Gemeinde aufgetragen, untersuchen zu lassen, auf welche Kosten eine Herrichtung kommen kann.
So wird Walcker mit der Untersuchung beauftragt und H. Spaich legt folgenden Bericht vor, dem nun alle Stimmen zu entnehmen sind:

1. Principal 8' muß ausgeformt und an schadhaften Stellen gelötet werden
2. Viola die Gamba 8' hat sehr viele auszuformende Pfeifen und durchaus sind neue Unterbärte anzufertigen
3. Bourdon 16', Holz, Stöpsel sind zu beledern
4. Floete major 8'
5. Trompete 8', rep.
6. Vox humana 8', rep.
7. Octav 4', rep.

---

7) Die Aufstellung Meyneckes: Bericht Fr. Meynecke an Kastenamt was er an Zungenstimmen stimmen und sonst reparieren muß:
Alle 3 Wochen die Zungenstimmen:
Barfüßer 8 Register = 296 Pfeifen
Catharinen 8 Register = 330 Pfeifen
Peter 2 Register = 71 Pfeifen
Nicolay 2 Register wobei der Posauneбaß nicht mehr im Stande ist. StAFfm Ag II, 3

8) Wolff - Jung, BDkm. S. 158

8.	Flöttravers 8', rep.	13.	Mixtur 5 fach
9.	Flöte 4', Zinn	14.	Subbaß 16', Stöpsel beledern
10.	Octav 2'	15.	Posaunbaß 16', rep.
11.	Sexquialter 2 fach	16.	Principalbaß 8', rep.
12.	Cornett 4 fach	17.	Violonbaß 8', rep.

Es müssen die Windladen aufgeschraubt werden, das Regierwerk reguliert und die 3 Bälge beledert werden. Ein Kanal mit der Länge von 32' muß neugemacht werden.
Für die Arbeit wurde von H. Spaich 378 fl. 12 xr. veranschlagt. Am 17. 1. 1862 wurden 330 fl. bewilligt.
Am 18. 2. 1868 wurde der Vorschlag einer Dispositionsänderung gemacht, der vor allem eine Berücksichtigung klanglich und dynamisch abgestufter Streicher betraf. Es wurden Gamba 8', Dolce 8' und Aeoline 8' vorgeschlagen, die möglicherweise in einer neuen Orgel Verwendung finden könnten. Für Gamba und Dolce mit Einrichtung der Windlade setzte Spaich 256 fl. ein. Am 19. 2. 1868 wurden 220 fl. bewilligt.
Am 4. 2. 1871 richtete der Organist erneut ein Gesuch an die Gemeinde. Es fand die Anerkennung des Dr. Schlemmer, "dessen Verdienst um die Reform der Orgeln in den Kirchen Frankfurts allgemein bekannt ist". Kennzeichnend ist die Bemerkung Wolfs, daß die Gamba stärker sei als das Principal; denn um diese Zeit wurde der Strich der Gamba stark betont, wohingegen die Principale dieser Gegend wesentlich weniger Strich haben.
Im Dezember 1871 stellte Walcker eine Disposition auf. Der Vertrag sah 18 klingende Register, verteilt auf zwei Manuale und Pedal, vor. Die geforderten 6225 fl. wurden am 1. 8. 1871 bewilligt [9].
Die Register waren folgende:
I. Bd16 Pl8 Gb8 Gd8 Fl8 O4 Fl4 O2 Mxt2 2/3
II. Gh8 Lbgd8 Sal8 Aeol8 Fug4
Ped. Sbß16 Vlbß16 Obß8 Vcl8 Mech. Tr. [10]
Bei Abbruch der Kirche wurde diese noch neue Orgel nach Betzdorf verkauft [11].

2. Neue Peterskirche

Die Orgel für die neue Kirche baute Walcker im Jahre 1895 [12].
Die Disposition:
I. Pl16 Pl8 Gb8 Doppfl8 Gd8 Gh8 Qtt8 O4 Rfl4 Spfl4 O2 Korn4-5f8 Mxt5f3 Tpt8
II. Bd16 Pl8 Lbgd8 Sal8 Kzfl8 Fug4 Hlfl4 Trfl4 Klar8
III. Ggpl8 Gd8 Aeol8 Vxcl8 Gdfl4 Fldo4 Sologb8 (hoher Wddr) Soloplfl8 (mit hohem Wddr)

9) ZALKHN 23/286
10) Mitt. Wißmüller
11) Wolff - Jung, BDkm. S. 159
12) WWV

Ped. Plbß16 Vlbß16 Sbß16 Obß8 Vcl8 Pos16
Kollektivtritte für alle Manuale und Pedal f. und p. [13].
Dieser folgte 1964/65 ein neues Werk von Walcker nach der Disposition von Bochmann, Brodt, Wißmüller:

HW Gdpo16 Pl8 Rgd8 Gh8 O4 Nh4 Q3 O2 Blfl2 Sesq2f Mxt6-8f Zbl3f Tpt8
OW Wtpl8 Hzgd8 Pl4 Koppelfl4 Nas3 Schweg2 Wfl2 T1 3/5 Q1 1/3 Spt1 1/7 Sffl1 Non8/9 Schfzbl5f Rank16 Kh8 Tr
SchW. Rfl8 Qtt8 Sal8 Itpl8 Spfl4 Pl2 Flgt2 O1 Terzian2f Klzbl3f Ob8 Trichterreg8 Tr
Ped. Plbß16 Sbß16 Qbß10 2/3 Obß8 Spgd8 Chbß4 Rfl4 Fl2 Mxt6f Rschpf3f Zbl2f Pos16 Tpt8 Cl4 Sgcorn2 [14]

1948 hatte nach dem Kriege zunächst ein kleines Werk von 6 Stimmen ausgeholfen [15].

Frankfurt, Peterskirche, Gemeindehaus, ev.

Im Jahre 1904 lieferte Walcker ein Werk von 10 Stimmen:
I. Pl8 Kztfl8 Sal8 O4
II. Gb8 Lbgd8 Vxcl8 Pl4 Fldo4
Ped. Sbß16 Vcl8 [16]

Frankfurt, Philantropin

Im Jahre 1908 baute Walcker eine Orgel von 5 Registern [17].

Frankfurt - Praunheim, Auferstehungskirche, ev.

In dem Inventar vom 22. 9. 1811 steht verzeichnet:
"Die Orgel, welche 1781 in Sulzbach gekauft worden ist, blau angestrichen und woran oben ein verguldeter Engel angebracht ist mit 6 Registern und hinten mit kurzer ungebrochener Octav versehen, welche überhaupt sehr alt und von geringem Werth ist".
Es kommt in älterer Zeit häufig vor, daß das Werk hinten gespielt wurde. Es war dann in die Brüstung eingebaut. Die kurze Oktav kommt hierzulande im 18. Jh. kaum mehr vor [18].
Dieses kleine Werk wurde 1840 nach Massenheim Kr. Friedberg verkauft. Am 23. 7. 1840 gab das Kreisamt Friedberg die Genehmigung [19].

---

13) Peine, S. 166
14) Walcker Hausmitt. 36, Aug. 1966, S. 48 mit Abb.
15) WWV
16) Mitt. Wißmüller
17) WWV
18) ZALKHN 22 Anh. 210
19) LA Friedberg XII, 6 Massenheim. StAD.

Die Orgel hatte 1944 folgende Register:

Bordun 16'	Quint 3'
Principal 8'	Octav 2'
Gedackt 8'	Sifflöte 2'
Flaut travers 8'	Mixtur 4 fach 1 1/3'
Gamba 8'	Subbaß 16'
Salicional 4'	Violonbaß 8'
Octav 4'	Octavbaß 4'
Flauto amabile 4'	Posaune 16' 20)

Dem Typ nach könnte man B. Dreymann als Erbauer annehmen, der zu dieser Zeit in der Umgebung Frankfurts als Orgelbauer auftritt, z.B. in Sossenheim, Bonames, Sindlingen, Zeilsheim, Ober-Erlenbach.
1950 baute Walcker ein Werk von 11 Registern [21].

Frankfurt-Praunheim, Auferstehungskirche, Gemeindehaus, ev.

Dort steht seit 1956 ein Werk von Walcker mit 7 Stimmen:

Pos. F)	I.	Hzgd8 Pl4 Mxt2-3f
	II.	Qtt8 Nh4 Schwig2
	Ped.	Sbß16 22)

Frankfurt-Preungesheim, Kreuzkirche, ev.

In einem Gesuch an das Hanauer Konsistorium, praesentiert am 13.4.1740, bittet die ref. Gemeinde, eine Orgel anschaffen zu können, "da die anderen noch geringeren Gemeinden mit Orgelwerken versehen sind". Die Ref. Gemeinde Preungesheim mit den Filialen Eckenheim, Berkersheim bittet, die fehlenden 100 Thlr. in 3 Jahren aus den Kirchengefällen nehmen zu können.
Die Orgel soll 420 fl. kosten.
Über den Erbauer ist dort nichts Weiteres berichtet.
Am 15.9.1761 wird an das Konsistorium berichtet, daß die Orgel "ruinirt und verstimmt" sei. Der Orgelmacher Zinck wolle sie für 10 Rthl. wiederherstellen. Man antwortet, daß man mit Zinck akkordieren solle. Hanau 30.9.1761 [23].
Diese Orgel blieb bis zum Jahre 1905, als Wilhelm Ratzmann, Gelnhausen, folgendes Werk baute:

I.	Pl8 Hlfl8 Gb8 O4 Mxt3f2 2/3
II.	Lbgd8 Sal8 Fldo4
Ped.	Sbß16 Vlbß8 Mech. Tr. 24)

Im Jahre 1958 erbaute Walcker eine Orgel von 14 Registern [25].

---

20) FBHN 44
21) WWV
22) Mitt. Walcker
23) StAMbg 83, Lade 883, 15
24) Arch. Ratzmann-Schmidt - Mitt. Wißmüller
25) WWV

Frankfurt-Preungesheim, Festeburg-Gemeinde, ev.

Im Jahre 1970 erbaute W. Bosch, Sandershausen, als op. 559 folgende Orgel:
HW Qtt16 Pl8 Rfl8 Gb8 O4 Klgd4 Sesq2f O2 Mxt4-6f1 1/3
Tpt8 (frei)
SchwW. Gd8 Pl4 Koppelfl4 Nas3 Wfl2 Hörnlein2f1 3/5 + 1 1/7
Sffl1 Schf4f2/3 Kh8 (frei)
Ped. Sbß16 Obß8 Gh4 Rpf2 Mxt6f2 2/3 StillePos16 (2 frei)
NK Mech. Spieltr. El. Reg. Tr. [26)]

Frankfurt-Preungesheim, Gefängnis

Für diese Institution lieferte Ratzmann, Gelnhausen, eine Orgel von 10 Registern auf einem Manual [27)].

Frankfurt-Riederwald, Philippuskirche, ev.

1928 erbauten Gebr. Link, Giengen, die Orgel mit den Stimmen:
I. Pl8 Bd8 Sal8 O4 Echokorn3-5f4 Rfl4 Wfl2 (beide aus Korn)
II. Gb8 Kztfl8 Aeol8 Vxcl8 Gh4
Ped. Sbß16 Vcl(II) Flbß8(II)
Eine neue Orgel lieferte 1954 Conrad Euler, Hofgeismar:
HW Gd8 Pl4 Blfl2 Schf4f1
Pos. Qtt8 Nh4 Pl2 O1 Kh8 Tr
Ped. Sbß16 Bßfl8 Rfl4
3 NK Mech. Tr. Schleiflade WD 55 mm. [28)]

Frankfurt-Riederwald, Hl. Geist, kath.

Für die 1930/31 neuerbaute Kirche erstellte J. Klais als op. 772 im Jahre 1938 eine Orgel mit den Stimmen:
I. Pl8 Nhfl8 O4 Blfl4 Schwegpf2 Rq2-3f
II. Hzfl8 Sal8 Gh4 Sesq2f Kh8 Tr.
Ped. Sbß16 Pl8 Gd8 Chbß4 SbII/I, SpII/I, SpII/II NK Pn. Tr. [29)]
Nach der Zerstörung wurde am 20. 12. 1959 als op. 1155 von J. Klais nachstehendes Werk eingeweiht:
HW. Po16 Pl8 (Prosp.) Rfl8 Spgd8 O4 Blfl4 Hlfl2 Sesq2f Mxt5f
Acuta4f Tpt8 Cl4
OW. Hzgd8 Qtt8 (Prosp.) Rfl4 Pl2 Lrgt1 1/3 Zbl3f Vxh8
SchwW. Hzpl8 Spgb8 Sggd8 Pl4 Spillfl4 Nas3 Schweg2 T1 3/5
Quart2f Schf5f Dulc16 Schalm-Ob8

26) Mitt. Bosch
27) Arch. Ratzmann-Schmidt
28) Mitt. Wißmüller
29) Mitt. F. Vogel

Ped. Pl16 (Prosp.) Sbß16 Ztbß16 O8 Rgd8 Chbß2f 4+2
Spfl4 Pdmxt5f Pos16 Tpt8 Kopftpt4
Schleifladen. el. Tr. 3Kb. 30)
Positiv von Hünderland, Bad Vilbel:
Gd8 Rfl4 Pl2 Q1 1/3 T4/5 31)

Frankfurt-Riedhof, Osterkirche, ev.

Im Jahre 1959 stellte Walcker ein Werk von 9 Registern auf 32).

Frankfurt-Rödelheim, ev.

Im Jahre 1710 wurde durch Johann Friedrich Macrander eine Orgel gebaut, die im Jahre 1872 nach Springen, ev., überwiesen wurde. Sie hatte 10 Register und ist dort heute noch erhalten. s. Springen
Im Jahre 1774 war das Werk in einem schlechten Stand.
"Einem Hochgräflichen Consistorio ist nicht unbekannt und kann alle Tage gehört werden, wie das hiesige Orgelwerk ist verstimmt und in einem schlechten Stand sich befindet..."
Mit dem Homburger Orgelmacher wurde gesprochen. H. Bürgy forderte 18 Rthl. Das schien der Gemeinde zu hoch zu sein. Bericht 11.7. 1776. Über den Meister wurde berichtet:
"Was des Homburgers seine Geschicklichkeit betrifft, so hat derselbe davon in der Französischen Kirche zu Bockenheim verfertigte Orgel ein Probe gemacht. Andreas Facius."
Weiter heißt es "Er ist ein frommer Mann". Am 5.8.1776 wurde mit Joh. Conrad Bürgy ein Kontrakt in Höhe von 25 fl geschlossen 33).
Ein neues, größeres Werk wurde im Jahre 1895 erbaut 34).
Die Orgel stand im Chor 35).
Nach der Zerstörung der Kirche baute Förster und Nicolaus 1961 das heutige Werk:
HW Pl8 Rfl8 Spfl4 Blfl2 Mxt4f Tpt8
OW Gd8 Sal8 Pl4 Rfl4 Wfl2 Klzbl3-4f Kh8
Ped. Sbß16 Obß8 Gh4 Rschpf3f Fag16
NK 3fr Komb. 36)

Frankfurt-Rödelheim, kath.

Im Jahre 1892-94 wurde die Kirche erbaut. M. Keller, Limburg, lieferte dafür die Orgel von 20 Registern 37).

30) Progr. Einweihung, Mitt. PfAmt
31) Mitt. F. Vogel
32) WWV
33) GrASolms-Rödelheim, Laubach, XII, 25
34) ZALKHN 1/2744 Inv. 1912
35) E. Lohoff, Erinnerungsblätter 1909.
36) Mitt. Wißmüller
37) Walter, ZfI 1904/05, S. 303

Diese Orgel hatte eine kleine Vorgängerin. Laut Bericht vom 20. 3. 1823 kaufte ein Herr Schweizer mit Genehmigung des Hanauer Konsistoriums vom 31. 3. 1823 die kleine alte Orgel von 6 Registern mit Subbaß und Violonbaß von der luth. Kirche in Bergen für 60 fl., um sie der "armen kath. Gemeinde von Rödelheim" zu schenken. Dieser Bericht stammt von "Musik Instrumentenmacher Joh. Heinr. Schmidt in Hanau". Das Konsistorium genehmigte den Verkauf am 31. 3. 1823. Aus der Vorgeschichte in Bergen wäre noch zu berichten:
Am 16. 8. 1765 richtet der Pfarrer Christ ein Gesuch an das Hanauer Konsistorium wegen Genehmigung einer Hauskollekte, da die Orgel sehr verstimmt sei. Der Vorgänger Pfarrer Schäfer habe schon mit einem "sehr geschickten Orgelmacher in Homburg" akkordiert, der 15 fl. forderte. Diesem Gesuch wurde von Hanau am 26. 8. 1765 stattgegeben. Nach einem weiteren Schreiben an das Konsistorium am 8. 8. 1766 wird mitgeteilt, daß die Kollekte 15 fl. ergeben habe und "Orgelmacher Bürge" (Bürgy) von Homburg die Orgel in Augenschein genommen habe. Bei der Reparatur solle die Orgel auf einen anderen Platz transportiert werden, was auch von Hanau am 23. 4. 1766 genehmigt wurde. Am 22. 2. 1796 wurden dem Konsistorium wiederum Reparaturvorschläge von den Orgelmachern Bürgy und Degenhardt aus Florstadt unterbreitet. Einige Einzelheiten aus dem Vorschlag Degenhardt interessieren: "Das Clavier ist auf dem Rücken", die Orgel soll deshalb versetzt werden. Daß der Spieler hinter dem Werk saß, kam früher häufiger vor. Es ist belegt für Mainz Christoph und heute noch zu sehen in Spiesheim, kath. 38). Für 80 fl solle das Regierwerk neu gemacht, Ventile und Kanzellen neu beledert wie auch die Bälge instandgesetzt werden. In seiner Stellungnahme erklärt Kantor Luja, Hanau, am 14. 2. 1796, daß wegen dieser "ruinierten kleinen Orgel" Vorschläge von Bürgy und Degenhardt vorlägen, er es aber für günstiger ansähe, eine neues kleines Werk für etwa 300-350 fl. anzuschaffen. Der Forderung Bürgys von 165 fl. schließt sich auch Orgelmacher Schmidt, Hanau, an. Schmidt erhielt den Auftrag und hatte die Arbeiten aufgezählt:
Vorhanden sind 6 Register und ein Subbaß, die Orgel steht auf der Seitenbühne, der Kanzel gegenüber und soll über die Tür gesetzt werden. Das Werk bisher "hinten zu spielen", soll an der Seite spielbar gemacht werden, dazu das Untergehäuse verändert werden. Zur Verbesserung des schwachen Pedals soll ein Violonbaß 8' hinzugefügt werden mit 15 Pfeifen. (Pedalumfang also C-d)
Die Abnahme dieser Arbeit erfolgte durch Kantor Luja, laut Bericht vom 13. 3. 1797. Als nächstes folgt dann der Bericht Schmidts über den Verkauf an Herrn Schweizer s. o. 39).

Frankfurt-Römerstadt, Gemeindesaal, ev.

1962 stellte Walcker ein kleines Werk von 6 Registern auf 40).

38) Bösken, Quellen und Forschungen Bd. 1, S. 57, 440
39) StAMbg 315g Bergen III, 11
40) WWV

Frankfurt, Rundfunk

Für den Südwestdeutschen Rundfunk lieferte Fr. Weigle 1927 eine Orgel und 1929/30 eine zweite von 55 Registern [41].
Die kleine Funkorgel von 1927 hatte folgende Disposition:
I. Flpl8 Gb8 Gd8 Sal8 Qtt4 Vxh8
II. Ggpl8 Kztfl8 Dulcissima8 Vxcl8 Trfl4 Rschq2 2/3 Solotpt8
Ped. Plbß16 (Forts. Flpl8) Ztbß16 (Forts. Sal8) Vcl (Tr) Chbß4 Tpt8 (Tr)
NK SbI, II, II/I; SpI, II, I+II, II/I [42]
1960 lieferte Förster und Nicolaus die neue Funkorgel für den Hessischen Rundfunk [43].
Peine veröffentlicht den Dispositionsentwurf vom 1. 5. 1956.
Die endgültige Disposition nach Musik und Kirche:
I. HW Gdpo16 Pl8 Rfl8 Gh8 Nhgd4 O4 Q3 O2 Blfl2 Sesq2f Mxt5f Zbl3f Fag16 Tpt8
SchW. Stillgd16 Hzpl8 Metgd8 Sal8 Schwebung8 Pl4 Spfl4 Nas3 Wfl2 T1 3/5 Sffl1 Mxt5f Tpt16 Tpt8 Ob8 Schlm4 Tr.
Pos. Copula8 Qtt8 Spgd8 Pr4 Rfl4 Spfl2 Lrgt 1 1/3 Terzian2f Schf4-6f Rank16 Kh8 Tr.
Ped. Plbß16 Us16 Qbß10 2/3 Obß8 Gdbß8 Obß4 Rgd4 Pl2 Nh2 Zink4f Pedmxt6f Ktrfag32 Pos16 Tpt8 Klar4 Stgd16(Tr) Metgd8(Tr) Ob8(Tr) Schlm4(Tr)
6 NK 4fr, Kb. [44]

Frankfurt, Saalbau

Im Jahre 1873 erstellte Walcker für diesen Konzertsaal ein dreimanualiges Werk mit den Stimmen:
I. (Unteres Manual) Pl16 Bd16 Pl8 Gh8 Bd8 Gb8 Hlfl8 O4 Gh4 Rfl4 Q5 1/3 Mxt5f2 2/3 Schf3f1 1/3 Tpt8
II. (Mittleres Manual) Gd16 Pl8 Fl8 Dolce8 Lbgd8 O4 Spfl4 Q3 Fltino2 Korn5f8 Klar8
III. (Oberes Manual) Pl8 Gd8 Sal8 Aeol8 Trfl4 Fug4 Mxt3f2 2/3 Fag und Ob8
Ped. Pl32 Pl16 Vlbß16 Sbß16 Pl8 Vcl8 Gdbß8 Obß4 Pos16 Tpt8 Cl4
NK Pianozug für Pedal nur Vlbß16 Sbß16 Vcl8 Gdbß8
Kegelladen. 7 Kastenbälge [45].
Im Jahre 1897 wurde ein Umbau vorgenommen und auf 46 Register erweitert:
I. Pl16 Tibia8 Pl8 Gb8 Gh8 Bd8 Hlfl8 Dulziana8 Tpt8 Cornanglais8 O4 Gh4 Rfl4 O2 Mxt5f2 2/3

41) Werkbl. Weigle. Die näheren Unterlagen sind nicht mehr erhalten. Mitt. Weigle
42) Werkbl. s. Bonifatius
43) Musik und Kirche Jg 29 (1959) S. 312 Förster und Nicolaus-Prospekt dort Abb.
44) Peine, S. 192
45) Riemann, Hdb. d. Orgel, S. 171

II. Gd16 Pl8 Lbgd8 Fl8 Qtt8 Dolce8 Viola d'amore 8 Klar8 O4 Spfl4 Corn5f8
III. Ggpl8 Gd8 Sal8 Trfl8 Aeol8 Ob8 Fug4 Trfl4
Ped. Pl16 Vlbß16 Sbß16 Bd16 Pos16 Harmonicabß16 Gdbß8 Obß8 Vcl8 Tpt8 Flpl4 Qbß10 2/3 [46]

Frankfurt-Sachsenhausen, Dreikönigskirche, ev.

Die erste Orgel, von der wir hören, wurde unter dem 1504 an die Kirche berufenen Pfarrer Wilkin Stein angeschafft [47].
Ein neues Werk stiftete der Wirt Konstantin Keller im Rad. Lersner berichtet: Auf der Orgel, oben über der großen Pfeife ist ein Wappen, darinnen 4 vergülte Pflugscharen, deren Hintertheile zusammen gestoßen sind, die Spitzen aber wie ein Stern in die 4 Ecken formirt in einem rothen Feld; über denen Pflugscharen stehen die Buchstaben SK; umb die Wappen ist ein verguldter Crantz, in welchem die Inscription zu lesen: Stan (soll heißen Constantin) [48] Keller, Wirt im Radt diese Orgel gestiftet hat. Unter dem Krantz auf einem abhängenden Laubwerk die Jahreszahl 1637 [49].
1781 wurden Veränderungen an der Empore und 1783 Wiederherstellungsarbeiten an der Kirche vorgenommen, die mit der Anschaffung einer neuen Orgel in Beziehung standen. Am 21. 1. 1781 schloß man mit den bedeutenden Orgelmachern Stumm, vertreten durch Franz und Michael Stumm aus Rhaunen Sulzbach, einen Vertrag ab, ein Werk für 2250 fl zu liefern.
Die Disposition wurde wie folgt veranschlagt:

Manual
1. Principal 8'
2. Bordun 16' Baß Holz, Diskant Metall
3. Bordun 8' " " " "
4. Gamba 8'
5. Quintatön 8'
6. Octav 4'
7. Gemshorn 4'
8. Quint 3'
9. Superoctav 2'
10. Terz 1 3/5
11. Mixtur 4 fach 1'
12. Zimbel 2 fach 1'
13. Cornett 5 fach Discant
14. Trompete 8' Baß
15. Trompete 8' Discant

46) Mitt. Walcker
47) Wolff - Jung, BDkm. S. 332. Peine, S. 54
48) Klammer von Lersner
49) Lersner T. II, Buch II, Cap. XXIIII, S. 100

Positiv
16. Principal 4'
17. Gedackt 8' Baß Holz, Discant Metall
18. Rohrflöte 4' oder Salicional
19. Flauto traverso 8' Discant Birnbaumholz
20. Quint 3'
21. Octav 2'
22. Mixtur 3 fach 1'
23. Krumhorn 8'
24. Vox humana 8' über Kontrakt geliefert

Pedal
25. Subbaß 16' Holz
26. Violonbaß 16' Holz
27. Principalbaß 8' Zinn
28. Violoncello 8' Holz
29. Posaune 16' Holz
30. Clarine 4'
31. Glockenspiel über Kontrakt dazu ein Dämpfer
32. Manualkoppel
33. Pedalkoppel (Windkoppel)
34. Tremulant Hauptwerk
35. Tremulant Positiv
36. Pauken D und A 50)

In der von Rau aufgezeichneten Disposition von 1833 sind einige Differenzen festzustellen, die möglicherweise bei der Wiederherstellung 1823/24 entstanden sind:
Das Gemshorn 4' im HW wird Flauto 4' genannt, das Quintatön steht statt im HW im Pos. Auffallend sind die starken Mixturbesetzungen im HW 7 fach 1' im Pos. 5 fach 1', bei Stumm ganz ungewöhnlich.

Zu den Pauken in D und A (hier diese nähere Angabe) wird bemerkt: "welche mit den Füßen getreten werden" 51).
Wolff gibt in seiner Fig. 332 noch eine Aufnahme der Orgel in der alten Kirche. Sie gehört zu dem breitgelagerten Typ, wie ich es in den Stummschen Gehäusetypen unter IIf charakterisiert habe 52).

Am 7. 4. 1872 fand der letzte Gottesdienst statt, dann wurde die alte Kirche abgebrochen. In den Neubau, der am 8. 5. 1881 eingeweiht wurde, lieferte Walcker ein neogotisches Gehäuse.
1881 wurde auch die neue von Walcker erbaute Orgel vollendet:
Hauptwerk Pl16 Pl8 Bd8 Gb8 Hlfl8 Spfl8 Dolce8 Q5 1/3 O4 Gh4 Rfl4 O2 Corn5f8 Mxt5f2 2/3 Tpt8

50) StAFfm Ag II, 6 Abdruck: H. Klotz, Vom rhein. Orgelbau im 18 Jh. Btrg. z. rh. MG. Heft 19, S. 39
51) Wolff - Jung, BDkm. S. 335. L. Rau, Der Orgel Erfindung und Vervollkommnung Offenbach 1832, S. 46f -Bösken, Stumm Nr. 88
52) Wolff - Jung, BDkm. Fig. 332. danach Zeichnung Peine, S. 261 -Bösken, Stumm S. 57

Oberwerk Bd16 Pl8 Lbgd8 Sal8 Gh8 Aeol8 O4 Fug4 Trfl4
Zbl5f2 2/3
Pedal Plbß16 Sbß16 Vlbß16 Q10 2/3 Obß8 Vcl8 Pos16
2 Koppeln, 3Kollektivtritte. Der Preis incl. Gehäuse 20 000 Mk. 53)
Im Jahre 1909 wurde die Orgel umgebaut und erweitert durch den ursprünglichen Erbauer, Walcker:

I. Pl16 Pl8 Bd8 Gb8 Hlf8 Spfl8 Gh8 O4 Rfl4 Gh4 Q5 1/3 O2
Corn5f8 Mxt4f2 2/3 Tpt8
II. Bd16 Pl8 Lbgd8 Dolce8 Kztfl8 Sal8 Fug4 Trfl4 Zbl3f2 2/3
Klar8
III. Lbgd16 Ggpl8 Vla8 Ztfl8 Aeol8 Vxcl8 Fldo4 Fug4 Fltino2
Sesq2f Tpt8 Ob8
Ped. Plbß16 Ktrbß16 Sbß16 Qbß10 2/3 Obß8 Vcl8 Obß4 Bdbß16
Pos16 Tpt8 Pneum. Tr. 54)

1949 wurde diese Orgel mit dem neogotischen Gehäuse durch Förster und Nicolaus umgebaut. Da aber der größte Teil des Materials nicht mehr zu verwenden war, ist wohl mehr von einem Neubau zu sprechen. Die pneumatische Traktur wurde durch eine elektrisch-pneumatische ersetzt, die alten Kegelladen sind beibehalten.
Die Disposition entwarf H. Walcha:

HW Gdpo16 Pl8 Rfl8 Gb8 O4 Nhgd4 O2 Blfl2 Sesq2f Mxt5-6f Tpt8
OW Hzgd8 Pl4 Rfl4 Nas3 Spfl2 Sffl1 Klzbl3-4f Kh8
BW Qtt8 Gd4 Pl2 Q1 1/3 Schf5f Reg8
Ped. Plbß16 Sbß16 Qbß10 2/3 O8 Gd8 O4 Rgd4 Pl2 Nh2 Pedmxt4f
Zbl3f Pos16 Tpt8 Klar4 55)
Diese Orgel wurde 1961 an die kath. Gemeinde Niederrad verkauft.
In diesem Jahre baute K. Schuke, Berlin, ein neues Werk:
HW Qtt16 Pl8 Spillfl8 Rfl8 O4 Nh4 Nas3 O2 Flachfl2 Mxt5-6f1 1/3
Tpt8
OW Metgd8 Qtt8 Pl4 Rfl4 Qfl3 O2 T1 3/5 Nh2 Sffl1 Schf4f Dulc16
Kh8
BW Hzgd8 Blfl4 Qtt4 Wfl2 Sesq2f Q1 1/3 O1 Zbl3f 1/2 Reg8 Reg4
Ped. Pl16 Sbß16 Q10 2/3 O8 Spgd8 O4 Koppfl4 Bauernfl2 Rschpf3f
Mxt5f Pos16 Tpt8 Schalm4 Cornett2 56)

Im Besitz der Kirche befindet sich die 1937 von Herm. Eule für H. Walcha erbaute Hausorgel:
I. Reg8 Qtt4 Sffl1
II. Hzgd8 Pl2 (Prospekt)
Ped. Rank16 3NK. Tr.

53) Orgelbauzeitung Jg. III (1881) Nr. 19, S. 150
54) Mitt. Wißmüller
55) Peine, S. 189
56) Musik und Kirche Jg. 31 (1961) S. 303

Frankfurt-Sachsenhausen, Dreikönigskirche, Gemeindesaal

In diesem Saal stand das am 22./23. 3. 1944 zerstörte Werk, das um 1850 gebaut sein soll. Der Meister ist nicht bekannt.

I. Pl8 Gd8 Gb8 O4 Fl4 Q3
II. Gd8 Sal8 Hlfl4
Ped. Sbß16 Obß8 [57]

Frankfurt-Sachsenhausen, Gymnasium

Für dieses Gymnasium lieferte Walcker ein Orgel von 12 Registern im Jahre 1911. Die Disposition hatte folgende Form:

I. Pl8 Gd8 Sal8 O4
II. Cello Fl8 Aeol8 Vxcl8
Ped. Sbß16 Gdbß16 Vcl8 Flbß8 [58]

Frankfurt, Neues Schauspielhaus

Für dieses Theater baute Walcker 1902 ein Werk folgender Form:

I. Bd16 Pl8 Fl8 Gb8 Vxcl8 Sal8 Fug4
Ped. Sbß16 [59]
1951 lieferte Walcker eine neue Orgel mit 4 Stimmen [60].

Frankfurt-Schwanheim, ev.

Im Jahre 1912 stand in der Kirche noch ein kleines Werk von 4 Registern, das aus der alten Kapelle übernommen war [61].
1928 lieferte Weigle ein neues Werk:

I. Pl8 Bd8 Gb8 Ztfl8 O4 Mxt4f2 2/3
II. Ggpl8 Rfl8 Dulciana8 Vxcl8 Spfl4 Q3 Bachfl2 T1 3/5 Solotpt8
Ped. Sbß16 Ztbß16 Ctrbß16 Obß8 Lieblpos16 Pneum. Tr. [62]

Frankfurt-Schwanheim, kath.

Im Jahre 1763 kaufte man die alte Orgel von Liebfrauen in Frankfurt für 150 fl [63].

---

57) Mitt. Wißmüller
58) Mitt. Walcker
59) Mitt. Walcker
60) WWV
61) ZALKHN 1/2798 Inv. 1912
62) Peine, S. 178
63) s. d. Brühl-Siegel, Geschichte des Dorfes und der Pfarrei Schwanheim, 1889. S. 222

Dieser Kauf findet seinen Niederschlag in den Gemeinderechnungen: "1763 Ausgabe: Dem Collegiatstifft unser Lieben Frauen in Frankfurt für die in dahiesige Kirche erkauffte Orgel zaalt 150 fl, Einnahme 1763: Zu Zahlung der bey dem Liebfrauenstifft zu Frankfurt in allhiesige Kirche erkaufte alte Orgel ist bey Adam Mangold zu Höchst aufgenommen worden ein Capital 150 f Bey demselben ad 4 1/2 pro Ct 50 fl
1765 Da nun in Anno 1763 et 1764 für die erkaufte Kirchen-Orgel und diesfaltige Baukosten verrechnete 467 fl 31 xr in diese Rechnung pag. 71 pro Einnahme gebracht, daran aber mittels deren pag. 19 als eine Privat Schuld heimgewiesen - bey Adam Mangold von Höchst aufgenommene Capitalien an die geringe Geimeindnachbarn, welche das Werk angegeben, mir 200 fl allerst ersetzt worden, - so bleiben oben besagte Gemeindsnachbarn annoch schuldig, so an obgen. Receß liquidirt worden 267 fl 31 xr" pag. 17: Zufolge Rechnungs Notaminis de anno 1763 kombt hier pro Einnahmb die für die erkaufte Orgel verrechnete 100 fl" "Item dem Orgelmacher Wegmann gezahlte 100 fl für die Bildhauer Arbeit zur Orgel 15 fl 8 xr"
Für die erkauffte Bodenholtz 71 fl 55 xr
Für Zimmermann Arbeith 65 fl
Schlosserarbeit 28 fl 30 xr
Schreinerarbeith 16 f 12 xr
Holtzschneiders Lohn 12 fl 24 xr
Für Zehrungen wegen der Orgel 8 fl 22 xr
pag. 19: Nachdem die in der 1763 und 1764 Gemeindsrechnung pro Ausgab geführte Kosten für die erkaufte Kirchenorgel und desfals bezahlte Baukosten vom löbl. Ambt nicht passiret, disfals bey Adam Mangold zu Höchst in anno 1763 aufgenommen und pro Einnahmb gedachte Capitalia ad 200 fl derjenigen Gemeindsnachbarn, welche das Werk angegeben und veranlasset als die Privatschuld angewiesen und hier pro Ausgabe kommen 200 fl"
So hat die Gemeinde ihre Orgel beschafft [64].
Die alte 1687 konsekrierte Kirche wurde in ein Schwesternhaus umgebaut, der bisherige Chor zur Kapelle eingerichtet.
Die seit 1899 erbaute neue Kirche wurde 1901 konsekriert und darin eine Orgel aufgestellt durch Carl Horn, Limburg [65].
Am 29. 1. 1908 wird ihre Fertigstellung an das Ordinariat in Limburg gemeldet [66].
Ihre Form:
I. Bd16 Pl8 Ged8 Hlfl8 Gb8 Gh8 Dolce8 O4 Rfl4 Wfl2 Mxt4f2 2/3 Corn2-4f Tpt8
II. Ggpl8 Lbgd8 Flambl8 Qtt8 Sal8 Aeol8 Vxcl8 Fltr4 Sesq2f
Ped. Plbß16 Sbß16 Salbß16 Vcl8 Flbß8 Pos16
Pneum. Kegelladen [67].

64) HStAWsb Abt. 106, GR.
65) HBLbg 56
66) BALbg Weihe Akte
67) Peine, S. 176

Frankfurt, Schwesternhaus, ev.

Steinmeyer erbaute 1909 folgendes Werk:
I. Pl8 Gb8 Fl8 O4
II. Bd8 Aeol8 Vxcl8 Trfl4
Ped. Sbß16 Ztbß16 Pneum. Tr. [68)]

Frankfurt-Seckbach, luth.

Von einer Orgel des 18. Jh. erfahren wir etwas durch Reparatur-Verhandlungen. Auf Veranlassung des luth. Hanauer Konsistoriums soll Pfarrer Handwerk melden, wer den Kostenaufwand für die Reparatur veranlaßt hat. (Luth. Kons. 15. 12. 1751.)
Amtmann Burkhardt in Bergen berichtet "Unter Vorgänger Pfarrer Blum wurde die Orgel repariert und an den Altar gebracht, zwei neue Register eingefügt für 150 fl." 82 fl. wurden gesammelt, wovon die Liste der Beiträge zeugen kann.
Die Reparatur und Versetzung wurden lt. Extr. Protocolli vom 27. 8. 1766 genehmigt.
1784 zeigten sich erneut Mängel. Es wurde die Reparaturbedürftigkeit gemeldet und erwähnt, daß das "Kuppelwerk ganz neu gemacht werden muß". (Koppel) Der Orgelmacher von Homburg (Bürgy) und der von Offenbach (Syer) werden hergebeten. Bericht aus Seckbach vom 29. 5. 1784. Es wurde lt. Protokoll vom 9. 6. 1784 eine Akkordierung mit "Sier" (Syer) genehmigt [69)].
Auch in der ehemals ref. Kirche stand eine Orgel.
Am 1. 2. 1823 baten der Pfarrer und das Presbyterium, diese Orgel verkaufen zu dürfen. Es ist Gelegenheit, die seit der Vereinigung der Kirchen entbehrliche kleine Orgel um sehr gutem Preis verkaufen zu können. Der Vorstand des Versorgungshauses zu Frankfurt bietet 140 fl. Diese Orgel wurde 1796 von der deutschreformierten Gemeinde in Frankfurt als altes, aber gut gebautes Werk für 110 fl gekauft.

Am 17. 2. 1823 wurde der Verkauf genehmigt, das Geld solle für die Hauptreparatur der anderen Orgel verwendet werden.
Am 26. 6. 1823 ersuchte man um die Genehmigung der Reparatur und des Baues eines dem Manual gemäßen Pedals.
Ph. H. Bürgy reicht am 16. 6. 1823 aus Dornholzhausen einen Vorschlag ein. Er bemerkt, daß das ursprünglich gut gebaute Werk sehr verschmutzt sei, das Pfeifenwerk abgehoben werden müsse. Für das Pedal empfahl er einen Fagottbaß mit 18 Tönen aus Tannenholz, Mundstücke aus festem Holz, Zungen aus Messing und eine Windlade. Der Voranschlag wurde am 7. 7. 1823 genehmigt.
Am 18. 4. 1836 stellen die Gebr. Ebert, Frankfurt, Schäden fest und schlagen eine Reparatur für 56 fl. vor. Ein gleicher Vorschlag wird

---

68) Mitt. Wißmüller
69) StAMbg 315g Seckbach, III, 3

am 26. 7. 1845 von Helbig, Hanau, eingereicht. Erwänt wird besonders eine Flöte 4' und die Mixtur 1'.
Eine neue Orgel erbaute nach einem Vorschlag vom 30. 6. 1884 W. Ratzmann, Gelnhausen, die am 28. 6. 1886 von Org. Gelhaar, Frankfurt, abgenommen wurde. Die Disposition:

I. Pl8 Bd16 Hlfl8 Gb8 Pl4 Rfl4 O2 Mxt4f3
II. Ggpl8 Lbgd8 Sal8 Fl4 Fug4
Ped. Sbß16 Vlbß16 Vcl8 Preis 4735 Mk. 70).
Das heutige Werk lieferte 1948/49 C. Euler, Hofgeismar:

HW Gd8 Zartstimme8 Dtschpl4 Blfl2 Schf3f1 1/3
OW Qtt8 Rfl4 Spfl2 Sffl1 Sesq2-3f
Ped. Sbß16 Obß8 Gdbß8(Tr) Chbß4 Rfl4(Tr) 71)

Frankfurt-Seckbach, Maria Rosenkranz, kath.

Die Kirche besitzt seit 1953 ein Positiv von Kemper, das vorher im Besitz der Gräfin Sierstorpf auf der Eltviller Au war.
Man. Kontra A-g3 Gd8 O4 Nas3 O2 Mxt3f Reg8
Po16 Disk. c1-g3
Es war beabsichtigt, Sbß16 mit 27 Tönen hinzuzubauen 72).

Frankfurt-Sindlingen, ev.

Im Jahre 1838 kaufte man eine alte Orgel von Nastätten für 280 fl. 73).
Sie wurde im Jahre 1907 durch ein neues Werk von Walcker ersetzt:
I. Pl8 Fl8 Gb8 Sal8 O4 Mxt3f2 2/3
II. Ggpl8 Lbgd8 Aeol8 Trfl4
Ped. Sbß16 Bd16 Mech. Tr.
Im Jahre 1957 wurde die Orgel von H. Voigt, Ffm-Höchst, umgebaut:
HW Pl8 Fl8 O4 Rfl4 Nh2 Mxt3f1 1/3
Pos. Lbgd8 Pl4 Trfl2 Terzian2f
Ped. Sbß16 Chbß4 Kegelladen, pneum. Tr. 3 NK 74)

Frankfurt-Sindlingen, kath.

Im Jahre 1761 erbaute J. Chr. Köhler aus Frankfurt eine neue Orgel, die nach späteren Revisionsberichten des Mainzer Orgelbauers B. Dreymann folgendes Aussehen hatte.

a. Manual
1. Principal 8' von Zinn im Gesicht, tief C und Cis gedeckt

70) ZALKHN 22 Anh. 272
71) Mitt. Wißmüller
72) Mitt. Kemper
73) s. Nastätten
74) Mitt. Wißmüller - WWV

2. Viola die Gamba 8' Metall
3. Salicional 8' Metall
4. Hohlflöte 8' gedackt Holz
5. Octava 4' Metall
6. Rohrfloete 4' Metall
7. Quinta 3'
8. Superoctava 2'
9. Cornet Discant 4 fach Metall
10. Mixtur 6 fach 2'
11. Trompete 8' Metall

b. Pedal
12. Subbaß 16' Holz
13. Violonbaß 8 ' Holz
14. Posaunbaß 16' Holz

Anläßlich des Neubaus der Kirche gab es lange Verhandlungen wegen der Orgel, die von Pfarrer Vogelsang nach den archivalischen Unterlagen durch den Herzgl. Amtmann Justizrat Hendel, Höchst, zusammengestellt wurden und, da sie ein interessantes Bild über die Verhandlungen dieser Zeit geben, hier folgen sollen [75].
6. 9. 1823. Schultheiß Hutmacher an Hzgl. Amt (HA) zu Höchst: "Alle sachverständigen Leute behaupten, die alte Orgel seye für die neue Kirche viel zu klein und tauge nicht in den neuen Bau. Er sey nicht für die Vergrößerung und Reparatur der alten Orgel, obschon es ein gutes Werk seye, weil solche Plackereien immer theuer zu stehen kommen und doch nichts vollkommnes zu erwarten sey". Man sollte die Orgel daher verkaufen und eine neue anschaffen, wozu er einen gewissen N N Bernhard Dreymann aus Mainz zum Erbauer vorschlägt.
Bernhard Dreymann, Mainz, Lit. C Nr. 419 [76].
27. 9. 1823. Hzgl. Werkmeister Kunz berichtet an das HA über den Raum zum Orgelstand und die Größe der Kirche:
Orgelstand lang 19' 9'' (Bei Zugrundelegung hessischen Fußes 3, 22 m)
Schiff 73' (18, 25 m)
Vorchor 19' (4, 74 m)
Altarchor 22' (5, 50 m)
im Lichten 135' 9'' (33, 98 m) (2' zugegeben?)
Orgelstand breit 36' 10'' (9, 25 m)
Schiff mit Abseiten 72' (18 m)
Vorchor ohne Sakristei 42' (10, 50 m)
Altarchor 36' (9 m)
Höhe ist vom Boden bis an die Gewölbe 50' (12, 50 m)
Beide Abseiten 37' (9, 25 m)
Orgelstand und Altarchor wölben sich in Nischen in der Mitte 50' (12, 50 m), an den Mauern 37' (9, 25 m)
(Aus den angegebenen Maßen ist die Größe der Kirche zu ersehen, deren Cbm-Inhalt einen Anhaltspunkt für den Orgelbau ergibt).
7. 10. 1823. HA berichtet, daß die Verakkordierung der neuen Orgel und der Verkauf der alten auf spätestens 20. 10. festgelegt werden soll.

75) Th. Schüler, Chronikalische Aufzeichnungen zur Geschichte der Gemeinde Sindlingen, 1909, S. 5ff - O. Zaucker, Pfarrführer St. Dionysius, 1956. S. 13ff.
76) Vordere Schafgasse 4

22.10.1823. "Zur Insinuation (Eingabe) an Orgelbauer Schöler zu Ems an das HA zu Nassau (für Ems zuständig) zur Insinuation an Orgelbauer Raßmann zu Weilmünster an das HA Weilburg und zur Insinuation an Dreymann dem Herrn Schultheißen Hutmacher zu Sindlingen.
HA verschafft sich inzwischen die Disposition der eben neu erbauten Orgel zu Kelsterbach, und nahm im Beysein von Herrn Amtmann, Justizrath Hendel und Baudirector Götz die Versteigerung der neuen bzw. alten Orgel vom 22.10.1823 vor [77].

Bedingungen für den Orgelbau:
1. Regierungsgenehmigung vorbehalten,
2. Das ganze Werk bis ultimo September 1825 aufzuschagen,
3. Hat der Accordant nach der Bauverwaltungsordnung Zahlung während der Arbeiten zu gewärtigen, dagegen nach ertheilter Visitation für 1 und 3 eine Caution zu stellen,
4. Daß die Ablieferung von des Accordirten Wohnort nach Sindlingen von der Gemeinde auf desselben Kosten geschehe,
5. Auszahlung des letzten Drittels erst dann erfolge, wenn die Orgel durch besonderen hierzu gewählten Experten untersucht und tauglich befunden worden
6. Daß die Form der von Dreymann vorgelegten Zeichnung nach der hinteren Fensternische abgeändert und hierüber noch eine besondere Zeichnung zur Approbation vorgelegt werde,
7. Holzwerk weiß laquirt, dann Verzierung und Bildhauerarbeit matt vergoldet werde,
8. Muß die alte Orgel in Zahlung übernommen werden.

Am wenigsten forderte Orgelfabrikant Dreymann von Mainz mit 2890 fl. unter Übernahme der alten Orgel für 600 fl.
23.10.1823. Orgelbauer Raßmann wolle als Inländer beides im gleichen Preis übernehmen.
29.10.1823. Schultheiß Aumüller von Münster bot im Namen des Kirchenvorstandes auf die alte Orgel 10 fl. mehr 610 fl. [78].
30.10.1823. Erscheint B. Dreymann, übergibt die nach Bedingniß abgeänderte Zeichnung und erbietet sich, die gefertigte Orgel ganz auf seine Kosten an Ort und Stelle zu schaffen.
Gleichzeitig versendet Orgelbauer Raßmann von Weilmünster ein Schreiben nebst Überschlag, nach welchem die Forderung auf 2792 fl. herabgesetzt wird.
7.10.1823 wurde die Abschätzung der alten Orgel von dem als Experten gewählten Schullehrer Urban registriert, welcher sie auf 495 fl. taxiert hatte.
9.12.1823. Auch hatte Cantor Herrmann zu Idstein an HLR über die von Raßmann und Dreymann gemachten Überschläge und Dispositionen ein Gutachten aufgestellt und eine neue Disposition gemacht zu einer Orgel von 10 Manual-, 6 Positiv- und 4 Pedalregister.

---

77) In Kelsterbach hatte Orgelbauer Bernhard aus Romrod 1823 ein neues Werk gebaut.
78) s. Kelkheim-Münster

3.11.1823. Auf Amtsbericht auf obiges Gutachten beschloß HLR vom 19.12.1823 ad 31154: die Fertigung der fraglichen neuen Orgel geschieht durch Orgelbauer Raßmann zu Weilmünster. Raßmann hat unter Zugrundelegung der Herrmannschen Disposition neuen Überschlag und Zeichnung zu fertigen, bei welchem mit Beachtung eines einfachen kunstgerechten Styls alle geschmacklose Überladung von Zierrathen zu vermeiden sind.
Auf Grund dieses neuen Bauplans ist zwischen Kirchenvorstand und Orgelbauer ein schriftlicher Akkord abzufassen; insofern die Summe von 2792 fl. nicht überschritten wird kann ratifiziert werden.
Die abgängige Orgel aus der alten Kirche zu Sindlingen ist der Kirchengemeinde Münster für das höchste und den taxierten Wert 495 fl. übersteigende Gebot von 610 fl. zu überlassen.
Hierauf wendet sich Schultheiß Hutmacher bittschriftlich an die HLR, um die alte Orgel beibehalten und durch Dreymann reparieren lassen zu dürfen und unterm
21.2.1824 fertigte Schullehrer Urban zu Hattersheim einen Überschlag des Kostenbetrages dieser Reparatur, der sich auf 1161 fl. belief.
4.3.1824. Das HA berichtet, daß die Ideen jener anmaßlichen Protestation gegen die Erbauung einer neuen Orgel durch Raßmann lediglich aus dem Kopf des Schultheißen Hutmacher hervorgehe, aus nicht anzugebenden Nebenabsichten.
Ein aus diesem Bericht von der HLR erfolgter Erlaß vom 12.3.1824, Nr. 6895 abstrahiert von der kostspieligen Erbauung einer neuen Orgel, wenn nach Bericht des Kirchenvorstandes die ganze Gemeinde die Beibehaltung der alten Orgel wünscht, worüber sie einzeln müßten vernommen werden. Es wäre aber die Reparatur durch einen inländischen Orgelmacher zu bewirken.
9.4.1824. Lt. Bericht vom HA an die HLR hat sich die ganze Gemeinde für die Beibehaltung der alten Orgel ausgesprochen.
Es würde in dem von Urban vorgelegten Überschlag ad 1161 fl. alles bis auf 420 fl. gestrichen von Amtmann Hendel und Baudirector Götz.
Erlaß HLR vom 8.6.1824 Nr. 10618 genehmigte die Beibehaltung der alten Orgel; nach Vollendung des Kirchenneubaus soll über die Notwendigkeit eines Orgel-Neubaus entschieden werden.
Die Entscheidung der HLR wurde durch HA am 30.6.1824 der Gemeinde bekannt gegeben.
22.9.1824. Cantor Herrmann, Idstein, antwortet auf Aufforderung zur Namhaftmachung guter Orgelbauer, daß er außer oben schon genannten keine kenne, und findet es unschicklich, daß in die neue Kirche eine alte Orgel aufgestellt wird. Wenn man auch keine Orgel für 3000 fl. anschaffen wolle, könnte man für 1400-1500 fl. so disponieren - achtfüßig mit einem Clavier - , daß sie die Kirche ausfülle.
25.9.1824. Macht HA die Veraccordierung der einfachen Aufstellung und Stimmung der alten Orgel auf 11.10.1824 bekannt.
Die Arbeit wurde Lehrer Urban accordiert.
Inzwischen vernahm HA, daß der Regierungsverfügung vom 12.3.1824 zuwider Dreymann von Mainz mit Aufstellung und Reparatur der al-

ten Orgel beschäftigt sey, gab es dem Schultheißen auf, Dreymann aus der Kirche und von der Arbeit bei Vermeidung gefänglicher Abführung und Dienststrafe für den Schultheiß auszuweisen und sich zu verantworten, warum er ohne amtliche Authorisation den Ausländer statt des Accordanten zur Arbeit zugelassen, und wie er dazugekommen, statt der dem Accordanten verwilligten 145 fl. dem Dreymann 375 fl. zu verwilligen. Wenn eine Collecte angestellt worden sey, die Liste einzureichen und anzugeben, wie sie in Gang gebracht worden sey.

17.2.1825. Bereits 17.2.1825 wurde Lehrer Urban über obiges Protokoll vernommen und gab zu: Er habe während des Winters nicht an die Arbeit gehen können und Schultheiß Hutmacher wäre mit dem simplen Aufstellen der Orgel nicht zufrieden gewesen, sondern hätte gewünscht, daß Dreymann die Arbeit in ausgedehnterem Maße übernehmen möchte in dem er Guttäter gefunden, die so viel beschaffen als es mehr koste. Er habe also mit Dreymann den Contract abgeschlossen, nach welchem dieser 375 fl. für die Arbeit, er als Douceur 45 fl. erhalten sollte.

Es wurde Dreymann alle Arbeit untersagt und Schultheiß Hutmacher wie oben zur Verantwortung gezogen.

20.2.1825. berichtet Hutmacher, er habe verstanden, daß ein Neubau an Inländer aber nicht Reparaturen gegeben werden sollten. 375 fl. ist Accordanten, nicht Dreymann zugesagt. Urban hat Dreymann zum Gehilfen genommen, die Hälfte der Arbeit sei fertig gewesen.

5.3.1825. Bericht nach Protocoll als ungenügend angesehen, Hutmacher wird vernommen.

Gutthäter dürfen außer Herr von Schweizer nicht genannt werden.

Das Amt berichtet am 9.3.1825 an HLR, die Arbeit soll fortgesetzt werden, der Schultheiß und Urban sollen einen Verweis erhalten aber nicht bestraft werden.

3.3.1826. Nach Bericht begann Dreymann am 22.6. die Arbeit, aber als das alte Gehäuse aufgeschlagen werden sollte, stellte sich doch heraus, daß "das Gehölz seit dem Abbruch der alten Kirche größtenteils verkommen und die vorhandenen Stücke unbrauchbar seyen und die Fortsetzung des Orgelbaues unterblieb, und nun soll die Aufstellung und Reparatur der alten Orgel 1134 fl. kosten".

Die folgenden Akten berichten noch weitere Einzelheiten.

Bericht und Bitte des Pfarrers Vogelsang an HLR:

"Nachdem ich von der alten im Jahre 1761 von Orgelbauer Köhler aus Frankfurt daher erbauten, beim Abbruch der alten Kirche ebenfalls abgebrochenen Orgel genau Einsicht genommen und gefunden hatte, daß dieselbe mit einer geringen leicht verbessernden Ausnahme in ihren 13 Registern gut disponierten und mit einiger Vermehrung und Verbesserung auch in der neuen Kirche ganz zweckdienlich seyn würde, besprach ich mich wegen ihrer Reparatur und Wiederherstellung mit dem HA Herrn Justizrath Hendel, welcher die Güte hatte, mir die Acten über die früheren Verhandlungen in betr. Orgelbau und der Reparatur der alten Orgel mitzuteilen. Größtentheils Unkenntnis des Lehrers Urban zu Hattersheim, welcher den Abbruch der Orgel,

wobei das Gehäuse gänzlich unbrauchbar gemacht und Pfeifenwerk und Mechanik sehr verdorben worden, dann später auch die Aufstellung und Stimmung anvertraut wäre, größtentheils Ursache sey, daß dieses noch nicht hergestellt ist.
1824 substituierte sich Urban den Orgelbauer Dreymann zu Mainz, wodurch Akkord überstiegen wurde.
Raßmann untersuchte auch noch einmal die Orgel. Dreymann ging bei Rücksprache der Sache besser auf die Dinge ein als Raßmann".
Der Pfarrer bittet auf Grund des Dreymannschen Überschlags um Vertragsabschluß. 10. 9. 1829.
Es folgt die Köhlersche Disposition. s. o.
Es wurde hinzugefügt, daß das Cornet zu cassieren sei, dafür von c0 bis c3 ein Bourdon aus Holz 16' gesetzt werden solle. 3 Bälge sind vorhanden.
Weiter wurde beschlossen:
C und Cis des Principals 8' sind von Zinn, offen, zu machen, sollen poliert ins Gesicht kommen. Die Pfeifen von Gamba und Salicional sollen von 2/3 Zinn und 1/3 Blei neu und offen gemacht werden.
Die 6 fache Mixtur muß ganz beibehalten werden.
Pedalregister soll von 15 Tönen auf 25 erweitert werden.
Es soll ein Posaunbaß beigefügt werden.
Das Manual hat 4 Octaven soll eine halbe Octav mehr bekommen.
Zum Pedal soll eine neue Windlade gebaut werden. Manuallade muß ganz neu beledert werden, auch unter den Schleifen.
Ein Windstock für Principal 8' und Bourdon 16' muß neu erstellt werden.
Die Bälge bedürfen neuer Ventile. Wellenbrett und Mechanik müssen neu gemacht werden, da die Klaviere vorn mitten am Orgelgehäuse angebracht werden müssen. Das Clavier muß neu gemacht werden, Ganztöne aus Ebenholz, Semitonia von Bein.
Registerzüge und Wellen müssen neu gemacht und mit hartpolierten Knöpfen versehen werden. Das Gehäuse muß neu aus gutem Ebenholz gebaut werden: 17' hoch, 15' breit. Prospekt mit 6 "Lesinen", "die Capitale vergoldet seyn müssen und auf der Seiten an der hinteren Ecke je mit einer ähnlichen Lesine".
"Über den Pfeifen Draperien zu fertigen, welche lichtblau angestrichen und deren Franzen 2-3 Finger breit zu vergolden sind. In dem oberen Kranz oder Gesimse sind 2 Lorbeerzweige verbunden und vergoldet anzubringen. Das Gehäuse muß so eingerichtet werden, daß es mit der Zeit mit einem Positiv vermehrt werden kann". Für die Bälge müssen neue Lager gestellt werden. Die Stimmung soll im Kammerton erfolgen.
10. 11. 1829 Benachrichtigung an Pfarrer Vogelsang, daß Orgel in Accord gegeben werden soll.
Am 9. 12 1830 wird berichtet, daß Anthes mit Revision beauftragt worden ist. Dreymann hat nicht nur den Accord erfüllt, sondern mehr daran gearbeitet. Bericht vom 12. 1. 1831.
Der Stimmungs- und Wartungsvertrag mit Dreymann wurde für 1844-1849 zu 12 fl. genehmigt.

Dreymann hatte eine "Disposition zu einer Orgel in der neuen Kirche zu Sindlingen" entworfen:

1. Principal 8' engl. Zinn
2. Bourdon 16' Holz, gedackt
3. Salizional 8' 3 Teile Zinn, 1 Teil Blei
4. Viola die Gamba 8'
5. Bourdon 8' Baß in Holz, Discant Metall
6. Octav 4' Metall
7. Flauto 4' Birnbaum
8. Superoctav 2' Metall
9. Kleingedackt 4' Metall
10. Mixtur 2' 4 fach repetiert 2 mal Metall

Pedal
11. Subbaß 16' Holz, gedackt
12. Violonbaß 8' Holz
13. Octavbaß 4'
14. Posaunbaß 16'
15. Coppel
16. Windablaß

Balg: 10' lang, 5' breit, Falten mit Roßflechsen auf 3'' nebeneinander gebohrt. Zur Coppel Manual extra 25 Ventile.
Manual: 56 Tasten, Pedal 25 Tasten.
Tasten aus Bein, Halbtöne aus Ebenholz. Das Gehäuse aus Eiche.
Transport bis Höchst. Kosten 1700 fl.

Aus einer Bemerkung geht hervor, daß ein Entwurf auch für Sossenheim eingereicht worden war, aber in der Höhe von 1500 fl. s. d.
In Ergänzung der Orgel hat Dreymann auch ein Positiv entworfen, das ja oben vorgeschlagen wurde:

1. Principal 4'
2. Spitzfloet 8' tiefe Octav gedackt
3. Stillgedackt 8' Zinn
4. Flauttravers 8' Discant, Baß mit Stillgedackt verführt
5. Kleingedackt 4' Zinn
6. Flageolet 2'
7. Carillon 1 3/4' 2 fach Discant, Zinn
8. Fagott 8' Baß Zinn
9. Oboe 8' Discant Zinn

Zweiteilige Positivlade, welche auf beiden Seiten im Manualgehäuse gelegt, aus altem Eichenholz gefertigt, 4 1/2 Octaven umfaßt, dazu statt altem Principal 8' ein neues aus engl. Zinn, insgesamt 800 fl. Im Pedal auf der leeren Schleife kann evtl. ein Octavbaß 4' Holz für 20 fl. stehen [79].

79) PfA Fasz. 5

Pfarrer Zaucker schreibt im Pfarrführer über den weiteren Verlauf der Geschichte:
"Von dieser Orgel mußten 1917 die Prospektpfeifen abgeliefert werden. Nach einer Restaurierung im Jahre 1925 wurde sie 1937 in ihrem konstruktiven Teil vollkommen umgebaut und ihr eine elektr. Traktur gegeben. Das stilvolle klassizistische Gehäuse bleibe erhalten. Das Pfeifenmaterial wurde nach heutigen Klangprinzipien neu intoniert. So entstand das alte Werk in einer Klangschönheit, die es sicher zuvor nie besser hatte".
Die Arbeiten wurden durch OB J. Klais ausgeführt [80].
Die heutige Disposition:

I. Bd16 Pl8 Lbgd8 Gh8 O4 Rfl4 Q3 Mxt4f Corn5f Tpt8
II. Hzfl8 Sal8 Vxcl8 Pl4 Ztfl4 Schweg2 Nh1 Sesq2f Schf3-4f Kh8
Ped. Pl16 Sbß16 Zbß16 Obß8 Gdbß8 Chbß4 Flachfl2 Pos16
II/I, SbII/I, SbII/II, I/P, II/P

Möglicherweise sind alte Bestände in Q3 Corn Schweg Sesq enthalten.

Frankfurt-Sossenheim, ev.

Für die ev. Kirche baute Walcker 1918 eine Orgel mit den nachfolgenden Registern:
I. Pl8 Gb8 Sal8 Clarabella8 Rfl4 Vla4 Glockenspiel
II. Flambl8 Qtt8 Gh8 Aeol8 Vxcl8 Fld4 Picc2 Sesq Ob8
Ped. Sbß16 Vcl8 Pneum. Tr. [81]

Frankfurt-Sossenheim, Dunant-Gemeinde, ev.

Die Orgel erbaute W. Bosch, Sandershausen, als op. 588 im Jahre 1970.
Sie hat folgende Form:
HW Rfl8 Pl4 Klgd4 Spfl2 Mxt4f2
BrW. Gd8 Koppelfl4 Pl2 Sesq2f2 2/3 + 1 3/5 Sffl1
Ped. Sbß16 Obß8 Gh4 Mech. Spiel- und Reg. Tr [82]

Frankfurt-Sossenheim, kath.

Die Kirche wurde 1830 erweitert, desgleichen 1930 und 1949 erneuert [83].
Für die erweiterte Kirche baut B. Dreymann aus Mainz ein Werk, das er in seiner Disposition in Sindlingen als Muster empfahl:

---

80) Zaucker, Pfarrführer S. 13
81) Mitt. Wißmüller
82) Mitt. Bosch
83) HBLbg56

1. Principal 8' Zinn
2. Bourdon 16' Holz
3. Salicional 8' Metall
4. Octav 4' Metall
5. Flauto 4' Birnbaum
6. Quint 3'
7. Mixtur 2' 3 fach
8. Flageolet 2'
9. Kleingedackt 4'
10. Subbaß 16' Holz
11. Violonbaß 16'
12. Trompetbaß 8' [84]

Diese Orgel ist wohl auch die erste gewesen, denn im Jahre 1817 war noch keine vorhanden [85].
1927 baute Walcker hier sein op. 2156 mit einem 2. Manual auf einer Transmissionslade und pneum. Traktur. Die Disposition:

I. Pl8 Gb8 Hlfl8 Qtt8 Dolce8 O4 Rfl4 Mxt2-4f
II. Gb8 Hlfl8 Qtt8 Dolce8 Rfl4
Ped. Sbß16 Sanftb16 Vcl8
SbII/I, SpII/I, II/I [86]

Frankfurt, Studentenhaus

1953 lieferte Walcker ein Positiv seines Typs B:
Baß: C-h^o Gd8 Rfl4 Pl2 Mxt3f
Diskant c1-f3 Gd8 Rfl4 Pl4 Mxt3f [87]

Frankfurt-Süd, Deutsch-Ref. Kirche

1953 stellte Walcker eine Orgel von 14 Registern auf.

I. Pl8 Rfl8 O4 Wfl2 Mxt4-5f
II. Hzgd8 Nh4 Pl2 Nas 1 1/3 Schfzbl3f Tr.
Ped. Sbß16 Obß8 Po4 Blfl2 [88]

Frankfurt, Synagogen

1859 erbaute Walcker für die Hauptsynagoge ein Werk von 34 Registern, das im Jahre 1908 umgebaut und auf 40 Register erweitert wurde.

84) PfA Fasz. 5
85) HStAWsb 211/1409
86) Mitt. Vogel - WWV
87) Peine, S. 205
88) Mitt. Walcker

Die Disposition von 1859 hatte folgende Form:

I. Pl8 Bd16 Gb8 Kopula8 Fl8 Tpt8 Sal8 Q5 1/3 O4 Klgd4 Trfl4 Q3 O2 Mxt5f Schf3f

II. Pl8 Aeol8 Dolce8 Gd8 Fag8 Physharmonika mit Schwellung Rfl4 Fug4 Fl4 Flautino2 Nas3 Corn4f

Ped. Plbß16 Sbß16 Vlbß16 Pos16 Obß8 Vlbß8 Fag8 89)

Für die Westendsynagoge lieferte Walcker 1910 eine Orgel von 46 Stimmen 90).

Nach der Zerstörung stellte dort Walcker eine neue Orgel auf im Jahre 1949. Sie bekam folgendes Aussehen:

HW Gdpo16 Pl8 Gh8 O4 Blfl4 Q3 O2 Mxt6-8f Tpt8

OW Hzgd8 Rfl4 Klpl2 Q1 1/3 Zbl4f Kh8 Tr

SchW. Lblgd8 Engpl8 Nh8 Sal8 Itpl4 Flharm4 Spfl2 Siffl1 Schf4-5f Helltpt8 Tr

Ped. Plbß16 Sbß16 Ztbß16 O8 Bßfl8 O4 Bauernfl2 Mxt(Tr) Pos16 Tpt8 Cl4

NK FrKb. El. Pneum. Tr. Register-Kanzellenladen 91)

Frankfurt, Ufa-Theater "Im Schwan"

1927 lieferte Walcker eine Oskar Lüth Konzertorgel von 16 Registern.

I. C-c^4(SchwW) Hornfl8 Cello8 Bachfl8 Saxophon8 Blfl4

II. Melodia8 Aliquot1-3f8 Doppfl8 Qtt4

Ped. Plbß16 Sbß16 Sanftbß16 Fag16 Obß8 Fl4 92)

Frankfurt, Universitätsaula

Die dort stehende Orgel baute Förster und Nicolaus im Jahre 1951 mit nachfolgenden Registern:

I. Qtt16 Pl8 Rfl8 Gh4 Nhgd4 O2 Blfl2 Sesq2f Schf4-5f Tptreg8

II. Hzgd8 Pl4 Rnas3 Spfl2 Sffl1 Klzbl3-4f Kh8 Tr

Ped. Us16 Obß8 Gdbß8 Rfl4 Pl2 Mxt6f Lblpos16 Cl4

Pneum. Tr. 93)

Frankfurt, Universitätskapelle

Hier stellte Walcker 1953 ein kleines Werk von 4 Stimmen auf 94).

89) Mitt. Walcker

90) WWV

91) Peine, S. 194

92) Mitt. Walcker

93) Mitt. Vogel

94) WWV

Frankfurt-Unterliederbach, ev.

Im Jahre 1754 setzt die Besoldung des Organisten in den Rechnungen ein und die Rechnungsposten lassen die Vollendung des Orgelneubaus erkennen.
1754 keine Besoldung, 1755 Lehrer Dietz erhält Orgelbesoldung für 1754 in Höhe von 5 fl. 95).
Über den Orgelbau ergeben sich aus den Gemeinderechnungen folgende Unterlagen:

1753 Dem Zimmermann Arztfeld die Treppe an die Orgel zu machen	1 fl.	20 alb.
Den Orgelstand zu machen und aufzuschlagen	8 fl.	13 alb.
Fuhrgeld als das Wasser sehr groß bey Abholung der Orgel	6 fl.	46 alb.
Vor Stroh und Zoll und Zehrung als die Orgel abgelangt worden	2 fl.	6 alb.
Schlosser vor verschiedene Arbeit als die Orgel abgelangt worden	2 fl.	6 alb.
Schreiner verschiedene Arbeit als die Orgel aufgestellt	30 fl.	
Schultheiß vor gethane Gänge wegen der Gemeinde und Orgel	3 fl.	
Von dem Orgelmacher Köhler und seine Leuthen bey ihm gethaner Zehrung	23 fl.	10 alb.
Vor Bier und Brandwein bey Aufschlagung der Orgel	1 fl.	19 alb.
1755. Dem Schreiner Dahl vor die an der Orgel gemachte Arbeit		10 alb.
Vor 3 1/2 Ehl Leintuch zu denen Orgelpfeifen		14 alb.
Dem Orgelmacher Köhler zu Frankfurt den Rest die Orgel zu machen und durchzustimmen	40 fl.	
Sattler Daniel Wagner vor die Sattlerarbeit und Nägel an der Orgel		8 alb.
Schlosser Moritz vor die an die Orgel verfertigte Arbeit 96)		18 alb.

Die Anschaffung der Orgel, die J.Chr. Köhler aus Frankfurt lieferte, geschah auf Kosten der Gemeinde, wenigstens zu einem Teil. Der Unterhalt wurde dann vom Kasten übernommen.
Visitation 1783: "Kasten unterhält Schiff und Orgel" 97).
Nach einer späteren Bemerkung war es ein kleines Werk von 8 Registern und stand im Chor 98).

---

95) HStAWsb Abt. 331, KR
96) HStAWsb Abt. 331, GR
97) HStAWsb 331 Xa, 20
98) ZALKHN 1/2807 Inv. 1912 Dehio-Gall erwähnt die Orgel mit der Feststellung "Orgel um 1770". Peine dagegen kennzeichnet näher: "er trägt die Jahreszahl 1770 und besaß einen Principal 2', Peine, S. 177
Dehio-Gall, Südl. Hessen, München-Berlin 1961, S. 50

1922 baut Weigle in das alte Gehäuse ein neues Werk als op. 546.
I. Pl8 Gd8 Gb8 Sal8 O4
II. Lbgd16 Flambl8 Gb8(Tr) Aeol8 Vxcl8 Trfl4
Ped. Sbß16 Sanftbß16 Vcl8 Pneum. Tr. [99)]

Frankfurt-Unterliederbach, kath.

Friedrich Voigt baute 1905 eine kleine Orgel von 5 Registern [1)].
Das größere Werk baute Weigle 1924 mit folgenden Registern:
I. Bd16 Pl8 Gd8 Gb8 O4 Mxt3-4f2 2/3 LabKlar(Gb+Qtt)
II. Echowerk. Kzfl8 Sal8 Qtt8 Aeol8 Vxcl8 Fltr4 LabOb(Sal+Qtt)
Ped. Sbß16 Gdbß16 (Tr. Bd) Vcl8 (Tr. Gb8) [2)]

Frankfurt, Ev. Vereinshaus

1899 baute Walcker folgendes Werk:
I. Bd16 Pl8 Sal8 O4
II. Gh8 Lbgd8 Vxcl8 Fldo4
Ped. Sbß16 Mech. Tr. [3)]

Frankfurt, Versöhnungsgemeinde, ev.

Im Jahre 1953 lieferte zunächst Förster und Nicolaus ein Positiv mit 4 Stimmen: Gd8 Rfl4 Pl2 Zbl1
Das folgende größere Werk baute Günther Hardt, Möttau, im Jahre 1965/66 mit den Registern:
HW Pl8 Rfl8 O4 Po4 Wfl2 Mxt4-5f2
SchwW. Hzgd8 Nh4 Nas3 O2 T1 3/5 Sffl1 Zbl3f1/2 Kh8
Ped. Sbß16 Obß8 Spgd8 Rpo4 Flachfl2 Mxt3-5f2 2/3 Pos16
Schleiflade, mech. Tr. 3NK 4 mech. FrKb.
Die Abnahme erfolgte am 30. 6. 1966 [4)].

Frankfurt, Versorgungshaus, ev. Kapelle

1862 lieferte Walcker ein Werk von 8 Registern, 1910 eins von 6 Registern:
Pl8 Fl8 Sal8 O4 Trfl4 Sbß16 Pneum. Tr. [5)]

Frankfurt, Versorgungshaus, kath. Kapelle

Diese Kapelle besaß eine Orgel von Walcker mit 8 Registern aus dem Jahre 1910:
I. Pl8 Gd8 Gb8 Dolce8 Fl4 Fug4 Q3
Ped. Sbß16 [6)]

Frankfurt, Waisenhaus (Armenhaus)

Im Jahre 1831 wurde die vorhandene Orgel für 100 fl. an die Gemeinde Harreshausen verkauft. Den Verkauf quittierte der Verwalter des Waisenhauses Christ. Aug. Passavant. Sie wurde in Harreshausen durch OB Oberndörfer für 719 fl. aufgestellt. Oberndörfer verdanken wir eine Aufzeichnung des Werkes:

Manual
1. Principal 8 Fuß Ton von gutem englischen Zinn
2. Viola di Gamba 8 Fuß Ton
3. Octav 4 Fuß Ton
4. Superoctav 2 Fuß Ton
5. Süfflöt 1 1/2 Fuß Ton
6. Sesquialtra
7. Mixtur 3 fach
8. Cornet 3 fach
9. Trompet 8 Fuß besteht in zwey Zühen, die Trechter sind von Zinn und Bley, die Mundstücker und Zungen nebst Stimm-Kricken sind von Messin.
10. Hohlflöte 8 Fuß von Holz
11. Hohlflöte 4 Fuß von Holz

Pedal
12. Subbaß 16 Fuß Ton von Holz gedeckt
13. Violonbaß 8 Fuß Ton von Holz offen
14. Octavbaß 4 Fuß Ton von Holz offen
15. Posaunbaß 16 Fuß Ton Die Trechter von Holz die Zungen und Stim-Kricken von Messing [7].

Der Verkauf der Orgel war bedingt durch den Neubau eines Betsaals, der am 7. 10. 1832 eingeweiht wurde. Die Orgel wurde bereits 1763 einer Reparatur für 250 fl. unterzogen [8].
Bei der Supplication des OB Joh. Christian Köhler vom Jahre 1753 zur Erlangung des Bürgerrechts legt er ein Anerbieten bei, daß er für das Armenhaus eine Orgel neu bauen und auch unterhalten will [9].
Wenn also Waisenhaus und Armenhaus identisch sind, dann wurde das vorliegende Werk von Köhler erbaut. In seiner Disposition stimmt

---

99) Peine, S. 177
1) Walter ZfI 1904/05, S. 303
2) Mitt. Weigle
3) WWV - Mitt. Wißmüller
4) Arch. Hardt
5) Mitt. Walcker
6) Mitt. Walcker
7) Hans Martin Balz, Orgeln und Orgelbauer im Gebiet der ehemaligen hessischen Provinz Starkenburg. Studien zur hessischen Musikgeschichte, Bd. 3 Marburg 1969, S. 188, 535.
8) Friedrich Schäffer, Geschichte des Frankfurter Waisenhauses von 1697-1829, Frankfurt 1842, S. 99 Anm. 1 und 173, Anm. 2
9) StAFfm. Ratsupplikationen 1753 Januar bis Mai Blatt 211-223. "In diesem Gesuch bietet Köhler an, daß er für die Erteilung des Bürgerrechts dem Armenhaus eine neue Orgel bauen und instand halten will." Auskunft Tgb. Nr. 558/47 Br. /St. vom 2. 7. 1947 Vgl. Peine, S. 108

es fast wörtlich mit der von Haintchen aus dem Jahre 1753 überein, das auch von Köhler gebaut wurde. Diese hat zwei Stimmen mehr im Manual, die Flöttravers und die Vox humana. (s. Haintchen)

Frankfurt, Wanderkirche

Walcker baute 1896 ein kleines Werk von 5 Registern [10].

Frankfurt, Weißfrauenkirche

Nach dem 1472 beendeten Umbau der Klosterkirche wurde auch eine neue Orgel erwänt, deren Meister aus Wöllstadt stammte [11].
Die nächste Nachricht ist aus dem Jahre 1818. Orgelbauer Bürgy verfertigte eine neue Orgel. "Neuerdings ist die Kirche mit einer trefflichen von Bürgy in Homburg verfertigten Orgel bestückt worden", schreibt Kirchner [12].
Nach dem großen Umbau der Kirche in den Jahren 1856-58 lieferte Walcker eine neue Orgel im Jahre 1857, die 24 Register erhielt und nach einem Umbau im Jahre 1912 auf 35 Register erweitert wurde:
I. Bd16 Pl8 Gd8 Gb8 Dolce8 Flmaj8 O4 Rfl4 O2 Corn3-5f8 Mxt4f2 2/3
II. Ggpl8 Gd8 Sal8 Qtt8 Fug4 Rschq2 2/3 Fag Klar8
III. Lbgd16 Pl8 Vla8 Fl8 Aeol8 Vcxl8 Trfl4 Picc2 Mxt3-5f Tpt8
Ped. Ktrbß16 Sbß16 Gdbß16 Obß8 Vcl8 Chbß4 Pos16 El. Tr. [13]
Nach der Zerstörung im 2. Weltkriege baute Förster und Nicolaus die neue Orgel:
HW Pl8 Rfl8 O4 Nhgd4 Blfl2 Sesq2f Mxt4-5f1 1/3 Tpt8
BrW. Hzgd8 Rfl4 Sffl1 Klzbl4f 1/2 Kh8 Tr.
Ped. Sbß16 Obß8 Gh4 Nh2 Pedmxt5f2 2/3 Pos16
Schleifladen, mech. Tr. 3 NK [14]

Frankfurt, St. Wendel, kath.

Die 1938 erbaute Kirche hatte zunächst ein kleines Werk von 8 Registern [15].
Am 12. 6. 1966 wurde eine neue Orgel, die Förster und Nicolaus nach der Disposition von H. Walcha erbaute, eingeweiht.
Die Stimmen sind folgende:
HW Qtt16 Pl8 Rfl8 O4 Nh4 Wfl2 Mxt4-6f Tpt8
OW Metgd8 Pl4 Rfl4 Nas3 Spfl12 Sffl1 Schf4f Kh8 Tr.

---

10) WWV
11) Wolff - Jung, BDkm. S. 11 -Peine, S. 25
12) A. Kirchner, Geschichte von Frankfurt am Main, 1818, S. 101
13) Wolff - Jung, BDkm. S. 118 - Mitt. Wißmüller
14) Mitt. Wißmüller
15) HBLbg56

BrW. Hzgd8 Blfl4 Qtt8 Pl2 Q1 1/3 Zbl3-4f Reg8(Musette8) Tr.
Ped. Us16 O8 Spgd8 Rgd4 Nh2 Mxt5f Lblpos16 Schalm4
Schleifladen mit mech. Tr. El., Reg. 3 fr. Setzerkb. 16)

Frankfurt-Zeilsheim, ev.

Die Orgel baute Walcker im Jahre 1912 mit den Stimmen:
I. Bd8 Sal8 Pl8 O4 Mxt3f2 2/3
II. Ggpl8 Lbgd8 Kztfl8 Gb8 Aeol8
Ped. Sbß16 Bd16 Pneum. Tr. 17)

Im Jahre 1972 stellten Gebr. Oberlinger, Windesheim, ein neues Werk auf mit folgenden Registern:
HW Pl8 Rfl8 O4 Gdfl4 Blfl2 Mxt5f Tpt8
RP Gd8 Pl4 Koppelfl4 O2 Sesq2f Zbl4f Vxh8 Tr.
Ped. Sbß16 Obß8 Gh4 Pos16 Mech. Spiel-Reg. Tr. 18)

Frankfurt-Zeilsheim, kath.

Bis 1816 erscheint in den Rechnungsposten keine Angabe über eine Orgel 19).
Nach Schreiben von Orgelbauer Peter Weil vom 28. 9. 1832 sollte ursprünglich Raßmann eine Orgel für die fertiggestellte Kirche bauen. Da er den Auftrag nicht erfüllte, wurde Dreymann beauftragt 20).
1862 erscheint in den KR Hofheim ein Ausgabevermerk:
"1862 dem Orgelbauer Voigt geleistete Handlangungen bei Aufschlagen einer der Kapelle geschenkten alten Orgel aus der Kirche zu Zeilsheim an Ph. Schick 16 fl." 21).
Es war ein kleines Werk mit folgenden Stimmen:
1. Flöte 8'
2. Gedackt 8'
3. Principal 4'
4. Gemshorn 4'
5. Gedacktflöte 4'
6. Octav 2'
7. Subbaß 16'
8. Violonbaß 8' 22)

---

16) Mitt. PfAmt
17) WWV - Mitt. Wißmüller
18) Mitt. Oberlinger
19) HStAWsb Abt. 106 KR.
20) KPfA Höchst
21) PfA Hofheim
22) Arch. Klais

FREIENDIEZ

In der Mitte des 18. Jh. baute Andreas Scheld eine Orgel, er war Lehrling des bekannten Orgelbauers Florenz Wang zu Hadamar 23).
1766 lieferte der Orgelbauer Zimmermann neue Bälge, führte eine Reparatur durch und stellte 3 neue Register ein 24).
1817 wird an die Nass. Reg. berichtet, daß die abgebrannte Kirche in Freiendiez eine Orgel habe, die gerettet wurde 25).
1852 errichtete Fr. Voigt einen Neubau mit folgenden Registern:
Pl8 Gd8 Sal8 Aeol8 Gb8 O4 Fl4 Mxt3f2
Sbß16 Vlbß8 Mech. Tr. 26)
Am 9. 11. 1853 bittet die Gemeinde um Abnahme durch Anthes 27).
Am 31. 5. 1940 wurde ein Neubau des Pedals und eines Gehäuses genehmigt 28).
1971 baute R. v. Beckerath das folgende neue Werk:
HW Pl8 Rfl8 O4 Nas3 O2 Mxt4f
RP Gd8 Pr4 Rfl4 Wfl2 Sesq2f Siffl1
Ped. Sbß16 Obß8 Fag16 29)

FREIRACHDORF

Im Jahre 1852 baute G. Raßmann eine neue Orgel von 8 Registern. Lehrer Anthes, Orgelsachverständiger, wurde durch die Regierung beauftragt, am 12. 8. 1852 den Neubau abzunehmen 30).
Sie hat folgende Register:
Pl4 Sal8 Hlfl8 Gh4 O2 Mxt3f1 Sbß16 Plbß8
Mech. Tr. und Schleifladen 31).
1910 wurde ihr Äußeres folgendermaßen charakterisiert:
"Kleine Orgel auf Empore, Gehäuse älter, barocke Formen" 32).
Möglicherweise ist das Gehäuse übernommen. 1817 wird nach Wiesbaden keine Orgel gemeldet 33). Sollte sie übersehen worden sein?
Das Gehäuse heute hat in der Mitte einen größeren Spitzturm, dem nach je einem kleineren Flachfeld auf beiden Seiten ein kleinerer Spitzturm folgt "34).
Nach P. H. G. Hammer soll es von Schöler stammen.
1968 erbaute G. Hardt ein neues Werk:

---

23) Nassauisches Zeit- und Taschenbüchlein, Hadamar 1801, Abdr. in: Allg. Nass. -Schulblatt 1855, S. 416; desgl.: Heimatblätter, Blg. zur Dillzeitung Jg. 6 (1933) Nr. 3. Frdl. Hinweis von K. J. Stahl, Hadamar.
24) HStAWsb 175/1540 (Lahr)
25) HStAWsb 211/1409
26) Mitt. Wißmüller
27) HStAWsb 211/4261
28) ZALKHN 1/2491
29) Keiling, Einricher Orgelchronik, S. 73
30) HStAWsb 211/5283
31) Arch. Hardt
32) ZALKHN 1/2497 Inv. 1910
33) HStAWsb 211/1409
34) Foto Vogel

HW Rfl8 O4 Mxt2-4f
OW Gd8 Blfl4 P12 Sesq2f Tr
Sbß16 Obß8 [35]

FRICKHOFEN

Nach dem Bericht von 1817 war noch keine Orgel vorhanden [36].
Am 30. 10. 1838 legte die Gemeinde ein Gesuch um Genehmigung eines Orgelbaues vor. Die Regierung in Wiesbaden empfahl am 3. 11. 1838 die Orgelbauer Voigt, der in Rotzenhahn gebaut hatte, Raßmann, Möttau, und Schmidt, Hadamar.
Am 10. 4. 1839 legte der Pfarrer eine Disposition von OB Schmidt vor, die Sachverständiger Anthes prüfte und am 8. 5. 1839 berichtete, daß "das Ganze zu klein, zu jung, zu dünn" sei. "Nicht der schreiende, gellende Ton der Orgel führt den Gesang, sondern die Fülle". Die Disposition zählte nur 2 Achtfüßer in Holz. Ein charakteristisches Urteil jener Zeit am Übergang von dem Barockideal zur Neuzeit. Er macht folgenden Vorschlag, der die Tendenz des amtlichen Sachverständigen klarlegt:

1.	Principal 8'	5.	Gedackt 8'	9.	Mixtur 3 fach 2'
2.	Flaut major 8'	6.	Octav 4'	10.	Subbaß 16'
3.	Bordun 16'	7.	Rohrflöte 4'	11.	Octavbaß 8'
4.	Salicional 8'	8.	Flageolett 2'	12.	Violonbaß 8'

Der Akkord wurde am 31. 8. 1839 abgeschlossen. In einem Schreiben vom 13. 5. 1841 wird berichtet, daß Schmidt noch an der Orgel in Salz arbeitet und noch nicht geliefert hat. Im Februar 1843 wurde das Werk endlich aufgestellt. Schmidt urteilt, daß diese Disposition mehr Wohlklang wie Lahr habe [37].
Im Jahre 1906 lieferte Klais sein op. 320 mit 16 Registern, die Weihe erfolgte am 19. 3. 1906 [38].
Vor 1900 stand die Orgel auf der unteren Empore. Nach dem Umbau der Kirche stellte Wagenbach, Limburg, die um 2 Register erweiterte Orgel wieder auf [39].

FRIEDRICHSDORF

Friedrichsdorf, ev.

Im Jahre 1852 lieferte Wilh. Bernhard, Romrod, die neue Orgel in einem dreiteiligen schlichten Gehäuse [40].

35) H. G. Hammer, Orgelbau im Westerwald, S. 41f. Disp. - W. Kwasnik, Bemerkenswerte neue Orgeln im Westerwald, Das Musikinstrument Frankfurt 1969, 18, S. 1380
36) HStAWsb 211/1409
37) HStAWsb 211/4488, 4472
38) Arch. Klais - BALbg Weiheakte
39) BALbg LB 1963. St. Martinuskirche Frickhofen, 1956, S. 11. Dort wird vom Neubau von 3 Orgeln im Verlauf von 50 Jahren gesprochen.
40) ZALKHN 1/2498 Inv. 1912

Sie hatte 1944 folgende Disposition:
I. Bd16 Pl8 Hlfl8 Bd8 Gb8 O4 Hlfl4 O2 Mxt4f
II. Harm8 Fldo8 Sal8 Gh4 Fl4
Ped. Sbß16 Plbß8 Vcl8 41)

Es ist möglich, daß einige Register später entfernt wurden, in dem Entwurf für Bad Homburg, ev. findet sich noch im 2. Manual die Mixtur und im Hauptwerk die Quint 3', bei fast gleicher Disposition 42).
Eine neue Orgel baute Orgelbau Vleugels, Hardheim, im Jahre 1967 mit folgender Disposition:
I. Grobgd8 Pl4 Mxt3f1 1/3
II. Rfl8 Klgd4 Schwiegelpf2
Ped. Sbß16
Schleifladen, mech. Tr. und Reg. 43)

Friedrichsdorf, kath.

Ein kleines Werk von 6 Registern baute G. Hardt 1953:
Gd8 Pl4 Rfl4 O2 Mxt3f1 1/3 Sbß16 44)

Friedrichsdorf-Dillingen, ev.

Um 1850 schlug Raßmann folgendes kleine Werk vor:
Pl8 Gd8 Sal8 O4 Fl4 Sbß16 Mech. Tr. 45)

FROHNHAUSEN (Kr. Dillenburg)

1817 war noch keine Orgel vorhanden 46).
Um das Jahr 1870 baute G. Raßmann eine Orgel mit den Registern:
I. Bd16 Pl8 Gd8 Sal8 O4 Hlfl4 Q3 O2 Mxt2 CornDisk
II. Physharmonika
Ped. Sbß16 Obß8 Vlbß8 47)

FROHNHAUSEN (Kr. Biedenkopf)

1885 erbaute G. Raßmann die Orgel von 8 Registern:
Pl8 Gd8 Sal8 O4 Fl4 Doubl2 2/3+2
Sbß16 Vlbß8 Mech. Tr.
1965 erfolgte ein Umbau durch G. Hardt:
Gd8 Qtt8 Pl4 Rfl4 O2 Mxt3-4f1 1/3
Sbß16 Obß8 48)

---

41) FBHN44
42) s. Bad Homburg
43) Mitt. Vleugels

FRÜCHT

1817 wird berichtet: "Frücht hat eine kleine Orgel, ist zwar noch nicht lange repariert, doch wenig brauchbar, weil sie zu feucht steht und die Mäuse den Bälgen zu viel schaden" 49).
Am 24. 11. 1861 wandte man sich mit der Bitte um die Genehmigung der Anschaffung einer Orgel an die vorgesetzte Behörde und erwähnte, daß man noch nicht einmal ein Melodicon besäße. Die Patronatsherrin Therese geb. von Stein habe privatim 100 fl. versprochen und man halte es für möglich, daß von Sr. Durchlaucht Fürst Erwin v. d. Leyen 150 fl. zugesagt würden. Man plane eine Orgel etwa in der Preislage von 550 fl.
Nach Meinung des Dekans genüge ein Aeolicon oder Melodicon, wie es versuchsweise von Lehrer Schmidt, Braubach, aufgestellt wurde.
Am 4. 12. 1862 empfahl der Dekan Ninck in Bad Ems ein Melodicon mit Orgelprospekt statt der alten Orgel aufzustellen. Er habe ein Melodicon geprüft, das folgendermaßen beschaffen war:
Pedalwerk 16' Posaunbaß, im Manual 4 Register, 4 Discantregister, "sie ahmen Principalton, Salicionalton, Cornett und Gedacktflöte nach und waren alle sehr wohllautend und kräftig". Dazu komme ein Fortezug, Windablaß und Pedalzug, zusammen 7 Züge. Das Instrument solle 160 fl. kosten. Am 21. 11. 1862 wurde um die Anschaffung ersucht und am 10. 12. 1862 genehmigt 50).
1944 befand sich dort eine Orgel, die 1872 von Ibach aufgestellt wurde, aber möglicherweise älter ist:
Bd16 Disk ab c1 Pl8 Gd8 Gb8 Gh4 Fldouce4 Q3 O2 Mxt3f1 1/3
Fag Ob (Beide Stimmen fehlen 1967)
Sbß16 Vlbß8 Gdbß8
Schleifladen, mech. Tr. 51)

FUSSINGEN

1964 baute Wagenbach, Limburg, folgendes Werk:
HW Pl8 Wfl8 O4 Q3 Blfl2 Mxt1 1/3 Tpt8
OW Lbgd8 Rq4 Pl2 Q1 1/3 Sffl1 Sesq3f2-2 2/3-1 1/3 Tr
Ped. Sbß16 Gdbß8 Rpo4 NK
Die Einweihung erfolgte am 7. 6. 1964 52).

---

44) Arch. Hardt - BALbg LB.
45) Mitt. Wißmüller
46) HStAWsb 211/1409
47) Mitt. Brendel
48) Arch. Hardt
49) HStAWsb 211/1409
50) HStAwsb 211, 4217/2
51) Mitt. Wißmüller
52) Mitt. PfAmt Hausen

GARBENHEIM

In den Jahren 1765/68 wurde eine neue Orgel beschafft [53]. Abicht berichtet: "mit einer ziemlich guten Orgel versehen" [54].

GACKENBACH

W. Seifert, Köln-Mansfeld, erstellte 1940 ein Teilwerk, das 1950 ausgebaut wurde.
Der erste Teil:
Pl8 Fl8 Gd8 O4 Q3 Mxt3f Tpt8
Sbß16 Obß8 Gdbß8 Chbß4 Pos16
Die endgültige Lösung:
I. Pl8 Fl8 Sal8 O4 Klgd4 Q3 O2 Sesq2f Mxt5-6f Dulc16 Tpt8
II. Gd8 Qtt8 Pl4 Nh4 Wfl2 Klq1 1/3 Schf4f Kh8 Tr.
Ped. Sbß16 Obß8 Gdbß8 Chbß4 Rschpf4f Pos16 [55]

Aus einem Chronostikon geht das Baujahr hervor:
ConCine Cum Cherubim Dominum in LaetIcIa seMper (1952)
Nach dem Neubau der Kirche im Jahre 1879 wurde die Pfarrei Kirchähr hierhin verlegt und auch die Orgel überführt. In der heutigen Orgel wurden Teile der 1872 für Kirchähr erbauten Orgel verwendet [56].

GEISENHEIM

Geisenheim, ev.

1897 lieferte Walcker eine Orgel mit 13 Registern und 1 Transmission:

I. Bd16 Pl8 Hlfl8 O4 Q3 Mxt3-4f
II. Gb8 Lbgd8 Dolce8 Sal8 Trfl4
Ped. Sbß16 Vlbß8
Das erste Manual war pneumatisch, das zweite mechanisch angelegt.
1933 und 1950 wurde das Werk klanglich umgebaut:
I. Bd16 Pl8 Hlfl8 O4 Q3 Nh2 Mxt3-4f
II. SchW. Lbgd8 Fl4 Pl4 Schwig2 Zbl2f
Ped. Sbß16 Gdbß8 Chbß4 Flbß8
SpI SpII/I SbII/I SpII SbII [57]

---

53) HStAWsb 166/67 1644
54) Abicht, S. 24
55) Mitt. Vogel und PfAmt
56) Mitt. PfAmt
57) ZALKHN 1/2515 Inv. 1911 14 Reg. - Mitt. Brendel

Geisenheim, kath.

Am 4. 6. 1605 wurde ein Antrag seitens der Stadt an den Erzbischof von Mainz, Schweikhard von Kronberg (1604-1626) gestellt, eine Orgel erbauen zu dürfen und zu ihrer Bedienung den Katharinenaltar inkorporieren zu dürfen. Er wurde aber vom Erzbischof abgelehnt [58].
Zaun zitiert ein Schreiben des Kurfürsten Joh. Schweikard von Kronberg vom 14. 10. 1605 an den Vicedom des Rheingaus mit der Aussage: "... er habe nichts gegen die Erbauung einer neuen Orgel, wenn keine Rechte eines Dritten verletzt würden" [59].
Am 16. 1. 1615 "bekunden Schultheiß, Bürgermeister und Rat, daß sie Christian Koch, Orgelmacher von Prag, ein neues Orgelwerk abgekauft haben, daß dieser gemacht und in ihrer Kirche aufgestellt hat. Sie bezeugen, daß er es ohne Fehler gemacht hat" [60].
Weitere Daten über die Orgel sind den Kirchenrechnungen zu entnehmen:
1693 An Wein: "Ist dem Orgelmacher zu achttägigen Verpflegung bei Reparation der Orgell, sodann Liefferung des Werks 5 V 1 Maß [61].
1707: Bey Reparierung der Orgell verzehrte der Orgellmacher 4 fl. 39 xr.
1718 wurden wegen Reparierung der Orgel 5 fl. 49 xr. bezahlt [62].
1730: In Anwesenheit des Orgelmachers ihm dem Cronwirth zu Verzehrung gezahlt worden 3 fl. 20 xr." [63].
Eine Renovierung wurde 1752 durchgeführt, [64] eine weitere wurde bald nötig. Im Jahre 1756 verhandelte darüber der Organist Richard Heß mit Orgelmacher Kohlhaas aus Mainz [65].
"29. 7. 1756. Vielgeehrter Herr! Ich hoffe es werdte sich derselbe sambt der Frau Liebsten und allen lieben Angehörigen in guthem Wohlseyn befindten, dessen ich dan eine lange und fernere Continuation von Hertzen wünsche. Zufolge nun unserer letzhin zu Geißenheim wegen der Orgel geschehener Abredt diene hiermit nachrichtlich, daß ich des Herrichtung, nemblich, daß die Windtladte gäntzlich außgehoben und unter die Klappen alle neue Scheren in summ völlig müßte repariret werdten, ansonsten daß Heulen der Orgel nimmer würdte aufhören oder corrigiret werden können, worauf mir zur Antwort, Herr Kohlhaaß möge so gut seyn, und seine dieß-

58) W.-H. Struck, Geschichte der Stadt Geisenheim, Frankfurt 1972 S. 172
59) Zaun, Btrg. z. Gesch. des Lancapitels, S. 251. Struck lehnt die Annahme Roths ab, daß schon 1520 eine Orgel angeschafft wurde. Ein Lettnerbau schließt nicht einen gleichzeitigen Orgelbau ein, wenn dort auch vielfach kleinere Werke ihren Platz hatten. Er gibt ferner zu bedenken, daß bei den genauen Angaben anläßlich der Stiftung einer Singmesse im Jahre 1536 von der Orgel oder einem Organisten nicht die Rede ist. Struck, Anm. 88, S. 187
60) Regest von Struck, S. 172
61) HStAWsb 108/255
62) HStAWsb 108/259
63) HStAWsb 108/262
64) PfA Orgelakte aus der Geschichte.
65) Ein Zufallsfund des Briefwechsels aufgeklebt auf der Lade der Kohlhaas-Orgel in Ober-Saulheim.
Arch. Hardt. - Bösken, Quellen und Forschungen Bd. 1, S. 408

falß anhero machende Anforderung entweder schriftlich anhero schicken oder aber / :dahier mündlich bey Herrn Ambtsschultheißen Theodori abstatten.
Hierbey aber bitte den H. Kohlhaaß, daß er die Forderung leydentlich und nicht zu hoch mache, ansonsten förchte, es möge dieße wiewohlen sehr nothwendige Arbeit bey dießen so geldtrahren Zeiten auf fernerhinauß verschoben werdten ich indeßen hab deßfals von den Hr. Kohlhaaß eine gute Meinung und beharre derselben dienstbereit Richard Heß mp. Geißenheim den 29. Juli 1756
Herrn Kohl(haaß) ... Wohlerfahr(ener) Orgelmacher in Mayntz".
Die Antwort vom 3. 8. 1756 ist nur in einer Briefhälfte vorhanden. Herrn Heß Gerichtsverwandten und Organisten. Es folgt der Brief mit dem Vorschlag zur Reparatur der Windlade, vor allem der Hinzufügung neuer Ferdern unter den Ventilen, zu 50 fl. ohne Kost.

"Vielzuehrender..... Auf dero mir neu..... Schriben hab ich er sehen... Überschläge samt Ford(rung).... Ihrer Orgel machen.... Kürtzlich zur nachein.. Ihnen schon gesagt die Windlade... herau(s) ...die Klappen neue Sche(ren)... in summa sie wieder vollig..... Solche Reparirung sambt...... 50 fl. ohne die Kost... nun mit dieser Forderung.... sie es mir zu wissen thun... meine Dienste mit groß... bin und verbleibe... Meine vielgeehrt
Mayntz den 3. August 1756" 66).
1793 wurde die Orgel von den Gebrüdern Martin und Nikolaus Grein ausgebessert. Die Akte berichtet: "August 1793 kamen zween fremde Orgelmacher Greine mit Namen und bothen sich an, die gebrechliche Orgel um 50 fl. herzustellen." Der Organist bezeugte die zufriedenstellende Arbeit. Im Überschlag vom 3. 8. 1793 wurde vor allem die Säuberung, das Ausformen der Pfeifen, Abschrauben und Ausblasen der Stöcke, Verbesserung des Wellenbrettes sowie der Bälge vorgesehen. Zum Stimmen wollte OB Ripple am 26. und 27. 9. 1798 eintreffen. Für jedes Register will er 1 fl. 30 xr. in Rechnung stellen, was bei 14 Registern 21 fl. ausmacht.
Am 20. 12. 1812 richtete man ein Gesuch an die Herzoglich Nassauische Regierung in Wiesbaden wegen der Genehmigung einer neuen Orgel.
Am 29. 12. 1812 antwortete die Regierung: Orgelbauer Mahr in Wiesbaden solle die Orgel überprüfen und man solle Schöler vernehmen wegen eines Neubaus, falls nicht eine Orgel aus einem aufgehobenen Kloster zur Verfügung steht. Man sollte aber bis zur Beendigung des Krieges warten.

---

66) Vielzuehrender Herr! Auf dero mir neulich zugesandten Schreiben habe ich ersehen, daß ich Überschläge samt Forderungen zur Reparatur Ihrer Orgel machen soll, und habe kürtzlich zur nachhinein (?) Ihnen schon gesagt, die Windlade müsse ganz heraus genommen werden, die Klappen neue Scheren erhalten, in summa, sie wieder völlig instandzusetzen. Solche Reparierung samt den Materialien würde sich auf 50 fl. ohne Kost belaufen. Wenn Sie nun mit dieser Forderung einverstanden sind, so lassen sie es mir zu wissen thun. Meine Dienste mit großer Achtung. Ich bin und verbleibe mit den besten Grüßen an meine vielgehrte Frau Liebste
Ihr J. Kohlhaaß. Mayntz den 3. August 1756.

Am 15. 6. 1813 berichtete J. A. Mahr junior, daß die Orgel sehr alt sei, 14 Register habe, von denen aber "nur 9 durchaus" seien. Die Pfeifen seien sehr dünn und die Anschaffung eines neuen Werkes notwendig.
1. 7. 1813 Untersuchung durch Mahr in Anwesenheit von Amtsvogt Bertram, Gräfl. Ingelheimschen Kellner Will, H. Maas und Endres [67].
Am 17. 7. 1813 empfiehlt Orgelbauer Schöler in einem Brief 2 Dispositionen zur Auswahl:
I. Vorschlag
Hauptwerk
1. Principal 8'
2. Viol di Gamba 8'
3. Bourdon 8' Discant Metall, Baß Holz
4. Hohl Flöte 8' Discant Metall, Baß Holz
5. Octav 4'
6. Quinta 3'
7. Flöte 4'
8. Octav 2'
9. Mixtur 4 fach 2' nach musikalischer Progression
10. Trompet Baß 8'
11. Trompete Discant 8'

Positiv oder Echo
1. Octav 4'
2. Gedackt 8'
3. Rohrflöte 4'
4. Salicional 4'
5. Nahsat 1 1/2
6. Octav 2'
7. Vox humana 8'

Pedal
1. Subbaß 16'
2. Principalbaß 8'
3. Violonbaß 8'
4. Octavbaß 4'
5. Posaunenbaß 16'
Tremulant und Coppel, Clavier an der Seite. 2400 fl.

II. Vorschlag
Hauptwerk
1. Principal 8'
2. Viola di Gamba 8'
3. Gros Gedackt 8' Discant Metall, Baß Holz
4. Flöte 8' Discant Metall, Baß Holz
5. Octav 4'

---

67) PfAmt Geisenheim, Orgel

6. Quintadena 4'
7. Quinta 3'
8. Superoctav 2'
9. Terz 1 3/5'
10. Mixtur 4 fach 1' rep. per oct.
11. Salicional 4'
12. Trompet Baß 8'
13. Trompet Discant 8'

Positiv
1. Principal 4'
2. Bourdon 8' Discant Metall, Baß Holz
3. Flöt travers 4'
4. Octav 2'
5. Quinta 1 1/3'
6. Fagott Baß 8' Metall
7. Hautbois 8' Discant
8. Vox humana 8' Zinn

Pedal
1. Subbaß 16'
2. Octavbaß 8'
3. Violonbaß 8'
4. Nachthornbaß 4' Holz
5. Posaunbaß 16'

Tremulant, Coppel, Clavier an der Seite C-f3.
Stellung des Pedals hinter der Orgel [68].
Mit Christian Schöler in Bad Ems wurde am 14. 5. 1819 ein Vertrag über den Neubau einer Orgel zum Preis von 3000 fl. im 24 fl. Fuß abgeschlossen nach folgendem Plan:
"Disposition einer neuen Orgel nach Geisenheim im Musikton":

Manual
1. Principal 8' von Zinn
2. Viol di Gamba 8' von gut legiertem Metall
3. Bourdon 16', Holz, Gedackt
4. Hohlflöte 8', Holz
5. Octav 4' Metall
6. Quinta 3' Metall
7. Gedeckte Flöte 4'
8. Octav 2' Metall
9. Mixtur 4 fach, rep. per octav 1'
10. Trompet Baß 8'
11. Trompet Discant 8'

---

68) HStAWsb 211/5162. Die Quellen sind z. T. das Pfarrarchiv und die Abt. 211 des HStAWsb. Die Angabe steht jeweils am Ende der Auszüge, sodaß diese der Einfachheit halber immer für den ganzen Abschnitt bis zur neuen Quellenangabe gilt.

Positiv
12. Principal engl. Zinn, Gesicht, 4'
13. Gedackt 8'
14. Rohrflöte 4'
15. Salicional 4'
16. Mixtur 3 fach 1'
17. Octav 2' rep. oben
18. Vox humana 8' Zinn

Pedal
19. Subbaß 16' gedackt
20. Principalbaß 8' offen
21. Violonbaß 8'
22. Octav 4'
23. Posaunbaß 16'
24. Nebenzug Copell M/P
25. Ventil

Clavier seitlich spielbar, Tastatur Ebenholz, 3 Bälge, Pedal hinter der Orgel bis ins 2. g (g^o)

Es wurde vorwiegend Plan II ausgeführt, allerdings mit der wesentlichen Veränderung, daß Mixtur im HW auf 1' basiert und auch das Positiv seine eigene Mixtur statt des Nasat 1 1/3' bekam.

In den 6 Jahren hatte sich allerdings der Preis bei den nicht sehr großen Veränderungen um 600 fl. erhöht [69]!

Am 6. 3. 1822 wird gemeldet, daß an der Orgel fleißig gearbeitet wird und Schöler Geld verlangt.

Die alte Orgel hätte nach Münster, Amt Königstein, verkauft werden können, bei der Versteigerung hatte sich keiner gemeldet [70].

8. 12. 1823. Beschwerde Schölers, daß er nicht bezahlt wird, obwohl die Orgel vor einer Woche aufgestellt wurde.

Die Orgel war nicht vollständig. Es wird nochmal erwähnt, daß Pfarrer Ripp in Münster, Amt Königstein, die Orgel für 400-500 fl. kaufen wolle. Es wurde die Frage gestellt, wieviel eine Reparatur kosten würde. Schöler aber will sich auf nichts einlassen.

6. 12. 1823. Gutachten des Lehrers Kleinfeld. Die Orgel sei gut und mit Fleiß gearbeitet, der Principal sei zu schwach und es fehle noch die Trompete. Hinzugezogen wurde "der in Geisenheim weilende berühmte Clavierspieler Aloys Hofmann" sowie der Ingelheimer Musiklehrer Breul.

24. 3. 1824. Bericht von Hofmann und Breul. Der Principal könnte stärker sein, viele Pfeifen sprechen nicht oder langsam an. Der Posaunenbaß ist in der Tiefe nicht rein, ebenso die Vox humana nicht rein und in der Tiefe zu schwach. Die Viola di Gamba habe nicht genug Stärke und kein "egales Verhältnis der Töne". Die Tasten blieben zum Teil liegen.

Dieses Gutachten über den sonst so bekannten Orgelmacher ist nicht

---

69) PfA Geisenheim, UB 1824
70) PfA Orgelakte

sehr günstig. Es hat die häufig vorhandenen Fehler der Zungen genannt, daß die Tiefe schlecht zu stimmen ist oder der Ton zu unbestimmt kommt. Beim Principal waren möglicherweise die Kondukten schlecht angelegt. Aber noch schlechter fällt das Gutachten des als Orgelrevisor im Herzogtum tätigen Kantors Herrmann aus.

7. 5. 1824. Bericht des Kantors Herrmann:
Von 50 Orgeln dies- und jenseits des Rheins ist keine so fehlerhaft. Schöler wird als nicht ungeschickt beurteilt, wie er sich bei 3 Werken, teils neu, teils repariert überzeugte. Bei diesem teuren Werk von 3000 fl. sei alles verfehlt, alles ineinander gepreßt, so daß man nur mit vieler Mühe im Inneren an alles herankommen könne. Bemängelt wurde das Gehäuse aus Tannenholz, rotbraun gestrichen wie ein Küchenschrank. Die meisten Pfeifen der tiefen Octav des Principals 8' von Holz stehen im Innern. Bemängelt wurde der hauchende Ton der Holzpfeifen und daß die Metallpfeifen "nicht zu weit mensuriert" seien. Die Idsteiner Orgel von 1783, für 2300-2400 fl. habe die "doppelte Güte". Es "soll kein Orgelbauer seine Disposition selbst machen". Er will es unentgeltlich tun. Zum Werk im einzelnen:

Principal 8' viel Holz
Bourdon 16' gut
Hohlflöte 8' gut
Viola di Gamba nicht gleich
Octav 4' gut, wenn alle ansprechen
Quint 3' gut
Flöte gedackt 4' gut
Octav 2' (altes Register) spricht nicht in allen Tönen an
Mixtur 4 fach rep. alle Octaven
Principal 4' Gesicht
Gedackt 8' sticht durch
Solicional 4' heult
Rohrflöte 4' nicht rein
Octav 2' sticht durch
Mixtur 3 fach 1' heult
Vox humana verstimmt
Posaune 16' kann nicht stimmen, weil sich die Zungen auf den Löffeln nicht gleichen und nicht genügend poliert sind.
Octav 4' spricht nicht an wie es muß
Violon 8' gehört in Violon 16' verändert
Subbaß 16' nicht rein gestimmt
Principal 8' geht
Trompete und Coppel fehlen. Bericht vom 2. 5. 1824

28. 5. 1824. Christian Schöler rechtfertigt sich. Der Platz sei durch Regierungsrat Marx wegen des Lichtes eingeschränkt. Er behauptet, daß alle Pfeifen des Principal 8' und 4' von Zinn außerhalb ständen.

25. 6. 1824. Schöler schreibt, daß er mit Reparaturen und dem Einsatz der Trompete fertig sei.

9.7.1824 neuerliche Prüfung durch Kantor Herrmann. Sie wurde gut beurteilt. Man hatte in Abwesenheit Schölers Balken zur Verstärkung der Bühne unter die Orgel gezogen, wodurch der Zustand der Orgel so schlecht befunden wurde. Der Principal 8' wurde durch Labienveränderung verstärkt, ist jetzt gut.
18.8.1824 J. Chr. Schöler bittet um Auszahlung [71].
10.10.1824. Die Schreinerrechnung wegen Ablegung der alten Orgel wird dem Rathaus zugewiesen [72].
5.1.1825. Der Regierung wird ein Gutachten des Orgelbauers Embach vorgelegt: "Einige Pfeifen sprechen schlecht an, schönes solides Werk [73].
Das alte Werk wurde im Intelligenzblatt angeboten.
24.1.1826. Die alte Orgel wurde stückweise versteigert:
König David an Ratsdiener Kopp
1 Engel an M. Biegen
1 Engel an R. Graf
1 Engel an P. Schedel
Zinnpfeifen 385 Pfund = 77 fl.
Summa 106 fl. 20 xr. [74]
17.7.1827. B. Dreymann, Mainz, unterbreitet ein Angebot wegen Reparatur und Veränderung der Orgel.
Die aufgeführte Disposition war noch unverändert gegenüber der des Vertrages. Er machte dann einige Vorschläge:
Die Orgel war "von jeher zu schwach im Ton" die Pfeifen aus Blei sehr dünn.
Wegen der Disposition wurde vorgeschlagen:
Mixtur 1' zu 2', Trompete 8' neu, Salicional 4' im Positiv zu 8', Octav 2' im Positiv zu Flageolet 2', große Pfeifen neu, die übrigen neu labiiert und heraufgesetzt, Mixtur im Positiv entfernen, dafür Spitzflöte 4', Vox humana 8' im Positiv zu Crumhorn 8'. Im Pedal: Violonbaß neue Labien, "damit er streichend wird", Posaune neue Krücken, Pfannen und Zungen. Der Preis sollte 925 fl. betragen.
Deutlich lassen sich Anzeichen einer neuen Zeit des Klangempfindens erkennen, den Dreymann mithilft durchzusetzen.
Es schwindet die Mixtur im Positiv und der principalische 2' wird mensurmäßig durch die Versetzung erweitert und durch schmalere Labiierung der Ton weicher geformt.
Die Rohrwerke tendieren zu größerer Grundtönigkeit, Streicher zu stärkerem Strich. Das Poitiv wird durch einen Achtfuß in der Grundtönigkeit verstärkt, gleichzeitig aber eine Abwechselung in der Begleitmöglichkeit gegeben.
14.10.1828. Auch zum Äußeren macht Dreymann Vorschläge:
Da der Prospekt "ungeheuer schmal" ist, soll er um 4' erweitert werden nach jeder Seite, dazu ein Principalbaß 8' von Zinn im Ge-

71) HStAWsb 211/5162
72) PfA UB 1824
73) HStAWsb 211/5162
74) PfA UB 1824

sicht gearbeitet werden zum Preise von insgesamt 1100 fl. [75]. Am 1. 3. 1838 reichte B. Dreymann einen Entwurf für einen Neubau ein, der mit 36 Registern 6300 fl. kosten sollte; Voigt im Entwurf vom 16. 6. 1838 verlangt für 32 Stimmen 4500 fl.
Zum Vergleich:

Dreymann	Voigt
Hauptwerk	Hauptwerk
1. Principal 8'	1. Principal 8'
2. Bordun 16'	2. Bordun 16'
3. Gemshorn 8'	3. Salicional 8'
4. Viola di Gamba 8'	4. Quintatön 8'
5. Großgedackt 8'	5. Rohrflöte 8'
6. Quintgedackt 6'	6. Octav 4'
7. Octava 4'	7. Gemshorn 4'
8. Kleingedackt 4'	8. Spitzflöte 4'
9. Quinta 3'	9. Quint 3'
10. Flageolet 2'	10. Octav 2'
11. Superoctav 2'	11. Flachflöte 1'
12. Cornett 4' 4 fach Discant	12. Cornett 4 fach
13. Mixtur 2' 4 fach	13. Mixtur 1' 3 fach
14. Trompete 8' Baß	14. Trompete 8'
15. Trompete 8'	
Positiv	Positiv
16. Principal 4'	15. Principal 4'
17. Flauttravers 8'	16. Gedackt 8'
18. Großgedackt 8'	17. Viola di Gamba 8'
19. Salicional 8'	18. Flauttravers 8'
20. Spitzflöte 4'	19. Quintatön 4'
21. Dousflöte 4'	20. Spielflöte 4'
22. Quintgedackt 4' (3')	21. Nassat 3'
23. Spitzflöte 2'	22. Octav 2'
24. Quint 1 1/3'	23. Quintflöte 1 1/2
25. Mixtur 1 1/3'	24. Waldflöte 2'
26. Crumhorn 8'	25. Mixtur 1' 3 fach
27. Fagott 8' Baß	26. Crumhorn 8'
28. Hoboe 8' Discant	
Pedal	Pedal
29. Principalbaß 16'	27. Subbaß 16'
30. Subbaß 16'	28. Violon 16'
31. Quintbaß 12'	29. Principalbaß 8'
32. Octavbaß 8'	30. Octavbaß 8'
33. Violonbaß 8'	31. Octavbaß 4'

---

75) HStAWsb 238/81 Alle folgenden Angaben finden sich in den korrespondierenden Akten: Orgelakte PfA oder HStWsb 211/5162.

34. Octavbaß 4'	32. Posaune 16'
35. Posaunbaß 16'	
36. Claironbaß 4'	
Manualcoppel	Manualcoppel
Pedalcoppel	Pedalcoppel
Ventil	Sperrventile HW Pos.
Spanbälge 12' x 6	5 Bälge 9' x 4 1/2

Wenn auch die Anlage der Vorschläge ähnlich ist, zeigen sich doch innerhalb der Disposition Unterschiede:
Dreymann setzt sich für eine größere Grundtönigkeit ein, die Quinten auf 10 2/3 im Pedal und 5 1/3 im Manual bilden akustisch 32', bzw. 16' im Pedal bzw. Manual. Außerdem sind die Mixturen bei ihm tiefer angelegt, 2' im HW und 1 1/3' im Positiv.
Voigt, der aus Sachsen stammend, bei Dreymann gearbeitet hatte und sich 1835 niederließ, setzte die Mixturen eine Stufe höher an und schlägt einige Stimmen vor, die wohl aus dem Mitteldeutschen mitgewandert waren: Spielflöte 4' und Quintatön in der 4' Lage. Besonders auffallend ist der 1' als Flachflöte im HW. Selten trat bisher hierzulande die Gamba im Positiv auf im Gegensatz zu einem Salicional 8' im HW.
Man hatte sich auch an die Orgelbauer Stumm in Rhaunen-Sulzbach gewandt, die am 13. 6. 1838 antworteten:
"Wir sind gesonnen den Neubau der Orgel zu Geißenheim zu übernehmen, jedoch unter der Bedingung, daß wir gar keine Rücksicht auf die Rosette zu nehmen brauchen. Wir haben es nicht für notwendig gefunden, Ihnen jetzt schon eine Disposition der neu zu erbauenden Orgel zu überschicken bis wir die Erlaubnis hoher Regierung eingeholt haben, die Rosette zu verbauen.... Gebr. Stumm."
Carl Stumm will sich nach dem Brief vom 27. 6. 1838 nicht allein entscheiden, da der Compagnon an der Mosel baut.
In einem Brief aus Bruttig schreiben die Stumm am 3. 8. 1838, daß die Orgel zwar um die Rosette gebaut werden könne, daß aber Hindernisse entständen, zumal sie auch das Positiv mit einem 8' versehen wollen. (Es wurde ein Principal 8' im Positiv vorgesehen).
Am 27. 9. 1838 reichten Stumms einen Dispositionsentwurf ein, der dem später folgenden Kontrakt fast gleich war mit folgenden Unterschieden:
Im HW waren Trompet 8' Baß und Discant sowie eine Terz 1 3/5', im Positiv Principal 4', Geigenprincipal 4', Salicional 2', Cimbel 2 fach 1', Im Pedal Trompete 8' geplant.
Am 2. 10. 1838 berichtete Dreymann inzwischen, daß die Rosette berücksichtigt werden könne. Er bezieht sich auf Beispiele, wo das kleinste Werk in der Mitte stehe: Frankfurt, Katharinen, in Mainz Augustiner, Lutherische (Johanneskirche) und Ignaz.
Zu letzterem bemerkt er, daß es durch ihn vor 8 Monaten mit 36 Registern erbaut worden sei, und daß alle genannten Werke sehr leicht spielbar seien.
Am 16. 10. 1838 richtet die Gemeinde Geisenheim ein Gesuch an die

Regierung, daß sie die Orgel durch die Gebr. Stumm bauen lassen darf:
Sie führt aus... "Es leitet uns dabei das Interesse für Ihre Kunstwerke; es finden sich von ihrer Meisterhand gebaut drei, zwei und einklavierige Orgelwerke, die nichts zu wünschen übrig lassen, und sich in der Dimension und Kraft des runden, geeigneten Tons sich ganz originell auszeichnen.
Jeder Kenner läßt den Stummen den unbedingten Ruhm, daß ihre Orgelwerke von keinem anderen Meister nach allen Seiten betrachtet, den Orgelbauer Walcker in Stuttgart ausgenommen, erreicht werden. Wer den persönlichen Charakter und die Verhältnisse der Orgelbauer Stumm näher kennet, wird es natürlich finden, daß sie die übrigen Meister dieser Art in ihrem Fach leicht übertreffen; sie sind schlichte, einfache, von aller Ruhmsucht und eitlen Prahlerei weit entfernte aber auf ihre Ehre und Kunst streng haltende Männer (evangelisch-christlicher Confession) und besitzen ein sehr ansehnliches Vermögen, das man etwa 60 bis 70 000 Reichsthaler angeben könnte. Der Orgelbau ist bei ihnen von ihren Großahnen her gleichfalls ererbte Kunst der Familie. Jahraus und jahrein sind viele Handwerker, Schreiner, Drechsler, Zinngießer usw. im Orgelbau bei ihnen beschäftigt; Sie verfertigen die größten Orgeln von 50 - 60 Registern. Die Materialien dazu sind bei ihnen immer im großen Vorrath vorhanden; so ist es bekannt, daß sie zu den Windladen, den Pfeifenstöcken, Zügen und Bälgen usw. nie das Holz verarbeiten, ehe es 14 - 15 Jahre zum Austrocknen aufgelagert war, um gegen allen äußeren Einfluß, der Luft und Feuchtigkeit, was doch die Hauptsache ist, möglichst gesichert zu sein. Daher auch die Haltbarkeit ihrer Werke.
Die zwischen Mainz und Coblenz stehenden Werke so von den Orgelbauer Stumm erbaut in der ev. Kirche zu St. Goar, Florinskirche zu Coblenz, und das im vorigen Jahre zu Treis an der Mosel aufgestellte. Das letztere ist eines der solidesten, kunstvollsten und zugleich angenehmsten neuen zweiclavierigen Werke und kostet 2500 Rthl. Zu Carden an der Mosel haben ihre Väter eine dreiclavierige Orgel aufgestellt, die heute noch in einem Zustand sich befinde, als wenn ihre Aufstellung erst vor einigen Tagen erfolgt wäre. Desgleichen eine andere zu Zell, die sich als zweiclavierige Orgel ebenso gut bewährt."
Die Rosettenfrage stand weiter zur Debatte. Am 26. 1. 1839 urteilte Voigt, daß die größeren Pfeifen seitlich gestellt werden könnten, aber die mittleren und kleinen seien zu niedrig.
Mit dem gleichen Datum berichtet Daniel Raßmann, daß man die Orgel an beiden Seiten der Rosette aufbauen und den Organisten in die Mitte vor die Rosette setzen solle. Er übersendet eine entsprechende Zeichnung.
Zu dem Plan der Stumm verfaßte der Sachverständige, Musiklehrer Anthes aus Idstein, ein Gutachten, ausgefertigt am 16. 4. 1839.
Er bezieht sich auf die Stummorgel in Idstein. Er warnt vor einer Metallegierung mit zu viel Blei. Quintatön, Gamba, Salicional,

Trompete, Principal, Geigenprincipal und Krummhorn haben 3/4 Zinn und 1/4 Blei, die übrigen Register 2/3 Zinn und 1/3 Blei, Blei und Zinn zur Hälfte sei zu verwerfen wegen der Oxydationsgefahr.
Zur Disposition wurde bemerkt:
HW: Principal 16' soll bei G in Zinn anfangen, Principal 8' aus Zinn muß ins "Gesicht" gestellt werden.
Gedackt 8': dafür Bourdon 16', weiter Mensur, soll Kraft und Fülle geben, es fehle sonst der Kern, die Seele des Ganzen.
Principal 16' kann, da es schärfer intoniert ist, nicht mitgenommen werden, Bourdon unentbehrlich. (Principal 16' ist zu stark und kann deswegen, um obige Fülle und Gravität zu erreichen, nicht in allen Fällen an Stelle des Bourdons verwendet werden.)
Solicional 4': dafür passender Spindelflöte 4' aus Metall, da das Solicional 8' schon aufgenommen ist. Das Solicional 4' soll ins Positiv. (Bei der Wahl der Spindelflöte steht Anthes offensichtlich unter dem Einfluß von D. Raßmann. Man kann die Spindelflöte als Raßmann-Leitfossil ansehen.)
Pos: Principal 4' sollte ins Prospekt.
Bourdon 8': Gedackt 8' mit 2 Zügen.
Quint 3' wird zu sehr vorstechen: Quint 1 1/3!
Octav 2': statt dessen Flageolett 2'. (Seit dieser Zeit, s. Dreymann-Entwurf, wird die Oktave 2' immer häufiger im Nebenwerk durch Flageolett ersetzt, in demselben Maße wie auch die Mixtur entfernt wird.)
Anthes bemängelte die Orchesterstimmung als zu hoch und empfand das gotische Gehäuse als zu unbedeutend und verschieden zum Werk.

Zur Wahl der Orgelbauer schreibt er: "... Wer sie auch vorgeschlagen haben mag, der Betreffende hat sich in seinem Leben um 40-50 Jahr zurück versetzt, die Vergangenheit für die Gegenwart genommen. Damals standen die Brüder Franz und Philipp Stumm, die Väter der jetzigen, in einem gewissen Rufe, und arbeiteten bis in entfernte Länder hin. Sie waren für ihr Geschäft ganz hingenommen und Niemand machte ihnen den Rang streitig. Die Söhne haben in der musikalischen Welt keinen Namen. Mein Urtheil ist nicht aus der Luft gegriffen; ich habe die alten Brüder Stumm gekannt und die Gegenwärtigen als Männer von etwa 25 Jahren ebenfalls beobachtet. In einem Zeitraum von 50 Jahren kann vieles anders werden, und ist geworden.
Es haben sich indessen Andere ausgebildet, die die früheren Stummschen Orgeln nicht nur nachbilden können, sondern auch Besseres liefern. Ich darf hier auch unsere inländischen Orgelbauer Voigt und Raßmann nach gemachter vielfältiger Erfahrung nennen und ebenso den benachbarten Dreymann.
Es ist auch nicht ohne Bedeutung, den Verfertiger einer neuen, besonders bedeutenden Orgel in der Nähe zu haben und ihm die Erhaltung des guten Zustandes in Jahresbestand zu übertragen ... Wäre es nicht gerathener und zugleich patriotisch, wenn einem zuverlässigen inländischen Orgelbauer das schöne Werk übertragen würde?"
Anthes legt als nassauischer Sachverständiger offensichtlich Wert

darauf "inländische" Meister zu beschäftigen. Voigt und Raßmann sind ihm ja aus nassauischen Bauten bekannt, wie auch der Mainzer Dreymann allmählich von Mainz aus in die ehemaligen Mainzer Gebiete des Rheingaus und der Umgebung von Höchst eindrang, Gebiete die ja noch lange nach der Säkularisation enge Verbindung hielten. Sicherlich spielte die Konfession eine Rolle.
Um einigermaßen sicher zu gehen in der Wahl des geeigneten Orgelbauers, bemühte man sich verständlicherweise um Gutachten.
Am 19. 5. 1839 äußerte sich Pfarrer Neubig aus Idstein über die Stumm: "Über die Orgel in der hiesigen evang. Kirche ist Ihnen viel Unrichtiges mitgeteilt worden. Die Sache verhält sich so: Die fragliche Orgel ist in den 80er Jahren des vorigen Jahrhunderts erbaut worden, und zwar von den in ganz Deutschland berühmten Gebr. Stumm. Dieselbe ist ein Meisterwerk und befindet sich noch jetzt in dem vortrefflichsten Zustand. Wer über dies Orgelwerk einen Tadel ausgesprochen, der hat dasselbe weder gesehen noch gehört.
Die jetzt lebenden Gebr. Stumm sind Abkömmlinge jener berühmten Orgelbauer (ich weiß nicht ob Söhne oder Enkel oder Vettern derselben). Von ihnen habe ich noch kaum mehr gehört, als daß sie jener berühmten Orgelbauerfamilie angehören. Und dies will mir nicht als ein gutes Zeichen erscheinen. Denn ich meine, sich ein gutes Renomée erhalten ist leichter als sich ein solches erwerben...
In der neuen Kirche zu Würges (meiner früheren Station) ist von Orgelbauer Voigt zu Igstadt ein neues Werk von 16 Registern ausgeführt worden. Dasselbe ist in jeder Hinsicht vortrefflich ausgefallen. Nicht der geringste Tadel konnte bei der Revision ausgesprochen werden. Diesen Orgelbauer könnte ich Ihnen bestens empfehlen. Sonst Walcker, der größte Orgelbauer Deutschlands. Könnten Sie einmal die Orgel in der Paulskirche Frankfurt hören! Das ist ein Werk, wie ich in Deutschland kein zweites anführen könnte. Welche Arbeit, welche Disposition, welcher Klang, welche Zungenwerke! Neubig"

Am 22. 5. 1839 trifft ein Gutachten des Pfarrers von Treis ein, der berichtet, daß das im Sommer 1837 aufgebaute Werk ganz nach Wunsch ausgefallen ist. Hier wurde, wie in Florin in Koblenz, das Gehäuse in Form eines gotischen Spitzbogens gestaltet. s. d.
Stiftsprediger Bonnet in St. Goar berichtet am 31. 5. 1839:
.. "soviel ich weiß, einer derselben Carl Stumm nicht mehr am Leben ist, der andere Heinrich Stumm noch das Geschäft fortführt und die Orgel, welche sie hier gebaut haben, sowie noch andere in Zweibrücken, Coblenz volle und zufriedene Anerkennung gefunden haben."
In einem 2. Schreiben vom 13. 6. 1839 des Pfarrers Neubig erfahren wir folgendes: Sein Urteil gründete sich "auf den vollen, runden, zarten Ton, welchen diese Orgeln von sich geben, und zwar durchweg in allen Registern. Ich urteilte nach dem Gehörten und zwar selbst und oft Gehörten. Von dem Innern hatte ich noch nicht selbst Einsicht genommen. Weil mir aber mehrere Orgeln in Frankfurt, welche dieselben Orgelbauer errichtet haben, in ihrem Innern ganz genau bekannt sind (selbst meine Orgel in der Liebfrauenkirche, die ich 10

Jahre spielte, war ein Stummsches Werk) und weil ich die Orgel in Camberg, welche ganz dasselbe Werk ist wie die hiesige Orgel und in ihrem Innern genau kenne, so konnte ich nichts anderes denken, als das Pfeifenwerk in hiesiger Orgel müsse ebenso beschaffen sein, wie in allen übrigen und bekannten Stummschen Orgeln.."
Pfarrer Hartig in Eibingen urteilt in einem Schreiben vom 12.6.1839. Er erwähnt als gute Beispiele Silbermann, Gebr. Stumm, Dahm, "besonders das große und vortreffliche Werk im Dom zu Limburg (J. Chr. Köhler, Frankfurt), die Orgel der ehem. Abtei Eberbach (Dahm), an Stummorgeln die Orgel zu Camberg, Augustiner in Mainz, Oberingelheim, viele Werke in Rheinhessen, Rheinbayern, Rheinpreußen".
Er erwähnt als größeres Werk die Orgel in Treis/Mosel und bemerkt weiter, daß die Stumm nicht bekannt seien in Nassau, käme daher, daß sie nie berufen wurden, außer 1813 sollten sie nach Kiedrich, was sich aber durch den Tod von Pfarrer Hornung zerschlagen. Die Orgel zu Winkel sei zu teuer und im Vergleich zu Rüdesheim, Hattersheim und Erbach seien diese Dreymann-Orgeln "gar nicht zu messen gegen diese alten Meisterwerke".
Am 14.6.1839 bittet der Pfarrer von Geisenheim Stumm um 5 Jahre Garantie und fragt an, wieviel teurer die Arbeit komme, wenn englisches Zinn verwendet würde. Pfarrer Klein zu Bacharach schrieb, daß für die Orgel in Uersfeld reines Zinn genommen wurde zum Preis von 1300 Thl., während Dreymann 2200 Thl. verlangt habe [76]. Stumm bezw. Dreymann hatten für Uersfeld je eine Disposition eingereicht, Stumm mit 22, Dreymann mit 21 Registern [77].
Am 17.6.1839 schlug Halm in Limburg Friedrich Voigt vor, der sich durch den Neubau der Orgel in der Bischöflichen Kapelle empfohlen hatte.
Am 18.6.1839 berichtet Bohler in Niederwalluf, daß er Voigt kennengelernt habe und nennt die Orgeln in Oberwalluf, ev. Kapelle Erbach, Kloster Eberbach, Nied, Liederbach, Hausen, Rotzenhahn, Würges. Man solle sich bei Sachverständigen wie den Pfarrern Hartig, Schneider, Vogelsang, Neubig und Geistl. Rat Halm erkundigen.
Organist Jakob Vierling, Frankenthal, reicht am 30.6.1839 einen Bericht ein, dem auch ein Dispositionsvorschlag beigefügt ist [78]. Nach seiner Meinung sei ein 16' Prospekt überflüssig, da die großen Pfeifen doch nicht in Erscheinung träten. Dreymann verwende 12 lötiges Zinn, 3 Teile Zinn und 1 Teil Blei. Eine Garantie von einem Jahr sei keine, man müsse 4-6 Jahre wenigstens verlangen. Er schreibt weiter: "Auf den ersten Blick sieht man, daß die Dispo-

---

76) Pfarrer Dominik Peter Klein 1823-44
77) s. Uersfeld
78) Jacob Vierling 1796-1867 war der Vater des berühmten Georg Vierling, der 1852 ein Jahr lang die Liedertafel in Mainz leitete. K. H. Köhler, J. Vierling MGGXIII, Sp. 1608. Von dem bekannten Organisten in Schmalkalden Joh. Gottfried Vierling - eine Verwandtschaft zu obigem ist nicht nachgewiesen - weiß man, daß er in Mainz und Frankfurt war und dort die neue Katharinenorgel von Stumm gespielt hat. W. Blankenburg, J. G. Vierling, MGG XIII, Sp. 1609ff.

sition nach alt hergebrachtem Zuschnitt und insbesonderem Stummschen Zuschnitt verfertigt ist, da ungeachtet der Mängel bei guter Ausführung und insbesondere aber wieder Stummschen Ausführung, dem Werke Kraft und Stärke aber eher eine rauhe Stärke, als jene Kraft der Schönheit des Tones im Pleno des vollen Werkes geben wird, die das Product vorzüglichen Materials, vorzüglicher Arbeit und eines richtigen Verhältnisses der disponierten Stimmen untereinander, wie zuletzt einer höchst reinen Stimmung und Intonation ist, eine Schönheit, die mehr empfunden als beschrieben werden kann. Dadurch ist mir aus eigener Anhörung und Spielen Stummscher Orgeln bekannt, daß diesen Meistern einzelne Register sehr gut gelungen, so etwa die Orgeln in Grünstadt, Kirchheimbolanden, Frankfurt in der Katharinenkirche, zu Mannheim in der luth. Kirche auch von den jetzigen Stumm mit erbaut worden sind. Jedoch bezweifle ich es und dann kenne ich von den heutigen Stumm kein einziges Werk."

In dem Hauptwerk fehlt eine kräftige Grundstimme etwa Quintatön 16', ein wesentlicher Mangel, zumal bei einem 16' Werk.

Fehlt ein Cornett 5 fach, ist überflüssig die Terz Nr. 12.

Bei 6 (Salicional 8') wäre besser ein Gemshorn 8' und das Salicional ins Positiv.

Im Positiv: Nr. 10 (Mixtur 1' 3 fach) weiß ich gar nicht was es ist, etwa eine Cimbelart. Nr. 3 (Flauto traverso 8' Discant) weiß ich nicht was in den Baß kommt, Nr. 7 (Octav 4') ist überflüssig, Nr. 9 (Superoctav 2') kann durch Spitzflöte, Flageolett oder Bauernflöte oder Larigot 2' ersetzt werden.

Er fügt folgende Disposition bei:

Hauptwerk

1. Principal 16' weite Principal Mensur ab C ins Gesicht
2. Principal 8' weite Principal Mensur
3. Quintatön 16' enge Mensur, gedackt
4. Großgedackt 8' weite Mensur, Baß: Holz, Discant: Metall
5. Viola di Gamba 8' enge Mensur, offen
6. Gemshorn 8' weite Mensur, offen, Zinn
7. Octav 4' Principalmensur, offen, Zinn
8. Flöte 4' weite Mensur, offen
9. Quint 3' Principalmensur, Zinn
10. Rohrflöte 4' weite Mensur, halbgedackt
11. Octave 2' Principalmensur, Zinn
12. Cornett 5 fach, weite Mensur, der untere Chor gedackt 8' 4' 3' 2' 1 3/5 c1 c2 g2 c3 e3 Zinn
13. Mixtur 4 fach, Principalmensur 2' c1 c2 g2 c3
14. Trompete 8' Zinn

Positiv. Oberes Clavier

1. Principal 4' mittlere Mensur engl. Zinn
2. Lieblich gedackt 8' mittlere Mensur, gedackt, Holz und Zinn, 1 Zug

3. Quintatön 8' enge Mensur, gedackt, Zinn
4. Salicional 8' mittlere Mensur, offen, Zinn
5. Floet dolce 8' enge Mensur, offen durchaus
6. Flaut travers 8', enge Mensur ab c1, Ahorn, Baß Hohlflöte
7. Octav 4' Principalmensur
8. Spitzflöte 4' mittlere Mensur
9. Flageolett 2' mittlere Mensur
10. Cormorne, Krumhorn 8' 1 Zug
11. Fisharmonika, besonderer Mechanismus.
12. Mixtur 3 fach 1' Principalmensur c1 g1 c2

Pedal
1. Untersatz 32' Holz (Wohl auch der Einfluß der Paulskirche wie bei Dreymann)
2. Subbaß 16' gedackt
3. Violon 16' offen
4. Violoncello 8' enge Mensur
5. Principal oder Octav 8' weite Mensur
6. Principal oder Octav 4' weite Mensur
7. Posaune 16'

Auf die Orgel von Uersfeld kommend schreiben die Stumm am 9. 7. 1839, daß man Uersfeld nicht vergleichen könne, da sie viel kleiner sei. Es werden 5 Jahre Garantie gegeben und, wie die Regierung verlangte, 3 Teile Zinn und 1 Teil Blei genommen.
Als am 14. 7. 1839 verlangt wird, daß die Disposition verändert und die Pfeifen fast alle aus Zinn gemacht werden sollen, wohl auf Grund des Vierling-Entwurfes, verzichten die Stumm auf den Bau.

Man scheint doch wieder Verbindungen aufgenommen zu haben.
Am 11. 8. 1839 teilen die Stumm mit, daß sie am 13. 8. 1839 für 6-7 Wochen nach Remich fahren.
Die letzte Disposition wurde von F. H. Stumm und C. Stumm am 6. 11. 1839 aufgestellt, und an demselben Tage der Kontrakt mit ihnen geschlossen:

Hauptwerk
1. Principal 16' die 9 tiefsten von Holz
2. Principal 8'
3. Gedackt 8'
4. Quintatön 8'
5. Viola di Gamba 8'
6. Salicional 8'
7. Octav 4'
8. Salicional 4'
9. Quinte 3'
10. Flaute 4'
11. Superoctave 2'
12. Cornet 8' 5 fach ab c1
13. Mixtur 1' 4 fach
14. Trompete 8'

Positiv
15. Principal 8', Holz und Zinn
16. Bourdon 8', Holz und Metall
17. Flauto traverso 8' Discant
18. Viola da Gamba 4'

19. Spitzflöte 4'
20. Rohrflöte 4'
21. Octav 4'
22. Quinte 3'
23. Superoctav 2'
24. Mixtur 1' 3 fach
25. Krumhorn 8'

Pedal
26. Subbaß 16'
27. Violonbaß 16'
28. Octavbaß 8'
29. Violoncell 8'
30. Octav 4'
31. Posaune 16' Holz

Als Preis wurden 5800 fl. vereinbart. In dieser Form ist das Werk im wesentlichen erhalten bis Ende des Krieges, wurde dann verändert.
In dem Sachverständigenbericht des Lehrers Anthes vom 17. 11. 1842 wurde das Werk als Meisterwerk und gut gelungen beurteilt.
Am 24. 7. 1842 hatten die Stumm angefragt, ob die Empore noch nicht fertig sei, da das fertige Werk seit 2 Monaten den Raum versperre.
Am 20. 7. 1847 schlug Voigt vor, die Gamba 4' durch Gemshorn 8' für 60 fl. zu ersetzen. Er äußert zudem noch, daß ein Großuntersatz 32 gut wäre, wozu eine Windlade extra angefertigt werden müsse für 390 fl.
Abschließend möge noch ein Urteil aufgenommen werden, das der Verfasser der Ortsgeschichte Roth und der Pfarrer und Schulrat B. Feldmann später verfaßten:
"Eine damals bereits veraltete Disposition ward gewählt und bestand in folgender Anordnung. . (folgt die Disposition. s. o.) Diese Disposition war bis auf die kleine Mixtur und daß besser an Stelle des 16' Principals von engl. Zinn ein Bourdon 16' von Holz als billiger und fülliger getreten wäre, gut.
Entschieden mißrathen war die Disposition des zweiten Manuals mit 8' indem ein so starkes besetztes 2. Clavier bei dem geringen Umfang der Kirche ganz unnöthig war und mehrere andere Register zur Begleitung, wie Hoboe, Geigenprincipal eher am Platze gewesen wären als die vielen 4' Register und die Mixtur, die den Ton nur in die Höhe trieben und schon im Hauptwerk teilweise vorhanden waren. Das Pedal erhielt. . . Auch hier waltete die ganz verfehlte Anordnung der Register. Die Octav 4' ist vor allem durch die Pedalkoppel überflüssig, dem Principal im Hauptwerk hätte besser ein Großuntersatz 32 entsprochen und das Werk zur wahren Tontiefe gebracht. Der Preis von 5800 fl. dürfte ein enormer sein "[79].

Das neugotische Gehäuse hat den Spielschrank an der Seite. Die Pfeifen haben die gebräuchlichen Rundlabien. Alle Pfeifen C haben die Registergravur und Ortsgravur Geißenheim.
Das Cornett steht auf hohen Kondukten. Das Positiv steht unten im

79) F. W. E. Roth, Geschichte der Stadt Geisenheim im Rheingau, S. 177f - Bösken, Stumm S. 23, S. 68f Nr. 94

Gehäuse, das Hauptwerk oben, das Pedal hinter dem Werk. Die Mensuren sind gegenüber anderen Stummschen Werken verhältnismäßig weit. Der Prospekt hat neue Pfeifen. Das Quintatön hat die üblichen Kastenbärte [80].

Geisenheim, Ursulinen

Im Jahre 1967 baute E. Wagenbach, Limburg, ein Werk mit Schleifladen und el. Traktur.
I. Pl8 Bd8 O4 Blfl2 Mxt4f1 1/3 Helltpt8
OW Gd8 Nh4 Sesq2f 2/3+1/2 O1 Ggreg16
Ped. Sbß16 Gd8 Blfl4 Nh2 Dulc16 [81]

GEMMERICH

Im Jahre 1748 wird in dem Inventar "Eine alte Orgel in der Kirche, 2 Blasbälge zur Orgel aufm Kirchenspeicher" erwähnt [82].
1771 wurde diese durch eine andere ersetzt, die man in Bad Schwalbach (Langenschwalbach) von der dortigen luth. Gemeinde kaufte.
Es heißt in dem Bericht: "18. 10. 1771. Es verkauft und gibt zu verkaufen die Gemeinde Langenschwalbach mit Berechtigung des Gemeindevorstehers ihre in der Luth. Kirche habende alte Orgel mit allem was zu der Orgel gehört an die Gemeinde Gemmerich für und um die Summa von 95 fl. mit Abholung der Orgel, welches längstens in der Woche nach künftigen Ostern geschehen solle, gleich baarer Zahlung".
Die Quittung wurde am 25. 10. 1771 ausgestellt.
Es war dies die Orgel, die der Orgelbauer Simon Armbrüster 1750 erbaut hatte [83]. Dieses Werk hatte nach dem Vertrag 11 Register und ein angehängtes Pedal.
1817 wird nun berichtet: "Gemmerich hat eine gute Orgel mit 15 Registern, von denen aber eines verbrochen und nicht spricht, hat 1 Clavier und 1 Pedal" [84].
Man könnte annehmen, daß dieses Werk durch ein selbständiges Pedal erweitert worden sei und ein geteiltes Register mit 2 Zügen mitgezählt wurde, wie häufig bei Registerangaben die Züge gezählt werden. Dagegen spricht ein späterer Bericht an das Konsistorium vom 27. 6. 1887, dem zu entnehmen ist, daß "die bisherige Orgel 1804 schon als alte hierhergekommen in schlechtem Zustand ist [85].
Demnach wurde im Jahre 1804 schon wieder eine Orgel gekauft, die dann 1887 in schlechtem Zustand war, aber bald nach dem Kauf im Jahre 1817 als gute Orgel bezeichnet wurde. s.o.

80) Aufn. 16. 6. 1955
81) Mitt. Wagenbach
82) HStAWsb 301/KR 1748
83) s. Bad Schwalbach, luth. HStAWsb 360/Gemmerich 18 Nr. 29
84) HStAWsb 211/1409
85) ZALKHN 1/2521

Über dieses Werk unbekannter Herkunft [86] berichtet der Pfarrer am 28. 2. 1832, daß eine Reparatur notwendig sei. Man habe mit zwei Koblenzer Orgelbauern einen Akkord abgeschlossen. Das Amt Braubach zeigt sich am 1. 3. 1832 erstaunt, daß der Kirchenvorstand einen "Ausländer" nähme statt etwa Schöler in Bad Ems.
Am 11. 11. 1832 akkordierte man mit dem Orgelbauer Embach, Rauenthal, "dermahlen wohnhaft in Frauenstein", die Reparatur für 120 fl. [87].
Am 2. 7. 1858 wurde eine weitere Reparatur durch Lehrer Schmidt in Braubach genehmigt [88].
Man bemühte sich dann im Jahre 1886 um eine neue Orgel. Die "Kirchen-Chronik" von Gemmerich berichtet darüber:
"Die Anschaffung einer neuen Orgel für die Kirche zu Gemmerich war allmählich unbeweisbares Bedürfnis geworden. Schon früher war die Gemeinde einmal in Unterhandlung getreten mit dem tüchtigen Orgelbauer Raßmann, Möttau, doch hatte man damals keine Einigung erzielen können."
Ende 1886 wurden die Verhandlungen wieder aufgenommen, angeregt durch ein Schreiben des p. Raßmann, worin er eine noch fast neue Orgel zum Preis von 1200 Mk. anbot, der Gemeinde eine 10jährige Zahlungsfrist stellte und 4% Zinsen verlangt.
Man ging darauf ein und im Mai wurde die Orgel, nicht ohne mancherlei Murren und Schelten einiger feindseliger Leute des Ortes, aufgestellt und am Himmelfahrtsfeste (19. Mai) eingeweiht.
Die Kirche hat dadurch nicht allein einen schönen, würdigen Schmuck erhalten, sondern auch ein ganz vorzügliches Werk (mit 9 klingenden Registern) und der Gottesdienst hat sich bedeutend gehoben. Das anfängliche Murren und Schelten hat dann auch bald aufgehört und Jederman ist mit dem Stand der Dinge zufrieden" [89].
Dementsprechend lautet der Bericht an das Konsistorium, daß im November 1886 durch Raßmann eine neue Orgel von 9 Registern geliefert worden sei [90].
Das ist die noch heute vorhandene Orgel.
Sie hat folgende Stimmen:

1. Principal 4' im Prospekt (neue Pfeifen)
2. Gedackt 8' Holz neu
3. Salicional 8' untere Octav Holz neu, im Diskant alter Bestand, vordem Salicional 4'
4. Quint 3' alt
5. Gedacktflöte 4' alt
6. Octav 2' alt
7. Mixtur 3 fach (jetzt 2 fach) 1'
8. Principal 8' Baß
9. Principal 8' Diskant — neu ursprünglich sicherlich Trompete 8'
10. Subbaß 16'
11. Violonbaß 8'

86) PfA Gemmerich und HStAWsb gaben bisher keinen Hinweis
87) HStAWsb 211/4226

Das Hauptwerk lieg hoch, im Untergehäuse die Traktur. Das Pedal steht auf eigener Lade hinter dem Werk.
Die jetzige Disposition hat demnach 1 Stimme mehr.
Raßmann bietet eine "fast neue" Orgel an. Er liefert ein Werk mit einem alten Gehäuse und einem Teil alter Register.
Diese sind: Salicional 4', Quint 3', Flöte 4'. Octav 2' und Mixtur 3 fach 1'. Dieser Pfeifenbestand stammt ohne Zweifel von Orgelbauer Schöler, Bad Ems, wie eindeutig durch meine genaue Aufnahme festgestellt werden konnte und auch schon von H. Brendel angenommen wurde.
Wenn in der Chronik berichtet wird, daß die Kirche einen "schönen und würdigen Schmuck" erhalten habe, muß ja das Gehäuse, das in obiger Bemerkung gemeint ist - das Werk, also die klangliche Substanz der 9 Register, wird anschließend erwähnt - für die Kirche neu gewesen sein. Damit entfällt meine Vermutung, daß man in das Gehäuse ein neues Werk gebaut habe, zumal ja auch Schölerregister übernommen wurden.
Raßmann hat offensichtlich die Holzpfeifen neu gebaut und die vorhandenen alten Pfeifen in der Stimmung um einen halben Ton erniedrigt durch Neubau der jeweiligen C-Pfeifen. Er hat auch das Salicional zum Achtfußregister umgebaut.
Der Spielschrank und die Registerzüge, wie auch die Traktur sind wohl auch auf ihn zurückzuführen. Die alten Wangen der Klaviatur wurden von Schöler übernommen.
Das Pfeifenmaterial des Principals 8' scheint jünger und wohl später eingebaut.
Soweit aus der Einsichtnahme zu schließen ist, wurde auch die Lade des Hauptwerks von Raßmann erneuert. Die Pedallade könnte von Schöler übernommen sein.
Das Gehäuse gehört wohl auch zu der Schölerorgel, deren Herkunft wohl kaum mehr feststellbar sein wird.
Von dem mittleren großen Rundturm senken sich zwei Harfenfelder zu den beiden seitlichen Spitztürmen. Das Gesprenge hat knorpelhafte Formelemente. Auf den beiden Spitztürmen steht je ein Posaune blasender Engel. (Der Form nach könnten sie möglicherweise von einem älteren Werk übernommen sein?) Dem Untergehäuse sind zwei Rokoko-Felder mit Pfeifenatrappen, ein Positiv oder Echowerk vortäuschend, aufgesetzt. Ein schöner Engelkopf dient dem Mittelturm als Konsole [91].

---

88) HStAWsb 211/4225
89) PfA Gemmerich, Kirchenchronik
90) ZALKHN 1/2521
91) Abb. bei Keiling, Einricher Chronik, S. 36

Gemünden (Oberwesterwald), altluth.

Die Orgel wurde im Jahre 1903 von C. Horn, Limburg, gebaut mit den Registern:

Ggpl8 Gd8 Sal8 Gh4 Pneum. Traktur [92)]

Gemünden (Oberwesterwald), Stiftskirche

In der ehem. Stiftskirche St. Severus, der jetzigen ev. Pfarrkirche, war schon im 16. Jh. eine Orgel vorhanden; denn der Schultheiß Dietz Ruppers stellt im Auftrag der Herren von Wied-Runkel - neben den Grafen von Leiningen-Westerburg - im "Bifang" des Stifts am 26. 7. 1577 zusammen, was in den letzten Jahren aus dem Stift entwendet wurde; "Die Wegschaffung der Gemündener Orgel nach Westerburg vor 2 Jahren. . . . " Möglicherweise war nach Einführung des Luthertums 1566-68 die Stiftskirche zunächst nicht für den Gottesdienst verwendet worden [93)].
1607 war schon wieder ein Instrument vorhanden; denn dem Organisten wurden 15 fl. ausbezahlt. 1615 gab man denselben Betrag zur Orgel nach Westerburg [94)].
Eine gleichhohe Summe wurde in den Jahren 1676-1681 einem Herrn Mondrio(a)n "ratione der Orgel" bezahlt. Er war wohl auch Organist [95)].
Die heute erhaltene Orgel mit ihrem charakteristischen Gehäuse entstammt der zweiten Hälfte des 18. Jh. Eine genaue Unterlage konnte bisher nicht ermittelt werden.
Im Jahre 1818 wurde durch Schöler, Bad Ems, eine Reparatur vorgenommen. So berichtet der Amtmann Chelius in Rennerod an die Nassauische Regierung - 1806 war das Stift mit der Herrschaft Westerburg an das Großherzogtum Berg und 1815 an Nassau gekommen - "Bey Gelegenheit der Anwesenheit des Herrn Hoforgelbauers Schöler von Bad Ems dahier, habe ich die rubricierte Orgel. . besichtigen lassen". Es wurde dann am 29. 9. 1818 ein Voranschlag eingereicht, der am 10. 10. 1818 genehmigt wurde [96)].
In der nachgeführten Chronik der Pfarrei wird berichtet, daß das Werk alt ist, und von Stumm, Castellaun, stammen soll.
Das Pfeifenwerk mit ganz charakteristischer Labienbehandlung weist ziemlich eindeutig auf Schöler in Bad Ems. Auf denselben

---

92) Mitt. Wißmüller

93) W. H. Struck, Quellen zur Geschichte der Klöster und Stifte im Gebiet der mittleren Lahn bis zum Ausgang des Mittelalters, Bd. 2. Die Kollegiatstifte Dietkirchen, Diez, Gemünden, Idstein und Weilburg. S. LXIII.

94) HStAWsb 339/799

95) HStAWsb 339/809

96) HStAWsb 237/1722. L. Petry, Rheinland-Pfalz und Saarland, in: Hdb. der hist. Stätten Deutschlands, Bd. 5, Stuttgart 1959 (Kröner 275) S. 102

Meister weisen einige Züge des Gehäuses: Der sehr hochgezogene Mittelrundturm wird durch je ein abwärts geschwungenes Harfenfeld abgestützt, dem ein kleinerer Spitzturm folgt. Nach einem niedrigen Flachfeld als Übergang wird der Prospekt an den Seiten von je einem größeren, nach innen aufsteigenden Harfenfeld abgeschlossen. Diese Anordnung ist in dem Positivprospekt von Kloster Altenberg - dort auch die hohen schlanken Rundtürme, allerdings statt einem in der Mitte zwei auf beiden Seiten - zu finden.
Übersetzt in Stilformen vom Ende des Jh. sind die Formteile bei den Schölerschen Werken von Maxsain, Helferskirchen, zu finden [97].
Auf Grund dieser Elemente und auch noch der Behandlung der Klaviatur kann man wohl mit Recht Joh. Wilh. Schöler als den Erbauer des Werkes bezeichnen.
Das Werk steht über dem Portal auf einer Empore, das HW oben, das Echowerk auf dem Emporenboden unter dem HW. Das Pedal steht, durch einen Gang vom übrigen Gehäuse getrennt, hinter dem Werk. Der Spielschrank ist seitlich angelegt, wie zu der Zeit üblich. Besonders schön sind die geschnitzten Wangen an der Ebenholz- Klaviatur, die im Manual den Umfang von C- f^3 hat. Das Pedal reicht von C- g^o, entsprechend der gebräuchlichen Kürze in hiesiger Gegend.
Die Verbindung von HW-Echo ist als Schiebekoppel angelegt. Die wohl kaum veränderte Disposition - es sei denn 1818 durch Schöler - hat folgende Form:

Hauptwerk

1. Principal 8' Prospekt	7. Gemshorn 4'
2. Bordun 16'	8. Quint 3'
3. Rohrflöte 8'	9. Superoctav 2'
4. Gamba 8'	10. Mixtur 1 1/3 4 fach
5. Octav 4'	11. Trompete 8' Baß
6. Gedackt 4'	12. Trompete 8' Discant

Positiv unten im Gehäuse wie Echo

13. Gedackt 8'	17. Waldflöte 2' konisch
14. Flöte 4'	18. Mixtur 1/2' 3fach
15. Salicional 4'	19. Vox humana 8' Baß
16. Quint 3'	20. Vox humana 8' Discant

Pedal

21. Subbaß 16'	23. Octavbaß 4'
22. Octavbaß 8'	24. Posaune 16'

Ein Zug ohne Name, wahrscheinlich Tremulant?
Eine Besonderheit dieser Disposition ist im HW. die Rohrflöte, die ich bei anderen Werken Schölers an dieser Stelle als 8' bisher nicht bemerkt habe. Das Echowerk kommt dem von Oberwerth 1773 am nächsten. Dort ist allerdings, wie auch sonst üblich, im Echo keine

97) Vgl. Zeichnungen von F. Vogel in Peine, Frankfurter Orgelbau, S. 250, 253, 254.

Mixtur vorhanden. Im übrigen kann Altenberg herangezogen werden, wenngleich dort die Mixtur auftritt in einem Unterpositiv, das auch einen Prospektprincipal 4' hat, bei sonst sehr ähnlicher Anlage. Die Mixtur 1/2' (Cymbel) ist in einigen Fällen in einem einmanualigen Werk neben der üblichen Mixtur festzustellen, so in Gladenbach und Klingelbach, große einmanualige Anlagen um 1790. Im Positiv oder Echo kennt Schöler auch das repetierende Salicional 2'/4', wie es bei den Stumm gebräuchlich ist.
Das Werk ist heute gut erhalten, im Jahre 1858 repariert [98].

GEMÜNDEN (Taunus)

Am 20. 7. 1861 bittet Theodor Raßmann um Berücksichtigung beim Orgelneubau [99].
Die erbaute Orgel mit mech. Schleiflade bekam folgende Stimmen:

Pl8 Gd8 Sal8 O4 Fl4 O2 ? Sbß16 Vlbß8 PK.

1944 wurden 9 Registerzüge angegeben. Im Vergleich zu anderen gleichzeitigen Werken fehlt hier eine Mixtur 3 fach oder ein Kornett Baß und Diskant.
Wenn 1944 zwei leere Züge angegeben werden, dürfte die letztere Fassung gestimmt haben [1].
Förster und Nicolaus, Lich, bauten 1958 folgendes neue Werk:

Pl4 Gd8 Sal8 Rfl4 Spfl2 Q1 1/3 Mxt3f1 Sbß16 Gh4 Schlfl. [2]

GIROD

Die heutige Orgel lieferte C. Horn, Limburg, im Jahre 1905. Sie hat heute folgende Gestalt:

I. Pl8 Hlfl8 Gb8 O4 Q1 1/3 Mxt2 2/3 Tpt8
II. Gd8 Sal8 Fl4
Ped. Sbß16 Vlbß8 [3]

GLADENBACH

Die erste Orgel wurde aus dem Wetzlarer Dom übernommen. Es heißt in den Acta des Pastors Anton Daniel Stockhausen:
"Die erste Orgel darinnen ist Anno 1656 von Wetzlar auß dem Dom, allwo sie gestanden und abgebrochen hierher gebracht worden, an welcher zu lesen gewesen "Organa tactu manu sufflataque follibus

98) Abdr. der Disposition unter der Urheberschaft von Bürgy bei Peine, S. 134. Im FBHN wurde es auch als Bürgywerk um 1750 angesetzt.
99) HStAWsb 211/7917

aura in Domini laudes carmina grata sonent", welche aber in Anno 1708 gegen eine neue vertauscht worden" [4]).
Die vorhandenen Kirchbaukastenrechnungen geben nur wenige Hinweise auf den oben genannten Neubau von 1708.
1700 werden den Kirchensenioren 1 fl. 15 alb. "bei Liberung" der Orgel zum Verzehr gegeben. Mit Liberung oder Lieferung ist im allgemeinen die Abnahme verstanden. Aber 1706 werden "1 fl. 5 alb. dem Schmied Joh. Dietz für Schmiedearbeit an der Orgel" und weiter "4 fl. 8 alb. 6 xr. dem Bruchschneider Dill für Dielen zur neuen Orgel" bezahlt, was auf den Neubau deutet. 1711 werden 3 fl. für das Stimmen der Orgel und 1713 nochmal 1 fl. für Dielen "auf die alte Orgel" gegeben. Es ist wohl die Bühne gemeint, wo vordem das alte Werk stand. Möglicherweise wurde die neue Orgel im Chor aufgebaut und die alte stand im Westen?
1719 wurde die Disposition verändert unter Verwendung von 2 alten Registern: "Dem Orgelmacher so ihm zu denen übrigen Geldern, welche das Kirchspiel vor Reparirung der Blaßbälgen und 2 neue Register gezahlt, absonderlich gegen vordem, weilen er die zwei alte Register mit den 2 neuen combinirt und widerum in die Orgel gesetzt 32 fl 23 alb." Entweder ist ein Register erweitert, z.B. eine Quint mit Terz kombiniert, oder reine Diskantregister um den Baß erweitert?
1727 wurde vom Kasten wieder zur Reparatur beigesteuert mit 4 fl 28. alb.
1736 wird der Orgelbauer Rindt mit der Reparatur beauftragt und erhält 2 fl. 15 alb. Er wird hier Orgelmacher zu Schönstadt genannt. (Schönstadt, Kr. Marburg)
K. Kastner vermutet wohl mit Recht, daß es sich um den Orgelbauer Joh. Sebastian Rindt handeln könnte, der 1703 die Orgel der Emmauskapelle zu Hatzfeld baute und sie 1733 reparierte [5]).
Die 3. Orgel wurde schon 1775 in Erwägung gezogen. Am 14. 9. 1775 wird ein Gesuch um "Beihilfe für eine neue Orgel, die nach Überlegung von Heinemann, Gießen, (J. Andreas Heinemann, Orgelbauer in Gießen) wenigstens 1000 fl. kosten würde", an das Gießener Konsistorium gerichtet. Die alte Orgel sei völlig "außer Standt". Man bemühte sich am 11. 10. 1775 um eine Erlaubnis für eine Kollekte. Für die Reparatur der Kirche wird eine Kollekte von Landgraf Ludwig genehmigt. Für die Orgel müsse die Gemeinde selbst aufkommen, war am 18. 9. 1776 die Antwort.

---

1) FBHN44 und Arch. Eppstein

2) Arch. Förster und Nicolaus

3) Mitt. Kath. PfA

4) Acta, Documenta et Decreta Ecclesiae Gladenbacensis inservientia ab Anno MDCCXIII ad Annum usque MDCCXXVII collegit et hoc volumine compigi curavit M. Anthon Daniel Stockhausen, Pastor senior Gladenbacensis. Vol. I, S. 7

5) PfA Gladenbach - Eigenaufnahme 1963. Desgl. abgedruckt in: K. Kastner, Die Orgel in der Martinskirche, Festschrift zur Einweihung am 16. 4. 1967. - D. Schneider, Die Orgel in der Emmauskapelle zu Hatzfeld, Hinterländer Geschichtsblätter, Jg. 43 Nr. 3

In den Jahren 1789-95 wurde der Bau der jetzigen Orgel ausgeführt. Bei meiner Aufnahme 1963 konnte ich ziemlich sicher, an Hand der Labienbehandlung und charakteristischer Gehäuseformen, Schöler als den Erbauer bestimmen entgegen Meinungen, daß Gebr. Stumm oder OB Bürgy die Meister dieses Werkes seien [6].
Kastner konnte diese Meinung nachträglich belegen durch ein Gesuch an das Konsistorium von 1791 [7].
"Ewr. Hochwohlgebohrnen Excellenz Hochwürden und Wohlgeb. ist schon uns der unterm 8. Merz gnädig ertheilten Genehmigung bekandt, daß das hiesige Kirchspiel Gladenbach eine neue Orgel anschaffen müssen, weil die alte Orgel so unbrauchbar were, daß sie nicht mehr gespielet, und das Kirchengesänge dadurch in Ordnung erhalten werden könte. Wegen ihrer schlechten Beschaffenheit, sind bey dem Verkauf auch nur 50 fl. daraus erlößet worden. Um nun die durch viele Bühnen und Pfeiler verbaute Kirche, welche erst mit etliche Tausend Menschen angefüllet ist, zu durchdringen, mußte auf ein großes der Kirche angemessenes Orgelwerk Bedacht genommen werden.
Dieses kostet uns aber 950 Rthl bey dem Orgelmacher Schöler, und auch 180 fl. solche anhero zu transportieren.
Die übrigen Kosten vor Schreiner, Schloßer und Zimmerleute, um eine neue Bühne zu bauen, worauf die neue Orgel Raum hette, deßgleichen solche mit Firniß anzustreichen, belaufen sich auch noch auf einige hundert Gulden, so daß bis zu ihrer Vollkommenheit wenig 2000 fl fehlen werden..."
Im Verlauf des 19. Jh. werden Orgelbauer genannt, die das Werk pflegten, so Küthe, Battenberg, und später bis ins 20. Jh. Orgelbauer H. Eichhorn, Weilmünster.
Dieser machte auch den Voranschlag für die Versetzung der Orgel aus dem Chor auf die Westempore im Jahre 1921. Kastner zitiert die Inschrift im Gehäuse: "Diese Orgel wurde im Jahre 1921 aus dem Chor der Kirche auf diese Bühne aufgestellt. Heinrich Eichhorn, Orgelbauer in Weilmünster den 6. September 1921."
Orgelbauer Eppstein, Eichhorns Schwiegersohn, übernimmt weiter die Pflege. Im Zuge der Renovierung der Kirche im Jahre 1953/54 wurde durch Eppstein auf Vorschlag des Sachverständigen, Pfarrer Th. Wißmüller, ein neues Magazingebläse geliefert und das Pedal auf den gebräuchlichen Umfang erweitert.
Nach meiner Aufnahme vom 15. 8. 1963, die mit der von H. Brendel vom 30. 5. 1964 zwecks Restaurierung der Orgel erstellten übereinstimmt, hatte das Werk folgende Register:

---

6) Auf den FBHN 1944 steht notiert Stumm Kreuznach 1708. Hier liegt wohl eine Verbindung zu dem Bau der 2. Orgel vor. Die Erwähnung Bürgys steht wohl im Zusammenhang mit der fälschlichen Zuweisung der Werke in Gemünden und Altenberg.

7) StAMbg 110 Rubr. V, Nr. 104 Schriftwechsel über Renovierung der Kirche und Erbauung der Orgel 1775-1800, Abdruck: Kastner

Hauptwerk
1. Principal 8' Prospekt, nach Abgabe 1917 in Zink erneuert
2. Gamba 8'
3. Salicional 8' ab c1 selbständig
4. Gedackt 8' Baß: Holz, Diskant: Metall
5. Octav 4'
6. Quintathön 8'
7. Quinte 3'
8. Flöte 4' gedackt ab c^2 neue Pfeifen
9. Octav 2' oberer Bereich zum Teil neu
10. Terz 1 3/5' oberer Bereich zum Teil neu
11. Mixtur 2 fach, original 3 fach
12. Cymbel 1 fach, original 2 fach
13. leere Schleife Baß
14. leere Schleife Diskant
15. Hohlflöte 8' Holz

Pedal
16. Subbaß 16'
17. Violonbaß 8'
18. Principalbaß 8'
19. Octavbaß 4' ursprünglich Posaune 16'
20. Pedalkoppel
21. Tremulant? oder Ventil?

In dieser Form hat das Werk große Ähnlichkeit mit dem einmanualigen in Klingelbach. Dort ist eindeutig das Vorhandensein einer Trompet und Vox humana auf den letzten Schleifen konstatierbar.
Auf Grund des Brendelschen Gutachtens wurde Juli 1964 ein Restaurationsplan von Gebr. Oberlinger aufgestellt.
Man beschloß, in das HW einen 16' Pommer einzubauen und auf den Stock neben der Octav 2' eine Waldflöte 2' zu setzen.
Hinzugefügt wurde ein Echowerk nach Muster des Stummschen Echos in Mühlheim/Eis.
Die am 16. 4. 1967 in den Dienst gestellte Orgel hat demnach jetzt diese Disposition:

HW	C-g^3	Po16 Pl8 Hlpf8 Qtt8 Sal8 O4 Fl4 Q3 O2 Wfl2 T1 3/5 Corn4fD Mxt4f Zbl3f Tpt8 Tr.
Echo	C-g^3	Gd8B+D Gb8D Rfl4 O2 Sal2 rep4 Q1 1/3 rep3 Schf4f Kh8B Tpt8D Tr.
Ped.		Sbß16 Obß8 Hzfl4 Pl2 Pos16 [8]

Das Gehäuse hat die charakteristische Spätform Schölers, gekennzeichnet durch die rechteckigen Kästen an den Seiten an Stelle von Rund- oder Spitztürmen.
Ein großer Rundturm in der Mitte wird flankiert von zwei zur Seite abfallenden Harfenfeldern; diesen folgt je ein bedeutend niedrigerer

8) K. Kastner, Die Orgel in der Martinskirche, 1967.

Spitzturm und, unter gleichem Gesims, anschließendes Flachfeld, den Abschluß zur Seite bilden die genannten Rechteckkästen, die annähernd wieder die Höhe des niedrigsten Punktes der Harfenfelder erreichen.
Der Spielschrank wurde entgegen dem Schölerschen Brauch in die Mitte des Gehäuses verlegt und somit die gebräuchliche Anlage der Traktur verändert. Zierrat am Gehäuse weist die Formen des Zopfstils auf.

GLASHÜTTEN

Glashütten, ev.

1849 erhielt die Gemeinde mit Unterstützung der kath. Gemeinde der Erzhütte eine Orgel. 1817 war noch keine vorhanden [9].
1958 baute Hardt, Möttau, folgendes Werk:

Gd8 Rfl4 Pl2 Mxt Ped. angehängt, el. pn. Tr. [10]

Glashütten, kath.

1952 wurde die Orgel renoviert. Nach der Ansicht von OB Opitz (Walcker) handelt es sich um ein Positiv mit angehängtem Pedal. Ob das auf einem Spunddeckel mit Bleistift eingetragene Jahr 1766 echt ist, wird bezweifelt. Die alte Disposition: Gd8 Fl4 O2 Gb8 ab c^{o} ist möglicherweise schon einmal verändert worden. Sie wurde umdisponiert und hat jetzt folgende Gestalt:

Gd8 Fl4 Pl2 Q1 1/3. Alt sind Gedackt 8' Flöte 4' auf Stock Gamba, Principal 2' alt und Quint aus Gambenpfeifen umgearbeitet und der Stock verändert [11].

GLEIBERG

Am 9.8.1842 informierte die Gemeinde die Regierung über die unbrauchbare und schlechte Orgel.
OB Loos, Siegen, stimmte dem zu und schickte einen Entwurf für einen Neubau am 27.8.1842:

Principal 8'
Bourdon 8'
Fugara 8' Holz
Flöte gedackt 4'

---

9) Nassovia, Jg. 11 Nr. 10, S. 121. HStAWsb 211/1409
10) Mitt. Wißmüller - Arch. Hardt
11) Mitt. St. Schmidt, Schloßborn

Praestant 4'
Quint 3'
Mixtur 2' 2 fach
Subbaß 16'
Principalbaß 8'
Manualkoppel, Windablaß für 600 Thl.

Am 30.11.1842 berichtete auch der OB Dickel, Treisbach, und wir erfahren die alte Disposition der Orgel, die nach seiner Meinung 200-300 Jahre alt sein soll. Es handelte sich um ein Positiv mit folgenden Stimmen:

1. Principal 4'
2. Gedackt 8'
3. Octav 2'
4. Spitzflöte 2'
5. Mixtur 1' 2 fach

Die Lade war 5' lang und 1 1/4' breit. Die Pfeifen enthielten viel Blei. Zwei Horizontalbälge, 4' breit und 6 1/2' lang lieferten den notwendigen Wind.
Nach Dickel soll die Orgel aus dem 17.- oder 18. Jh. stammen. Gleichzeitig schickte er seinen Entwurf:

Principal 4'
Gamba 8'
Hohlflöte 8'
Gedackt 8'
Gedackt 4'
Octav 2'
Mixtur 1' 3 fach
Principalbaß 8'
Subbaß 16' [12)]

Die Angelegenheit zog sich hin. Am 20.4.1844 berichtete man wiederum, daß die Orgel in baufälligem Zustand sei, und daß die Disposition des OB Dickel gefällt. Er schlug 11 Register für 583 Thl. vor. Am 10.5.1844 kam von der Regierung ein abschlägiger Bescheid. Ein neues Gesuch wurde am 4.10.1844 gestellt und die Dispositionen zur Prüfung an den Musikdirektor Anschütz in Koblenz übergeben.
Der Vorschlag von OB Loos aus Siegen wurde verworfen. Stimmen wie Fugara und Praestant zeigen, daß Loos "nicht mit der Zeit und Cultur des Orgelbaues" gegangen sei.
Dickel habe eine ähnliche Disposition, das Manual sei gut im Zusammenklang, jedoch das Pedal in keinem Verhältnis. Es wurde Principalbaß 8' und die Veränderung von Violoncello in Violon 16' vorgeschlagen. Der Orgelbauer wird dann noch belehrt, daß das Register nicht Flöt a mor sondern Flauto d'amore hieße. Die Preise seien sehr billig. Er verglich den üblichen Preis mit Dickels Angebot.
Endlich am 3.6.1846 konnte Kantor Franke, Wetzlar, den guten Ausfall des Werkes bestätigen [13)].

---

12) HStAWsb 424/1058
13) StAKo 441/28820

Die endgültige Form:

Gedackt 8'	Octav 2'
Flauto d'amore 8'	Mixtur 2'
Gamba 8'	Trompete 8'
Octav 4'	Subbaß 16'
Gedackt 4'	Violonbaß 8'
Flöte 4'	Posaune 16'

1968 erbaute Günther Hardt, Möttau, ein neues Werk:
Gd8 P14 Rfl4 O2 Mxt4f 1 1/3 Sbß16 [14)]

GÖNNERN

Die von G. Raßmann um 1880 erbaute Orgel hat folgende Stimmen:
Pl8 Gd8 Sal8 O4 Fl4 Korn BuD Sbß16 Vlbß8 PK [15)]

GÖRSROTH

Im Jahre 1817 war noch keine Orgel vorhanden. Auch die Rechnungen bis 1773 führen keinen Posten auf [16)].
Am 12. 8. 1842 richtete die Gemeinde ein Gesuch an die Regierung wegen Ankaufs einer Orgel zum Preise von 26 fl 30 xr Es handelte sich um das alte Werk aus Reichenbach. s. d. Nach Anthes solle die Orgel herzustellen sein und enthalte einige gute Register. Voigt veranschlagte am 7. 11. 1842 die Reparatur auf 190 fl.
Ein erstes Gesuch um Anschaffung einer Orgel wurde am 1. 8. 1830 gestellt mit dem Bemerken, daß gerade zu der Zeit einige alte Werke zum Verkauf anständen, so in Strinz Margarethä und Kirberg. s. d. Man müsse 180 -200 fl anlegen.
Am 27. 3. 1842 gestattete die Regierung den Bau der neuen Bühne und den Ankauf der Reichenbacher Orgel.
Am 22. 6. 1843 wird dann berichtet, daß die angekaufte kleine Orgel der Gemeinde Reichenbach von Voigt hergestellt, die Stimmung in einigen Tagen vollendet sei. Man bittet um Abnahme des Werkes [17)].
Am 4. 12. 1869 wird an das Konsistorium berichtet:
"In der alten Kirche zu Görsroth war eine Orgel vorhanden und wurde beim Abbruch der Kirche in Kasten verpackt und vorerst aufbewahrt. Nach dem Urteil Sachverständiger hat dieselbe nur noch geringen Wert, könnte aber im Notfalle noch repariert und für einige Zeit gebraucht werden." Die Kosten der Reparatur wurden aber für höher geschätzt als ein Neubau. Am 11. 1. 1871 beschloß man den Neubau. Man legte eine Zeichnung von Raßmann dem Bauinspektor

14) Mitt. PfAmt
15) Arch. Eppstein
16) HStAWsb 211/1409; 133 KR
17) HStAWsb 211/5457

in Schwalbach vor. Am 13. 7. 1872 wird bereits gemeldet, daß Raßmann in drei Tagen fertig sei [18].
Das Werk mit mech. Schleifladen von G. Raßmann hatte folgende Register:

Pl8 Sal8 Gd8 Fld4 O4 O2 Corn BuD Sbß16 Vlbß8 [19]

GOTTESTHAL, ehem. Kloster

Das ursprüngliche Augustinerinnenkloster war später mit Zisterzienserinnen besetzt und unterstand seit dem 15. Jh. dem Abt von Eberbach. In der Klosterkirche stand eine Orgel, von der wir zunächst etwas aus den Klosterrechnungen erfahren [20].
1667 "dem Orgellmacher zu Mäntz von die Orgell zu rep. geben 9 fl."
Ab 1671/72 Bestallung Orgelmacher von Kiedrich (J. W. Kirchner wahrscheinlich gemeint) 2 Malter
1677 dem Orgelmacher "das er die Orgel ausbessert 1 Malter" und zur Bestallung 3 Viernsel
1677 dem Orgelmacher zu Kiedrich 1 Malter = 2 fl. 5 alb.
1689 1 Malter Korn dem Orgelmacher zu Kiedrich wegen unserer Orgel zu besichtigen jährlich 1 Malter
1694 "Meister Caspar Schreiner zu Winckhel item ihme das Orgelgestell auff dem Chor zu machen verdingt pro 9 fl beneben 7 Tag Taglohn geschafft der Tag nebst Cost 20 xr zusammen 11 fl 20 xr."
Danach begannen in diesem Jahr die Arbeiten für eine neue Orgel, für die eine Bühne im Chor errichtet wurde.
Die folgenden Posten berichten von diesem Neubau mit allen dazugehörigen anderen Arbeiten:
1698 "Item für Borth und Bley anstatt Zahlung H. Orgelmacher Friedrich Macrander abgerechnet.
Erstlich für Armenitripul, Zinaschen, Salmiac, Gentian, Terpedin, Bley Zihn, Aulan, Leim, Bohlus, Blecht undt dergleichen zur Orgel 23 fl 22 xr.
Item für Kalbleder zur Orgel 2 fl.
Friedrich Stürmer zu Oestrich den Chor in der Kirch zu machen.
Schreiner Ulerich Oestrich newe Chor zu machen, alten abzubrechen, Rückwand der Chorstühle.
Treher zu Mittelheim für Treherarbeit zu newen Orgel zahlt 3 fl.
Item Kaspar Kayser von Frankfurt das Laubwerk und Bildhauerarbeit an der Orgel zu machen 25 fl. 15 xr.
Neues Fenster oben im Chor bei der Orgel. .

---

18) ZALKHN 1/2509
19) Arch. Hardt
20) Hdb. hist. Stätten, Hessen, S. 168. KDkm Rheingaukreis, S. 296

Item H. Friedrich Macrander von der newen Orgel, welchem alle Zugehör beygeschafft worden allhier im Kloster zu machen neben der Cost 90 fl accodirt, auch von andern Zugehör, so er in Ermanglung hergeben 15 fl 37 xr Zusammen 105 fl 18 xr 4 d."

Zusammenfassend kann gesagt werden, daß der Frankfurter Meister Macrander auf dem Chor, gemeint ist wohl der Nonnenchor, eine neue Orgel baute.
Weitere Posten beziehen sich auf die Stimmungen im 18. Jh. [21].
Im Jahre 1811 wurde das Kloster durch Nassau säkularisiert.
Bei der Aufnahme wurde verzeichnet: "Die Kirche ist mit einer Orgel versehen. 7.11.1811" [22].
Von der Versteigerung ausgenommen wurde die Orgel [23] um die sich Hornau, Filiale von Münster und Münster bewerben [24].
Man berichtet an Münster: "Die Orgel in der hiesigen Kirche hat einen lieblichen schmelzenden Thon" [25]. Die Orgel kam nach Bleidenstadt. Sie wurde von Schöler abgebrochen und aufgestellt [26].

GRÄVENECK

Am 10.10.1818 genehmigte die Hzgl. Regierung den Verkauf der Orgel der ehem. ref. Kirche in Usingen an den letztbietenden Pfarrer May von Gräveneck für 350 fl. [27].
Am 25.11.1905 richtete die Gemeinde ein Gesuch wegen einer neuen Orgel an das Konsistorium mit einem Entwurf von G. Raßmann.
Die folgende Bemerkung ist irreführend: Die alte Orgel ist defekt. Sie wurde vor bald 100 Jahren als eine schon gebrauchte Orgel in Weilburg von der Gemeinde gekauft. Es muß sich doch wohl bei Raßmann um einen Irrtum handeln. An ganz anderer Stelle, in den Akten von Selters, wird 1824 berichtet: "Gräveneck hat seinerzeit eine kleine Orgel aus der ref. Kirche Usingen gekauft" [28]. Anläßlich des Neubaus von 1906 wurde die Orgel nach Merkenbach verkauft.
Am 25.11.1905 wurde ein Antrag an das Konsistorium wegen einer Orgel gestellt. Am 7.5.1906 wurde die Gehäusezeichnung in Neorenaissance-Formen durch den kgl. Landbauinspektor geprüft.
Am 28.12.1906 wird die Herstellung und Weihe der Orgel gemeldet [29].
G. Raßmann wählte folgende Disposition:
Pl8 Gd8 Sal8 O4 Fl4 Sbß16 Mech. [30]

---

21) HStAWsb 29. Rechnungen
22) HStAWsb 29 Akten V, 5.
23) HStAWsb 29, V, 3
24) HStAWsb 73 III, 7
25) HStAWsb 212/4951a
26) s. Bleidenstadt
27) HStAWsb 211/2805
28) HStAWsb 211/5538
29) ZALKHN 1/2524
30) Arch. Hardt

Die heutige Kirche wurde in den Jahren 1737/38 von dem bekannten Nassau-Saarbrückischen Baumeister F. J. Stengel erbaut.
In der alten Kirche stand bereits eine Orgel, von der wir aus den Bau- und Kirchenrechnungen einiges erfahren [31].
Im Jahre 1687 wird im Zusammenhang mit einer Orgelreparatur durch H. J. Siegfriedt ein Neubau in Grävenwiesbach zuerst erwähnt [32].
So treten auch dementsprechend im Jahre 1688 in der Baurechnung Posten auf, die von der Verwirklichung eines Neubaus zeugen.
1688: Zur Verfertigung der neuen Orgell ist beygeschloßen 46 fl 23 alb 6 d. Wegen Stellung der Schrift wegen der Orgell 7 alb 4 d. Schrift nach Staadten (Staden) zu überbringen. (Wohnort Siegfriedts) Alß die Orgell untüchtig befunden und deßhalben an der Orgellmacher von Kriedell (Griedel, dort war Grieb tätig) zur Besichtigung abgeholt worden müssen, hat Bürgermeister bey der Besichtigung verzehrt 3 alb. Fuhrlohn 10 alb. Zehr Orgelmacher 25 alb. Orgelmacher an Lohn 1 fl 10 alb.
Stellung der Schrift an Orgelmacher zu Staadten wegen der Orgel 7 alb 4 d. Wegen Durchsicht und Verbesserung obiger Schrift H. Registratori 8 alb. Dem Stadtschreiber diese Schrift zu copiren 5 alb. Cantzleygebühr 15 alb. Boten 20 alb.
1689 kaufte man 3 Seile zur Orgel 1 fl 2 alb 4 d. (Mit ihnen wurden die Bälge bezogen). Für die Bälge wurde 1692 ein Fell gekauft für 7 alb.
1694 wurde klar, daß die Orgel mißraten und nicht renovierbar war:
1694: "Bey vorgewesener Renovation unserer Orgel sein an Unkosten, weil einige Meister anhero beschieden gewesen 5 fl. 3 alb. 4 d. Solche Orgel weil sie mißrathen gewesen und zu renoviren nit werth geachtet worden gar abzuheben 1 fl 3 alb."
Deswegen begab man sich zum Griedeler Orgelbauer:
1694 als beide Bürgermeister wegen der Orgell zu Kriedel bey selbigem Orgelmacher gewesen habe unterwegs und allda verzehrt 1 fl.

Die neue Orgel fertigte ein Meister aus Hohenweisel, (Hochweisel) dessen Name aber nicht genannt ist.
1699 "dem Orgelmacher zu Hohenweißel wegen Fertigung der Orgell auf Abschlag 30 fl." Der Zimmermann aus Obercleen machte den Orgelstuhl, d.h. den Unterbau.
"Pfarrer zu Hohenweißel gewesen, Orgel verdingt, verzehrt 19 alb. Dem Organist von Weilmünster so bey dem Accordt gewesen 1 fl 2 alb. Die Orgel von Hohenweißel abzuholen 4 fl 5 alb.
Herrn Rector Schlosser von Weilburg die Orgel zu untersuchen 1 fl 10 alb."

31) HStAWsb 135 Grävenwiesbach BR und KR.
32) HStAWsb 135 Usingen 49

Dieser Orgelmacher aus Hohenweisel stimmt und pflegt auch die Orgel in den folgenden Jahren.
Die Arbeit gilt meistens den Bälgen. 1724 war der Kantor von Usingen, Hermann, tätig, 1721 Herr Sträuber von Hohenweisel.
Nach dem Neubau der Kirche wurde auch eine Orgel geplant. Anscheinend war das alte Werk nicht übernommen, da man davon sprach, "daß eine gute Orgel so nöthig als nützlich seyn dörfte".

Der Fürstlich-Laubachische Musikdirektor G. W. Eberhardt wandte sich an den Pfarrer von Grävenwiesbach, da man erwähnt hatte, sich um eine neue Orgel bemühen zu wollen. Er empfiehlt eine Orgel, die in den Händen des Orgelmachers sei, der in Laubach gerade gebaut hatte. (Joh. Caspar Beck und Joh. Michael Wagner) Er stellte vergleichsweise fest, daß die Orgel noch zehnmal besser sei als die im Kloster Arnsburg (die große Orgel, 1682 von Joh. Georg Wagner aus Lich gebaut, die Chororgel von Syer ist erst nach dieser Zeit gebaut). Das Werk könnte auf 8-9 Karren den 16 Meilen langen Weg bis Grävenwiesbach spediert werden. Er meinte, ein solches Werk könnte nicht unter 1000 Thl gemacht werden. Brief vom 15. 6. 1749 an den Pfarrer.
In einem weiteren Schreiben Eberhardts vom 13. 7. 1749 werden auf Fragen des Pfarrers folgende Punkte herausgestellt:
"1. Die Abholung des Orgelwerks betreffen, so dörffe wohl sich der Fuhrlohn auf 100 fl erstrecken. Hingegen ist auch zu consideriren, daß wenn das Werk an Orth und Stelle stehet, solches wenigstens 1000 fl wehrt. Man kann sich kein Begriff eigentlich davon machen, biß es jederman selbsten in das Auge und Gesicht bekommt. Ich will als doch noch diesen Vorschlag mit beyfügen, daß es vor die Gemeinde gut gienge, wenn sie die Abholung des Werkes dem Orgelmacher selbst veraccordirte und wäre also meine ohnmaßgeblicher Vorschlag ihme 80 fl zu biethen. Da müßte er das Werk an Ort und Stelle liefern. Bäth eine aber vor allen Dingen dero resolution bald aus, damit im guten Wetter noch dazu könne Anstalt gemacht werden.
2. Daß Sie alldorten die Gedanken hegen, weil die zu Heiners die Orgel abschaffen, so müßte eine Ursache darunter stecken. Darauff kann auf Ehre versichern, daß nichts daran Schuld, als des Cantors zu Heiners wunderliche Caprice, weilen das Werk eine kurtze Octav hat, welches aber der Orgelmacher zu vollkommenen Stand zu setzen verspricht. En fin er ein grundfrommer und ehrlicher Mann, der sich würde ein großes Gewissen machen, eine Gemeinde zu hintergehen.
3. Das Werk zu zertheilen stehet nicht wohl an, wäre auch schade zu verstümmeln und würde deß wegen am Preiß wenig oder gar nichts abgehen. Ursach, weilen aber dem Orgelmacher das Rückpositiv allein zu nichts diente, überdieses, wann ein Organiste auf einem Clavier spielen kann, da kann er solches auch auf zwey, indem eines wie das andere.... "
4. Für den Zahlungsmodus wurde vorgeschlagen: 100 Rthl. könnten ein Jahr lang stehen, das übrige bei Setzung des Werkes zu bezahlen.

5. Habe die Gemeinde an den Orgelmacher Kosten vor sich und Gesellen bei der Aufsetzung zu tragen.
6. Es ist zu berücksichtigen, wo das Werk zu stehen kommt. Eine Höhe von 14' ist vorhanden.
7. "Befremdet mich das Gutachten von dem Herrn Stadt Musicanten in Usingen nicht wenig. Der selbe muß die Kirche zu Gräfenwiesbach noch nicht gesehen haben. Es hat fast zu thun, daß ein Principal 4' da stehen kann, viel weniger würde es angehen, daß ein 8' da stehen könnte 33).
Über dieses sind ja 2 achtfüßige Stimmen im Manual. Gesetzt auch es könnte ein Principal 8' da stehen, hingegen würde das Werk wohl viel höher im Preiß zustehen kommen...
Laubach den 13.7.1749 Eberhardt"
In einem Schreiben vom 24.7.1749 aus Usingen wird das Gesuch mit den Unterlagen nach Wiesbaden geschickt, wo es am 21.8.1749 dem Konsistorium praesentiert wird:
"Ew. Hochwohl und Hochedelgeborenen, auch Hochehrwürdig werden aus angebogener unterthänigster supplicatio des Kirchspiels Grävenwiesbach und deßen Anschlüßen mehrern zu ersehen geruhen, welche Vorschläge dasigem Ehrenpfarrer Schmidtborn zu Anschaffung eines Orgelwerks in die neue Kirche geschehen, und wie die Kirchspielsgemeinde das Werk anzukaufen und mit dem Überschuß deren bißhierhin ersparten Kirchen Interessen zu bezahlen gemeinet seyen. Allermaßen nun bey einer aus so vielen Dorfschaften bestehenden Kirchengemeinde eine gute Orgel so nöthig als nützlich seyn dörfte, den Gesang in guter Ordnung zu führen und zu halten, das Kirchspiel auch vermög der 1747 Kirchenrechnung an Interessen einen Überschuß von 406 fl. behalten und damit die Costen gut theils bestreiten könnte.
So kommt die Sache sodannoch vornehmlich darauf an, daß das beyliegende Schema oder Disposition der Orgel einem werkverständigen vernünftigen Mann zu genauer Prüfung, ob solches mit keinem Hauptfehler behaftet, sondern tüchtig und dauerhaft eingerichtet, mithin der Kauf zu rathen seye, vorhero übergeben, und wann das parere affirmative außfallen sollte, das ferner unterthänige Bitte der Supplicanten durch ein Consistorial-Gutachten bey Serenissimi Regentis Hochfürstlicher Durchlaucht zu gnädiger Resolution befördert werde.
Demnach aber hiesiger Orthen dergl. Orgelverständige Leuthe nicht anzutreffen, noch ein Vicarii zu erfragen sind: alß beruht bey Hochfürstl. Consistorii Gutfinden, ob der alte Kirchschaffner Corb zu Wießbaden, ein Orgelmacher zu Maintz oder sonsten über die Beschaffenheit des Werks zu Rath gezogen und darnach Resolution über das unterthänige Gesuch dieser Supplicanten hochgeneigt befördert werden solle.
In dieser Erwartung wir mit schuldigstem Respect verharren
Ew. Hochwohl- und Hochedelgeb. und Hochehrw. gehorsamst
Preuser Usingen den 24.7.1749"

33) "Es hat zu thun" ist wohl eine Dialektwendung im Sinne: Man hat zu tun, es hat seine Schwierigkeiten o.ä.

Dementsprechend wurde ein Memorial geschickt:
"An des Regierenden Herrn Fürsten zu Nassau Saarbrücken in Biberich, Unseres gnädigsten Fürsten und Herrn Hochfürstliche Durchlaucht.
Unterthänigstes Memoriale unseres der sämtlichen Gemeinde des Kirchspiles Grevenwießbach um gnädigste Verwilligung einer Orgel in unsere neue Kirche zu stellen und die Unkosten auß unsers Kirchspiels Gefällen zu bestreiten"
Es wird dargestellt, daß die Gemeinde durch den Kirchenbau "allzu hart gedrücket" und daher bisher noch nicht an eine Orgel denken könnte. Aber "daß gleichwohl dermahlen eine solch schön gemachte Orgel ohne Weitläuffigkeit und sonderlich schwere Kosten gelangen könne indeme der dermahlige sehr berühmte sächsische Orgelmacher zu Laubach, zu Heiners bey Suhl ohnweit Eyßenach eine solche gemachte per Accord an sich gebracht und selbige uns durch den Solms-Laubachischen Directoren der Music, H. Eberhardt, laut seiner eigenhändigen Brieffen vor und umb 250 Rthl antragen lassen und selbige vor 80 fl hierher zu schaffen sich anerbotten" [34].

Das angebotene Werk sah folgendermaßen aus:
18 "Klangbare Stimmen", 2 Clavire, oben Hauptwerk unten Rückpositiv, volles Pedal 2 Octaven und schöne Bildhauerarbeit.

Hauptwerk			Rückpositiv		
1.	Principal 4'	Metall	10.	Principal 2'	Metall
2.	Quintathöna 8'	"	11.	Lieblich Gedackt 8'	"
3.	Gedackt 8'	"	12.	Kleingedackt 4'	"
4.	Rohrfleute 4'	"	13.	Quinta 1 1/2'	"
5.	Octav 2'	"	14.	Octav 1'	"
6.	Sesquialter 2 fach	"	15.	Mixtur 3 fach	"
7.	Octav 1'	"			
8.	Quinta 3 1/5'	"			
9.	Mixtur 3 fach	"			

Pedal		
16.	Subbaß 16'	Holz
17.	Octavbaß 8'	"
18.	Trompettenbaß 8'	"

Quinta 3 1/5' ist wohl ein Versehen, da sonst ja eine Terz gemeint wäre. Es ist wohl 3' anzusetzen.
Das Konsistorium beschloß gemäß "Resolutum in Conistorio 23.8.1749:
Könnte durch den Kirchschaffner Korb die Disposition der Orgel benebst den beyden Schreiben des Director musici an den Orgelmacher Köhler zu Frankfurt communiciret und dessen Gutachten darüber eingezogen samt einen Überschlag, wie allenfalls ein tüchtiges neues Werk zu stehen komme, verlangt werden.
Wiesbaden Actum 22.12.1749"

34) Brief ohne Datum

Am 10. 1. 1750 entschied Wiesbaden, daß "das Werk sich nicht vor sie schicke". Schaffner Korb überreicht Bericht und Angebot von Köhler und die Dispositionen einer neuen Orgel in Limburg (St. Anna) Am 16. 3. 1750 wurde mit J. Christian Köhler ein Vertrag geschlossen.
Die Disposition hat folgende Form:

Manual
1. Principal 8' Engl. Zinn
2. Quintadena 16' untere Octav Holz
3. Gedackt 8' Holz
4. Flaut 4' Metall
5. Octav 4' Metall
6. Octav 2' Metall
7. Mixtur 4 fach 1' Metall
8. Sesquialter 2 fach
9. Viol di Gamba 8'
10. Trompet 8'

Pedal
11. Subbaß 16' Holz
12. Violon 8' Holz
13. Octavbaß 4' Holz
14. Tremulant
15. Ventil, Ablaßung Wind
3 Bälge: 8' zu 5'

Dazu Bildhauerarbeit: Blindflügel, 2 Engel mit Trompeten.
Preis 550 fl. Termin: Michaelis
Am 2. 5. 1750 wurde dieser Vertrag genehmigt [35].
Der erhaltene Prospekt entspricht denen von Bornheim, Limburg, Hahnstätten.
Der große Mittelrundturm wird flankiert von je einem zweietagigen Flachfeld, dem sich je ein Spitzturm in gleicher Höhe anschließt. Den Abschluß bilden je ein kleiner Rundturm. Alle Felder und Türme enthalten 7 Pfeifen [36].
In den Jahren 1961-63 wurde ein neues Werk von G. Hardt, Möttau, eingebaut:

I. Pl8 Gb8 Rfl8 O4 Klgd4 Q3 O2 Schf3f1 Mxt3-5f1 1/3 Tpt8
II. Gd8 Pl4 Wfl2 Tertian2f Sffl1 Kh8 Tr
Ped. Sbß16 Obß8 Chbß4 Mxt5f2 Pos16 [37]

GREIFENSTEIN

Nach Abicht befindet sich an der Orgel eine Inschrift über die Erbauung der Kirche 1694. Nach seiner Beschreibung war die Orgel 1828 "sehr schlecht" [38].
Nach Notizen über diese Orgel in der Rh. Landeskirche stammt das Gehäuse von 1704 [39].

35) HStAWsb 135 Grävenwiesbach 25
36) Zeichnung Vogel
37) Arch. Hardt
38) Abicht, S. 176
39) ALKRhl O + G

1854 wurde die Orgel durch OB Weller renoviert, da lt. Synodalvisitation die Orgel in schlechtem Zustand war. 26. 10. 1854 [40]. 1869 baute OB Knauer, Gotha, ein neues Werk, das 1922 durch Walcker umgebaut wurde. Die Disposition:

Bd16 Pl8 Gb8 Gd8 Trfl8 O4 Fl4 Q3 O2 Mxt2 2/3
Sbß16 Obß8 Gdbß8 [41]
1937 bekam das Werk ein el. Gebläse [42].

GRENZAU

Die Orgel aus Arzbach kam 1848 nach Grenzau. Die Disposition war im Jahre 1959:

1. Principal 4'
2. Gedackt 8' Holz
3. Salicional 8'
4. Octav 2'
5. Flöte 4'
6. Mixtur 3 fach
7. Bordun 16' (wohl ursprgl. Zunge?)

Eine Pedalwindlade dürfte vorhanden gewesen sein. Manualumfang C-c3. Die Registerzüge sind schön gearbeitet.
Das Gehäuse hat einen kleineren Mittelturm mit 11 Pfeifen, dem sich je ein Flachfeld mit 13 Pfeifen anschließt. Den Abschluß bilden 2 Mitteltürme mit je 5 Pfeifen [43].

GRENZHAUSEN

1817 war bereits eine Orgel vorhanden [44].
1861 baute Raßmann ein neues Werk [45].

GRIEDELBACH

Im Jahre 1800 beschwert sich der Lehrer Martin über den schlechten Zustand der Orgel. Orgelmacher Dreudt fordert für eine Renovierung 250 fl, die Forderung wurde aber auf 180 fl herabgedrückt. Die Gemeinde bittet am 30. 9. 1800 um Genehmigung. Es wurde veranschlagt, Cis und Dis anzubringen und das Klavier neu auf der Seite anzulegen. An die Stelle der Posaune soll eine Viol di Gamba eingebaut werden. Weiterhin sollte ein neues Pedal mit ei-

40) StAKo 441/28824
41) ALKRhl O + G
42) Läufer, Gemeindebuch der Kreise Braunfels und Wetzlar 1953
43) Mitt. Vogel. Dieser weist auf die Verwandtschaft mit Hillscheid hin. HBLbg gibt 8 Register an.
44) HStAWsb 211/1409
45) ZALKHN 1/2512 Inventar 1911

nem Principalbaß 8' angebaut werden. Zu der Verlegung des Klaviers heißt es interessanterweise: "Klavier war bisher hinter der Orgel mit 6 Registern. Organist kann während des Spielens Register nicht ziehen, da sie weit an der Seite angebracht sind" 46).

Eine neue Orgel stellte G. Raßmann auf. Er schreibt am 25.5.1884 in einem Reparaturvorschlag für Reiskirchen, daß er in Griedelbach eine neue Orgel aufstelle 47).
Im Bericht der LKRhl. wird 1881 als Baujahr angegeben und nachstehende Disposition:
Pl8 Lbgd8 Sal8 O4 Fl4 Korn Sbß16 Vlbß8 48)

Später wurde sie umgebaut. Sie hat nach Hardt diese Form:
Pl8 Pl4 Gd8 Fl4 O2 Mxt4f1 1/3 Sbß16 Chbß4 49)

GRONAU, Kloster

In der 1829 zerstörten Kirche des ehem. Benediktinerklosters, (1536 in ein Hospital umgewandelt) wird 1817 noch die Orgel bezeugt 50). An anderer Stelle heißt es: "Gronau gehört zum Kirchspiel Egenroth. Im Winter wurde sonst der Gottesdienst in der Klosterkirche gehalten. Da diese jetzt ganz verfallen ist, so wird die in der Nähe auf dem Altenberg liegende Kirche jetzt allein benutzt" 51).
Die Orgel wurde lt. Inschrift am 17.4.1750 von J. Wilh. Schöler erbaut. Zu Beginn des 19. Jahrhunderts, nach 1817 und vor der Zerstörung der Kirche 1829, kam sie nach Reckenroth, 1895 ins Magazin des Landesmuseums in Wiesbaden. s. dort.

GROSSALTENSTÄDTEN

Im Jahre 1766 bemühte sich die Gemeinde um eine Orgel. Dieserhalb schrieb der Solmsische Regierungsdirektor am 8.12.1766 aus Hohensolms an den Fürsten:
Oberamtsgemeinde Altenstädten hat anfangs des Jahres "Gelegenheit zu Wetzlar aus dem dasigen Closter eine Orgel, die schon gebraucht und dem Closter zu klein, in die Altenstädter Kirche aber sehr schicklich wäre, um billigen Preiß zu kauffen". Sie wurde für 159 fl. gekauft. Der klösterliche Orgelmacher, der sie abgehoben, kann sie aufstellen. Genehmigung durch Fürst Carl von Solms-Hohensolms-Lich am 12.12.1766 52).

46) FASolms-Braunfels A 63, 9
47) HStAWsb 424/453
48) ALKRhl
49) Arch. Hardt
50) G. Dehio, Südl. Hessen München 1961, S. 268. s. Grebenroth HStAWsb 211/1409
51) HStAWsb 211/1409
52) FASolms-Lich Conv. 332, 4 Landessachen. Mit dem Wetzlarer Kloster ist das Franziskanerkloster gemeint, das im gleichen Jahre eine neue Orgel der OB Stumm erhielt. s. Wetzlar.

Später erhielt die Gemeinde eine neue Orgel durch OB Raßmann mit folgenden Registern nach heutigem Stand:

Pl8 Gd8 Sal8 O4 Hlfl4 Sbß16 Vlbß16 [53)]

GROSSHOLBACH

Am 22. 1. 1857 reichte die Gemeinde ein Gesuch wegen eines Orgelbaus an den Dekan ein. Man bemerkte, daß die Filiale Girod mit Erlaubnis eine Orgel in Singhofen (Buderus) gekauft habe, die nach Urteil des Seminarmusiklehrers Meister in Montabaur gut ausgefallen sei. Eine von Meister geplante Orgel solle von Voigt, Igstadt, ausgeführt werden. Die Regierung genehmigte die Anschaffung am 10. 2. 1857 und empfahl, man solle mit einem tüchtigen Meister einen Vertrag abschließen und genehmigen lassen.
Am 10. 3. 1857 schloß man mit Daniel Raßmann, Möttau, einen Akkord auf Grund folgenden Entwurfs:

1. Principal 8'
2. Octav 4'
3. Octav 2'
4. Mixtur 3 fach 2'
5. Gedackt 8'
6. Hohlflöte 8'
7. Flauto dolce 4'
8. Salicional 8'
9. Gemshorn 4'
10. Subbaß 16'
11. Octavbaß 8'

Das Werk soll 2 Laden bekommen, einen Manualumfang von 56, einen Pedalumfang von 18 Tasten. Der Preis sollte 1095 fl. betragen. Obige Aufstellung zeigt deutlich die Abgrenzung der Funktion der Register: Plenum, Gedackte und Flöten, Streicher.
Auch Voigt war bereit gewesen, den Bau zu übernehmen, hatte aber 1857 mehrere Orgeln im Bau.
Man kam mit Raßmann in Schwierigkeiten: Die Orgel sollte am 1. 11. in Gebrauch genommen werden, sie war aber nicht fertig. Man führte weiter aus: ".. Denn einmal hat Raßmann eine wehe Hand, daß er den Prospectus nicht gehörig machen konnte, bald waren ihm die Gesellen fortgegangen und wären andere nicht zu haben, und selbst die Größe der Front wollte er nicht nach der Vorschrift des Kirchenvorstandes machen. Er erklärte es wäre ihm recht, wenn sie sonstwo die Orgel machen ließen, dann forderte er 100 fl mehr.." Raßmann kündigte den Akkord und man entschloß sich am 28. 12. 1857 mit Orgelbauer B. Dreymann in Mainz abzuschließen gemäß folgender Disposition:

Pl8 O4 O2 Mxt3f2 Gd8 Fldo4 Sal8 Gh4 Sbß16 Vlbß16
zum Preise von 1125 fl.

53) ALKRhl O + G

Die Disposition, die Raßmanns Arbeit zugrunde lag, wurde übernommen mit der kleinen Veränderung, daß im Manual die Hohlflöte neben dem Gedackt entfiel und die zweite Pedalstimme auch ein 16' wurde, Violonbaß 16'. Am 13. 2. 1858 wurde dieser Vertrag mit Dreymann genehmigt [54].

GROSSRECHTENBACH

Anscheinend war im Jahre 1754 schon eine Orgel vorhanden; denn in diesem Jahre wird in der Rechnung für Kirchenreparatur am 14. 2. 1754 eine "Wendeltreppe zur Orgelbühne" erwähnt [55].
Abicht spricht von einer mittelmäßigen Orgel [56].
Am 5. 7. 1845 berichtet der Pfarrer, daß die Orgel seit Jahren in einem schlechten Zustand sei, daß die Stimmung nicht reicht. Die ursprüngliche Disposition ist "keine harmonische, da zuviel Schreiwerke".
Orgelbauer Dickel ist beauftragt, die Orgel zu untersuchen, Terz und Mixtur sollen herausgenommen und "mit neuen deckenden Stimmen" vertauscht werden.
Die Orgel hatte 7 Register, 1 Register zu 8'. Es wäre ein Subbaß 16' nötig, mit 1 1/2 Octaven angelegt, von C-e. C-H müßten neu gefertigt und ab c an Gedackt angehängt werden, zum Preis von 110 Mk.
Die Reparatur wurde von Regierung Koblenz genehmigt und mit Raßmann, Möttau, abgeschlossen. Die Bälge sollten neu erstellt werden und das schwere Ziehen der Register abgestellt werden [57].
Die Zivilgemeinde ist für die Orgel verantwortlich. Cantor Franke, Wetzlar, nahm die Begutachtung vor [58].
Der Synodalkreis hatte Weller in Erda vorgesehen und Verhandlungen eingeleitet [59].
Am 28. 8. 1873 wurde mit Bernhard, Gambach, ein Stimmvertrag abgeschlossen.
1962 lieferte Hardt, Möttau, ein neues Werk:

I. Weidenfl8 Pl4 Mxt4-5f2
II. Rgd4 Po4 SgNh2 Sesq3f 2 2/3 1 3/5 1
Ped. Sbß16 [60]
Die alte Orgel wurde 1965 nach Bissenberg übertragen [61].

---

54) HStAWsb 211/5386
55) HStAWsb 153/226
56) Abicht, Kr. Wetzlar S. 84
57) HStAWsb 424/453
58) StAKo 441/28830
59) HStAWsb 424/453
60) Arch. Hardt
61) Dehio-Backes, Hessen, S. 85

GÜNTEROD

Nach Bericht vom 5. 9. 1810 hatte man in Fellinghausen eine alte Orgel gekauft und einen Vertrag mit OB Bock in Weilburg über deren Instandsetzung geschlossen für 190 fl.
Das Werk hat aber nie funktioniert [62].
Im Jahre 1811 beschäftigte man sich mit der Anschaffung einer neuen Orgel. Die alte, ursprünglich eine Stubenorgel, hatte 4 Register, davon 3 Register aus Holz, das vierte ein 2 faches aus Blei. Die Reparatur wurde als nicht möglich erachtet. Bericht von G. Bürgy, Gießen, am 14. 12. 1811. Man ging darauf einen Akkord mit ihm wegen eines Neubaus ein. Es wurden folgende Stimmen vorgesehen:

1. Principal 4'
2. Bourdon 8' Holz
3. Flauttraverso 8'
4. Gedackt 4' große Octav Holz
5. Quinta 3'
6. Octav 2'
7. Mixtur 3 fach 1'
8. Subbaß 16'
9. Violonbaß 8' offen Holz, wurde nicht gebaut.
10. Coppel
11. Schwebung
12. Windablaß

Stimmung in Kammerton, das Werk von der Seite spielbar.
Der Preis sollte 600 fl. und die alte Orgel betragen.
Am 9. 1. 1812 wurde der Vertrag mit Bürgy endgültig abgeschlossen.
Das Werk sollte eigentlich 1813 fertig werden, aber die Lieferung zog sich bis 1815 hin.
Am 20. 10. 1909 wurde die Verlegung der Orgel vorgeschlagen.
Nach Bericht vom 27. 10. 1912 wurde die Orgel repariert. Das Inventar berichtet 1912, daß die Orgel gerade in Aufstellung begriffen ist.
Das alte Gehäuse sollte verwendet werden.
Es wird die barocke Form desselben hervorgehoben.
Anscheinend wurden doch wesentliche Veränderungen, wenn nicht ein Neubau, durch Eichhorn, Weilmünster, ausgeführt. Er bekam für die Arbeit immerhin 708 Mk. [63]
Der Stand des Werkes ist 1944:
Pl8 Gd8 Sal8 O4 Hlfl4 Q3 Pedal angehängt. Mech. Tr. [64]

Eine Aufzeichnung von OB Eppstein zeigt:
Ggpl8 Pl4 Sal8 Hlfl8 Gd4 Q3 O2 Sbß16 [65]

Schneider macht nach neuester Untersuchung folgende Feststellungen:

1. Principal 4' alt Prospekt
2. Hohlflöte 8' alt von Holz (ursprünglich Flöte traverse?)
3. Quinte 2 2/3' alt, Metall

62) StAMbg 111/111 acc 1909/16 110/31 zu Hartenrod
63) ZALKHN 1/2525
64) Mitt. Wißmüller
65) Arch. Eppstein

4. Gedackt 4' alt, Metall
5. Oktave 2' alt, Metall
6. Salicional 8' tiefe Oktave verführt mit Principal 8'. Lt. Stockbohrungen stand hier eine Mixtur 3 fach
7. Principal 8' C-H gedackt von Holz. (Vermutlich Bourdon 8' als Abschluß)
8. Nicht abstellbarer Subbaß 16'

Manualumfang C-f^3, Pedalumfang C-f [66].

HABENSCHEID

Am 16.3.1816 wird über die Errichtung einer von der Kgl. Hoheit Erzherzogin Hermine geschenkten Orgel berichtet [67].
Im Jahre 1817 wird allerdings von einer vorhandenen nichts gemeldet [68].
Am 15.11.1843 reicht der Pfarrer ein Gesuch wegen einer Orgel ein, das am 13.12.1843 durch den Dekan an die Landesregierung weitergereicht wird. OB Embach reicht einen Plan zu 680 fl ein. Am 16.10.1846 erst wird die Disposition Seminarlehrer Feye, Idstein, zur Begutachtung zugeschickt. Man hoffte, 100 fl von Sr. Kaiserl. Hoheit Erzherzog Stephan von Österreich geschenkt zu bekommen.
Anscheinend kam es erst 1852 zur Aufstellung [69].
In einem Inventar von 1912 wird das Werk von 11 Registern als alt bezeichnet. Es wurde um 1910 nach Wasenbach (s. dort) versetzt und von OB Hardt, Möttau, wiederhergestellt [70].

HACHENBURG

Hachenburg, Stadt- und Schloßkirche, ev.

Im Jahre 1595 wird eine Orgel erwähnt, als Christoph Embach für diese 70 fl. 13 1/2 alb. erhielt. Jedoch am 21.5.1607 befahl Wilhelm, Graf zu Sayn und Wittgenstein (1569-1623), der 1606 durch seine Frau, eine Erbtochter der älteren Linie der Grafen von Sayn, Hachenburg geerbt hatte, die Einführung des Heidelberger Katechismus und die Abschaffung der Orgel und Altäre [71].
Nach seinem Tode wurde im Jahre 1625 für die Stadtkirche eine neue Orgel angeschafft, die in Lich gebaut wurde, wohl von Georg Wagner aus der bekannten Orgelbauerfamilie.

---

66) Dieter Schneider, Günterods Kirche und die historische Bürgy-Orgel. Hinterländer Geschichtsblätter, Jg. 51 (1972) Nr. 3, S. 113
67) HStAWsb 211/4278
68) HStAWsb 211/1409
69) Ev. Kirchenbote Diez, Jg. 3 (1911), Nr. 4, Aus der Geschichte der Gemeinde Habenscheid
70) ZALKHN 1/2548
71) W. Söhngen, Geschichte der Stadt Hachenburg, 1914, S. 253, 256

Die Rechnung dieses Orgelbaues gibt einige Einzelheiten an:
Einnahmen 338 fl 18 alb.
Ausgaben:

16. Mey Der Inspector auf gn. Befehlch nach Dierdorff verreißt, selbiges Orgelwerck zu besichtigen und dieses verdingt aber Nachts alda plieben	3 fl	
Als Jacobus nach Lich gezogen, die Orgel abzuholen, wegen bösen Wetters 4 Tage nicht fortgekommen, 4 Tage geblieben	4 fl	4 alb
Item der Meister zu der Orgel 27. Januar biß den 8. Februar hier verplieben die Orgel aufzuschlagen selbig gearbeitet, 12 Tage	28 fl	18 alb
1 Eichenholz zu Blasbelchen Schwengeler		15 alb
Schreiner wegen Stuhls (ist das Orgelgehäuse)	20 fl	
Dem Orgelmacher die Orgel verdingt	60 fl	

Abgehört am 7. 7. 1625 [72].

Für das Jahr 1652 werden für die Reparatur der Orgel einem Orgelmacher und seinem Knecht 26 fl. bezahlt desgleichen nach Wiederherstellung der Kirche 1658 einem Orgelmacher, der 12 Tage tätig war 16 fl 12 alb. [73].

Ein Neubau wurde im Jahre 1716 ausgeführt. "Accord 6. 10. 1716 auf der Cantzley getroffen, Testat 16. 9. 1719, 22 Register, Orgelmacher Caspar Kirchner von Fahrenroda durch Burggraf von Kirchberg, Graf Sayn-Wittgenstein Georg Friedrich" [74].

Die Disposition war folgende:

1. Principal 4' in der Mitte zu stehen
2. Bardun 8'
3. Getack 8'
4. Quintadaena 8'
5. Kleingetackt 4'
6. Quinta 3'
7. Octava 2'
8. Gemßhorn 4'
9. Fleute douce 2'
10. Mixtur 4 fach
11. Trompette 8'

Auf die Baßlad:

12. Principal Baß 8 Holz Gesicht
13. Subbaß 16 Holz
14. Posaunenbaß 16'
15. Tremulant
16. Coppel M/P

Principal 4 Teile Zinn 1 Teil Blei
Metall 4 Teile Blei 1 Teil Zinn

---

72) HStAWsb 340/594 Vol. II, 3. Söhngen, S. 257

73) Söhngen, S. 261

74) Georg Friedrich geb. 3. 3. 1687. Seine Mutter war als geb. Gräfin Manderscheid-Blankenheim durch ihre Mutter, einer Enkelin des obengenannten Wilhelm Graf zu Sayn, Erbin von Hachenburg. Er entstammte der Familie der Burggrafen von Kirchberg bei Jena und hatte die Herrschaft Farnrode an der Hörsel unweit Eisenach, für die er in der Ritterschaft des Fürstentums Sachsen-Eisenach das Direktorium innehatte.
So berief also Georg Friedrich ein Landeskind zum Orgelbau in Hachenburg.

"Das Pedal soll 2 Octaven haben, Clavier in Helffenbein gemacht."
Beim Akkord wurden 240 Rthl für das Werk, dazu 100 Rthl als Kostgeld für den Orgelbauer und 2 Gesellen für 3/4 Jahr vereinbart, insgesamt also 340 Rthl.
Es wurden in Rechnung gestellt:

Zinn und Blei von Herrn Fischer aus Köln			
3 Zentner 3 Pfd Engl. Zinn à 27 1/2 Rthl =	82 Rthl	9 Stüber	
Unkosten		30 Stüber	
7 Zentner 20 Pfd Engl. Blei à 4 Rthl 5 alb =	29 Rthl		
Unkosten		36 Stüber	
(1 Rthl à 60 Stüber) Zusammen	112 Rthl	15 Stüber	
Dazu kam noch: Lindenholz von Schonberg	4 Rthl		
263 Dannenbort	47 Rthl		60 xr
588 Bort als 1 Batze	26 Rthl		12 xr
11 Ohm Wein, 46 Maß, Ohm = 2 Rthl (46 Maß nicht gerechnet, da der Wein schlecht war)	22 Rthl		

Mit schon gezahltem Geld ergab sich die Summe von 429 Rthl 5 xr, also 89 Rthl 5xr mehr als im Akkord vereinbart war.
In einem Schreiben an den Grafen wurde bemerkt, daß das Werk größer geworden sei, da der von Holz akkordierte Prinzipalbaß von Metall erstellt wurde und dieser "manualiter und pedaliter" zu spielen sei.
Kirchner hatte 2 Entwürfe mit Rissen eingereicht, die mit Organist Nicolaus Boller und Achilles August von Lersner in Frankfurt besprochen wurden [75].

Die ursprüngliche Disposition zu Riß 1:

1. Principal 8' Zwei Türme auf beiden Seiten
2. Quintadoena 8' Metall
3. Großgetackt 8' Metall
4. Kleingetackt 4' Metall
5. Octav 4' Metall
6. Quinta 4' (3') Metall } Sesquialter
7. Tertia 1 3/5' Metall }
8. Superoctav 2' Metall
9. Mixtur 4 fach
10. Trompette 8' Metall

Brustwerk
11. Principal 4' Gesicht oben in der Mitte
12. Lieblich Getackt 8' Metall

75) Nikolaus Boller war Organist an der Frankfurter Barfüßerkirche und hat möglicherweise sich auch als Orgelbauer in Bornheim betätigt. Peine, S. 82; desgl. Valentin, S. 212; - Wolff-Jung, KDkm I, S. 283
Achilles August von Lersner (1662-1732) ist der Verfasser der oben erwähnten Chronik der Stadt Frankfurt. Demnach scheint der Graf besonders enge Beziehungen zu Frankfurt gehabt zu haben.

13. Quintadoena 4' Metall
14. Fleute douce 2' Metall
15. Octav 2' Metall
16. Mixtur 2 fach

Baß hinter dem Werk
17. Subbaß 16' Holz
18. Posaunbaß 16' Holz
19. Coppel HW/Ped
20. Tremulant

4 Bälge 450 Rthl.

Zu Riß 2 wurde folgende Disposition entworfen:

1. Principal 4' Zinn, im Gesicht in der Mitte
2. Getackt 8' Metall
3. Bardun 8' Metall
4. Quintadoena 8' Metall
5. Kleingetackt 4' Metall
6. Quinta 3' Metall
7. Octav 2' Metall
8. Gemshorn 4' Metall
9. Fleut douce 2' Metall
10. Superoctav 1' Metall
11. Mixtur 3 fach

Baßlade
12. Principalbaß 8' von Staniol beide Seitentürme
13. Subbaß 16' Holz
14. Coppel M/P
15. Tremulant
16. Posaunbaß 16' Holz

3 Bälge 530 Rthl.

Boller bemerkte:
Zu 1: Im Brustwerk Quinta 1 1/3'. Von 450 Rthl. will Kirchner nicht abgehen.
Zu 2: Zu schwach. Mixtur dann 4 fach und Trompete 8', im Pedal Posaune 16'. (s. Vertrag)
Nr. 2 wurde demnach akkordiert.
Man hatte die Disposition auch dem Hanauer Meister Joh. Nikolaus Schäfer zur Beurteilung vorgesetzt. Er antwortete am 26. 4. 1716 aus Hanau: ..."Dispositionen können passiren... Principalbaß 8' Pedal soll verstannioriert werden inds Gesicht gesetzt werden ..."
Er schickte seinerseits auch 2 Dispositionen ein:

" I. Disposition:
1. Principal 8' Zinn im Gesicht
2. Qündaden 16'
3. Vigoligamba 8'
4. Gemshorn 8'
5. Getakt 8'
6. Octav 4'
7. Qünt 3'
8. Getakte Flöt 4'
9. Suber Octav 2'
10. Tertia 1 3/5'
11. Den hollandis Cornet
 3 fach besetzt
12. Mikstur 4 fach die größt 2'
13. Trombet 8'

In der Brust
14. Princibal 4' Zinn
15. Lieblich Getakt 8'
16. Qündaden 8'
17. Octav 2'
18. Qünt 1 1/3'
19. Cimbal
20. Fox humana 8'

Petal
21. Subbaß 16' von Holß
22. Posaunen Baß 16'
23. Mikstur 3 fach die greßt 4'
24. Cornet 2 fach
25. Cobl und Tremulant
Alles in gudem Mettal
3 Blasbelg 9' lang

II. Disposition
1. Princibal 4'
2. Getakt 8'
3. Qündaden 8'
4. Spiell Flöt 4'
5. Getakt Flöt 4'
6. Qünt 2' (3')
7. Tertia 1 3/5'
8. Suber Octav 2'
9. Plockflöt 2'
10. Mikstur 3 fach die größt 1'

Pedal
12. Princibal 8' von Zinn
13. Subbaß 16' von Holß
14. Posaunbaß 16'
15. Cobel und Tremulant

Die Flickerey am Princibal mit Stanniol ist nicht zu bassirn".

So waren diese Vorschläge Muster für die etwas kleinere Orgel, die er 1717/20 für Usingen und, etwas reichlicher im Brustwerk und Pedal, 1721/22 für die Marienkirche in Marburg und 1727 für Hanau, St. Johanniskirche baute [76].
Am auffallendsten an der Disposition ist das holländische Cornet [77].
Der Kirchnersche Bau kam teurer als geplant, darüber wird ein Verzeichnis zusammengestellt:
"Verzeichnis was an hiesigem Orgelbau merkliches über den Accord und Riß ist

1.	Absonderliche Windlade und das zu itzige Hauptladen vor Materien	38 Rthl
2.	Noch ein Clafir mit den Copel	10 "

76) s. Usingen. D. Großmann, Kurhessen als Orgellandschaft, Acta Organologica, Bd. 1 (1967), S. 85
77) Auf die mögliche Verwandtschaft mit dem "Spans Cornet" in der Borgentreicher Orgel wurde bereits hingewiesen. F. Bösken, Orgelbauer aus Österreich am Mittelrhein in der ersten Hälfte des 18. Jh. Festschrift Federhofer, Mainz (1971) S. 59

3.	Die großen Wellbretter und Tracturen	15 Rthl
4.	Die Registraturen	10 "
5.	Die mehr gemachte Windcanel	8 "
6.	Bildhauerarbeit	10 "
7.	Das ganze Orgelgehäuß hat müssen vergrößert und in die Höhe zuricht werden	24 "
8.	Haubt Principal welches im Gesicht stehet von Material und Arbeit	82 "
	Summa	197 Rthl"

5 Register:

Quintathön (8')	20 Rthl
Octava (4')	26 "
Superoctava (2')	17 "
Mixtur	24 "
Sesquialter	17 "
	104 Rthl

Obige Summe + Registerpreis 197 Rthl. + 104 Rthl. = Gesamtsumme eines hinzugefügten 2. Werkes von 301 Thl.
Das Hauptwerk wurde wegen des Principal 8' erhöht und vergrößert, dazu kam das Brustwerk oder Positiv.
Das neue Werk hatte also am Ende insgesamt 19 klingende Stimmen.

Am 25. 2. 1717 hören wir von einem Protest der ref. Gemeinde.
Ein Schreiben der Gemeinde an den Grafen vom 4. 5. 1717 informiert über die Probleme:
"Ew. Hochgräfliche Excellenz haben unter anderm resolvirt in die Reformierte Kirche am Platz der darin stehenden alten Orgel eine neue verfertigen zu lassen, welchem Unternehmen wir auch anfangs nicht entgegen gewesen, und haben nicht ohn angesehen wir keine andere neue Orgel vonnöthen, dennoch auf die dohmalß an uns gethane Ansuchung erklähret, zu vorhabenden Orgelbau etwaß mit zu steuern, ergentzlich der Meynung, eß werde bey einem solchen freywilligen Beytrag verbleiben..."
Man ging an das Reichskammergericht. Die alte Orgel wurde ohne Wissen der Gemeinde verkauft [78].
1775/76 wurde das Schiff der Kirche neu gebaut und im Chorraum eine Empore errichtet, auf die man die Orgel stellte, die vorher an der Wand zum Markt gestanden hatte.
Joh. Andreas Mahr aus Wiesbaden nahm die Reparatur und Umstellung der Orgel vor. Dabei wurde der Spieltisch von vorne auf die Seite verlegt.
Die Chronik berichtet: Anno 1778, 29. 3. Joh. Andreas Mahr, wohnhaft zu Wiesbaden, hat die alte Orgel repariert. Zwei Söhne und ein Geselle arbeiteten bis zum 26. 9. Das Werk hatte 23 Register, etliche davon waren ganz neu. Der Preis der Arbeit betrug 600 fl.

78) HStAWsb 340/1594 p

Am 22. 3. 1816 wurde wieder eine Reparatur genehmigt und der Akkord mit Schöler geschlossen. Die Gesamtkosten beliefen sich auf 245 fl 33 xr [79].
Nach der überlieferten Disposition von 1874 hatte die Orgel demnach einige Veränderungen erfahren:

Principal 8'
Principal 4'
Flöte 8'
Bordun 8'
Quint 3'
Octav 2'
Gedackt 4'
Decima 1'
Mixtur 3 fach 4'
Trompete 8'

Brustwerk
Quintatön 8'
Gamba 8'
Quintatön 4'
Octav 2'
Spitzflöte 2'
Mixtur 3 fach
Tremulant

Pedal
Subbaß 16'
Principalbaß 8'
Octavbaß 4'
Posaune 16'

Der Principal 8' war ja schon beim Bau eingefügt. Das Brustwerk wurde aber später durch Mahr oder auch während des Baues entgegen dem Entwurf verändert [80].
Im Jahre 1894 wurde ein Neubau in Aussicht genommen. Walcker bot die 1874 für die Alte Petrikirche in Frankfurt mit 18 Registern und 2 Manualen gebaute Orgel an. (s. Frankfurt, Alte Peterskirche) [81]
Im Dezember 1894 schloß man mit Walcker einen Neubauvertrag ab.

Als op. 717 wurde die Orgel im September 1895 durch den Dillenburger Seminarlehrer Ernst H. Wolfram abgenommen. Die Stimmen:

I. Bd16 Pl8 Gd8 Gb8 Fl8 O4 Rfl4 Mxt2f 2 2/3
II. Ggpl8 Lbgd8 Sal8 Aeol8 Fld4
Ped. Sbß16 Vlbß16 Obß8 Vcl8

Bei der Restaurierung der Kirche baute OB Kemper, Lübeck, nach der Disposition von H. Brendel in den alten Prospekt das Werk um:

I. Gd16 Pl8 Strichfl8 Rfl4 O4 Q3 O2 Mxt6f 1 1/3
II. Gd8 Pl4 Wfl2 Nonensesq3f Schf4f1 Nonensesq=2 3/3+1 3/5+8/9
Ped. Sbß16 Ktrbß16 Obß8 Rschpf4f 2 2/3 [82]

79) HStAWsb 211/4423
80) M. Dahlhof, Geschichte der Grafschaft Sayn, Dillenburg 1874. - Söhngen, S. 261

81) Bericht 8. 10. 1894. ZALKHN 1/2576
82) Die Orgel in der ev. Schloßkirche zu Hachenburg. Zur Orgelweihe o. N., o. J. Restaurierung der Kirche 1957

Hachenburg, ehem. Franziskanerkirche, kath.

Das 1663 von Ernst Salentin von Manderscheidt, dem Herrn von Hachenburg, erbaute Kloster muß schon bald eine Orgel bekommen haben, die 1688 an das von demselben Herrn gegründete Franziskanerkloster Marienthal (Gemeinde Seelbach, Kreis Altenkirchen) verkauft wurde [83]. 1700 wurde eine kleine Orgel gekauft [84].
1729 - 1739 wurde die jetzige Kirche erbaut. Orgel und Ausstattung stammen aus der Zeit um 1740 [85].
Am 29. 8. 1836 genehmigt die Landesregierung einen Reparaturvertrag mit OB Georg Schmidt, Hadamar. Am 7. 9. 1836 bemängelt Sachverständiger Anthes die ungenauen Angaben. Er bemerkt: "Orgelbauer Schmidt, welcher glücklicherweise mehr Geschick in seinen Geschäften als in der Sprache und Feder zu haben scheint.." Im einzelnen sollte das Werk 1 Ton tiefer gestimmt werden, so daß 24 8' und 4' Pfeifen von Metall fehlen. Schmidt solle die Namen der Register angeben. Unklar war ihm, daß das Werk "im Subbaß" einen Octavbaß erhalten solle. Anthes bemerkt: "Der Subbaß kann so wenig einen Octavbaß enthalten, als der Orgelbauer Schmidt den Orgelbauer Raßmann in sich faßt". Solle Subbaß oder Octavbaß neu gemacht werden? Anthes hat möglicherweise die alte Bezeichnung "Subbaß" für das Pedal nicht verstanden?
Am 31. 12. 1836 berichtet Anthes, daß er in Hachenburg war. Georg Schmidt stellte am 10. 1. 1839 fest, daß er 336 fl. erhalten sollte. Die Bezahlung hatte sich anscheinend verzögert [86].
Eine neue Orgel erstellte Fleiter, Paderborn, mit el. Kegelladen, die im Jahre 1953 von ihm erweitert wurde:

I. Bd16 Pl8 Gd8 Gh8 O4 Rfl4 Q3 O2 Bachfl2 Mxt3f Zbl Tpt8
II. Pl8 Sal8 Hzfl8 Sggd8 Pr4 Qfl4 Schweg2 Q1 1/3 Sesq Terzian Schf3f Ob8 Clarino4
Ped. Plbß16 Sbß16 Plbß8 Gdbß8 Offl4 Blfl2 Pos16 [87]

HADAMAR

Die ursprüngliche Pfarrkirche, die Ägidienkirche, lag auf dem Mönchberg. Sie wurde 1637 als Pfarrkirche aufgegeben und den Franziskanern zum Bau ihres Klosters übergeben [88].
1379 wurde im Tal am Elbbach eine neue Kirche gebaut, die möglicherweise ein Marienpatrozinium hatte. Durch die Landesherrn Graf Philipp von Katzenelnbogen und Graf Johann von Nassau-Dillen-

83) KDkm Kreis Altenkirchen, S. 133. Hdb. Hist. Stätten, Rheinland-Pfalz, S. 11, 203.
84) Söhngen, S. 282
85) Dehio-Gall, Südliches Hessen, München 1961[3], S. 216
86) HStAWsb 211/4424
87) Mitt. Vogel
88) W. H. Struck, Das Kirchenwesen der Stadt Hadamar im Mittelalter, Archiv für mittelrheinische Kirchengeschichte, Jg. 13 (1961) S. 51, Anm. 9 Dort kritische Darstellung der vorhandenen Literatur.

burg wurde sie 1440 wiederhergestellt und erweitert [89]. Sie hatte den Charakter eines Halbstifts und war mit 8 Altären reich ausgestattet. Die Abhaltung gestifteter Singmessen und die Verwaltung der Präsenz wurden durch Landgraf Heinrich von Hessen und Graf Johann von Nassau in der 1481 aufgestellten Ordnung geregelt.
Zur Unterstützung des Chorgesangs wurde möglicherweise schon bald eine Orgel beschafft. Struck verweist auf den Vikar Daniel von Hünoff, dem die Limburger Stiftsherrn die Wiederherstellung ihrer großen Orgel übertrugen [90].
Über die Orgel wird später noch zu sprechen sein. Zunächst muß auf die Veränderungen hingewiesen werden, die infolge der Reformation erfolgten. Mit dem landesherrlichen Besitz war nach der Reformation auch der Konfessionsstand bestimmt: Seit 1403 die Grafen von Katzenelnbogen, 1479 ihre Nachfolger, die Landgrafen von Hessen, und 1557 Abtreten aller Rechte an die Grafen von Nassau-Dillenburg.
1535 wurde die luth. Lehre, 1580 unter Johann dem Älteren (1559-1606), Schwiegersohn des Kurfürsten Friedrich III.von der Pfalz - dieser legte als erster Fürst 1558 das calvinische Bekenntnis ab - die reformierte eingeführt.
In dem "Scriptum propositum in Synodo Dillenburgensi", am 8. und 9. 7. 1578 verlesen, war der Abschnitt IVd überschieben: "Von lateinischen auch langen und überflüssigen Gesängen und Orgeln". Sie wurden 1581 in den ottonischen nassauischen Landen - außer in der Grafschaft Diez - von Graf Johann, wohl in Anlehnung an die Maßnahmen Friedrichs III. von der Pfalz, oder nach anderer Meinung, wegen der niederländischen Calvinisten, die sich in der Dillenburger Stadtkirche an der Benutzung der Orgel stießen, nicht benutzt.
In den niederländischen Besitzungen regierte Wilhelm der Verschwiegene, der zu Gunsten seines Bruders Johann auf die Nassau-Katzenellnbogischen Gebiete verzichtet hatte [91].
Anscheinend waren in beiden Kirchen Orgeln vorhanden, wie aus späteren Berichten zu ersehen ist.
Eine eigene Linie Nassau-Hadamar begründete Graf, seit 1650 Fürst, Johann Ludwig (1590-1653), Sohn Johanns VI. des Älteren. Er konvertierte 1629 in Wien zum Katholizismus, war 1643-48 Generalbevollmächtigter des Kaisers bei den Friedensverhandlungen in Osnabrück und Münster. So wurde nach den damaligen Gepflogenheiten Hadamar katholisch. Johann Ludwig errichtete 1630 ein Jesuitenkollegium und gründete 1632 ein Franziskanerkloster.
In Hadamar, von 1607-1711 Residenz der jüngeren Linie Nassau-Hadamar, baute er 1612-1629 das Schloß in niederländischem Renaissancestil zu einem der größten nassauischen Schlösser um, in dem auch die Hofkirche eingebaut wurde.

---

89) Struck, Kirchenwesen, S. 80.
90) Struck, Kirchenwesen, S. 72.
91) Spielmann, Geschichte von Nassau II, S. 534. - J. Wagner, Die Regentenfamilie von Nassau-Hadamar, Wien 1863, S. 248, Anm. 1 und S. 250, S. 246ff.

So ist demnach im Folgenden von der Liebfrauen-, Franziskaner-Jesuiten- und Hofkirche zu sprechen.

Hadamar, Liebfrauenkirche

Die zur Pfarrkirche erhobene ehem. Stiftskirche ULFr. im Tale hatte eine Orgel, die zwar seit der Einführung des reformierten Gottesdienstes nicht mehr gespielt, aber noch vorhanden war. Sie wurde im Jahre 1641 von einem Orgelbauer wiederhergestellt.
In der "Historia domestica Societatis Jesu Hadamariae".. des P. Theodor Schmahl wird zu diesem Jahr berichtet: "Organum quoque, quod Haeresios injuriis obmutuerat, at tamen loco suo manserat, accersito ejus rei perito homine, usui restitutum est" 92).
In einem Bericht in dem Allgemeinen Nassauischen Schulblatt des Jahres 1856 wird berichtet: "Im Jahre 1601 war keine Orgel zu Hadamar. Es war eine daselbst gewesen. Als Conrad Wenkenbach hier Pastor war, (er wurde 1575 erster Ref. Prediger, +1613) 93) traf er eine kleine, aber ungangbare Orgel an. An Ausbesserung dachte Niemand; denn das gehörte nicht in den Kreis der Reformierten. Der herrschaftliche Keller Adolph Helling ließ sie zu Ehren seiner Tochter, die Hochzeit hielt, in Etwas herstellen. Weil das Werk nicht verschlossen, so geschahen viele Diebereien. Da ließ Keller Helling die großen Pfeifen in sein Haus bringen, die übrigen Kleinen wurden dem Eulner zu Elz für 4 fl. 18 alb. verkauft, und davon bekam der Pfarrer Wenkenbach 1 fl., wofür er einem armen Kinde ein neues Testament kaufte. Das Andere war draufgegangen, als Kirchenvisitation von Dillenburg in Hadamar gewesen" 94).
Die Stiftskirche war 1637 kath. Pfarrkirche geworden. So kann die Stiftskirchenorgel gemeint sein, von der 1641 oben berichtet wurde, daß sie schwieg 95).
Ausgeschlossen werden kann selbstverständlich nicht, daß die Ägidienkirche auch eine Orgel besessen hatte, was aber bei kleineren Pfarrkirchen seltener vorkam. 1637 war sie mit dem Kirchhof den Franziskanern zum Neubau ihres Klosters und der Kirche von Johann Ludwig überwiesen worden 96).

Hadamar, Schloßkapelle

Im Jahre 1607 wurde durch Erbteilung Johann Ludwig Landesherr von Hadamar, dessen Schloß von 1609-11 notdürftig zur Residenz eingerichtet wurde. Jedoch von 1614-17 wurde ein Neubau errichtet und nach seiner Vermählung im Jahre 1617 zog der Fürst endgültig in sein neues Schloß 97).

---

92) Hist. dom. p. 34, zitiert bei Wagner, I, 285, Anm. 1.
93) Wagner, I, 270
94) Allg. Nass. Schulblatt 1856, Nr. 12 zit. Wagner, II, 285 Anm. 1

Nach der Rückkehr aus Wien, wo der Fürst zum Katholizismus konvertiert hatte, wurde die Schloß- oder Hofkirche auf den kath. Gottesdienst eingestellt, 1630 erweitert und mit einer Orgel versehen [98].

Die Hausgeschichte der Jesuiten von P. Theodor Schmahl schreibt 1701 betr. Hofkirche: "Er schmückte sie durch einen prächtigen Altar, Bänke und eine Orgel und Sängertribühnen". Am 18.12.1629 wurde ein Vertrag mit dem Orgelmacher Keller in Kiedrich abgeschlossen:

"Vorschlag für Urgellwerckleins, welcheß dem Hochwohlgebohrnen Herrn Herrn Johann Ludwigen Graffen zu Nassauw Had(amar) uff dero Begehren soll verfertigt werden..." Der "Urgell und Instrumentenmacher von Kiedrich im Rheingaw Joh. Jakob Keller" erbot sich das "Urgellwercklein" zu liefern. Er verlangte 100 Rthl., wenn der Graf ihm die Kost und alle Materialien liefere, wolle er sich mit 50 Thl. begnügen. Sein Angebot wurde angenommen und ihm am 18.12.1629 eine Abschlagszahlung genehmigt [99].

Der Vertrag hat folgenden Wortlaut:

"Verzeignuß eineß Urgellwerckleines, welcheß dere Hochwolgebohrne Hr. Herren Johann Ludtwig, Graffen zu Nassaw Had(amar) etc., uff dero Begehren salle verfertiget werden.

Erstlich ein Corpuß von Eichenholtz reinlich von Schreiner Arbeit ausgemacht, 10 Schue hoch, 4 Schue breitt, 2 Schue dieff, sampt der Secret Laden von gutem Eichenholtz beneben zugehörigen Windtröhren.

Zwettens 3 Bloßbelg jeder 4 Schue lang, 2 Schue breitt.

Drittens daß Pfeiffenwerck von Bley mit Zihnn undersetzt, soll haben nachfolgende Register:

1. Quintatön auff 8 Schue laudent
2. Copell auff 4 Schue laudent
3. Hollfleudt auff 4 Schue laudent
4. Octefflein auff 2 Schue laudent

---

95) Wagner glaubt, beide Berichte, die in der Historia domestica und dem Nassauischen Schulblatt, nicht auf ein Instrument beziehen zu können. Er versucht eine Erklärung darin zu finden, daß mit der zerstörten Orgel jene in der ehem. Pfarrkirche auf dem Berge, St. Ägidius, gemeint sei. Die in der Hist. dom. noch vorgefundene Orgel wird auf die Liebfrauen- ehem. Stiftskirche bezogen.
Ich glaube annehmen zu können, daß in beiden Fällen dieselbe Orgel gemeint ist, die in der offensichtlich ursprünglich reich ausgestatteten Stiftskirche stand. Unter Pfarrer Wenkenbach, der 1613 starb, wurde sie noch verwendet, aber dann die Pfeifen zu seiner Dienstzeit verkauft. Stehen geblieben ist wohl das Gehäuse. Auf diesen Zustand kann auch die Bemerkung in der Hist. dom. bezogen werden: Wenn sie schwieg, dann wegen der Beseitigung von Pfeifen, wenn sie andererseits an ihrem Orte blieb, so kann das Gehäuse und die übrige Einrichtung des Werkes: Laden, Traktur u. a. gemeint sein. Unter dem "usui restitutum" müßte dann die Beschaffung der fehlenden Pfeifen gemeint sein. Wagner, II, 285, Anm. 1.

96) Wagner, II, 282.

97) Wagner, I, S. 332

98) Wagner, II, 160 aus: Vita Exellentissimi Domini Joannis Ludovici.. der P. J. Caspar Wiltheim, 1653.

99) Aus Hadamars Vergangenheit, Festbuch zu 600-Jahrfeier der Stadt Hadamar., 1924, S. 86

5. Zimpell einfachig
6. Ein Crombhorn auff 8 Schue laudent
Sampt einen Tremulandt und umblauffenden Stern.

Vor dieses Wercklein wan ich alle Materialia, nemlich Holtz, Bley, Zin undt desgleichen Eisenwerck sampt meiner Cost selbst gewissen undt uff die prop. (rietate) außmachen, ist meine Forderung von Ihre Gn. 100 Rthl.
Da aber dieselbigen mir hier zu alle Materialia und die Cost geben wollen, die Helfft, nemlich 50 Rthl.

Ewere Gnaden allezeit underdienstlich gehorsamer
Johann Jacob Keller
Orgel und Instrumentenmacher von Kiedrich im Rheingaw" [1])

Im Jahre 1748 wurde im Flügel des Schlosses zunächst für die Reformierten und Lutheraner gemeinsam ein Betsaal eingerichtet und ihnen später die Hofkirche übergeben [2]).
Die ref. Gemeinde hatte anscheinend eine Orgel vom Fürsten geschenkt bekommen; denn am 30.5.1777 schreibt die Gemeinde in Rennerod, daß man ihr, wie den Gemeinden Mengerskirchen und Hadamar, eine Orgel schenken solle [3]).
Eine Anschaffung ist noch aus anderen Berichten zu vermuten:
Am 31.8.1771 "Ref. Beamten zu Hadamar haben berichtlich angetragen, daß wann eine größere Orgel für die ref. Gemeinde zu Mengerskirchen angeschafft werden sollte, die gegenwärtige daselbst befindliche hierhin verabfolgt werden möchte. Nun ist zwar diese Orgel denen Mengerskirchenern groß genug, und brauch es keinen anderweitigen größeren Kostenaufwandes. Da man aber zu wissen begehrt, was die Mengerskirchener Orgel gekostet habe, um allenfalls für die Hadarmarsche Gemeinde darnach eine machen zu lassen, aber erwartet man von Fürstl. Rentkammer darüber baldige Nachricht".
An Registrator Pfeiffer, soll nachsehen. Landes Reg. Dillenburg.
Bericht Pfeiffer: 16.9.1771: Orgelmacher Hausmann zu Hammerhütte habe die Orgel für die ref. Gemeinde in Mengerskirchen gebaut und habe nach des Kammerrats Hovius Verfügung vom 5.11.1768 90 Rthl = 135 fl gekostet. Wegen Übertragung und Abnahme etc. 27 fl zusammen 162 fl.
Nach einer Mitteilung der Rentkammer vom 25.3.1773 hat des "Prinzen Hoheit" 66 Rthl. als Geschenk bewilligt [4]).
Wenn nun 1779 das Fürstl. Oberkonsistorium an die Rentkammer meldet, daß die Orgel in Hadamar baufällig sei und man dem OB Boos aus Niederndorf den Auftrag gab, die Orgel dauerhaft zu reparieren - was in 3 Wochen geschah und 18 Rthl ausgezahlt wurden - so ist die

---

1) HStAwsb 190/12137 Blatt 90
2) Wagner, II, 473
3) HStAWsb 175/1170
4) HStAWsb 173/1189

Vermutung doch wohl nicht abwegig, daß damals keine neue Orgel angeschafft wurde und das Werk von 1630 noch vorhanden war.
1786 wurde die Orgel durch Orgelmacher Zimmermann in Diez repariert und in den obersten Stock versetzt [5].
Im Jahre 1880 baute G. Raßmann, Möttau, ein neues Werk, das alte Gehäuse wurde anscheinend übernommen. Die Disposition:
Pl4 (neu) Gd8 Sal8 Gd4 Doubl3+2 Ggpl8 Sbß16 Obß8 [6]
Das Gedacktregister 4' wurde mir von Orgelbauer G. Hardt anläßlich einer Reparatur im Jahre 1970 gezeigt. Es hat dieselbe Form des Labiums und sonstige Eigenschaften wie die alten Pfeifen von Kiedrich. Noch ein Rest der Kellerschen Orgel? Es ist durchaus möglich.

Hadamar, Franziskanerkirche

Die nach der Konversion des Fürsten Johann Ludwig 1632 nach Hadamar berufenen Franziskaner bauten zunächst das Kloster, das am 1. 9. 1637 mit einer feierlichen Vesper, "herrlich vollzogen" eingeweiht wurde [7].
In einer Bauzeichnung für das Kloster wurde in der Kirche im Westen ein Doxal vorgesehen, worauf wohl die Orgel gestellt werden sollte [8]. Die Kirche wurde in den Jahren 1658-66 erbaut.
Bald nach dieser Zeit wurde sicher auch die Orgel aufgestellt, die durch die Schönheit des Äußeren und des Tones in der Gegend sehr bekannt war, wie ein Bericht darstellt, der unten noch zitiert wird.
In der Mitte des Gehäuses befindet sich ein Rundturm mit ausgeprägtem Gesims, dem seitlich je ein niedrigeres Flachfeld folgt.
Den seitlichen Abschluß bildet je ein Spitzturm - etwas niedriger als der Mittelturm gehalten - mit dem gleichen Gesims wie der Mittelturm. Reich geschmückt mit Zierwerk des 17. Jh., mit eingearbeiteten Engelsköpfen und mehreren Figuren: König David mit Harfe, ein Engel mit einem Streichbaß - in seiner Kontur noch zur Familie des Basse de Violon oder Basso di Viola da braccio, den F-Löchern nach zum Violoncello gehörig, - zwei weitere Engel mit Trompeten.
Das Werk hatte 12 Register mit einem Principal 8' im Prospekt.
Die untere Baßoktav war eine kurze, es fehlten die Töne Cis, Dis, Fis, Gis.
Die Disposition der noch in Heringen erhaltenen Orgel (s. dort) ist später verändert, einige alte Register sind noch erhalten.
(Dispositionsaufnahme 1959)
1. Principal 8' neu Zink
2. Gedackt 8' alt

---

5) Attestate von J. Victor Clar, Marquis Westerlooischer Rentmeister, Testat vom 16. 3. 1786 Renovierung, 13. 4. 1786 Versetzung. HStAWsb 175/1540
6) Arch. Hardt
7) Bericht in der Wöchentlichen Postzeitung vom 8. 9. 1637. Beilage in HStAWsb 32/21.
8) HStAWsb 32/21

3. Salicional 8' neu
4. Octav 4' alt
5. Quint 3' alt
6. Octav 2' alt
7. Gedacktflöte 4' neu
8. Terz 1 3/5' alt (1944 Waldflöte 2' verändert?)
9. Mixtur rep. d2 2' neu?
10. Hohlflöte 8' auf letzter Schleife, wohl ursprünglich Zunge?
11. Subbaß 16'
12. Octav 4' neu Zink [9)]

Leider konnte über den Erbauer des Werkes bisher nichts in Erfahrung gebracht werden.
Nach der Säkularisation der Kirche wird die Orgel am 16. 6. 1824 in dem Herzoglichen Intelligenzblatt und in der Frankfurter Oberpostamtszeitung angeboten:
Es wird bemerkt: "Die in dieser Kirche befindliche Orgel, welche in hiesiger Gegend wohlbekanntes Werk ist, und außer dem Tone sich durch ihr schönes Äußere von 20' Höhe in entsprechendem Verhältniß empfiehlt".
Am 19. 7. 1824 bewirbt sich Marienberg, man bietet am 23. 7. 350 fl. Orgelbauer Raßmann, Möttau, hat den Wert auf höchstens 400 fl veranschlagt. Er forderte für diesen Auftrag 8 fl. Amtmann Justizrat Crenzer zu Hadamar schreibt an Pfarrer Preußer, daß er sich wegen dieser Forderung nicht in weitere Unterhaltung eingelassen habe, da er den Eindruck hatte, daß er Raßmann "mehr als Künstler und nicht als blosen Handwerker betrachten konnte".
Nach diesem Gutachten hatte das Werk 12 Register einschließlich dem Principal aus Blei, der mit Zinnstanniol belegt war. Weiter heißt es dort "Da die Orgel nach älterer Art gebaut ist und mehrerer Reparatur bedarf, dabei zu wenig Tasten hat und hoch im Thone steht, so ist deren gegenwärtiger Wert von demselben auf 400 fl veranlagt worden".
Außerdem bewarb sich die kath. Gemeinde von Marburg.
Endlich wurde der Verkauf nach Heringen am 10. 11. 1824 genehmigt [10)].

Hadamar, Jesuitenkirche St. Johann Nepomuk, kath. Pfarrkirche

Fürst Johann Ludwig berief 1630 die Jesuiten nach Hadamar, für die er dann 1652 ein Collegium und Gymnasium fundierte [11)].
1653 wurde als Notbehelf eine Kapelle eingerichtet, in die das Musikchor, das der Fürst in seiner reformierten Zeit in der Pfarrkirche hatte errichten lassen, eingebaut werden durfte.
1670 schenkte die fürstliche Familie für diese Kapelle ein Regal [12)].

---

9) Weitere Angaben über die spätere Geschichte s. Heringen
10) HStAWsb 225/304
11) Wagner II, 278
12) Wagner II, 320

Nach 1703 wurde eine Erweiterung vorgenommen. Anscheinend schaffte man auch damals eine Orgel an, die beim Neubau 1755 verkauft wurde (s. u.) [13].
In den Jahren 1753-55 wurde dann die jetzige Kirche, seit 1818 kath. Pfarrkirche erbaut [14].
Mit dem Orgelmacher Theodor Claus aus Cochem wurde am 16. 10. 1755 ein Vertrag über Lieferung einer Orgel abgeschlossen. Der Vertrag bestimmt folgende Gestaltung des Werkes:
"Manuale

1.	Principal 8'	9.	Mixtur NB neu 4 fach
2.	Großgedeckt 16'	10.	Cornet NB neu 4 fach
3.	Holpfeif 8'	11.	Sollicional NB neu 4'
4.	Flaut 4'	12.	Trompet 8' in 2 Züg
5.	Octav 4'	13.	Vox humana 8' in 2 Züg
6.	Superoctav 2'	14.	Pedal angehenkt
7.	Quint 3'	15.	Tremulant
8.	Tertz 1 1/2' (1 3/5')		

Obiges 15 Nummeren beschriebene Orgelwerk übernimmt H. Claus, Orgelmacher von Cochem, für die Kirch P. P. SJ. zu Hadamar gegen zukunfftige Osteren anni 1756 fertig zu liefferen, gegen Zahlung Hundert Reichsthaler und ein Pistol, worzu Residentia SJ. geben soll 40 Pfund gemeinen Zinns, item die Kost bey Aufrichtung besagten Wercks.
Den Kasten der Orgel sollen die Patres auf ihre Kosten verfertigen lassen.
Versprochene 100 Rthl und Pistol sollen, nachdem das aufgerichtete Werk von einem oder zweyen Kunstverständigen wird approbirt seyn, als bald zusammen abgezahlt werden.
Wobey H. Claus sich obligirt, daß wen in Jahrs Zeit sich ein Fehler solte äußeren, er auf seine Kosten solchen baldigst zu beßeren nach Hadamar soll kommen.
Hadamar 1755 den 16. October
Bernardus Salice SJ p(ro)t(empore) Superior mpp.
Joa. Hen. Harras Organist BV in Cobelenz als Zeug
Jüngling quia testes desuper requisitus"
Als Quittung werden von Claus ausgestellt:
"Auff vorbem. Contract habe den 16. 8. 1755 empfangen 2 Carolinen gerechnet 20 fl 24 alb."
"Daß accordirte 105 Rthl sind richtig bezahlt worden bescheinige hie mit Hadamar den 8. 4. 1756".
Nach des Zimmermanns Rechnung wurde mit den Arbeiten am 13. 1. 1756 begonnen.
26. 4. 1756 Alte Orgel soll an die Gemeinde Lahr verkauft werden, falls OB Claus einverstanden ist, für 75 Rthl.

---

13) Wagner II, 321
14) Dehio, Südl. Hessen, S. 250

Nach Wagner wurde die Orgel 1756 zu Koblenz für 160 Rthl angekauft und 3 neue Register für 105 Thl dazu gebaut [15].
Das Datum stimmt offensichtlich nicht, denn der Vertrag wurde im Oktober 1755 abgeschlossen. Dagegen sind in dem Vertrag 3 Register mit dem Zusatz neu versehen. Es ist möglich, daß Claus ein gebrauchtes Werk übernommen hat. Aber eine Mixtur war wohl sicher in dem Werk gewesen. Es ist wahrscheinlich, daß sie durch eine neue, mit anderer Zusammensetzung ersetzt wurde. Salicional 4' ersetzte dann wohl als zeitgemäßes Register ein anderes.
Die Disposition zeigt die charakteristische Form der Rhein-Moselgegend wo Risse und Nollet in Koblenz und Umgebung bauten. Sollte das Werk die 1711/12 von Risse aus Boppard für Liebfrauen in Koblenz gebaute Orgel sein? Dort ging man 1751 einen Vertrag über einen Neubau mit Johann und Philipp Stumm ein. Wenn auch Organist Harras von Liebfrauen als Sachverständiger hinzugezogen sein kann, so ist es andererseits doch nicht abwegig anzunehmen, daß der Verkauf an Claus durch ihn vermittelt wurde, da er ja die neue Orgel bekam [16].
Das Gehäuse hat eine im 18. Jh. gebräuchliche Form: In der Mitte steht der Dreiecksturm, dem sich auf beiden Seiten zwei niedrige Flachfelder und je ein kleinerer Rundturm anschließen.
In das alte Gehäuse baute Joh. Klais, Bonn, im Jahre 1907 ein neues Werk als op. 372 mit 23 Registern:

I. Pl8 Bd16 Gb8 Doppfl8 Sal8 O4 Flpicc2 Mxt4f Tpt8
II. Ggpl8 Gd16 Flambl8 Aeol8 Vxcl8 Fltr4 Fug4 Corn3f
Ped. Sbß16 Vlbß16 Plbß8 Vcl8 Pos16 NK, SpII/I Melodiek. [17]

Dieser folgte die heutige Orgel:

RP Hzgd8 Qtt8 Pl4 Rfl4 Wfl2 Lrgt 1 1/3 Schf 4fach Kh8
HW Po16 Pl8 Spfl8 Gb8 O4 Hztraverse4 Q2 2/3 SuperO2 Hlfl2 Corn 5fach Mxt 4fach Tpt8
SchwW (Echo) Rgd8 Fug4 Blockfl4 Nas 2 2/3 Octavin2 T 1 3/5 Sffl1 Zbl 3fach Ob8 Cl4
Ped. Pl16 Sbß16 O8 Koppelfl8 TenorO4 Qtt4 Rschpf 3fach Fag16 Hztpt8

Hadamar, St. Anna, Dominikanerinnen

Diese Kirche wurde 1702 erbaut. Das Kloster bestand bis zur Auflösung im Jahre 1817. Eine Orgel wurde 1824 nach Herdorf verkauft [18].

Hadamar, Kollegium Bernardinum

Es wurde 1961 ein neues Werk von Walcker mit 5 Registern aufgestellt [19].

---

15) Wagner II, 483 - HStAWsb 34 I, 18
16) s. Koblenz, Liebfrauen
17) Mitt. PfA Hadamar
18) KDkm Kr. Altenkirchen, S. 114 - StAKo 441/15519
19) WWV

HAHN

Hahn, ev.

1950/51 wurde ein Umbau der Orgel durch Walcker vorgenommen [20]. Die Disposition umfaßt 11 Register.

Hahn, kath.

Laut Kaufprotokoll vom 7. 9. 1818 sollte die Orgel des Bethlehemsklosters in Limburg nach Hahn kommen. Sie kam aber in die Domanialkirche (Schloßkirche, kath.) nach Eppstein [21].
Im Jahre 1853 bemühte man sich erneut um eine neue Orgel.
Einem Brief des Orgelbauers Raßmann ist zu entnehmen, daß er von Pfarrer Steiner aufgefordert worden war, über den Zustand der Orgel in Rodheim im Darmstädtischen (Rodheim vor der Höhe) zu berichten. Ein Sohn wurde für 3 Tage dorthin geschickt. Er sollte bauen, aber ein anderer wurde beauftragt. Er forderte daher die Vergütung der Reisekosten. (Wegen des Neubaus der ref. Kirche in Rodheim war die vorhandene Orgel zum Verkauf angeboten, da die Gemeinde durch B. Dreymann einen Neubau erstellen ließ. Die Orgel wurde dann aber zunächst in die kleine Lutherische Kirche gestellt.) [22]
Musiklehrer Meister, Montabaur, hatte einen Plan entworfen. Musiklehrer Sauer, Weilburg, schrieb, daß Raßmann nicht zu empfehlen sei. Voigt konnte erst in 1 1/2 Jahren bauen. So wurde mit der Genehmigung der Regierung vom 2. 6. 1857 Dreymann in Mainz der Bau übergeben.

HAHNSTÄTTEN

Die heutige Orgel steht hinter dem alten Prospekt: in der Mitte der Rundturm, anschließend je ein doppeltes Flachfeld, den Abschluß nach den Seiten bilden zwei kleinere Spitztürme. Die Doppel-Flachfelder mit den anschließenden Spitztürmen, die durch ein breites Gesims miteinander verbunden sind, verweisen auf J. Chr. Köhler in Frankfurt.
1912 fand man in der Lade die Inschrift: Anno 1747 den 29. Octobris ist dieses Werk aufgesetzt und verfertigt worden in Frankfurt von mir Christian Köhler, Hochfürstl. Hessen. Darmstädtischen und Usinger priv. Hof- und Landorgelmacher [23].

---

20) WWV
21) HStAWsb 232/500
22) PfA Rodheim
23) M. Keiling, Einricher Orgelchronik, S. 13

Nach einem Bericht an das Konsistorium aus dem Jahre 1905 hatte die Orgel Keilbälge und folgende Register:

1. Principal 4'? ist offensichtlich als Prospekt vergessen
2. Gedackt (8')
3. Gamba (8')
4. Flöte (4')
5. Quint (?)
6. Octav (2')
7. Waldflöte (2')
8. Mixtur (?)
9. Subbaß (16')
10. Principalbaß (8') 24)

Unklar ist die Größe der Quinte. In der fast genau entsprechenden Disposition des Rückpositivs der Limburger Domorgel - statt Gamba Flauttravers und 2 Rohrwerke - steht die Quint 1 1/3', ebenso in der fast gleich großen Disposition von Bechtheim von 1754. In den meisten Köhlerschen Orgeln ist eine Sesquialter disponiert, z.B. Nauheim 1754. In den größeren Werken ist sogar häufig Sesquialter und Cornett besetzt.

Limburg kennt in der genannten Disposition auch die Waldflöte 2'. Ob hier Rohrwerke, etwa eine Vox humana oder Krummhorn vorhanden waren, kann aus obiger Aufzeichnung nicht entnommen werden. Es ist aber durchaus möglich, daß im 19. Jh. die Rohrwerke - wie so häufig - schon entfernt worden waren.

Im Jahre 1787 bemühte man sich um eine Reparatur des Werkes. Pfarrer Metzler wendet sich an das Konsistorium und schlägt Orgelbauer Schöler, Bad Ems, vor, weil diesem in den fürstl. Landen die Arbeiten übergeben werden. Er hatte ein Privileg für das Fürstentum Diez 25).

Die Gemeinde Hahnstätten und Schiesheim bitten das Konsistorium, daß die Arbeiten dem "Schuldiener Enders" übertragen werden. Der Pfarrer berichtet, daß er nicht wisse, ob Enders in der Lage sei, habe aber gehört, daß er zu Hause mit Beihilfe eines anderen eine kleine Orgel selbst gebaut habe.

Er will folgende Arbeiten ausführen: 1. das Werk ablegen, 2. es um 2 1/2' fortrücken, "daß die Töne sich besser verbreiten können", 3. die Bälge neu beziehen und einen Trompetenbaß von 2 Oktaven, der bisher nicht vorhanden ist, anbringen. Die Arbeit sollte mit Trompetenbaß auf 60 fl, ohne diesen auf 35 fl kommen.

Die Genehmigung durch das Fürstl. Konsistorium in Dillenburg wurde am 24. 9. 1787 ausgefertigt 26).

Im Synodalbericht vom Jahre 1912 heißt es, daß die Orgel schlecht sei 27).

---

24) ZALKHN 1/2531 21.3.1905
25) HStAWsb 175/391 praes. 3.9.1787
26) HStAWsb 175/391
27) Ev. Kirchenbote Diez Jg. 4 (1912) Nr. 6

In einem Bericht an das Konsistorium in Wiesbaden vom 20. 1. 1913 wird die Absicht ausgedrückt, statt der "fast 200 Jahre alten Orgel" eine neue anzuschaffen.
Man hatte sich bereits im Jahre 1905 um den Neubau einer Orgel von 9 Registern auf 2 Manualen bemüht, der auch genehmigt worden war mit der Auflage, das alte Gehäuse zu verwenden.
Am 19. 1. 1913 wurde der Beschluß gefaßt, Walcker den Neubau für 4260 Mk. zu übertragen [28].
Zuletzt hatte die Walckerorgel von 1913 folgende Form:
I. Pl8 Fl8 Gb8 Sal8 O4 Trfl4 Kornmxt2 2/3
II. Bd16 Gd8 Sal8 Aeol8 Vxcl8 Trfl4
Ped. Sbß16 Zartbß16 Vcl8 Flbß4 [29]
Für den Neubau wurde geplant:
I. Gd8 Gb8 Pl4 Rfl4 O2 Mxt
II. Gh8 Koppelfl4 Wfl2 TertianSchf3-4f
Ped. Sbß16 Offenbß8 Chbß4+2 [30]
Das alte Gehäuse soll erhalten bleiben.

HAIGER

Haiger, ev.

Nach dem Vertrag vom 23. 10. 1730 mit Florenz Wang aus Hadamar baute man eine Orgel von 14 Registern mit angehängtem Pedal. Eine bereits vorhandene Orgel wurde in Zahlung genommen. 33 Pfeifen wurden aus Holz gearbeitet; ein Pedal reichte bis f und auch ein Tremulant wurde vorgesehen. Zur Windversorgung baute man 3 Bälge. Das Werk fand seinen Platz auf dem Chor an der Nordwand über dem Eingang zur Sakristei [31].
Laut Vertrag wurde folgende Disposition vorgesehen:

1. Principal 8'
2. Cornett 5 fach
3. Gedackt 8'
4. Gedackt 4'
5. Cimbel 2 fach
6. Mixtur 4 fach
7. Quinte 3'
8. Octave 4'
9. Octave 2'
10. Terz 1/2'
11. Spitzflöte 2'
12. Quintatön 8'
13. Quinte 6'
14. Großgedackt 16'

Das Pedal wurde angehängt [32].
Nach Bericht vom 30. 6. 1843 wurden Verhandlungen wegen einer Reparatur mit den Orgelbauern Voigt und Raßmann gepflogen.
Voigt verlangte 295 fl, Raßmann 216 fl.

---

28) ZALKHN 1/2531 - Ev. Kirchenbote Diez Jg. 5 (1913) Nr. 6
29) Mitt. Brendel nach Bericht vom 15. 1. 1962
30) Mitt. Brendel
31) Mitt. F. Vogel. - C. Dönges, 1000 Jahrfeier der Stadt Haiger, 1914, S. 20f.
32) Mitt. F. Vogel in dieser Form wie Vertrag, Mitt. Wißmüller nach Größe geordnet.

Am 29. 7. 1843 erfolgte die Prüfung der Voranschläge durch Reallehrer Traegel, Herborn. Die Reparatur wurde genehmigt. Eine neue Klaviatur wurde geliefert und die Bälge zur Reparatur nach Möttau gebracht, der Werkstatt Raßmanns [33].

Am 28. 9. 1904 wurde gemäß Protokoll des Kirchenvorstandes in der Versammlung beschlossen, die Orgel an die Westseite des Schiffes zu stellen, um die Malereien im Chor freilegen zu können. Raßmann, Möttau, nahm die Ausbesserung des Werkes und die Verlegung vor. Ein diesbezüglicher Voranschlag belief sich auf 475 Mk. Bericht des Konsistoriums an die Regierung in Wiesbaden vom 18. 10. 1904 [34].

Bei dieser Gelegenheit wurde wohl auch eine Änderung in der Disposition vorgenommen:

An Stelle der Quint 6', Terz und Cimbel wurden Salicional 8', Flöte 8' und Rohrflöte 4' eingebaut.

Vogel teilte die Stellung auf der Lade mit nach dem Stand nach 1904. Deutlich zeigt sich, daß bei Wang eine ähnliche Aufstellung gebaut wurde wie sie im alten Mainzer Orgelbau z. B. in Kiedrich, bei Dahm und Kohlhaas üblich war. Die kleinsten Pfeifen standen unmittelbar hinter dem Prinzipal.

In Haiger:

Principal 8'	Octav 2' (?)
Cornett	Quintatön 8'
Mixtur	Salicional 8'
Waldflöte 2 (Spitzflöte im Vertrag)	Flöte 8'
Gedackt 4'	Rohrflöte 4'
Quint 3'	Gedackt 8'
Octav 4'	Bourdon 16'

Einige Versetzungen sind bei der Einführung der Achtfüßer an Stelle der Kleinfüßer wegen des notwendigen Platzes offensichtlich vorgenommen worden.

Im Jahre 1958 nahm Hardt, Möttau, eine Restaurierung vor. Im wesentlichen wurde die alte Disposition wiederhergestellt. Cimbel wurde als 2/3' wiedereingebaut, es wurden ersetzt Quint 6' durch Quint 1 1/3' und Terz durch Oktave 1'. Durch diese Umdisposition wurde allerdings die Farbe des Werkes nicht unbedeutend verändert in Richtung größerer Helligkeit, vielleicht auch Schärfe, wohingegen Quint 6' und Terz die voluminösere, kornettbetonte Richtung hervorheben.

Charakteristisch ist das Gehäuse, das immer in ähnlicher Form von Wang gebaut wurde. Zwei große Rundtürme flankieren das Werk, dem zwei nach innen abfallende Felder folgen, die zum kleineren Mittelturm führen. Bezeichnend ist ein Gesims, das von den Seitentürmen in gewisser Höhe über den Flachfeldern, ohne diese zu berühren, zum Mittelturm führt. Kennzeichnend sind auch die Konsolen, die mit Rankenwerk verziert sind [35].

---

33) HStAWsb 211/4334

34) HStAWsb 405/19938

35) Ein Foto verdanke ich F. Vogel

Haiger, kath.

Die 1945 zerstörte Orgel wurde 1930 in Haiger aufgestellt und stammte aus Dillenburg, wo sie den Katholiken durch Napoleon geschenkt sein soll. Angeblich wurde sie um 1810 erbaut. Die letzte Gestalt:
Trfl8 Sal8 Gd8 Pl4 O2 Corn3f get.
Sbß16 Vlbß8 PK
Das Werk war seitlich spielbar und hatte Schleifladen [36].

HAINTCHEN

Im Jahre 1753/54 wurde die heute noch vorhandene Orgel von dem bekannten "Hochfürstlichen Hessen-Darmstädtischen und Usingischen Bestallungsorgelmacher" Johann Christian Köhler in Frankfurt erbaut. Das Werk wurde von der bürgerlichen Gemeinde in Auftrag gegeben. Die Kirchenrechnung kam für die Verpflegung während der 6 Wochen der Aufstellung auf [37].
Am 27.11.1820 wird berichtet, daß die Orgel ruiniert ist. Die Regierung schreibt am 9.12.1820, daß man mit Raßmann akkordieren soll. Ein Vertrag über 380 fl. wurde am 21.1.21 genehmigt. Am 26.1.1821 nahm Kantor Herrmann die Arbeit ab. Die Kosten trug die Gemeindekasse [38].
Nach einem Zettel im Windkasten wurde die Orgel im Jahre 1821 von Daniel Raßmann, damals Weilmünster, repariert. In diesem Jahre wurde wohl die Flaut travers 8' Diskant eingebaut und die handgeschriebenen Registerschilder am Spieltisch angebracht.
Die Orgel wurde zum Preis von 725 fl akkordiert und dem Meister wurden abschläglich 652 fl 33 xr bezahlt.
2 Engel mit Trompeten auf den Spitztürmen und ein Engel auf dem runden Mittelturm wurden von dem Bildschnitzer Thüringer aus Hadamar für 14 fl 45 xr geliefert. Es wurden die Säulen unter der Empore geliefert und das Werk von Maler Scharno in Limburg "illuminiert" [39].
1895 wurde auf 2 gekoppelten Zügen eine Flöte 8' eingebaut und 1927 durch A. Hardt, Möttau, das ursprüngliche Metallgedackt durch ein Holzgedackt ersetzt.
1969 wurde die Orgel von J. Klais, Bonn, restauriert. Der originale Zustand konnte wie folgt bestimmt werden (Stellung auf der Lade):
Umfang C-c3

1. Principal 8', 1927 in Zink ersetzt
2. Mixtur 3-4 fach, Cis-Seite neu, C-Seite größtenteils alt
   C1', 2/3', 1/2'; c:2', 1 1/3', 1', 2/3'; c1:4', 2 2/3', 2', 1 1/3'.
3. Octav 2', größtenteils alt

---

36) Mitt. Vogel
37) PfA KR 1753/54
38) HStAWsb 211/5300
39) PfA Rechnung über den Kirchenbau zu Haintgen durch den "Churf. Trierischen Schultheiß zu Haintgen Joh. Roth", in der Kirchenbauakte.

4. Sesquialter 2 fach Baß, später nur Quint 3' Baß, alt
5. Cornett 4 fach Diskant, später Quint 3' Diskant, alt
6. Sufflöt 1 1/3', leicht konisch, im unteren Bereich z.T. alt, restliche jünger, evtl. von Raßmann
7. Flöt 4' Zinn, gedackt, alt mit großen Seitenbärten
8. Octav 4' Zinn alt
9. Gamba 8', Zinn größtenteils alt
10. Flötraveur 8' Diskant, C-h mit Gedackt verführt, Birnbaum, Vierkantfüße, Vorschläge profiliert.
11. Gedackt 8' neu. Gebrannte und gekesselte Stockbohrungen im Baß lassen ursprünglich Metallpfeifen vermuten. (so in Wallau)
12. Trompete 8', im Baß Pfeifen mit Köpfen und Stiefeln aus Eiche waren erhalten.
13. Vox humana 8' Baß
14. Vox humana 8' Diskant
Dieses Register wurde nach der vorhandenen Stimme in der Evangelienorgel in Kloster Ebrach neugebaut.
15. Octavbaß 4' Vorschläge mit ähnlicher Profilierung wie Flöttraveur
16. Violon 8' alt
17. Subbaß 16 alt

Hauptwerk und Pedal haben die originalen gespundeten Windladen, C-c3 im Manual, C-d im Pedal. Die Schleifen greifen alle auf der Spieltischseite ein. Die Laden sind aus Eiche, schmiedeeiserne Schrauben halten die Stöcke. Breite der Manual-Lade 2,75 m, Tiefe 0,88 m. Die Pedal-Lade hat die Maße: Breite 2,61 m, Tiefe 0,50 m. Zum Prospekt liegt sie asymetrisch, die Prospektpfeifen sind verführt. Die Lade hat 2 Ventilkästen, der hintere dient der Manualtraktur, der vordere diente ursprünglich mit 15 Ventilen der Pedalwindkoppel.

Das Gehäuse befindet sich in der Brüstung und zeigt einen für Köhler typischen Prospekt:

Ein großer runder Mittelturm mit kräftigem Gesims wird flankiert von je einem doppelstöckigen Flachfeld, dem sich je ein gleich hoher Spitzturm anschließt, dessen Gesims sich über die Flachfelder hinzieht. Den Abschluß bildet je ein niedrigerer Rundturm, etwas höher als das untere Flachfeld. Türme und die unteren Flachfelder - die oberen sind blind - enthalten je 7 Pfeifen.

Durch die Restaurierung konnte der alte Zustand hergestellt werden 40).

HALLGARTEN

Die ersten Nachrichten erfahren wir aus den Rechnungen:

1693 erhält "Hanß Wendell Kirchner Orgellmager" aus Kiedrich 2 Maß Wein

40) Eigene Aufnahme und Gutachten, Restaurationsbericht Klais

1694, 3.5. "Dem Orgellmacher die Orgell verdingt zu repariren uffgeben wie auch 18 Dagh daran gearbeitet 2 Maß Wein"
1695 "Item alß der Orgellmacher gegen Christtag einen gantzen Dag als die Orgell gestimbt 2 Maß" [41]
1698, 21.5. "Alß ein frembder Orgelmacher daß Werck allhier wegen einiger Fehler besichtiget ein Trunck gereicht 24 xr.
1703 "Einem frembden Orgelmacher von der Orgel außzuheben und zu repariren sambt Ding- und Beschlußcosten 12 fl 12 xr"
1704 "Dem Orgelmacher von Kiedrich die Orgel zu repariren 4 fl 30 xr." [42]
1741 berichtet die Rechnung etwas über den Organisten: "Schulmeister das Orgellschlagen zu lernen 16 fl.
Zahlt für Costgeld in Rauenthal, da er das Orgellschlagen hat gelernt so 4 Monat 44 fl 55 xr" [43].
1747 erbaute Joh. Kohlhaaß zu Mainz für 600 fl eine neue Orgel, die von der Gemeinde beschafft wurde [44].
Zur Bezahlung hatte man bei der Abtei Eberbach 150 fl aufgenommen! Die Rechnung 1751: "Item anno1748 zu Bezahlung der neuen Orgell bey einer Hochlöbl. Abbtey Eberbach aufgenommen 150 fl."
Ausgabe: "Kohlhaaß Orgelmacher zahlt 130 fl Item 1748 ahn H. Kohlhaaß Orgelmacher zu Mayntz abermahlen in Abschlag zahlt 150 fl [45].
Die Disposition überlieferte Fr. Voigt, Igstadt, in seinem Reparaturvorschlag vom 8.6.1840.

Manual

1. Gros Principal 8', tiefe Octav Holz
2. Viola di Gamba 8'
3. Salicional 8'
4. Gedackt 8'
5. Principal 4'
6. Kleingedackt 4'
7. Flöte 4'
8. Quinte 3'
9. Octave 2'
10. Cornet 3 fach
11. Sexquialter 2 fach
12. Mixtur 3 fach

Pedal

13. Subbaß 16'
14. Octavbaß 8'

Das Werk hatte 3 Bälge.
In den Werken in Hattenheim und Erbach disponierte Kohlhaaß keine Quinte 3' dafür aber in beiden Fällen Quint 1 1/3', wie es vor ihm auch Dahm tat.
Am 24.5.1841 wurde mit Voigt um 238 fl akkordiert und am 22.6. 1841 von der Regierung in Wiesbaden die Genehmigung erteilt mit der Bedingung, daß Pfarrer Hartig in Neudorf oder Pfarrer Schneider in Eibingen das Werk abnähme. Die Begutachtung schrieb am 20.4.1842 Lehrer Bohler aus Geisenheim. Voigt quittierte am 20.1. 1843 [46].

---

41) HStAWsb 360/Kasten 22 Kellerei-Register
42) HStAWsb 108/3429
43) HStAWsb 360/Kasten 14 Kellerrechnung
44) Zaun, Btrg. z. Gesch. des Landcapitels Rheingau, S. 205f.
45) HStAWsb 108/3429
46) PfA Hallgarten UB 1842

1877 wurde ein Neubau mit Orgelmacher Michael Keller, Limburg, für 1391 Thl. vereinbart.
Keller reichte 2 Vorschläge ein, die von Domkapellmeister Weber in Mainz begutachtet wurden:

1. I. Pl8 Bd16 Gb8 Hlfl8 O4 Rfl4 O2 Mxt4f
   II. Sal8 Gdfl8 Fl4 Ped. Sbß16 Vlbß8 Gdbß8
2. I. Pl8 Bd16 Gd8 Gb8 O4 Wfl4 O2 Corn3f
   II. Ggpl8 Sal8 Hlfl8 Fldolce4 Ped. Sbß16 Plbß8

Es wurde für das Werk ein neugotisches Gehäuse entworfen. 1917 wurden die Prospektpfeifen abgegeben.

HARTENFELS

Die im Jahre 1860 erbaute Kirche hatte 1956 eine Orgel von 13 Registern:
Pl8 Bd16 Gd8 Sal8 O4 Klgd4 Q3 O2 Corndisk. Mxt 1 1/3 Tpt8 2Züge
Sbß16 Obß8 Q5 1/3 47)

1960 erwarb man die 1908 von Horn für Frankfurt-Eckenheim, kath., erbaute Orgel, die 1953 von Wagenbach, Limburg, umdisponiert war.
I. Pl8 Bd16 Hlfl8 O4 Gh4 Pl2 Mxt4f2 Tpt8
II. Lbgd8 Ggpl4 Fltr4 Q3 O2
Ped. Sbß16 Vlbß16 Plbß8 48)

HARTENROD

Am 16. 8. 1856 bittet die Gemeinde um die Genehmigung zur Anschaffung einer Orgel. Ein Vorschlag von Orgelbauer Peter Dickel, Treisbach, plante ein Werk, das 1250 fl. kosten sollte. Mit dem Gehäuse von 225 Thl. und den Aufstellungskosten ergab sich der Preis von 1599 fl. 49).
Die Orgel hatte folgende Stimmen:
Pl8 Qtt16 Bd8 Sal8 Fl8 O4 Gd4 O2 Mxt3f
Sbß16 Plbß16 Vcl8 50)
Am 1. 8. 1899 wurde dem Konsistorium ein Gesuch wegen neuer Bälgen vorgelegt, die Eichhorn, Weilmünster, für 260 Mk. baute 51).

HASSELBACH ü. Camberg

Nach der Zerstörung des Dorfes und der Kirche durch Brand im Jahre 1749, wurde die Kirche in den Jahren 1751-52 neu erbaut 52).

47) HBLbg56 -Mitt. Vogel
48) Peine, S. 177 - BALbg LB
49) StAMbg 11/111, 110/31 (81/1151), acc. 1906/16
50) FBHN 44 - Arch. Eppstein
51) ZALKHN 1/2567-Gladenbacher Kirchenbote 1929, Nr. 2: Die Kirche in Hartenrod
52) Dehio-Backes, Hessen S. 370

Da man im Jahre 1788 eine Orgel nach Esch verkauft, wird man sich kurz davor eine neue Orgel angeschafft haben. Sie wurde von den Orgelbauern Stumm aus Rhaunen-Sulzbach gebaut. In den Didaskalia wird der Ort noch Schloß Hasselbach genannt [53]. Im Pfarrarchiv sind keine Unterlagen vorhanden.
Auf der Lade standen in der Reihe von vorn nach hinten folgende Register:

1. Principal 8' Zink, nach dem 1. Weltkrieg ersetzt.
2. Flöt travers 8' Diskant, Holz
3. Hohlpfeif 8' Baß, Holz
4. Gamba 8' Baß, sehr schön im Ton noch original
5. Octav 4' C-H im Prospekt, Zink
6. Gamba 8' Diskant
7. Quint 3'
8. Hohlpfeif 8' Diskant, Metall
9. Flöt 4' Metall
10. Salicional 4' später wurde eine Quint 1 1/3' aus diesen Pfeifen zugeschnitten, Originalsignatur noch erkennbar
11. Octav 2'
12. Terz 1 3/5'
13. Mixtur 1' 4 fach, repetiert g und g1. In den höchsten Chören einige neuere Pfeifen.
14. Trompete 8' Baß
15. Trompete 8' Diskant, dafür wurde ein Geigenprincipal 8' gesetzt
16. Vox humana 8' Baß
17. Vox humana 8' Diskant, dafür ein Bordun 16'.
18. Subbaß 16'
19. Octavbaß 8'
20. Posaune 16' ersetzt durch Baßflöte 4'
21. Pedalkoppel
22. Tremulant nicht mehr vorhanden

Das Werk ist seitlich spielbar. Der Manualumfang reicht von C-d^3, der Pedalumfang von C-g. Das Werk steht in der Brüstung.
Es ist eines der wenigen Werke von Stumm in Nassau, die zu derselben Zeit in nächster Nähe in Camberg und Idstein auch gebaut hatten [54].
Das Werk wurde von Klaus Becker, Kupfermühle, restauriert.

HATTENHEIM

Im 17. Jahrhundert war bereits eine Orgel vorhanden, 1681 bekam der Organist zu seiner Besoldung 1 Ohm Wein. In den Jahren 1695 und 98 wurden für die Stimmung 3 fl bzw. 1 fl bezahlt. Die Baukosten bezahlte die Gemeinde [55].

---

53) Bösken, Stumm, Nr.113
54) Eigene Aufnahme und Gutachten vom 15. 3. 1963.
55) HStAWsb 108/3240

1733 wurde die Orgel repariert und gestimmt für 18 fl 56).
In den Jahren 1739-40 begann man mit einem Neubau,wie die Baurechnung ausweist:
"Vor 100 dürr Bordt so zu dem Docksahl und Orgell kommen 10 fl."
Demnach wurde die Orgel auf eine neue Tribüne gestellt.

"Ausgab vor die Orgell:

Ahn H. Kohlhaaß Orgellmacher zu Mayntz eine neue Orgell laut Accord-Zettel veraccordirt pro 700 fl sambt der alten Orgell hirauff im lt Q. zahlt	700 fl	
Item seiner Frau ein Trinckgeldt den 30. May 1741	9 fl	20 xr
Item dem Wohlehrw. H. P. Andres welcher die Obsorg über die neue Orgell getragen zahlt vor seine Mühe 57)	4 fl	40 xr
Item dem Schiffmann den bemelten Patrem auf und abgefahren		45 xr
Item dem Closter zu Carmeliten zu Mayntz wegen der Bemühung ihro vermelten Patris daß Convent ein Ohm Wein de anno 1734 geben	25 fl	
Summa Lateris	739 fl	45 xr
Herrn Danner Mayntz die Orgell zu vergüldten und auszustaffiren 58)	150 fl	

Auf den Neubau durch Kohlhaas weist ein Zettel in der Lade 59).
Aus der Bauzeit stammt ein Brief des Pfarrers, der auf der von Kohlhaas erbauten Orgel in Ober-Saulheim auf die Lade geklebt war 60).

Ahn Herrn Herrn Kohlhaas, Orgelmacher zu Maintz.

Gelobt seye Jesus Christus
Auf dem ahn Euch vor etlichen Wochen gelassenen Schreiben hab vernommen, das er noch 50 fl auf die Arbeith verlange, welches zwar nicht accordmäsig, nich desto weniger hab doch seinem Begehern wollen ein Genüge leisten, und soll Überbringer disses ihm die begehrte 50 fl gegen Handschrift schiesen.
Ich will hoffen, er wirt sich an die newe Orgel allen Fleis ahnwenden, damit er in seinem Vaterland Ehr da zu hette und sich ein Renommé mache. Wir wollen nach den Pfingsten fleisich am mahlen seie von hinderher Arbeit er bey Zeith den Kasten aufschlagen kann.
Ich empfehle mich und verbleib der wohlmeinde
Hattenheim den 9. 5. 1740 J. V Pastor mmp

---

56) HStAWsb 108/3241
57) P. Andreas war Sachverständiger. s. Limburg, Dom.
58) PfA Hattenheim, BR
59) Gottron, Die Mainzer Lehrjahre J. Gablers - MzZtschr. 37 (1939) Anm. 26
0) Arch. Hardt

1767 reparierte Embach für 13 fl, 1775 Conrad Kohlhaaß für 13 fl 1790 Embach von Rauenthal für 36 fl 61).

Die Disposition ergibt sich aus einem Kostenvoranschlag, den B. Dreymann, Mainz, am 1. 9. 1833 aufstellte:

Manual

1.	Principal 8'	8.	Quinta 1 1/2'
2.	Salicional 8'	9.	Sexquialter 3' 2 fach
3.	Gamba 8'	10.	Mixtur 1' 4 fach
4.	Großgedackt 8'	11.	Trompet 8'
5.	Octava 4'		Pedal
6.	Kleingedackt 4'	12.	Principalbaß 8'
7.	Superoctava 2'	13.	Subbaß 16'

Die Orgel mußte gesäubert werden, es war die "Mechanic in desorganisiertem Zustand", die Klaviatur war ausgespielt. Da im Manual noch Platz war für eine Stimme, so empfiehlt er ein Cromhorn 8' von Zinn, "damit die Orgel mehr Kraft des Tons bekommt".
Für das neue Register und die Reparatur verlangt er 200 fl und gibt 10 Jahre Garantie. Auf Erlaß der Regierung 8030 machte Kantor Anthes, Idstein, der zuständige Sachverständige, in dem Bericht vom 30. 3. 1834 folgende Bemerkungen:
Alles sei zweckmäßig vorgeschlagen. "Nur die Verfertigung einer an die Stelle der Vox humana zu setzende Crumhornstimme nicht". "Eigentliche Verstärkung bedarf die Orgel nicht, wie ich mich bey dem Gebrauch des Instruments während des Gottesdienstes überzeugte, auch hat die Orgel schon eine gute Trompete, und 2 Zungenwerke für eine Orgel dieser Größe findet man nicht geeignet.
Statt Crumhorn würde darum zweckmäßiger etwa Salicional 4' eingesetzt." Reparatur nicht höher als 200 fl. "Füge noch die Bemerkung bey, daß ein längst vernageltes Register Vogelgesang bey dieser Gelegenheit ganz weggenommen werden und dem Reparator im Gewichte umgetauscht werden könnte, dadurch die Reparaturkosten vermindert".
Die Nassauische Regierung gab Anweisung, den veränderten Akkord und die Reparatur durchführen zu lassen. Vertrag mit Hattenheim wurde am 10. 8. 1834 abgeschlossen. Statt Crumhorn wurde eine Spitzflöte 4' gebaut und die Reparatur mit Neubau der Spitzflöte für 225 fl ausgeführt.
Gleichzeitig mit Arbeiten in Eltville und Oestrich nahm Anthes die Arbeit ab und schrieb: "Bei der Reparatur in Hattenheim hat Dreymann seine Verbindlichkeit durch gute meisterhafte Arbeit nicht blos erfüllt, sondern auch hier mehr geleistet als er schuldig war. Die Mixtur 1' ist nämlich durch Einsetzen neuer größerer Pfeifen in 1 1/2' verwandelt, die alte Manualclaviatur ist nicht ausgebessert, sondern ganz neu eingesetzt, die Manual Ventilklappen sind durchaus mit neuen messingnen Federn versehen, das disponierte neue Register ist sehr gut ausgefallen.

61) HStAWsb 108/3241, 42

Das 2. a im Subbaß allein klingt matt und müßte, da die Pfeife durchaus wurmstichig ist, und darum unverbesserlich ist, durch eine neue Pfeife ersetzt werden, jedoch nicht auf Kosten des Orgelbauers".
Am 30. 9. 1844 reichte Dreymann einen Vorschlag für neue Spanbälge 10 1/2' x 5 1/2' für 210 fl ein.
Desgleichen bewarb sich für die gleiche Arbeit am 6. 9. 1845 Voigt für 120 fl.
Pfarrer Neubig, Erbach, bemerkte am 7. 10. 1844, daß neue (Spanbälge) Froschbälge notwendig seien. In seinem Beisein wurde am 17. 9. 1845 mit Voigt ein Vertrag geschlossen über 2 neue Spanbälge 10' x 5' Doppeldielen, Tafeln und Falten mit Roßflechsen eingebunden, zum Treten eingerichtet und mit Gestell für 150 fl [62].
Am 19. 7. 1906 wurde mit Joh. Klais, Bonn, ein Neubauvertrag geschlossen.
Das Werk als op. 348 für 9200 Mk hat folgende Stimmen:
Pl8 Bd16 Gd8 Qtt8 Hlfl8 Gb8 Gh8 Aeol8 O4 Rfl4 Corn4f Mxt4f
OW Pl8 Lbgd8 Sal8 Vxcl8 Dolce8 Fltr4
Ped. Plbß16 Sbß16 Flbß16 Vcl8
Das alte Gehäuse blieb erhalten.

HATTERSHEIM

Hattersheim, ev.

Im Jahre 1927 hatte man sich an das Ministerium gewandt, um aus dem aufgehobenen Lehrerseminar in Dillenburg eine Orgel zu bekommen.
Das Provinzialschulkollegium schreibt am 29. 1. 1927:
Nach Entscheidung des Ministeriums für Wissenschaft, Kultur und Volksbildung sollen die beiden brauchbaren Orgeln des früheren Lehrer-Seminars Dillenburg aufbewahrt und voraussichtlich zu Ostern an die neuzuerrichtende Pädagogische Akademie gebracht werden. Daher kann dem Antrag nicht stattgegeben werden.
Der Antrag des Kirchenvorstandes war datiert mit 17. 1. 1927 [63].
1956 erbaut Förster und Nicolaus ein neues Werk:

I. Pl8 Qtt8 O4 Blfl2 Mxt4f
II. Hzgd8 Pl4 Rfl4 O2 Klzbl2f TZbl 3/5 + 1 1/3
Ped. Sbß16 Pl8 SpO4
3 Koppeln, mech. Schleiflade [64].

Hattersheim, kath.

An der 1914/15 neuerbauten Kirche ist noch der Chor erhalten, der die Jahreszahl 1747 aufweist. Aus dieser Zeit stammte wohl die alte Kirche, für die 1757 eine Orgel beschafft wurde.

---

62) PfA Hattenheim Orgelakte - HStAWsb 211/4385
63) ZALKHN 1/2566
64) Mitt. Brendel

In diesem Jahr wurde folgender Vertrag geschlossen:

"Kundt und zu wissen seye hiermit, daß anheut zu endtgesetztem Dato zwischen zeitlichem Endts eigenhändig unterschriebenen Herrn Schultheiß, Gericht und Gemeinen Vorgängern nahmens der Gemeindt Hattersheimb eines,
sodann dem wohlachtbaren Orgelmacher Herrn Johannes Onimus von Mayntz anderntheils, wegen eines neuen authentischen Orgelwerks nachbeschriebenen Accord aufrichtig, redlich undt ehrlich getroffen und geschlossen worden; jedoch mit Vorbehalt der hohen Ambts Ratification.
Alß nemblich: Es verspricht Hr. Johannes Onimus ein neues Orgelwerk, worinnen in dem Manual folgende Register:

1.	Ein Principal von gutem englischen Zinn	à	4 Fuß
2.	daß Großgetack von Holtz	à	8 "
3.	Viol di Gamb von Metal	à	8 "
4.	Solicional von Metal, die Helfft durch	à	8 "
5.	Das Kleingetackt sambt einem Glockenspiehl von Holtz im Diskant 2 fach von Metal	à	4 "
6.	Flaut davers von Holtz	à	4 "
7.	Feld Flaut von Metal	à	2 "
8.	S(uper) Octav von Metal	à	2 "
9.	Die Quint von Metal	à	3 "
10.	Tertz von Metal	à	1 3/5 "
11.	Mixtur von Metal vierfach	à	1 "
12.	Tremulant		

Im Pedall

Principalbaß von Holtz	à	8 "
Subpaß	à	16 "

Sambt 3 Blaßbälch, jeden von 4 Falten, jeden 7 Schuhe lang und 4 Schuhe breit.
Alles von guter dauerhaffter Arbeith zu verfertigen und in allhiesiges Gotteshauß verfertiget hinzustellen auf seine Kosten zwar, undt ohne weite Kosten der Schreiner, Bilthauer und Schlosser, was nemtlichen zu diesem Werk nöthig und erfordert werde, ausgenohmen den Verschlag, welchen die Gemeinde Hattersheim benebst die erforderliche Zimmerarbeith undt Schmidtarbeith zu stellen über sich behalten.
Verspricht ferner H. Johannes Onimus die Orgel nach dem übergebenen Riß ausgenohmen die darauf abgezeichnete Bildnuße zu verfertigen, undt ein gantzes Jahr guth dafür zu seyn, auch wan etwan wider Verhoffen darinnen waß verderben würde, auf seine Kosten den Fehler zu corrigiren undt zu ändern, auch verspricht derselbe weiters nach Verfließung eines halben Jahres, nach der Orgel zu sehen, undt solche nicht allein zu dem halben Jahr sodann nach Ver-

fließung eines Jahres ohne entgeltlich zu stimmen und waß daran fehlen werde, zu verbessern.
Weiter verspricht H. Orgelmacher daß Manual anzuhencken mit messingen Schrauben undt solches verschließend zu machen, jedoch daß solches auf die Seiten der Orgel gegen die Straß zu kombt.
Dahingegen versprechen H. Schultheiß, Gericht und Gemein Vorgängere nahmen der Gemeind Hattersheimb Ihme, H. Johann Onimus, vor solches Werk, welches nächstkünfftige Allerheiligen schon aufgestellet und geschlagen werden solle können, zu bezahlen in Summa 525 fl benebst einer Douplon Trankgeld Frankfurter Wehrung".
Nach Aufstellung 150 fl, Martini 1756 100 fl, Martini 1757 275 fl
Gemeinde läßt auf ihre Kosten das Orgelwerk zu Mayntz und ihr Fuhrwerk abholen.
Hattersheimb in curia den 9. Septembris 1755

Johan Onimuß"

Quittung der Zahlung 17. 11. 1757 [65].
Im Jahre 1793 mußte das Werk einer Reparatur unterzogen werden und folgender Vertrag wurde geschlossen:
"Wurde von Uns Endes unterzeichneten, die hiesige Kirchenorgel, so dermahlen gantz unbrauchbar und seit einiger Zeit schon nicht mehr geschlagen worden, dem Bürger und Orgelmacher Peter Embach von Rauenthal aus deren Reinigung zu repariren veraccordiert.
1. Verspricht Herr Embach die Orgel gut zu repariren und gantz auszubutzen
2. Ein gantzes Jahr dafür zu sein, falls etwas daran binnen einem Jahr fehlen sollte, er sich verbindlich machen, dasselbe ohnendgeldlich anwiederum auf seine Kosten herzustellen.
3. Muß er alles dazu erforderliche sowohl an der Orgel als wie auch an die Blaßbalchen dazu stellen. Dagegen hat er dafür zu empfangen 41 fl. Hattersheim 21. 5. 1794 Anthes, Schultheiß,
P. Embach, Orgelmacher.
PN. Die Hattersheimer Gemeinde hat vor Jahren gleich wie ex proprio angeschafft, also auch bisher unterhalten..... wegen schwerer Kriegskosten seiten der Kirche bezahlt, jedoch ohne praejudiz.
Werle, Pfarrer. 24. 7. 1794 " [66].
1812 baute Joh. Michael Engers von Wehen zwei neue Register und eine Pedal-Lade:
"Von Herrn Bürgermeister Niks wurde mir unterzeichnetem 70 fl baar verabreicht vor die veraccortirte Orgelarbeit, bestehend in einer General Rebaratur und zwey neue Register Posaun und Clarinet, wie eine neue Baßwindlad und Petal. Vor diese Arbeit wurde also der Empfang der 70 fl quitirt.
Hattersheim, den 15. 10. 1812 J. M. Engers, Orgelbauer von Wehen."
Gleichzeitig wurde ein Stimmvertrag zu 5 fl mit ihm abgeschlossen [67].

---

65) PfA Hattersheim, Memorabilia
66) PfA UB 1793 Nr. 17
67) PfA UB 1812

1828 lieferte OB Embach 2 Bälge, 8' 6'' lang und 4' 6'' breit für 80 fl. Der Vertrag wurde am 18. 4. 1828 mit Konrad Embach in Rauenthal abgeschlossen mit dem Vermerk, daß er vor einigen Jahren ähnliche nach Kriftel geliefert habe [68].

Am 3. 9. 1837 reichte auf Ersuchen des Pfarrers Hofmann Fr. Voigt, Igstadt, einen Vorschlag ein aus dem einiges Interessante über den Zustand des Werkes zu entnehmen ist:

Auf Ersuchen des Hr. Pfarrers Hofmann Kirchenorgel untersucht.

1. 2 Blasbälge befinden sich auf dem Kirchenspeicher und bedürfen nur einiger kleinerer Reparaturen, aufzuleimendes Leder.
2. Die Windrohre lassen an einigen Stellen Wind durch.
3. Register:

1. Principal 4'
2. Viola di Gamba 4' (demnach im Baß verführt)
3. Fleute doux 2'
4. Mixtur 3 fach 2' (wurde also heruntergesetzt und verkleinert)
5. Flageolet 2' (statt Octav 2'?)
6. Quinte 3'
7. Terz 1 3/5'
8. Kleingedackt 4' (Glockenspiel?)
9. Flaut travers 4'
10. Gedackt 8'
11. Clarinette 4' (Engers 1828)

Pedal

1. Subbaß 16'
2. Violonbaß 8' (wohl ein enger Principalbaß gemeint?)
3. Posaune 8' (Engers 1828)
4. Die Zungenregister Clarinette im Manual und Posaune im Pedal taugen nichts, sind zu ersetzen:
   Clarinette durch Octav 4', Posaune 8' durch Principalbaß.
5. Es sprechen viele Pfeifen nicht an.
6. Der Violonbaß stimmt zu hoch, das tiefe C soll neu gemacht werden, die übrigen 12 Pfeifen werden vorgerückt, die 13. c1 fällt aus.
7. Windladen gut anrichten, Pulpeten etc. erneuern
8. Abgenutzte Claviatur zu ersetzen.
9. Der Winkelklotz über der Manual Claviatur ist unbrauchbar, muß ersetzt werden.

Muß an die Windlade, wo die Clarinette steht und der Platz für die Octav 4' nicht ausreicht, für die 2 tiefen Octaven einen neuen Windstock anleimen und Windkanäle dahin verführen.

Orgelbauer Voigt, Igstadt. Preis 250 fl.

Der Kontrakt wurde am 3. 9. 1837 abgeschlossen und durch die Nassauische Regierung in Wiesbaden am 23. 9. 1837 genehmigt.

---

68) PfA UB 1828

Die Abnahme erfolgte am 1. 6. 1838, mit dem Bemerken: Principalbaß und Octav 4' gut. Voigt quittierte am 1. 6. 1838 [69]).
Bei der Erweiterung der Kirche wurde die Orgel abgebaut und 1916 ein Harmonium verwendet. 1919 wurde mit C. Horn, Limburg, wegen eines Neubaus verhandelt. Jedoch mußte das Harmonium 20 Jahre die Orgel ersetzen, bis am 16. 5. 1936 ein Angebot von E. Wagenbach, Limburg, vorgelegt werden konnte. Am 28. 7. 1936 dankt Wagenbach für den Auftrag. Ein Gutachten des Diözesansachverständigen Domkapellmeister Papst, Limburg, datiert vom 11. 8. 1936 [70]).
Der Vorschlag von Wagenbach:
I. Pl8 Hlfl8 Dulciana8 Gh8 O4 Zfl4 Mxt3-4f Tpt8
II. Flpl8 Sal8 Vxcl8 Gdfl8 Pr4 Blfl4 Q3 T1 3/5 Nh1 Ob8
Ped. Ctrbß16 Sbß16 Pos16 Obß8
Von Papst wurde folgende Änderung vorgeschlagen:
Statt Q3-Wfl2, statt Terz-Nh1, Sesquialter auflösen in Q3 + T

HAUSEN (Kr. Usingen)

Im 18. Jahrhundert war in Hausen zunächst keine eigene Kirche und so auch keine Orgel vorhanden. 1710 hat man zum Orgelbau in Usingen beigetragen, wohin man gehörte. Bericht 15. 10. 1718. Man bat, nach Rod am Berg gehen zu dürfen.
Am 5. 11. 1778 wurde von Usingen an das Fürstl. Konsistorium in Idstein berichtet, daß Hausen wieder von Rod am Berg getrennt sei und von Usingen aus Gottesdienst auf dem Rathaus gehalten würde, dort aber keine Orgel vorhanden sei [71]).
Als 1833 die Kirche vollendet war, reichte man ein Gesuch wegen Genehmigung einer Orgel ein. Es lag ein Vorschlag von Fr. Voigt vom 1. 2. 1835 vor:

1. Principal 8', tiefe Octav von Holz, da Kirche zu niedrig
2. Gamba 8', tiefe Octav von Holz
3. Gedackt 8'
4. Octav 4'
5. Floet amabile 4'
6. Quint 3'
7. Spitzflöte 2'
8. Mixtur 1' 3 fach
9. Subbaß 16'
10. Violonbaß 8'
11. Koppel
12. Windablaß

Preis: 1050 fl, frei Transport ab Igstadt.

69) PfA UB 1838, Nr. 26
70) PfA Kirchenvorstandsprotokoll vom 28. 7. 1936
71) HStAWsb 135, Hausen 2

Der Vorschlag wurde durch den Sachverständigen Lehrer Anthes am 18. 11. 1835 genehmigt, das Werk am 18. 8. 1836 vollendet [72].
In dem Fragebogen 1944 wird die Gamba als Salicional bezeichnet [73].

HAUSEN (Kr. Limburg)

Nach Vollendung des Kirchenbaues im Jahre 1871 erwarb man 1873 auf einer Ausstellung in Regensburg eine Orgel mit 2 Manualen, 5 Hauptwerk-, 4 Nebenwerk- und 3 Pedalregistern. 1958 wurde die Orgel abgebaut und 1959 einem Umbau durch OB Wagenbach unterzogen. Sie wurde elektrifiziert und mit einem modernen Spieltisch versehen. Die alte Orgel hatte mech. Traktur. Ihre heutige Gestalt:
I. Pl8 Fl8 Sal8 O4 Gd4 Pl2 Mxt1 1/3
II. Fl8 Pl4 Trfl4 Mxt3f
Ped. Sbß16 Obß8 Gdbß8 2 Normalkoppeln [74].

HECKHOLZHAUSEN

Im Jahre 1817 war noch keine Orgel vorhanden. Die erste Anschaffung erfolte erst 1890. Bis dahin hatte man ein Harmonium.
Am 9. 1. 1890 legte G. Raßmann, Möttau, einen Kostenvoranschlag vor, dem ein Gutachten von Zanger, Usingen, beigelegt wurde. Der Preis sollte 2200 Mk betragen [75].
Das Werk mit mech. Kegelladen hat folgende Stimmen:
Pl8 Gd8 Sal8 O4 Fl4 Corn B+D Sbß16 Obß8 [76]

HEFTRICH

Im Jahre 1784 bewarb sich Franz Stumm um einen Orgelbau. Er bat in einem Brief an die Idsteiner Gemeinde vom 7. 1. 1784, den beigelegten Brief und Riß an den Pfarrer von Heftrich zu schicken [77].
Das Werk wurde jedoch von Johann Andreas Mahr aus Wiesbaden gebaut.
Die Rechnung für diesen Bau aus dem Jahre 1785 betrug 1007 fl 22 alb 2 Pfg. Außerdem waren von der Gemeinde an Mahr noch 90 fl zu zahlen [78].
Diesen Bau erwähnt auch Lehrer Schäfer von Eppstein anläßlich des Oberurseler Orgelbaus in dem Schreiben vom 3. 6. 1789 [79].

---

72) HStAWsb 211/5302
73) FBHN 44
74) Mitt. PfAmt
75) HStAWsb 211/1409 - ZALKHN 1/2544
76) Arch. Hardt
77) HStAWsb 133/ Stadt Idstein 677
78) HStAWsb 133 GR Heftrich
79) HStAWsb 330 Xd 7, 11.

Im Jahre 1790 reparierte Mahr für 12 fl 21 alb und bekam für Logis 6 fl 4 alb.
1808 finden wir die Gebr. Bürgy aus Homburg v. d. H. am Werk, sie bekamen 54 fl [80].
Am 23. 2. 1822 schätzt Kantor Herrmann eine notwendige Reparatur auf 200 fl, die am 6. 4. 1822 genehmigt und von Daniel Raßmann ausgeführt wurde [81]. s. u.
Am 30. 9. 1844 hatte Raßmann einen Voranschlag erstellt, und reichte am 4. 10. 1857 erneut einen Bericht ein.
Er schreibt, daß das Werk 15 Register habe und 1822 von ihm gereinigt und repariert worden sei. Er bemängelte die Anzahl zu "kleiner Register" d.h. von kleiner Fußzahl, darunter eine Sedecima 1', die er zu "verbannen" vorschlug, um damit die Mixtur auszubessern. Bei Mahr ist mir eine Sedecima bisher nicht bekannt geworden. Er disponierte aber eine Zimbel 1' 2 fach, vielleicht war der 2. Chor schon früher beseitigt? Bei dieser Gelegenheit reichte er auch Entwürfe einer Disposition für einen Neubau ein:

I. Entwurf, Preis 1350 fl.
1. Principal 8'
2. Salicional 8'
3. Hohlflöte 8'
4. Octav 4'
5. Gemshorn 4'
6. Gedacktflöte 4'
7. Quint 3'
8. Octav 2'
9. Cornett 3 fach
10. Subbaß 16'
11. Octavbaß 8'
12. Violonbaß 8'

II. Entwurf, Preis 1025 fl.
1. Principal 8'
2. Salicional 8'
3. Hohlflöte 8'
4. Octav 4'
5. Offenflöte 4'
6. Quint 3'
7. Octav 2'
8. Cornett
9. Subbaß 16'
10. Violonbaß 8'

Es kam wohl noch nicht zum Neubau; denn 1864 bewirbt sich der Sohn von Daniel Raßmann, Gustav, um einen Neubau. Er verweist auf kürzlich fertiggestellte Werke in Grenzhausen und Niederscheld. Von letzterem Werk schickt er als Entwurf die Disposition ein:
Pl8 Bd16 Sal8 Gd8 O4 Fldo4 Q3 Mxt4f2 Corn3f
Sbß16 Obß8 Qbß5 1/3 PK
Er weist darauf hin, daß der Vater schon seit 40 Jahren die Heftricher Orgel unterhalten habe.
Die neue Orgel wurde jedoch laut Vertrag vom 11. 1. 1867 von Fr. Voigt, Igstadt, gebaut mit folgenden Stimmen:
HW Pl8 Bd16 Gb8 Gd8 O4 Fl4 Q3 O2 Corn8' 3f ab c^1 Mxt3-4f2
Pos. Ggpl8 Lbgd8 Sal8 Fltr4 Gh4
Ped. Sbß16 Vlbß16 Obß8 Vcl8 MK PK Windablaß Preis 2200 fl
Die Mixtur repetiert je Oktav auf Quint und Oktav: C 2' 1 1/3' 1' c^0 2 2/3' 2' 1 1/3' 1' usw. c^3 8' 5 1/3' 4' 2 2/3'.

80) HStAWsb 133 GR Heftrich
81) HStAWsb 211/4722

In dieser Form ist das Werk heute erhalten. Das Gehäuse hat die klassizistische Form, wie sie im 19. Jh. in der Gegend häufig verwendet wurde [82].
Es war vor allem der Lehrer Müller, nach Meinung des Dekans ein geschickter Orgelspieler, der ein neues Instrument wünschte. Am 4.5.1868 wurde die Revision der neuen Orgel erbeten [83].

HEILBERSCHEID

Im Jahre 1929 erwarb man eine Orgel, die als Übungsorgel im Seminar von Montabaur gedient hatte. Sie wurde 1958 von Kemper, Lübeck, umgebaut und hat heute folgende Disposition:
I. Pl8 O4 Mxt4f1 1/3
II. Sggd8 Rfl4 Wfl2
Ped. Sbß16 [84]

HEILIGENROTH

1956/57 erbaute OB Wagenbach, Limburg, eine Orgel von 2 Manualen mit folgenden Registern:
HW Pl8 Strichfl8 O4 Gh4 Q3 Blfl2 Mxt4-6f
OW Sggd8 Pl4 Rfl4 KleinO2 Q1 1/3 KlMxt4f Tr.
Ped. Sbß16 Gdbß8 Obß8 Po4 NK [85]

HELFERSKIRCHEN

Bereits im Jahre 1696 wird ein Lehrer als Organist im Kirchenbuch erwähnt [86]. Die jetzige Orgel muß vor 1797 erbaut sein; denn in der Rechnung der Jahre 1797-1799 wird der Posten notiert: "Baldes Schmid dahier für Wein, welchen ehedem bei Probierung der Orgel verzehrt worden 3 fl 27 xr" [87].
In einem Papierstreifen einer gedackten Pfeife wurde das Stück einer Zeitung als Makulatur verwendet mit dem Datum Koblenz, den 10.12.1785. Also muß nach dieser Zeit gebaut sein. Da die Ausgabe für den Wein ja auch nicht allzulange zurückliegen konnte, möchte ich etwa als Baujahr 1795 annehmen, was dem Stil des Gehäuses durchaus entsprechen kann. Durch eingehenden Vergleich konnte ich an der Pfeifenbauart, vornehmlich der Labiengestaltung, Schöler, Bad Ems, als Erbauer bestimmen. Von diesem Orgelbauer, Vater und Sohn, stammt das Hauptwerk und Pedal. Unten in den Kasten

---

82) PfA Heftrich, Akte Orgelbau
83) HStAWsb 211/4722
84) Mitt. PfAmt
85) Mitt. PfAmt
86) F. Vogel, Die Orgel der kath. Kirche zu Helferskirchen 1954, S. 1
87) PfA KR 1797-99

wurde später ein Echo mit ganz anderem Material eingebaut, das wohl von Orgelbauer W. Bertram aus Engers stammt. In der C-Pfeife der Waldflöte (er setzte vor die übliche Waldflöte noch die Vorsilbe Wester-, so entstand humorvoll eine Westerwaldflöte) ist eingraviert W. Bertram, Engers, 1875.
Das Werk ist auch im Hauptwerk nicht ohne Eingriffe geblieben. Es hatte vor der Restaurierung durch OB Kemper folgende Register:

Manual
1. Praestant 4'
2. Bordun 16' Diskant
3. Viola di Gamba 8'
4. Bordun 8'
5. Flaut travers 8' Diskant
6. Quint 3'
7. Flaut 4'
8. Octav 2'
9. Mixtur 1 1/3' rep. c1 c2
10. Trompete 8' Diskant
11. Trompete 8' Baß
12. Principal 8'

Echo unten im Kasten
13. Bordun 8'
14. Salicional 8'
15. Gemshorn 4'
16. Waldflöte 2'

Pedal hinter der Orgel
17. Subbaß 16'
18. Octavbaß 8'

Nach ähnlichen Dispositionen Schölers war möglicherweise auf der letzten Schleife, heute Principal 8', eine Vox humana 8'.
Ob der Bordun 16' Diskant original ist, ist zu bezweifeln. Stand dort ein Cornett Diskant?
Der Manualumfang ist von C-f3, Pedalumfang von C-d [88].
1957 wurde ein Restaurationsvorschlag von Kemper erstellt und das Werk wiederhergestellt.
Das Gehäuse hat einen großen, runden Mittelturm, dem sich nach außen ansteigende kleinere Harfenfelder anschließen, die zu 2 kleineren Spitztürmen überleiten. Den Abschluß bildet je ein von innen nach außen abfallendes Harfenfeld, das die Spitztürme und kleinen Harfenfelder überragt. Zwischen diesen Harfenfeldern und dem Mittelturm ist dekorativ eine Reihe von innen nach außen abfallende blinden Pfeifen angebracht [89].
Der Unterteil des Gehäuses wurde mit Schlitzen versehen, um dem später eingebauten Echo mehr Stärke zu geben und hat so mehr die Funktion eines Unterpositivs. Der Spielschrank ist an der Epistelseite.

HELLENHAHN

Im Jahre 1894 baute Michael Keller, Limburg, eine Orgel von 8 Registern [90].

---

88) Mein Gutachten vom 27. 10. 1955
89) Zeichnung Vogel in Peine, S. 253
90) Walter, ZfI 1904/05 S. 301

HENNETHAL

Im Jahre 1791 beschwert sich der Orgelmacher Mahr aus Wiesbaden beim Konsistorium, "daß ein Fremder Orgelmacher aus Simmern (Joh. Michael Engers) bereits am 29. 4. einen Akkord in Hennethal hat".
Am 21. 7. 1791 antwortet darauf das Konsistorium: "Da man Bedenken findet, die hiesigen fürstlichen Unterthanen, welche sich aus ihren eigenen Mitteln die Orgeln in ihren Kirchen anschaffen wünschen, hierüber dermaßen zu binden: als man den Supplicanten, von denen es selbst abhängt, sich durch billige Accorde und solide Arbeit einen Vorzug vor auswärtigen zu verschaffen, in obigen Punkten nicht Willfahren werden". Für die damalige Zeit mit den privilegierten Orgelmachern eine liberale Entscheidung [91])!
Anscheinend wurde man sich zu dieser Zeit noch nicht einig über den Bau; denn im Jahre 1817 wird Hennethal noch zu den Orten gerechnet, die keine Orgel haben [92]).
Am 10. 1. 1827 ersuchte die Gemeinde um Genehmigung eines Neubaus. Mit Raßmann wurde ein Akkord über einen Neubau in Höhe von 1100 fl abgeschlossen. Das Werk wurde durch die Gemeindekasse bezahlt. Einige Zusätze des Sachverständigen mußten berücksichtigt werden. Diese Genehmigung wurde am 28. 1. 1828 erteilt [93]).
Die später veränderte Disposition hat heute folgende Fassung:
Bd8 Sal8 Fl8 Aeol8 Pl4 Fl4 Mxt3f2 Ggpl8D+B Sbß16 Plbß8 [94])

In Altenkirchen weist OB Daniel Raßmann im Jahre 1837 auf die von ihm gebaute Flaut travers hin. So muß er doch in Hennethal tätig gewesen sein.
Die Aeoline steht sicher an der Stelle einer Quint 3' oder Octav 2'.
In einem späteren Inventar wird die Orgel auf die 1. Hälfte des 19. Jahrhunderts datiert [95]).
Das zierliche Biedermeiergehäuse mit Gardinenverzierung und die Holzschrauben an den Windstöcken weisen eindeutig auf Daniel Raßmann.

HERBORN

Herborn, Stadtkirche, ev.

Steubing-Hoffmann teilen einiges über die Geschichte der Orgel in der Stadtkirche, ehemals Liebfrauenkirche, mit:
"An dem westlichen Ende des Schiffes, wo der große Glockenturm steht, ist die Orgel befindlich, welche seit 1705 geschehenen Reno-

91) HStAWsb 131 Xd 15
92) HStAWsb 211/1409
93) HStAWsb 211/5459
94) FBHN44
95) ZALKHN 1/2724

vation in der Kirche daselbst aufgerichtet ist, vorher über der Kanzel und der gegenüber angebrachten Professorenbühne war.
Die erste Orgel, davon ich Nachricht angetroffen habe, ist auf Betrieb des Dr. und Prof. Irlen daher mitten in den Unruhen des 30-jährigen Krieges aufgestellt worden. Es trug derselbe dem Stadtmagistrat zu wiederholten Malen an, eine Orgel machen zu lassen. Der Magistrat schützte die betrübte Zeiten vor und schlug es ab. Philipp Horn, ein hiesiger Bürger, versprach sie zu machen, und begehrte neben der Bezahlung auch Freiheit von Schatzung, Kontribution und Einquartierung für sich und seine Kinder.
Der Magistrat willigte auf sein zudringliches Anhalten des besagten Inspektors in alles ein und Irlen versprach, die 200 fl, welche er zur Begräbnißkirche ausgeworfen hatte, nun hierzu anzuwenden.
Horn lieferte schon am 4. Dezember 1637 die Orgel.
Sie wurde in Gegenwart des Inspektors und des ganzen Magistrats in der Kirche gespielt und gut befunden.
Auf die Anfrage des Magistrats, woher aber nun der Organist und Balkentreter zu besolden wäre, gab Irlen zur Antwort: "Deus providebit".
Diese Orgel ist 1681 von Görg Jonas gestimmt worden, welcher 43 fl 21 alb Lohn bekam. Überhaupt aber kostete die ganze damalige Reparatur 70 fl" [96]).
"1714, als die Orgel zu reparieren veraccordiert wurde, wurden auf dem Rathaus dabei 5 Maß Wein getrunken. Die Orgel hatte sich gesetzt, alle Pfeifen neigten zur Seite. Der Orgelbauer bekam 30 Thl" [97]).
Einige weitere Daten überliefern die Stadtrechnungen:

1730-38 Andreas Pulus von Offenbach zur Unterhaltung der Orgel 4 fl 15 alb [98]).
1739-44 Philipp Nies von Unterhaltung der Orgel 4 fl 15 alb [99]).
1743 und 1745 besorgte Johann Moritz Felle zur Orgel zu 16 bzw. 24 alb [1]).
1750 Von Reparatur der Orgel 1 fl 15 alb.
1754 An Johann Georg Dreuth Orgelmacher vor Reparatur der Orgel 34 fl 15 alb. (Dreuth wohnte in Griedel) [2]).
1755 "An den Orgelmacher von Grüdel vor 3 neue Register in hiesige Kirchenorgel zahlt 31 fl 15 alb" [3]).
1769 Andreas Schild vor Reparatur der Orgel 1 fl 15 alb [4]).

Im Gegensatz zu Dillenburg wurde der Organist offensichtlich nicht aus der Stadtrechnung bezahlt. Ein entsprechender Posten ist nicht vorhanden.

---

96) Herborner Geschichtsblätter Jg. 3 (1906) Nr. 3 Steubing-Hoffmann, Beschreibung und Geschichte der Stadt Herborn
97) Herborner Geschichtsblätter Jg. 4 (1907) Nr. 2, Sp. 112
98) HStAWsb 190/7259-38
99) HStAWsb 190/7271-7267
1) HStAWsb 190/7270/7272
2) HStAWsb 190/7280

Weiter heißt es über den Neubau: "Die neue Orgel wurde 1888/89 von Carl Gottlieb Weigle in Stuttgart erbaut und kostete 6800 Mk. Außerdem erhielt er die alte Orgel mit Ausnahme der vergoldeten Schnitzereien, welche sich im Altertumsverein befinden. Die Orgel hat 23 klingende Register 5).

Die Disposition von 1888 und nach dem pneumatischen Umbau von 1913 hatte folgende Form:

I. Pl8 Gb8 Doppgd8 Gh8 Dolce8 O4 Rfl4 O2 Mxt4f2 2/3 Tpt8
II. Bd16 Ggpl8 Dppfl8 Lbgd8 Sal8 Aeol8 Vxcl8 Fug4 Flambl4 Fltino2 Corntino3f2 2/3
Ped. Sbß16 Vlbß16 Ztbß16(II) Obß8 Vcl8 Pos16
3 K SbII/I SpII/I Aut. Ped. Pneum. Membranlade

Weigle hatte sich am 24. 1. 1913 um diese Arbeit beworben. Ein Gutachten erstattete Ferreau, Dillenburg. Präparandenlehrer Hopf hatte festgestellt, daß Schäden bei jetzigem System nicht zu beseitigen wären. Der Orgelexperte Lehrer Graeb, Biebrich, forderte, daß die Orgel pneumatisch umzubauen sei. Ein Beschluß wurde am 2. 2. 1913 gefaßt und der Umbau durch Friedrich Weigle für 4000 Mk ausgeführt. Für Echo und Posaune wurden zusätzlich 600 Mk eingesetzt 6). Beim Echo sind wohl Aeoline und Vox coelestis gemeint. Wenn diese Stimmen und die Posaune abgerechnet werden, kommen die 23 Register zusammen, die im ersten Bericht genannt werden. So ist die ursprüngliche Disposition von 1888 zu bestimmen.

Im Jahre 1952 wurde das Werk umdisponiert:

I. Pl8 Gd8 Gh8 O4 Rfl4 Q3 O2 Flachfl2 Mxt4f1 1/3 Tpt8
II. SchwW. Bd16 Pl8 Lbgd8 Aeol8 Harfenpl4 Flambl4 Itpl2 Spq1 1/3 Siffl1 Schf5f1 Obß8
Ped. Sbß16 Vlbß16 Ztbß16(Tr) Obß8 Chbß4 Pos16 7)

Im Jahre 1964 wurde ein neues Werk gebaut durch E. F. Walcker und am 30. 10. 1966 eingeweiht. Dr. Supper / Dr. Tittel 8).

Die Disposition:

HW Po16 Pl8 Gh8 O4 Rfl4 Q3 O2 Flachfl2 Mxt4-6f1 1/3 Zbl2f 1/3 Tpt8 Schalm4
SchwW. Flpl8 Hzgd8 Sal8 Weitpl4 Blfl4 Schwebung4 Nas3 Wfl2 Tfl1 3/5 Septfl1 1/7 Flgt1 Mxt5-7f2 Dulc16 Hautbois8 Tr.
BW Kupfergd8 QViol8 Engpl4 Koppelfl4 Sesq2f Feldfl2 Ghq1 1/3 Nonfl8/9 Zblpf1/6 Schfmxt4-5f1 Mus8 Tr. Zblstern
Ped. Plbß16 Sbß16 Gdq10 2/3 Obß8 Spfl8 Sesq5 1/3+ 3 1/5+ 2 2/7 Chbß4 Rpo4 Nh2 Zink5f2 2/3 Pos16 Tpt8 Vxh8
3 MK. 3 PedK. 3frKomb. 1fr. PedKomb. Schleifladen, Mech. Spielel. Reg. Tr. 9)

---

3) HStAWsb 190/7281
4) HStAWsb 190/7295
5) Herborner Geschichtsblätter Jg. 4 (1907) Nr. 1, Sp. 97
6) ZALKHN 1/2562
7) Mitt. Wißmüller
8) Orgelspiegel 10
9) Musik und Kirche Jg. 37 (1967), S. 95

Herborn, Theol. Seminar

Am 25. 5. 1956 wurde durch Dr. Tittel ein neues Werk von Walcker abgenommen:
HW Rfl8 Pl4 Blfl2 Mxt4f1 1/3
OW Qtt8 Nh4 Pl2 Sffl1 Sesq Tr
Ped. Sbß16 Gdbß8 Dolcan4
Schleifladen und mech. Traktur [10].

Herborn, kath.

In der 1873 gebauten Kirche stand eine Orgel mit 10 Registern [11].
Diese Orgel wurde in den Jahren 1953 und 1956 durch Wagenbach in zwei Abschnitten umgebaut. 1953 wurden 10 Register eingebaut unter Verwendung alter Stimmen. Ende 1956 wurden auf 7 freie Kanzellen die fehlenden Register aufgestellt:
Pl8 Sal8(alt) O4 Wfl2 Mxt4f1 1/3 Tpt8
SchwW. Bd8(alt) Rfl8 Fl4(alt) Pl2 Sesq2f Sffl1 1/3 Schf4f1
Ped. Sbß16(alt) Po8 Rschpf3f Pos16
Da sie in dieser Form nicht funktionsfähig war, wurden bei einer Renovierung durch Kemper, Lübeck, folgende Veränderungen vorgenommen:
Rfl8 zu Rfl4, fehlende Pfeifen im Diskant aus Fl4;
Fl4 zu Fl8, fehlende Tiefe aus Rfl8;
Austausch altes Sal zu Gh8, Po8 zu Obß8, Pos16 zu Tpt8;
Neue Disposition:
I. Pl8 Gh8 O4 Wfl2 Mxt1 1/3 Tpt8
II. Bd8 Fl8 Rfl4 Pl2 Sesq2f Sffl1 1/3 Schf4f1
Ped. Sbß16 Obß8 Rschpf3f4 Tpt8
Kegelladen, el. pneum. Traktur [12].

HERBORNSEELBACH

Die Orgel wurde nach 1870 von G. Raßmann gebaut:
Pl8 Hlfl8 Lbgd8 Sal8 O4 Fl4 O2 Corn2 2/3 D+B
Mech. Traktur, Kegelladen [13]
Eine Vorgängerin wurde durch Raßmann nach Genehmigung vom 4. 7. 1836 für 30 fl repariert [14].

---

10) Mitt. Walcker 17, Februar 1957, S. 43
11) HBLbg56
12) Gutachten Dr. Tittel 28. 2. 1960. - Vorschläge Kemper 15. 7. 1958 und 24. 8. 1959. Mitt. Grössel und PfAmt
13) Mitt. Wißmüller
14) HStAWsb 211/4550

HERDHOFEN

Konrad Embach, Rauenthal, erbaute das Werk im Jahre 1839:
Pl4 Bd8 Hlfl8 Fltr8 Gb8 Sal4 Q3 Gd4 O2 Mxt3f1 Pl8 B+D (Tpt8?) Sbß16 [15]

HERINGEN

Die Orgel stammt aus der Franziskanerkirche in Hadamar. (s. d.) Im Jahre 1813 bewirbt sich die Gemeinde um diese Orgel [16]. Daniel Raßmann, der die Orgel überführte, schrieb über die Orgel: (Inschrift an der Orgel angebracht) "Diese alte Orgel ward im ehemaligen Franziskanerkloster Hadamar abgebrochen, die Blasbälge neu verledert, die Windlade abgerichtet, in jedem Register in der tiefen Octave, welche nur 8 Tasten hatte, die fehlenden Cis Dis Fis Gis neu gemacht, die Orgel auf der Seite spielend gemacht und in Häringen aufgestellt im Frühjahr 1825 von Daniel Raßmann, Orgelbauer zu Weilmünster".
Erst im Jahre 1824 war der Ankauf der Franziskanerorgel aus Hadamar aktuell geworden. Am 27. 9. 1824 richtete die Gemeinde dieserhalb ein Gesuch an die Landesregierung. Raßmann taxiert das Werk zu 400 fl. Die Landesregierung genehmigt den Ankauf zu 350 fl.
Am 2. 11. 1824 zahlt die Gemeindekasse.
Über den Aufbau wurden folgende Berichte an die Regierung gesandt:
4. 5. 1825: Raßmann wurde aufgefordert bis Pfingsten einen Akkord aufzustellen. Als er anfangen wollte, war die Bühne noch nicht da, da sie neugebaut werden mußte. Die Gemeinde konnte sie noch nicht erstellen, da die Genehmigung der Regierung noch nicht vorlag. Da Raßmann keine Zeit und kein Geld verlieren möchte, bittet man um Bewilligung der Genehmigung.
Am 14. 5. 1825 wurde ein Bericht über den Entwurf der Bühne eingeschickt. Der Raum über der Bühne mit 8' 4'' war zu niedrig, es wurden 10' gefordert "wenn auch die unwesentlichen Verzierungen oben auf der Orgel wegen mangelnder Höhe unter dem Plafond der Kirche wegbleiben müssen".
Am 13. 3. 1826 wird über Auseinandersetzungen zwischen Raßmann und der Gemeinde nach Wiesbaden berichtet. Es war gefordert, das Klavier auf die Seite zu verlegen, so daß Raßmann den Mechanismus in horizontaler Lage anlegen mußte, dabei den Pedal-Baß außerhalb des Gehäuses aufstellen mußte.
Musiklehrer Wiedemann, Hadamar, bemerkte nach abgeschlossenen Akkord, daß die Stärke der Orgel verändert sei. Raßmanns Begründungen wurden als einleuchtend gefunden und der Amtmann schlug die Auszahlung vor. Am 7. 4. 1826 veranlaßt die Regierung den Rest der Auszahlung [17].

15) FBHN 44
16) HStAWsb 211/227a
17) HStAWsb 211/4847

Der Gehäuseunterteil, durch den der Aufgang zur Kanzel geht, scheint damals neu gebaut worden zu sein. Die Disposition:

1. Principal 8' Prospekt, neu
2. Gedacktflöte 8' alt
3. Salicional 8' neuer
4. Octav 4' alt
5. Quint 3' alt
6. Octav 2' alt
7. Gedacktflöte 4' neuer
8. Terz 1 3/5' alt (1944 Bezeichnung Waldflöte 2')
9. Mixtur rep. 1 mal auf d2 (1944 2')
10. Hohlflöte 8' Holz neu (Zunge?)

Pedal pneumatisch angeschlossen von OB Eppstein, Weilmünster: Sbß16 Obß4 (Zink)

Die Pfeifen sind verschiedener Bauart, z. T. alt, Aufschnitte verändert. Die Windzuführung ist unzulänglich, die Spielart etwas zähe. Gehäusebeschreibung s. Hadamar [18]).

HERMANNSTEIN

In der Pfarrchronik ist die interessante Eintragung zu finden: 1835 Traum des Pfarrers, daß eine Orgel in die Kirche käme. Am nächsten Tage stiftete Schultheiß Wagner die Orgel. So erscheint in den Rechnungen der Zeit von 1835-44 kein Eintrag für die Orgel. Die Orgel wurde 1835 von Daniel Raßmann gebaut, ein charakteristisches Werk dieses Meisters. Das Gehäuse hat klassizistische Formen mit Gardinenverzierung. Die Disposition: (Reihenfolge auf der Lade)

1. Principal 8' (später ersetzt)
2. Salicional 8'
3. Gedackt 8'
4. Octav 4'
5. Flöte 4'
6. Geigenprinzipal 8' (ursprünglich Quint 3'? auf Pfeifenstock nicht deutlich lesbarer Eintrag. Die großen Pfeifen auf der letzten Schleife)
7. Gamba 8' neu
8. Octav 2'
9. Mixtur 3 fach
10. leere Schleife (Trompete?)

Pedal:

11. Subbaß 16'
12. Octavbaß 8'
13. Violon 8' [19])

HERSCHBACH

In den Jahren 1772/73 wurde von Orgelbauer Joh. Wilhelm Schöler aus Bad Ems eine Orgel von 34 Registern, verteilt auf 3 Klavieren und Pedal, für 3300 Thl erbaut, die 1817 und 1861 erneuert wurde.

Am 8. 5. 1817 wurde ein Gesuch wegen Reparatur eingereicht. Schöler forderte 99 fl. Am 23. 5. 1817 wurde die Reparatur für 108 fl genehmigt 20).
Sie galt als die größte Orgel im Regierungsbezirk Wiesbaden 21).
Vor dem Umbau im Jahre 1915 wurde folgende Disposition aufgezeichnet:

Hauptwerk:
1. Principal 8'
2. Bordun 16'
3. Gamba 8'
4. Quintatön 8'
5. Bourdon 8'
6. Flaut major 8'
7. Hohlflöte 4'
8. Octav 4'
9. Quint 3'
10. Octav 2'
11. Mixtur 3 fach
12. Cornett Discant 4 fach
13. Trompete 8' Baß
14. Trompete 8' Discant

Positiv
15. Geigenprincipal 8'
16. Gedackt 8'
17. Salicional 8'
18. Fernflöte 8' Discant
19. Rohrflöte 4'
20. Quintflöte 3'
21. Octav 4'
22. Octav 2'
23. Cornett 3 fach
24. Krummhorn 8'

Echo
25. Bourdon 8' Baß
26. Bourdon 8' Discant
27. Violon 8' Discant
28. Flauto dolce 4'
29. Waldflöte 2'
30. Hoboe 8'

Pedal
31. Subbaß 16'
32. Violonbaß 16'
33. Principalbaß 8'
34. Quint 6'
35. Octav 4'
36. Posaune 16'

Wenn man die beiden Doppelzüge Bourdon 8' und Trompete 8' abzieht, ist die Stimmenzahl mit 34 richtig angegeben 22).
Offensichtlich ist einiges später verändert. Es ist zweifelhaft, ob im Positiv ein Principal 8' mit der neueren Bezeichnung Geigenprincipal gestanden hat. Die Fernflöte ist eine später häufig anzutreffende Bezeichnung für Flaut travers 8' Diskant. Auch ist die Bezeichnung Flaut major bisher bei Schöler unbekannt, war es auch eine Traversflöte? Diese Orgel wurde leider im Jahre 1915 durch einen Neubau ersetzt, so daß eine Nachprüfung nicht mehr möglich ist und ein Vertrag leider bisher nicht gefunden werden konnte.
Aus den Kirchen- und Gemeinderechnungen der Jahre 1772-1774 ist der Verlauf der Arbeit zu ersehen:
Gemeinderechnungen:

1772 28. 2. Item den Orgelaccord 3 fach zu verfertigen
6. 6. H. Orgelmacher Schoeler auf den Accord der Orgel zahlt 300 Rthl

18) Mitt. Vogel und eig. Aufnahme
19) Eig. Aufnahme - FBHN 44, dort fehlt P18
20) HStAWsb 211/14345
21) K. Wolff, Herschbach, Nassovia Jg. 6 (1905) S. 59
22) Disposition nach Walter, ZfI 1914/15 S. 328

1773 Ein Bott vom Orgelmacher wegen Abholung des Geldes zu zweymahl verzehrt 30 alb
19. 3. Ahn H. Schoeler, Orgelmacher in Abschlag lt. Q. 300 Rthl
Rechner für 2 tägigen Gang nach Ems obige 300 Rthl zu leisten 1 Rthl
15. 3. H. Schoeler Orgelmacher zahlt lt. Q. 200 Rthl
Dto dem Schreinermeister Sues nahmens er für den Orgelmacher 100 Rthl
10. 8. Dem Schiffmann wegen Transport der Orgel von Embs bis Vallendar 2 Rthl
13. 9. Bei Abholung der Orgel zu Vallendar Rechner 2 Tage versäumt 1 Rthl
Dem Orgelmacher zu Vallendar über Nacht beköstigt, sodann für die Bewachung des Schiffes und Pflastergeld zus. 2 Rthl 24 alb
24. 9. Einen Botten in den Thal um Abholung einiger Orgel Zierrathen 36 alb [23)]
10. 10. Für Nägel, Kertzen, Baumöhl, Seif und Sträng zum Aufschlagen der Orgel 4 Rthl 40 alb 4 Pfg
3. 12. H. Orgelmacher Schoeler zahlt lt. Q. 472 Rthl
Dem Meister Sues nahmen H. Orgelmacher auf Rechnung wegen dem Gehäuß 100 Rthl
Sodann wegen Verguldung 60 Rthl
Noch lt. Q. ahn M. Sues zahlt wegen der Lamberie l. Accord 85 Rthl
20. 12. Der H. Definitor für Beköstigung des H. Jepp bei Approbation der Orgel, sodann H. Jepp sein Gebühr 26 Rthl
Dem Buchbinder für 44 Schilder zu denen Orgelregister Stück 4 Stüber = 2 Rthl 50 alb 4 d
Dem Georg Reifenberg für Schmitt- und Schloßerarbeit zur Orgel 52 Rthl 44 alb
Anton Steinen Schreinermeister für Schreinerarbeit zur neuen Orgel 51 Rthl 7 alb
H. Oberjäger für Zehnten Pfennig nach Abrechnung deren Orgel Baukosten 132 Thl 35 alb

1774 Zur Orgel 4 1/2 Doppelt Ehl Leinen Tuch und 200 Stück Nägel 5 Thl 30 alb
Für 6 Tage Beköstigung des Orgelmachers und dessen Sohn, als selber die Orgel durchgangen 5 Thl 30 alb
H. Orgelmacher Schoeler den letzten Termin auszahlt lt. Q. 430 Rthl

1778 H. Orgelmacher Schoeler von Embs von Reparatur 8 Rthl
3 Tage Bälge treten [24)]

23) Mit Thal ist wohl das heutige Ehrenbreitstein gemeint
24) HStAWsb 360 Herschbach 136, 137, 138, 142.

Aus den Beilagen ergeben sich folgende Posten:

1773 Pastor Widenhofer quittiert H. Jepp von Rommersdorf hat empfangen an Geld die Orgel zu probiren 8 Thl 27 alb

27. 8. Als ich mitt dem Geschwohren zu Embß bey den Herren Urgelßmeister gewesen wegen dem Fuhrwerk zu veraccordiren undt in den Dahl bey dem Meister Süß undt dazumahl 4 Tage außblieben, jeder Tag 27 alb = 2 Rthl

Joh. Christian Brach [25]

14. 9. Schreiner Rechnung:

Mit seinem Gesellen angefangen und 25 Täg nacheinander an dem Balch und Echo Gehäuß gearbeitet, des Tags für den Meister 27 alb für den Gesellen 18 alb 20 Rthl 45 alb

Item einen Stuhl für den Organisten aus neuem Gehölz gemacht 42 alb

18. 10. Ein Tag gearbeitet mit dem Gesellen 26 alb

2 aufrechte Stück auf das Echo aus seinem Gehölz gemacht

12. 11. 2 Tag an dem Echo gearbeitet und 1 Bord dazu gethan 1 Rthl 45 alb

16. 11. 2 Tafeln von 3 Bord gemacht hinter den Pedal 45 alb

27. 11. Eine Fallthür hinter dem Posaunenbaß gemacht von 4 Bord 1 Rthl 6 alb [26]

Item 11 Paar Band nebst Riegel und Schlößer an 11 Türen zu schlagen 1 Rthl 6 alb

Item einen Flügel vom Echo bis an die Lamberie vor denen Clavier her und 1 Stück mit 2 Füllung sambt dem Gegitter 15 Rthl

116 1/2 Fuß Eichen Dill für den Fußboden zwischen der Orgel wie auch an dem Balghauß pro Fuß 4 alb = 5 Rthl 9 alb

4 Bord dem Orgelmacher

15. 4. Daß von Joh. Peter Kern Gemeinß Vorsteher von Herschbach auf das von H. Schuller in Öhms Baad accordirte Orgelgehäuß in Abschlag empfangen 100 Rthl

Joh. Süß, Schreinermeister

5. 12. H. Orgelmacher Joan Wilhelm Schöler von Bad Embs hat nach verfertigter hiesiger Orgel lautt Accord zu empfangen bey diesem Termin 450 Rthl zu solchem End ist ihm überzahlt worden:

42 Carolins oder Schild Louis d'or à 7 Rthl 15 alb = 308 Rthl

1 Holländisch 7 Guldenstück 1 Ducat = 35 Rthl

5 Goldgulden 4 1/2 Pistol à 6 Rthl = 72 Rthl

45 Convent Thlr

Noch 3 dto mit 27 Batzen belegt = 6 Rthl

An Convent Müntz 29 Rthl

Summa 450 Rthl

---

25) Demnach gerechnet 1 Rthl = 54 alb

26) Durch Hochklappen der Falltür konnte man die Füße der Posaune erreichen und bequemer stimmen.

Herschbach den 5. December 1773. Item empfangen das accordierte Trinkgeld für 6 gesellen, jedem 2 Cronenthaler facit 22 Rthl

Summa 472 Rthl

J. W. Schöler mpp.

Nach Walter wurde die Orgel 1861 und 1872 von W. Bertram, Engers, umgebaut. Es scheint sich 1861 um eine von Buderus, Singhofen, 1863 durchgeführte allgemeine Reparatur von 450 fl gehandelt zu haben 27)

Am 10. 3. 1859 wurde ein Gesuch um Reparatur und Bezahlung aus der Gemeindekasse eingereicht. Theodor Raßmann untersuchte das Werk in 2 Tagen und bittet am 26. 5. 1862 um Reisevergütung.
Am 10. 4. 1862 berichtet der Pfarrer, daß Daniel Raßmann wegen Krankheit entfalle, Theodor Raßmann nicht geeignet sei, Zumsande keinen Vorschlag eingereicht habe, so daß Buderus die Arbeit ausgeführt habe 28).
Am 3. 7. 1900 wurde die Orgel durch Blitzschlag beschädigt und durch Carl Horn, Limburg, für 700 Mk wiederhergestellt. Die neue Gamba kostete 200 Mk, die Reparatur der Trompete, Mixtur 3 fach und Octav 2' 180 Mk. Mechanik Windlade und Gebläse wurden mit 180 Mk veranschlagt. Kostenvoranschlag vom 15.8.1900 29).
Als op. 60 baute C. Horn 1915 ein neues Werk mit pneumatischer Traktur, das vom Orgelsachverständigen Walter, Montabaur, abgenommen wurde. Dieses Werk, heute noch vorhanden, hat folgende Register:

I. Pl8 Bd16 Hlfl8 Gb8 Qtt8 Gh8 Rfl4 O4 Wfl2 Mxt3-4f2 2/3 Tpt8
II. Ggpl8 Gd8 Flambl8 Dolce8 Sal8 Aeol8 Vxcl8 Fltr4 Harmaeth3f Klar8
Ped. Sbß16 Dolcebß16 Vlbß16 Plbß8 Pos16 30)

Das Gehäuse wurde zur Unterbringung des Schwellwerks vergrößert.

HILLSCHEID

Nach dem Verzeichnis der Werke der Orgelbauer Stumm in der Didaskalia, Frankfurt, 1845 stammt ein Werk in "Hillschiedt" von diesen Meistern. Es ist der heutige Ort Hillscheid 31).

Das Hauptwerk ist in seiner Originalform ziemlich erhalten, das Positiv im Kasten, also Echo, ist möglicherweise von Bertram, Engers, oder Weil, Neuwied, später zugefügt, (vgl. Helferskirchen) oder es sind die Einschnitte in den Unterkasten vorgenommen worden.

---

27) PfA UB 1863
28) HStAWsb 211/14345
29) PfA UB 1900
30) Walter, ZfI 1914/15 S. 328
31) Bösken, Stumm Nr. 128

Das Hauptwerk in der Reihenfolge der Züge:

1. Principal 8' neu Prospekt
2. Gedackt 8' Baß
3. Flöte 8' Diskant
4. Gamba 8'
5. Gedackt 8' Diskant
6. Octav 4'
7. Quint 3'
8. Salicional 4'
9. Gedackt 4'
10. Octav 2'
11. Terz 1 3/5'
12. Mixtur 3 fach 1'
13. Trompete 8' Baß, ohne Pfeifen
14. Trompete 8' Diskant

Unterwerk im Kasten

15. Principal 4' alt
16. Quintatön 8'
17. Gedackt 8'
18. Gedackt 4'
19. Waldflöte 2'
20. Mixtur 3 fach
21. Dolce 8' Diskant wohl ursprünglich ein Rohrwerk
22. Leere Schleife Baß

Pedal

23. Subbaß 16'
24. Violon 16'
25. Octavbaß 8'

Manualumfang C-d3, Pedal C-f. Der Spielschrank ist rechts seitlich. 1828 erfolgte eine Reparatur der Blasbälge durch Andreas Arndt, Nomborn.
Das Gehäuse hat an den Seiten je einen großen Rundturm, je ein zur Mitte abfallendes Harfenfeld führt zu dem niedrigen runden Mittelfeld [32].
Die Orgel wurde sicherlich erst nach der Vergrößerung der Kirche, um die die Gemeinde im Jahre 1756 nachsuchte, gebaut [33].
Das Schiff wurde 1756 nach Westen erweitert [34].

HIMMIGHOFEN

Im Jahre 1817 war bereits eine Orgel vorhanden. Am 20. 1. 1898 wurde von Walcker ein Plan für den Neubau einer Orgel eingereicht, die an Stelle der alten treten sollte. Nach Bericht der Gemeinde an das Konsistorium war sie am 20. 10. 1898 fertig und kostete 2200 Mk.
Sie erhielt folgende Register:

I. Ggpl8 Bd8 Sal8 O4
II. Lbgd8 Aeol8 Fld4
Sbß16 [34a]

Am 1. 7. 1972 wurde ein neues Werk eingeweiht, das Walcker unter Verwendung alter Register baute:
Gd8 Gb8 Pl4 Rfl4 O2 Mxt4f1 1/3 Sbß16 Obß8 [35]

HINTERMEILINGEN

Die 1932 erbaute Kirche hat eine Orgel von 8 Registern [36].

32) FBHN 44 – Mitt. Vogel
33) HStAWsb 117 Gen. Xd, 4
34) Dehio, Südl. Hessen, S. 225 34a) ZALKHN 1/2560
35) Gemeindeblatt f. d. Dekanat St. Goarshausen Nr. 7 Juli 72
36) HBLbg 56

HIRSCHBERG (Unterlahnkreis)

1817 war noch keine Orgel vorhanden [37].
1892 erbaute Orgelbauer Weigle ein neues Werk folgender Disposition:
Pl8 Sal8 Flmbl8 Aeol8 O4 Trfl4
Sbß16 Pneum. Traktur [38].
Es soll eine Orgel von Hardt gekauft und eingebaut werden [39].

HIRSCHHAUSEN

Für das Jahr 1817 ist schon eine Orgel bezeugt [40].
1889 baute G. Raßmann eine neue Orgel für 1950 Mk mit Schleifladen und seitlichem Spieltisch. Die Disposition:
Pl8 Gd8 Sal8 O4 Fl4 Doubl2 2/3 Sbß16 PK Pedalumfang C-d1 [41].
Ein Reparaturvorschlag von Hardt vom 7. 6. 1940 wurde am 24. 5. 1941 genehmigt [42].

HIRZENHAIN (Dillkreis)

1817 war noch keine Orgel vorhanden, 1912 ein Harmonium [43].
1958 baute Förster und Nicolaus, Lich, eine neue Orgel mit folgenden Registern:
Pl4 Gd8 Rfl4 Spfl2 Mxt3-4f1 1/3
Sbß16 Chbß4
PK Schleiflade mit mech. Traktur [44].

HOCHELHEIM

Nach Abicht ist die Orgel 1701 angeschafft und wird als schlecht bezeichnet [45]. Am 18. 7. 1843 wurde mit Carl Landolt, dem Neffen von Georg Bürgy, ein Stimmvertrag abgeschlossen, am 17. 11. 1853 desgleichen mit Orgelbauer Weller [46].
Am 23. 4. 1874 berichtet OB Karl Bernhard, Gambach, über die Orgel: "... Hat sicherem Vernehmen nach noch vor 152 Jahren in der Kirche zu Griedel unweit Butzbach gestanden, ist von da 1722 als ein damals schon unbrauchbares Werk, ohne daß es beim Verkauf eine Reparatur

37) HStAWsb 211/1409
38) Mitt. Wißmüller
39) Bericht Erendel vom 8. 8. 1959
40) HStAWsb 211/1409
41) ZALKHN 1/2395 FBHN 44
42) ZALKHN 1/2395
43) ZALKHN 1/1557 HStAWsb 211/1409
44) Arch. Förster und Nicolaus
45) Abicht, Kreis Wetzlar, S. 60
46) HStAWsb 424/453

erfahren, was das ganze Werk deutlich bekundet, in die Kirche zu Hochelheim versetzt". Er beurteilt es als wertloses, verkommenes Machwerk.
Am 23.4.1874 reicht K. Bernhard 2 Neubauentwürfe ein:

1. Pl8 Bd8 Sal8 O4 O2 Mxt3f2 Sbß16
   für 2657 Mk = 885 2/3 Thlr
2. Ggpl8 tiefe Octav mit Bd8 Sal8 O4 Mxt3f2 Sbß16
   für 1974 Mk = 657 Thlr

Am 9.8.1879 schloß das Bürgermeisteramt Rechtenbach mit Bernhard einen Stimmvertrag, 1881 mit Eichhorn, Weilmünster. Demnach hat Bernhard wohl den Bau ausgeführt [47].
1906 baute Hugo Böhm, Gotha, ein neues Werk folgender Gestalt:
I. Bd16 Pl8 Gb8 Gh8 Hlfl8 O4 Mxt3f
II. Ggpl8 Sal8 Lbgd8 Fl4
Ped. Sbß16 Vlbß16 Obß8 [48]

HOCHHEIM

Hochheim, ev.

Nach Vollendung des Neubaus der Kirche 1849 schaffte man sich eine Orgel an, die Orgelbauer Voigt, Igstadt, lieferte. Zu diesem Zweck wurden von der Gemeinde 500 fl aufgenommen. Beim Umbau der Kirche wurde sie im Jahre 1894 nach dem Bericht vom 11.9.1894 beibehalten [49].
Nach dem Bericht der Gemeinde vom 15.5.1901 entschloß man sich, die Orgel von 10 klingenden Registern der Filialkirche in Flörsheim zu überlassen, um sich eine neue Orgel für 4500 Mk anzuschaffen. Man übertrug den Neubau dem OB Weigle, Sachverständiger Wolfram in Dillenburg nahm sie am 17.8.1901 ab [50].
Die Disposition:
I. Pl8 Sal8 Flambl8 O4 O2 Mxt3-4f
II. Gb8 Lbgd8 Aeol8 Vxcl8 Trfl4
Ped. Sbß16 Vlbß8
Die Orgel wurde als Ganzes in den Schweller gesetzt [51].
Alte Orgel s. Flörsheim.

Hochheim, kath.

In Hochheim war die Orgel im 17. Jh. nicht unbekannt. 1692 erwarb P. Aemilian Hummert der Abtei Amorbach "ein Örglein von Hochheim" für 125 fl. Es wurde im Kloster anscheinend als Chorpositiv verwen-

47) HStAWsb 424/453
48) ALKRhl O+Gl.
49) A. Kortheuer, Bausteine aus der ev. Gemeinde Hochheim-Flörsheim, Hochheim 1902, S. 3f - ZALKHN 1/2549
50) ZALKHN 1/2488
51) Mitt. Wißmüller

det. P. Aemilian war ja auch als Orgelbauer in der Nähe tätig, so 1675 in Frankfurt und 1678 im Kloster Jakobsberg in Mainz. Näheres ist jedoch über dieses "Örglein" nicht zu erfahren [52]. Wir erfahren aus dem Jahre 1695 von einer Orgel: "die Orgel auf Samstag vor Mariae Geburt des Jahres 1695 von dem Schulmeister Franz Rumbach zum ersten Male wieder geschlagen werden konnte" [53]. Ob die Orgel repariert oder damals neu gebaut worden war, ist der Notiz nicht zu entnehmen. Es ist ja möglich, daß man die zu kleine Orgel nach Amorbach verkaufte und eine neue in Auftrag gab. Weiterhin bemerken die Protokolle des Ritterstifts in Bleidenstadt im Jahre 1773, daß die alte Orgel aus Hochheim verkauft werden solle:

12. 7. 1773 im Amtshaus Bleydenstadt: "Amtmann Brückner zeigt an, daß alte Hochheimer Orgel verkauft werden soll, noch in gutem Stand, soll Erkundigung eingezogen werden" [54].

Demnach könnte es sich 1695 um einen Neubau gehandelt haben.

Am 2. 4. 1804 bittet man die Herzogl. Regierung, die Orgel des aufgehobenen Klosters Eberbach ansehen zu dürfen, "ob sie evtl. past" [55]. Diese Orgel kam ja bekanntlich nach Wiesbaden. s. d.

Anscheinend hat man die Orgel von 1695 behalten, die in den Jahren 1787-1816 jährlich von den Orgelbauern Ripple, Embach und Engers gestimmt wurden.

1817 wird folgender Bericht an die Regierung erstattet: "Hochheim hat eine alte, schon oft geflickte Orgel von 12 Registern, die von außen und innen nichts ist. Das öftere Ausbessern übersteigt durch Reihe von Jahren den Werth einer neuen Orgel" [56].

1810 wird die Reparatur der Posaune eigens erwähnt.

1823 übernimmt B. Dreymann aus Mainz zum ersten Mal die Stimmung,

1828 wird eine Reparatur durch ihn von der Herzogl. Regierung genehmigt mit dem ausdrücklichen Vermerk als "Ausländer". Später stimmt Voigt aus Igstadt [57].

1869 endlich bekommt Hochheim eine neue Orgel von Schlimbach aus Würzburg, die heute noch ihren Dienst tut. Sie hat folgende Gestalt:

I. Pl8 Bd16 Gb8 Fl8 Gd8 O4 Fug4 Rfl4 O2 Corn3f Mxt4f
II. Hlfl8 Sal8 Fltr4 Ggpl4
Ped. Sbß16 Vlbß16 Obß8 MK PK

Sie hat einen Schweller, das heißt, die mechanische Öffnung aller Register durch Fußhebel und eigene Züge für die Flöten- und Principalstimmen. Sie kostete 2970 Mk [58].

HÖCHSTENBACH

1814 beschloß der Vorstand der Kirchspielsgemeinde durch Orgelbauer Schöler, Bad Ems, eine Orgel für 533 fl bauen zu lassen. In einem Bericht des Pfarrers Balzar an den Herzogl. Consistorial Convent

52) E. F. Schmid, Die Orgeln von Amorbach, 1963[2] (Bösken) Btg. z. mrh. Mg. Nr. 4, S. 43
53) Th. Schüler, Geschichte der Stadt Hochheim 1887
54) HStAWsb 14/I, Bd V
55) HStAWsb 22, Alte Verwaltung Nr. 22

will dieser nicht zustimmen, "da kein Lehrer spielen kann, der Raum in der Kirche zu klein wird".
Der Vertrag mit Schöler wurde am 30. 10. 1814 abgeschlossen. Die Orgel sollte folgende Disposition erhalten:
1. Principal 4' Zinn
2. Bourdon Baß, Holz 8'
3. Bourdon Discant 2'
4. Quinta Metall 3'
5. Viol di Gamba Metall 8'
6. Octav Metall 2'
7. Flöte Metall 4'
8. Mixtur 2 oder 3 fach 1'

Pedal
9. Principalbaß Holz 8'
10. Violonbaß Holz 8'

Tremulant, Coppell des Manuals ans Pedal nebst Ventil.
Gehäuse aus Tanne mit schönen Zierrathen. Clavier aus Ebenholz, halbe Töne aus Elfenbein C-f3. Seitlich zu spielen. Preis 533 fl.
Das Werk sollt bis Johannistag 1815 geliefert werden.
Der Bericht wegen Genehmigung wurde am 6. 11. 1814 ausgestellt, die Genehmigung erfolgte am 19. 6. 1818.
Pfarrer Balzar berichtet am 23. 7. 1818 an den Justizamtmann, daß er bei der Versteigerung des Nonnenklosters in Limburg (Bethlehemkloster) anwesend war. Es waren für die Orgel zu viele Liebhaber da, es wurde mit 670 fl zu hoch geboten. Auch Schöler war anwesend. Es wurde der Orgelbau bei dieser Gelegenheit besprochen. Er verlangte für die Beköstigung bei der Aufstellung 76 fl. Es wurden auf Antrag 50 fl aus der Domänenkammer am 11. 3. 1820 bewilligt. Am 7. 7. 1822 ersuchte man noch um Bewilligung der Bezahlung eines Registers Fagott aus der Gemeindekasse. Reichlich lange hatte sich der Bau hingezogen. Mittlerweile hatte man anscheinend gehofft, billiger ein Werk aus dem Säkularisationsbestand zu bekommen [59].
Am 30. 8. 1837 wurde eine Reparatur genehmigt [60].
Es ist erstaunlich, daß man schon im Jahre 1850 eine neue Orgel durch Orgelbauer Raßmann bauen ließ mit folgenden Registern:
Pl8 Sal8 Gd8 Aeol8 O4 Fl4 Doubl2 2/3+2
Sbß16 Vlbß8 Mech. Traktur.

Das heutige Werk erbaute W. Peters, Köln-Mühlheim im Jahre 1954:
I. Rfl8 Pl4 Mxt
II. Gd8 Blfl4 Pl2 Q1 1/3
Ped. Sbß16 Offbß8 [61]

56) HStAWsb 211/1409
57) PfA Hochheim KR HStAWsb 211/4617
58) Mitt. PfAmt
59) HStAWsb 224/3943
60) HStAWsb 4425
61) Mitt. Wißmüller

Hofheim, ev.

Am 6. 6. 1900 stiftete der Localfrauenverein eine Orgel. Pläne von Walcker und Voigt wurden vorgelegt. Man beschloß, Walcker den Bau zu übertragen [62].

Die Disposition:
I. Bd16 Pl8 Fl8 Gb8 O4 Mxt3f2 2/3
II. Lbgd8 Sal8 Aeol8 Fldolce4
Ped. Sbß16 Vcl8 Pneum. Traktur [63].

Das Werk wurde 1952 durch Förster und Nicolaus, Lich, umgebaut:
I. Pl8 Gd8 O4 Hlfl4 Blfl2 Schf3-4f
II. Qtt8 Gd4 Sesq2f Sffl1
Ped. Sbß16 Rgd4 NK [64]

Am 31. 12. 1969 wurde für die Thomaskirche ein neues Werk in den Dienst gestellt, das Fr. Weigle, Echterdingen, erbaut hat:
HW Pl8 Gd8 O4 Gh4 Q3 O2 Mxt5-6f1 1/3 Tpt8
OW Rfl8 Qtt8 Pr4 Wfl2 Sesq2f Schf3-4f Dulz16 HzKh8 Tr.
Ped. Sbß16 Offenbß8 Hzgd8 PedMxt5f4 Hlfl4 Nh2 Pos16 Tpt4
3 NK 2 fr Komb. 1 fr Pedkomb. Schleifladen, Mech. Spiel- und el. Reg. Traktur [65].

Hofheim, kath.

Eine erste Nachricht über eine Orgel ist den Kirchenrechnungen zu entnehmen. Im Jahre 1662 ff. werden folgende Posten aufgeführt:

1662 Einem Studenten verehrt wordten, welcher an den hohen Festtagen die Orgel geschlagen 1 fl 15 alb.
1664 dem Organisten, welcher zuweilen die Orgel geschlagen 22 alb 4 d.

So ist der Bericht des Pfarrers Hilf an Herzogl. Regierung vom 7. 9. 1859 zu berichtigen. Dort heißt es betr. die Besoldungsverhältnisse des Elementar-Lehrers: "Erst seit 1666 besteht dahier eine Orgel sed nihil fundationis aut fixi salarii pro organoedo und erst 1715 erhielt der Organist Christoph Jacob Heilmann, Polygraphus et Notarius Caesareus ob accrescentem numerum solemnitatum 10 fl und 4 Malter Korn [66].

Obige Zeitangabe ist wohl daraus zu erklären, daß man im Jahre 1665 begann, für eine neue Orgel Gelder zurückzulegen.

1665: Zur neuen Orgel aus einer Erbschaft 100 fl
1667: Einnahme Legatengelt zur newen Orgell 1666 56 fl 24 alb hatt

62) ZALKHN 1/2556
63) FBHN 44
64) Mitt. Brendel
65) Mitt. Weigle
66) PfA Bericht des Pfarrers Hilf

die Gemein Hoffheim zur Orgell verehrt. 43 fl 6 alb hat noch die Gemein Hoffheim aus einem im Almossen gestandenem Capital abgeleggt undt solches zur Orgel verwendt worden."
25 fl hat die Erbar Gericht in H. zur Orgel verehrt.
2 fl 22 alb H. Schultheiß und Erbar Gericht zur Orgel verehrt.
5 fl hatt H. Johanneß Muleiner Pfarrherr zur Orgel verehrt
5 fl Peter Furstetters Erben
4 fl 5 alb Nicolauß Fritz der Schmidt zur Orgel gegeben
Ausgaben 1667: Dem Orgelmacher von Lich alß die Orgel durch daß Donnerwetter in etwaß verschebbt, wiederumb zu bessern undt zu stimmen geben 7 fl 15 alb. (Orgelmacher aus Lich war Georg Henrich Wagner)
Mit dem Orgelneubau begann man lt. Rechnungen im Jahre 1672.
1672:

"Max Schneidter dem Zimmermann den Orgelstull item ein kleinen Baw, darin die Orgelbälge liegen und sonst anders nötige Kirche Arbeit zu machen geben	13 fl
Arnolten Turnuß dem hie vor gedachten Orgelbaw zu undermawern	8 fl 25 alb
Johann den Leydecker von Höchst den Orgelbaw mit Schiefferstein zu decken, zwey Dechlein an beyden Kirchenthüren zu machen	42 fl 15 alb
Vor 70 lange und 40 kurtze Latt auß Vierling zu Orgelbaw zu verbrauchen zahlet	6 fl 12 alb
2 Rieß Schiefferstein	1 fl 15 alb
Vor allerhand Negel zum Orgelbaw geben	2 fl 26 alb 4 d
Johann Lechner dem Schreiner vor allerhandt Schreinerarbeitt beym Orgelbaw	12 fl
Peter Lorgen geben vor 42 lb Eysen, welcheß zum Orgelbaw verbraucht worden	1 fl 22 alb 4 d
Nicolauß Fritz geben vor allerhandt Schmidtarbeit beym Orgelbau	4 fl 5 alb
Joh. Schmidt dem Schlosser geben vor allerhand Schrauben und Schlosserarbeitt zum Orgelbaw	3 fl 20 alb
Hanß Peter Spengler dem Glaser geben 3 kleine Fenster im Orgelbaw undt vor 7 Stück Flügelfenster in der Kirche	6 fl 15 alb
Haben obengedachte Handtwerckleuth zum Schlußwein bekommen	1 fl 15 alb
Den Hoffheimer Fuhrleuten geben die Orgel zu Lich abzuholen, deß H. Graffen von Rödelheim sein Secretario zu Discretion verehrt wordten, gedachte Fuhrleuthe ein Paß gesnidten Lust halben mitzutheilen	31 fl 5 alb
Der Kirchenbawmeister verzehrt, welcher mit den Fuhrleuthen gangen undt die Orgel hat helffen abholen	1 fl
Einem Botten geben, welcher zum zweitten Mahl der Orgel halber nacher Lich geschickt wordten	2 fl 14 alb

Vor Unschlitkertzen geben, welche beym Aufschlagen und Stimmen der Orgel inwendig verbraucht worden		15 alb
Vor Leim, so zur Orgel undt Belgen verbraucht worden		4 alb 4 d
Vor harte Seyffen zu Belgen gebraucht		2 alb 2 d
Seint an Herr Georg Henrich Wagner Organist und Orgelmacher von Lich die Orgel sampt angehenkten Petall zu machen geben worden	242 fl	
Hatt Herr Orgelmacher mit seinen Söhnen im Würthshauß verzehrt die Zeit selbige an der Orgel aufgeschlagen undt selbige gestümbt haben	20 fl	
Seint beym Schluß alß der Orgelmacher die Orgel gantz verfertiget aufgeschlagen undt durch die Herrn benachbarthe Organiste und Musicanten probiret verzehrt worden	13 fl	
"Seint dem Orgelmacher Sier geben wordten die alte verkaufte Posatyff von newen zu repariren	24 fl	
1673:		
"Zum Subbas. welcher ahn die Orgel ahngehenkt:		
Item Georg Kasseler, dem Zimmermann, zahlet vor den Seulen undt Boden, darauff der Subbaß gestellet worden	8 fl	
Loth Hoffmann dem Leyendecker auß Hoegst zahlet daß Dach uffm Heißlein, darin die Orgelbälge liegen außzubessern	2 fl	15 alb
Diesen beyden 3 Maß Schlußwein geben		12 alb
Dem Eisenhändler ahn Speichernägell, welche zum Boden und Getäffel beym Subbaß verbrauchet		26 alb
Vor 25 guete Borth so zu gemelter Arbeith		18 alb
Vor Papier undt Leim beym Subbaß uffgangen		21 alb 4 d
Vor Unschlitkertzen, so deß Tages und Abendts bey Auffschlagung des Subbaß undt Stimmung der Orgel verbrauchet		16 alb 4 d
Johann Lechner dem Schreiner vor allerhandt Schreinerarbeith bey dem Subbaß zahlet	6 fl	6 alb
Den Waltförsten, welche daß Holtz zu den Seulen und Bodengestell ahm Subbaß gezeichnet für Wein zahlet		4 alb
Joh. Schmidt dem Schlosser vor allerhandt Schlösserarbeith an den Subbaß zahlet		10 alb

Damit wären durch die Kirchenrechnung ungefähr 428 fl bezahlt.
Also war zunächst ein Werk mit angehängtem Pedal geplant und dann später ein selbständiges Pedal (Subbaß) in Auftrag gegeben 67)
Aus der Rechnung von 1697 ist zu entnehmen, daß die Orgel Flügel hatte, wofür blauer Schechter für 1 fl 40 xr bezahlt wurde 68)

67) HStAWsb 106 KR
68) PfA KR

Ein Vertrag ist leider nicht erhalten. Eine ältere Disposition wird 1844 von Voigt überliefert, die aber sicherlich im Laufe des 18. Jh. verändert wurde. Eine Wagnersche Disposition scheint aber zu Grunde gelegen zu haben, sie möge weiter unten folgen.
Zunächst noch einige Angaben über weitere Arbeiten an dem Werk.

1675 Ahn zwey Maß firnen Wein, der Orgelmacher auß dem Rheingaw verzehret, alß er die Orgell etwaß gestimmet		16 alb
1679 Schulmeister, Organist für ein Lemmerfell zahlt, welcheß an die Orgel verkauft worden		6 alb
Vor 2 Bändter an den Leden im Orgelbaw		5 alb
1684 Item für 2 Schaaffell und 1 lb Leim so ahn die Orgelbälg verbraucht zahlet	1 fl	
1688 für einen Boden Dannholz, so zu der Orgelbühne verbraucht worden zahlt 69)	9 fl	
1739 dem Orgelmacher vor die Orgel zu stimmen und außzubutzen	6 fl	
1764 Orgellmacher für Reparatur	25 fl 30 xr	

Ab 1784 wird die Orgel regelmäßig von Orgelbauer Embach gestimmt. Bis dann 1844 eine größere Reparatur notwendig wird, zu der Voigt, Igstadt, am 18. 7. 1844 einen Voranschlag einreicht. Die Orgel hat jetzt folgende Register:

A. Manual
1. Principal 4'
2. Viola di Gamba 8' (bei Wagner möglich Quintatön 8')
3. Gedackt 8'
4. Flöte 4'
5. Quinte 3'
6. Octave 2'
7. Spitzflöte 2' (bei Wagner evtl. Spitzflöte 1 1/2')
8. Mixtur 1' Ton

B. Positiv
9. Principal 2'
10. Gedackt 8'
11. Flöte 2'
12. Quinte 3' (bei Wagner wahrscheinlich 1 1/3')
13. Cimpel 1'
14. Vox humana 8'

C. Pedal
15. Principalbaß 8'
16. Subbaß 16'
17. Trompetbaß 8'

2 Principalregister stehen im Prospekt, wohl im Hauptwerk der 4' und in den Pedalflügeln der 8'. Es wird bemerkt, daß die Bässe sehr schwach seien.
Lehrer Vogelsang, Sindlingen, bemerkt, daß das Positiv Quint und Vox humana enthalte, von welcher das erste für die Disposition zu

---

69) HStAWsb 106 KR

schreiend, das andere ganz widerlich sei und keine Stimmung halte. Er empfiehlt statt Quinte Salicional 3' (?) im Diskant repetierend, wohl ähnlich wie Stumms Salicional 2' rep. 4' im Diskant. Für die Vox humana wird Gedackt 4' vorgeschlagen.
Manual- und Pedalklaviatur waren sehr ausgespielt. Für Reinigung und andere Arbeiten wurden 155 fl angesetzt, die von der Regierung am 25. 9. 1844 genehmigt wurden. 1845 wurden 180 fl bezahlt.
Die obige Disposition scheint im 18. Jh. verändert worden zu sein. Eine mögliche Grundform ist angedeutet.
1855 erfolgte nocheinmal eine Reparatur durch Voigt, 1869 durch Köhler, Mainz.
Im Jahre 1888 plante man endlich einen Neubau, Organist Kilbinger und Lehrer Schmidt legten zur Ausschreibung eine Disposition vor:
Vorschlag vom 7. 2. 1888
I. Pl8 Bd16 Gb8 Gh8 Hlfl8 Gd8 O4 Rfl4 Corn4f Mxt4f Tpt8
II. Ggpl8 Sal8 Dolce8 Ged8 Fltr4
Ped. Sbß16 Vlbß16 Vcl8 Pos16
Kegelladen. Das alte Gehäuse soll wieder verwendet werden.
Im September 1887 hatte M. Keller, Limburg, einen Vorschlag für 5866 Mk eingereicht.
Einen wenig veränderten Vorschlag übersandte Joh. Schlaad, Waldlaubersheim zu 5000 Mk:
I. Pl8 Bd16 Gb8 Gd8 (Baß: Holz, Diskant: Metall) O4 Fl4 O2 Korn3f Mxt3f2 Tpt8
II. Ggpl8 Lbgd8 Sal8 Fldolc4 Hoboe8 (Später Fernfl8 Rfl4)
Ped. Sbß16 Plbß8 Obß4 Pos16
Schleifladen. Das sehr schöne alte Gehäuse wird beibehalten. Evtl. wird im Pedal noch Quintatönbaß 16' eingefügt.
Er schreibt am 10. 2. 1888: Zur Kegellade würde ich Ihnen durchaus nicht rathen, dieselben werden sich nach allem Vermuthen und Aussagen der Fachblätter sehr rasch überlebt haben und ein böses Alter nehmen. Noch vor einigen Monaten, als die Seminar-Orgel zu Boppard in Stand setzte, hatte ich die schönste Gelegenheit mit dem dortigen Music Director H. Piel, ein sehr berühmter Componist und Sachkenner, zu sprechen. . . . will auch nicht Kegelladen empfehlen.
Schlaad war in seiner ganzen Arbeit, wie auch die Disposition zeigt, konservativer.
Am 22. 2. 1888 wird mit Voigt der Vertrag geschlossen. 1889 mußte die Firma den Konkurs anmelden und die gesamte Habe als Garantie einsetzen.
Voigt gibt bei der Disposition die Mensurtypen an:
Pl8 Mens V, Bd16 III, Gb8 II, Hlfl8 IV, O4 V, Fug4 III, O2 V, Corn-Mxt4f Tpt8
Oberwerk Ggpl8 III, Sal8 I, Gd8 III, Aeol engste Mens., Fltr4 II
Sbß16 VI, Ctrbß16 V, Plbß8 I, Vcl8 I
Kegelladen, Züge: MK PK Tutti, Forte, Piano. Das alte Gehäuse auf jeder Seite vergrößert.

Die Kornettmixtur hatte folgende Zusammensetzung:
C 2 2/3' 2' 1 1/3' 1'
co 4' 2 2/3' 2' 1 1/3'
c1 4' 2 2/3' 2' 1 3/5'
c2 desgleichen
c3 desgleichen
Der Preis sollte 4340 Mk betragen.
1934 bemühte man sich um eine Erneuerung. Späth, Ennetach-Mengen, machte am 29. 8. 1934 folgenden Vorschlag:
I. Bd16 alt, Dolce8 alt, O4 alt, Gh4 alt, Mxt5f Rschpf(02+Q3 alt) Tpt8 alt, Cornett3-4f alt
II. Vxcl8 alt, Zartfl4 alt, Wfl2 aus Rfl, Lbgd8 alt, Sal aus Gb8
Ped. Unters16 alt, Fl8 alt
Man schloß jedoch auf Kirchenratsbeschluß mit Joh. Klais, Bonn, am 10. 9. 1934 einen Vertrag, der von der Behörde am 15. 10. 1934 genehmigt wurde.
Die Disposition:
I. Nhgd16 Pl8 Hzfl8 Gh8 O4 Rfl4 O2 Mxt4f Tpt8
II. Ggpl8 Bordunalfl8 Sal8 Vxcl8 Sgpl4 Zfl4 Q3 Schwegel2 T1 3/5 Zbl3-4f Kh8 Tr.
Ped. Plbß16 Sbß16 Ztbß16(Tr) Obß8 Gdbß8 Chbß4 Bßfl4 Flfl2 Pos16
NK SpII/I, SpII/II, SbII, 2 fr. Kb, 3 feste Kb. 70)

Hofheim, St. Bonifatius, kath.

Eine neue Orgel baute Förster und Nicolaus, Lich, im Jahre 1970 mit folgender Disposition:
I. HW Gdpo16 Pl8 Gh8 O4 Hzgd4 Blfl2 Q1 1/3 None8/9 Mxt4-5f Tpt8
II. SchwW. Hzgd8 Qtt8 Pl4 Rfl4 O2 Septime1 1/7 Sesq2f Schfzbl3-4f Dulz8 Tr.
Ped. US16 Obß8 Sppf8 Rpo4 Nh2 Pedmxt4f Pos16 Kopftpt4
NK 2 freie Vorb. Schleifladen, mech. Traktur, el. Reg. 71)

Hofheim, Kapelle

Im Jahre 1862 wurde in der Kirchenrechnung verzeichnet: "Dem Orgelbauer Voigt geleistete Handlangungen bei Aufschlag einer der Kapelle geschenkten alten Orgel aus der Kirche zu Zeilsheim an Ph. Schick 16 fl."
Diese Orgel hat folgende Stimmen:
Gd8 Fl8 Pl4 Gh4 Gdfl4 O2
Sbß16 Vlbß8 72)

70) Mitt. PfAmt PfA Orgelakte
71) Prospekt Förster und Nicolaus
72) Arch. Klais

Hofheim, Krankenhaus St. Marien

Im Jahre 1965 erbaute Franz Breil, Dorsten, ein neues Werk mit nachstehender Disposition:
HW Rgd8 Pl4 Wfl2 Mxt4f
BW Sggd8 Gemsrohrpo4 Pl2 Terzglockenton2f Doppelkegelreg8
Ped. Sbß16 Offenbß8
NK 73)

Hofheim-Marxheim, ev.

W. Bosch, Kassel, baute 1962 eine Orgel folgender Form:
Gd8 Pl4 Gh2 Mxt3f Sbß16 74)

Hofheim-Marxheim, kath.

1817 war noch keine Orgel vorhanden 75).
Für die 1843 erbaute Kirche lieferte Voigt, Igstadt, 1846 die Orgel für 2350 fl, die von C. S. Meister, Lehrer in Wiesbaden, nach Bericht vom 25. 7. 1846 abgenommen wurde. Der Akkord wurde am 12. 7. 1845 genehmigt 76). Die Disposition:
I. Pl8 Bd16 Gb8 Rfl8 Gd8 O4 Gh4 Q3 O2 Corn3f Mxt4f Tpt8 B+D (nicht besetzt)
II. Pl4 Fltr8 Lbgd8 Sal4 Flambl4 Nas3 Wfl2 Mxt3f
Ped. Sbß16 Vlbß16 Obß8 Pos16 (nicht besetzt)
PK MK Windablaß.
Die Untertasten sind aus schwarzem Ebenholz.
Heute noch ein klangschönes Werk von Fr. Voigt.

HOF WESTERWALD (Dek. Marienberg), ev.

1966 baute G. Hardt, Möttau, eine Orgel:
Pl8 Gd8 Gb8 Disk O4 Rfl4 Q3 O2 Mxt4f1 1/3 Sbß16 Chbß4
Schleiflade, mech. Traktur. Abnahme am 8. 7. 1966 77).

HOHENSOLMS

1835/36 berichtet Abicht, daß die Orgel sehr schlecht war 78).
1956 wurde durch Orgelbauer Schmidt, Ratzmanns Nachfolger in Gelnhausen, ein neues Werk gebaut:
I. Pl8 Fl8 Gdpo4 O1 Mxt2
II. Sal8 Rfl8 Pl4 Fl2 Zbl1
Ped. Sbß16 Obß8 Flbß4 79)

---

73) Mitt. Breil
74) Mitt. Brendel

Die Ev. Gemeinde bestellt bei Joh. Michael Engers, Altensimmern, eine Orgel für 300 fl. Die Genehmigung erfolgte durch das Consistorium. Die kath. Gemeinde weigerte sich mit zu zahlen. Es wurden Testate beigelegt von Gemeinden, wo beide Konfessionen beteiligt waren:
Niederwallmenach 5. 7. 1752, Ruppertshofen 5. 7. 1752, Niedertiefenbach, St. Goar 30. 11. 1752.
Am 4. 1. 1801 wurde mit Engers ein Vertrag geschlossen:
Disposition:
1. Principal 4', vier tiefe Töne Holz
2. Bordun 8' 2 Octaven Holz
3. Flaut travers Discant 8', Birnbaumholz
4. Gedackt Flaut 4', untere Octav Eiche, Metall: 2/3 Zinn, 1/3 Blei
5. Solicional 2' Metall s. o.
6. Viol di Gamb 8' Discant, Probzinn
7. Mixtur 3 fach 1' rep. 2 mal in g (go und g1)
8. Vox humana 8' 2 Octaven Probzinn
9. Clarinet Discant 4', Probzinn
10. Tremulant
11. Coppel M/P

Pedal: Violonbaß 8'
Manualumfang 51 Tasten, Pedal 15 Tasten, Halbtöne in Elfenbein.
2 Bälge 8' lang, 4' breit.
Gehäuse von Nußbaum mit zierlichem Laubwerk.
Die Quittung wurde am 18. 3. 1801 von Engers in Laufenselden, wohin er später verzog, ausgestellt [80].
Am 19. 1. 1836 wird an die Landesregierung berichtet, daß die Reparatur der Kirche eine Ablegung der Orgel nötig machte. Ein Akkord wegen Ab- und Aufbau wurde von M. Embach, Frauenstein, vorgelegt und Nacharbeiten zu 5 fl berechnet. Der Zustand wird als gut bezeichnet [81].
1885 lieferte G. Raßmann, Möttau, ein neues Werk:
Pl8 Gd8 Sal8 O4 Fl4 Corn3f Disk., 2f Baß Sbß16 Vlbß8
Mechanische Kegellade [82].

75) HStAWsb 211/1409
76) HStAWsb 211/4623
77) Arch. Hardt
78) Abicht, S. 192
79) ALKRhl O+G
80) HStAWsb 303 Xd, 10
81) HStAWsb 211/4790
82) Mitt. Brendel

HÖHN

Am 13. 8. 1844 wurde berichtet, daß vor einigen Jahren eine neue Orgel angeschafft wurde.
Am 5. 10. 1932 wurde lt. Ordinariat Limburg die alte Orgel von Kriftel für 500 Mk an Höhn verkauft. Lt. HBLbg hat sie 1956 12 Register [83].

HÖHR-GRENZHAUSEN

Höhr-Grenzhausen, ev.

Bereits 1817 war eine Orgel vorhanden [84].
1861 wurde durch G. Raßmann, Möttau, eine neue Orgel erbaut:
I. Bd16 Pl8 Gd8 Sal8 O4 Gh4 O2 Mxt4f2 CornDisk
II. Gd d'amour8 Fl4
Ped. Sbß16 Obß8 [85]

Höhr-Grenzhausen, kath.

Als op. 306 erbaute J. Klais, Bonn, im Jahre 1905 eine Orgel, wobei die alte abgebrochen wurde, die folgende Disposition hatte:

I.
1. Principal 8'
2. Bordun 16'
3. Gamba 8' Diskant und Baß
4. Hohlflöte 8'
5. Octav 4'
6. Flöte 4'
7. Quint 3'
8. Octav 2'
9. Kornett 3 fach
10. Mixtur 3 fach
11. Trompete 8' Baß und Diskant

II.
12. Principal 8'
13. Gedackt 8'
14. Salicional 8'
15. Flöte 4'
16. Quint 3'
17. Octav 2'
18. Krummhorn 8'

Pedal
19. Principalbaß 16'
20. Violonbaß 16'
21. Principalbaß 8'
22. Gedackt 8'
23. Posaune 16' [86]

Sie war im Jahre 1854 durch C. Zumsande, Höhr, für 907 fl 34 xr 3 d erbaut worden [87].

---

83) HStAWsb 233/845 BALbg
84) HStAWsb 211/1409
85) Arch. Hardt
86) Walter, ZfI 1904/05, S. 997
87) BALbg KR Höhr

Die am 15. 7. 1905 abgenommene Orgel von Klais hatte folgende Gestalt:
I. Pl8 Bd16 Gd8 Hlfl8 Gb8 Gh8 Rfl8 O4 Fl2 Mxt4f Tpt8
II. Pl8 Lbgd8 Qtt8 Sal8 Aeol8 Vxcl8 Fltr4 Progr.
Ped. Plbß16 Sbß16 Salbß16 Vcl8 Pos16 88)
Diese Orgel wurde im Jahre 1955 von Jos. Göbel, Leichlingen, umgebaut und renoviert.
1965 wurde sie wiederum umgebaut von E. Wagenbach, Limburg:
HW Pl8 Hzfl8 Gh8 O4 Rf4 Q3 O2 Zbl2f Aliquot1f Mxtcorn4f Tpt8
OW Gd8 Sal8 Qtt8 Pl4 Offl4 Schwig2 Terzian2f Schf3f
Ped. Plbß16 Sbß16 Obß8 Chbß4 Pos16
NK SpII/I 2 fr. Kb. 89)

HOLLER

1889 erbaute M. Keller, Limburg, eine neue Orgel, die anscheinend später mit pneum. Traktur versehen wurde.
I. Pl8 Hlfl8 Gb8 O4 Klgd4 Corn4f
II. Ggpl8 Gd8 Fernfl8 Fl4
Ped. Sbß16 Vlbß8
NK SpII/I, SpI 90)

HOLZAPPEL

Über die alte Orgel wird in den Rechnungen berichtet:
1740/41 an den Orgelmacher Macrander wegen Visitation und Verbesserung der Orgel zahlt 1 fl 12 alb
1746/47 Schreiner Peter Grien vor ein Register an die Orgel zu machen 4 alb
1754/55 An den Orgelmacher Andreas Schelt wegen der Orgelbälg 1 fl 5 xr
1793 dem Orgelmacher von Griedel (Treuth) wegen Orgelreparatur 33 fl 91)
1826 wurde der Grundstein zu einer neuen Kirche gelegt. Orgel und Altar aus dem Jahre 1876 waren ein Geschenk des zeitweiligen Patrons Herzog Peter von Oldenburg 92).
Die von Raßmann erbaute Orgel hat folgende Disposition:
I. Bd16 Pl8 Gb8 Gd8 O4 Gdfl4 Q3 O2 CornDisk Mxt2
II. Lbgd8 Sal8 Fldo4
Ped. Sbß16 Obß8 Vlbß8 93)

88) Arch. Klais
89) Mitt. PfAmt
90) Mitt. Vogel
91) HStAWsb 336 KR
92) Pfarrer Lauth, Grundsteinlegung und Erbauung der ev. Kirche zu Holzappel 1826. Heimatbl. für den Unterlahnkreis, Blg. zur Emser und Diezer Ztg. Jg. 1 (1926) Nr. 15
93) Mitt. Vogel und Brendel

HOLZHAUSEN, über der Aar (Untertaunuskreis)

In dem Inventar vom Jahre 1912 wird über die Orgel berichtet: "Älteres Werk, abgängig, auf der Chorempore. Gehäuse Spätbarock". Am 18. 7. 1912 wird dem Konsistorium mitgeteilt, daß eine neue Empore zum Neubau einer Orgel zwinge. Das alte Werk sei vor 15 Jahren (1897) für 500 Mk repariert worden.
Schon 1867 war eine Reparatur nötig, wie ein Antrag des Kirchenvorstandes zeigt. Das Chorgewölbe war schadhaft, so daß die Orgel abgelegt werden mußte, was Voigt für 10 fl erledigte. Ein Vorschlag wegen Reparatur wurde auch von OB Weller, Wetzlar, eingereicht, der vollständiger und um 90 fl niedriger war. Voigt war mit Arbeit überhäuft. Der Plan wurde von dem pensionierten Lehrer und Organist an der Marktkirche in Wiesbaden geprüft, und der Vertrag mit Weller über 355 fl am 14. 8. 1867 von Wiesbaden genehmigt [94]).
Am 12. 3. 1913 wurde von dem Sachverständigen Lehrer Gräb, Biebrich, ein Gutachten erstellt:
Erbauer und Alter des Werkes sei nicht näher bekannt. Es solle im Jahre 1819 als gebrauchtes Werk von Braubach nach Holzhausen gebracht worden sein. Die Bauart sei nach ca. 200 Jahren veraltet, vor allem die Disposition. "Auf die zarte näselnde Gamba 8', die das einzige 8' helle Register der Orgel ist, sind 6 Obertonregister, nämlich 3 Ergänzungs- und 3 Aliquotstimmen gestellt. Diese tun in scharfen, spitzigen Schreien des Guten zuviel. Das eigentliche Stammregister, Prinzipal 8' fehlt. Der halbdunkle Klangcharakter ist durch Hohlflöte 8' und Spitzflöte 4', der dunkle durch Gedackt 8' vorschriftsmäßig und gut vertreten". Das Pedal sei unselbständig. "Das volle Werk klingt hoch, spitz und scharf, dazu in der bekannten Eichhornschen Stimmung". Er bemerkt, daß sich gerade durch den Männerchor der Sinn für den abgerundeten vollen Klang bilden helfe. Die Orgel scheint also nach dem Neubau der Braubacher Orgel durch Schöler, Bad Ems, nach Holzhausen gekommen zu sein. (s. Braubach) Es handelt sich also um die 1718 neugebaute Orgel. Die Disposition ist nur annähernd zu rekonstruieren:
Gd8 Hlfl8 Gb8 Pl4 Spfl4 Q3 O2 T1 3/5 Mxt Zbl Corn (?)
Klar ist in dem Gutachten das veränderte Klangideal zum Ausdruck gebracht. Gräb schlug folgende Disposition vor:

I. Sal(II) Bd8 Hlfl8(II) Gb8(II) Pl8 Hornfl4(II) O4 CornMxt2 2/3 2' 1 3/5' später auf 4'
II. Aeol8 Vxcl8 Sal8 Gd8 Hlfl8 Gb8 Hornfl4 Gd16 ab c^{o} von Gd8
Ped. Ztbß16(II, Gd8 und Gd16) Sbß16 Vcl8(II) Obß8(I) Chbß4(I, O4) [95])

Steinmeyer und Walcker wurden aufgefordert und der Preis mit 3500 Mk veranschlagt [96]).
Nach Aufzeichnungen des Orgelbauers Eppstein (1967) hat die Orgel folgende Register:
Pl8 Gd8 Gb8 Sal8 O4 Mxt3f2 2/3 Sbß16 PK Pneum. Traktur
Nach Wißmüllers Aufzeichnung soll C. Horn, Limburg, sie 1921 gebaut haben. Brendel schreibt sie Walcker zu. Nach seinem Bericht wurde sie 1912 gebaut.

HOLZHAUSEN, auf der Haide

Die Orgel ist um 1870 von G. Raßmann gebaut:
I. Pl8 Gd8 Sal8 O4 Fl4 O2 Mxt3-4f CornDisk (Fl8Disk)
II. Physmarmonika
Ped. Sbß16 Vlbß8 97)

HOLZHAUSEN (Hünstein)

1967 erbaute W. Bosch, Kassel, ein neues Werk, das am 24.2.1967 abgenommen wurde:
I. Pl8 Gd8 O4 Gh4 Wfl2 Sesq Mxt4f
II. Rfl8 Spfl4 Pl2 Quarte2f1 1/3+1 Zbl4f1/2 Schalm8 Tr.
Ped. Sbß16 Obß8 Spgd4 Mxtbß4f2 2/3 Fag16
Schleiflade mit mech. Tr. 98)

HOLZHAUSEN (Kr. Wetzlar)

G. Hardt, Möttau, baute 1960 ein Werk mit der Disposition:
Pl4 Gd8 Rfl4 O2 Mxt3-4f1 1/3 Sbß16 99)

HORBACH

Walcker baute 1952 folgendes Positiv:
Gd8 Rfl4 Pl2 Mxt1 1/3 1)

HORESSEN

1956/57 erstellt W. Seifert, Köln, ein Werk folgender Gestalt:
I. Pl8 Sal8 Nh4 Schweg2 Mxt4f1 1/3 Tpt8
II. Rgd8 Pr4 Qtt4 Wfl2 Nasq1 1/3
Ped. Sbß16 Obß8 Gdbß8 Chbß4
NK SpI/Ped SbII/Ped 2)

HÖRNSHEIM

1710 erfahren wir zuerst etwas über eine Orgel; denn in diesem Jahr erhielt der Schulmeister für die Orgel und die Uhr zu stellen 2 fl.

94) HStAWsb 211/5460
95) ZALKHN PfA Kasten 7 Fach VI, a
96) ZALKHN 1/2652
97) FBHN 44
98) Mitt. Brendel
99) Arch. Hardt
1) Arch. Hardt
2) Mitt. PfAmt

1727 wird die Orgel durch einen ungenannten Orgelmacher gestimmt und ausgeputzt.
1783 empfängt der Orgelmacher Riehl (Rühl) 1 fl 4 alb [3].
Am 25. 6. 1770 wird mit dem Orgelmacher Dräut in Griedel ein Akkord wegen der Bälge abgeschlossen.
Am 19. 10. 1795 wird von demselben Meister F. Dräut in einem Bericht über die Orgel festgestellt, daß alle Laden nachgesehen, aller Eisendrath durch Messingdrath ersetzt und die Pulpeten neu beledert werden müssen. Traktur und Ventile seien schadhaft.
Einen Gegenbericht macht der Schulmeister Rühl, auch als Orgelmacher tätig, daß die Angaben nicht zutreffend seien.
Er empfiehlt einige Register zur Verstärkung der Orgel hinzuzufügen. Die Pfeifen seien aus Blei.
Am 31. 5. 1796 wurde mit ihm ein Akkord, die Reparatur und Verstärkung berücksichtigend, geschlossen.
Es wird an Registern erwähnt:
Gedackt 8' Holz, Viol di Gamba 8' Metall, tiefe Octav gedackt, Terz 1 3/5' Metall und ein neuer Tremulant zum Preise von 122 fl nebst alten Pfeifen [4].
Ein Stimmvertrag wurde abgeschlossen am 18. 7. 1843 mit Carl Landolt, am 16. 11. 1853 mit Weller, für 1881 mit Eichhorn, Weilmünster [5].
Um 1890 baute Hugo Böhm, Gotha, ein neues Werk:
I. Pl8 Hlfl8 Gb8 O4 Rschq2 2/3
II. Sal8 Lbgd8 Flambl4
Ped. Sbß16 Obß8 [6]

HUNDSANGEN

Nach der Pfarrchronik von Oestrich wurde die alte Orgel um 200 fl nach Hundsangen verkauft [7].
Darüber wird im einzelnen folgendes berichtet:
21. 5. 1834 "Bevollmächtigt hat Pfarrer Müller die in hiesiger Pfarrkirche abgelegt alte Orgel an den gleichfalls erschienenen Schulinspector und Pfarrer Mollier von Hundsangen mit dem Betrag von 200 fl verkauft. Jährlich mit 50 fl abgezahlt".
11. 6. 1834 die Regierung genehmigte den Verkauf der alten und in ziemlich gutem Stand befindlichen Orgel für 200 fl.
12. 6. 1834 Die Nassauische Regierung verlangt, daß die Orgel vorher von Orgelbauer Embach, Rauenthal, untersucht wird.
Am 4. 10. 1834 schickt der Sachverständige, Lehrer Anthes aus Idstein, einen Bericht: "Das alte Gehäuse wird beibehalten, um so eher, da die Größe und Form einer neuen aus den jetzt zerstreut liegenden

3) HStAWsb 360 GR
4) HStAWSb 153/140
5) HStAWsb 424/453
6) Arch. Hardt
7) Chronik. Aufzeichnungen von Dekan Müller, PfA

Registern nicht bestimmt werden kann. Auch die beim Transport beschädigten Teile werden ausgebessert. Die Windladen für Manual und Pedal sind auseinander zu nehmen, Registerschleifen, Ventilklappen, Pulpeten und Spunde zu beledern, Bälge an fehlerhaften Stellen zu beledern. Sämtliches Pfeifenwerk ist auszubessern, zersprungene Holzpfeifen in Manual und Pedal zu leimen".
Der im Prospekt stehende Principal, z. T. von Blei, z. T. von Holz ist blind und muß, da er schwarz geworden ist, übersilbert oder mit Stanniol belegt werden.
Kaspar Embach vermerkt 11 Manual- und 3 Pedalregister. Manches ist beschädigt. Er zitiert speziell den Principal 8' von Blei und das Gedackt 8', das im Baß unbrauchbar ist und dessen erste Oktav neu gemacht werden müsse. An Reparaturkosten setzt er 540 fl an.
Orgelbauer Schmidt, Hadamar, setzt am 11. 8. 1834 300 fl an.
Am 24. 12. 1834 wird mit Schmidt ein Vertrag über die Reparatur abgeschlossen und von der Nass. Regierung am 18. 12. 1834 genehmigt.
Es wird ein neues Pedalklavier gebaut und 14 neue Wellen.
Er fügt ein neues Salicional hinzu. Der Abnahmebericht von Anthes am 11. 10. 1834 ist günstig.
1911 erbaute C. Horn, Limburg, ein neues Werk mit pneum. Traktur.
Das alte schöne Gehäuse wurde beibehalten.
Dem großen, runden Mittelturm schließen sich je 2 übereinanderliegende Flachfelder an, deren Gesims die Verbindung zu den folgenden spitzen Ecktürmen herstellt. Der Zierrath weist auf das Baujahr 1682 hin (s. Oestrich) [8].
Das neue Werk hat 19 Register [9].

IDSTEIN

Idstein, Amt

Da im Amt Idstein und im Conistorial-Convent Idstein zentral Orgelbau- und Orgelbauer-Zulassungen behandelt wurden, sollen die beiden in den Akten getrennten Behörden im Zusammenhang hier abgehandelt werden. Die speziell einige Orte angehende Daten werden im allgemeinen dort detailliert aufgeführt [10].
Im Jahre 1733 bemühte sich der Orgelmacher Georg Friedrich Weißhaupt in Idstein um die Aufsicht in dem Amt Idstein:
Gesuch "Georg Friedrich Weißhaupts, Bürger und Orgelmachers zu Idstein um die Reparation und Aufsicht derer Orgelwercke in hiesiger Statt und Ambt ihme gnädig zu vertrauen.

8) PfA Hundsangen UB 1836 – Wagenbach, Hundsangen- Heimat. Festschrift z. 200-jährigen Jubiläum der Pfarrkirche 1925, S. 12 – HStAWsb 211/1689
9) HBLbg 56
10) HStAWsb 133 Xa, 19

Wann Supplicant, daß der seine Profession so, wie es seyn solle, verstehe, zu vorderist beybringen wird, so soll deme Vorgange, auff sein beschehenes Gesuch, weitere Resolution erfolgen.
Usingen, den 11. 7. 1733"
Am 8. 7. war von Usingen berichtet worden:
"In hiesigem Amt ist außer bey den hiesigen Orgeln weiter keine, alß die zu Wißbach (Grävenwiesbach). Die große in der Lutherischen Kirche hat der Organist bißhero, wan man es nöthig gefunden, gegen eine mäßige Discretion gestimmt und in ziemlichen Stand erhalten. Vormals sind dem Orgelmacher zu Homburg vor der Höhe jährlich vor sothane Unterhaltung 3 fl bezahlt worden". Man legte ihm auf, Unterlagen beizubringen "gestalten man Bedenken traget, ein mit so viel Kosten erbautes Werk, wie hiesige Orgel ist, einem nicht genugsamen erfahrnen und vielleicht gar zur débauche geneigten Mann unter Händen zu geben" 11) (s. Usingen, Grävenwiesbach).
Das Gesuch wurde auch unmittelbar an die Regentin Charlotte Amalie adressiert mit der Bitte, die Reparaturen und Stimmungen ihm, statt einem Ausländischen zu geben. Er trug an, auch in den Gemeinden "Grevenwißbach, Wehrheim und Anspach wegen geringen Verdienst übernehmen zu können" 12).
Am 10. 7. 1739 liegt das Gesuch von "Christian Koehler Orgelmacher zu Frankfurt um Erstattung eines Privilegium auf die Orgelarbeit in hiesigen Landen" vor. Es heißt dort weiter: "Selbiger die Reputation eines guten Künstlers bereits erworben, zu Wörsdorff die Prob gemacht, der verstorbene Orgelmacher Weißhaupt auch mit ihme nicht zu vergleichen gewesen ist, kann willfahren werden". In einer anderen Bemerkung eines Schreibens vom selben Datum wird angeführt: "Weil Implorant nichts anderes suchet als was der verstorbene Orgelmacher Weißhaupt genossen" nämlich jährlich 1 Thlr für die Stimmung und kleinere Reparaturen zu zahlen. Es wurde dieses besonders empfohlen, "nachdem wegen der im Lande schon vorhandenen Orgeln die Bestallung eines Orgelmachers nöthig ist".

Idstein, Consistorial Convent

An dieser Stelle wurde eingehend über den Zustand der Orgeln gewacht und Bericht über die Notwendigkeit von Reparaturen und Stimmungen angefordert 13).
So liegt ein Verzeichnis von 1753 vor "was die Orgeln im Oberamt Idstein zu reparieren kosten von Johann Georg Linck". Dieser war Geselle von obengenanntem Köhler in Frankfurt.

---

11) débauche = Ausschweifung, unsolides Wesen
12) Nassau Idstein war 1721 an Nassau Usingen gekommen und verlor dadurch seine Residenz. Hdb. Hist. Stätten, Hessen 227
Die Regentin war "Charlotte Amalie, verwittibt und gebohrne Fürstin zu Nassau, Gräfin zu Saarbrücken, Saarwerden, Catzenelnbogen, Vianden und Dietz, Frauen zu Lahr, Wißbaden, Itzstein und Beilstein, Vormünderin und Regentin".
geb. 13. 6. 1680 Tochter des Grafen Heinrich von Nassau-Dillenburg, gest. 10. 10. 1738
13) HStAWsb 131 Xd, 15

Es wurden aufgeführt: Wehen, Strinz-Trinitatis, Niederseelbach, Breithardt, Rückershausen, Bechtheim. Am 7. 2. 1754 wurden durch den Kirchenschaffner Moll Berichte von Breithardt und Steckenroth, Strinz-Margarethä, Burgschwalbach, Strinz-Trinitatis, Bleidenstadt, Wörsdorf, Wehen, Auroff, Walrabenstein eingereicht.
Am 19. 12. 1756 bittet der Hof-Mechanicus Johann Andreas Mahr aus Wiesbaden um die Aufsicht und Privilegien anstelle des 1761 verstorbenen Köhler. Er hat 2 Söhne angelernt und wünscht die Stelle im Fürstentum Usingen und Idstein zu übernehmen.
Am 13. 3. 1766 übergibt das Fürstl. Consistorium in Wiesbaden durch den Idsteiner Convent Mahr die Arbeiten. Es wird eine Spezifikation der Orte gegeben, wo im Bereich des Idsteiner Convents Orgeln sind: Wörsdorf, Wallrabenstein, Walsdorf, Bechtheim, Heftrich, Oberroth, Reichenbach, Niederseelbach, Breidhardt, Strinz-Trinitatis.
Das Oberamt bewilligt 1 Rthl für Stimmung und bei Hauptreparaturen den Betrag je nach Größe der Bemühungen.
Am 7. 1. 1766 antwortet Usingen auf das Consistorial Rescript vom 19. 12. 1765, daß im Amte 4 Orgeln seien, 2 in Usingen (luth. und ref.) Grävenwiesbach und Steinfischbach.
Im Jahre 1764 hat das Kirchspiel Rod am Berg eine neue Orgel von Orgelmacher "Bürges" (Bürgy) aus Homburg v. d. H. aufgestellt und ihm die jährliche Aufsicht übergeben. Ebenso reparierte er in Usingen, Luth. Kirche für 37 fl und bekam die Aufsicht für 4 fl. Ihm wurde auch die Grävenwiesbacher zur Pflege überlassen. Steinfischbach ist schlecht und erfordert Aufsicht.
"Da nun oben bemerkter Bürges alle Orgeln hiesigen Amtes in Bestand genommen, könne wir ihm diese auch nicht versagen".
Es folgen Quittungen und Zusammenstellungen der Arbeiten von Mahr.
Am 12. 2. 1767 verteidigt sich Mahr und behauptet, nur so lange zu arbeiten als nötig sei.
Am 3. 8. 1772 reicht Joh. Andreas Mahr eine Verteidigungsschrift ein wegen 14 Punkten, die ihm vorgehalten wurden.
Am 3. 11. 1775 bittet J. A. Mahr seinen Sohn als Substitut zu genehmigen. Er schlägt dann noch folgende Arbeiten vor:
3. 5. 1775 Strinz-Trinitatis, 3. 3. 1781 Bleidenstadt, 1788, 2. 7. Aufstellung der alten Biebricher Schloßorgel in Neuhof.
Es wird berichtet, daß in Hasselbach eine Orgel gekauft und in Esch aufgestellt wurde. s. d.
Am 21. 7. 1791 reicht Mahr eine Beschwerde ein, daß ein fremder Orgelmacher aus Simmern einen Akkord für den Neubau in Hennethal aufgestellt hat. s. d. Die schon in Hennethal zitierte Antwort vom 21. 7. 1791 zeigt eine veränderte Einstellung zum Privileg.

Idstein, Stadtkirche

Seit 1340 bestand in Idstein ein Martinstift, Kollegiatstift, das nach Einführung der Reformation um 1546 durch Graf Philipp in eine evan-

gelische Stiftung umgewandelt wurde, deren Vermögen der Unterhaltung von Pfarrer, Lehrern und des Gymnasiums diente [14]).
Die Stiftskirche St. Martin wurde ev. Pfarrkirche und heißt heute Unionskirche, in Erinnerung an die dort 1817 geschlossene erste Union zwischen den Lutheranern und Reformierten in Nassau [15]).
Die ursprünglich gotische Kirche wurde 1655-77 unter Graf Johann in eine ev. Predigt- und Hofkirche umgebaut [16]).
Wann die Stiftskirche ihre erste Orgel erhielt, ist nicht sicher zu bestimmen. 1592 wurde ein Werk des Laubacher Orgelmachers Caspar Schütz angeschafft. Dieses wurde durch ein Werk der bekannten Orgelbauerfamilie Wagner nach Vollendung des Umbaus der Kirche 1673 ersetzt. Nachfolgerin wurde die Orgel der bekannten Orgelbauer Stumm, die 1783 eingeweiht wurde, und deren Gehäuse noch vorhanden ist. Endlich baute Walcker 1912 ein neues Werk [17]).
Es mögen jetzt nähere Einzelheiten zur Geschichte der verschiedenen Orgeln folgen.
Über die Orgel von 1592 unterrichtet der Vertragsentwurf [18]).
"Wir Johann Ludwig Grave zu Nassaue, Herr zu Wispaden und zu Izstein etc. Bekennen hiermit, daß wir dem E(rbarn) Ersamen unserm lieben besondern Meister Caspar Schützen, Bürgern und Organisten zu Laupach, ein new Orgel in unser Pfarrkirchen alhie zu Izstein zu machen und zu ferfertigen folgender Massen und Gestald verdingt haben,
nemlichen, daß bemelter Mr. Caspar Schütz (das) die alte Orgel (werk) in gedachter unser Kirchen alhie genzlich abnehmen und aufraumen, und an desselben stadt ein gahr new Werck und (12) Eylff Registern

	Erstlich ein Koppel uff sechs Schue Chormaß ♀
♀oder Bahrpfeiffen	Item ein Quinthein uff zwolff Schue, so tief ein volkommene halbe Orgell gehen magk ay
ay Item ein Holpfeif der Coppel gleich	
	Item ein Mixtur sechs 8, 9 und zehn feltig gesteckt #
# Item 1 Zimbel minus doppel gesezt	
Item ein Octav uf 3 Schue	(Item ein Fleuten ein Octav über die Koppel)
Item Quintfleut	
Item Quint Coppel	(Item ein Holpfeifen der Fleuten gleich)
Item ein Rauschwerk	(Item ein Octav uff drey Schue)
oder Posaunwerk	(Item ein Zimbell doppel gesezt)
	(Item ein Quint Coppel)

14) Hdb. d. hist. Stätten D., Hessen, S. 227
15) Dehio-Backes, Hessen, S. 430 – Hdb. Hist. Stätten D., Hessen, S. 227
16) Dehio-Backes, S. 430
17) Zusammenfassung der Geschichte und Angabe der Organisten und Kantoren in: Wilh. Cuntz, Die ev. Kirche in Idstein nebst Nachrichten aus ihrer Geschichte 1868^{1}; 1917^{2} hrg. von E. Ernst.
18) Er ist in der Form des Originals gebracht, Ergänzungen am linken Rande. Durchgestrichene Teile sind in Klammer gesetzt.
Johann Ludwig +1596. Sein Grabmal ist in der Idsteiner Kirche. Dehio-Backes, Hessen S. 431

(Item Rauswerk uff Posaunen Art)
Item ein Regal Positiff besonders an die Brust mit einer sonderlichen Laden gesezt
darin drey Register #
Nach seinem besten Vermögen, Erfahrung seiner Kunst und Geschicklichkeit ufs treulichst fertigen zurichten und machen soll

#Erstlich ein Register
Krumbhorn oder Zinck Art
Item ein Holpfeif ein 8 taf
über die im oberen Werk

Item 1 Supperoctav
mit 2 underschiedlichen Clavieren, doch das man mit einem Clavier alle beide zugleich schlagen kan, dann auch Heertrummen und Vogelgesang.
Dar entgegen wollen Wir Ime, Meister Caspern, alle notturftige Materialia, es sey an Zin, Bley, Eysen Drät, Negell, Leder, Duch, Leim, Holz und anders, wie solches das Werck erfordert und Namen haben magk, uf unsern Costen darstellen und zur Hand liefern, wie auch ime und seinen Gesellen so er darzu brauchen wirdt, die Cost zu Hoff, auch vier Gulden Batzen (vor Licht) und furter nach vollendem Werck, Ime vor solche seine Kunst, angewenden Fleiß und Arbeit
Ein Hundert und dreyßig gulden Batzen geben und bahr bezahlen (lassen).
Wie Wir dann auch das ganze Corpus in und auswendige, darin solche Werck und Register gesetzt werden, auch das Gestüll zum Blasbalgen, uf unsern Costen verbessern und machen lassen wöllen.
Doch haben Wir uns hierbey austrucklich bedingt unnd vorbehalten, daß berurter Meister Caspar Schütz nach Verfertigung und Lieferung solches Orgelwercks Uns gepurliche Werschaft (Bürgschaft), und wo dasselbig durch andre dero Kunstverstendigen nit vor ufricht oder sonst mangelhafft und daß Wir darmit nit versorgt erkundt und befunden werden sollte, deßwegen Ruhe und Wandell allezeit zu thun, über ein Jahr das Werk zu renoviren schuldig sein soll.
Inmassen dann er sich dessen gegen Uns verpflichtet und zugesagt hatt, alles getrewlich und ohne Gevehrde.
Dessen zu Uhrkundt haben Wir Johann Ludwig Grave zu Nassaw unser Cantzley Secret diesem Brieve wissentlich nachtrucken lassen.
So geben den 20. Septembris Anno 1592"
Im Nachsatz ein Schreiben von Caspar Schütz an den Grafen:
"Wohlgeborner Graff Gnediger Herr E. G. seien mein unterthanige gehorsame undt gantz willige Dienste zuvorn.
Gnediger Herr, Demnach nuhmer die Orgell dieses Orts allhie in der Kirchen allerdings verfertigt undt auff ein ganz Jahr Wehreschafft, wie breuchlich gestimbt und auff das bestendigste ich will gelieffert haben, wirdt auch gemelte Orgell, wenn die nach gebürender Zeit vleisig verwahret undt eingehalten, ohn Zweiffel von Tag zu Tag zu besserer Resonanz gerathen undt bestendig bleiben.
Dieweil dan ahn mehren gedachtem Werck ich auff angebne Versprechung, nach dan ein ganz neu Corpus ist gemacht worden, vil mehr Muhe undt Arbeit mit Anweisung, Abrechen und wiederumb Auffzu-

schlagen als sonsten gehabt undt angewenden, sondern auch noch vil mehr Pfeiffen, item ein Hehrtrummen, neu durchgeschnitten Gesprenge umb die Pfeifen, welches alles in meinem Gedüngniß nicht ist gemelt, hab machen müßen undt ich bei dem alten Corpore daß nicht notdurfft hathe.
Wan dan Gnedigster Herr ich mit dem Gedingnüß ubel zu langen kan, wie des E. G. als ein verstendiger Herr gnedig wol erwegen undt erkennen werden, was für Sorgen, Muhe, Arbeit und Zeit ahn solches Werck angewendet werden muß.
Gelanget deswegen an E. G. mein unterthenige und vlaisige Pitt, die wollen mir zu Ergetzung meines Schadens einen Zuschoß beneben meinem Gedingnuß gnediglich bewilligen undt werden laßen.
Das will ich nach meinem geringen Vermögen untertheiniglich iederzeit zu verschulden gevlißen sein. E. G. hiemit Gott dem Allmechtigen zu wolferigen, glücklichen Regiment und mich der G. zu Gnades Unterthenig befehlendt, auch solche Werk zum Lobe Gottes iederzeit gebraucht werden möge.
Unterthenig Caspar Schütz, Bürger Und Organist zu Laupach".
Die endgültige Form der Disposition nach dem Vertrag sah also folgendermaßen aus:

Hauptwerk
1. Coppel 6'
2. Bahrpfeiffen 12'
3. Holpfeif 6'
4. Mixtur 8-10 fach
5. Zimbel 2 fach
6. Octav 3'
7. Quintfleut
8. Quintcoppel
9. Rauschwerk Posaunenart

Brustwerk
10. Krumbhorn oder Zink, Regal
11. Holpfeif 3'
12. Supperoctav (1 1/2')

Koppel, Heertrummen und Vogelgesang

Nach dem ersten Entwurf des Orgelbauers waren folgende Stimmen geplant:

Hauptwerk
1. Coppel 6'
2. Quintethen 12'
3. Mixtur 6-8 fach
4. Fleuten 3'
5. Holpfeif 6'
6. Octav 3'
7. Zimbel 2 fach
8. Quintcoppel
9. Rauschwerk Posaunenart

Brustwerk
10. Regal
11. Klein Holpfeif

Es folge der Wortlaut des Entwurfs:
"Verzeichnuß des Orgellwerks in der Kirchen zu Itzstein, was ohngefehrlich für Register konnen darin gesetzt werden wie folget:
Erstlich ein Coppel auff 6 Schuh Chormas
2. Ein Quintethen auff 12 Schuh so tieff als ein vollkommen halb Orgell gehen mag (halbe Orgel ist ohne 16')
3. Ein Mixtur 6 undt achtfeltig gesteckt
4. Ein Fleuten ein Octaff uber die Coppel
5. Ein Holpfeif der Fleuten gleich
6. Ein Octaff auf 3 Schuh
7. Ein Zimbel doppelt gesetzt

8. Ein Quintcoppel
9. Ein Rauschwerk von Posaunen Art
10. Ein Regal sunderlich an die Brust mit einer eignen sonderlichen Laden gesetzt und darbei ein
11. Klein Holpeif

Hierzu soll mir das Bley, Zyn, Holtz gestelt werden, was aber die andere Materialien anlangt, als Leim, Leder, Mesening Drott, Schloßwerk, Negell undt was desen noch mehr ist, welches sich im Werck odder Arbeit befindt, will ich darzu verschaffen.
Item Brennholtz.
Die Blasbalge sollen einer 7 Schuh lang 3 Schuh breit gemacht werden.
Das Clavir sampt neuen Wellen und Tracturen alles neu gemacht werden.
15 Decher Leder kostet der Decher 2 fl.
20 fl kan der Schloßer verdienen an den Blasbelgen an den Registern und Schrauben zu der Laden.
Für Meßing, Eisen und Messingdrot kostet auch ohngeferlich 4 fl
1 1/2 Viertell Center Leims kostet 2 fl
12 Elen Zwilch darauf ich giese das Zyn undt Bley kostet die Elen ein Orts fl thut 3 fl
Was Kolen anlanget solle mit gestellt werden
4 fl für Licht wen ich selbdritte arbeite
1 fl für Wachs die Blasbelg zu vergisen umb die Heubte
4 fl für Negell zum Blasbalgen und anderen, wo sie von nöten
130 fl vor die Arbeit
Der Taufstein in der Kirchen wigt 246 lib
Die alte Pfeifen 164 lib
Der Taufstein zu Wirstorf 162 lib (Wörsdorf)
Vor Bley VI Centner 24 fl
Zinn 1 1/2 Centner, der Centner 29 g fa(cit) 30 fl
Item Eichenholtz zu Laden und Dilen
Item zum Belgen 15 Dannen Dreiling
Item das Corpus auswendig soll m. G. H. den Schreiner machen und anstreichen lassen
Item das Gestul, da die Belg in gehen sol m. G. H. Zimmermann machen lassen".

Felle besorgte Schütz aus der Nachbarschaft von Laubach in Freienseen. Er ließ sich den Kauf in Laubach quittieren:
"Zugedencken, daß Zeiger diß, der Erbar Caspar Schütz, Burger und Organist alhie sechzehn Häuth zu Freiensehl iede vor 1 1/2 fl gekauft, dieselben nach Itzstein zu führen; ihm solche zusammen 24 fl 22 alb deßen zue Urkundt und gewißer Bekantnüß ist ihme diß uff sein Begehren mittgetheilt worden. Signat. den 28ten Januarii Anno 1593. Commiss. Comit(is) Auß Solmsischer Schreiberei zu Laupach (Laubach)".

Es ist interessant zu erfahren, daß zwei zinnerne Taufsteine, d. h. die Hauben als Material verwendet wurden.
Eindeutig geht eindeutig aus den Akten hervor, daß eine alte Orgel vorhanden war und auch das alte Pfeifenwerk eingeschmolzen wurde.

Das alte Corpus wurde durch ein neues ersetzt und mit Gesprenge, das "durchgeschnitten" gearbeitet war, d.h. wohl in durchbrochener Arbeit.

Die Präsenzrechnungen des Martinsstifts von 1592 ff geben den genauen Einblick in den Vollzug der Arbeiten und die Herkunft der Materialien:

"Ausgaben Gelt wegen der newen gemachter Orgell in der Itzsteinischen Kirchen.

Item Casparo Schützen, dem Organisten von Laupach, ist daß neuw Orgellwerk inn meines gnedigen Herrn Hofcost und Gezeug der Gepür zu verfertigen verdingt vor 130 fl par, und als ein solch Werck gefertigett. Ist Ihm zu einer Verehrung verordnet 20 fl Batzen facit

Summa LXVIII fl XIIII alb

Item vermög des Geding sy ihme vor Licht geben	V fl
Item dem Gesellen, so ihm zu solchem Werk geholffen zu seinem Abzug auß Befelch verehrdt	II fl VI alb
Item vor das Leder so zu den Fünf Blaaßbelgen verpraucht worden gegeben	24 fl Patzen XXVII fl
Item dem Schumecher, so solch Leder zusahmen gefügdt und geschmirdt mit Vorwissen des Orgelmachers zu Lohn gegeben	IJ fl
Item vor 10 Maaß firne Schmaltz zu dem Leder geben	V fl
Item vor 17 Hemmelfell, so zu den Lufft Rühren gepraucht worden vor iedes 4 Patzen geben facit	V fl II alb
Item Pothen so dieselbige hiehero gepracht, zu Lohn geben	XXI alb
Item vor allerhandt Notturfft, so Nicolauß Herpst von Frankfurdt geschickt, nach Ausweiß Zettelß geben	VI fl XII alb II d
Item noch vor Nottwendig Gezeug vermög Zettelß geben	IIC XXVII fl
Von fünff Seil an die Bleesbalg geben, und von etzlichen Eisen Drehd	XII alb
Item kost daß Seiffen Zinn, so von Francfordt kommen undt beneben den zwehn Tauffsteinen zu dem Pfeiffenwerk gepraucht worden nach Ausweis Zettelß	XXXXV fl
Item den Maurern, so das Gerüst anfangß gemacht und hernach wieder abgeprochen und die Löcher und was sonst nothwendig, wiederumb zugeflicken zu Lohn geben	III fl XVIII alb
Item hat der Orgellmacher zu Maintz bey Gerhardt Bienen 25 dörr Dreyling costen	VI fl XVIII alb
desgleichen 25 guthe dörr Bordt aufgenommen costen	III fl VJ alb

Item und auch hat er bey Jacob Schreinern allhier 3 eichen und 1 ornen geschnitten Diel empfangen undt solich Geholtz zu den Bleßbelgen, Lufftrören und sonst gepraucht, costen	II fl VI alb
Bei Marsili dem Schneider IIJ Firtell bündisch (bündig=fest) Duch geholt	XXIIJ alb
Item M. Jorgen dem Schreiner daß neue Corpus zu der Orgell zu fertigen vermöge des Gedingß geben	XXXVII fl
Item demselbig nochmalß, daz er die Bleeßbelg gegen der Mauer eine Bordten beschlagen und den noch daß groß Loch in der Mauer zugemacht, sonderlich vor Lohn geben	I fl XI alb
Item ist ahn Maintzer Bordten zu solchen Werck verpraucht worden 38 M. Bordt cost iedes VJ alb facit	VIII fl VII alb
Item der Francfurter Bordten ist ufgangen 81 Stuck iedes J fl 3 alb facit	X fl III alb
Summa	IC XXVI fl XV alb 2 d
Item 50 Dreyling von Meintz bringen lassen costen	XI fl VI alb
Desgleichen 25 Lathen costen	XXII alb II d
Item zehen schechten (?) Baum costen	IJ fl
Item vor Leim dem Schreiner geben	I fl V alb
Item alß der Schreiner in allem fertig worden, ihm zum Schluß Wein zugeordnet, vier Maß Wein costet	XVII alb
Item Herr Meister Henrich der Schlosser, ahn sothane Orgellwerck mit Fertigung allerhand Schrauben undt nothwendigen Eisenwerk nach Ausweiß seines beiliegenden Zettelß verdient	XXVIIIJ fl 1 alb
Desgleichen Mathes Schmid so allerley Eisenbandt, desgleichen Kopf-, Leist- und Speicher Negell den Orgelmacher und Schreiner gemacht Inhalt Zettelß verdient	V fl XVII alb
Summa Lateris	XXXXVIIII fl XXI alb II d
Item alß das ganz Orgelwerck gefertigt, seind zwehn Organisten von Meintz hiehero beruffen undt solich Werck probiren sollen, denselbig aus befelch zu deren Abzug verehrdt	XV fl
Item aus Befelch meines Gn. Herrn ist Ludwig Rumpfen dem Mehler von Butzpach dieß Corpus ahn dem Orgelwerk mit allerley Farben formlich anstreichen verdingt worden vor 35 fl Patzen facit	XXXVIIII fl VIIII alb

Desselben Jungen mit Vorwissen H. Leschen Drinkgelt geben	VIII alb
Zum Schloßwein, wie auch Dingwein dem Mahler geben 1 Maß facit	1 fl IJ alb
Summa aller ausgab wegen der neu gemachten Orgellwerckß	IIIIC LVIIII fl VII alb

Dem Schreiner vor Stuhl und Gehäuse der Orgel an Korn L M(alter) IIII V(iertel)" 19)

Im Jahre 1595/96 ließ man die Blasbälge mit Brettern sichern:

"Item die Blaeßbelg ahn der Orgell mit Brettern zu schlagen lassen, hierzu dem Schreiner zu Lohn geben"	3 alb

Im Jahre 1600 war die Posaune schadhaft geworden:

"Petri 1600/01 Item nach Ausweis Zettels einen Potten so nacher Laupach berufen und hernacher daß Posaunen Register dahin getragen, wie auch 8 Tag die Blasbalg zur Orgell gezogen zu Lohn gegeben	2 fl 16 alb
Item dem Organisten zu Laubach vor Renovirung des Orgelwerkes auf Bevelch dargereicht	11 fl 6 alb
Darbeneben denselbigen visitirt, so er bey dem Werd zu Itzstein verzehrt	12 alb 2 d
1606 Item deme Organist von Laubach von Reparirung der ganzen Orgel und Anfertigung des Posaunenregisters über die 10 fl, so er hierbevor bekommen nach Ausweis des Zettels geben	28 fl 3 alb
Item einem Fuhrmann, welcher den Organisten zu Friedberg abgehold und wiederumb dahin fahren zu Lohn geben müssen	4 fl
Item vor ein Mos Schmoltz die Blasbelg damit zu schmieren	10 alb
Die Koln und anders so der Meister verthan	15 alb 2 d
1617 Ein Seil zur Orgel	6 alb "

Nach dem Umbau der Kirche unter Graf Johann begann man mit dem Neubau einer Orgel, wovon die Rechnungen der Stadtkirche der Jahre 1673 ff Zeugnis ablegen.

Georg Henrich Wagner aus der bekannten Licher Orgelbauerfamilie war mit dem Werk beauftragt.

"1673 Einnahme: Im October auß dem Casten empfangen zu Zahlung deß Orgelmachers 34 Rthl = 51 fl

Hochfürstl. Gn. Graff Casimir von Leiningen zu dem Orgelwerk verehrt 9 fl

Anno 1674 aus dem Casten empfangen zur Zahlung der Orgelmacher 12 Rthl = 18 fl

Ausgaben: Dem Orgellmacher Georg Henrich Wagnern wegen des newen Orgellwerckß in anno 1673 im October auf Hochgräfl. Cantzley zahlet worden 40 Rthl = 60 fl

Item diesen noch zahlt worden auff Hochgräfl. Cantzley 1674 in Novembris 12 Rthl = 18 fl
NB Restiren dem Orgelmacher vor dem Werck vermöge Geding 12 Rthl und sind diese beyde Quittungen über die 78 fl auff Hochgräfl. Cantzley bey dem Dingzettel zu finden.
Anton Rühlen wegen deß Orgelmachers Zehrung kosten zu Weyn verschiedene Mahlen 9 fl 15 alb" 20).

Aus der am 11. 12. 1732 von OB Weißhaupt eingereichten Specification der notwendigen Reparaturen ist ein kleiner Einblick in die Wagnersche Orgel zu gewinnen, deren genaues Aussehen an Hand eines Vertrages bisher leider nicht ermittelt werden konnte.

Weißhaupt bemängelt im wesentlichen folgendes:

1. Die Kunstlade sticht durch, die Ventile sind mit "allzustarkem Draht der Federn" versehen, so daß sie "schwer zu tractiren" sind.
2. Die Trakturen von Manual und Pedal müssen neu mit Draht versehen werden.
3. Das Pfeifenwerk im Manual und Pedal ist zum Teil von Salpeter angefressen.

Der Baß ist in einigen Registern zu schwach; so müssen die Pfeifen in den untersten Oktaven von:
"Grobgedackt 8' Thon, Quintathön 8' Thon und Octava 4' mit einem Zusatz umgegossen oder nach der Proportion mensuriert neu gebaut werden".

4. Die Mixtur ist zu schwach und nur 1/2' Ton 3 fach muß auf 1' und 4 fach vergrößert werden. c g e c (demnach 1' 2/3' 2/5' 1/2')
5. Die Zimbel ist unbrauchbar und abgängig, "sie kann zur Verstärkung der Mittelstimmen einer 3tia 1 3/5 Theil des Fuß gesetzt werden".
6. "Die Quintflöte ist nur 1 1/2' Thon halb gedackt und halb offen und nicht egal, kann füglich wie auch nötig eine Quinta 3' Thon offen an deren Stelle gesetzt werden".

"Pedaliter ist im Prospekt der Principallpaß 8' Thon, wie auch die Corpora im Posaunbaß von Salpeter so durchfressen, daß man sie nicht wohl montiren, viel weniger stimmen und egale Temperatur bringen kann".

Weißhaupt verlangte 130 Rthl. An Details wird noch angegeben: die beiden Principalbaßpfeifen A 5' 3'' lang und H 4' 10'' lang wiegen 15 Pfd.

Wegen des Belegens der Pfeifen im Prospekt braucht er noch an Materialien:

Ein Pacet Silber	1 fl 15 alb	Roth Menge (Menige)	4 alb
2 Maß gut Lein Öhl	10 alb	Mastix weiß	5 alb
Silber Glied	5 alb	Ital. Bleyweiß	5 alb

Zusammen für obige Arbeiten und Material 6 fl 2 alb.

Nach diesen wenigen Angaben hatte die Orgel ein Manual und ein selbständiges Pedal.

---

19) HStAWsb 36/Präsenzrechnungen
20) HStAWsb 133 Stadtkirchenrechnung

Die Bezeichnung Octav 4' könnte auf ein Principal 8' schließen lassen. Dem widerspricht im Vergleich mit den bekannten Wagnerschen Dispositionen die Besetzung von Quintatön 8'. Grobgedackt und Quintatön 8' wird in den bekannten Fällen bei Principal 4' gesetzt, sonst zumindesten die Quintatön 16'. In diesen Fällen ist auch ein zweites Manual vorhanden. Es ist natürlich möglich, daß unkorrekterweise von Weißhaupt der Principal 4' mit Octav 4' bezeichnet wurde. Dann würde die Disposition etwa mit Hungen oder Wächtersbach, Gießen und Hofheim übereinstimmen. Die größere Form mit Principal 8' und Quintatön 16', aber sonst ähnlich angelegt, wurde in Lich und Kloster Arnsburg gebaut. s.d. [21]).

Im Januar 1754 vermerkt man, daß der Organist Kiesewetter die Orgel der Stadtkirche stimme, was eigentlich OB Köhler zustehe. Das Konsistorium genehmigt am 31. 1. 1754, daß Kiesewetter das Werk abgibt.

Am 31. 8. 1775 ersucht der Kantor Salzmann, Idstein, um Stimmung der Orgel und des Positivs im "Augusteo", da dieses seit 10 Jahren nicht mehr geschehen sei.

Am 18. 11. 1779 wird nach der Untersuchung berichtet: "nach der von Hoff Mechanico Mahr angezeigten schlechten Beschaffenheit gegenwärtiger Orgel in gedachter Kirche ist eine Anschaffung einer neuen Orgel nötig". Es wird empfohlen, von Stumm einen Vorschlag machen zu lassen.

Am 6. 12. 1779 wird jedoch auch von Hofmechanikus Joh. Andreas Mahr, Wiesbaden, ein Gesuch eingereicht, den Neubau erstellen zu dürfen:

"Da ich schon lange einer solchen Gelegenheit entgegen gesehen, mich auch in einer neuen Orgel kenntlich zu machen ... "will ich recommendiren". Er schreibt weiter, daß er "schon 1767 einen Riß nebst Disposition von 36 Registern für 3800 fl Hochfürstl. Consistorial Convent zu Idstein vorgelegt habe". Da aber die Idsteiner Präsenz kein Geld habe, schlägt er vor: "Weilen die Wißbader Orgel zu ihrer gegenwärtigen und noch immer anwachsenden Gemeinde ohnehin schon sehr schwach ist, diese mit guter Reparatur und Zusatz im Baß, auch allenfalls noch mit einem Clavier Pfeiffenwerk verstärket werde.." So sollte nach Wiesbaden ein neues Werk mit 2 Klavieren kommen.

Bis dahin hatte er offensichtlich noch keinen Neubau nachzuweisen. Er schreibt: "Anbey möchte aber auch wohl Anstand genommen werden, ich hätte noch keine neue Orgel gemacht. Ein solches hebt sich aber damit auf, daß jeder anfangs noch keine neue gemacht hat. Dazu geb ich dem zur weiteren Nachricht, daß mein Vatter als ein geübter Schreiner Gesell diese Wissenschaft zu Freyberg in Sachsen bey dem berühmten Gottfried Silbermann, der ein Bruder von dem alten Silbermann in Straßburg war, fundamental erlernt hat. Obgleich er im gleich dieselbe wegen seinen anderen Geschäften nicht in Praxi genommen hat, ohngeachtet dessen ich aber in meinen jüngeren Jahren und unermüdlichen Inclination zu nützlichen Wissenschaften hatte, also auch von demselben diese Grundsätze und Re-

geln genommen. Wie ich auch seit anno 1766 hier und außen Land an unsern alten Orgeln, sonderlich denen Werken, die von ihrem Anfang in der ersten Blüth verdorben, offt mehr Wissenschaft erweisen müßen, als man an Neuen nicht nöthig hat. Derfalls meine Grundregeln mit Ehren und Nutzen bewiesen habe...
Einen weiteren Beweis, daß ich das Verhältniß der Toene gründlich verstehe, gibt das berühmte Instrument, das ich bey dem H. von Dünwald in Mayntz gemacht habe; da ich die Sayten und Pfeifen Toene in solche harmonische Verhältniß und Temperatur gebracht, daß im Anschlagen das feinste Gehör eines Könners in die größte Verwunderung gesetzt wird; welches lediglich aus meinen Regeln und Grundsätzen fliesende Theorie hergestellt und so ausgefallen, daß es seines ein gleiches nicht hat. Desfalls sich dasselbe auch so renommiert gemacht, daß es von den höchsten Passagiers in persönlichen Augenschein genommen wird".
Am 16. 12. 1779 wird Mahr dann allerdings mitgeteilt, "Daß hiervon dermahlen noch kein Gebrauch zu machen sei" 22).
Man hatte sich vor Beginn der Neubaupläne schon ein Werk der Stumm angesehen. Die Anregung brachte die neue Bärstädter Orgel. Am 19. 7. 1779 wurde von der Notwendigkeit einer neuen Orgel berichtet. Man wies darauf hin, daß sich der Consistorial Rat beim letzten Besuch über das schlechte äußere Aussehen der Orgel geäußert habe und der Orgelmacher Mahr aus Wiesbaden bei einer letzten Reparatur geäußert habe, daß man weiteren Mängeln nicht weiter abhelfen könne, da das Werk äußerst baufällig und veraltet sei.
"Inspector Sommer hat zu Bärstadt eine Orgel gesehen, die 1800 fl gekostet und von den berühmten Brüdern Stumm auf dem Hunsrück gefertigt worden, welche beynah gros und stark genug seyn wird, die hiesige Kirche auszufüllen, so daß man für 2000 fl gewiß eine Orgel bekommen könne". (vgl. Bärstadt)
Er wies weiter darauf hin, "da sich die gedachten Stumm eine zielweise Zahlung auf 3 Jahre gefallen lassen und man Hoffnung hat, daß zu diesem Orgelbau von den hiesigen Einwohnern auch etwas werde gesteuert werden", und daß man 1500-1600 fl von den Kirchenkapitalien zur Verfügung hätte, so blieben noch etwa 1000 fl übrig.
Man wandte sich an die Stumm. Die Reaktion ist das Schreiben des Johann Henrich Stumm vom 29. 9. 1779: ".. Ich wünschte, daß das Schreiben nur 14 Tag ehendter und zwahr in Frankfurt erhalten hette, allwo uns einige Zeit aufgehalten, alda ein großes Werk von treyen Claviern und etliche 40 Registern in der Catharinen auff ge-

---

21) HStAWsb 133 Stadt Idstein 676

22) Es handelt sich um das Instrument des Freiherrn von Dünewald, das am 14. 3. 1790 nach dem Tode des Barons zur Versteigerung im Mainzischen Intelligenzblatt angeboten wurde. Dort ist es auch näher beschrieben. Es hatte 4 übereinanderliegende Klaviaturen und neben Pianoforte-Klavier und Lautenton auch Glockenspiel Waldhorn-Hautbois-Harmonikapfeifen nebst einem Pedal. A. Gottron, Mainzer Musikgeschichte, Btg. z. Gesch. d. Stadt Mainz Band 18, Mainz 1959, S. 196
Später brachte es der Mainzer Orgelbauer Joseph Anton Boos zur "Vollständigkeit". Joachim Heinrich Jäck, Leben und Werke der Künstler Bambergs, Theil 1, Erlangen 1821, S. 34

richtet, welches den Sondag vor dem Christdag ist eingeweyhet worden und zum ersten Mahl im Gottesdienst mit großem Beyfall sich hat herren lassen.
Wan also, wie gesagt, das Schreiben in Frankfurt erhalten hette, so würde die Reiß von da auch auf Idstein gemacht haben. Weilen aber anjetzo diese Gelegenheit vorbey ist, und bey dieser Jahreszeit die wiederumb zu reißen sehr unbequem, so habe Ew. wissent machen wollen, daß nechst kommente Ostern auf Frankfurt in die Meß reiß, um Materialien zu der Profession einzukauffen. Wan also die Herren Idsteiner biß dahin könnden und wolden warden, so könde die Reiß von Frankfurt auß dahin machen. Ich erwarde aber eine belibige Andwort, ob der Oster Messe, oder wann mein Meßgeschäfte besorgt habe, auf Idstein kommen soll. Alsdan werde ich meine Reiß auch so einrichten, daß über Wißbaden komme, und daß Werk auch alda einzusehen..."
Aus einem Schreiben vom 12. 4. 1780 ist zu ersehen, daß die Stumm in Idstein waren. Der Entwurf zu 2700-2800 fl war zu teuer und man überlegte, daß wenn man "entbehrlichste Register" wegfallen ließe auf 2000 fl kommen könnte.
Am 10. 4. 1780 war ein Vertrag ausgestellt worden, der am 16. 6. 1780 von den Vertretern des Fürstlichen Consistorial Convents in Idstein, Langsdorff und Sommer, und den Orgelbauern Johann Henrich Stumm und Franz Stumm unterschrieben wurde:
"Heut Dato ist von hiesigem Hochfürstlichen Consistorial Convent mit dem Orgelmacher Herrn Stumm aus Rhaunen Sultzbach folgender Contract geschlossen worden:
Es versprechen nemlich besagte Herrn Stumme biß Ostern 1782 eine Orgel von 24 Register mit 2 Klavieren und einem Gehäuß und Zierrath von Eichenholtz in hiesige Kirchen zu erbauen wie die Disposition und Riß sub hiesige des mehrer lieget.
Das Pedal wird von 2 Octaven dergestalt, daß es mit dem Manual gekoppelt werden kann und die Windlade hinter das Werk zu stehen kommt, und das Manual soll biß in das 3 gestrichen D im Kammerthon gehen. Dagegen ist von einem hiesigen Convent 2000 fl nebst Drangab der alten Orgel dergestalt zu zahlen bewilliget und resp. versprochen worden, daß 100 fl gegenwärtig baar womit zugleich darüber quittiert wird und 200 fl auf Ostern 1781, den Rest nach vollzogener Aufbauung des Werkes, wobey keine Verköstigung accordiret ist mit dem Beding bezahlt werden solle, daß nach Befund oder Umständen 300 fl auf ein Jahr noch länger, nemlich biß Ostern 1783 ohne Interesse zurückbehalten werden können.
Sowohl der Transport als die noch äußere dem Werk nöthige Zimmer- Schreiner- und Schlosserarbeit wird von hiesiger Kirche noch extra bestritten, auch die alte Orgel bey Abholung der neuen dem H. Stumme ohnentgeltlich überliefert, wenn nicht gegen Zurückbehaltung noch 100 fl weiter bezahlt werden solle.
Nach vollbrachter Arbeit soll das Werk in Verschlege dem H. Stumm durch ein anderweitige Fuhre an dessen Wohnplatz franco wieder geliefert werden.

Und da sie eines im Pedal nach Proportion des Werkes nöthiges Register gegen das Stipulatum zu fertigen sich geweigert, so wurde noch ein Douceur von 4 Carolins an die Gesellen zu geben versprochen.
Idstein den 10. April 1780".
Unterzeichnet wurde er vom Fürstlichen Consistorial Convent am 16.6.1780 durch Langsdorff und Sommer seitens des Convents und Johann Henrich Stumm Orgelmacher und Johann Franz Stumm Orgelmacher.
Die Ausgaben in der Abrechnung betrugen 2144 fl mit 2 Registern über den Akkord.
Die Disposition der Beilage hat folgende Gestalt:
Manual
1. Principal 8' Engl. Zinn
2. Bourdon 16', Baß: Holz, Discant Compositum
3. Viola di Gamba 8' "
4. Hohlflöte 8' Baß: Holz, Discant "
5. Octav 4'
6. Floet 4'
7. Quint 3'
8. Octav 2'
9. Terz 1 3/5'
10. Mixtur 4 fach 1'
11. Trompet 8'

Positiv oder 2. Manual
12. Principal 4'
13. Gedackt 8' Baß: Holz, Discant Comp.
14. Flaut 4'
15. Flaut travers 8' 1/2 Register Birnbaum
16. Quint 3'
17. Octav 2'
18. Mixtur 3 fach 1'
19. Krummhorn 8'
20. Menschenstimme 8' Engl. Zinn

Pedal
21. Subbaß 16'
22. Octavbaß 8'
23. Violoncello 8'
24. Posaunenbaß 16'

Das neue "Gerämbß" wird in Camberg gemacht. 1784, 6.11.
Am 14.10.1784 wird ein Kontrakt mit dem Schreiner Joh. Philipp Knöchelmann in Camberg geschlossen. Es soll dasselbe Gegitter wie in Camberg geliefert werden.
Wegen des Schneefalls konnte das Werk nicht vor Ostern geliefert werden, evtl. bis Pfingsten. Schreiben von Stumm am 20.3.1783 [23].
Um die alte Wagner-Orgel bemühte sich die Gemeinde Arnoldshain. Gemäß Schreiben vom 19.3.1783 wurde Orgelmacher Bürgy von Hom-

23) HStAWsb 133 Stadt Idstein, 677. - Bösken, Stumm Nr. 141

burg v. d. H. nach Idstein geschickt, um sich die Orgel anzusehen wegen eines Akkords über Abbruchs- und Reparaturkosten.
Er behauptete, daß die Orgel so schlecht sei, "daß dieselbe kein Geld geschweige 100 Thl wert sei". Idstein teilt demgegenüber mit, daß die Stumm nicht 100 oder 120 fl in Anrechnung gestellt hätten, wenn sie so schlecht wäre. Sie kam nach Arnoldshain, wo sie der "gegenwärtige Organist" gespielt hat [24].
Die Orgel stand auch den Seminaristen zur Verfügung. Kantor Joh. Christian Herrman (Kantor von 1794-1817, auch als Orgelsachverständiger tätig) beschwerte sich: Als ich im Sommer 1794 hierher kam, war die Orgel durch Privatstundenhalten verdorben. Er schildert, daß Seminaristen "ihren Walzer und Englischen zu großem Nachteil der Orgel hacken". Lieblingsregister seien Krummhorn, Vox humana und Trompeten, "gerade die diffizilsten", so daß sie kaum gebraucht werden konnten.
1802 reichte er ein Gesuch wegen einer nötigen Reparatur ein. Durch anhaltende Dürre seien Windkanäle und Bälge beschädigt.
Die Flauttravers aus Birnbaum sei durch Wurmfraß durchlöchert, der Posaunenbaß seit 2 Jahren nicht mehr spielbar.
Daß Consistorium berichtet am 28. 10. 1802, daß die Gebr. Stumm als Hersteller anzufordern seien.
Die Stumm berichten am 3. 2. 1803, daß das Flautenregister allein 50 Thl kosten würde. Im künftigen Herbst würde eine neue Orgel zu Kronberg aufgeschlagen, man könnte dann die Reisespesen sparen. Der Kontrakt mit Stumm wurde am 5. 5. 1803 vom Konsistorium genehmigt [25].
Am 20. 8. 1818 berichtet Kantor Anthes, daß die Orgel seit vielen Jahren nicht mehr gestimmt worden sei, am 21. 8. 1818 erbittet er die Genehmigung einer Reparatur. Am 29. 8. schreibt die Landesregierung , daß man mit einem geschickten Orgelbauer einen Kontrakt schließen solle. Am 2. 10. 1818 schloß man mit Bürgy ab, die Genehmigung erfolgte am 3. 10. 1818 für 65 fl.
Am 22. 8. 1831 übernimmt Raßmann einen Stimmvertrag [26].
Die Worte, die 1867 Wilh. Cuntz schrieb, sind ein interessantes Zeitdokument, aus dem die Art, die Orgel zu hören und zu empfinden, spricht. Sie zeugt auch von der Anhänglichkeit der Lehrer, die in Idstein erzogen wurden. Außerdem läßt sich aus diesem Dokument erschließen, wie eine Orgel für einen ganzen Landesteil zum Ideal wurde, das ein junger Seminarist unwillkürlich mit ins Land nahm und Wertmaßstab für die Beurteilung der Werke wurde, die er später zu spielen hatte. Nach einer Feststellung des Erbauers und der Registerzahl - er gibt 27 an, demnach wurden 3 Register über Akkord gebaut oder ein Koppelzug mitgezählt - fährt Cuntz fort:
"Wie sie in ihrer äußeren Ausstattung schön und würdig sich dem Auge darstellt, so dringen ihre Klänge bald mit ergreifender Zartheit, bald mit stürmischer Gewalt durch die weiten Hallen der Kir-

24) W. Cuntz, Die ev. Kirche in Idstein, 1917^2, S. 51ff.
25) HStAWsb 133 Stadt Idstein, 679
26) HStAWsb 4723

che in das Ohr des Hörers; und wenn einem Lehrer, der hier seine ersten Orgelstudien gemacht, sein Weg wieder einmal nach Idstein führt und er diese Orgelklänge wieder, die in Jugendjahren sein Herz erquickten, so ists ihm, als tönete keine Orgel von allen, die er bis dahin gehört, lieblicher als diese alte Idsteiner".
Er erinnert weiter daran, daß die neue Orgel bald nach der Gründung des Seminars im Jahre 1779 gebaut wurde. "Und am 21. Sonntag nach Trinitatis 1783 konnte sie zum ersten Mal beim öffentlichen Gottesdienste gespielt werden. Die damals von dem ersten Seminardirector, dem Inspector Michael Conrad Sommer gehaltene und durch einen Freund zum Druck beförderte Predigt liegt mir soeben vor. Sie beginnt mit dem Rufe: "Jauchzet dem Herren, alle Welt dienet dem Herrn mit Freuden, kommet vor sein Angesicht mit Frohlocken, erkennet, daß der Herr Gott ist!" und hat zum Text Psalm 33, 1-4".
Im Jahre 1912 wurde in das alte Gehäuse mit dem Rückpositiv eine neue Orgel von Walcker eingebaut. Sie bekam folgende Disposition:

I. Pl8 Bd16 Flharm8 Bd8 Gb8 Sal8 O4 Rfl4 O2 KornMxt3-4f2 2/3 Tpt8
II. Lbgd16 Ggpl8 Flambl8 Lbgd8 Gh8 Qtt8 Aeol8 Vxcl8 Trfl4 Vla4 Harmaeth Klar8
Ped. Ktrbß16 Sbß16 Ztbß16 Plbß8 Vcl8(Tr) Obß4 Pos16 27)

Idstein, Schloßkapelle, kath.

In einem Gesuch des Orgelmachers Weißhaupt wird "das in der Capelle zu Idstein befindliche Orgelchen" erwähnt. Am Westende des Südflügels des Schlosses, das durch den berühmten Mainzer Baumeister Maximilian Welsch unter dem Grafen Georg August Samuel (1710-21) weiter ausgebaut worden war, befand sich die Kapelle, für die das Örgelchen, wohl ein Positiv, gebaut worden war.
1806 wurde die Kapelle der kath. Gemeinde zur Verfügung gestellt. Am 1. 7. 1808 bittet Pfarrer Weil von der kath. Gemeinde Idstein um die Genehmigung zur Aufstellung einer Orgel zum Nutzen der Seminaristen "so durch den starkerfahrenen Cantor Herrmann in der kath. Kirchenmusik geübt werden" können. Pfarrer Santlin in Schloßborn war bereit, die Orgel anzuschaffen. Am 19. 7. 1808 wurde mitgeteilt, daß nichts dagegen einzuwenden sei. Es wurde allerdings die Vermutung ausgesprochen, daß man auf diese Weise die kath. Seminaristen aus der Stadtkirche, wo sie bisher ausgebildet wurden, entfernen wollte 28).
Nach einem Zettel, der in Abschrift den Akten beiliegt und in der Windlade gefunden wurde, stammte diese Orgel aus Griesheim bei Darmstadt.

---

27) Mitt. Brendel
28) HStAWsb 133 Stadt Idstein, 639

Sie wurde 1810 durch Vermittlung des Mainzer Orgelbauers Franz Ripple erworben 29).
Die Abschrift der Inschrift besagt: "In dem Windkasten der Manuallade der Orgel in der Schloßkapelle findet sich folgende Notiz auf Papier geschrieben:
Diese Orgel war durch das in dieser Kirche gewesene Königlich Preußische Feldmagazin sehr ruiniert und dieselbe einer Hauptreparatur nöthig gefunden worden. Es kam ein berühmter Orgelmacher aus der Gegend Straßburg, Herr Joseph Zipfel, welchen dieses Orgelwerk in guten Stand zu setzen veraccordirt wurde. Zu welcher Zeit Seelsorger der Hochw. Herr Grandhomme aus dem Hessen-Darmstädtischen Kirchensenate, Bürgermeister Waß. Grißheim den 29. 7. 1796". Es folgt die Bemerkung: "Fragliche Orgel wurde Herbst 1879 gründlich repariert".
Bei dieser Gelegenheit wurde wohl dieser Zettel gefunden.
Jacob Konrad Friedr. Grandhomme war Pfarrer in Griesheim 30).
Diese Orgel stand ursprünglich in der Stadtkirche zu Darmstadt und war nach dem Vertrag vom 13. 8. 1599 durch Johann Grorock aus Emmerich mit Unterstützung des Meisters Georg von Ursel und dem Schreinergesellen Daniel gebaut und dann nach der Erweiterung der Kirche in den Jahren 1685-88, als man ein neues Werk von Johann Anton Meyer bauen ließ, für 130 fl nach Griesheim verkauft.
Sie hatte nach dem Vertrag folgende Disposition:

1. Ein Quindadenam gravicirt uff acht Schuch
2. Ein Octavam
3. Ein Holpfeiff uff vier Schuch
4. Ein Mixtur
5. Ein Cimbal
6. Ein Quintflet
7. Ein Trombden
8. Ein Vogelgesang und guten Tremulanten

sambt dem pedal mit acht ganzen und vollkommenen Registern, wie das einer Orgel gebürt 31).
In den folgenden Jahren wurden Reparaturen notwendig. Es wurde am 19. 5. 1820 an die Regierung gemeldet, daß für die Orgel folgende Stücke notwendig seien:
1. Neues Krummhorn, nach Urteil von Herrmann und Anthes (Johann Adolf Anthes, Kantor in Idstein 1817-1843, war Sachverständiger, Nachfolger Herrmanns) untauglich.
2. Müssen mehrere Pfeifen ausgebessert und intoniert werden.
Embach, Rauenthal, machte einen Voranschlag von 80 fl bei Rücknahme des alten abgenützten bleiernen Krummhorns.

---

29) Nach der Mitt. des kath. PfAmts Idstein stammte die 1810 erworbene Orgel aus Geinsheim. Das muß ein Irrtum sein, denn der erwähnte Zettel weist eindeutig nach Griesheim, oder es wurde um 1835, als Dreymann in Gr. baute, diese dort gekauft.

30) Protokollbuch von Grandhomme 1771-1811, desselben Rescripten Buch 1771-1812. Herrman, Inv. Hess. PfA S. 20

31) StA Darmstadt XII, b Abschn. 6 - M. Knodt, Von alten und neuen Orgeln in Darmstadts Stadtkirche, in: Orgel-Festschrift, Stadtkirche Darmstadt, 1961, S. 5 - B. Mangold, Was wurde aus der ersten Darmstädter Stadtkirchenorgel, ebenda, S. 26f. Daß die Orgel aus einem Nonnenkloster in Limburg kommt, dürfte wohl nicht zutreffen?
Nassovia Jg. 3, S. 267. Die Orgel aus dem Bethlehemkloster kam nach Eppstein. s. d.
Es ist nur unklar, ob in Griesheim in der Zeit zwischen dem Verkauf von 1810 und dem Neubau durch Dreymann 1834/35 keine Orgel vorhanden war. Daß die Orgel aus Griesheim kam, beweist die Inschrift.

Nach Vorschlag von Anthes wurde Daniel Raßmann, Möttau, noch hinzugezogen. Er meinte es müsse auch ein Subbaß 16' der nicht vorhanden war, hinzukommen. Außerdem wurde Bürgy, Dornholzhausen, zur Beratung geholt.
Bürgy empfiehlt ein neues Krummhorn zu 94 fl, einen Subbaß 16' gedackt, 1 Octave aus Tanne, 13 Pfeifen mit neuer Lade, zu 64 fl. Es wurde aber geraten, statt Krummhorn eine Harmonica zu machen für 34 fl. Für die Arbeit wurden 132 fl angesetzt.
Am 26. 9. 1821 schreibt Raßmann an die Regierung in Wiesbaden: Cantor Anthes kenne keinen andern Orgelbauer als Bürgy. Da Bürgy aber aus dem Homburgischen, aber intimer Freund sei, entgegnet Raßmann, daß es auch Orgelbauer im Herzogtum Nassau gäbe. Anthes habe Bürgy gegen seinen Lehrer Herrmann, der Raßmann empfohlen habe, aufgefordert. Er vermutete, daß Bürgy billiger arbeiten könne, da er als Homburgischer Hoforgelbauer wohl keine Lasten trüge, kinderlos sei, 2 Vettern zu sich genommen und dieserhalb keinen Gesellenlohn zu zahlen habe. Die jungen Leute arbeiteten selbständig, da Bürgy ein alter Mann sei, der auch Fehler am Gehör bekommen habe. Er führt noch weitere Beispiele auf, wie Anthes Einheimischen schade. So habe Schöler in Strinz Trinitatis vor 2 Jahren schon einen Akkord geschlossen, als Anthes Bürgy geschickt habe, der "wohlfeiler liefern wolle". Außerdem bemängelt Raßmann, daß Anthes 2 Rohrwerke empfohlen habe, wo eines schon zuviel gewesen sei. Schöler habe den geschmälerten Akkord annehmen müssen. Als vor einem Jahr Dauborn sich um eine Orgel bemüht habe, sei auch Bürgy von Anthes empfohlen worden. Dieses Beispiel sei zur Illustration des wirtschaftlichen Kampfes, zu dieser Zeit auch unter den Orgelbauern, beigefügt.
Die Reparatur wurde durch Bürgy für 60 fl durchgeführt laut Schreiben vom 15. 8. 1822.
F. Voigt, Igstadt, berichtet am 28. 1. 1836, daß das Werk sehr alt sei, mehr als 2/3 der Pfeifen stumm seien, das Pedal zwei Register habe. Voigt lieferte neue Bälge und Manual- und Pedalklaviaturen für 105 fl. Anthes bezeugt die gute Ausführung am 30. 6. 1836.
Die Pfarrchronik berichtet, daß die Orgel 1836 9 Register besessen habe [32].
Der Anzahl der Register nach stimmt das Werk mit der Griesheim-Darmstädter Disposition überein. Es kommen zu den oben angeführten Stimmen noch die zwei im Pedal, das sind zusammen 9 Register. Nach der Chronik sei die Orgel um eine große Terz zu hoch gestimmt gewesen.
1890 wurde dieses Werk nach Allendorf, Kreis Wetzlar, verkauft (s.d.). Bemerkt wurde das Alter des Gehäuses mit zwei sehr stark hervortretenden Spitztürmen an den Seiten. Die dort überlieferte Disposition weist wesentliche Abänderungen auf.
Für die neuerbaute Kirche lieferte 1888 M. Keller, Limburg, ein neues Werk mit einem Manual und Pedal und 11 Registern.

---

32) HStAWsb 211/4724 – Chronik: Mitt. PfAmt

Nach Niederlegung der alten Kirche wurde die Keller-Orgel an die 1962 erbaute Nicolaus-von-Flüe-Kirche in Wörsdorf verkauft. Sie hatte folgende Disposition:
Pl8 Bd16 Gd8 Fl8 Gb8 Dolce8 O4 Fl4 Mxt3-4f
Sbß16 Vlbß8
Für die 1965 vollendete neue Kirche lieferte Seifert, Kevelaer, eine 1963/64 gebaute Behelfsorgel:
Gd8 Fl4 Pl2 Zbl1-2f Sbß16 Mech. Traktur [33]

Idstein, Gymnasium

Es war dort eine Orgel von 4 Registern und 48 Tasten wie in Oberrod. Bericht vom 7. 11. 1781 [34]
Sie wurde an die kath. Gemeinde in Wiesbaden lt. Bericht vom 4. 5. 1803 verkauft.

JOHANNISBERG

Das seit 1130 selbständige Benediktinerkloster Johannisberg wurde nach Verwüstungen in den Jahren 1525 und 1552 im Jahre 1563 aufgehoben. Die Kirche war seit dieser Zeit nur noch Pfarrkirche.
1716 wurde der ganze Besitz an die Fürstabtei Fulda verkauft und zum Sommerschloß ausgebaut. Die von Joh. Dientzenhofer barockisierte Kirche wurde 1826 durch Moller umgebaut und 1942 zerstört [35].
Die an Nassau-Oranien gefallene Abtei wurde 1815 durch den österreichischen Kaiser an Fürst Clemens von Metternich geschenkt.
Dieser ist seitdem Patronatsherr der Kirche.
Da im 18. Jh. der Abt für die Kirche sorgte, wurde auch unter der Regierung des Fürstabts von Fulda eine neue Orgel angeschafft.
1727 wird in den Rechnungen von "Zimmerarbeit zur Orgel" gesprochen.
Im selben Jahr ist eingetragen: "Johannes Kohlhaas 100 Rthl Abschlag aus dem Vertrag zwischen Cammerpräsident v. Sickingen zu Fulda und ihme" [36].
1728 wird auch der Orgelmacher zu Mainz erwähnt [37].
1729 erfolgt eine weitere Abschlagszahlung an Kohlhaas [38].
Es handelt sich also um eines der frühen Werke von Kohlhaas, der 1727 auch Domkapitelscher Orgelmacher war.
1816 wurden die Kompetenzen erneut festgelegt: Der Patron unterhält Kirche und Pfarrer, worüber der Schloßverwalter Rechnung führt. Die Gemeinde sorgt für die große Glocke, Osterkerze,

33) Mitt. PfAmt
34) HStAWsb 133 Rod 9
35) Dehio-Backes, Hessen, S. 441f.
36) StAMbg N 21 B3 1727 Bel. 35 fol 40, 45 fol 51
37) 17 fol. 22 und 23
38) Nr. 21 B1 32-33. Diese Angaben verdanke ich der freundl. Mitt. von G. Rehm.

Fackeln zu Prozessionen, Wein zu Johanniswein, Honorar für Chorsänger, diese Posten werden aber nicht aus der Gemeindekasse bezahlt sondern von Grundzinsen und Capitalien [39]).
Hier ist die Orgel nicht genannt. So ergaben sich wohl später Kompetenzschwierigkeiten; denn Zaun schreibt: "Wegen der Reparatur der Kirchenorgel entstanden zwischen der Abtei und der Gemeinde Johannisberg ein Streit, der bis in die jüngsten Tage noch nicht rechtlich entschieden war [40]).
Das Anerbieten des Fürsten belief sich auf 1800 fl. Da die Johannesberger alles vom Fürsten haben wollten, protestierte dieser.
Am 18. 3. 1867 schrieb der Amtmann an die Landesregierung, daß die Gemeinde ersucht habe, von dem Anerbieten des Kirchenpatrons, des Fürsten Metternich, nämlich 2/3 der Kosten für eine neue Orgel zu übernehmen. Die Gemeinde wolle das 1/3 bezahlen.
Das Schreiben der Gemeinde vom 14. 3. 1867 erläutert die Rechtsprobleme, auf die Zaun hinwies. s. o.
Am 15. 2. 1867 erklärte Orgelbauer Voigt, Igstadt, daß sich die Orgel (dieselbe kann seit längerer Zeit nicht mehr gespielt werden) überlebt habe und reparaturunfähig sei.
Das alte Material habe keine Verwendbarkeit, die Pfeifen seien aus Blei, das Holzwerk verwurmt.
Zur Begründung der Ablehnung der Kostenübernahme berufen sich die Leute darauf, "daß ja auch die alte Orgel im Jahre 1728 auf Befehl des damaligen Patrons der Kirche, nämlich des Fürstabts Amand von Fulda, auf dessen Kosten erbaut worden sei".
Im Archiv stehe: "Die Orgel wurde 1728 nach Befehl des Fürstabts Amand von Fulda, geborener Freiherr von Dalberg, durch den Orgelbauer Kohlhaas zu Mainz neu aufgestellt. Im Jahre 1778 erschien eine Reparatur nöthig. Die damalige Schloßverwaltung hielt sich nicht für verpflichtet, die Reparatur auf ihre Kosten vornehmen zu lassen und wurde in ihrer Einsprache von Seiten der fürstl. Direction unterstützt. Daß sie in der zwischen 1728-1778 liegenden Zeit schon einmal auf ihre Kosten vorgenommen worden sei, erschien durchaus nicht präjudicirlich; weil dem damaligen Schloßadministrator zu derartiger Verausgabung die höhere Ermächtigung gefehlt habe...
Die Reparatur von 1778 wurde durch einen Wohltäter bestritten...
Als vor etwa 29 Jahren abermals eine Orgelreparatur nöthig erschien, und dessen Vornahme seitens der Gemeinde bei der Fürstlich Metternichschen Verwaltung beansprucht wurde, protestierte diese ähnlich wie 1778 die Fürstliche Verwaltung".
Der Fürst habe sie auf seine Kosten ohne Präjudiz vorgenommen.
Obiges Gesuch der Gemeinde wurde am 1. 4. 1867 von Wiesbaden genehmigt.
Am 17. 4. 1867 wurde mit dem Orgelbauer Schlimbach in Würzburg ein Akkord geschlossen. Beworben hatte sich auch Voigt. Die Mainzer Organisten Bausemer und Werner, die am 8. 10. 1866 ein Gut-

39) HStAWsb 211/1774 betr. KR 1816 ff.
40) Zaun, Btrg. z. Gesch. des Landcapitels Rheingau, S. 235f.

achten über die Schlimbach-Orgel in Kostheim abgegeben hatten, empfahlen diesen. Der Sachverständige, Pfarrer Neubig in Erbach, sollte ein Gutachten erstellen, wie die Landesregierung am 30. 4. 1867 verlangte. Dieses lieferte Pfarrer Neubig am 11. 5. 1867.
Die Orgel wurde von Balthasar Schlimbach für 2700 fl gebaut. 1800 fl bezahlte der Fürst, 900 fl die Gemeinde.
Die Abnahme führte Seminarlehrer Meister aus Montabaur am 13. 7. 1868 durch [41].
Diese Orgel wurde am 12/13. 8. 1942 zerstört.
Sie hatte folgende Stimmen:
I. Pl8 Bd16 Gd8 Fl8 Gb8 Fug8 O4 Hlfl4 Q3 O2 Corn
II. Ggpl8 Hlfl8 Sal8 Fl4
Ped. Sbß16 Vlbß16 Obß8
Das Werk hatte mech. Kegelladen [42]
Im Jahre 1960 wurde durch OB Wagenbach, Limburg, ein neues Werk mit 23 Registern erstellt [43].
Die Disposition:
HW Pl8 Nhgd8 O4 Blfl4 Q3 O2 Mxt6f2 Tpt8
OW Sggd8 Qtt8 Pl4 Rfl4 KlO2 Q1 1/3 Sesq3f Khrg8 Tr.
Ped. Sbß16 Obß8 Gdbß8 Weitpl4 Pos16 NK 2fr Komb. [44]

IRMTRAUT

Mit Genehmigung der Regierung vom 20. 8. 1849 wurde die Orgel aus der kath. Kirche zu Wiesbaden für 450 fl angekauft. Disposition s. Wiesbaden, kath. Kirche. Um 1890 wurde durch M. Keller, Limburg, eine Orgel von 12 Registern gebaut [45].

KADENBACH, kath.

In die 1952 erbaute Filialkirche von Arzbach kam die 1899 für die Pfarrkirche erbaute Orgel, die J. Klais, Bonn, erstellt hatte. s. Arzbach [46].

KALBACH

Im Jahre 1817 war eine Orgel vorhanden [47]. C. Horn, Limburg, baute ein neues Werk mit der Disposition (bis 1965):
I. Pl8 Hlfl8 Gb8 O4 Mxt2 2/3
II. Gd8 Sal8
Ped. Sbß16 NK [48]
Nach einer klanglichen Erneuerung durch Förster und Nicolaus (1965) hat das Werk heute folgende Form:
I. Pl8 Qtt8 Fl4 O4 Schf3-4f
II. Gd8 Pl2
Ped. Sbß16

KALTENHOLZHAUSEN

Im Jahre 1817 war bereits eine Orgel vorhanden [49].
Am 19. 2. 1829 ersuchte die Gemeinde um eine Reparatur, die mit Orgelbauer Embach akkordiert wurde.
Am 11. 4. 1864 reichte man ein Gesuch um Genehmigung eines Neubaus an die Regierung. Man hatte den Orgelmacher F. Voigt, Igstadt, vorgesehen. Er verlangte 875 fl. Nach einem Gutachten durch den Sachverständigen Anthes wurde der Bau am 2. 5. 1864 genehmigt [50].
Die gewählte Disposition:
Pl8 Gd8 Sal8 O4 Fl4 O2 Mxt3f2 2/3
Sbß16 Vlbß8 Mech. Traktur [51]

KAMP

Kamp, Pfarrkirche

1742 wurde für den Balgzieher in den KR 48 alb bezahlt, ein Zeugnis für das Vorhandensein einer Orgel. Im Jahre 1817 wird über die Orgel berichtet:
"In Camp ist eine gute Orgel mit 16 Registern, 1 Clavier und Pedal". Wir hören auch in den folgenden Jahren einiges über die Reparatur aber leider nichts über die Disposition.
Am 24. 5. 1816 wird an das Amt Braubach berichtet, daß eine "eilige Reparatur notwendig" sei, wenn nicht das "kostspielige Werk zu Grunde gehen soll". Schöler aus Bad Ems hat das Werk angesehen.
Am 30. 5. 1822 berichtet der Verwalter Pfarrer Abel zu Caub, daß die Orgel "seit mehr als 10 Jahren in schlechtem Zustand" sei.
1816 wurde eine Reparatur bereits als notwendig erkannt. Ein Kostenanschlag durch Schöler wurde genehmigt. Aber die Reparatur sei unterblieben, so daß sie 1822 nicht mehr gespielt werden konnte. J. M. Engers in Wehen sei beauftragt, eine Besichtigung vorzunehmen und von diesem ein Kostenvoranschlag eingereicht worden [52].
Aber anscheinend wurde eine kleine Reparatur durch den Bruder von genanntem Engers, Heinrich Engers in Waldlaubersheim, ausgeführt; denn die KR von 1817 weist aus: H. Orgelbauer Heinrich Engers von Waldlaubersheim für Reparatur der Pfarrorgel 25 fl [53].

---

41) HStAWsb 211/5163
42) FBHN 44
43) BALbg LB
44) Mitt. PfAmt
45) Mitt. PfAmt - HBLbg 56
46) Mitt. O. Stolz
47) HStAWsb 211/1409
48) PfAmt Inventar
49) HStAWsb 211/1409
50) HStAWsb 211/4277
51) Mitt. Wißmüller
52) HStAWsb 211/4229
53) HStAWsb 111/ KR 1817

1826 wurde Christian Weil, Neuwied, mit Aufstellung eines Kostenvoranschlags betraut, der auch die Orgel in Osterspay mit seinen 2 Söhnen besorgt hatte. Der Akkord mit Weil wurde am 12. 4. 1825 getroffen. Anscheinend stieß man sich an der preußischen Staatsangehörigkeit von Weil; denn am 22. 4. 1825 empfahl die Regierung eine Aufforderung an die Orgelbauer Schöler, Raßmann und Embach, alles Nassauer [54].
Die Reparatur wurde für 170 fl ausgeführt, man bezahlte im Jahre 1825 130 fl, 1826 40 fl [55].
Im Jahre 1904 befaßte man sich mit dem Gedanken an einen Neubau. Christian Gerhard, Boppard, reichte am 10. 1. 1904 folgenden Dispositionsentwurf ein:
I. Pl8 Bd16 Gb8 Hlfl8 O4 Fug4 Mxtcorn2 2/3-2-1 3/5
II. Ggpl8 Lbgd8 Sal8 Fltr4 Wfl2
Ped. Sbß16 Vlbß16
Pneum. Traktur zum Preise von 5000 Mk
Der Vorschlag von Joh. Klais, Bonn, lautete:
I. Pl8 Bd16 Flambl8 Gb8 Sal8 O4 Mxtcorn2-4f Tpt8
II. Ggpl8 Lbgd8 Aeol8 Vxcl8 Fltr4
Ped. Sbß16 Obß8 Bßfl8
Pneum. Traktur Preis: 5000 Mk
Klais baute 1904 als op.294 dieses Werk [56].
Nach dem Umbau durch E. Wagenbach, Limburg, hat das Werk heute folgende Form:
I. Pl8 Bd16 Sal8 Flambl8 O4 Gd4 Mxt2-4f Tpt8
II. Pl4 Lbgd8 Fltr4 Fl2 Sesq2f
Ped. Sbß16 Bßfl8 Obß8

Kamp, Augustinerinnenkloster

Aus einem Zinsbuch, das 1781 erneuert wurde, entnehmen wir, daß 1791 der Schulmeister dort bei Begräbnissen die "Orgel schlug". Er erhielt dafür 24 alb [57].
Bei der Inventarisation anläßlich der Säkularisation durch den Fürsten von Nassau im Jahre 1806 heißt es: "Ein Orgelgen. Taxa 66 Rthl 36 alb [58].
Es stand auf dem Chor. Über die Kirche wird bei der Säkularisation berichtet, daß das Kloster keine eigene Kirche habe, der Chor als Teil der Kirche sei durch Verfügung des Erzbischofs von Trier 1626 durch Gitter abgetrennt worden. Dort stehe auch das Örgelchen. Der Pfarrer von Kamp bat um die Kirchengeräte. Es hat sich also nur um eine kleine Chororgel oder Positiv gehandelt [59].

---

54) HStAWsb 211/4229
55) PfA KR
56) Arch. Klais
57) HStAWsb 17, III, 3.
58) HStAWsb 17, III, 8. Inventar pag. 20 Nr. 15
59) HStAWsb 17, III, 7.

KATZENELNBOGEN

In der Kirche steht eine Orgel, die ursprünglich von G. Raßmann für das dortige Sanatorium gebaut wurde. Nach einer Umgestaltung hat sie die Disposition:
P18 Gd8 O4 Blfl2 Mxt4f1 1/3 Sbß16 [60]

KAUB

1560 wird in Kaub die Reformation eingeführt und, nach Wiedererrichtung der kath. Pfarrei im Jahre 1685, in der Kirche 1687 das Simultaneum eingeführt. 1707 erfolgte die Teilung der Kirche, in der den Katholiken der Chor, den Protestanten das Schiff zugeteilt wurde. Im Jahre 1770/72 wurde der alte gotische Chor abgerissen und an dessen Stelle eine neue Kirche gebaut mit Rokoko-Einrichtung. Eine Erweiterung der kath. Kirche fand in den Jahren 1953/54 statt. So findet man heute 2 Kirchen, unmittelbar aneinander gebaut, unter einem Dach vor. Von dieser Zeit an beginnt die getrennte Geschichte der Gemeinden [61].

Kaub, ev.

Bürgermeister und Rat der Stadt Kaub erhielten auf eine Anfrage wegen der Genehmigung eines Orgelbaus am 6. 5. 1680 von Kurfürst Pfalzgraf Carl Ludwig den Bescheid, daß sie zunächst die der Herrschaft zustehenden "Schuldigkeiten" zu zahlen hätten [62].
Jedoch am 30. 6. 1680 gab der Pfalzgraf seine Zustimmung:
"Demnach des Pfalzgraffens Churf. Gnaden auff beyder Gemeinden Caub und Steegh im Oberambt Bacharach underthänigstes Ansuchen ist verwilligt, daß sie Orgelwerker halten mögen, iedoch mit dem Beding, daß die dazu contribuirende, es seyen Churf. Underthanen die freywillig etwas dazu hergeben, oder Außmärker Churpfalz keine Restanten schuldig pleiben, und Ihro Churf. D. die Organisten nicht zu besolden haben. Also hat Zollschreiber zu Bacharach Jacobi solches gemelten beyden Gemeinten zu bedeuten. Friedrichsburg 30. 6. 1680.
Reichenbach, Churf. Cantzley.
1684 wird nach Vollendung der Orgel im Ratsprotokoll geschrieben:

60) Mitt. PfAmt
61) HBLbg 56, S. 251 – F. Luthmer, Bau- und Kunstdenkmäler Rgbz. Wiesbaden, Wiesbaden 1914, S. 54
62) HStAWsb 120/354 Karl Ludwig von der Pfalz, Sohn Friedrichs V. und der Elisabeth Stuart wurde am 22. 12. 1617 in Heidelberg geboren und starb am 28. 8. 1680. Wohl bekannter geworden als seine Schwester, die spätere Kurfürstin Sophie von Hannover, die regen Briefwechsel mit Steffani und Leibniz pflegte, und seine Tochter Lieselotte von der Pfalz, Herzogin von Orléans.

"1684 Caub den 8. 2. wurde bey gehaltenem Rhatsäß in Beysein des H. Beambten untersuchet, waß in hießige Kirche erbaute Orgel gekosten und erstlich davor eingenommen und waß zweytens davor außgezahlt worden.

Innahme Gelt zur Orgel:	
Ist auß dem in der Kirche allhier gestandenen und nacher St. Goarshausen verkaufften Positiv erlöst worden	73 fl 30 xr
Hat die Bürgerschaft anno 1679 1 Fuder 4 Viertel Wein dazu contribuirt und daraus erlöst	48 fl
Hat die Bürgerschaft in anno 1680 an Wein contribuirt 2 Ohm 8 1/2 Viertel und erlöst	19 fl
Noch hat die Bürgerschaft an Gelt contribuirt	31 fl 20 xr
Freywillige Spenden	119 fl 45 xr
zusammen	291 fl 35 xr
Ausgaben:	
1. Vermög einer von H. Johann Welckers eingegebene Rechnung sub lit. A hat selbiger außgeben.	212 fl 44 xr
2. Item hat H. Pauls Kümpell vermöge eins in Hand haltenden Scheins dem Orgelmacher sein Lohn gegeben	100 fl
3. Hat H. Pfarrer Schwann zu Weißel zu Bezahlung des Orgelmachers wegen sein Lohn hiesiger Gemeinde vorgeliehen	75 fl
4. Vermöge einer sub lit. B beygelegten Rechnung hat Ostwald Wolff mehr außgeben alß eingenommen und sonst auch noch zu fordern	17 fl
5. Dem Schreiner Mattheß Langh lt. Scheins lit. C zahlt worden	10 fl 37 xr
6. Dem Orgelmacher alß selbiger 9 Wochen sich aufhalten müssen biß die Verwilligung des Aufschlagens der Orgel von Gn. Herrschaft eingelanget vor Kostgelt gegeben	27 fl
7. Den 2 Gesellen vor eine Verehrung	6 fl 30 xr
8. Den Fuhrleuten lt. Schein lit. D	21 fl
9. Item fordert H. Culemann so er außgelegt	12 fl
Die Außgab	482 fl 21 xr
Innahm	291 fl 35 xr
Übertrifft die Außgab die Innahm [63]	190 fl 46 xr"

Im Laufe des Jahres 1702 wurden Arbeiten am Langhaus der Kirche ausgeführt, wie die Rechnungsablage vom 8. 1. 1703 ausweist.
Bei dieser Gelegenheit wurde die Orgel abgebaut. Der Titel der Rechnung spricht von: "Ausgab Geld die Wiederauferbauung der Orgell".
Die Ausgabeposten beziehen sich zum Teil auf die Arbeit an der Orgel, zum Teil auf Arbeiten an der Kirche. Einige wichtige Posten:
"Item bey Veraccordier- oder Verdingung derselben und in Beysein der Herren Geistlicher und anderer anwesender Herren zu 2 mahlen verzehret worden lt. Schein Nr. 16 6 fl 45 xr

Item dem Orgelmacher veraccordiertermaßen dieselbe zu verfertigen bezahlt lt. Schein Nr. 17 90 fl"
An Handwerkern wurden der Kauber Schreiner Greber, der Schreiner von Weisel Hartmann, der Zimmermann Velten Gilleßen, der Zimmermann Henrich Völber, der Schlosser auf Gutenfels, ein Bacharacher Schlosser Johannes Gotterer der Schmied, der Gurtmacher Sömper herangezogen. Holz kam aus Bacharach und aus Weisel. Nägel lieferte der Nagelschmied aus Weisel oder wurden von Bingen geholt.
Auch der Apotheker in Kaub lieferte Materialien für die Orgel.
Orgelbauer war Jakob Irrlacher, der 9 1/2 Wochen von dem Stadtschreiber für 28 fl 30 xr verköstigt wurde.
In 10 Tagen wurde gestimmt; denn Lorenz Stentzen erhielt für 10 Tage Balgziehen 1 fl 40 xr.
Der Organist Pfeifer, der Jüngere aus St. Goar nahm die Orgel ab.
Für die Kirchenreparatur und die Aufstellung der Orgel, die möglicherweise auch verändert wurde - der Ausdruck "dieselbe zu verfertigen" könnte darauf hindeuten - wurden im ganzen nach den Unterlagen 249 fl 36 xr verausgabt.
Es ist nicht eindeutig den Handwerker- und Materialposten zu entnehmen, welche Summen speziell für die Orgel verwendet wurden [64].
Nach 1705 wurde auch in Kaub infolge der Pfälzer Kirchendeklaration unter den Pfalz-Neuburger Kurfürsten das Simultaneum eingeführt [65].
Die Katholiken benutzten anscheinend auch die Orgel, bis die Trennwand gebaut wurde, die das Chor - den Katholiken zugeteilt - und das Langhaus trennte. Die Trennung der beiden Konfessionen ging anscheinend nicht ohne Auseinandersetzungen ab.
Die Rechnung von 1707 läßt einen Einblick zu:
"1707 Die Orgel zu dreymahlen, da sie von den Katholiken mutwilligerweise verstellet und verdorben worden, als sie davon nach der Untertheilung haben absehen müssen, zu reparieren dem Organist für seine Mühe geben lt-Q. Nr. 28 1 fl 30 xr."
Im folgenden Jahr 1708 wurde ein Orgelmacher hinzugezogen, Metzenius. Er ist am Rhein ein Durchreisender, der auch in Simmern, Nastätten und Mainz, später in Straßburg nachweisbar ist.
Die Rechnung teilt mit:
"1708 Dem Orgelmacher Metzenio uff Abschlag seines Arbeitslohnes geben lt. Schein 18 8 fl 23 xr
Ferner zum Orgelwerk zahlt theils wieder auf Abschlag seines Lohnes theils auch für Löthzinn und Uncosten, so bey Uffleiferung und Probierung derselben auffgangen lt. Q. 19 22 fl 16 xr
H. Bomper vor Zinn so zu der gedachten Orgel verbraucht worden 2 fl

63) HStAWsb 360 Kaub, 8. S. 634 u 9, S. 197
64) PfA Kaub, KR 1703
So ist auch die Vermutung von Backes, der noch vor 1707 eine Erneuerung des Langhausinneren annimmt, belegt. Magnus Backes, Die kath. und ev. Pfarrkirche zu Kaub. Eine baugeschichtliche Studie Archiv f. mrh. KG, Jg. 19 (1967) S. 309
65) Backes, Pfarrkirche Kaub, S. 309

Item Henrich Dreschen wegen angeschaffter und benöthigter Materialien auch ausgelegter Baukosten zum Kirchen- und Orgelbau lt. bey hiesiger Pfarrey liegenden Actis 34 fl 25 xr"
Anscheinend waren durch Bauarbeiten die Metallpfeifen beschädigt worden.
Wegen der Benutzung der Orgel oder auch möglicherweise wegen Auseinandersetzung über die Besitzrechte gab es, wohl bedingt durch die Trennung der Kirche, Auseinandersetzungen. In einer Beschwerde, die am 14.4.1714 durch die Kurpfälzische Regierung an die Stadt Kaub kommt, heißt es, daß die Reformierten zur Erbauung ihrer Orgel 485 fl aus dem Almosenfonds genommen hätten. Es wurde von der Regierung bestätigt, daß die Verwaltung des Fonds den Reformierten zustehe, aber das Geld gleicherweise an alle ohne Unterschied der Religion verteilt wird. Aus diesem Fonds wurde nach Notiz vom 20. 10. 1714 auch der kath. Organist mit 6 fl bezahlt [66].
Welche Orgel hat nun der kath. Organist benutzt? Wurde schon nach der Trennung um 1707 ein eigenes Werk angeschafft?
1748 reparierte Jean Barbot die Orgel [67].
1792 beauftragte man den Orgelbauer Engers aus Simmern mit der Aufstellung eines neuen Werkes mit 17 Registern, das aber nach Verzögerungen durch Streitereien erst 1799 vollendet wurde. Der Kauber Zimmermeister Gilles schuf 1793 dazu die Orgelempore [68].
Spätere Gutachten von 1836 und 1873 (s. u.) gewähren einen Einblick in die Disposition:

1. Principal 4'
2. Großgedackt 8'
3. Flöt Discant 8'
4. Gamba 8'
5. Quinte 3'
6. Kleingedackt 4'
7. Octave 2'
8. Waldflöte 1'
9. Mixtur 3 fach 1'
10. Salicional 4'
11. Nassat 4'
12. Trompet Baß 8'
13. Trompet Discant 8'

Pedal

14. Subbaß 16'
15. Principalbaß 8'
16. Octavbaß 4'

Froschmaulbälgen mit langen Windkanälen. Das Pedal hatte, wie aus den folgenden Beschwerden hervorgeht, keine eigenen Registerzüge [69].
Man hatte anscheinend nicht sehr viel Freude an dem Werk, schon 1815 mußten Reparaturen vorgenommen werden. Am 11.4.1815 reichte Nikolaus Embach einen Voranschlag ein, der vorsah, daß alles Schadhafte zu reparieren, 2 fehlende Pfeifen in der Gamba zu er-

66) HStAWsb 120/354
67) PfA Kaub KR (Andere Schreibweise: Barbeau)
68) Backes, Pfarrkirche Kaub, S. 312 - Willi Röhricht, Vom Kämpfen und Siegen des ev. Glaubens. Bilder aus der Geschichte der ev. Gemeinden des Kirchenkreises St. Goarshausen. St. Goarshausen 1927, S. 158. Er zitiert den Orgelmacher E und weist darauf hin, daß derselbe in Assmannshausen gebaut habe. Dort baute 1792 Joh. Michael Engers aus Simmern, der auch 1789 einen Neubauentwurf für Bacharach vorgelegt hatte. Also kann das E in Engers aufgelöst werden und zwar Joh. Michael. Sein Bruder Heinrich war ebenfalls Orgelbauer. s. dort.
69) PfA Kaub, Gutachten Schmidt vom 30. 11. 1873

setzen, an Gamba und Trompeten für die großen Pfeifen Aufhängeschleifen anzubringen, Bälge und Windladen zu überholen, Klaviaturen des Pedals und Manuals und die Koppel zu verbessern seien.
30 fl soll der Preis sein.
Pfarrer Stift aus Kaub richtet ein Schreiben an das Konsistorium am 12.4.1815, in dem er um Genehmigung bittet. Er schreibt: "Schon seit Jahren befindet sich die Orgel der ref. Kirche zu Caub in einem äußerst kläglichen Zustande. Die meisten Pfeifen sind ganz stumm, die übrigen verstimmt und voll Staub, mehrere fehlen gänzlich. Langeschon hatte der verdiente Herr Inspector Ahles die Absicht, bey dem Eintritt besserer Zeiten, eine neue Orgel für die Kirche zu Caub anzuschaffen. Er hat seine Pfarrey mit einer anderen vertauscht, ehe die gehoffte bessere Zeit erschienen und noch scheint der so sehnlich gewünschte Eintritt derselben in weiter dunkler Ferne zu liegen.
Es dürfte daher vor der Hand nichts anderes übrig bleiben, als die jetzige Orgel wieder in den möglichst brauchbaren Stand zu setzen.
In Abwesenheit des Pfarrvikars von Saint George, welcher auf einer kleinen Reise nach Weilburg begriffen ist, hat mich daher das Presbytherium der Kirche zu Caub ersucht, das so dringliche Bedürfnis einer Reparatur der dasigen Orgel dem hohen Hochpreisl. Herzogl. Consistorium gehorsamst zu berichten, und da der Kirchenfonds diese Kosten zu tragen schuldig ist, die deßfalsige gnädige Bewilligung des H. H. Consistoriums erfurchtsvoll zu erbitten".
Er berichtet weiter, daß er den Lehrer Müller und den Orgelmacher Embach mit der Abfassung eines Voranschlages beauftragt habe, den er mit diesem Briefe vorlegte.
Zu diesem Vorgang berichtete der zuständige Generalsuperintendent Gieße aus Weilburg auf die Vorlage vom 5.5.1815 am 20.6.1815: "Die Cauber Gemeinde ist mit der fraglichen noch nicht alten Orgel, wie ich gewiß überzeugt bin, auf eine unverantwortliche Weise betrogen worden. Ich habe sie seit 1808 gehört. Das Werk fällt von Außen so ziemlich in die Augen und scheint der Größe der Kirche angemessen, aber der Ton aller Register ist so schwach, als man ihn unter und während des Gesanges kaum bemerkt. Ich würde also der Reparatur widerrathen und für eine Anschaffung einer ganz neuen, der Größe der Kirche vollkommen entsprechenden, Orgel stimmen, wenn man etwa die Reparaturkosten hoch gegriffen hätte". Er empfiehlt doch auch mit der Neuanschaffung bis auf bessere Zeiten zu warten [70].
Nach der Kirchenreparatur wurde das Orgelproblem im Jahre 1836 erneut aufgeworfen, nachdem man schon am 1.11.1834 durch den Bescheid der Regierung an Kirchenrat Wilhelmi in St. Goarshausen erfahren hatte, daß die Neuanschaffung einer Orgel aus Mitteln des Centralkirchenfonds nicht genehmigt werden konnte.
Dekanatsverweser Kirchenrat Wilhelmi legt am 9.10.1836 der Regierung erneut einen Bericht vor: "Die Orgel in der ev. Kirche zu Caub war schon lange in einem traurigen Zustand durch die innere Repa-

70) HStAWsb 270/277

ratur der Kirche wurde dieselbe völlig unbrauchbar, sodaß die Gemeinde ohne Begleitung der Orgel den Kirchengesang führen muß, was ihr um so schmerzlicher ist, da ihr Organist Müller ein trefflicher Organist, und die ganze Gemeinde im Gesang unstreitig die vorzüglichste im Singen ist".

Diesem Brief liegt das Gesuch der Gemeinde vom 7. 10. 1836 zugrunde, das den Grund für die Reparatur klarer darstellt: . . "durch das Abschlagen und neue Verputzen der Decke ist eine solche Menge von Unreinigkeiten in die Pfeifen und Mechanik gefallen" daß es nicht verwunderlich ist, daß die Pfeifen schweigen!

Philipp Embach machte einen Kostenvoranschlag von 175 fl. Zuvor wurde am 22. 10. 1836 der zuständige Sachverständige Kantor Anthes in Idstein um die Begutachtung gebeten.

Er berichtet am 21. 11. 1836, daß er den ungenauen Angaben Embachs wenig entnehmen könne. Aufgefordert, über die Fähigkeiten Embachs zu urteilen, entwirft er kein schmeichelhaftes Bild. Er hatte Gelegenheit gehabt, vor mehreren Jahren Reparaturen in der ev. Kirche zu Diez und desgleichen in Naurod kennen zu lernen.

"Sie waren leider von der Beschaffenheit, daß man solche mit dem Prädicat "zur Zufriedenheit" dem niedrigsten, welches bey genügenden Arbeiten gegeben werden kann, bezeichnen konnte. Eigentliche Gründlichkeit, geschmackvolle Anlage, tiefes Eingehen in das Charakteristische der verschiedenartigen Pfeifenwerke, gutes Metall und dergl. findet man nicht. Auf die Zuverlässigkeit des in Rede stehenden mögte ich keine Schlösser bauen; er ist dem Trunk ergeben, leimt stark, wie er sich selbst in der Geschäftssprache auszudrükken pflegte und soll dies oft mehrere Tage und Nächte fortsetzen. Auch spricht er gern von sich Gutes von andern Orgelbauern Schlimmes, und ich habe aus seinem Munde geringschätzende verächtliche Urtheile über seinen eigenen Bruder - wieder ein neuer Embach als Orgelbauer in Frauenstein - gehört. Jeder wahre Orgelfreund muß wünschen, daß Fortuna durch eine recht reiche und freundliche Spende sämtliche Embach von den Mühen des Orgelgeschäfts freymachen möge. Idstein, den 21. 11. 1836"

Ein interessanter Zeitbericht, wenn auch recht deutlich!

Aber die Regierung empfiehlt am 3. 12. 1836 für 185 fl mit Embach abzuschließen. Sollte er nicht wollen, empfahl man Voigt in Igstadt, der zu dieser Zeit emporkam, zuletzt bei Dreymann in Mainz tätig.

Wilhelmi berichtet am 3. 7. 1837 aus St. Goarshausen, daß der Schwager Caspar Embach die Reparatur durchgeführt und durch Lehrer Müller hat abnehmen lassen. Dieser hatte einen "Abriß über den gegenwärtigen Zustand der Orgel in der ev. Kirche zu Caub" verfaßt, der interessante Einzelheiten über die Orgel gibt.

"Die Orgel in der ev. Kirche dahier ist ein vierfüßiges Werk, ungefähr 50 Jahre alt und mit 14 Registern, wovon 11 Manual und 3 Pedalregister sind. Unter den Manualregistern ist ein Zungenwerk, die Trompete, jedoch völlig unbrauchbar, theils weil in mehreren Pfeifen die Zungenwerke fehlen, größtentheils aber wegen seines übel getroffenen schnarrenden Tones, welcher störend auf die An-

dacht wirken würde". (Veränderung im Zeitgeschmack beseitigen zu dieser Zeit viele auch der älteren Zungenstimmen!) "Von den übrigen 10 Manualregistern sind auch noch das Principal, die Octave, die Flöte und beide Gedackte in ziemlich brauchbaren Zustand.
Die Viola di Gamba, ein höchstnöthiges Register zur Begleitung des Gesanges (!), ist durchaus nicht getroffen, spricht nur teilweise an bleibt selbst noch nach der Stimmung unrein und klingt, wenn auch durch andere Register gedeckt, mißtönend auf das Ganze.
Salicional und Spitzflöte sind fast ganz untauglich." (Dieses Register wird bei der späteren Aufstellung nicht genannt, obwohl diese 12 Manualregister aufweist) "Die Pedalregister stehen isoliert von dem Werke, wider eine feuchte Wand und können nicht nach Willkühr des Organisten gezogen werden, es sey denn, daß der augenblicklich seinen Sitz verließe und eines oder das andere Register ziehe, wozu aber eine angestrengte Leibeskraft gehört. Ein Hauptfehler, der nirgendwo an einer Orgel getroffen wird. Von den Baßregistern befindet sich aber der Violonbaß in einem kläglichen Zustand. Mehrere Pfeifen desselben sind zu kurz geschnitten, die alsdann nur den erforderlichen Ton hervorzubringen, durch hölzerne Röhren verlängert wurden, die jetzt größtentheils durch Feuchtigkeit der Wand morsch geworden und zerbrochen sind.
Die Windlade im Werk hat sich ganz schief gezogen und mehrere Risse, wodurch Wind verloren geht. Die Löcher sind durchaus ungleich und zu dicht wider einander gebohrt, dadurch die Pfeifen nicht fest einsitzen und bei der geringsten Erschütterung, zumal da ein Gang zwischen dem Werk und Pedalwerk hindurch führt, verstimmt werden.
Fast die Hälfte des Windes geht durch diese Mängel verloren, wodurch der Ton an Stärke verliert und ein unangenehmes Zischen wärrend des Spielens hörbar wird.
Die Windlade der Baßregister ist ebenso beschaffen und die Baßpfeifen stehen mit derselben frei und ungeschützt da. Es ist nicht selten der Fall, daß Pfeifen im Spielen oder unter dem Gottesdienst zusammenfallen und ein störendes Geräusch verursachen.
Was die Mechanik des Werkes überhaupt betrifft, so finden sich die Wellatur, Abstrackte in demselben verfallenen Zustand wie Windladen und Pfeifen... Die Claviatur hängt durchaus ungleich, eine Taste hoch eine andere tief, wodurch ein merkliches Hindernis für den Spielenden entsteht. Bälge und Windlade entsprechen dem Zustand des ganzen, und erstere laufen so schnell, daß sie den Calcanten in eine beständige Bewegung erhalten...."
Er erwähnt weiter das Urteil "zweier sachverständiger Männer, der beiden Ogelbauer Herr Frd. Stumm und Raßmann, welche zu verschiedener Zeit das Werk gezeigt und aufgefordert wurden, in einen brauchbaren Zustand zu bringen erwiderten, daß sie auf solche Reparaturarbeit verzichten und ihre Ehre nicht aufs Spiel setzen wollten" 71).

71) HStAWsb 211/5205

So blieb das Werk weiter bestehen. Am 30. 11. 1873 wurde Lehrer Schmidt aus Braubach auf Grund eines Antrages wegen eines Neubaus zu einer genauen Beschreibung des Werkes aufgefordert. Außer der oben mitgeteilten Disposition werden noch erwähnt: Manualumfang C-f^3, Pedalumfang C-f. 2 Bälge dienten der Windversorgung. Ein zu großer Abstand, damit zu lange Windkanäle, wurden schon erwähnt. Er schlägt vor:

Pl4 Bd16 Gd8 Gb8 Pl8 Sal8 Q3 Klgd4 O2 Mxt3f1 Corn4
Vlbß8 Plbß8 Sbß16

Pl8 aus Nassat 4', die Mensur sei gut dazu, die große Octave neu. Demnach hatte das Nassat 4' eine weitere Mensur als das Pl4. Sal4 zu Sal8, Q3 an Stelle von O2, Klgd4 an Stelle der Mxt, O2 an Stelle von Sal4, Mxt an Stelle Nassat, Cornett 4 fach neu wie auch Vlbß8.

Seminarlehrer Feye, Usingen, Sachverständiger der Regierung, nahm am 16. 12. 1873 Stellung zu Schmidts Entwurf. Er bemerkte, daß die Disposition Fehler enthalte und empfiehlt Neubau.
Die Mixtur solle 4 fach 2' und das Kornett 3 fach sein.
Schmidts Kornett sei eine Oktav zu tief gesetzt. Schmidt setzt:
c^1 g^1 c^2 e^2 auf c^1 (8' 5 1/3' 4' 3 1/5') das entspräche dem 16'.
Auf einen 8' bezogen müsse es heißen:

C 2' 1' 2/3' 1/2' 2/5' (8' 4' 2 2/3' 2' 1 3/5') = 5 fach
oder: 1' 2/3' 1/2' 2/5' (4' 2 2/3' 2' 1 3/5') = 4 fach
Wenn die Mixtur 4 fach wäre so genüge ab
c1 3 fach g^2 c^3 e^3 = 2/3' 1/2' 2/5' (2 2/3' 2' 1 3/5')
c^2 3 fach g^3 c^4 e^4 = 1/3' 1/4' 1/5' (" " ")
c^3 3 fach g^4 c^5 e^5 = 1/6' 1/8' 1/10' (" " ")
Durch Hinzuziehung von Octav 4' könne es 4 fach und durch Großgedackt 8' 5 fach werden [72].
Man entschloß sich endgültig zu einem Neubau, den die Regierung am 28. 8. 1878 genehmigte.
Nach Bericht vom 27. 3. 1878 hat die Gemeinde Walcker den Auftrag erteilt. Die Gemeinde wird beauftragt, die alte Orgel in zweckmäßiger Weise zu verwenden. Sachverständiger Anthes schreibt am 28. 3. 1878, "das Wegbleiben der Zungenregister ist mit Rücksicht auf deren leichtes Verstimmtsein und beschränkter Brauchbarkeit sowie dem relativ unbedeutenden Umfang des Werkes zu billigen. ."
Die Genehmigung erfolgte am 28. 8. 1878 [73].
Die alte Orgel, Walcker op. 357, wurde an OB Oberlinger in Windesheim verkauft:
Quittung: Von Gebr. Oberlinger zu Windesheim für eine von hiesiger Kirchengemeinde erkaufte Orgel 200 Mk erhalten bescheinigt
Caub den 18. 6. 1879 Kirchenrechner [74]
Das Werk auf mech. Kegellade hat folgende Register:
I. Pl8 Fl8 Bd8 Gb8 O4 Mxt4f2 2/3
II. Lbgd8 Sal8 Fldo4
Ped. Sbß16 Obß8 [75]

Kaub, kath.

Nach dem Neubau der kath. Kirche in den Jahren 1770/71 bemühte man sich um eine eigene Orgel. Am 22.5.1771 schloß man einen Vertrag:
"Kundt offenbar und zu wissen seye hiermit, daß heute wie Endt gesetzten Dato zwischen dem Catholischen Kirchenvorstand dahier an einem Theill, sodann dem Orgelmacher zu Mayntz Anton Onimus am andern Theill ein Contract sich zugetragen und folgender Gestalten geschlossen worden alß nemblich:
Es verbindet sich gemelter Anton Onimus eine gantz neue Orgel in dahiesiger Kath. Kirche dreyzehn Schuhe hoch und eilff Schuhe breit mit folgende Register gut und dauerhafft und ohntadelhaft herzustellen nemblich
1. Principal von engl. Zinn 4 Fuß hoch
2. Octav von Materie 2 Fuß hoch
3. Quint von Materie 3 Fuß hoch
4. Flauth von Holtz und offen 4 Fuß hoch
5. Mixtur von Materie dreyfach 1 Fuß hoch
6. Großgetact von Holtz 8 Fuß hoch
7. Sexquialter 1 1/2 Fuß hoch zweyfach
8. Gamb von Materie 8 Fuß hoch
9. Petal 16 Fuß hoch von Holtz und gedeckt (Subbaß 16')
10. Octavbaß 8 Fuß hoch und offen von Holtz
Sodann verspricht derselbe alles was sonsten zu einer ohntadelhaften Orgel gehöret, alß ein ordinarie Clavier, Laubwerk, 2 große Balck und sonsten, wie der Plan mit sich bringt und zeiget, ordentlich und dauerhaft von gutem gesunden Holtz herzustellen.
Ferner muß vielgemelter Anton Onimus die gantze Orgel auf seine Kosten auf den Platz in hiesiger Kirche aufschlagen und stimmen, wie dann auch wieder sothane Orgel nechst künfftige Allerheilige verfertiget seyn solle...."
Der Preis soll 525 fl betragen.
Außerdem solle er auf eigene Kosten die Orgel in Mainz verpacken und auf dem Rhein nach Kaub transportieren lassen, wie auch die Stellage für die Bälge anfertigen.
Am 24.2.1772 wurde die Orgel geliefert und Onimus drängt auf Zahlung, richtet auch ein Beschwerdeschreiben an den Kurfürst 76).
1817 wurde berichtet, daß die kath. Orgel größer und besser sei als die ev. Orgel 77).
Im Jahre 1898 lieferte J. Klais, Bonn, als op. 98 ein neues Werk von 8 Registern:
I. Pl8 Fl8 Gb8 O4 II. Gd8 Sal8 Dolce4
Ped. Sbß16 NK SpII/I

72) PfA Kaub, Akte Neubau Walcker
73) ZALKHN 1/2392
74) Arch. Oberlinger
75) Arch. Hardt - Mitt. Brendel
76) HStAWsb 120/93
77) HStAWsb 211/1409

Kelkheim, ev.

1817 war noch keine Orgel vorhanden [78].
1934 erbaute Weigle die jetzige Orgel:
I. Pl8 Rfl8 O4 Mxt3f
II. Sal8 Gh8 Fl4 Wfl2 Rschzbl3f
Ped. Sbß16 Obß8 Chbß4 el. Traktur NK SbII/I [79]

Kelkheim, Stephanskirche, ev.

Im Jahre 1970 erbaute Orgelbauer Klaus Becker, Kupfermühle, eine Orgel mit den nachfolgenden Stimmen:
HW Rfl8 Pl4 Nas3 O2 Mxt3f
RP Gd8 Rfl4 Pl2 Ql 1/3 Zbl2f Reg8
Ped. Sbß16 Offenbß8 Chbß4 [80]

Kelkheim, kath.

In die 1908 erbaute Kirche stellten die Gebr. Späth eine Orgel von 30 Stimmen:
I. Pl8 Bd16 Gd8 Fl8 Gb8 Sal8 Dolce8 O4 Rfl4 Mxt4f
II. Ggpl8 Echobd8 Fl8 Qtt8 Viol8 Aeol8 Vxcl8 Viol4 Fl4 Sesq2f Lrgt2 Wfl2 Fag16 Tpt8 Clar4
Ped. Sbß16 Plbß16 Vlbß16 Gdbß16(Tr) Obß8 NK II/I4' II/I16' I4' [81]

Kelkheim-Hornau

Im Jahre 1894 erbaute M. Keller, Limburg, eine Orgel von 6 Registern [82].
In der 1952 neuerbauten Kirche steht ein Werk von 18 Registern [83].

Kelkheim-Münster

Für die 1810 neuerbaute Kirche bemühte sich Pfarrer Ripp im Jahre 1819 um eine Orgel. Er vertritt die Einführung des deutschen Gesanges und benötigt dazu eine Orgel: "Das Ansinnen der Gemeinde eine Orgel in der Kirche anzuschaffen ist nicht nur zu billigen son-

78) HStAWsb 211/1409
79) Mitt. Brendel
80) Mitt. Becker
81) Mitt. Späth
82) Walter, ZfI 1904/05, S. 301
83) HBLbg 56

dern noch hinzuzusetzen, daß ich es für eine unumgängliche Nothwendigkeit halte;..."
Der Pfarrer richtet ein Gesuch an die Herzogl. Regierung. Da die Frühmesserei aufgelöst und die Gebäude versteigert seien, sollen 800 fl zur Orgel verwendet werden aus den Zinsen zu 2% für 10 Jahre aus dem Kapital. Statt des Lateinischen Chorals will die Gemeinde deutsche Lieder einführen. Die Regierung ist am 4. 9. 1819 mit 3% einverstanden.
Am 9. 7. 1820 beauftragt Ripp den Orgelbauer Embach, die Orgel in Nastätten zu untersuchen. Von der Regierung wurde Raßmann vorgeschlagen. Auch von Orgelbauer Nikolaus Zahn aus Großostheim liegt am 9. 4. 1820 ein Angebot vor, zum Preis von 950 fl.
Am 12. 5. 1820 lehnt Ripp Raßmann ab. Zahn geht mit dem Preis herunter.
Am 11. 6. 1820 beschwert sich Raßmann, da er Inländer sei und senkt auch den Preis.
Raßmann hatte sich am 28. 1. 1820 beworben und bemerkt, daß er bei Schöler gewesen sei.
Ripp behauptete, daß die Orgel von Zahn größer und besser sei.
Am 28. 4. 1820 schreibt die Regierung an den Amtmann in Höchst, daß Münster mit Raßmann abschließen solle.
Der Entschluß wurde verzögert, die Arbeit nicht in Angriff genommen. Da ergab sich 1825 eine neue Möglichkeit.
Pfarrer Ripp teilt dem Amt am 9. 5. 1825 mit, daß er am 26. 3. erfahren habe, daß am 28. 3. zu Pfungstadt eine Kirchenorgel verkauft werden solle, die in gutem Zustand wäre, die als neue Orgel den Wert von 2000 fl habe. Die Gemeinde wolle die Orgel abgeben, da sie "ein sehr großes gemeinheitliches Vermögen besäßen, deshalb nach dem neuesten Geschmack ein Werk habe fertigen lassen". Der Pfarrer gab ohne vorherige Verständigung der Regierung einem Sachverständigen den Auftrag, das Werk anzusehen, da nur 2 Tage Zeit dazu waren. Er verständigte aber den Landdechant Brand. Da kein Concurs von Steigerern, konnte man das Werk mit 16 Registern für 420 fl steigern.
Die Regierung in Wiesbaden genehmigte den Kauf am 26. 5. 1825 [84]).
Das Amt Höchst ließ am 16. 6. 1825 zu, daß ein Ausländer die Orgel aufstellen dürfe. Dieser Ausländer war der Orgelbauer B. Dreymann aus Mainz. Er hatte die Orgel in Pfungstadt gesteigert: "An Erlös von der alten Kirchenorgel ist nach dem anliegenden Steigerungsprotokoll am 28. 3. 1825 von dem Steigerer Orgelbauer Dreymann aus Mainz erlöst worden 420 fl" [85]).
Landorgelbauer Heil hatte nach Rechnung vom 5. 4. 1823 die Orgel untersucht und verlangte eine Gebühr von 4 fl 20 xr [86]).
Die neue Pfungstädter Orgel baute dann Hartmann Bernhard aus Romrod. Diese ersteigerte Orgel stammt von dem Frankfurter Orgelbauer Joh. Christian Köhler, wie die Rechnung der Gemeinde ausweist:

---

84) HStAWsb 211/4670
85) GA Pfungstadt UB 1825, Nr. 61
86) GR Pfungstadt Nr. 185

"Sind von Johannes Dörner zur Bezahlung der neuen Orgel aufgenommen worden 500 fl" 87).
"Habe dem Frankfurter Orgelbauer Köhler vermög Akkord und Quittung vom 14. 6. 1748 Nr. 19 der Rechnungen. Unterschrift Christian Köhler Fürstl. Hoforgelmacher von Frankfurt" 88)
"100 fl, welche der Orgelmacher Kähler zu Frankfurt noch zu fordern gehabt" 89).
Damit ist der Erbauer des Werkes bekannt 90).
Die Disposition, ähnlich anderen Köhlerschen Werken, z. B. Reinheim, Grävenwiesbach, Limburg u. a. hatte folgende Form:

1. Quintatön 16' Holz C-h, dann Metall, jüngeren Datums?
2. Principal 8'
3. Großgedackt 8' Holz
4. Viola di Gamba 8' C-G Holz, neueren Datums
5. Flöte 8' wohl an Stelle der Trompete 8' (Peine zitiert eine solche leere Schleife am Schluß. FrBHN 44 hat noch Flöte 8')
6. Octav 4'
7. Kleingedackt 4' Holz
8. Quint 3' konisch
9. Octav 2'
10. Sesquialter 2 fach 2/3'+2/5' rep. c^o: 1 1/3'+4/5', c^1: 2 2/3'+1 3/5'
11. Mixtur 4fach 1' repetiert bei c^o und c^1

C				1'	2/3'	1/2'	4. Chor fehlte 1/3'
c^0			2'	1 1/3'	1'	2/3'	
c^1	4'	2 2/3'	2'	1 1/3'	91)		

Pedal

12. Subbaß 16' Holz
13. Violon 8' Holz
14. Octavbaß 4' Holz
15. Mixturbaß 4 fach
16. Posaune 16' 1944 8' bei Peine leere Schleife

Ab 1826 wurde die Orgel von Dreymann regelmäßig gepflegt, 1840 repariert Voigt und übernimmt 10 Jahre lang die Pflege 92).
So kam die Köhlerorgel nach Münster. Der Geh. Regierungsrat Müller zu Höchst bat um die Disposition der Orgel von Schöler in Breitenau, da er eine solche Orgel für Münster geplant hatte 93).
Am 3. 1. 1960 wird diese Disposition an das Bisch. Ordinariat in Limburg von Orgelbauer Euler, Hofgeismar, geschickt. Limburg genehmigte einen Neubau, da Euler die Orgel als nicht mehr reparaturfähig ansah 94).

---

87) GR 1748, S. 6
88) GR S. 13
89) GR S. 43
90) Damit kann auch die Annahme Peines, Frankfurter Orgelbau S. 92 berichtigt werden. Dispos. und Mensuren S. 93 und 231f.
91) Die Zusammensetzung von Mixtur und Sesquialter nach Peine
92) KR PfA Münster
93) HStAWsb 241/211
94) BALbg, Münster

Leider mußte eine Köhlerorgel weichen, die m. E. noch reparabel, wenn auch sehr "restaurationsbedürftig" war, wie Peine den Zustand charakterisierte. Das Gehäuse ist erhalten, allerdings durch Abbauten nicht gerade verschönert.

KEMEL

Um 1736 muß eine Orgel für Kemel gebaut worden sein, denn in diesem Jahre steuerte die Gemeinde Hohenstein 15 alb "zur Kehmeler Orgel" [95].
Dementsprechend wird 1742-45 auch ein Organist bezahlt:
"Dem Organisten Jost Dieffenbach zu Lindenschied vor die Orgel bey den ref. Gottesdienst in Kehmel zu spiehlen gegeben 6 fl 16 xr" [96].
1741 bezahlte der Kemeler Kasten dem Organisten 7 fl.
1748 werden dem Orgelmacher von Mensfelden 6 fl bezahlt, 1755 für die Reparatur 6 fl ausgegeben.
Die weiteren Reparaturen beziehen sich auf die Belederung der Bälgen. 1794 war die Orgel anscheinend in einem solchen Zustand, daß sie 1/2 Jahr nicht gespielt werden konnte, denn dem Balgtreter wurde aus diesem Grunde nur die Hälfte ausbezahlt [97].
Am 22. 6. 1826 wird der Regierung gemeldet, daß die Orgel wegen Reparatur der Kirche abgebrochen und wieder aufgestellt werden müsse. Der Kirchenvorstand hatte sich zu diesem Zweck mit OB Schöler in Verbindung gesetzt. Dieser verlangte 88 fl, dagegen der Orgelbauer Embach nur 48 fl. Er will die Versetzung des Klaviers für 31 fl ausführen. Demnach war die ursprüngliche Klaviatur wohl in der Mitte des Werkes, da sie später seitlich war. "Schöler besitzt nach dem Urtheil der Sachverständigen eine vorzügliche Geschicklichkeit in seiner Kunst", ist aber um 40 fl teurer. Es wurde mit Embach akkordiert und am 30. 6. 1826 die Genehmigung erteilt.
Am 5. 12. 1827 wird von der Gemeinde mitgeteilt, daß man einen neuen Stand für die Orgel errichten wolle, der im Chor auf der Seite angebracht werden solle.
Ein erneuter Kontrakt wegen Versetzung der Orgel wurde am 30. 11. 1843 mit OB Voigt abgeschlossen [98].
Die letzte größere Erneuerung führte Eichhorn durch, dessen Vorschlag von dem Sachverständigen Wolfrum überprüft wurde. Die Gemeinde beschloß die Durchführung am 15. 1. 1897 [99].
Bei den Bauarbeiten an der Kirche wurde die Orgel 1965 abgebrochen, Verzierungen, wie Schleierbretter, aufbewahrt.

95) HStAWsb 303 Almosen R. Hohenstein 1736
96) HStAWsb 303 KR ref. Langenschwalbach
97) HStAWsb 303 Kasten R. Kemel
98) HStAWsb 211/4791
99) ZALKHN 1/2604

Nach meiner Aufnahme am 23. 9. 1962 war die Orgel in einem sehr schlechten Zustand. Das Pfeifenwerk war von verschiedener Herkunft, z. T. alt. Der Spielschrank war erneuert. Die letzte Disposition:

1. Principal 8'
2. Gedackt 8'
3. Octav 4'
4. Gedacktflöte 4'
5. Quint 3'
6. Octav 2'
7. Mixtur 3 fach 2'
8. Hohlflöte 8'
9. Salicional 8'
10. Subbaß 16'
11. Violon 8' 1)

KESTERT

Im Jahre 1817 war eine Orgel vorhanden, die als "mittelmäßig" bezeichnet wurde 2).
Am 18. 8. 1817 schreibt der Amtmann an die Regierung in Wiesbaden: "Die vor etwa 12 Jahren (1805) durch freywillige Beiträge in die Kirche nach Kestert neu angeschaffte und bisher ohne Reparatur gebliebene Orgel befindet sich dermalen in einem Zustand, daß eine unverzügliche Reparatur dringend notwendig ist. . . "
"Ein in einem benachbarten Ort befindlicher Orgelbauer erbot sich, die Reparatur für 12 fl zu übernehmen".
Am 22. 8. 1817 wurde dieser Vorschlag genehmigt, falls man sich von der Geschicklichkeit des Meisters überzeugt habe.
Am 22. 8. 1864 wurde eine Reparatur in der Höhe von 22 fl genehmigt 3).
Joh. Schlaad schloß am 2. 4. 1856 einen Stimmvertrag ab auf 6 Jahre. Da dieser ihn nicht einhielt, schloß man einen anderen am 27. 6. 1861 mit OB Scherer in Biebrich ab 4).
Am 27. 12. 1885 schloß man mit J. Schlaad einen Vertrag über einen Neubau ab. Die Revision übernahm nach Bericht vom 26. 10. 1885 der bekannte Seminarlehrer in Boppard, Peter Piel. Die erhaltene Orgel hat heute folgende Disposition:

I. Pl8 Bd16 Gb8 Fl8 O4 Q3 O2 Korn3f Tpt8
II. Ggpl8 Lbgd8 Sal8 Klgd4
Ped. Sbß16 Vlbß8 Flbß8 NK

Das Werk ist zum Teil verwurmt, der Klang ist gut.

KETTENBACH

Am 5. 7. 1763 wird an die Behörde berichtet: "Nachdem das Kirchspiel Kettenbach in ihrer Kirche eine neue Orgel aus ihren eigenen Mitteln errichten zu laßen einhelligen beschloßen, auch besag der Anlage sub Lit. A dahier mit dem Orgelmacher Schüler (Schöler) von Emserbad

---

1) FBHN 44
2) HStAWsb 211/1409
3) HStAWsb 211/5210
4) PfA Kestert KR

einen Accord getroffen hat, aber haben hiervor erforderliche Nachricht geben und anbey unterthänig vermelden sollen, was maßen sich hiervon nicht ehender benachrichtigt worden seye bis besagter Accord schon geschlossen worden ist, obgleich beyde Schulmeister zu Kettenbach uns zu vernehmen gegeben haben, daß sie hiervon vorhero Sr. Hochw. dem Herrn Superintendenten Droosten zu Idstein die erforderliche Anzeige gethan hätte.
Kirberg den 5. Juli 1763 I. G. Clemm"
Der Vertrag: "Hiermit wißend gemacht, daß zwischen dem Hochgeehrten Herrn Schüler, als wohlberühmten Orgelverfertiger und dem Ehrsamen Kirchspiel aus diesen drei Dorfschaften Kettenbach, Hausen und Daßbach bestehend, in Gegenwart Seiner Hochwohl Ehrwürdigen des Herrn Pfarrers Otto einen förmlichen Contract wegen einer neuen Orgel nach vorgezeigtem und überreichtem Abriß davon sey geschlossen worden aus folgenden Stücken bestehet alß:

1. Principal 4 Fuß von Zinn bis c^3
2. Viol de Gamba unterste Octav Holz, 2. Octav legirte Materie 8'
3. Getact von Holz 8'
4. Salixional 4'
5. Fleteveur 4' (Flauttraver)
6. Quinta 3'
7. Kleingetact 4'
8. Octav 2'
9. Mixtur c g c^1 1' (3 fach)
10. Trompete 8'
11. Vox humana von Zinn 8'
12. Copula Manual
13. Tremulant

Pedal biß 2te f
Sub Pass Holz (16')
Principal Pass Holz (8')
Structur in Tannenholz, hierzu 2 Balken lang 10' breit 5' auch von Tannenholz.
Clavier von 49 Clavibus von schwarzen Elffenbein Holz.
Vor dieses oben benahmte Orgelwerk verspricht das erwähnte Kirchspiel zu zahlen in Frankfurter Preiß oder Reichsgeld 425 Rthl in nachfolgenden Terminen:

1. Auf Accord 100 Thl.
2. Bey Überlieferung und Approbatur dieses Werkes 200 und 25 Rthl.
3. Den Rest ein Jahr hierauff.

Wobey die Gemeinde die Orgel an Ort und Stelle abzuholen sich anheischig gemacht, wie auch Lager zu den Balcke aptiren zu laßen.
Benebst den Eißen Werke hierzu und ist disfalß dieser Contract in Duplo verfertiget und jedem Contrahenten zugestellt worden. So geschehen zu Kettenbach den 1. Junii 1763
Q(uod) D(eus) B(ene) V(ertat)"
Am 21.7.1763 schreibt die Regierung in Wiesbaden an den Amtmann Clemm in Kirberg, daß "gegen Anschaffung nichts zu erinnern" sei [5].

5) HStAWsb 134 Kettenbach, 5

Wegen des Beitrages zu den Orgelkosten war es zu erheblichen Auseinandersetzungen mit den zur Pfarrei gehörigen lutherischen und katholischen Einwohnern von Daisbach gekommen [6].
Am 19.9.1827 wurde gemeldet, daß die Orgel reparaturbedürftig sei. Raßmann verlangte für die Besichtigung eine Vergütung, die nicht gewährt wurde, 11.4.1829 [7].
Die klangschöne Orgel ist in originaler Form heute noch erhalten und vor kurzem erneuert worden.

KETTERNSCHWALBACH

Am 6.2.1727 weist das Hochfürstliche Consistorium den Kirchenschaffner an, der Gemeinde Ketternschwalbach "zum Behuff ihres Orgelbaus 5 fl aus dem Kirchenkasten verabfolgen zu lassen" [8].
Am 29.11.1815 reicht die Gemeinde ein Gesuch ein, eine neue Orgel für die vor 4 Jahren erbaute Kirche in Höhe von 850 fl anschaffen zu dürfen. Am 24.1.1816 wurde mit Schöler ein Akkord abgeschlossen und das Werk im Juni 1818 aufgestellt. Die Abnahme erfolgte durch Kantor Herrmann, Idstein. Der Bericht datiert: Wehen, 10.11.1818. "Präcis angelegt, wie ich keine Orgel gefunden habe". Sie hatte 11 Register. Es wurde bemerkt, daß die Kirche leider feucht sei [9].
Die Disposition:

1. Principal 4' Prospekt (neu 1967)
2. Gedackt 8' alt
3. Quintatön 8' (alt, 1944 Gamba genannt)
4. Quint 3' alt
5. Kleingedackt 4' alt
6. Salicional 2' rep. 4' alt
7. Octav 2' alt
8. Mixtur 3 fach 1' alt
9. Trompete 8' Baß neu (1944 Ggpl8)
10. Trompete 8' Disk. neu (1944 Ggpl8)
11. Subbaß 16' alt
12. Octavbaß 8' alt

Pedalkoppel
Abnahme der Restaurierung durch Gebr. Oberlinger am 19.2.1967 [10].

KIEDRICH

Eine der bekanntesten Orgeln steht in der kath. Pfarrkirche von Kiedrich. Sie ist im Schrifttum als frühe Vertreterin der Orgelbaukunst häufig behandelt und zitiert. Die Angaben beziehen sich vorwiegend auf ihr äußeres Gewand, die Disposition und einige Daten ihrer späteren Veränderung. Außer einigen wesentlichen Archivalien stützen sich die Forschungen zumeist auf die Veröffentlichungen des Pfarrers Zaun. Diesem stand offensichtlich noch einiges Material zur Verfügung, was heute nicht mehr aufgefunden werden konnte. Pfarrer Zaun konnte sich wohl auch auf die Aussagen des englischen Baronets Sir John Sutton stützen, auf dessen Wunsch Zaun am 1. 1. 1869 nach Kiedrich versetzt wurde.

Mit Baronet Sutton ist die Orgel in Kiedrich, wie auch die ganze Kirche, eng verbunden, da er im Zuge der Wiederbelebung der Gotik in der Mitte des vorigen Jahrhunderts - einer Erscheinungsform historisierender Tendenzen der Romantik - die Orgel vor der Beseitigung bewahrt und versucht hat, sie mit Hilfe des belgischen Orgelbauers August Hooghuys aus Brügge in den erhaltenen Resten zu konservieren und in Anlehnung an diese zu restaurieren [11].

Die genaue Erbauungszeit und der Meister des Werkes sind bisher unbekannt geblieben. Die Zeit kann annähernd aus den Baudaten der Kirche erschlossen werden. Zaun nimmt die Zeit zwischen 1492 und 1510 mit gutem Recht an [12].

Der Raum im Westen der Kirche, wo heute das Gebläse liegt, wurde durch die Verlegung der Michaelskapelle in den 1444 aufgeführten Neubau auf dem Kirchhof frei. Die Höhe der Westwand wurde aber erst durch den Umbau des Langhauses zu einer Emporenhalle und Einwölbung, vollendet im westlichsten Joch 1491, erreicht. Damit wurde erst der Platz für ein Werk dieser Größe geschaffen. Die Westwand reichte über den Spitzbogen des alten Kapellenraums heraus. Das Werk in der Gesamthöhe von 7, 60 m setzt auf dem Kapellenboden, bald über dem Scheitel des Spitzbogens des Portals, an und erreicht fast die Gewölbehöhe [13].

Für die alte 1380 erbaute Kirche nimmt Zaun schon das Vorhandensein einer Orgel an. Er will sie aus folgenden Befunden erschließen:

---

6) HStAWsb 134, Daisbach 6
7) HStAWsb 211/5461
8) HStAWsb 133, Generalurkunden 6. 2. 1727
9) HStAWsb 211/5463
10) Mitt. Brendel
11) J. Zaun, Geschichte des Ortes und der Pfarrei Kiedrich. Wiesbaden 1879, § 33. Die Orgel
J. Zaun, Beiträge zur Geschichte des Landcapitels Rheingau. Wiesbaden 1879, S. 125
K. Walter, Geschichte der Orgel in der Pfarrkirche Kiedrich, in: Zeitschrift für Instrumentenbau, 1902 S. 758-761, 790-792.
W. Lotz - Fr. Schneider, Die Baudenkmäler im Regierungsbezirk Wiesbaden. Berlin 1880, S. 352ff, S. 507
W. Lipphardt, Kiedrich im Rheingau, in: Benediktinische Monatsschrift 19(1937), S. 175ff, S. 243ff
P. Smets, Die Orgel der St. Valentinskirche zu Kiedrich. Mainz 1945
V. Quast, Orgeln des Mittelalters, in: Erbkam, Zeitschrift für Bauwesen 3, Berlin 1853, S. 43 ff. und Atlas, Tafel 9, Figur 2
W. Bibo, Kiedrich im Rheingau - die älteste Orgel Deutschlands, in: Ars organi, 17, S. 357
Die Kunstdenkmäler des Landes Hessen, Der Rheingaukreis. München-Berlin 1965, S. 218-232, Abb. 311, 314, 320
F. Bösken, Quellen und Forschungen zur Orgelgeschichte des Mittelrheins, Band 1 (Beiträge zur Mittelrheinischen Musikgeschichte Nr. 6) Mainz (1967)
F. Bösken, Historische Orgeln im Mainzer Raum, in: Acta Organologica, Band 3, Berlin 1969 S. 77-82 mit Buntbild
W. Kaufmann, Der Orgelprospekt, Mainz 1949[3]
12) Folgende Angaben Zauns nach Geschichte des Ortes § 33
13) KDkm Rheingau, S. 218 und Abb. 508, Zeichnung 60

Zwischen den zwei ersten Pfeilern des nördlichen Seitenschiffs finden sich noch einige eiserne Haken und Spuren und so vermutet er, daß hier einmal eine Orgel angebracht war. "In der Orgel selbst finden sich noch sehr alte Pfeifen, welche wie Glas zerbrechen, und durch die Jahreszahl 1313 als die ältesten der Orgel erkannt worden sind. Ein Theil dieser alten Pfeifen wurde im Jahre 1875 als unbrauchbar entfernt und als Seltenheit aufbewahrt". Die Haken sind heute noch vorhanden, ebenso die aus dem Pfeiler herausgehauenen Teile.
Ein Pfeifenbestand aus der angegebenen Zeit ist heute nicht mehr vorhanden. Etwas problematisch scheint mir die Aufstellung in dem letzten nördlichen Bogen, also im hinteren Teil der Kirche, zumal die Kirche einen Lettner besaß, der eher zur Aufstellung einer kleinen Orgel geeignet war. Sollte der Haken und der Mauereinbruch möglicherweise mit der Errichtung einer Sängerempore und Orgelbühne in Zusammenhang stehen, wie sie im 17. Jahrhundert erbaut wurde?
Die erhöhte und vergrößerte Kirche bot also, wie oben gesagt, den Anlaß zum Bau einer Orgel in der vorhandenen Größe.
Wegen der Bedeutung dieser Orgel seien zur Aufhellung ihrer Geschichte die Daten vorgenommener Arbeiten chronologisch aufgeführt. Diese Methode scheint hier besonders geeignet, da so am besten ihr Werdegang in der Geschichte dargestellt werden kann und gleichzeitig zu bedenken gegeben wird, wieviel Schicksale und Eingriffe ein solches Werk erleiden mußte und wie schwierig es ist, aus dem heutigen Zustand den ursprünglichen zu erschließen.

1652 Zaun schließt aus einer notwendig gewordenen Reparatur um 1652 auf Schäden, die im 30-jährigen Krieg entstanden sind und verweist auf die Tradition, daß - wie auch sonst in Kriegszeiten - die Kirche profaniert wurde. Er nimmt an, daß die Orgel um diese Zeit ein Manual besaß. Die Arbeiten am Werk wurden durch den Kiedricher Orgelbauer Johann Wendelin Kirchner ausgeführt. Zaun kann sich wahrscheinlich nur auf die in der Lade eingeklebten Zettel berufen:
"D(ominus) Johannes Wendelinus Kirchner Orgelmacher 1652" und D(ominus) Nicolaus Nicolai Oberscholtes" (Oberschultheiß) 14)

Wenn sich schon neben dem Orgelmacher der Oberschultheiß in der Lade verewigt hat, dann kann man wohl annehmen, daß es sich um eine bedeutende Reparatur, wenn nicht um einen Neubau der Lade gehandelt hat. Es ist auch durchaus möglich, daß bei dieser Gelegenheit ein Teil des alten Pfeifenwerks ausgewechselt wurde.

---

14) Nicolaus Nicolai, Scabinus, heiratet im Jahre 1631 die Tochter des Schöffen Joh. Höchstenbach aus Hattenheim (PfA Heiratsregister). 1632, 13.2. setzt er seine Unterschrift unter einen Vertrag mit dem Kloster Eberbach. HStAWsb 22, Bursenrechnung 1635. 1651 heiratet er in zweiter Ehe Elisabeth Schnock, die Tochter des Kiedricher Organisten Anton Schnock (Anstellung 29.11.1649). PfA s.o.

1653 Velten Gulmann "mehr 1/2 Tage ahn die Orgell gearbeitet 7 1/2 ß [15])
Johann Wendelin Kirchner übernahm auch weiterhin die Pflege

1673 Kirchner erhebt Einspruch gegen die Wahl zum Gemeindebürgermeister (entspricht dem späteren Gemeinderechner), da er dann die notwendige Orgelarbeit nicht ausführen kann, er aber diese nicht schuldig bleiben wollte. Im Protokollbuch wurde aufgenommen:
"Anno 1673 den 9. Decembris ist H. Hanß Wendell Kirchner alhier bey E. E. Rath erschienen, weilen er zu einem Gemäinen Burgermeister erwöhlt worden, Sich dessen zum höchsten beschweret, gemacht weilen er nuhn vermöge zurück gegeben Refers schultig ist, wegen etlicher Pfeifen so mangelhaft und waß derselbe weiderß außweisent: selbiges zu verbessern undt ohne mangelhaft zu lieffern. Hatt ehr sich selbsten freywillig erbothen, seinem Verspregen nach, diesen zukünftigen Sommer inß Werk zustellen undt zu machen undt zu liefern. Derentwegen man ihm auch die darzu nothwendige Materialien zu schaffen schultig und willig. Und damit Ehr seinem Verspregen nach desto fleißiger nachkommen möge - wie dann schultig - alß hatt man Ihme vor dißmahlß dises Ambß enthoben, welches zur künftigen Nachricht hirin einverlaipt worden. Undt soll ihme nach gethaner Liefferung der Refers wiederumb zurück gegeben werden.
Johann Wendel Kirchner Orgelmacher" [16]).

Zaun vermutet, daß um diese Zeit das Positiv hinzugefügt wurde. Ein näherer Hinweis, worauf diese Annahme fußt, wird nicht gegeben. Das Pfeifenwerk des Positivs ist am unterschiedlichsten in seiner Form, enthält nur einen Teil in seinem Bestand, der mit dem Material und der Form im Hauptwerk Ähnlichkeit hat. Dieses Material weist in vieler Beziehung auf Kirchner. Deswegen wäre es durchaus möglich, daß Kirchner entweder 1652 oder 1673 Pfeifen erneuert und auch das Positiv gebaut hat. Dem Positiv wären aber dann später die meisten neuen Pfeifen zugefügt worden. Da das Gehäuse des Positivs später beseitigt wurde, ist eine Klärung heute kaum möglich. Zaun hatte entweder noch archivalisches Material, was nicht mehr bekannt ist, oder bezog sich auf Aussagen von Baronet Sutton, der sich ja bekanntlich viel mit alten Orgeln beschäftigt hatte. So hatte er schon vor seinem Kiedricher Aufenthalt die alte

15) Restantenbuch fol. 13 v. Gulmann war möglicherweise Schreiner.
16) GA Kiedrich, Neues Protokollbuch Nr. 2 - Zaun, Gesch. Kiedrich, S. 113

Orgel im Freiburger Münster, die 1544 von Georg Ebert gebaut worden war, kennengelernt [17].

1686 wurde die Orgel "gegen die Wallfahrt" (Valentinus) repariert [18]

1692 Johann Wendel Kirchner wird gebeten einem jungen Orgelmacher vor Beginn seiner Wanderschaft eine Bescheinigung auszustellen, daß dieser bei dem Orgelmacher Johann Peter Geißel in Mainz gelernt habe. Dieser Protokolleintrag soll hier mitgeteilt werden, da aus diesem das Schülerverhältnis zu Georg Geißel, dem Vater des bekannten Mainzer Orgelbauers Joh. Peter Geißel hervorgeht, mit dem Kirchner aus der Zeit seiner Lehre noch befreundet war.

"Heut Dato den 7ten Septembris 1692 ist zu mir kommen der Ehrsame undt Achtbahre Meister Friederich Reyling, Bürger undt Leydecker zu Mäintz, undt mich undtbenambsten Orgelmacher zu Kidderich wegen seines Stiefsohns Lothary Francisci Walthers in die Frembdt wanterendten Orgelmachers zum bessern Vortheil seiner Kunst umb ein glaubhaftes Zeugnuß ersucht, daß er zu Mäintz bey Herrn Peter Geißlern, Orgelmachern daselbst, die Kunst gelehrt habe.
Weilen nun besagter seines Stiefsohns Herr Lehr-Printz mit Tod abgangen, ich aber bey dessen Vater seelig die Kunst gelernet undt mit Ihme, Herr Peter Geißler, gar wohl bekandt undt gut freundlich gewesen.
1. Alß geb ich glaubhaftes Testimonium hiermit in Urkundt meiner eigenen Handt, daß er seine Kunst aufrichtig und redtlich gelehrnet, also, daß er niegendtß, wo er seye, wo er wolle, derentwegen gehindert oder aufgehalten, sondern bestermaßen recommendirt werden soll. Zu dieser wahrer Urkundt ich ihme diesen Schein ertheilt, eigenhändtig unterschrieben, undt mein gewöhnliches Pischaft darunder getruckt in Beisein Johann Ludtwig Kempf, Schuelmeisters allhie, alles getreulich undt ohne Gefahr.
Actum Kitterich mense et die ut supra.
Desen da zu wahrer Becraftigung nach deme er Hanß Wendel Kirchner L. L. Gericht zu Kidderich eitlich ersucht, solches Testimonium nit allein zu schreiben undt beschreiben, sondern auch mit unserm gewöhnlichen Gerichts Insigel zu confirmiren.
Weil dar deme also:
Alß haben uns Ihme nit abgeschlagen, sondern die Warheit zu steuer hiemit willfahren wollen.
So geschehen Kitterich in curia den 27. Octobris Ao 1693
Schultheiß und Gericht daselbsten in fidem" [19].

---

17) Zaun, Gesch. Kiedrich, § 51. Die Stifter der Choralschule. - I. Rücker, Die deutsche Orgel am Oberrhein, Freiburg 1940, S. 120
18) HStAWsb 108/3437 KR
19) GA Neues Protokollbuch Nr. 2

1710 In diesem Jahre wurde eine Reparatur notwendig und ein Vertrag mit dem Orgelmacher Salvianer abgeschlossen. Dieser ist von besonderer Bedeutung, da an dieser Stelle die damalige Disposition mitgeteilt wird, somit die älteste erhaltene.

"Heuth zu entsgesetze Dato ist von Edel Pfahr, Schultheiß und Gericht dem Ehrsamen H. Eliae Sallvianer, Orgelmacher aus Coblennz, sonsten gebürtig auß Inspruck, unsere zu Kitterich in der Kirch stehendt Orgel, auf seine Cösten undt Spessen, ohne einiges Zuthun, de novo zu repariren alle Peifen, so etwann entwenth oder verkomen sollten sein, auch da einige brüchig, krumb, zerstoßen oder von dem Salpeter zermahlen, in summa es mag Nahmen haben wie es wölle, aufs neue vollich dahrstehlen, repariren undt vergentzen, dergestahlt, daß allen Register sambt und sonders keines ausgenommen undt in speciae einem jedem Register alle ihre Peifen gebührender massen, wie obgemelt, so wohl neue, vergentzt, renovirt und ordentlich instand gesetzt werden soll.
Dabey befindten sich aber im obern Orgelwerk erstlich ahn Register acht alls das
1. Principal in acht Schu in Corpore
2. die Hohlpeif acht Schu in Corpore (gedackt, im Ton 16')
3. die Trompeth 8 Schue
4. die Octav 4 Schue
5. die Quint 3 Schue
6. die Super Octav 2 Schu
7. die Mixtur vierfach und ein Zimpel
8. ein Zimpel zweyfach
Ihm Ruck Possitiv
(1) Das Principal von 4 Schu
(2) Ein Hohlpeif im Thon von 4 Schu
(3) Ein Octav von 2 Schu
(4) Ein Quint von 1 1/2 Schu
(5) Ein Zimpel
(6) Ein Schnarwerck von 2 Schu
So ist dann zu vorstehender Orgels Reparatur ausdrücklich mit vorbehalten, daß nicht allein die große und kleine Wintlath vollig auß dem Funtament ohne einigen geringsten Feller ahn widerumb ergentz werden soll, so dann auch alle fünf Bälch.
Da von solle ihm in bahrem Gelt gegeben werden sampt seiner Discretion Hundter Dreyßig Gulten sampt den Kollen, frey Logament, Bettung undt Holtz, alles sonder Gefehrten und Arglist undt solle ein solchs auff wohl verständige Organisten vissidirt werden.
So geschehen Kietterich den 5. Aprilis 1710. (Siegel)"
Dem Baumeister ist führ sein Logament den Orgelmacher zu halten Bettung Holtz unndt Außhaltung wochentlich versprochen worden 1 fl 30 xr.
Zur Abnahme wurden zwei Organisten bestellt, die dann folgenden Revisionsbericht abfaßten:
"Den 4. Augusti 1710 seint die beyte H. Wohl Ehrwürtige H. Pater Martinus, Organist in Closter Erbach undt H. Johann Jacob Anthoni, Organist zu Eltvelt zu fernerer Examinierung hiesiger reparirten Orgel

durch den Orgelmacher Salvianer anhero erfortert worden, welche dann die Feller, so sie beyte undem NB dato Julii bey ihrer Ahnwessenheit gefunten, revitirt undt befunten, daß der Orgelmacher solche emendirt gehabt, außerhalb dem oberen A welches der Orgelmacher excussirt, das es eine neue Peif erfortere und führ ein accendital Feller bassiren könte. Das gantze Werck aber bedreffent, sampt den Ruckpossitiv judizirten sie, daß es führ eine alte reparirte Orgel in ihrer Prob gutt genug passiren möge.
Wohin dann auch des Orgelmachers darüber aufgerichter Contract, die der Orgelmacher Aussaigen zu verstehen sein soll, das darüber ausgefertigte Attestat anderster nit zu verstehen seye, welches die beyte Examinatores zu behuff ihrer Prob disfalls ad Protocollum verfassen lassen. Kittrich dato ut supra" [20]).

1715 und 1719 Reparatur der Bälge [21]).

1722 Nach Zaun brachte ein Trierer Orgelbauer auf beiden Seiten des Gehäuses das Pedal an. Unklar ist dieser Passus von Zaun:
Nach der Nennung der Register, die Salvianer aufführte fährt Zaun fort: "Es waren dieselben Register wie jetzt, mit Ausnahme des Bourdon, der erst um 1722 von einem Trierer Orgelbauer an die Stelle der Trompete in die Pedalorgel eingefügt wurde und einen guten Effect macht. Derselbe Orgelbauer brachte das Pedal auf beiden Seiten des Orgelgehäuses an, wodurch dieses schöne Gehäus wieder sehr beschädigt und durch gewöhnliche Arbeit im Geschmack der Zeit ersetzt wurde" [22]).
Der Name des Meisters ist nicht überliefert. In Trier arbeitete zu dieser Zeit Jean Nollet und in Koblenz Bartholomäus Boos.

1735 wurde Christoph Kirchner, Sohn des J. W. Kirchner, zur Reparatur herangezogen

1741 Reparatur der Bälge für 4 fl

1742 Einem nicht genannten Orgelmacher wegen Reparatur 7 fl

1745 Orgelmacher Kohlhaas, da er die Orgel gestimmt an Zehrung 2 fl [23])

1760 Zaun berichtet: "Um das Jahr 1760 wurde die ursprüngliche Orgel von neuem verunstaltet und alles bis auf den Fußboden entfernt, was alt war und hinderlich schien. Nur die eine Engelfigur, welche das Kiedricher Wappen hält, blieb zurück. Der gewonnene Raum wurde benutzt, um eine breite Gallerie für Sänger und Musiker anzufügen. Diese, wie die ganze Orgel,

---

20) Zaun, S. 113. GA Kiedrich, Großes rotes Kirchenzinsbuch, fol 256r 257 Über Salvianer: F. Bösken, Orgelbauer aus Österreich am Mittelrhein in der ersten Hälfte des 18. Jh., in: Symbolae Historiae Musicae, Festschrift für H. Federhofer, Mainz (1971), S. 138-140. F. Bösken, Quellen und Forschungen, Band 1, S. 33
A. Gottron, Mainzer Musikgeschichte, Btrg. z. Gesch. der Stadt Mainz Band 18, Mainz 1959, S. 28
21) HStAWsb 108/3437 KR
22) Gesch. Kiedrich S. 113
23) HStAWsb 108/3437 KR

wurde dann abwechselnd roth, gelb und blau angestrichen, kleine Kränze mit Schellen über den Pfeifen befestigt, alles in häßlicher Weise in Holz geschnitzt".
Der nicht ganz deutliche Inhalt dieser Sätze scheint darauf hinzudeuten, daß man das Positiv auf den Boden einer neuen Bühne stellt,um die Instrumente und Sänger besser aufstellen zu können. Im übrigen scheint das Äußere stärker barockisiert worden zu sein durch neues Schnitzwerk, das an den Enden der Prospektpfeifen angebracht wurde. Der Anstrich deutet auf die Technik der Marmor-Imitation hin, da vermutlich die neuen Teile in Tanne hergestellt wurden, die dann gestrichen werden mußten.
Auch in diesem Falle fehlen archivalische Unterlagen.

1768 Christoph Wolf die Orgel zu reparieren 11 fl

1771 "H. Gembach (Embach) die Orgel zu reparieren und außzuputzen samt dem Rückpositiv zahlt 15 fl 53 xr
Für 2 Schaffell zu denen Blaßbälg 1 fl 6 xr [24]

1771 Die Orgel zu reparieren 1 fl 36 xr [25]

1785 "Dem Jörg Kirchner wegen Reparatur der Orgel für Arbeit und Leder 1 fl 40 xr.

1790 "Die Gemeinde Kirchenorgel zu repariren für Schaffell, Leim und dergl. an Georg Kirchner 4 fl 45 xr" [26].

1790 1. 12. Im Visitationsprotokoll des Erzbischöflichen Ordinariats in Mainz wird auf die Frage nach der Orgel geantwortet: "Ecclesia habet antiquum et inusitatum organum ad procurationem et reparationem tenetur communitas" [27]

1794/95 "Die Gemeinde Orgel zu repariren an G. Kirchner 2 fl 17 xr.

1795/96 Die Gemeinde Orgel zu repariren für Schaffell, Leimb, Arbeitslohn 4 fl 51 xr [28].

1800 Schreiner Röhring für Reparatur der Bälge 2 fl [29].
Wie immer sind die Bälge der empfindlichste Teil und verschlingen die meisten Kosten.

1802 In diesem Jahr wendet sich der Oberschultheiß an den zwar nicht kirchenbaupflichtigen "Decimator universalis" von Kiedrich, an das Petersstift in Mainz um Unterstützung für die Reparatur der alten Orgel:
"Die Gemeinde Kiederich, so erst voriges Jahr den Kirchenthurm, welchem der Einsturtz gedroht hat, mit schweren Kosten habe herstellen laßen müßen, siehet sich bei dem dermalig unumgänglich nöthigen neuen Orgelbau zu schwach, denselben aus eignen Mitteln allein zu bestreiten; umso mehr, da die Gemeinde Kasse durch den leidigen und beispielloßen Krieg ganz erschöpfet ist, und sich zu verwenden

24) HStAWsb 108/3250 GR
25) HStAWsb 108/3437 KR
26) HStAWsb 108/3251
27) PfAmt
28) HStAWsb 108/3251 GR
29) HStAWsb 108/3252 GR

hat, damit deren fürchterlich bestehenden Schuldenlast, der üblen Mit-Folge dieses unseeligen Krieges Milderung verschafft werden.
Eine Orgel soll und muß jedoch wieder erbaut werden, da unsere gegenwärtige kaum den Namen verdienet, indem dieselbe so ruinos ist, daß sie nicht nur allein als Orgel gar nicht mehr gebraucht werden kann, sondern man auch auf und unter derselben der größten Lebensgefahr ausgesetzt ist, weil wirklich schon mehrere der größten Pfeifen, zum Glück Niemand erschlagend, herausgefallen sind. Und unsere große Kirche besonders an einem Wallfahrtsort zur Verehrung Gottes eine Orgel äußerst nöthig hat". So bittet dann der Oberschultheiß C. Hock um Unterstützung.
Herr Dechant Thelemann stiftete im Namen des Kollegiatstiftes "Auf Ansuchen der Gemeinde Kiederich einen milden Beisteuer zum Orgelbau mit 15 fl" [30].
Schon am 21. 2. 1802 hatte der Ortsvorstand C. Hock und Dorn berichtet, daß die Gemeinde eine neue Orgel bauen wolle, aber hohe Kriegskosten zahlen müsse. Die Kirche solle einen Fonds bereits in Höhe von 1000 fl und Ausstände von 2000 fl haben. Die Orgel müsse aber gebaut werden, da die alte Orgel ruinös und die Kirche eine Wallfahrtskirche sei, wie der Bericht an St. Peter oben aussagte, dem sich dieser Bericht anschließt. Die Kirche wolle aber nichts beitragen. Die Gemeinde ist aber der Meinung, daß die Kirche, wenn die Gemeinde keine Mittel habe, mit aufkommen müsse und wenigstens 1000 fl leisten solle. Darauf erwidert der Pfarrer Luca, daß die Kirche 1000 fl leisten solle zur Orgel aber andererseits Paramente nötig habe.
Über die Rechtsverhältnisse im Zusammenhang mit der Orgelfrage dieses Jahres schreibt Zaun: "Im Jahre 1802 war unterdessen die Orgel wieder ganz unbrauchbar geworden. Der Ortsvorstand, dem die Unterhaltung des Thurmes sammt Orgel und Glocken obliegt, behauptete, keine Mittel zu dieser Reparatur zu besitzen und forderte aus dem Kirchenfonds einen Beitrag von 500 fl. Es wurden ihm 300 fl bewilligt. Das reichte aber nicht aus. Er forderte weitere 1000 fl und noch 600 fl für die bereits geschehene Reparatur des Thurmes, diesmal ohne Erfolg. Doch fuhr man fort an der Orgel zu bessern, so viel möglich war [31].

1803 Am 29. 8. 1803 versuchte Pfarrer Hornung [32] eine Orgel aus dem säkularisierten Klostergut zu bekommen. Sein Gesuch an die Landesregierung:

Durchlauchigster Fürst und Gnädiger Fürst und Herr!
Unsere übrigens sehr geräumige und große Pfarrkirche, welche bekanntlich wegen der Wallfahrt jährlich von vielen Menschen aus fernen Gegenden häufig besucht wird, hat keine brauchbare Orgel, indem die vorhanden ist, wegen ihrem

Alter abgenutzt und ganz unbrauchbar geworden ist. Seit vielen Jahren war hiesige Gemeinde darauf bedacht, eine neue anzuschaffen, sie konnte es aber nicht zustande bringen, weil hiesige Pfarrkirche sehr groß und geräumig ist, und eine Orgel, welche die gehörige Proportion zur Kirche haben soll, einen zu großen Kostenaufwand machet, welchen die Gemeinde nicht bestreiten kann, jetzt umso weniger, weil sie Mühe hat, die auf ihr lastenden Kriegsschulden zu bezahlen.
Die Orgel in der sehr nahe gelegenen Abtey Eberbach würde sich ganz vortrefflich in hiesige Pfarrkirche schicken, weil beyde Kirchen so ziemlich von einerley Größe sind. Besagte Orgel der Abtey ist zwar auch alt, und würde ohne Gefahr unbrauchbar zu werden, nicht weit transportiert werden können".
Am 16. 9. 1803 wurde dem Pfarrer jedoch mitgeteilt "Die Orgel von Eberbach ist anderweitig verfügt durch Serenissimus". Dieser hat sie bekanntlich für die Pfarrkirche seiner Residenz Wiesbaden bestimmt. s. d.
Am 19. 12. 1803 bat man das Amt, den Vertrag mit dem Orgelmacher zu ratifizieren, da der Orgelmacher anfangen wolle. Ein warmes Zimmer würde auf dem Rathaus gestellt.

1804 Inzwischen war die Reparatur der Orgel vorgenommen worden. Pfarrer Hornung berichtet über die schwierigen Finanzierungsfragen. "Vor einigen Jahren ist eine Collecte veranstaltet, etwa 66 fl baaren Geldes und etwas Wein um es zum besten der Orgel zu verwenden. Aus dem Wein wurden gesteigert 95 fl 45 xr 1 d". Der Einwohner Simon Ludwig hat sich beim Amt als Schuldner angegeben. "Vermöge Decret vom 31. 8. 1803" wurde ihm auferlegt, "besagtes Kapital mit Pension bis 16. 11. 1803 abzutragen. Es war bis jetzt nicht geschehen.
"Indessen ist die Renovation und Reparatur der alten unbrauchbar gewordenen Orgel mit amtlicher Genehmigung vorgenommen worden. Da sich die Kosten ziemlich hoch belaufen und das bare Geld der Kollekte bereits verwendet und verschiedene Handwerker als "Zimmerleut, Schmitt, Maurer, Schreiner" für die geleistete Arbeit noch keine Zahlung erhalten hätten, bittet der Pfarrer, daß der Schuldner durch "gerichtlichen Zwang" angehalten würde, das genannte Kapital abzutragen. Anscheinend war Embach mit der Arbeit beauftragt und die Gemeinde unzufrieden mit der Arbeit; denn am 7. 10. 1804 wird berichtet, daß der Pfarrer mit dem Kirchenvorstand reden wolle, daß der Akkord mit Embach aufgehoben würde, "weilen sich ein anderer Orgelmacher gemeldet habe [33].

30) HStAWsb 67/35
31) Zaun, Gesch. Kiedrich, S. 114
32) Pfarrer Hornung war vom 20. 5. 1802 bis zu seinem Tode am 17. 3. 1814 Pfarrer in Kiedrich.
33) HStAWsb 223/46

1805 Für die Orgelreparatur wurden nach vorheriger Genehmigung des Amtmanns nach anliegenden Protokoll 453 fl 12 xr ausgegeben. Von den vereinnahmten Geldern der Chorsänger 103 fl 12 xr in Anrechnung gebracht.

1806 steht in der Rechnung die Notiz: "Kommen nach der vorjährigen Bemerkung als Verehrung von den Chorsängern zur Orgelreparatur aus ihrem jährlichen Geldt 15 fl" 34).

1808 wurden die Kommunionbank und Orgel angestrichen und vergoldet für 1123 fl 42 xr 35).

1813 wurden durch Pfarrer Hornung Neubaupläne erwogen. Man hatte offenbar Verbindung mit den Orgelbauern Stumm aus Rhaunen-Sulzbach aufgenommen. In einem Gutachten des Orgelsachverständigen, Pfarrer Hartig aus Eibingen, ist darüber berichtet. Er sollte wegen der Geisenheimer Orgel Stellung zu dem Plan der Stumm nehmen, die er anscheinend nicht kannte: "... Daß sie nicht bekannt in Nassau, da sie nie berufen wurden, außer 1813 sollten sie nach Kiederich, durch den Tod Pfarrer Hornung zerschlagen 36).
Gutachten Pfarrer Hartig vom 12.6.1839.
Offenbar waren Hartig die Werke in Idstein, Camberg oder Kronberg nicht bekannt.

1830 wurden die Bälge repariert 37).

1839 In diesem Jahre wurde eine größere Reparatur ausgeführt durch Conrad Embach, Rauenthal, mit dem am 2.8.1839 ein Akkord abgeschlossen wurde. Folgende Arbeiten waren vorgesehen:

1.	Zwei neue Bälge 9' lang und 4'5'' breit dazu neue Windrohre	100 fl
2.	Neuer Stuhl für Bälgen	20 fl 52 xr
3.	Neues Fußpetal 13 Tasten	6 fl
4.	Ausbutzen der sämtl. Pfeifen, Metall und Holz	20 fl
5.	Das Coppelwerk, Abstrakten, Paßzug in Stand zu stellen. Alle Ventile des Positivs, Windlade neu beledern, Füttern, Stifte, Anhängewerk neue Dräthe, in Windkasten 45 neue Pulpeten	
	Mit diesen Arbeiten Summa	209 fl 52 xr

Am 2.12.1839 quittierte Conrad Embach die Summe 38).

Von den heute vorhandenen 47 Kanzellen wurden also 1839 wie heute nur 45 verwendet. Der Baßzug bezieht sich wohl auf den Zug für das später angebaute Pedal. Möglicherweise ist die Pedalkoppel gemeint.

34) HStAWsb 223/1588 KR
35) PfA KR
36) HStAWsb 211/5162. s. Geisenheim
37) PfA KR
38) PfA KR

1840-51 werden die Stimmungen durch Kaspar Embach ausgeführt [39].

1851 Am 20. 4. wird bescheinigt "daß Herr Orgelbauer Embach die Stimmung der hiesigen Orgel, so gut es an diesem alten Instrument möglich ist, vollzogen und weiter oben bezeichnete Arbeiten gefertigt. Organist Kaist".

1855 Stimmung der Orgel

1856 Stimmung. Es wird wie oben auf das Alter des Instruments verwiesen.

1858 20. 4. wird eine Rechnung über Stimmung und Reparatur, Leimung der Bälge, Verspundung der Windladen, desgl. Fütterung, Ausbesserung der Abstrakten für 6 fl ausgestellt.

1858 Im Laufe dieses Jahres begann die Restaurierung der Orgel im Auftrage des Baronet Sutton durch Orgelbauer Hooghuys in Brügge.

Zaun setzt diese Arbeit für die Jahre 1857 und 58 an. Es ist wohl möglich, daß die Rechnung über die Reparatur vom April 1858 erst später ausgestellt wurde.

Nach der Lebensgeschichte des Baronet Sutton, die Zaun verfaßte, kam dieser 1857 nach Kiedrich: "Herr Sutton kam auf einer Erholungsreise im Jahre 1857 zum erstenmal nach Kiedrich, zunächst um die alte, beinahe ganz unbrauchbar gewordene Orgel zu sehen" [40].

Pfarrer Zimmermann,unter dem die Restauration der Pfarrkirche und Michaelskapelle durchgeführt wurde, verweist in einem Brief an den Amtmann auf das Jahr 1858 als Beginn der Arbeiten. Das ist verständlich, denn Sutton mußte ja erst mit dem Orgelbauer verhandeln, wie auch mit der Gemeinde [41].

Pfarrer Zimmermann schrieb am 12. 11. 1861 an den Amtmann:

"Es ist Ihnen nicht unbekannt, daß seit 3 Jahren ein Herr aus Belgien für die Restaurierung der Michaelskapelle, namentlich der Orgel auch für die Schule und Armen bedeutende Summen beigetragen. . "

Und am 1. 6. 1862 schrieb Zimmermann an Graf Eltz:. . . "Es wurde der Anfang mit der so herrlichen im reinsten gothischen Styl erbauten Orgel gemacht, dann die Kirche gereinigt, verputzt mit Fresken versehen" [42].

Im Jahre 1858 wurde die Arbeit durch Hooghuys beendet: Am 7. 1. 1859 genehmigt die Herzogliche Regierung eine Gratification. "Dem Orgelbauer Bernhard Hooghuys aus Belgien wurde in Anerkennung der im übrigen für die Kirchen- und

---

39) PfA KR

40) Zaun, Gesch. Kiedrich § 51

41) Pfarrer Peter Zimmermann aus Lahr war von 1841-1868 in Kiedrich tätig. Sein Nachfolger wurde auf Wunsch von Sutton J. Zaun, geb. 30. 1. 1821 zu Thalheim, am 1. 1. 1869 nach Kiedrich versetzt. Zaun, Landcapitel, S. 131

42) PfAmt

Zivilgemeinde costenfrei erfolgte Reparatur der Kirchenorgel daher mit Genehmigung der Hzgl. Landesregierung vom 7. 1. 1859 eine Gratification von der Gemeindecasse bewilligt und ausbezahlt 25 fl [43].

Die Gesamtkosten einschl. der Flügel beliefen sich auf 6000 fl [44].

1875 Die folgende Reparatur war wahrscheinlich bedingt durch den Turmbau, der 1874 nach Zeichnungen des Frankfurter Dombaumeisters Denzinger, den alten Zwiebelturm von 1712 ersetzend, nach Muster Rauenthal aufgeführt wurde. 1712 war der alte Turm abgebrannt und neu aufgebaut worden [45].

Durch Louis Hooghuys wurden die Bälge neu beledert, sämtliches Pfeifenwerk gereinigt und ein Violonbaß 16' neu eingefügt. 60 Mk wurden von der Kirchenkasse getragen, 300 Mk aus Stiftungen bezahlt [46].

Allem bisher gesagten ist zu entnehmen, daß nur noch Reste der alten Orgel vorhanden waren, ehe Sutton diese zu der heute vorhandenen Orgel verwenden und ergänzen ließ. Zaun, der ja selbst bemerkt, daß alle seine Ausführungen auf mündlichen Aussagen und Aufzeichnungen beruhen, muß hier als Quelle verwertet werden, da, wie schon einmal erwähnt, diese Unterlagen bisher nicht aufgefunden werden konnten. Auch Bemühungen in Brügge blieben bisher erfolglos [47].

Zaun führt über die Arbeiten unter Sutton aus:

"Da die nöthigen Mittel zur Reparatur fehlten, so wurde auch abgesehen von der angedeutenden Behandlung, die Orgel zuletzt ganz unbrauchbar.

So fand sie Herr Sutton und entschloß sich, weil er die Überreste noch als reparaturfähig und von seltenem Werthe erkannte, die Orgel auf seine Kosten wiederherstellen zu lassen.

Das Gehäuse des Positivs und des Pedals wurden entfernt, beide in den Bogen hinter der Orgel verlegt, und die Gallerie nach Fragmenten, die sich noch auf dem Sakristeispeicher fanden, auf der früheren Stelle restauriert. Das Modell für den kleinen Strebepfeiler wurde im Innern des kleinen Positivs aufgefunden und dazu benutzt, die schwache Construction mit den verbleibenden Theilen der alten Gallerie zu verbinden. Die noch erkennbare alte Malerei wurde beibehalten.

Ein Flötenzug wurde eingesetzt, um das eine Octav zu hohe Positiv wieder brauchbar zu machen; das Pedal wurde zu 7 Registern erweitert" [48].

An anderer Stelle teilt Zaun mit:

"Mit Kennerblick fand er die noch klangfähigen Pfeifen und einzelne der gothischen Periode angehörigen Überreste werthvoll, daß er so-

---

43) GA, GR 1858
44) Zaun, Landcapitel S. 125f
45) KDkm S. 218
46) Zaun, Landcapitel S. 125. - PfA KR 1875 UB 1875
47) Zaun, Gesch. Kiedrich, S. 112
48) Zaun, Gesch. Kiedrich, S. 115

fort beschloß, die Orgel wieder möglichst im alten Stile und Ton herstellen zu lassen.
Allein und ohne Kenntnis der deutschen Sprache wußte er doch dem sel. Pfarrer Zimmermann dahier seinen Wunsch zu verdeutlichen, welcher denn auch, bei der vermeintlichen Werthlosigkeit der Orgel und der gänzlichen Mittellosigkeit der Kirche zur Anschaffung einer neuen oder Herstellung der alten ohne langes Besinnen dem ihm unbekannten Manne gestattete, die Orgel alsbald abzureißen und von Meister August Hooghuys aus Bruges mit größter Sorgfalt herstellen zu lassen, wobei Herr Sutton stets die Aufsicht führte. Nach zweijähriger Arbeit stand die Orgel als wahres Kunst- und Prachtwerk wieder an ihrem Platze".
Die Flügel stammen von August Martin, einem Steinleschüler aus Frankfurt. "Ein Atelier für den Maler August Martin aus Fürth, den er vom Malerjungen an, als welchen er denselben bei Herrn Director Steinle in Frankfurt gefunden, auf seine Kosten zu einem tüchtigen Künstler heranbilden ließ" [49].
Eine Zeichnung des Werkes aus dem Jahre 1853, also kurz vor der Restauration, gibt Baurat Quast. Da alle später zugefügten und erst durch Sutton entfernten Anbauten fehlen, muß es sich im wesentlichen um eine Rekonstruktionszeichnung handeln [50].
Das also restaurierte und rekonstruierte Gehäuse besteht heute aus einem großen Mittelturm auf Trapezgrundriß (3/8-Schluß) mit den Pfeifen C-G (die mittlere ist stumm), dem sich auf beiden Seiten je ein Spitzbogenfeld mit den Pfeifen c^1 - c^3, bzw. cis^1 - h^2 anschließt. Den seitlichen Abschluß bilden je ein nicht vorspringender flacher Rechteckturm mit den Pfeifen B-b, bzw. A-a.
Die Gesamthöhe des Gehäuses beträgt 7, 60 m die Breite 3, 40 m und die Tiefe 0, 73 m. Die Brüstung ist sehr eng, die Tiefe ab Brüstung ist nur 0, 94 m tief.
Die Hauptstrukturteile des Gehäuses sind alt, neu sind ein großer Teil des Zierwerks, die Zwickel unter den Seitentürmen sowie die Flügel und ihre Bemalung. Rekonstruiert ist auch die Vorbühne.
Anlaß zu Überlegungen geben die Tatsachen, daß von 47 angelegten Kanzellen heute nur 45 verwendet werden, sowie zwei stumme Pfeifen: die größte im Mittelfeld und die am linken Rand im zweiten Feld. Es wurden Erwägungen angestellt, ob es sich um eine ursprüngliche Klaviatur mit F beginnend und auf f^2 endend handeln könne. Dagegen sprechen wohl im wesentlichen die Pfeifen mit ihren Tonbuchstaben-Gravuren.

---

49) Zaun, Gesch. Kiedrich, § 51 Die Stifter der Choralschule. Unterstreichungen vom Verfasser.

50) V. Quast, Orgeln des Mittelalters, in: Erbkam. Zeitschrift für Bauwesen 3. Berlin 1853, S. 43ff und Atlas, Tafel 9 Figur 2. W. Lotz erwähnt Statuen auf der Spitze. Da aber Quast zitiert wird, ist wahrscheinlich, daß die Beschreibung auf Grund der dort gegebenen Zeichnung erfolgte. W. Lotz, Die Baudenkmäler, S. 255. Friedrich Schneider bezieht sich in seinem Nachtrag auf Zaun. S. 507/08

Das Manual weist heute noch die kurze Oktav auf:

C F ^{D} G ^{E} A ^{B} H

Pedal und Positiv haben chromatische Folge. Das Pedal hat 16 Tasten.
Die Disposition wurde nach dem überlieferten Befund von 1710 verändert. Im Hauptwerk verschwand die Trompete 8' (Ein gefundener Überrest wurde bei der letzten Instandsetzung zu einer Pfeife ergänzt). An ihrer Stelle steht auf der letzten Schleife heute eine Gedacktflöte 4' alten Bestandes, wie sie 1710 im Positiv als Hohlpfeif 2' gedackt stand. Ihre heutige Stellung ist sicher nicht original.
Das Gedackt 16' ist identisch mit der "Hohlpfeif 8 Schue in corpore", da sie gedackt ist, ist sie tatsächlich 8' lang "in corpore" aber nicht "im Thon", wie es im Positiv bei der gedackten Flöte (in corpore 2') vermerkt ist.
Im wesentlichen handelt es sich um ein reines Principalwerk mit Trompete, bei dem die Hohlpfeif (sonst in der Zeit in dieser Gegend eine Bartpfeif s. Dietkirchen) als gedackter 16' den Principal ersetzt. Die Basierung des Positivs durch einen 8' führte erst Hooghuys aus (s.o.) durch Einsatz neuer Pfeifen in der unteren Oktave. Die Waldflöte ist identisch mit der Octav 2', die Zimbel war möglicherweise nur einfach besetzt, heute Octav 1'. Das Schnarrwerk ist, wie auch die Trompete, nicht mehr vorhanden. Das Pedal ist ganz neu gebaut.
Das vorhandene Pfeifenwerk ist uneinheitlich. Ein zusammenhängender alter Bestand, charakterisiert durch schweres Metall und parallel gerissene Oberlabien hat in der Tonbuchstabengravur und Labienbildung sehr große Ähnlichkeit mit den Pfeifen des Georg und Peter Geißel, bei dem Wendel Kirchner gelernt hat. Kennzeichnend für Geißel ist auch die Verwendung von sehr bleihaltigem Material und kurzen Spitzlabien, was auch die Mixturen und Zimbeln des Werkes aufweisen. Die charakteristischen Tonbuchstaben, in Kiedricher Protokoll- und Rechnungsbüchern im 16. Jh. vorkommend, finden sich aber auch noch bei der Familie Geißel im 17. Jh.
Theoretisch besteht also die Möglichkeit, daß Kirchner bei seiner größeren Erneuerung, wo ausdrücklich von Ersatz der Pfeifen die Rede war s.o. ein damals unbrauchbar gewordener Pfeifenbestand beseitigt und erneuert wurde, der Rest des alten Bestandes durch Hooghuys ersetzt wurde.
Neben diesen Pfeifen zeigen andere die Merkmale der Bauart des 18. Jh. hiesiger Gegend. Ein weiterer größerer Teil wurde von Hooghuys gebaut. Sie sind alle leicht von den älteren zu unterscheiden. Genial hat Hooghuys den alten und neuen Bestand aufeinander abgestimmt, so daß der Klang beider Pfeifenreihen nahtlos ineinander greift.
Im Hauptwerk ist eine alte Windlade vorhanden. Sie hat eine Länge von 3,35 m und eine Breite von 65,5 cm. Im Gegensatz zu den neuen Laden von Hooghuys im Positiv und Pedal haben sie keine Fundamentbretter sondern sind gespundet. Der Windkasten hat 5 Kammern, die

untereinander Verbindung haben. Die Schleifen werden von oben bewegt, die dazu notwendigen Arme und Träger sind auf der Lade befestigt. Schwere eiserne Registerstangen und Winkel verbinden mit dem Spieltisch [51].

Eine Instandsetzung des Werkes führten Gebr. Oberlinger, Windesheim, durch. Der Stand von Hooghuys wurde als letzter Denkmalstand beibehalten und in die Intonation keine nennenswerten Eingriffe vorgenommen. Vor allem mußte die technische Anlage unter Schonung des alten Bestandes überholt werden. So zeigt sich das Werk nach der Hooghuys-Renovierung in folgender Form:

Hauptwerk
1. Gedackt 16'
2. Principal 8'
3. Oktave 4'
4. Gedacktflöte 4'
5. Quinte 2 2/3'
6. Superoktav 2'
7. Mixtur 4 fach 2'
8. Zimbel 2 fach 1/2'

Positiv
(Hinter dem Werk im Turm)
9. Gedackt 8'
10. Principal 4'
11. Gedacktflöte 4'
12. Waldflöte 2'
13. Quinte 1 1/3'
14. Superoktav 1'

Pedal
(Hinter dem Werk im Turm)
15. Violonbaß 16'
(ursprünglich Mixtur 4 fach)
16. Subbaß 16'
17. Oktave 8'
18. Quinte 5 1/3'
19. Oktave 4'
20. Quinte 2 2/3'
21. Superoktave 2'

In den neuen Laden finden sich noch folgende Zettel eingeklebt:
Positiv: Louis Hooghuys Rue Nord du Sablon No. 18 Bruges. Facteur d'orgues, Accords et Réparations. 30. 7. 1860.
Außerdem: P. Zimmermann Pfarrer in Kiedrich 30. 7. 1860.
Somit haben sich die beiden Kontrahenten verewigt wie ehedem Kirchner und Nicolai. In der Pedallade steht noch der Zusatz:
"Donné par Mons. Sutton".
Das Werk erklingt noch heute in alter Schönheit und Frische.

Kiedrich, Chorpositiv

Zur Choralbegleitung steht im Chor ein kleines Positiv, das eine erstaunliche Klangfülle entwickelt. Nach Tradition solle es von dem Kiedricher Meister Weinmann stammen und 1630 erbaut worden sein [52]. Eine andere Deutung ist: "Flandrischer Meister vor 1700" [53].
Diese Vermutung findet m. E. eine Bestätigung durch folgenden eingeklebten Zettel:
"P. Zimmermann Pharrer zu Kiedrich. Donné par Mons. Baron Sutton 1860."

---

51) Eine nähere technische Beschreibung des Werkes erfolgt an anderer Stelle. Diese Konstruktion kommt in Franken bis im 18. Jh. vor. Frdl. Mitt. Fischer
52) KDkm S. 229
53) P. Smets, Die Orgel der St. Valentinskirche in Kiedrich, Mainz 1945, S. 12. Abdruck: Quoika, Das Positiv, Kassel 1957, S. 35

Möglicherweise hatte Hooghuys dieses Positiv als Aushilfsorgel zur Verfügung gestellt. In früheren Jahren stand es im Chorstift. Möglicherweise schenkte es Sutton seiner Gründung zur Begleitung bei den Proben. Später diente es auf dem Chor lange als einziges Begleitinstrument. Die große Orgel wurde nur beim Te Deum gespielt [54].

Die Existenz eines Lettners wird gesichert durch ein Testament: 22. May 1662. Disposition Margarethen Steineß Kuhnen Vid. Zum dritten dieweill ihr Haußwirth S. Steineß Kuhn zum Crucifix vorm Chor auff dem Lettner in unßer Kirch zu renoviren hiebevor 4 Rthl zu geben versprochen hatt, confirmirt sie selbiges hiemit, daß solches nach ihrem Ableben erlegt werden soll" [55].

Wenn nun Velten Culmann 1636 5 Tage an dem "Lettner bey der Orgel gearbeitet" hat, so wäre möglich, daß eine kleine Orgel dort gestanden hat, wenn nicht die Orgelempore, als Lettner bezeichnet, gemeint ist [56].

Die Disposition:

1. Gedackt 8'
2. Gedacktflöte 4'
3. Principal 2'
4. Quint 1 1/3'
5. Terz 4/5'

Auf einem Unterkasten, der den Balg enthält, der mit Fußschöpfer betätigt wird, steht das eigentliche Werk. Ein größerer Flachturm wird von zwei kleineren begleitet. Das Gesims ist kräftig ausgebildet. Das Pfeifenwerk des Prospekts ist mit kräftigem Akanthusschnitzwerk eingefaßt.

Die Klaviatur hat auch die kurze Oktave.

Der Oberteil ist mit eisernen Griffen von dem Unterbau abzuheben.

KINZENBACH

Nach Abicht war 1835 eine gute Orgel vorhanden [57].

Für den projektierten Neubau der Kirche empfahl am 29.12.1862 Pfarrer Bode, Krofdorf, folgende Disposition:

Pl8 Bd16 Gb8 Hlfl8 O4 Gd4 Gh4 O2 Mxt4f
Sbß16 Vlbß8 evtl. Plbß8

Orgelbauer Weller empfiehlt:

Pl8 Gb8 Hlfl8 Gd8 O4 Gh4 Fldo4 O2 Mxt4f2
Sbß16 Vlbß16 Plbß8 für 785 Thl

Am 24.6.1863 wurde mit Weller ein Vertrag abgeschlossen mit einem neugotischen Gehäuse zu 530 Thl.

Das erhaltene Werk hat heute die Stimmen:

Pl8 Hlfl8 Gd8 Gb8 O4 Fl4 O2 Mxt3-4f2 Sbß16 Obß8 [58]

Demnach entfiel der Violonbaß 16' und das Gemshorn, wodurch der Preis niedriger wurde.

---

54) Frdl. Mitt. und Photo von Herrn Jos. Staab, der sich eingehend mit der Geschichte Kiedrichs und des Graduale beschäftigt hat.
Musica sacra Jg. 82 (1962) Heft 2, S. 34-52

55) Prtk S. 37

Nach den Kirchenrechnungen wurde im Jahre 1682 eine Orgel angeschafft:
1682 Auf den Kirchenbaw zu Borden an der Orgel 13 Kopfst. 15 alb
Wilh. Hartzen als selbiger die Orgel abgeholet zu Lohn 9 Kopfstück
Adam Spett 3 lange Bord zur Orgel 17 alb 4 d
Vier Bänder an der Orgelflügel 2 Kopfstück [59)]
1686 Daß Geld von Kaltenholzhausen wegen der Schaff zur newen Orgel verehrt 4 Rthl [60)]
Es wurde auch Land zur Anschaffung der Orgel gestiftet. So erfahren wir 1692: Als die Geschwohrenen diejenige 2 Sodlen Landts so Magreda Beuttlerin zur Orgel gestiftet mit Joh. Donnen abgetheilt und ordentlich abgesteint 28 alb 6 d (Sodlen = Sadel, altes Flächenmaß).
1697 Blasbalgreparatur 3 fl an Phil. Conrad Wagner
Nach einer größeren Reparatur im Jahre 1708 zu 10 fl erscheint in den folgenden Jahren 1723, 1732 Orgelmacher Weißhaupt aus Idstein, der wohl die Bestallung bekam. 1775 trifft man Orgelmacher Martin Bekker, der für 9 fl arbeitet [61)]. Grün erwähnt Weißhaupt um 1714 [62)].
Um 1830 bemühte man sich um eine neue Orgel. Kantor Anthes erstattete über die alte Orgel ein Gutachten. Er stellte fest, daß die Orgel ungefähr 300 Jahre alt und nicht reparierbar sei. Sie habe 3 große und 5 kleine Register, deren Pfeifenwerk von gutem Metall sei, aber von den Faltbälgen nur einige Bretter verwendet werden könnten. Der Höchstwert wurde auf 200 fl geschätzt.
Anthes schlägt als geeignete Disposition für eine neue Orgel vor:

1. Principal 8'
2. Bordun 16' Holz
3. Hohlflöte 8' Metall
4. Viola di Gamba 8' Metall
5. Kleingedackt 4' Metall
6. Quint 3' Metall
7. Octav 4' Metall
8. Salicional 4' Metall
9. Flaut travers 8' Discant ab c^1 Birnbaum, im Baß gewöhnliche Flöte
10. Mixtur 2' 3 fach, repetiert 1 mal
11. Trompete 8' Baß
12. Trompete 8' Discant
13. Subbaß 16' Holz
14. Octavbaß 8' Holz
15. Violonbaß 8' Holz

Idstein, den 10. 6. 1830.

56) Frdl. Mitt. Staab
57) Abicht, S. 32
58) Arch. Hardt 1967
59) HStAWsb 352, KR
60) HStAWsb 352, GR 1686
61) KR
62) H. Grün, Kirberg, 1955 S. 44

Zur Versteigerung des Angebots erschienen die Brüder Philipp und Joseph Embach und die Brüder Conrad und Caspar Embach aus Rauenthal.
Mit Philipp und Joseph wurde der Vertrag abgeschlossen in Höhe von 900 fl einschließlich der alten Orgel nach der Disposition von Anthes. Es kam zu einem Prozeß, da die Embach nicht lieferten.
Am 29. 2. 1836 wurden als Orgelbauer von der Regierung empfohlen: D. Raßmann in Möttau, Heil in Bad Ems (Schwiegersohn von Schöler), Weil in Weilmünster, Dreymann in Mainz, Schmidt in Hadamar und Voigt in Igstadt. Damit waren außer den Embachs wohl alle damaligen nassauischen Orgelbauer aufgezählt. Als Ausländer wurde Dreymann genannt, der mittlerweile an vielen nassauischen Orten, vor allem im Rheingau und der Umgebung von Höchst einige Orgeln gebaut hatte. Dreymann wird gewählt und mit ihm am 21. 2. 1836 der Vertrag abgeschlossen. Er hält sich an den Entwurf von Anthes, nur Salicional ist 8' und die Octav 2' ist zusätzlich, wie im Pedal die Posaune 16'. Der Entwurf sah den Preis von 2140 fl vor. Nach dem Bericht von Pfarrer Vogel erfahren wir, daß die Zehntgesellschaft die Orgel stiftete und 2080 fl mit Dreymann vereinbarte. Am 5. 3. 1837 weihte Pfarrer Vogel das Werk ein, das im ganzen auf 2255 fl zu stehen kam.
Es hatte sich auch Raßmann beworben, der ein Gutachten über sein Werk in Ernsthausen am 23. 2. 1836 eingereicht hatte.
Das Werk steht in dem üblichen Gehäuse mit den 3 Rundbogen.
Im Jahre 1925 wurde eine Reparatur durch Weigle am 18. 1. beschlossen 63).

Nach dem letzten Stand des Werkes 1944 ergeben sich einige kleinere Veränderungen, so stehen eine Spitzflöte 4' und Gedackt 8' zusätzlich im Manual und eine Octav 4' im Pedal. Diese erscheint bei Dreymann regelmäßig. Das Gemshorn 8' ist an die Stelle der Trompete getreten, zumal dieses Register auf der letzten Schleife steht.
Der Stand 1944:
Pl8 Bd16 Hlfl8 Gb8 Gd8 Sal8 O4 Spfl4 Q3 O4 Mxt3f2 Gh8
Sbß16 Plbß8 Vlbß8 Obß4 Pos16 64)

KIRBURG

Am 2. 10. 1811 wendet sich der Pfarrer Molly von Kirburg über das Konsistorium von Hachenburg an den Fürsten um Hilfe und einen milden Beitrag, da er durch den Abschluß eines Vertrages mit einem Orgelbauer ohne Genehmigung des Konsistoriums in arge Bedrängnis gekommen war. Dafür wurde er von seiner Dienststelle gerügt. Aber in dem Gesuch wird kurz die Geschichte des Orgelbaus aufgerollt. Er beginnt: "Es war uns zu Ohren gekommen, daß ein gewisser Orgelmacher zu Nomborn habe eine alte, sehr gut wiederhergestellte Orgel, welche er anderswo (nach einem späteren Bericht der Totenkirche in

63) ZALKHN 1/2601
64) HStAWsb 211/4849. - FBHN 44

Herborn) schon für 500 fl angeboten habe. Um hiervon eine völlige Gewißheit zu erlangen, reiste ich selbst mit einem Kirchenvorsteher dahin. Ich traf bey dem Orgelmacher Johann Arnd in Nomborn zwar eine alte Orgel an, diese war aber noch nicht in brauchbaren Stand hergestellt und gefiel uns gar nicht. Nachdem ich mich nun genügsam erkundiget, und mich durch die von diesem Orgelmacher verfertigte neue Orgel zu Balduinstein selbst hinlänglich überzeugt hatte, daß er im Stande sey, eine gute neue Orgel verfertigen zu können, ihn auch sehr billig fand, so ersuchte ich ihn hierher nach Kirburg zu kommen und mit Zustimmung des gesamten Kirchspiels Vorstandes einen festen Accord mit ihm schließen zu können''.
Schon 1802 hatte er sich bemüht, eine kleine Orgel in einem Ort in der Nähe von Mühlheim am Rhein - der genaue Name des Ortes war ihm entfallen - zu besichtigen. Aber wegen der schlechten Wetterlage kehrte man um.
Ein Kontrakt wurde am 5. 8. 1810 mit Arnd abgeschlossen über ein Werk von 13 Registern zum Preise von 720 fl. Die Disposition:

1. Principal 4'
2. Solicional 4'
3. Großgedackt 8'
4. Quint 3 1/2' (sic!)
5. Kleingedackt 4'
6. Octav 2'
7. Quintathen 4'
8. Terz 3 1/2' (sic!)
9. Discant 2' 2 fach
10. Viola di Gamba 8'
11. Mixtur 1' 3 fach
12. Baßtrompet 8'
13. Coppel gedackt 8'

Tremulant.
November 1812 soll das Werk abgeholt werden.
Der Verlust des Gesellen verzögert den Bau. Aber auch die Bezahlung wird schwierig, wie aus dem obigen Hilferuf an den Fürsten zu Nassau-Weilburg, der dieses Gebiet vom Grafen zu Sayn-Hachenburg (Burggraf zu Kirchberg) 1799 geerbt hatte, hervorgeht.
Die freiwilligen Beiträge schmolzen zusammen, da große Brände Teile des Ortes und auch das Pfarrhaus zerstört hatten [65].
Das Werk wurde am 16. 9. 1819 als Pfuschwerk bezeichnet. Es kam zu einem Prozeß mit der Familie. Schöler wurde als Sachverständiger gebeten, sagte am 24. 2. 1829 wegen seines Alters und der Jahreszeit ab, am 14. 5. 1830 war er mit dem Bau der Orgel der kath. Gemeinde von Ems auf dem Spieß beschäftigt. Der Prozeß mit der Familie zog sich bis 1841 hin.
1842 pflegte man Verhandlungen wegen eines Neubaus mit Embach [66].
1936 wurden einige Register wegen Wurmfraß erneuert [67].
Das Werk hatte 1944 folgendes Aussehen:
P18 Gb8 Hlfl8 Gd8 O4 Gh4 Dolce4 Mxt4f2 Obß8 Vlbß8 [68]

65) W. Wagner, Das Rhein-Maingebiet vor 150 Jahren, Darmstadt 1938, S. 109f
66) HStAWsb 211/4427
67) Mitt. Vogel
68) FBHN 44

KIRCHÄHR

Aus 2 vorhandenen Konsolen zu Rundtürmen, die auf dem Kirchenspeicher von Kirchähr gefunden wurden und sich heute im Pfarrhaus Gakkenbach befinden, schließt Vogel auf einen älteren Bau, den er wegen verwandter Formen in Haiger und Eppenroth dem Orgelbauer Wang zuschreibt [69].

Die Limburger Schematismen von 1837, 1851 und 1887 nennen allerdings noch keine Orgel. Nach der Überführung der Pfarrei und der Orgel nach Gackenbach (s.d.) wurde hier ein Werk von Roman Seifert, Kevelaer, im Jahre 1964 aufgestellt in der Form:

Hzgd8 Pl4 Rfl4 Feldfl2 Q1 1/3 Sbß16 [70]

KLEINRECHTENBACH

Nach Abicht hatte man um 1835 eine "unansehnliche Orgel" [71].

1881 wird mit Eichhorn, Weilmünster, ein Stimmvertag abgeschossen [72].

Ein Bericht vom 3. 7. 1953 nennt ein altes Gehäuse um 1700, und daß vor einigen Jahren eine Reparatur durch Walcker erfolgte.

1963 baut Hardt ein neues Werk:

I. Pl4 Mxt4-5f Fl8

II. Rgd8 Gdpo4 Nh2 Sesq2f

Ped. Sbß16 [73]

KLINGELBACH

Die Orgel im Zopfgehäuse wurde 1792 von Schöler, Bad Ems, gebaut. Sie ist ein ähnliches Werk wie das in Gladenbach (s. d.) [74]. Nach den Registerbezeichnungen auf den Pfeifenstöcken und dem Bericht von Karl Voigt vom 1. 12. 1868 hatte das Werk ursprünglich folgende Form:

1. Principal 8' (1923 neu in Zink durch OB Schlosser, Koblenz)
2. Bordun 16' alt
3. Viol di Gamba 8' z.T. alt
4. Flaut travers 8' Diskant heute leer (Voigt: Salicional 8')
5. Gedackt 8' Baß: Holz, Diskant: Metall, alt
6. Octav 4' alt
7. Kleingedackt 4' alt
8. Quint 3' alt
9. Superoctav 2' alt
10. Terz 1 3/5'

---

69) Mitt. Vogel

70) Mitt. Pf. Lutter, Limburg

71) Abicht, Kr. Wetzlar S. 86

72) HStAWsb 424/453

73) ALKRhl O+G

74) PfChr

11. Mixtur 1' 4 fach ursprünglich 3 fach (Voigt: 3 fach). Heute sind eine breite und eine schmale Schleife zusammengekoppelt, worauf nur die Mixtur steht.
12. Cimbel 2 fach, leer (Voigt: Sesquialter 2 fach 1/2')
13. Trompete 8' Baß 1928 neu von Schlosser
14. Trompete 8' Diskant 1928 neu von Schlosser
15. Vox humana 8' Baß leer
16. Vox humana 8' Diskant leer

Pedal

17. Subbaß 16' alt
18. Violon 16' alt
19. Octavbaß 8' alt
20. Violoncello 8' Holz alt? grob abgesägt zu Flöte 4'

Buderus stellte nach einem Kostenvoranschlag vom 22. 6. 1867 fest, daß 18 klingende Stimmen vorhanden seien und seither 22 Züge vorhanden waren, 20 für klingende Stimmen. Nach seinem Vorschlag sollen wegfallen: 2 Züge für die Vox humana, 1 Zug der Terz und 1 Zug für die Sesquialter.
Dementsprechend machte H. Voigt die folgende Registeraufstellung:

Pl8 Bd16 Gb8 Gd8 O4 Klgd4 Q3 O2 Mxt2-3f2 Tpt8
Sbß16 Obß8 Vcl8 als zeitentsprechend.
Er ließ damit dieselben Stimmen fallen wie Buderus es vorgeschlagen hatte. Deutlich stellte er noch einmal die alte und neue Disposition nebeneinander:
Alt: Pl8 Bd16 Gb8 Sal8 Gd8 O4 Klgd4 Q3 O2 T1 3/5 Mxt3f Sesq2f 1/2
Tpt8 Vxh8 Ped. Sbß16 Pos16 Vlbß8 Obß4
Neu: Pl8 Bd16 Gb8 Gd8 O4 Klgd4 Q3 O2 Mxt2-3f2 Tpt8
Ped. Sbß16 Obß8 Vlbß8
Dieser Plan wurde von Karl Voigt am 1. 12. 1868 aufgestellt [75].
Im Jahre 1885 wurde durch Voigt, Igstadt, das alte Werk in einigen Teilen verändert und durch ein zweites Manual ergänzt, das unten im Orgelkasten Platz fand [76].
Das II. Manual bekam folgende Stimmen:

21. Geigenprincipal 4'
22. Hohlflöte 8'
23. Salicional 8' heute abgeschnitten zu Octav 2'
24. Traversflöte 4'

Das Werk wurde auf eine mechanische Kegellade gestellt.
3 Keilbälge waren vorhanden, 2 alte als Schöpfer verwendet, der dritte durch einen neuen Magazinbalg ersetzt.
Das Gehäuse im Zopfstil hat in der Mitte den großen Rundturm. Zwei kleinere Harfenfelder leiten nach unten zu 2 Spitztürmen, ein niedriges Flachfeld schafft den Anschluß an zwei hohe Rechtecktürme, die fast die Höhe des Mitteltürms erreichen.
Eine Restaurierung wird eingeleitet.

75) PfA Klingelbach - ZALKHN
76) PfChr S. 75

KÖLBINGEN-MÖLLINGEN

Die Pfarrei hieß bis 1943 Schönberg-Möllingen,wurde dann in Kölbingen-Möllingen umgewandelt [77].
1817 war noch keine Orgel vorhanden [78].
In Schönberg steht ein Werk, dessen Prospekt aus dem 18. Jh. stammt und aus der Frankfurter Gegend stammen soll. Es ist von C. Horn erbaut worden:
Ggpl8 Gb8 Sal8 Gd8 O4 Fl4 O2 Mxt2-3f
Sbß16 Vlbß16 Obß8
Die Orgel ist an der linken Seite spielbar [79].
In die neue Pfarrkirche wurde ein Werk von Wagenbach, Limburg, gesetzt. Das Positiv wurde 1961, Hauptwerk, Oberwerk und Pedal 1966 geliefert. Kegelladen wurden für das Positiv, Taschenladen für HW, OW und Ped. gewählt mit el. Traktur.
Die Register:
HW C-g^3 Pl8 Spillfl8 O4 Qtt4 Q3 Klo2 Mxt5-6f1 1/3 Tpt8
OW Rfl8 Nh4 Sffl1 Sesq2f Rschalm8 Tr
Pos. Sggd8 Pl4 Blfl2 Klmxt4f Ob8 (Chororgel vom II. Man. spielbar)
Ped. Sbß16 Obß8 Gdbß8 Chbß4 Pedmxt4f2 2/3 Pos16
OW und Pos sind auf demselben Manual anspielbar [80].

KÖLSCHHAUSEN

Nach Abicht war die Orgel um 1835 sehr schlecht [81].
Das später gelieferte Werk stammt von Knauf, Gotha. Es hatte folgende Register:
I. Pl8 Bd16 Gd8 O4 Gd4 O2 Gb8
II. Pl4 Fltr8 Sal8 Fldo4
Ped. Sbß16 Obß8 Gdbß8 [82]
1962 wurde die Orgel von Hardt umgebaut:
I. Pl8 Gd8 O4 Gd4 Q3 O2 Mxt4f1 1/3
II. Gh8 Blfl4 Pl2 Zbl3f1
Ped. Sbß16 Obß8 Chbß4+2 [83]
Abnahme am 21. 8. 1963 [84].

---

77) HBLbg S. 221
78) HStAWsb 211/1409
79) Mitt. Vogel
80) Mitt. Vogel - W. Kwasnik, Bemerkenswerte neue Orgeln im Westerwald, in: Das Musikinstrument, Frankfurt 1969, 18. – H. G. Hammer, Orgelbau im Westerwald, Btrg. zur rh. Mg. Köln 1971, S. 79
81) Abicht, S. 161
82) Arch. Eppstein
83) Arch. Hardt
84) ALKRhl O+G

KÖNIGSBERG

1751 wurde von Dreuth aus Griedel eine Orgel gebaut, deren Prospekt noch erhalten ist. 1921 erbaute Sauer, Frankfurt/Oder, eine neue Orgel mit 9 Stimmen:

I. Pl8 Hlfl8 O4

II. Lbgd8 Sal8 Vxcl8 Fl4

Ped. Sbß16 Vcl8 mit pneum. Traktur

Diese Orgel wurde 1938 von Weigle umgebaut [85]. Das heutige Werk erbaute Förster und Nicolaus als Rekonstruktion der ursprünglichen Disposition:

Pl4 Gd8 2Z Gb8D Gd4 O2 Sesq2fD Mxt3f

Sbß16 Po8(Hinzufügung) [86]

KÖNIGSTEIN

Königstein, ev.

Für die 1887 eingeweihte neue ev. Kirche baute Voigt eine neue Orgel:

I. Hlfl8 Gb8 Pl4

II. Lbgd8 Sal8 Fl4

Ped. Sbß16 Vlbß8 [87]

Zu dieser Orgel schenkte Frh. v. Bethmann, Frankfurt, 2500 Mk, die Gemeinde legte 800 Mk zu. Es wurde aber die Rose verdeckt. So entstand der Wunsch nach einem Umbau, um das Fenster freizulegen.

Als J. Klais von der Großherzogin Adelheid von Luxemburg zum Hoforgelbauer ernannt worden war, erbot sich dieser aus Dankbarkeit für die ev. Kirche zu Königstein eine "hervorragend schöne" Orgel zu besonders billigem Preis zu bauen. Die Ausführung erfolgte nicht.

Nach Verhandlungen reduzierte sich der Preis von 101 664 Mk auf 65 000 Mk, mit Verkauf der alten Orgel auf 35 000 Mk.

Die Gemeinde bat, den Verkauf der alten Orgel zu genehmigen. Es wurde am 16. 6. 1921 beschlossen, das Werk für 35 000 Mk zu verkaufen.

Freienseen bescheinigte den Kauf der Orgel. Der Hessische Staat aber wollte den Verkauf nicht genehmigen, da er für die Anstaltskirche zu Goddelau eine neue Orgel anschaffen wollte.

Am 5. 5. 1931 beschloß man die Orgel zu reparieren, was durch Voigt, Höchst, für 1 219 Mk geschah [88]. Nach einer erneuten Herstellung durch H. Voigt, Höchst, im Jahre 1949/50 erfolgte 1962 ein Umbau durch Walcker:

85) Mitt. Wißmüller
86) Mitt. Brendel
87) Mitt. Wißmüller
88) ZALKHN 1/2589

I. Pl8 Bd16 Nh8 Qtt8 O4 Hlfl4 Rfl2 Schf3f
II. Gd8 Sal8 Trfl4 Pl2 Nh1 Sesq2f Kh8
Ped. Sbß16 Brummer8 Kh8(Tr) Chbß4(Tr) NK Sp II/I [89]
1964/65 bauten Gebr. Oberlinger eine neue Orgel:
I. Pl8 Po16 Rfl8 Qtt8 O4 Spfl4 Nas3 Spillfl2 Mxt4f2 Tpt8
II. Hzgd8 Blfl4 Pl2 Sffl1 Sesq2f Schf4f1 Kh8
Ped. Sbß16 HzO8 Hlpf4 Hs6f2-1 1/3-1-4/5-2/3-1/2
Mech. Schlfl. Disposition H. Brendel [90]

Königstein, kath.

Während der Regierungszeit des Kurfürsten Johann Philipp von Schönborn (1647-1673) ist eine Orgel bereits belegt, einerseits durch einen Bericht des Oberamtmanns Georg Philipp Greiffenclau von Vollrath, dessen genaues Datum leider durch Abriß des Seitenendes nicht genau festzustellen ist, andererseits durch die Erwähnung in der Kirchenrechnung von 1666/67. In diesem Jahr bekommt der Schulmeister "von der Orgell zu schlagen 10 fl" [91].
Der Akt bezieht sich auf eine Orgelreparatur, die durch Mäusefraß notwendig geworden war. Man war mit der Durchführung der Reparatur durch einen Meister aus Lohr, der wegen Armut dem Oberamtmann bekannt war, nicht zufrieden, verzichtete jedoch auf die Rückzahlung der anbezahlten 20 Rthl. Vermutlich handelt es sich um Joh. Georg Künzinger aus Lohr, wenn nicht schon um Jost Philipp Schleich, da Künzinger schon 1650 aus Lohr nach Neustadt/Saale verzog [92].
Es ist allerdings möglich, daß Künzinger auch zu dieser Zeit noch als Meister von Lohr in Erinnerung geblieben war, zumal er schon früher in Mainz am Hof und im Kapitel tätig gewesen war [93].
Inhalt des Schreibens: Vor 3 Jahren ein neues Orgelwerk in Königstein errichtet aber durch Mäuse verwüstet worden, daß man es ganz erneuern und an einen anderen Ort versetzen muß. Den Orgelbauer von Lohr, der das Werk neu gemacht, bestellt, 20 Rthl zur Ahngifft bezahlt...
"Nachdem sich iedoch nachgehends in Augenschein befunden, was maßen derselbe nit allein einen gar ohnbilligen und übermassigen hohen von solcher Arbeit gefordert, sondern auch sonsten verschiedene Fehler darbey begangen, welche zu recht zu bringen nit in seinem Vermögen gestanden, so bin dardurch erwehnte Reparation einem anderen mehrerfahrneren Meister, welcher auch ein billiges darvon genommen, ahnzuverdingen bewogen worden. Wan aber erwehnter ersterer

89) Mitt. Brendel
90) Mitt. Brendel
91) HStAWsb 330 KR
92) H. Fischer, Der mainfränkische Orgelbau bis zur Säkularisation, Acta organologica Bd. 2, S. 134, 136
Georg Philipp von Greiffenclau geb. 20. 8. 1620 + 6. 7. 1689 war von 1656-82 Kurmainzischer Rat und Oberamtmann in Königstein. Der Bericht stammt also aus der Zeit zwischen 1656 und 1673. Friedr. Stöhlker, Die Stadt Königstein unter dem Kurfürstentum Mainz, Königstein in Vergangenheit und Gegenwart, Königstein 1963, S. 68
93) H. Fischer, S. 113

Orgelmacher wegen seiner bekandten Armuth die empfangene 20 Rthl nit wieder herausgeben kann... Wir gebeten, die 20 Rthl nachzulaßen". Entschluß:"Sole dem Churf.Keller zu Lohr zugestellt werden" 94).
Im Jahre 1707 wird durch den Frankfurter Organisten und Orgelbauer J. Georg Steigleder die Orgel renoviert.
Am 15.1.1707 erhält "der Schreiner zu Cronberg für die Blindflügel und Zierrathen 12 fl".
"31.1. Zimmermann Adam Boursch zu Schwalbach den ganzen Orgelchor zu erweitern 8 fl.
Mathes Stegmann und Hans Georg Rothenbergern alß sie die höltzern Orgelpfeyffen von Frankfurt abgelangt, Fahrgeld zu Rödelheimb 24 xr".
Weitere Kosten entstehen durch Schreiner, Weißbinder und Maurerarbeiten. "Dem Schulmeister wegen 3 wöchiger Liegestatt und Verköstigung der Orgelmacher 9 fl.
Orgelmacher 48 fl 14 xr.
18.6. Dem Urseler Weißbinder die Orgel mit Farben angestrichen und verguldten 7 fl.
Georg Steygledern dem Orgelmacher von Frankfurt 121 fl 46 xr."
Mit anderen Arbeiten insgesamt 282 fl 57 xr.
Vor allem waren die Pfeifen des Principalbasses häufig aus Holz, die dann mit Stanniol bezogen wurden.
Es stellten sich doch immer wieder Fehler ein, so daß bereits 1716 eine Reparatur notwendig wurde:
1716. "Herrn Antonio Ignatio Will, Dhom Capitularischer Orgelmacher zu Maintz 66 fl
Eidem noch weiters bey Zerlegung der Orgel mehr alß die Ihme veraccordirte Haubtfehler gefundten und geendert pro discretione 9 fl
Trinkgeld 3 fl. Schreinerarbeit zur Orgel 1 fl 30 xr
Bey hiesigem Herrn Schultheißen Gasthaltern zu den 3 Königen (Joh. Heinrich Ostheimer) 95) hat ermelten Orgelmacher wehrender Reparatur vom 27.8.-11.9. vor Wein Weinkaufs verzehrt 25 fl
Wilh. Pfeffer unterschiedliche Orgelpfeiffen mit seiner Fuhr zu Maintz abzuholen sambt dem Brückengeld 57 xr
Georg Carlen Meschen die Balch zu der Orgel von Maintz anhero zuführen, so dann von Einem dem Orgelmacher auff Höchst unterzogenen Pferdt zahlt 3 fl
Herrn Brugels noch zwei Fuhren auf Maintz die Reparatur der Orgel betr. 3 fl
Calcant Krafft Jung bei gewester Reparatur und extraord. Bemühung 2 fl 30 xr"
Mit anderen Arbeiten insgesamt 113 fl 57 xr.
Außer der Reparatur einiger Pfeifen ist ein neuer Balg geliefert worden.
Am 29.12.1837 wurde mit Voigt wegen einer Reparatur akkordiert. Bis dahin lag die Stimmung in den Händen der OB Embach 96).

94) HStAWsb 330 Xd2, 7
95) F. Stöhlker, Die Stadt Königstein unter dem Kurfürstentum Mainz, S. 71
96) HStAWsb 211/14554

Dem Neubau der Orgel, deren Weihe am 19. 11. 1876 stattfand 97), folgte als op 715 von Joh. Klais 1929 ein neues Werk, eine Stiftung des Pfarrers Löw. Die Disposition:

I. Pl8 Bd16 Rfl8 Hlfl8 Gb8 O4 Wfl4 Corn4f Mxt3-4f Tpt8
II. Ggpl8 Bordunalfl8 Sal8 Vxcl8 Pr4 Fl4 Gq3 Nh2 Terzfl1 3/5 Zbl2-3f Ob8
Ped. Sbß16 Ctrbß16 Ztbß16 Obß8 Chbß4 Pos16 98)

KÖPPERN

Köppern, ev.

Im Jahre 1751 wurde eine Orgel aufgestellt 99).
Aus der Chronik im Pfarrarchiv ist zu entnehmen: Eodem Anno Die 3. Augusti ist die hiesige neue Orgel von dem Orgelmacher und Schulpraeceptore H. Gabriel Irle von Schönstatt geliefert und von Herrn Joh. Heinr. Hermann treufleißigem Conrectore der Stadtschule zu Homburg vor der Höhe examiniert worden" 1).
Am 8. 3. 1777 wurde mit Johann Conrad Bürgy in Homburg ein Renovierungsvertrag abgeschlossen in Höhe von 450 fl.
Der Vertrag umfaßte folgende wesentliche Arbeiten an der Orgel, über die in der Einleitung des Vertrages ausgesagt wird:
".. verspricht der Orgelmacher unsere gänzlich ruinierte und von Geburt an nichts taugende Orgel wieder in einen vollkommen guten und dauerhaften Zustand zu stellen..."
Es mußten die Bälge gänzlich überholt werden, dann ganz neues Pfeifenwerk gemacht werden, da das alte "welches wegen seiner Dünne oder Schwäche nicht aufrecht stehen bleibt, noch viel weniger zu einem rechten oder reinen Anspruch zu bringen ist zusammengeschmolzen werden..." Der Principal sollte von engl. Zinn, das übrige Pfeifenwerk von Materie, halb Zinn, halb Blei, erstellt werden. Die Lade sollte ganz überholt, der Windkasten, die Ventile neu gemacht und die eisernen Ventilfedern von solchen aus Messing ersetzt werden. Ebenso mußte ein Teil der hölzernen Pfeifen ersetzt werden 2).
Am 22. 10. 1903 richtete die Gemeinde ein Gesuch wegen eines Neubaus ein, der von Förster und Nicolaus errichtet und von Wolfram angenommen wurde, nach Bericht vom 15. 12. 1903 3).
Das Werk hatte folgende Form:

I. Pl8 Gb8 Hlfl8 Bd8 O4 Rfl4 Mxt3f3
II. Ggpl8 Dolce8 Lbgd8 Flgd4
Ped. Sbß16 Plbß8 Vlbß8 Pneum. Traktur 4)

---

97) BALbg Ritus betr. Orgelweihe
98) Mitt. PfA
99) K. Jäger, Der Kirchenbau in Köppern, 1932, S. 16
1) Mitt. Wißmüller
2) GA Köppern, Mitt. Wißmüller
3) ZALKHN 1/2599
4) Mitt. Wißmüller

Köppern, kath.

In die 1949 erbaute Kirche stellte Wagenbach, Limburg, 1960 ein kleines Werk von 4 Registern auf [5].

KÖRDORF

Für die 1747 vollendete neue Kirche bemühte man sich 1757 um eine Orgel. Bei der Visitation wird berichtet: "Seniores zeigten an, daß sie wolten gerne in die neue Kirche eine neue Orgel bauen".
Man wollte 3 Jahre hintereinander aus dem Kasten 30 Rthl aus Kirchengefälle entnehmen. Visitation vom 22. 7. 1757 [6].
Eine Orgel bekam die Kirche jedoch erst ungefähr 20 Jahre nach Vollendung des Baues von dem Orgelbauer Schöler in Bad Ems [7].
Nach anderer Quelle baute Schöler 1767/68 für 311 fl [8].
Bei der Restaurierung 1962 durch G. Hardt wurden auf den Schleifen die alten Registernamen gefunden (eine Eigenart Schölers):

1. Principal 4' (nach Aufnahme F. Vogel 1958 neu)
2. Gedackt 8' alt
3. Salicional 8' alt (neu Quintaden 8')
4. Gedackt 4' alt
5. Traversflöte 4' alt
6. Quint 3' alt
7. Octav 2' alt
8. Kleingedackt 2' alt
9. Mixtur 3 fach 1' alt
10. Trompete 8' nicht mehr vorhanden (Vogel nennt neue Gamba 8')
11. Vox humana 8' statt deren Principal 8' neu, älter als Gamba (Vogel)
12. Subbaß 16'
13. Octavbaß 8'
14. hinzugefügt Choralbaß 4'

2 Spanbälge stehen auf dem Speicher. 1820 wurde in Breitenau auf dieses Beispiel hingewiesen. s. d.
Der Spielschrank ist rechts, das Werk hat Ebenholztasten, die Obertasten sind aus Elfenbein. Manualumfang von C-c^3, Pedalumfang von C-f. Ein großer Mittelturm wird flankiert von je einem kleinen ansteigenden Harfenfeld, das zu je einem kleinen Rundturm überleitet. Den Abschluß auf beiden Seiten bilden je ein größeres von innen nach außen abfallendes Harfenfeld. Charakteristisch geformt sind sowohl die Manual- als auch Pedaltasten [9].

---

5) BALbg LB
6) HStAWsb 351 Xa, 54
7) A. Menk, Der Kirchenbau zu Kördorf in der Vierherrschaft. Heimatblätter für den Unterlahnkreis. Blg. zur Emser und Diezer Ztg. Jg. 2 (1927) Nr. 6
8) Ev. Glaube an der unteren Lahn, 1930, S. 97
9) Aufn. Vogel, Mitt. Brendel - FBHN 44

KRAFTSOLMS

Die Gemeinde kaufte 1804 die alte Schloßkirchenorgel von Braunfels, die Conradt Grieb aus Griedel erbaut hatte (s.d.).
Abicht nennt eine mittelmäßige Orgel um 1835 [10].
Später baute G. Raßmann eine Orgel, die heute abgebrochen ist. Aus den vorgefundenen Registerknöpfen ergibt sich folgende Disposition:
Pl8 Sal8 Lbgd8 O4 Fl4 O2   Sbß16 Obß8

KRANSBERG

Im Jahre 1817 war bereits eine Orgel vorhanden [11].
In der 1872/75 neuerbauten Kirche steht heute folgendes Werk:
I. Pl8 Bd16 Gb8 Hlfl8 O4 Rfl4 O2 Corn3f Mxt4f
II. Gd8 Fldo8 Sal8 Fl4
Ped. Sbß16 Vlbß16 Plbß8

KRIFTEL

Kriftel, ev.

Am 22.5.1662 wurde eine neue Orgel abgenommen, die von W. Bosch, Kassel, in folgender Form erbaut war:
HW Gd8 Pl4 Blfl2 Mxt3f1 1/3
BrW Rfl8 Nh4 Gh2 Q1 1/3+1
Ped. Sbß16 Obß8 Chbß4   Mech. Schfl. [12]

Kriftel, kath.

Am 11.4.1720 wurde mit Joh. Anton Ignaz Will ein Vertrag über den Neubau einer Orgel mit folgendem Wortlaut getroffen:

Copia [13].
Kundt undt zu wissen seye hiermit, daß anheut zu Endt gesetzten Dato zwischen Ihro Hochwohl Ehrwürden Herrn Pfarrern zu Crüftell Hennrich Otto undt Michael Baum nebens Ihrem Organist Herrn Peter Trautmann Organist zu St. Alban in Maintz an einem sodann Herrn Ignatius Will Dhom Capitularischer Orgellmacher daselbsten am andern Theil wegen in die Kirch Crüftell zu verfertigen newe Orgell, welche von der Verstorbene Catharina Dorstin seel. zu dem End verschaffen legato bezahlt werden soll, ein aufrichtiger Contract verabredet undt beschlossen worden, wie hernach folget.

---

10) Abicht, S. 141
11) HStAWsb 211/1409
12) Mitt. Brendel
13) PfA Kriftel. Orgelakte

Erstlich. Zwar soll zu diesem Orgelwerck gemacht werden folgende Register alß ein Principal vier Fueß von gutem Englischen Zinn im Gesicht balirt in fünf Thürn stehet.
2do. Ein Coppell acht Fueß Thon. Die grose Octav von gutem Holtz, die drey andere Octaven von halb Zinn, und halb Bley
3tio. Ein Sollicional acht Fueß Thon, halb Zinn, halb Bley.
4to. Ein Quint drey Fueß, halb Zinn, halb Bley.
5to. Ein Octav zwey Fueß, halb Zinn, halb Bley.
6to. Ein Cimbal eine halben Schuh, halb Zinn, halb Bley.
7timo. Ein Coppell vier Fueß von Holtz
8. Mixtur 4 fach, halb Zinn, halb Bley.
9. Ein Italianische Floet 8 Fueß Thon fangt an im g im anderen F.
10. Ein Waltfloet 2 Fueß Thon von obiger Materia
11. Ein Subbaß Pedal von Holtz 16 Fueß Thon.
12. Ein Octavbaß von Holtz ins Gesicht 8 Fueß Thon auf beiden Seithen.
13. 3 Blaßbalch, jeden 7 Schu lang und 4 breit.
14. 3 Windladen eine in das Manual und 2 ins Pedal.
15tens soll ferner zu diesem Werk gemacht werden ein Clavir von suberem Indianischen Holtz, die Semithön mit Helfenbein überlegt, und soll dieses Clavir im Pedal seinen Anfang machen von dem grosen C. D. bis zu der Octav D und solcher will das Corpus anschaffen, an Zierath, Bildhauer, Schreiner und Schmitt Arbeith, wie nicht weniger Aufstellung und zwar auf Kirchen Kosten, auch Probiren lassen und dafür auf Jahr und Tag gut zu seyn, und demnach diese Orgel von neuem übergehen sauber ausstimmen auf seine Kosten.
Aber mann solle ihm mit den Seinigen bey Aufstellung sowohl als bey Übergehung mit Kost und Trank erhalten. Hergegen bezahlen die obbenahmste Herrn Contrahenten weil die Orgelwerk auf nächst künftig Martini im völligen Stand stehen soll, ihm Herrn Will sechs hundert Gulden baares Gelt zahlen ohne einige exception dieses zu wahrer Urkund haben sich beederseiths Contrahenten aigenhändig unterschrieben, auch die zu End benahmbte Zeugen zu mehrer Bekräftigung sich mit Hand Unterschrift unterzeigent, so geschehen
Maintz den 11ten April 1720.
Hennrich Otto Pfarrer zu Crüftell
Joh. Peter Trautmann Organist zu St. Alban
Joh. Ant. Ignatius Will Dhom Capitularischer Orgelmacher in Mayntz
Joh. Henn. Henius Churfürstl. Maintz. Geheimer Cantzlist als Zeug
Mattheus Deublich Procurator.

Die "Crüfteler Kirchen Rechnung Anno 1720" gibt näheren Aufschluß über die Kosten dieses Baues [14]. Catharina Dorstin, die Frau des Veith Dorst, die auch ein Anniversarium gestiftet hatten, vermachten für die Orgel ein Kapital von 313 fl 2 xr. Nach 29 Jahren waren an "Pension" d.h. Zinsen vorhanden 453 fl 57 xr. Zu demselben Zweck wurden für das verkaufte Haus eingesetzt 321 fl. Aus diesem Legat standen also auf der Einnahmeseite der Kirchenrechnung 1720 1087 fl 57 xr. Weitere 20 fl wurden von Caspar Sittig "zur Orgel verehrt".

Das Orgelkapital war ausgeliehen und aus den Einnahmen, dem verkauften Haus und der Stiftung Sittig ergaben sich "Summa Summarum Einnahm Geldt wegen der Orgell 867 fl 3 xr 1 d."

In den folgenden Posten wird über die Baukosten und sonstige Unkosten Rechnung abgelegt:

Item H. Orgellmacher Will vermög aufgerichteten accords für die neue Orgell zahlt 600 fl

14) PfA KR

An eigentlichen Baukosten wurden verrechnet:

Item Meister Faber dem Schlosser von Hofheimb für allerhandt Schlosserarbeith, so zu dem Orgellwerkh kommen zahlt lauth Verzeigniß	23 fl 40 xr
Item dem Zimmermann von dem Orgelgestell zahlt	12 fl
Item dem Schreiner zahlt	16 fl
Item dem Bildthauer vor seine Arbeith zu der Orgell zahlt	16 fl 20 xr
Item dem Mahler von Höegst umb daß er die höltzerne Vorpfeifen angestrichen undt übersilberdt zahlt	5 fl 40 xr
Item zu O Crüftel bey dem Schultheiß an Dannenholtz, Bordt, Schahlenbaum undt Latten außgelegt laut Verzeugnuß	30 fl 28 xr
Item vor einen Stamm Holtz zu der Orgell zahlt	1 fl
Item Hanß Jörg Bährn dem Schloßer zu Hofheimb für ein verdeckt Schloß sambt Kloben undt Bandt an die Orgellthür zu machen zahlt	1 fl 20 xr
Item Willhelm Heeb dem Schmitt zu Crüftell für Schmittarbeith an die Orgell zahlt	3 fl
Summa	109 fl 28 xr

Michael Baum, der Kirchenbaumeister mußte einige Gänge nach Mainz, Höchst und Hofheim machen, desgleichen Jacob Bergerhausen und Hans Jacob Bartenheyer.

Wegen der Bezahlung kam es zu Differenzen zwischen der Gemeinde und Will. So mußte man auch Gänge zum Generalvikariat und zur Regierung machen. Ein Niederschlag findet sich in den Protokollen des Generalvikariats am 25. 9. 1720 [15] wie auch in der Rechnung: Item noch vor einen Gang auf Mayntz undt 1 Memorial auf die Regierung wegen der Execution, so H. Will wegen der noch überigen Zahlung hat lassen einlegen, einzugeben zahlt vor das Memoria undt Gang 1 fl 8 xr. In diesem Zusammen wurde dem "Landreuther zu Hofheimb vor 3 Tag ahn Executionsgelt wegen der Kirch zahlt" 1 fl 30 xr. Summa der Ausgabe für "Bottenlohn 12 fl 16 xr.

An Zehrgeld wurde verausgabt:

Item bey Stellung der Orgell dem H. Will so 3 Wochen lang allhier geweßen undt seine 2 Gesellen, welchen 6 Wochen 2 Tag dabey zugebracht für die Kost zahlt	42 fl 48 xr
Item an Weinkauff vor die Handtwerksleuth und sonsten aufgangen	20 fl 7 xr
Item durch H. Will undt seine Gesellen wehrendter Zeit an Wein consummirt wordten lauth Wirthßzettell	50 fl 58 xr
Item dem Würth H. Jacob Bartenheyer vor Bett undt Holtz, die Stuben zu wärmen undt daß sie daß gantze Hauß ingehabt	10 fl
Item alß die Fuhrleuth die Orgell zu Mayntz geholt undt es lang gethauert, item alß der Werksatz von den Zimmerleuten gelegt wordten ist verzehrt wordten	1 fl 36 xr
Item bey Johannes Wolfen Würth durch die Orgellmachersgesellen verzehrt worden	1 fl 30 xr
Item zu Dietenbergen durch den Orgellmacher seine Gesellen undt Fuhrleuth verzehrt wordten	1 fl 25 xr
Summa	128 fl 24 xr

15) DuDAMz

An "Außgab Geldt inßgemein" wurden 17 fl 15 xr 1 d in Rechnung gestellt. Einige Posten seien besonders genannt:

"Item dem Träher vor holtzerne Knöpf zu denen Registern 16 xr
Item dem Schneidter für willene Bendtell unter daß Clavir 37 xr
Item H. Jacob Christoph Heylmann Organisten zu Hofheimb von der neuen Orgell zu probiren zahlt 3 fl
Summa Summarum Außgab Geldt wegen der Orgell 867 fl 23 xr 1 d
Hergegen Einnahm 867 fl 23 xr 1 d
Gegen einandter verglichen verpleibt zu receß 0".

Bereits 1690 hatte die Witwe des verstorbenen Schultheiß Joh. Philipp Dorst eine Summe dafür vermacht [16].
1816 wurde die Orgel von Embach gepflegt, 1845 rep. J. Schlaad aus Kestert die Bälge und dieser machte noch 1858 einen Reparaturvoranschlag. Manual- und Pedaltasten waren verbraucht, das Pfeifenwerk mußte ausgebessert, nach "Mensur und Charakter neu intoniert" und nach gleichschwebender Temperatur gestimmt werden. Die Arbeit wurde durch Lehrer Kraus am 16. 7. 1859 abgenommen.
Nach der Disposition vom 18. 3. 1932 baute Walcker ein neues Werk als op. 2379, dessen Auftragserteilung er am 8. 11. 1932 bestätigte. Der Preis sollte 7 835 Mk betragen. Das Generalvikariat in Limburg genehmigte den Verkauf der alten Orgel für 550 Mk an Höhn am 5. 10. 1932. Die Einweihung erfolgte am 12. 2. 1933. Die Disposition:
I. Pl8 Fl8 Qtt8 Gh4 Rschpf2 2/3+2 Mxt3-4f
II. Gd8 Sal8 Vxcl8 Pl4 Q3 Schwig2 Zbl3f 2 leere Schleifen
Ped. Sbß16 Sanftbß16 Obß8 Bßfl8(Tr) Chbß4(Tr) Nh2 NK SbII/I SpII/I
Später wurde das Werk durch Wagenbach, Limburg, umgebaut.

KROFDORF

Um 1835 wird die alte Orgel von Krofdorf als "schlechte Orgel" bezeichnet [17]. Diesem Urteil schließt sich auch am 17. 2. 1852 Lehrer Althaus, Dutenhofen, an (s.u.).
Entsprechend diesem Zustand bemühte man sich seit 1847 um einen Neubau. Fast alle Orgelbauer dieser Gegend, die damals einen Namen hatten, beteiligten sich mit Entwürfen. Wegen dieser Vollständigkeit sollen sie hier einzeln in chronologischer Folge behandelt werden.

6. 7. 1847, Vorschlag von P. Dickel, Treisbach, Kr. Marburg
1. Principal 8' C:U=17'' (Mensuren in Fuß und Zoll)
2. Bourdon 16' C:Seite 6' 8'', Deckel licht 5'' 7'''
3. Hohlflöte 8' C:5'' 2'''
4. Gamba 8' C:4'' 5''' Fortsetzung 10 löthig c:7'' 4''' U
5. Gedackt 8' C:Seite 4'' 6''', Deckel licht 3'' 6'''
6. Flöte travers 4' C:2'' 8''' Seite 2'' 3'''
7. Octav wie Principal 8'
8. Gemshorn 4' C:unten 9'' 2''', oben 2'' 4'''
9. Quinte 3' C:7'' 10'''
10. Superoctav 2' wie Octav 4'
11. Mixtur 2' 3 fach c1 g1 c2 (2' 1 1/3' 1') Ton weiter als Principal

16) Nassovia, Jg. 11 Nr. 17, S. 222
17) Abicht, S. 35

12. Cornett 4 fach 2 Töne weiter als Principal
13. Trompete 8'
14. Principalbaß 8' C:6'' Deckel 4'' 10'''
15. Subbaß 16' C:Seite 7'' 9''' Deckel licht 6'' 7'''
16. Pedalkoppel
17. Windablaß

Cancellen: C:Breite=20''',Höhe=5'', Länge=22''
Pedalcancelle: Breite=16''', Höhe=3'' 6''', Länge 12''
Klavier ist an der Seite, 3 Bälgen 8'x4'
Preis 949 Thl
Ein 2. Vorschlag:
Hauptwerk: Pl8 Bd16 Hlfl8 Gb8 Gd8 O4 Fl4 Q3 O2 Mxt4f2 Tpt8
Nebenwerk: Pl4 Fltr8 Sal8 Gd4 Flgt2
Pedal: Plbß8 Sbß16 Vcl8 Pos16 MK PK Windablaß
Preis 1155 Thl

18. 9. 1847, Vorschlag von Daniel Raßmann, Möttau
Pl8 Bd16 Sal8 Gd8 Fltr8(offen) O4 Gh4 Q3 O2 Mxt4f2 Corn5f8
Positiv: Pl8 Hlfl8 Spindelfl4 Fl4 Birnbaum O2 oder Sal2 Mxt3f1
Pedal: Sbß16 Vlbß8 Pos16 MK PK Windablaß
Preis 2 200 Thl
Er weist auf 29 neue Orgeln hin, wovon 3 mit 2 Manualen gebaut wurden.

20. 9. 1847, Vorschlag von Joh. Georg Förster, Lich
Pl8 Bd16 Hlfl8 Bd8 Hlfl4 O4 O2 Mxt4f1 1/2
Nebenwerk: Fldo8 Sal8 Fldo4 Birnbaum Gh4(offen)
Pedal: Sbß16 Vlbß16 Obß8
Alle Stimmen sind so mensuriert, daß die Hälfte des Durchmessers auf die Undecime fällt. Octavquerschnitt ist 1:2 2/3. Hauptwerk: Cancellen, Höhe = 4 1/2'', Breite = C:15''', c = 13''', c1 = 10''', Länge = 12''
Nebenwerk: Cancellen, Höhe = 3'', Breite = C: 10''', c: 8''', Länge = 12''
Pedal: Cancellen, Höhe = 4'', Breite = C:15''', c:13''', Länge = 12''
2 Bälge 11' x 5 1/2'
Windkanäle: Hauptwerk: 8 Quadrat'', Nebenwerk: 4 Quadrat'', Pedal: 6 1/2 Q''
Gemessen ist nach dem Groß-Weimarschen Duodecimal Maß. Daraus ist zu schließen, daß Förster nach dem Lehrbuch von Töpfer gearbeitet hat.

26. 9. 1847, Vorschlag von Gebr. Weil, Neuwied
Hauptwerk, volle Intonation
Pl8 Gd8 O4 Q3 O2 Mxt3f1 Tpt8
Oberwerk, liebliche Intonation
Fl8 BuD, 2 Züge, Sal8Disc Gd4
Pedal: Sbß16 Obß8 MK PK
Preis 1 050 Thl
Weil erwähnt einige gebaute Werke und legt Risse von den Gehäusen vor:

11 Register	Mennoniten Neuwied, Obermendig, ev. Neuwied, Schloß Rheineck
12 "	Krummenau (heutige Ortographie verwendet), Ochtendung, Raubach, Nusbaum
13 "	Düren, Oberdreis
14 "	Pfaffendorf, Selbach (wohl bei Wissen/Sieg) Rückeroth, Heddesdorf (Neuwied), Schloß Sayn, Waldbreitbach, Neuwied, ref., Neustadt, Puderbach, Saffig
15 "	Urbach
17 "	Schloß Bonn, Seminar Neuwied, Brühl, Panamaribo

Die Gehäusetypen sind betont klassizistisch, zum Teil mit rechteckigen Seitentürmen, zum Teil ohne diese. Gelegentlich baut er auch rechteckige Kästen mit Rundbogen.

Im Jahre 1847 kam man zu keinem Entschluß. Die neuen Verhandlungen ziehen sich von 1849-1852 hin.

1.5.1849, Vorschlag von Hermann Loos, Siegen
Pl8 Bd16 Plfl8 Gb8 Gd8 O4 Q3 O2 Mxt3f2 Tpt8
Ped. Sbß16 Plfl8 Obß4
Preis 1020 Rthl

20.5.1850, Vorschlag von Daniel Raßmann, Möttau
Pl8 Bd16 Sal8 Fltr8 Gd8 O4 Fl4 Gh4 Q3 O2 Mxt
Ped. Sbß16 Obß8 Vlbß8 Pos16
Preis 1200 Thl

2.4.1852, Vorschlag von Daniel Raßmann, Möttau
Pl8 Bd16 Sal8 Hlfl8 Gb8 O4 Gh4 Gdfl4 O2 Mxt3f2 Corn
Ped. Sbß16 Obß8 Vlbß8
Preis 835 Thl
Zur gleichen Zeit empfiehlt in einem Schreiben der Seminardirektor Bulwing aus Neuwied die Orgelbauer Stumm in Rhaunen-Sulzbach. Er weist auf neuere Werke hin: Mengerschied, Ohlweiler, Mörschbach, Schauren, Bruchweiler, Kempeld, Wörsbach (Werresbach), Hennweiler, Sulzbach. Er empfiehlt an Stumm und Weil zu schreiben.

17.3.1852, Vorschlag Gebrüder Stumm, Rhaunen-Sulzbach
1. Vorschlag:
Pl8 Gd8 Fltr8Disk O4 Sal4 Q3 Fl4 O2 Mxt4f1 Tpt8 2Z
Sbß16 Plbß8 Vlbß8 Koppel
Preis 920 Thl
2. Vorschlag:
Pl8 Gb8 Gd8 O4 Q3 oder Sal4 Fl4 O2 Mxt1
Sbß16 Obß8 Koppel
Preis 760 Thl
Lehrer Althaus machte zu den Stummschen Vorschlägen Anmerkungen: Er will lieber Hohlflöte statt Flöt travers, die etwas "greller" als Hohlflöte sei. Außerdem will er halbe Register (Diskan) nicht gutheißen. Statt Salicional hat Althaus Flaut travers 4' empfohlen. Salicional 4' soll zur Verstärkung der Gamba dienen. Mixtur 1' soll 2' werden, da es sonst ein sehr enges "Schreiwerk" wird. Dutenhofen, den 29.3.1852. Er macht einen eigenen Dispositionsvorschlag [18]).

29.3.1852, Vorschlag Lehrer Althaus, Dutenhofen
Pl8 Bd16 Hlfl8 Gb8 Gd8 Fltr4 O4 Gh4 O2 Mxt3f2 Corn 4f Tpt8
Sbß16 Plbß8 Pos16
Am 5.4.1852 teilte Dickel mit, daß er den Vertrag übernehmen wolle, der am 14.4.1852 mit ihm abgeschlossen wird.
Am 17.5.1852 schaltet sich Kantor Francke, Wetzlar, ein. Er empfiehlt Ziese in Elbingerode, Kr. Witzenhausen. Er hatte kürzlich ein Werk von diesem in Blasbach geprüft. Dieses Werk hatte die Disposition:
Pl4 Hlfl8 Gd8 Sal8 Fldo4 O2 Mxt3f1 Sbß16 Obß8
Althaus urteilte am 17.4.1852: Alle Register sind eng mensuriert, Mixtur überschreit alle Stimmen. Die Principalmensur hat 35''',

18) Bösken, Stumm Nr. 169

sonst 38'''. In der Dutenhofener habe die Stimme, die vor 150 Jahr gebaut wurde, 39'''.
Am 8.7.1854 wurde endgültig ein Vertrag mit OB Ziese über den Neubau geschlossen. Das Werk hat heute folgende Gestalt:
Pl8 Bd16 Hlfl8 Gb8 Harm8 Gd8 O4 Fldo4 Gh4 Q3 O2 Mxt2
Sbß16 Plbß8 Vlbß8 Pos16 (beide letzteren unbrauchbar) 19)
1968 baute G. Hardt, Möttau, um:
Pl8 Gd8 O4 Spfl4 Q3 O2 Mxt4f1 1/3 Tpt8
Sbß16 Obß8 Chbß4 20)

KRÖFFELBACH

1786 entschloß sich die Gemeinde eine Orgel anzuschaffen. Dreuth in Griedel bot ein altes Werk von 4 Registern an, das für 85 fl gekauft wurde. Wenn zu klein, solle ein Werk von 8 Registern angeschafft werden. Am 3.4. kam das kleine Werk an. 1791 wurde eine größere Orgel neu gekauft 21).
1936 wurde eine Orgel von Walcker erstellt 22).

KRÖFTEL

1804 wurde eine alte Orgel nach Schloßborn verkauft für 68 fl, da man eine neue erhielt 23). 1817 war eine Orgel demnach vorhanden 24). Da die sehr alte Orgel nicht mehr gespielt werden konnte, wurde am 6.1.1865 der Neubau durch Voigt genehmigt 25). 1866 erhielt die Gemeinde eine neue Orgel, die Voigt, Igstadt, für 900 fl baute. 1867 wurde diese angeliefert 26). Sie hat folgende Register:
I. Pl4 Gd8 Sal8 Fl4 Corn2 2/3 BuD
II. Physharmonika
Ped. Sbß16 Vlbß8 Mech. Traktur

KRONBERG

Kronberg, ev.

Als Pfingsten 1617 die Vettern Johann Eberhardt (1577-1617), Hermann (1583-1628) und Johann von Kronberg (+ 1635) den Organisten Mentzern aus Frankfurt anstellten, "daß er sonn- und feiertäglich die Orgell in der Stadtkirchen schlagen und mit ihr zugehordte ordentlich und in Verwahrung halten solle" wird bestätigt, daß vor kurzem eine Orgel angeschafft wurde, "so wir mit große Costen uffrichten lassen". Bei der Gelegenheit wird auch festgelegt, daß er sich "bei zutragende Gelegenheit in der Schloßkirche einen Positif oder Regal vonnöthen haben wird, da soll er sich ohne Verdroße einstellen". Diese Burgkirche ging 1685 nach einigen Unterbrechungen wieder in den Besitz der kath. Linie (s.d.). 27) Am 29.4.1710 wird bescheinigt, daß man dem Organisten

Gauß 166 fl ausbezahlte, die dieser zur Herstellung der Orgel vorgelegt hatte. Ein Orgelmacher aus Homburg (wahrscheinlich Joh. Henrich Heinsius, der zur gleichen Zeit in der kath. Kirche arbeitete, s. u.) hatte die Kosten aufgestellt für die "Einrichtung der Mixtur und Stimmung". Anscheinend wurde sie zeitgemäß umgestellt. Möglicherweise hatte man diesen auch schon 1684 zu Rate gezogen, "wie derselben zu helffen sei". 1703/04 war dann der Homburger Orgelmacher schon einmal tätig für 1 fl 16 ß. 1712 ließ man eine neue große Pfeife machen:
"Eine große Pfeiff in allhiesige Stattkirch zu Frankfurt machen lassen, so vor Orgelmacher 3 fl 50 xr
Weider dieselbe versilbert und verguldt... 4 fl 35 xr"
"Item noch dem Orgelmacher als derselbe alhier die Statt-Orgel gemacht an Brot verzehrt 8 fl"
1736 wurden die "ruinirte Orgelbalck gemacht 10 fl 20 xr"
"Michael Grünewaldt bey vorfallender Mängel die Orgel der ev. Kirche zu repariren und in Stand zu halten 3 fl"
"Item dem Michael Grünewaldt vor das unbrauchbahre und in ein Ungleichheit liegendte Orgel Clavier in der ev. Kirche, welches all zu sehr ausgegriffen und in eine Gleichheitt wieder zu bringen und mit Bein zu bedecken oder zu belegen zahlen müssen 3 fl"
1742 wurde demselben Michael Grünewaldt für eine Reparatur 1 fl 20 xr ausbezahlt.
1747 wurden auf Befehl der Mainzer kurf. Regierung dem Frankfurter Orgelmacher Christian Köhler 60 fl bezahlt. Orgelmacher, Geselle und kleiner Sohn waren 14 Tage in Kronberg und erhielten für Nachtquartier 9 fl 20 xr. Es heißt dann weiter in der Rechnung:
"Als gedachter Orgelmacher das gantze Werk der Orgel von ander gelegt, haben sich viele Fehler befundten, so anfänglich verborgen wahren, nachträglich 15 fl".
Organist Anthes hatte wegen der Verbindung mit Mainz 1 fl 10 xr Unkosten. Joh. Andreas Steinle "welcher das ganße Werk und Subbaß uf Frankfurt gefahren" erhielt 1 fl 10 xr. Am 21.8.1747 quittierte Joh. Christian Köhler eigenhändig wegen der Reparatur des Manuals und Pedals (= Subbaß) und eine neue Sesquialter, wie auch eine neue Pedalklaviatur den vorgesehenen Betrag.
1771 tritt ein anderer Orgelbauer in Tätigkeit: Johann Conrad Bürgy zu Homburg. Er reparierte das Werk 1771 für 165 fl. Für Fuhrlohn nach Homburg wurden 4 fl bezahlt. Bürgy lieferte 2 neue Bälgen, untersuchte die Windladen, baute einen neuen Windkasten mit neuen Ventilen und Messingfedern, untersuchte die Pfeifen, Struktur und Registratur, um

19) ALKRhl O+G
20) Mitt. PfAmt Krofdorf
21) F. Rumpf, Kröffelbach, die alte Kirchenorgel Zeugnis vergangener Zeiten, Lieb Heimatland, Sonntagsblatt des Wetzlarer Anzeigers. - Abicht, S. 139
22) ALKRhl O+G
23) s. Schloßborn
24) HStAWsb 211/1409
25) HStAWsb 211/4717
26) PfA KR
27) HBLbg S. 193. HStAWsb 332 Xd, 4

alles in Stand zu setzen. Er quittierte eigenhändig am 21. 11. 1771. Die Pflege durch Bürgy ist weiter bis 1798 belegt [28].
Am 3. 1. 1802 zeigte der Kantor und Organist an, "daß die 200 Jahre alte Orgel in äußerst schlechtem Zustand sich befindet und keinen Ton mehr halten will". Der Homburger Orgelbauer (Bürgy), der sonst stimmt, ist nicht mehr im Stand zu stimmen. Die Pfeifen sind von Salpeter angefressen. Es wird ein Brief mit der Bitte um Genehmigung eines Neubaus an die Landesregierung geschickt. Am 10. 2. 1802 wird erneut diese Bitte ausgesprochen und bestätigt, daß die Kosten von der Präsenz getragen werden könnten. Am 16. 1. 1802 berichtet der Präsenzmeister, daß die Orgel in 4 Jahren bezahlt sein könnte, ohne daß das Kapital angegriffen werden müßte. Am 20. 2. 1802 berichtet das Mainzer Amt, daß die 3 000 fl von der Präsenz getragen werden können. Am 21. 6. 1802 erfahren wir aus einem Bericht an die kurf. Regierung, daß bald nach dem Bericht vom 18. 5. die Orgelbauer Stumm zufällig in Geschäften in Frankfurt waren, und daß der luth. Kirchenvorstand die Gelegenheit wahr nahm, sich einen Riß und Kostenvoranschlag machen zu lassen. "Nach Ansicht des Blazes in der ev. Kirche zu Kronberg und der Verhältniß der Stärke der Gemeindeglieder haben wir unterschriebene Orgelbauer mit Zuziehung des H. Vicarius Bappert, Organisten zu Liebfrauenstift zu Frankfurt und des dasigen H. Cantor Anthes folgende Orgel mit nachstehenden Registern und beygefügten äußeren Plan für gut und dauerhaft befunden als:
Manual
1. Principal 8' Frankfurter Probzinn
2. Bourdon 16' Baß: Holz, Discant: Metall
3. Gedact 8' Baß: Holz, Discant: Metall
4. Viola de Gamba 8'
5. Octav 4'
6. Quintathön 8'
7. Flaut 4'
8. Quint 3'
9. Cornet 5 fach 8'
10. Superoctav 2'
11. Mixtur 4 fach 1'
12. Trompete 8'

Positiv oder 2. Manual
1. Principal 4' Frankfurter Probzinn
2. Hohlflaut 8' Baß: Holz, Discant: Metall
3. Flautraver im Discant 8' Birnbaum
4. Klein Flaut 4'
5. Quint 3'
6. Octav 2'
7. Solicinal 2'
8. Mixtur 3 fach 1'
9. Cromorne 8'
10. Vox humana 8' Frankfurter Probzinn
Tremulant

Pedal, welches in 2 Octaven besteht
1. Principal 8' Frankfurter Probzinn
2. Supbaß 16'
3. Octavbaß 8'
4. Violonbaß 16'
5. Posaunbaß 16'

Diese Baßregister werden auf eine besondere Windlade hinter der Orgel gestellt. Der Manualumfang C, Cis-f^3. Eine Coppel zu beiden Clavieren, Pedalcoppel. Die Federn in allen Windladen von Messing Draht, das Orgelgehäuse nebst Bildhauerarbeit alles von Eichenholz. Die Orgelmacher liefern das Werk bis Höchst und stellen solches auf ihre Kosten auf die Zeit von 1 1/2 Jahr.
Kosten 3 000 fl. 2 Carolin Trinkgeld.
Termin bei Schließung des Accords 4 Theil (1/4)
Die nächste Herbstmesse 2. 4 Theil
Letzter 4 Theil wann die Orgelmacher das Werk noch einmal durchstimmen.
Gemeinde holt Werk in Höchst auf ihre Kosten ab und baut auf ihre Kosten die in der Kirche stehende Borbien (Bordbühne = Tribüne, Empore) so weit herauß, daß selbige von Mauer hinten an gerechnet 14' 2'' vorspringt. Diese Bühne stand vor dem Chor. Die Gemeinde übernimmt auch Zimmerarbeit für Stellasch (Stellage) für Bälge.
Kronberg, den 27. 5. 1802 Philipp Stumm Franz Stumm Orgelbauer wohnhaft in Sulzbach bei Rhaunen auf dem Hunsrück [29].
Am 13. 6. 1810 wurde die Frage der Stimmung erörtert. "Die schöne große Orgel in der ev. Kirche zu Cronberg wurde bisher durch den geschickten Organisten Cantor Anthes gestimmt". Bürgy hat die Orgel besichtigt und für Stimmung und Reparatur 75 fl veranschlagt. Eine Reparatur wurde 1837 notwendig. Laut Bericht vom 14. 11. 1837 stellten Kantor Sauer, OB Voigt und OB Storck zu Friedrichsdorf die Notwendigkeit einer Hauptreparatur fest. Voigt verlangte 290 fl, Storck 225 fl. Kantor Anthes von Idstein stellte Forderungen und Leistungen von Voigt und Storck nebeneinander. Der Posaunenbaß soll von jeher schlecht gewesen sein, was mit der Schwäche der Zungen begründet wurde. Er empfiehlt Voigt. Die Regierung genehmigte dieses Vorhaben am 24. 9. 1838 [30].
Am 26. 8. 1858 berichtet man an die Regierung, daß das Gehäuse gefirnißt werden müsse. Ein Bericht von dem verantwortlichen Baumeister Goerz von 1858 stellt eindeutig den Unterschied von Firnissen und lakkieren dar. Da heute diese Frage bei Behandlung von Denkmalswerken auch immer wieder auftritt, sei der damalige Standpunkt hier wiedergegeben:

"Unter Firnissen versteht man das Anstreichen mit einer harzigen oder öligen durchsichtigen Substanz und wird auf hölzernen Gegenständen angewendet, theils

28) HStAWsb 332 Praesenz Rechnungen und UB. 1615ff.
29) HStAWsb 332 Xd, 40 - Bösken, Stumm Nr. 170. Abb. Tafel 14
30) HStAWsb 211/14657

um dieselben gegen Feuchtigkeit zu schützen, theils um ihnen ein glänzendes Aussehen zu geben, theils um die natürliche Farbe des Holzes zu heben resp. derselben ein frischeres, lebhafteres Aussehen zu geben.
Man unterscheidet Ölfirnis und Harzfirnis und streicht damit namentlich das Eichenholz an, damit die schöne Textur und Farbe dieser Holzart sichtbar bleibt.
Unter Lackieren versteht man das Anstreichen eines Gegenstandes mit einem Lackfirnis, einer Auflösung von Harzen und Gummi in Öl oder Weingeist, nachdem zuvor auf den Gegenstand ein Farbgrund gelegt und derselbe mit Bimsstein, Trippel, Schachtelhalm abgeschliffen worden ist [31].
Bei diesem Anstrich scheint daher die natürliche Farbe und Textur (Maserung) des Holzes nicht durch. Es wird auf weichem Holz verwendet, dessen natürliche Farbe und Textur nicht besonders ist".

Über das Gehäuse der Stummorgel entscheidet Baurat Goerz:
"Da das fragliche Orgelgehäuse nach dem Wunsch des Kirchenvorstandes nur gefirnist werde, halte ich für ganz sachgemäß..., wenn das Eichenholz des Gehäuses durch Alter und Schmutz nicht bereits geschwärzt ist oder der schwarze Überzug durch Abwaschen und Abziehen mit einer sogenannten Ziehklinge, einem scharfen Eisen, soweit wieder entfernt werden kann, daß die schöne Textur und Naturfarbe des Eichenholzes wieder zum Vorschein kommt, was im vorliegenden Falle zu vermuten sein dürfte [32].
Bei der durch die Kaiserin Friedrich veranlaßten Restaurierung der Kirche im Jahre 1897 wurde die Orgelempore, die vor dem Chor stand und diesen zum Teil verdeckte, an die Westseite der Kirche verlegt [33].
In das alte Gehäuse baute Walcker ein neues Werk, das am 4. 3. 1896 bestellt wurde.

I. Pl8 Bd16 Hlfl8 Gd8 Gb8 Gh8 O4 Rfl4 Mxt4f2 Corn3-5f8 Tpt8
II. Lbgd16 Ggpl8 Lbgd8 Sal8 Aeol8 Fl4
Ped. Sbß16 Vlbß16 Obß8 Pos16 NK SbII/I

1956 baute Förster und Nicolaus das II. Manual zum Oberwerk um:
Gd8 Sal8 Pl4(aus Ggpl) Fl4 Wfl2(neu) Sesq(neu) Schf4-5f2(neu)
Rohrwerk fehlt noch [34]

1966 baute H. Hillebrand, Altwarmbüchen/Hann. das jetzige neue Werk in das alte Stummsche Gehäuse mit folgenden Registern:
HW Pl8 O4 Q3 O2 Mxt5-6f Qtt16 Gd8 Gdfl4 Wfl2 Tpt8
BrW Gd8 Rfl4 Pl2 Q1 1/3 Schf3f Kh8
OW Qtt8 Pl4 Zbl3f Gd8 Spfl4 Gh2 Sffl1 Sesq2f Schalmey8
Ped. Sbß16 O8 Gdpo8 O4 Mxt4f Pos16 Tpt4
NK Tr zum OW und BrW Mech. Schleiflade, el. Regiewerk
3 fr. Komb. 1 Pedkomb.
Das Oberwerk steht im Schwellkasten. Umfang: Manual C-g^3, Pedal C-f^1 [35].

Im Sommer 1844 spielte Felix Mendelssohn-Bartoldy auf der Kronberger Orgel. Er verkehrte mit dem dortigen Organisten Sauer [36].

---

31) Trippel, eine graugelbliche, trockne und rauhe Steinart, zum Polieren gebräuchlich, früher über Tripolis in den Handel gebracht. Joh. Chr. Aug. Heyse's Allgemeines Fremdwörterbuch. Berlin 1896[16], S. 803
32) HStAWsb 211/14556
33) S. Bauer, Johanniskirche Kronberg im Taunus, o. J. S. 9
34) Peine, S. 170f
35) S. Bauer, Johanniskirche, S. 27

Kronberg, kath.

Nach Einführung der Reformation im Jahre 1521 blieb eine Linie der Kronberger katholisch. Kurfürst Johann Schweikart von Kronberg erwirkte 1624 von der prot. Linie Gottesdienst auf der Burg, die 1626 in den Besitz der kath. Linie kam. Durch den westf. Frieden kam das Normaljahr zur Geltung. Erst 1685 kamen die Katholiken wieder in den Besitz der Burgkapelle. Nach Aussterben der ev. Kronberger errichtete Erzbischof Lothar Franz von Schönborn eine kath. Pfarrei. Eine 1738 begonnene kath. Kirche wurde indessen infolge der Streitereien nie benutzt [37].
1711 hatten die Katholiken eine Orgel, die im Jahre 1711 "translocirt" und darauf wieder gestimmt wurde. Der Orgelbauer Heinius aus Homburg erhielt 7 fl, die er am 18. 8. 1711 quittierte [38]. Ebenso gab der Keller 1719 Anweisung zur Reparatur:
"Hat der Herr Oberkellner Heldt mit unterbenandten wegen sehr ruinirt gewesenen Orgell in allhießiger Cath. Kirche zu repariren und zu stimmen auch einige neue Pfeifen darin zu machen, wie ingleichen die Blasbälge, welche gantz auseinander gerippet und zuzerret gewesen, wiederumb in Falten einzurichten und mit neuem Ledder zu versehen 10 Rthl.
Cronberg den 4. 4. 1719 Joh. H. Heinius Orgelmacher und Organist zu Homburg v. d. Höhe" [39].
Am 2. 3. 1719 bittet man um eine Beisteuer zur Reparatur, da die Orgel sehr schadhaft [40]. Es handelt sich offensichtlich um einen Faltenbalg.
1878 erbaute M. Keller, Limburg, ein neues Werk, das 1903 als op. 257 durch Joh. Klais, Bonn, umgebaut wurde. Wegen dieses Umbaus ließ man ein Gutachten von OB Bernhard, Gambach, erstellen. Man richtete ein Gesuch um Unterstützung an die Kaiserin Friedrich. Der Preis wurde auf 3 400 Mk geschätzt. Klais baute doch größtenteils neu, die Kosten betrugen 5 000 Mk. Am 12. 10. 1903 wurde laut Quittung abschläglich 3 500 Mk bezahlt [41]. Das Klais'sche Werk bekam 18 Register [42]. Dieses Werk wurde 1952 durch Heinrich Voigt, Höchst, renoviert und klanglich umgebaut. Die mit + versehenen Register kamen neu in das Werk:
I. Pl8 Flmaj8 Sal4+ Nh2+ Qtt8+ O4 Mxt1 1/3 Tpt8
II. Doppgd8 O4+ Fltr4 Pl2+ T1 3/5+ Rschpf3f+ Tpt8(Tr) Nh2(Tr)
Ped. Pl16 Sbß16 Gd8+ Po8+ Vcl4+ Pos16
NK SbII/I, SpII/I Pneum. Traktur Kegellade [43]

36) K. Wolff, F. Menselssohn-Bartoldy in Soden, Nassovia 10. Jg. (1909) Nr. 4, S. 44 Nassovia 20/23, 1919, S. 167
37) Hdb. hist. Stätten, Hessen, S. 260 - HBLbg S. 193
38) HStAWsb 332 Kellerei Rechn. Beleg zur Rechnung 1711
39) HStAWsb 332 Kellerei Rechn.
40) HStAWsb 332 Xb, 8
41) HStAWsb 405/12702
42) Walter, ZfI 1904/05, S. 301
43) Mitt. PfAmt

KROPPACH

Kroppach, ev.

Im Jahre 1817 war noch keine Orgel vorhanden [44]. Am 27. 1. 1839 ersuchte die Gemeinde um Genehmigung eines Neubaus. Caspar Embach und Fr. Voigt hatten sich beworben. Sachverständiger Anthes empfiehlt Voigt. Die letzte Arbeit Embachs in Breithardt (s. o.) wird nicht gut beurteilt. Er vergleicht in diesem Bericht vom 19. 4. 1840 die beiden Dispositionen. Man hofft, daß der Verfertiger, Kaspar Embach, sich vervollkommnen wird. Am 10. 12. 1842 wird der Regierung berichtet, daß Embach am 6. 6. 1842 um Prüfung gebeten hatte. Die Revision fand am 19. 2. 1843 statt [45].
Die Disposition erfahren wir aus einer Aufzeichnung des Jahres 1915, sie hat einen altertümlichen Charakter. Es wird berichtet, daß die Klaviatur sich in der Mitte befinde. Auffallend ist die Verwendung der Doppelzüge, eine Eigenart des 18. - und frühen 19. Jahrhunderts. Es wurden folgende Stimmen aufgezeichnet:
Pl8 Bd16 BuD Gd8 BuD Fl8 Gb8 O4 Sal4 Gd4 Q3 O2 Mxt3f1 Tpt8
Sbß16 Obß8 Vlbß8 Winddruck 46 mm [46]
1926 baute Weigle folgendes Werk mit pneum. Traktur:
I. Pl8 Gd8 Sal8 Gb8 O4 Mxt3f2 2/3
II. Bd16 Ggpl8 Fl8 Sal8 Aeol8 Vxcl8 Trfl4
Ped. Sbß16 Ztbß16 Vlbß16 Vcl8 Chbß4 [47]

Kroppach, kath.

Ursprünglich war, noch bis 1936, eine Orgel von Horn vorhanden, die von einem Neubau durch Helmut Seifert abgelöst wurde:
HW Rfl8 Pl4 Mxt4f1 1/3
Pos. Po8 Blfl4 Pl2
Ped. Sbß16 Schleifladen, mech. Traktur [48]

KRUMBACH (Kr. Wetzlar)

Am 12. 4. 1928 richtete man ein Gesuch wegen einer neuen Orgel an das Konsistorium. Die alte Orgel sei, bald 100 jährig, durch Abnutzung in der Leistung nicht mehr genügend. Organist Peters, Wiesbaden, findet Walcker passend. 10 000 Mk werden angesetzt. Im Jahre 1928 wurde folgendes Werk dann von Walcker gebaut:
I. Pl8 Dulciana8 Gd8 O4
II. Hornfl8 Sal8 Vxcl8 Spfl4 Rschq2 2/3
Ped. Sbß16 Sanftbß16(Tr) Obß8 Pneum. Traktur [49]

---

44) HStAWsb 211/1409
45) HStAWsb 211/4428
46) Arch. Hardt,- Hammer, Orgelbau im Westerwald, S. 80. - Dahlhof, Gesch. d. Grafsch. Sayn, S. 262

Wie die Jahreszahl am klassizistischen Gehäuse mit Vorhangverzierung ausweist, wurde diese Orgel 1842 von Daniel Raßmann, Möttau, gebaut. Das Werk hat folgende Disposition:

1. Principal 8' (Geigenprincipal)
2. Salicional 8'
3. Gedackt 8'
4. Bordun 8'
5. Octav 4'
6. Flöte 4' (neuer)
7. Quinte 3'
8. Octav 2'
9. Mixtur 3 fach 1'
10. Subbaß 16'
11. Principalbaß 8'
12. Fagottbaß 8'

Die Pedallade steht hinter dem Werk. Spindelflöte C-G hinten in der Orgel abgestellt, der Rest heute Quint 2 2/3'. Interessant ist die Zusammenstellung von Gedackt 8' Metall und Bourdon 8' Holz, die im Ton sehr differenziert sind. Der Bourdon hat etwas mehr Strich. Die Spindelflöte ist konisch.
Am 22. 11. 1839 hatte das Amt der Regierung mitgeteilt, daß man beschlossen habe, eine Orgel anzuschaffen und mit Raßmann um 1 100 fl einen Vertrag abgeschlossen habe. Ein Gutachten stellte Anthes am 23. 12. 1839 aus. Es wurde gefordert, daß der Principal 8' ganz ins Gesicht komme, das Salicional 8' ganz offen gebaut würde. "Fagottbaß nach Beschreibung besser Bombarde halte ich für einen Mißgriff. Er tritt, mit der Disposition überhaupt verglichen, aus allen richtigen Verhältnissen. Eine Orgel muß mehr und andere Register, eigentlich 2 nicht schwache Manuale haben, wenn das gewählte Register die rechte und seine eigentliche Wirkung zeigen soll". Anthes empfahl für das Pedal einen Octavbaß 4' und statt der später einzusetzenden Cormorne eine Trompete 8'. Das Pedal solle 2 Oktaven haben. Am 6. 5. 1842 wurde Revision beantragt, die am 18./19. 6. 1842 vorgenommen wurde. Es wurde bemerkt, daß das gebaute Fagott seine Vollendung nicht erreicht habe [50].

47) FBHN 44
48) BALbg LB (1963) - Hammer, Orgelbau im Westerwald, S. 81
49) ZALKHN 1/2399 - FBHN 44
50) HStAWsb 211/5519

ALLGEMEINE ABKÜRZUNGEN

ALKRhl O+G	Archiv der Landeskirche Rheinland, Amt für Orgeln und Glocken, Düsseldorf
ZALKHN	Zentralarchiv der Landeskirche Hessen und Nassau, Darmstadt
BALbg	Bistumsarchiv Limburg, Limburg
DuDAMz	Diözesan- und Domarchiv Mainz, Mainz
HStAWsb	Hauptstaatsarchiv Wiesbaden
StAKo	Staatsarchiv Koblenz
StAMbg	Staatsarchiv Marburg
StAWzbg	Staatsarchiv Würzburg
FASolms-Braunfels	Fürstliches Archiv Solms-Braunfels, Braunfels
FASolms-Lich	Fürstliches Archiv Solms-Lich, Lich
GrASolms-Rödelheim	Gräfliches Archiv Solms-Rödelheim, StA Darmstadt
FAYsenburg-Büdingen	Fürstliches Archiv Ysenburg-Büdingen, Büdingen
StADa	Stadtarchiv Darmstadt
StAFfm	Stadtarchiv Frankfurt/Main
StAW	Stadtarchiv Wetzlar
StAWsb	Stadtarchiv Wiesbaden
GA	Gemeindearchiv
GR	Gemeinderechnung
BO	Bischöfliches Ordinariat
PfA	Pfarrarchiv
PfAmt	Pfarramt
PfChr	Pfarrchronik
PfI	Pfarrinventar
KR	Kirchenrechnung
BR	Baurechnung
PR	Praesenzrechnung
Prtk	Protokoll
UB	Urkundenbände zur GR oder KR (Belegbände)
LB	Lagerbuch
Arch. Eppstein	† Eppstein, Weilmünster (Nachfolger von Eichhorn)
Arch. Förster und Nicolaus	Lich (J.G. Förster und Nachfolger Nicolaus)
Arch. Hardt	Möttau (Nachfolger von Raßmann)
Arch. Link	Gingen (Werkverzeichnis Link)
Arch. Ratzmann-Schmidt	Gelnhausen (Schmidt, Nachfolger von Ratzmann)
Arch. Vogt	† Vogt, Korbach
WV Späth	Orgelbau Späth, Ennetach, Werkverzeichnis
WWV	E.F. Walcker, Ludwigsburg, Werkverzeichnis
Werkblätter Weigle	Fr. Weigle, Echterdingen
HBLbg	Handbuch des Bistums Limburg, Limburg 1956
FBHN44	Fragebogen zur Pfeifenabgabe 1944 der Landeskirche Hessen Nassau. Anordnung M66 der Reichsstelle Eisen und Metalle über Beschlagnahme und Ablieferung von Orgelpfeifen und Windleitungen vom 14.3.1944. Deutscher Reichsanzeiger und Preußischer Staatsanzeiger Nr. 64. 16.3.1944
FBLbg44	Fragebogen des Bistums Limburg (s.o.)
BDkm	Baudenkmäler
KDkm	Kunstdenkmäler
OB	Orgelbauer

ABKÜRZUNGEN D. REGISTERBEZEICHNUNGEN (Nur bei neueren Dispositionen)

Aeol	Aeoline	O	Oktav
Bd	Bordun	Ob	Oboe
Bß	Baß-	Off	Offen-
Bomb	Bombarde	Pf	Pfeife
Chbß	Choralbaß	Pl	Prinzipal
Cl	Clairon, Clarin	Picc	Piccolo
Corn	Cornett	Po	Pommer
Corntino	Cornettino	Pos	Posaune
CornMxt	Cornettmixtur	Pr	Praestant
Dopp	Doppel-	Progrharm	Progressio harmonica
Doubl	Doublette	Q	Quint
Dulz	Dulzian	Qtt	Quintatön
Fag	Fagott	Qufl	Querflöte
Fl	Flöte	R	Rohr-
Flambl	Flauto amabile	Rank	Rankett
Fldolc	Flauto dolce	Reg	Regal
Flfl	Flachflöte	Rsch	Rausch-
Flgt	Flageolett	Sal	Salizional
Flharm	Flûte harmonique	Sbß	Subbaß
Flmaj	Flaut major	Schalm	Schalmei
Floct	Flûte octaviante	Schf	Scharf
Fltino	Flautino	Schweg (Schwig)	Schwegel (Schwiegel)
Fug	Fugara	Schwzpf	Schweizerpfeife
Gb	Gamba	Ser	Seraphon
Gd	Gedackt	Sesqu	Sesquialter
Gg	Geigen-	Sffl	Sifflöte
Gh	Gemshorn	Sg	Singend-
Gq	Gemsquint	Sord	Sordun
Gr	Groß-	Sp	Spitz-
H	Horn	Span	Spanisch-
Harm	Harmonika	Str	Strich-
Harmaeth	Harmonia aetheria	T	Terz
Harmfl	Harmonieflöte	Tpt	Trompete
Hlfl	Hohlflöte	Tr	Tremulant
Hs	Hintersatz	(Tr) Trm	Transmission
Hz (H)	Holz-	Trrg	Trichterregal
Itpl	Italienisch Prinzipal	Us	Untersatz
Kh	Krummhorn	Viol	Violine
Kl	Klein-	Vla	Viola
Klar	Klarinette	Vxang	Vox angelica
Klzbl	Klingende Zimbel	Vxcl	Vox cölestis (Voix céleste)
Ktr	Kontra-		
Ku	Kupfer-	Vxh	Vox humana
Kzt	Konzert-	Wfl	Waldflöte
Lab	Labial-	Zbl	Zimbel
Lbgd	Lieblichgedackt	Zk	Zink
Lrgt	Larigot	Zt	Zart-
Met (M)	Metall-		
Mus	Musette	BW oder BrW	Brustwerk
Mxt	Mixtur	SchW oder SchwW	Schwellwerk
Nas	Nasard		
Nh	Nachthorn	NK	Normalkoppel

WÄHRUNGEN

fl	Gulden (florenus)	Mk	Mark
alb	Albus	H	Heller
d	Denar, Pfennig	ß	Solidus, Schilling
Rthl	Reichsthaler	J oder j	1/2
xr	Kreuzer		